Chemisches Grundwissen
Berufsfeld Chemie, Physik, Biologie

Dr. Gisela Katzer
Prof. Dr. Franz Katzer

Handwerk und Technik · Hamburg

Verwendete Zeichen

c	Konzentration		p	Druck
c	Stoffmengenkonzentration		p_T	Druck bei Temperatur
c_{eq}	Äquivalenzkonzentration		p_ϑ	Druck bei Temperatur ϑ
c	Lichtgeschwindigkeit		p^+	Proton
E_O	Standardpotential		Q	Ladung
EN	Elektronegativität		Q	Wärmeenergie
$e^-, \ominus$	Elektron		R	allgemeine Gaskonstante
f	Frequenz		S	Entropie
F_{el}	elektrostatische Kraft		ΔS	Entropieänderung
G	freie Enthalpie		s	Spinquantenzahl
H	Enthalpie		T	Temperatur in Kelvin
ΔH	Enthalpieänderung		u	Atommasseneinheit
ΔH_B	Standardbildungsenthalpie		v	Volumen
ΔH_G	Gitterenthalpie		V	Molvolumen
ΔH_H	Hydratationsenthalpie		V_0	Molvolumen bei 0 °C
ΔH_L	Lösungsenthalpie		V_ϑ	Molvolumen bei ϑ
h	PLANCKsches Wirkungsquantum		V_T	Molvolumen bei T
K, K_c, K_p	Gleichgewichtskonstante		W	Energie
K_D	Dissoziationskonstante		Z	Äquivalenzzahl
K_S	Säurekonstante		α	thermischer Ausdehungskoeffizient der Gase
K_B	Basenkonstante			
K_L	Löslichkeitsprodukt		α	Dissoziationsgrad
KZ	Koordinationszahl		α	Protolysegrad
l	Nebenquantenzahl		δ	Zeichen für Polarität
m	magnetische Quantenzahl		ε	Dielektrizitätskonstante
m	Masse		ϑ	Temperatur in °C
N_A	AVOGADROsche Konstante(Zahl)		λ	Wellenlänge
n	Hauptquantenzahl		μ	Dipolmoment
n	Neutron		π	Doppelbindung
n	Stoffmenge, Anzahl der Mole		σ	Einfachbindung

ISBN 3.582.0**1272**.7

Verlag Handwerk und Technik G.m.b.H.,
Lademannbogen 135, 22339 Hamburg;
Postfach 63 05 00, 22331 Hamburg – 1999
Computersatz: comSet Helmut Ploß, 21031 Hamburg
Druck: Offizin Andersen Nexö Leipzig GmbH, 04442 Zwenkau

Vorwort für die Lehrenden

Für das vorliegende Lehrbuch fanden die Rahmenlehrpläne für alle Berufe des Berufsfeldes Chemie, Physik, Biologie der Bundesländer Berücksichtigung. Der Inhalt ist auf alle Ausbildungsjahre abgestimmt. Stoffgruppen der organischen Chemie, die auf die aliphatischen Kohlenwasserstoffe folgen, sind im Überblick aufgenommen worden. Nur wenige Sachverhalte konnten aus Gründen des Umfangs nicht dargestellt werden, beispielsweise muss für Pharmazeutika auf spezielle Literatur hingewiesen werden. Das Lehrbuch enthält auch die chemischen Grundlagen, die in Fachschulen der Fachrichtungen Chemietechnik und Biotechnik vermittelt werden. Ebenso werden Schüler beruflicher Gymnasien entsprechender Orientierung in dem Buch ihre Lerninhalte auffinden können.

Es wurde eine Lehrstoffsystematik gewählt, die der Logik der Fachdisziplin folgt. Diese Entscheidung ergab sich schon daraus, dass die Rahmenlehrpläne sowohl, was die einzelnen Bundesländer als auch die Ausbildungsberufe des Berufsfeldes betrifft, in Auswahl und Anordnung nicht deckungsgleich sind. Die Autoren haben sich bemüht, die Darstellung so zu wählen, dass die Kapitel aufeinander abgestimmt und in sich geschlossen, aber auch in der Abfolge vertauschbar sind. Dadurch gibt es für den Lehrenden keine Einschränkungen, die eigene Unterrichtssystematik zu bestimmen. Ein solches Vorgehen war auch vom ökonomischen Standpunkt angeraten, denn es ist kaum vertretbar, für jeden einschlägigen Beruf gesonderte Lehrbücher zu schreiben und zu drucken, die zum größten Teil gleiche Inhalte aufweisen. Diese Entscheidung von Autoren und Verlag zieht allerdings nach sich, dass einige Abschnitte der jeweiligen Ausbildungsrichtung nur Ergänzungswissen, aber nicht Unterrichtsstoff enthalten. Diese Inhalte sind so abgefasst, dass keine Verständnislücken entstehen, wenn die Behandlung im Unterricht nicht erfolgt.

Breiter Raum wird den grundlegenden Zusammenhängen eingeräumt, die dem Verständnis von Erscheinungen dienen. Auch die Wiederholungsfragen zu den einzelnen Kapiteln lenken die Schüler auf Ursache-Wirkungs-Beziehungen. Die im Text enthaltenen Aufgaben sind in diesem Zusammenhang zu sehen.

Die Autoren haben es als wichtige Aufgabe angesehen, in angemessener Weise auf Umweltprobleme einzugehen, haben doch gerade Umweltschäden meist chemische Ursachen.

Grundsätzlich sollte die Vermittlung chemischer Sachverhalte zu kritischer Haltung im Umgang mit Substanzen, die Gefahren darstellen, erziehen.

Die Autoren danken dem Verlag für die Unterstützung. Sie sind über kritische Hinweise, die einer Bearbeitung bei einer Neuauflage dienlich wären, erfreut.

Die Verfasser

Vorbemerkungen für die Auszubildenden

Vorworte von Lehrbüchern sind aus unerfindlichen Gründen meist für die Lehrer geschrieben. Lehrbücher sind jedoch für Sie, die Lernenden, verfasst! Also wollen die Autoren die „Tradition" brechen und sich auch an Sie wenden.

Im Chemieunterricht wird man leicht von der großen Vielfalt der Einzelheiten überwältigt, wenn es nicht gelingt, zu allgemein gültigen, vergleichbaren wiederkehrenden Zusammenhängen vorzudringen. Deshalb sollten Sie sich auf die Gesetzmäßigkeiten konzentrieren und die einzelne Erscheinung als speziellen Fall verstehen. Die hervorgehobenen Merksätze sollen Ihnen dabei behilflich sein. Auch die im Text und am Kapitelende eingefügten Aufgaben orientieren auf die Zusammenhänge von Ursache und Wirkung und weisen auf besonders wichtige Lerninhalte hin. Erst das Erkennen der Ursachen führt zum Verständnis des chemischen Sachverhaltes. Fragen Sie deshalb immer nach dem Warum!

Die chemischen Prozesse gehen immer am unendlich kleinen Stoffteilchen vor sich. Sie sind uns nicht direkt zugänglich. Deshalb können sich Lernende oft nicht vorstellen, wie sich Atome, Ionen oder Moleküle verändern. Um eine gewisse Anschaulichkeit zu erhalten, stehen Ihnen Modelle zur Verfügung. Beachten Sie, dass es Denkhilfen sind. Die Wirklichkeit ist viel komplizierter. Schon aus diesem Grunde braucht man zur Aufklärung besonders komplizierter Dinge und Prozesse mehrere Modelle, abgesehen davon, dass man nur modellieren kann, wenn man von dem betreffenden Sachverhalt etwas weiß.

Und schließlich noch etwas Wichtiges: So, wie ohne Zahlen keine Berechnungen ausgeführt werden können, so ist chemisches Denken und Handeln ohne wichtige Formeln und Gleichungen nicht möglich.

Autoren und Ihre Lehrer wollen Vermittler, „Katalysator" zwischen der Wissenschaft Chemie und Ihnen sein, damit Sie sich das Wissen aneignen können, das Sie für Ihre spätere Berufstätigkeit benötigen. Wir wünschen Ihnen Erfolg!

Die Verfasser

Einleitung

Gegenstand der Wissenschaft Chemie sind die Stoffe. Alle festen Körper, Flüssigkeiten, Gase, auch der menschliche Körper selbst bestehen aus Stoffen. Man kann sagen, dass es der Mensch während seines gesamten Lebens – bewusst oder unbewusst – mit Erscheinungen zu tun hat, die durch die Wissenschaft Chemie erforscht werden. Die Aufnahme von Nährstoffen sichert den Ablauf der körpereigenen Prozesse. Die Menschen gewinnen Rohstoffe aus Naturstoffen und wandeln diese zu neuen Materialien, aus denen schließlich die vielfältigsten Gegenstände für alle Bereiche des Lebens (Haushalt, Freizeit, Industrie usw.) hergestellt werden. Ganz gleich, ob es der zum Faustkeil gestaltete Feuerstein, die Bronzesichel, die „eiserne" Bahn, das wirksame Medikament, der in raffinierten Strukturen erdachte Mikrochip ist, in jedem Fall werden die Eigenschaften bestimmter Stoffe vom Menschen genutzt. Die Entwicklung der menschlichen Zivilisation ist eng verbunden mit der Weiter- und Neuentwicklung von Stoffen. Es darf aber nicht übersehen werden, dass neben vielen positiven Wirkungen auch negative Einflüsse auf Mensch und Natur mit der Erzeugung und dem Einsatz von Stoffen verbunden sind. Kenntnisse der Chemie sind für den Menschen daher in mehrfacher Hinsicht bedeutungsvoll: Sie versetzen ihn einerseits in die Lage, Stoffe zu bewerten, auszuwählen, deren Eigenschaften zweckvoll zu nutzen und zu verändern. Andererseits liefern sie ihm auch das Rüstzeug, um „chemische Sünden" zu vermeiden, die unsere Umwelt schädigen. Der letztere Aspekt nimmt mit dem Umfang der genutzten Stoffe an Bedeutung zu. Es ist unerlässlich, die Schadstoffbildung einzuschränken, anfallende Schadstoffe in unschädliche Formen zu überführen und Altstoffe einer Wiederverwertung zugänglich zu machen.

1 Chemie und Physik

1.1 Arbeitsgebiete der Chemie und der Physik

Chemie und Physik sind exakte Naturwissenschaften, deren Interessen sich auf gleiche natürliche Erscheinungen in der Umwelt des Menschen richten. Daraus ergibt sich, dass die Arbeitsgebiete beider Wissenschaften nicht scharf abgrenzbar sind und eine Definition des Wissenschaftsgegenstandes immer „Unschärfen" enthält.

1.2 Physik und physikalischer Vorgang

Die Physik beschäftigt sich vorrangig mit Zustandsänderungen von Stoffen, bei denen die Stoffzusammensetzung erhalten bleibt. Zustandsänderungen vollziehen sich unter Einwirkung von Energie. Sie äußern sich beispielsweise in Änderungen des **Aggregatzustandes** (fest, flüssig, gasförmig). Deshalb wird die Physik auch als Wissenschaft von der Energie und deren Umwandlungen bezeichnet.

Physik und Chemie untersuchen den Aufbau und das Verhalten der unbelebten Natur. Die Unterschiede beider Wissenschaftsgebiete zeigen sich, wenn man den physikalischen und den chemischen Vorgang kennzeichnet:

Physikalische Vorgänge äußern sich in Zustands- bzw. Energieänderungen. Dabei treten keine bleibenden stofflichen Veränderungen ein.

Aufgabe: Beobachten Sie Wetterabläufe, die Bewegungen auf einer Straße, Vorgänge im Haushalt u. a. und nennen Sie Prozesse, die ohne Stoffänderungen vor sich gehen.

1.3 Änderungen des Aggregatzustandes als Beispiel für physikalische Vorgänge

Für die meisten festen Stoffe gilt, dass sie durch Energiezufuhr, d. h. durch Erwärmen geschmolzen und verdampft werden können. Dazu muss am **Schmelzpunkt (-temperatur)** die **Schmelzwärme** und am **Siedepunkt (-temperatur)** die **Verdampfungswärme** aufgebracht werden. Die Änderungen des Wassers beim Erwärmen lassen sich wie folgt formulieren:

Schmelzen:

$$H_2O \quad + \quad 0{,}334 \text{ kJ} \cdot \text{g}^{-1} \quad \xrightarrow{0\,°C;\ 1{,}033 \text{ bar}} \quad H_2O$$

Eis, fest — Wasser, flüssig

Verdampfen:

$$H_2O \quad + \quad 2{,}259 \text{ kJ} \cdot \text{g}^{-1} \quad \xrightarrow{100\,°C;\ 1{,}033 \text{ bar}} \quad H_2O$$

Wasser, flüssig — Wasserdampf, gasförmig

Die zum Schmelzen bzw. zum Verdampfen von jeweils einem Gramm Eis bzw. Wasser benötigten Wärmemengen werden als **spezifische Schmelz-** bzw. **spezifische Verdampfungswärme** bezeichnet.

Bei der Abkühlung von Wasserdampf unter die **Kondensationstemperatur,** die bei gleichem Druck der Siedetemperatur entspricht, kondensiert er wieder zu flüssigem Wasser. Ebenso erstarrt das Wasser beim Unterschreiten der **Kristallisations- oder Erstarrungstemperatur,** die bei gleichem Druck der Schmelztemperatur entspricht. Die zum Schmelzen bzw. Verdampfen notwendigen Wärmemengen werden bei der Abkühlung wieder als **Kondensations-** bzw. als **Erstarrungs- oder Kristallisationswärme** frei. Die Beträge sind gleich groß. Darin äußert sich das **Gesetz von der Erhaltung der Energie.** Zugeführte Wärmemengen erhalten ein positives (Energiezuwachs), abgegebene Wärmemengen erhalten ein negatives Vorzeichen (Energieverlust).

Die Gleichungen für die Vorgänge lauten somit:

Kondensieren:

$$H_2O \quad - \quad 2{,}259 \text{ kJ} \cdot \text{g}^{-1} \xrightarrow{\;100\ °C;\ 1{,}033\ bar\;} H_2O$$

Dampf, gasförmig · Wasser, flüssig

Kristallisieren, Erstarren:

$$H_2O \quad - \quad 0{,}334 \text{ kJ} \cdot \text{g}^{-1} \xrightarrow{\;0\ °C;\ 1{,}033\ bar\;} H_2O$$

Wasser, flüssig · Eis, fest

> **Die Vorgänge beim Erwärmen und beim Abkühlen von Wasser verlaufen unter gleichen Bedingungen reversibel (umkehrbar, ohne bleibende Veränderung).**

Alle Stoffe, die bis über die Schmelz- bzw. Verdampfungstemperatur thermisch stabil sind, d. h. sich nicht zersetzen, zeigen solch reversible Änderungen des Aggregatzustandes (Abb. 1-1).

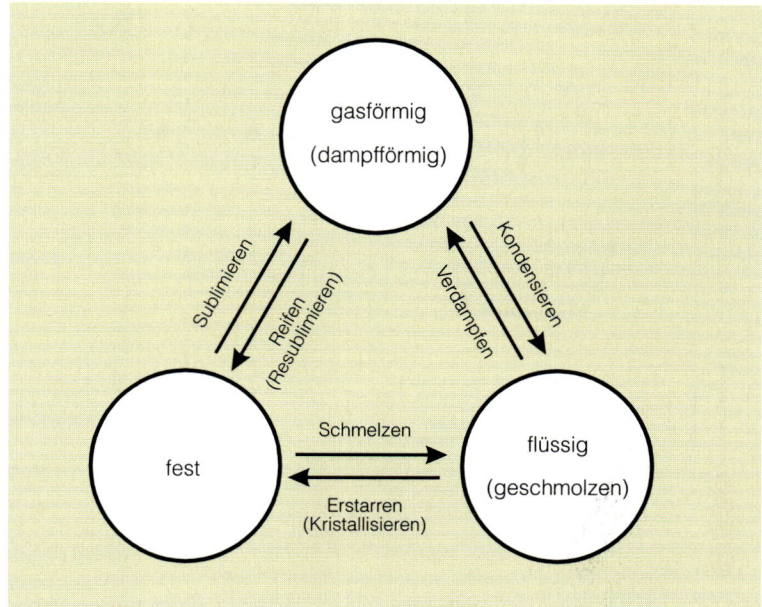

Abb. 1-1
Mögliche Übergänge
zwischen den
Zustandsformen
eines Stoffes

Aggregatzustände können auch „übersprungen" werden. Aus Schwefeldampf bildet sich beim Abkühlen fester Schwefel („Schwefelblüte"). Bei Temperaturen unterhalb des Gefrierpunktes und hoher Luftfeuchtigkeit kann der Übergang von Wasserdampf in Eis beobachtet werden (Reifen). Bei manchen Stoffen und bei niedrigem Druck sind auch Änderungen vom festen in den dampfförmigen Zustand möglich (Sublimation, Abb. 1-2).

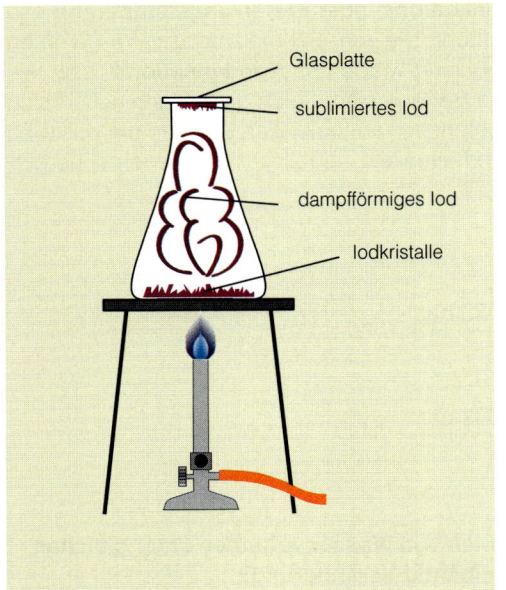

Beispiele dafür sind das Verdampfen von Eis oder das zum Verspiegeln genutzte Verdampfen von Aluminium im Vakuum.

Abb. 1-2
Sublimation und Reifen
(Resublimieren) von Iod

Versuch Erwärmen Sie einige Iodkristalle wie in Abb. 1-2 angegeben. Beobachten Sie die Entstehung und Abkühlung des Ioddampfes.
Abzug!   R 23, S 23

Xn

Mindergiftig
(Gesundheitsschädlich)

Abb. 1-3 zeigt die Möglichkeiten der Änderung von Aggregatzuständen am Beispiel des Wassers. Der Übersicht 1-1 sind für einige technisch bedeutsame Metalle Schmelz- und Siedetemperaturen sowie die spezifischen Wärmemengen zu entnehmen.

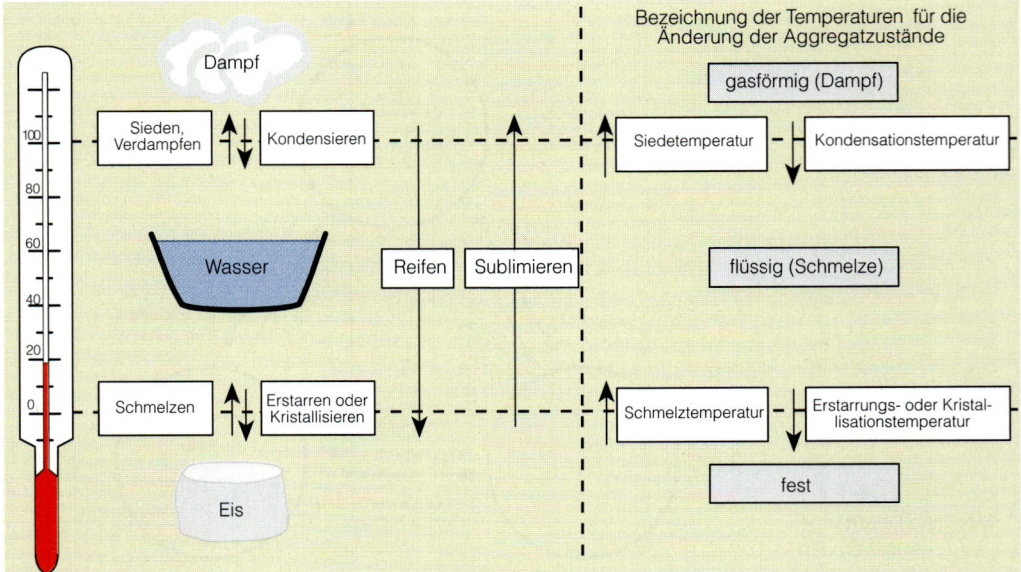

Abb. 1-3   Änderungen des Aggregatzustandes am Beispiel von Wasserstoffoxid H_2O (bei p = 1.033 bar)

Physikalische Konstanten von Metallen				
Stoff	Schmelz-temperatur in °C	spezifische Schmelz- bzw. Kristallisationswärme in kJ · g^{-1}	Siede-temperatur in °C	spezifische Verdampfungs- bzw. Kondensationswärme in kJ · g^{-1}
Na	97,7	0,115	881	4,48
Al	660,2	0,418	~2330	10,48
Cu	1083	0,204	~2595	4,87
Fe	1539	0,278	~3070	6,338
W	3410	0,192	~5700	4,346

Übersicht 1-1

Aufgabe: Stellen Sie für die Änderungen der Aggregatzustände beim Erwärmen und Abkühlen von Aluminium Gleichungen auf, wie das für Wasser geschehen ist.

Bei allen genannten Vorgängen ändert sich die Zusammensetzung der Stoffe nicht. Wasser ist in allen Aggregatzuständen die gleiche Verbindung H_2O. Der Stoff und seine Eigenschaften bleiben bei physikalischen Vorgängen erhalten. Zu den physikalischen Eigenschaften (Merkmalen) eines Stoffes zählt man: Schmelz- und Siedetemperatur, Dichte, Aggregatzustände in Abhängigkeit von Druck und Temperatur, elektrische und Wärmeleitfähigkeit, magnetisches Verhalten, Härte und Festigkeit.

1.4 Chemie und chemischer Vorgang

Die Chemie ist die Wissenschaft von den Stoffen und den stofflichen Veränderungen, die sich bei chemischen Vorgängen einstellen. Sie erforscht den Aufbau (Struktur), die Zusammensetzung (Bestandteile), die Eigenschaften und die Darstellung (Herstellung, Erzeugung) von Stoffen. Im Zentrum chemischer Untersuchungen stehen die chemischen Vorgänge sowie die Bedingungen und Gesetzmäßigkeiten, nach denen sich diese Prozesse vollziehen.

Chemische Vorgänge können in vielfältiger Form ablaufen, wie die folgenden Beispiele zeigen:

a) aus Elementen entstehen Verbindungen, z. B. bei der Verbrennung von Magnesium:

$$2\,Mg \quad + \quad O_2 \quad \rightarrow \quad 2\,MgO$$

Magnesium   Sauerstoff   Magnesiumoxid

b) Verbindungen wandeln sich in andere Verbindungen um, z. B. beim Abbinden von Kalkmörtel:

$$Ca(OH)_2 \quad + \quad CO_2 \quad \rightarrow \quad CaCO_3 \quad + \quad H_2O$$

Löschkalk   Kohlen-stoffdioxid   Calcium-carbonat   Wasser

c) Verbindungen zerfallen in Elemente, z. B. beim Erhitzen von Quecksilberoxid:

$$2\,HgO \quad \rightarrow \quad 2\,Hg \quad + \quad O_2$$

Queck-silberoxid   Queck-silber   Sauerstoff

d) Verbindungen gehen in einfachere Verbindungen über, z. B. beim Erhitzen von Kalkstein oder Ammoniumchlorid (thermische Zerlegung):

$$CaCO_3 \rightarrow CaO + CO_2$$

Calcium-   Calciumoxid,   Kohlenstoff-
carbonat,   Branntkalk   dioxid
Kalkstein

$$NH_4Cl \rightarrow NH_3 + HCl$$

Ammonium-   Ammoniak   Chlorwasserstoff
chlorid   Hydrogenchlorid

Versuche

O
Brandfördernd

1. Ein kleines Stück Magnesiumband wird mit der Tiegelzange in die heiße Bunsenbrennerflamme gehalten und entzündet. Beschreiben Sie den Prozess und das Produkt! Vorsicht! (Abb. 1-4) Schutzbrille! Cobaltglas!
R 7, S 30

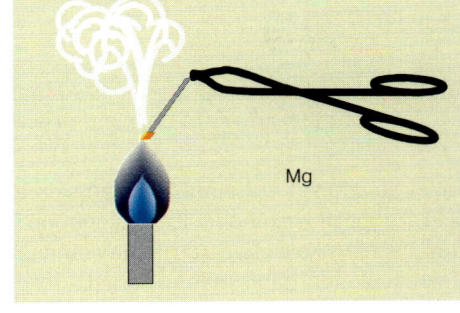
Mg

Abb. 1-4

C
Ätzend

2. Auf trockenen Löschkalk (Calciumhydroxid), der sich in einem Reagenzglas oder Erlenmeyerkolben befindet, wird trockenes Kohlenstoffdioxid geleitet. Beobachtungen? (Abb. 1-5) R 34, S 24/26

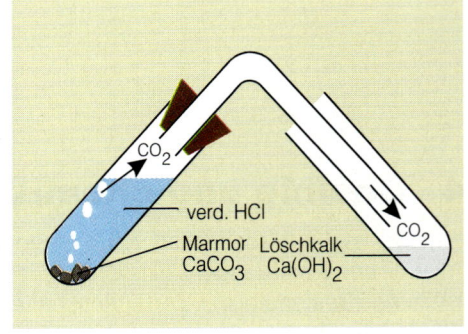

CO_2
verd. HCl
Marmor Löschkalk
$CaCO_3$ $Ca(OH)_2$
CO_2

Abb. 1-5

T+
Sehr giftig

Lehrerversuch

3. Eine Spatelspitze Quecksilberoxid wird in einem Reagenzglas stark erhitzt. Beobachtung? Halten Sie in die Öffnung des Reagenzglases einen glühenden Holzspan. Beobachtung? (Das benutzte Reagenzglas ist Sondermüll!) (Abb. 1-6) Abzug! R 26/28, S 60

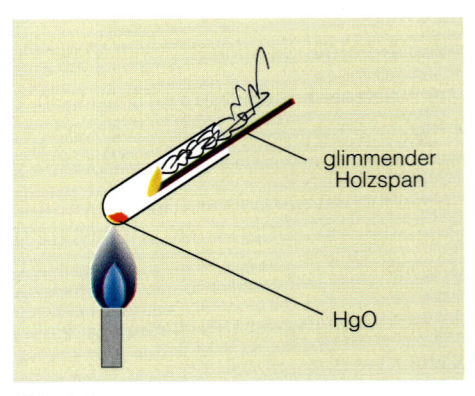
glimmender Holzspan
HgO

Abb. 1-6

Die Gleichungen zu den Versuchen bringen zum Ausdruck, dass sich die Stoff- bzw. Teilchenart in jedem Fall ändert.

Den Aufbau neuer Verbindungen aus einfachen Stoffen bezeichnet man als **Synthese** (Beispiel a), die Zerlegung einer Verbindung in weniger kompliziert zusammengesetzte Stoffe als **Analyse** (Beispiel c).

> **Alle Prozesse, bei denen sich ein oder mehrere Ausgangsstoffe in andere Stoffe (Reaktionsprodukte) mit neuen Eigenschaften umwandeln, sind chemische Vorgänge (chemische Reaktionen, chemische Prozesse). Die Ausgangsstoffe nennt man Edukte, die Endstoffe Produkte.**

Aufgabe: Welche Vorgänge im Verbrennungsmotor sind physikalische bzw. chemische Prozesse?

Edukte $\xrightarrow{\text{chemische Reaktion}}$ **Produkte**

Eigenschaften der Edukte ⟶ Eigenschaften der Produkte

1.5 Chemische Eigenschaften

> **Chemische Eigenschaften sind Reaktionsmerkmale, die ein Stoff besitzt und durch die er sich von anderen Stoffen unterscheidet.**

Diese Merkmale können äußerlich erkennbar, sinnlich wahrnehmbar sein (Geruch, Aussehen wie Farbe, Glanz usw.). Weitaus häufiger äußern sich die chemischen Eigenschaften erst beim Ablauf chemischer Vorgänge, z. B. beim Verbrennen, bei der Reaktion mit Säuren oder anderen Stoffen usw.

Eigenschaften müssen auch herangezogen werden, um Stoffe zu identifizieren. Der salmiakartige Geruch von Ammoniak charakterisiert den Stoff der Zusammensetzung NH_3. Der stechend säuerliche Geruch von Chlorwasserstoff (Salzsäure-Gas) ist kennzeichnend für HCl, reicht jedoch allein nicht für die Identifizierung aus, da der Geruch des ebenfalls farblosen Schwefeldioxids sehr ähnlich ist. Erst die Untersuchung weiterer Eigenschaften, wie z. B. das Verhalten des Gases in Gegenwart von Wasserdampf, können die Vermutungen bestätigen. Im Falle von Salzsäure-Gas bilden sich auf Grund der wasseranziehenden Eigenschaft oder **Hygroskopie** des Gases sogenannte „Salzsäurenebel". Auch die Farbe allein genügt als Merkmal nicht für eine Identifizierung. Beispielsweise zeigen sowohl Gold, einige Messinge (Kupfer-Zink-Legierungen) als auch Verschleißschutzschichten aus Titannitrid Goldfarbe. Erst das Verhalten der Stoffe bei chemischen Vorgängen lässt die Unterscheidung zu: Gold (-legierungen) wird von konzentrierter Salpetersäure nicht angegriffen, wohl aber Messing. Titannitrid wird von konzentrierter heißer Kalilauge KOH chemisch zu Ammoniak NH_3 umgewandelt. Gold lässt sich nur durch ein

Gemisch aus 3 Teilen konzentrierter Salzsäure und 1 Teil konzentrierter Salpetersäure (Königswasser) chemisch auflösen (Abb. 1-7).

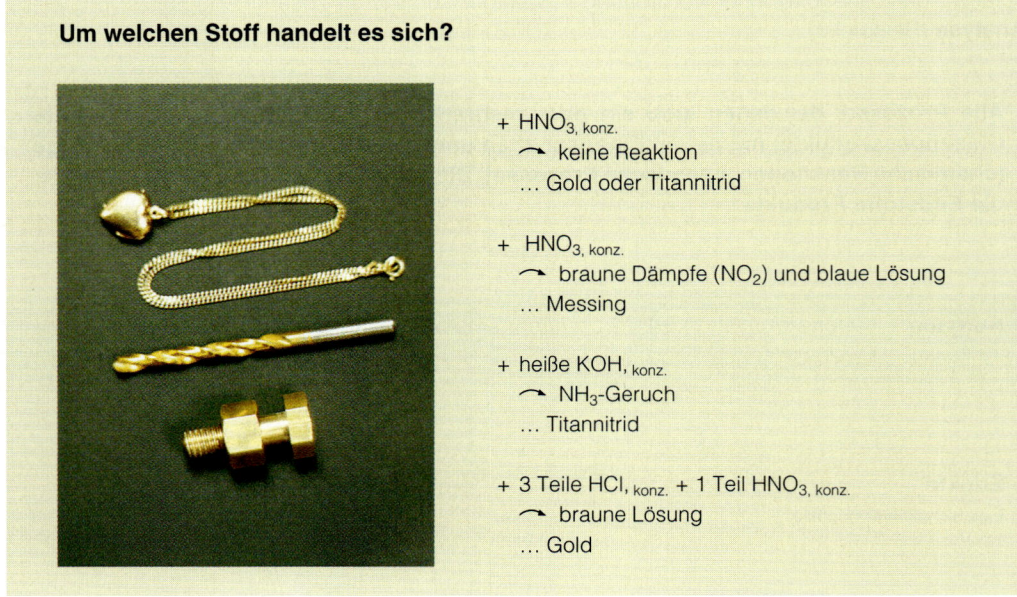

Um welchen Stoff handelt es sich?

+ $HNO_{3, konz.}$
 ↷ keine Reaktion
 ... Gold oder Titannitrid

+ $HNO_{3, konz.}$
 ↷ braune Dämpfe (NO_2) und blaue Lösung
 ... Messing

+ heiße $KOH_{, konz.}$
 ↷ NH_3-Geruch
 ... Titannitrid

+ 3 Teile $HCl_{, konz.}$ + 1 Teil $HNO_{3, konz.}$
 ↷ braune Lösung
 ... Gold

Abb. 1-7   Unterscheidung von gleichartig aussehenden Stoffen (a = Gold, b = Titannitrid, c = Messing) auf Grund unterschiedlicher chemischer Eigenschaften

Chemische Eigenschaften geben somit auch an, wie sich ein Stoff verhält, wenn andere Stoffe oder/und Energie in Form von Wärme, Licht, radioaktiver Strahlung o. a. auf ihn einwirken. Wenn sich beispielsweise ein Metall an der Luft mit Sauerstoff verbindet, so ist es oxidierbar bzw. nicht oxidationsbeständig (korrodierbar oder nicht korrosionsbeständig). Reagiert ein Metall mit einer Säure unter Wasserstoffentwicklung, so ist es nicht säurebeständig oder säurelöslich.

1.6   Änderung von Eigenschaften als Merkmale eines chemischen Vorgangs

Allgemein ergibt sich aus einer Veränderung von Stoffeigenschaften, dass ein chemischer Vorgang abgelaufen ist. Verschiedene Begleiterscheinungen deuten auf eine Reaktion hin, z. B.

– Entstehung eines Niederschlags (Veränderung der Löslichkeit)

– Farbänderung, Änderung des Glanzes (Reflexion)

– Veränderung von Schmelz- und Siedetemperatur (Erstarrungs- und Kondensationstemperatur)

– Veränderung der Dichte

– Geruchs- und Geschmacksänderung (Vorsicht!)

– Entweichen eines Gases

– Änderung der Kristallform

– Veränderung von Härte, Festigkeit, Sprödigkeit, Wärmeleitfähigkeit, elektrischer Leitfähigkeit

– Freisetzen von Wärmeenergie oder Verbrauch von Wärmeenergie

2 Stoffe

2.1 Einteilung der Stoffe nach Vorkommen und Verwendung

In der Natur vorgefundene Stoffe nennt man **Naturstoffe.** Werden sie vom Menschen für einen bestimmten Zweck gewonnen, bezeichnet man sie als **Rohstoffe.** Durch die weitere Verarbeitung erzeugt man aus den Rohstoffen beispielsweise **Werkstoffe** (Materialien), **Lebensmittel** (Nahrungs- und Genussmittel), Kosmetika, Pharmazeutika, **Betriebsstoffe** zur Gewinnung und Übertragung von Energie und **Hilfsstoffe** (Übersicht 2-1).

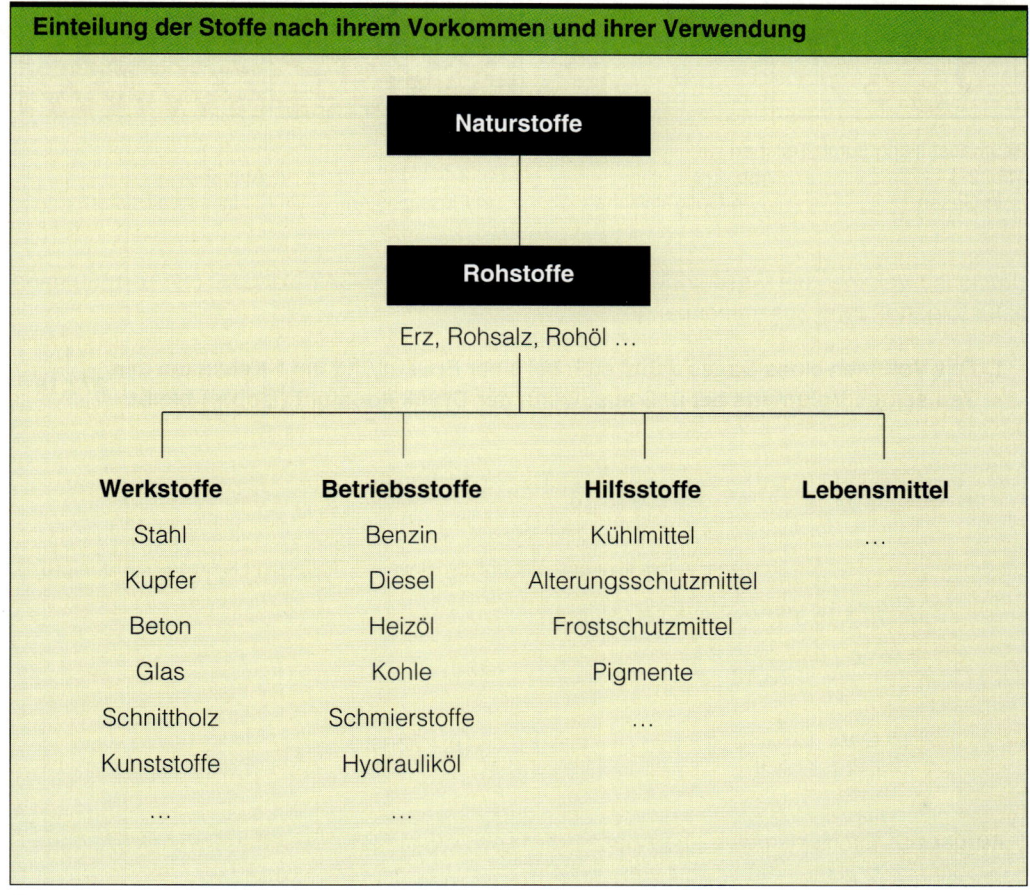

Einteilung der Stoffe nach ihrem Vorkommen und ihrer Verwendung

Naturstoffe			
Rohstoffe			
Erz, Rohsalz, Rohöl …			
Werkstoffe	**Betriebsstoffe**	**Hilfsstoffe**	**Lebensmittel**
Stahl	Benzin	Kühlmittel	…
Kupfer	Diesel	Alterungsschutzmittel	
Beton	Heizöl	Frostschutzmittel	
Glas	Kohle	Pigmente	
Schnittholz	Schmierstoffe	…	
Kunststoffe	Hydrauliköl		
…	…		

Übersicht 2-1

Allen gasförmigen, flüssigen und festen Stoffen ist gemeinsam, dass sie aus Teilchen bestehen. Je nach Stoffart sind es Atome, Ionen oder Moleküle. Zwischen den Teilchen bestehen anziehende und abstoßende Kräfte.

2.2 Aggregatzustände von Stoffen

2.2.1 Gase

Gasteilchen sind frei beweglich. Ihre Abstände zueinander sind so groß, dass keine oder nur geringe Anziehungskräfte wirken können. Gase nehmen deshalb ein großes Volumen ein und sie sind komprimierbar. Sie füllen ein verfügbares Volumen vollständig aus (Abb. 2-1). Beim Zusammentreffen reflektieren die Teilchen elastisch. Stöße auf eine Wand erzeugen den Gasdruck (BROWNsche Molekularbewegung).

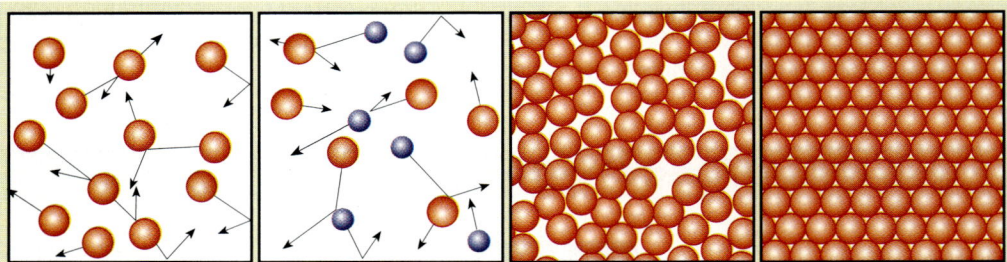

Raumausfüllung durch Teilchen …

Abb. 2-1	Abb. 2-2	Abb. 2-3	Abb. 2-4
… in Gasen	… in Gasgemischen	… in Flüssigkeiten	… in festen Stoffen

Druck und Volumen der Gase ändern sich mit der Temperatur. GAY-LUSSAC (1778–1850) fand dafür folgende zwei Zusammenhänge:

> **1. Das Volumen eines Gases dehnt sich bei einer Erwärmung um 1 Kelvin um den $\dfrac{1}{273,16}$ Teil seines Volumens bei 0 °C aus, wenn der Druck konstant (isobar) bleibt:**

$$V_\vartheta = V_0\,(1 + \alpha\,\vartheta) = V_0 \left(1 + \frac{\vartheta}{273,16}\right) \qquad (p = \text{konst.})$$

ϑ Temperatur in °C; V_0 Volumen bei 0 °C; V_ϑ Volumen bei der Temperatur ϑ;

α thermischer Ausdehnungskoeffizient der Gase $\alpha = \dfrac{1}{273,16}$ in K^{-1} (bzw. bei ϑ in grd^{-1}).

Mit $273,16 + \vartheta = T$ (in K) erhält man

$$V_T = V_0 \left(\frac{273,16 + \vartheta}{273,16}\right)$$

$$\boxed{V_T = V_0\,\frac{T}{273,16}} \qquad\qquad (p = \text{konst.})$$

> **Aufgabe:** Ein Kubikmeter eines Gases wird von 0 °C auf 200 °C isobar erwärmt. Welches Volumen nimmt das Gas nun ein?

Mit Erhöhung der Temperatur nimmt die Teilchenbewegung (Geschwindigkeit) zu. Bleibt das Gas im gleichen Volumen eingeschlossen (V = konst., isochor), erhöht sich der Druck in analoger Weise:

$$p_\vartheta = p_0\,(1 + \alpha\,\vartheta) = p_0 \left(1 + \frac{\vartheta}{273,16}\right) \qquad (V = \text{konst.})$$

$$p_T = p_0 \left(\frac{273,16 + \vartheta}{273,16} \right) \qquad (V = \text{konst.})$$

$$\boxed{p_T = p_0 \, \frac{T}{273,16}} \qquad (V = \text{konst.})$$

p_0 Druck bei 0 °C; p_ϑ bzw. p_T Druck bei der Temperatur ϑ (°C) bzw. T (K oberhalb 0 °C)

2. Bei Erwärmung eines Gases um 1 K erhöht sich der Druck um den $\frac{1}{273,16}$ Teil seines Druckes bei 0 °C, wenn das Volumen konstant (isochor) bleibt.

Aufgabe: Durch isochores Erwärmen erhöht sich der Druck eines Gases von 1 bar (bei 0 °C) auf 2 bar. Auf welche Temperatur (in °C) wurde das Gas erwärmt?

Bei Verdichtung eines Volumens V auf die Hälfte, ein Viertel usw. wächst bei gleich bleibender Temperatur der Druck auf den doppelten, vierfachen usw. Wert, denn die Teilchenzahl (Stoffmenge) bleibt konstant. Es erhöht sich die Stoßzahl auf die Wände des Behälters.

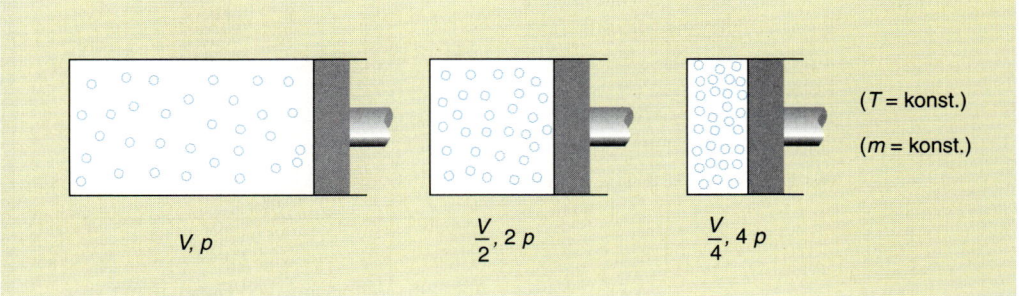

V, p $\qquad$ $\frac{V}{2}, 2\,p$ $\qquad$ $\frac{V}{4}, 4\,p$ $\qquad$ (T = konst.) (m = konst.)

Das **BOYLE-MARIOTTE-Gesetz** formuliert den Zusammenhang von Druck und Volumen bei konstanter Temperatur (isotherm):

$$\boxed{p \cdot V = \text{konst.}} \qquad (T = \text{konst}; \; m = \text{konst.})$$

Das **allgemeine Gasgesetz** (allgemeine Zustandsgleichung idealer Gase) leitet sich aus diesen Gesetzen ab:

$$\boxed{p \cdot V = n \cdot R \cdot T}$$

R allgemeine Gaskonstante 8,3145 $J \cdot mol^{-1} \cdot K^{-1}$ oder 8,3145 $l \cdot kPa \cdot mol^{-1} \cdot K^{-1}$; n Stoffmenge (vgl. Abschnitt 3.8)

Die Stoffmenge pro Volumen ist die Konzentration c:

$$\boxed{c = \frac{n}{V}}$$

Somit kann auch geschrieben werden:

$$\boxed{p = c \cdot R \cdot T}$$

Bereits bei **Normbedingungen** (0 °C; 1,013 bar) bzw. bei niedrigen Temperaturen und hohen Drücken beeinflussen sich die Gasteilchen gegenseitig über ihre Kräfte. Sie verhalten sich nicht ideal, sondern real. Die genannten Gasgesetze gelten deshalb nur bei geringen Drücken und hohen Temperaturen für so genannte **„ideale Gase"**. Bei höheren Drücken und niedrigen Temperaturen sind die Gleichungen mit Korrekturfaktoren gültig (**reale Gase**).

Gase erwärmen sich beim Komprimieren und kühlen sich bei Ausdehnung ab.

Unterschiedliche Gase mischen sich gleichmäßig durch **Diffusion** (lat. zerstreuen), indem sich die Teilchen entgegen der Schwerkraft verteilen, bis in jedem beliebigen Volumenteil gleiche Zusammensetzung, Konzentration und gleiche Dichte herrschen (Abb. 2-2). Einen solchen Verteilungszustand der Teilchen bezeichnet man als **homogen** (griech. gleichartig), und den Raum, den Bereich, in dem solche Gleichartigkeit herrscht, als **Phase.** Ein Gasgemisch besteht aus einer Phase.

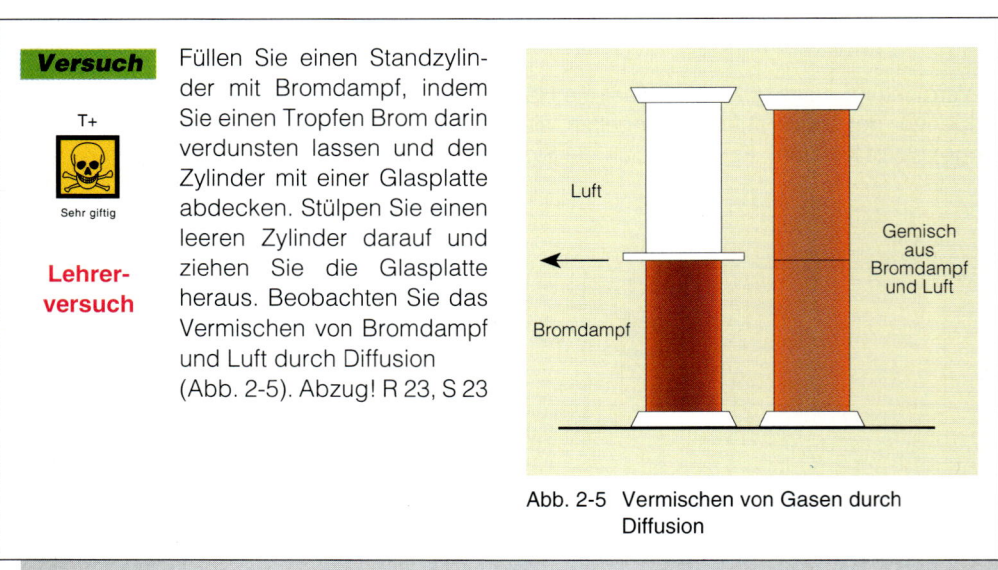

| **Versuch** | Füllen Sie einen Standzylinder mit Bromdampf, indem Sie einen Tropfen Brom darin verdunsten lassen und den Zylinder mit einer Glasplatte abdecken. Stülpen Sie einen leeren Zylinder darauf und ziehen Sie die Glasplatte heraus. Beobachten Sie das Vermischen von Bromdampf und Luft durch Diffusion (Abb. 2-5). Abzug! R 23, S 23 |

T+
Sehr giftig

Lehrer-versuch

Luft

Gemisch aus Bromdampf und Luft

Bromdampf

Abb. 2-5 Vermischen von Gasen durch Diffusion

Mischen sich zwei oder mehr verschiedene Gase von gleicher Temperatur und gleichem Druck, ohne dass sich Druck und Temperatur ändern, so setzt sich das Gesamtvolumen V_{ges} aus den Teilvolumina und der Gesamtdruck p_{ges} aus den Teildrücken der einzelnen Gase (Partialdrücken) zusammen (vgl. Übersicht 2-2).

Zusammensetzung der Luft		
Bestandteil	Volumenanteile in %	Partialdruck bei 1,013 bar in bar
Stickstoff	78,09	0,792
Sauerstoff	20,95	0,2114
Kohlenstoffdioxid	0,036	0,0003
Edelgase u.a. Stoffe	0,924	0,0093
	$V_{ges} = 100$	$p_{ges} = 1,0130$

Übersicht 2-2

2.2.2 Flüssigkeiten

In Flüssigkeiten bzw. Schmelzen sind die Abstände der Teilchen zueinander so gering, dass die Anziehungskräfte überwiegen. Es wird aber keine regelmäßige Anordnung über größere Strecken erreicht. Nur wenige Teilchen sind geordnet, zwischen anderen bestehen Lücken (Hohlräume) (Abb. 2-3). Eine gewisse Beweglichkeit der Teilchen ist möglich. Flüssigkeiten sind deshalb nicht formbeständig, sie füllen eine vorgegebene äußere Form aus. Sie lassen sich nur wenig komprimieren.

Die Struktur der Flüssigkeiten und die Beweglichkeit bzw. Schwingung der Teilchen (**BROWN-sche Molekularbewegung**) ermöglichen, dass lösliche Stoffe innerhalb der Flüssigkeit diffundieren können.

Versuch  Xn Mindergiftig (Gesundheitsschädlich)	In einen Standzylinder, der mit Wasser gefüllt ist, werden einige Kristalle Kupfersulfat $CuSO_4 \cdot H_2O$ gegeben. Der Zylinder wird erschütterungsfrei gut sichtbar aufgestellt. Beobachten Sie über mehrere Wochen die farblichen Änderungen (Abb. 2-6). R 25, R 53, R 54

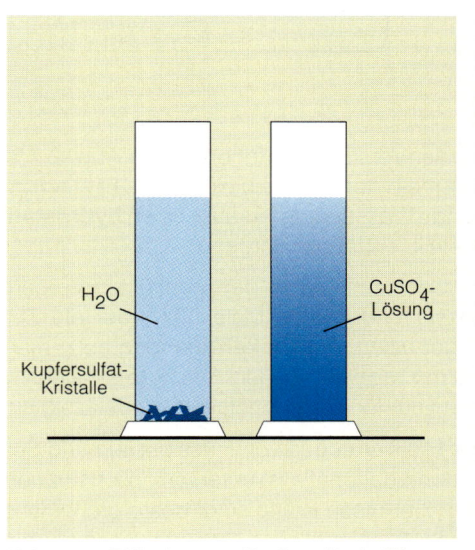

Abb. 2-6   Diffusion von Kupfersulfat in Wasser

Aufgabe: Begründen Sie, weshalb die Diffusion mit steigender Temperatur zunimmt!

Wegen der Teilchenanziehung besitzen Flüssigkeiten eine **Oberflächenspannung.** Teilchen, die aus der Oberfläche entweichen, erzeugen einen von der Temperatur abhängigen Dampfdruck. Ist Letzterer gleich dem äußeren Druck, siedet die Flüssigkeit. Reine Flüssigkeiten haben bei 1,013 bar eine charakteristische Siedetemperatur.

Wird eine wässrige Lösung z.B. von Zucker durch eine halbdurchlässige Wand (Zellwände, präparierte Membran u.a.) von reinem Wasser getrennt, so wandern die kleinen Wassermoleküle aus dem Wasser in die Lösung hinein, während die größeren Zuckermoleküle die Poren nicht passieren können.

Die Lösung hat das Bestreben sich zu verdünnen, sie besitzt einen so genannten **osmotischen Druck**, der direkt von der Konzentration abhängig ist.

Die Wanderung von Lösungsmittelmolekülen durch eine semipermeable (halbdurchlässige) Wand in Richtung der konzentrierteren Lösung heißt Osmose.

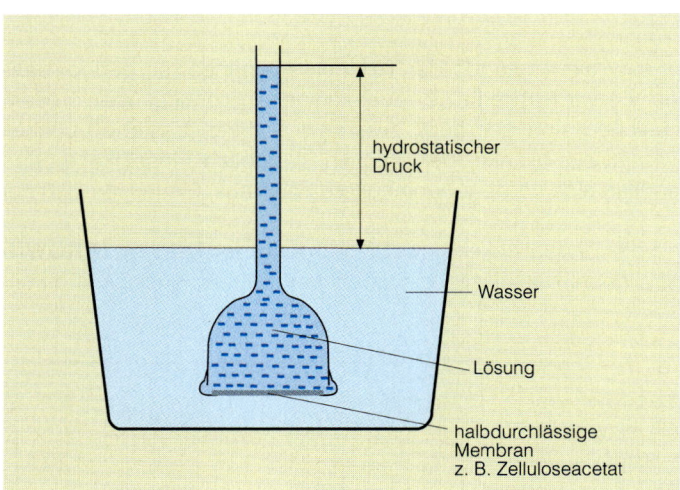

Abb. 2-7   Osmose

In einer Versuchsanordnung nach Abb. 2-7 ist zu Beginn der Flüssigkeitsspiegel innerhalb und außerhalb des Rohres gleich hoch. Er steigt im Rohr durch das eindringende Wasser. Die zunehmende Wassersäule erzeugt einen **hydrostatischen Druck**. Sobald sich ein Druckgleichgewicht einstellt, endet der Vorgang.

Die Osmose ist einer der wichtigsten Vorgänge in der belebten Natur (Aufnahme/Abgabe von Wasser und kleinen Molekülen über die Zellwände, Aufrechterhaltung des Zelldruckes oder Turgor usw.). Die **Umkehrosmose** nutzt man zur Trinkwassergewinnung aus Meerwasser (bis 250 m^3/Tag). Mit großem Druck (bis 70 bar) wird Meerwasser auf Membranen gepresst, deren Poren nur für Wassermoleküle durchlässig sind.

Das Fließvermögen von Flüssigkeiten und Schmelzen – auch **Zähigkeit, Viskosität** oder innere Reibung genannt – ist unterschiedlich. Es beruht auf Kräften, die zwischen den Teilchen wirken. Je größer diese Kräfte sind, desto größer ist die Reibung zwischen den Teilchen und damit die Viskosität beim Fließen. Temperaturerhöhung schwächt die Kräfte und die Zähigkeit nimmt ab. Auch die Teilchengröße wirkt sich auf die Viskosität aus. Stoffe, die aus großen Korpuskeln bestehen (z. B. Öle, Glasschmelzen), fließen zäher als solche aus kleinen Teilchen (z. B. Wasser, Aceton, Pentan).

Besondere Bedeutung haben Flüssigkeiten als Lösungsmittel. An erster Stelle steht das Wasser (vgl. Abschnitt 12.2). Andere bedeutsame Lösungsmittel sind organische Verbindungen wie z. B. Benzin, Alkanole (Alkohole), Chloralkane, Alkanone (Ketone) (vgl. Kapitel 15).

2.2.3 Festkörper

Feste Stoffe sind bei Raumtemperatur formbeständig. Die Teilchen können ihre Plätze nicht ohne weiteres wechseln. Sie sind in echten Festkörpern geordnet, d. h., in Richtung der drei Raumkoordinaten x, y und z nehmen sie konstante Abstände a, b, c und Winkel α, β, γ zueinander ein (Abb. 2-8). Diese Merkmale kennzeichnen die **kristalline Struktur** bzw. kristalline Stoffe. Bei Metallen kommen vor allem **kubische** (lat. Würfel) und **hexagonale** (lat. Sechseck) **Kristallgitter** vor (Abb. 2-9; vgl. dazu Abschnitt 7.2). Es gibt 7 einfache Kristallsysteme (Abb. 2-9). Die kleinste wiederkehrende Baueinheit des Kristallgitters ist die **Elementarzelle**.

Die anziehenden Kräfte zwischen den Teilchen sind stärker und die Teilchen sind dichter gepackt als bei Flüssigkeiten (Abb. 2-4). Die Beweglichkeit ist im Vergleich zu den Flüssigteilchen wesentlich kleiner.

z
c
y
α
b
β
a
x
γ

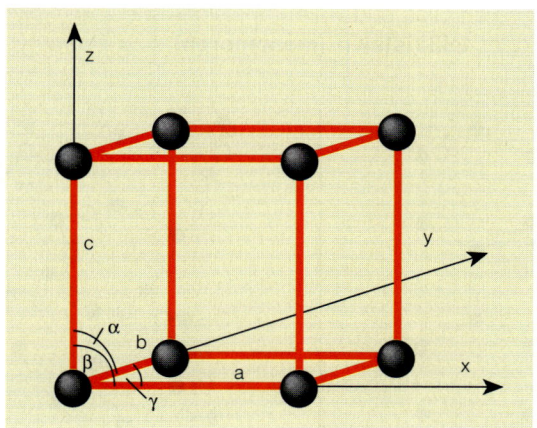

Abb. 2-8
Teilchenabstände a, b, c und Winkel α, β, γ im Kristallgitter am Beispiel des kubischen Systems

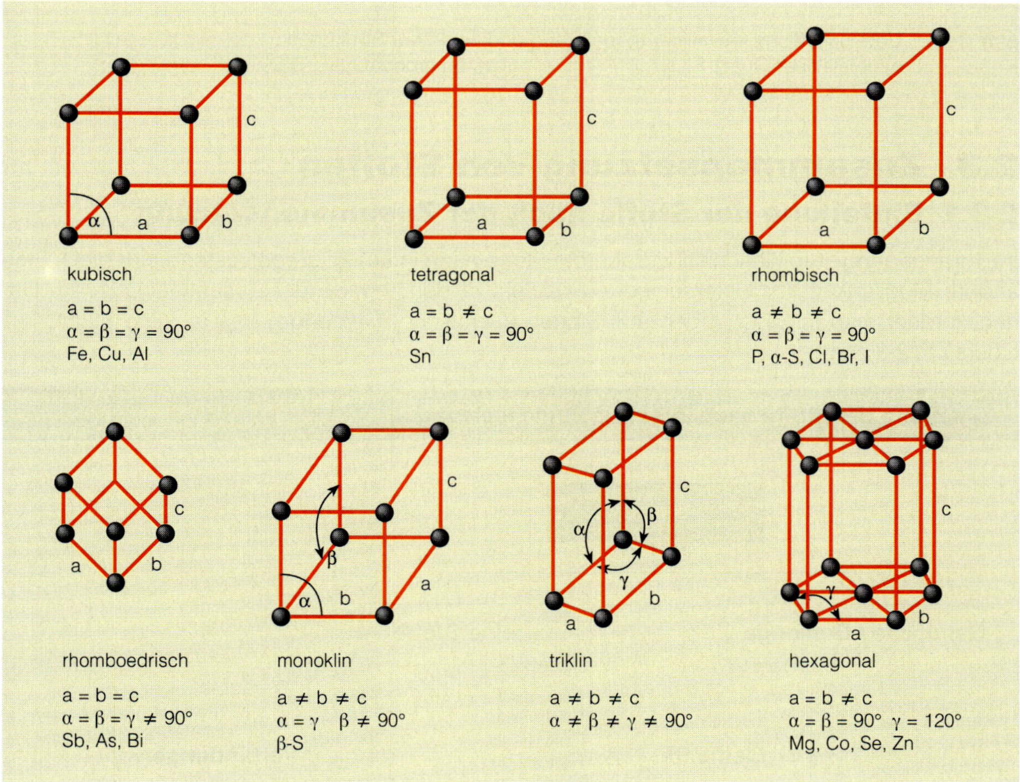

kubisch
a = b = c
α = β = γ = 90°
Fe, Cu, Al
tetragonal
a = b ≠ c
α = β = γ = 90°
Sn
rhombisch
a ≠ b ≠ c
α = β = γ = 90°
P, α-S, Cl, Br, I
rhomboedrisch
a = b = c
α = β = γ ≠ 90°
Sb, As, Bi
monoklin
a ≠ b ≠ c
α = γ β ≠ 90°
β-S
triklin
a ≠ b ≠ c
α ≠ β ≠ γ ≠ 90°
hexagonal
a = b ≠ c
α = β = 90° γ = 120°
Mg, Co, Se, Zn

Abb. 2-9 Die 7 einfachen Kristallsysteme (Elementarzellen; Vorkommen bei Elementen)

Typisch kristalline Stoffe sind z. B. alle Metalle und Nichtmetalle im festen Zustand sowie Salze und Mineralien. Sie besitzen eine Schmelztemperatur, wenn sich der Stoff nicht unterhalb des Schmelzpunktes zersetzt.

Es gibt aber auch feste Stoffe, deren Teilchen ungeordnet sind. Sie besitzen zumeist große Moleküle oder ein Netzwerk von Molekülen, sodass eine regelmäßige Anordnung erschwert ist. Ihren Aufbau bezeichnet man als **glasartig** oder **amorph** (griech. ohne Gestalt, Abb. 2-10).

Zu den amorphen Stoffen gehören Glas und viele Kunststoffe wie z. B. Polystyrol, Polymethyl-acrylat. Teilweise geordnet oder **teilkristallin (mesomorph)** sind Polyethylen und Polyamid.

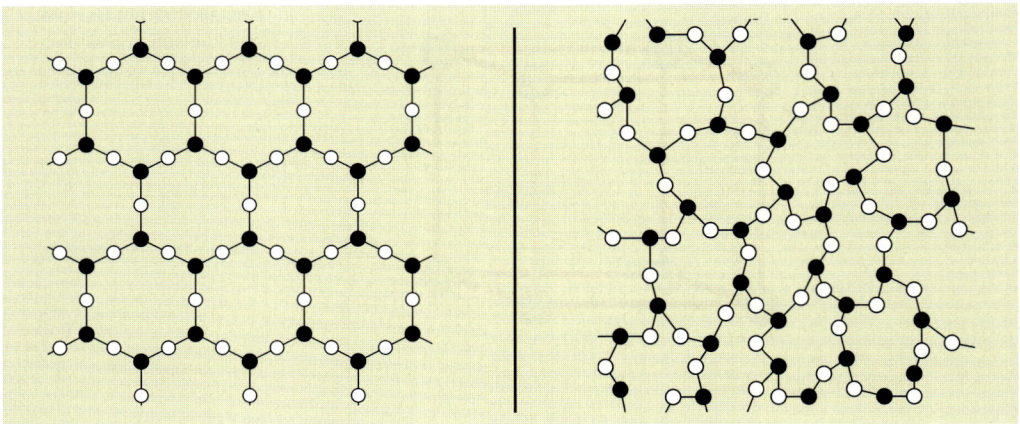

Abb. 2-10   Unterscheidung kristalliner (geordneter) und amorpher Strukturen
           a) kristalliner Quarz SiO_2 b) amorpher Quarz SiO_2

2.3   Zusammensetzung von Stoffen

2.3.1 Einteilung der Stoffe nach der Zusammensetzung

Im vorangegangenen Abschnitt wurden die Stoffe nach ihrem Aggregatzustand eingeteilt. Eine andere Möglichkeit der Unterscheidung besteht in der Angabe der Zusammensetzung: Danach ordnet man in Mischungen aus Stoffen (Gemische, Gemenge) und in reine Stoffe, wie Übersicht 2-3 zeigt.

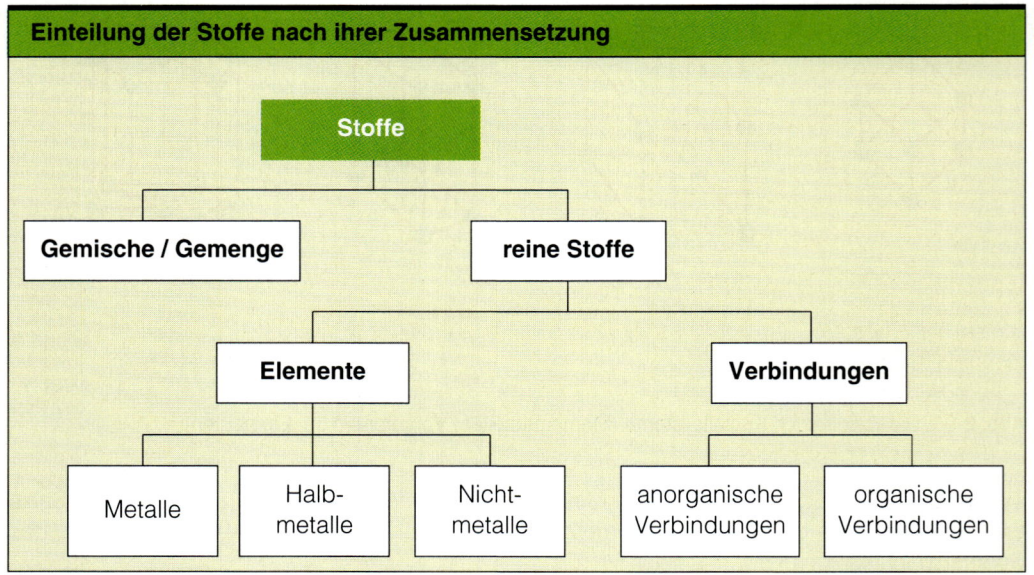

Übersicht 2-3

In der Natur treten die Stoffe zumeist als Mischungen (Gemische/Gemenge) auf.

2.3.2 Mischungen – Gemische und Gemenge

Gemische und **Gemenge** sind Mischungen aus mehreren Stoffen, d. h. Teilchenarten, die sich nicht miteinander verbunden haben.

> **Mischungen sind im Verlauf physikalischer Vorgänge entstanden. Ihre Zusammensetzung (Masseanteile) ist variabel.**

Sie können in allen Aggregatzuständen auftreten, auch Stoffe in unterschiedlichem Aggregatzustand können sich mischen.

Man bezeichnet **Mischungen** als **homogen** (griech. gleichartig) bzw. als **Gemisch**, wenn die Teilchenarten in Form von Molekülen, Ionen oder Atomen gleichmäßig untereinander verteilt sind (z. B. Luft, Salz- und andere Lösungen, Legierungen aus Mischkristallen als so genannte feste Lösungen wie Gold/Silber-Legierungen). Die verschiedenen Teilchenarten bilden eine **Phase**.

Gemenge sind **heterogene** Mischungen (griech. verschiedenartig). Die verschiedenartigen Stoffpartikel bestehen aus Teilchenanhäufungen (z. B. „Körnchen") von Molekülen, Ionen oder Atomen. Man kann sie optisch (Lupe, Mikroskop) voneinander unterscheiden, was im Falle eines Gemisches nicht möglich ist. Gemenge bestehen aus mehreren Phasen.

> **Aufgabe:** Welche Mischungen der Übersicht 2-4 sind Gemische, welche Gemenge? Welcher Gruppe ordnen Sie Benzin, Autoabgase, Meerwasser, Leitungswasser, Bier, Pudding-Pulver, Salzsäure-Lösung zu?

Nach dem Zerteilungsgrad der Stoffe in Mischungen nimmt man folgende Unterscheidung vor: In den **„echten" Lösungen** sind die Stoffe vollständig bis zu ihren kleinsten Teilchen (Atome, Ionen, Moleküle) im Lösungsmittel aufgelöst und homogen verteilt wie z. B. in Zucker- oder Kochsalzlösungen. Man spricht auch von **molekulardispersen** (molekularverteilten) Systemen. Von dieser Homogenität weichen **Kolloide** ab. Der Zerteilungsgrad liegt zwischen den Lösungen und **grobdispersen** (grobverteilten) Gemengen. In Kolloiden bilden die Teilchenarten Anhäufungen mit einem Durchmesser zwischen 10^{-9} m (1 nm) und 10^{-6} m (1 µm). Diese Teilchenanhäufungen können in Flüssigkeiten, Gasen oder auch festen Stoffen verteilt sein. Kolloide sind somit ein besonderer Zerteilungsgrad der Stoffe. Einige Mischungen der Übersicht 2-3 wie frische, nicht aufgerahmte Milch (Emulsion), Gele, Rauch und Nebel sind Kolloide. Im echten Rubinglas ist Gold kolloid im Glas verteilt.

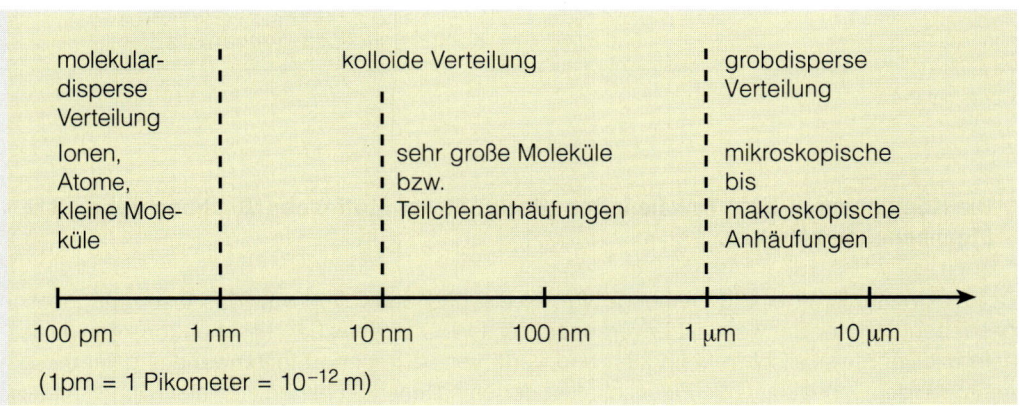

Mischungen – Gemenge und Gemische

verteilter Stoff/ Trägerstoff	Beispiel	Stoffe (Bestandteile) der Mischung
fest-fest	Trockenmörtel, abgebundener Beton, Gesteine	Sand/Kalk; Zement/Kies, abgebundener Zement/Kies Granit: Quarz, Feldspat, Hornblende
fest-flüssig	heterogen: schlammiges Wasser	mineralische (tonige) Bestandteile in Wasser (Suspension)
	homogen: Lösungen	Salz-, Zuckerlösung
flüssig-fest	gallertartige Stoffe, Gele	feuchter Ton, Fruchtgelee, Fleischextraktgele, Schmierseife, Schmierfette
fest-gasförmig	Rauch	Ruß, Aschepartikel in Abgas
gasförmig-fest	feste Schäume	Polystyrol-, Harnstoff-, Polyurethanschaumstoffe, Bimsstein
flüssig-flüssig	Emulsion Mischung, Lösung	Milch (Fetttröpfchen, Milchwasser), Bohremulsionen (Schmieröl, Wasser), Alkohol in Wasser, Erdöl, Seifenlösung
flüssig-gasförmig	Nebel	Wassertröpfchen/Luft
gasförmig-flüssig	Mineralwasser flüssige Schäume	Kohlenstoffdioxid in Wasser Seifenschaum, Schlagsahne, Eischnee
gasförmig-gasförmig	Luft, Erdgas	Sauerstoff, Stickstoff, gasförmiges Wasser, Edelgase, Kohlenstoffdioxid; Methan u. a.

Übersicht 2-4

Die Komponenten oder Teilchenarten (Bestandteile, Stoffe) der Mischung haben ihre Eigenschaften behalten.

Beispielsweise ist in einem Gemenge von Eisen- und Schwefelpulver das Eisen magnetisch geblieben und der Schwefel ist unverändert bei 119 °C schmelzbar. Mischungen können deshalb mithilfe physikalischer Methoden und Verfahren, d. h. ohne Stoffumwandlung wieder getrennt werden, indem man die Eigenschaften der enthaltenen Stoffarten ausnutzt (Übersicht 2-5).

Trennen von Gemengen (heterogene Mischungen)		
Methode/Verfahren	ausgenutzte Eigenschaft	Beispiele für die Anwendung
Auslesen	visuell feststellbare Unterschiede (Farbe, Glanz u.a.)	Handauslese, Aussortieren eines Stoffes aus einem grobkörnigen Gemenge
Sieben	unterschiedliche Korngröße	Sand/Kies
Magnetscheidung	unterschiedliches magnetisches Verhalten	Trennung von Eisen- und Nichteisenschrott, von Magneteisenerz und Gesteinsbeimengungen (Gangart) im Magnetfeld
Absetzen, Sedimentieren, Dekantieren	Dichteunterschiede, Unlöslichkeit	Goldwäsche; Schlammklären bei der Abwasserbehandlung; Bildung von Sedimenten im Meer; Abgießen einer flüssigen Phase vom Niederschlag
Flotation	unterschiedliche Benetzbarkeit der Bestandteile durch das Flotationsmittel, Dichteunterschiede, Auftrieb	Erzaufbereitung; Trennung von Suspensionen aus Erzmineralien und Gangart; Abtrennen von Farbstoffen bei der Altpapierverwertung
Seigern, Ausschmelzen	unterschiedliche Schmelzpunkte	Reinigung von Blei und Zinn (Raffination); Trennung des Schwefels von Beimengungen durch Ausschmelzen
Auslaugen	unterschiedliche Löslichkeit vermengter Stoffe in einem Lösungsmittel	Abtrennen von Gold aus goldhaltigen Sanden, Erzen mithilfe von Quecksilber (Amalgamieren) oder wässrigen Alkalicyanid-Lösungen (Cyanid-Laugung)
Zentrifugieren	Dichteunterschiede; Abhängigkeit der Zentrifugalkräfte von der Dichte bzw. Masse	Trennung von Milch in Rahm und Magermilch, von Blut in Blutkörperchen und Blutplasma; Abschleudern von Salzkristallen aus der Mutterlauge (Aufbereitung von Kalisalzen)
Sublimieren	unterschiedliche Flüchtigkeit fester Stoffe; Verflüchtigen eines Stoffes beim Erwärmen und Kondensieren des Dampfes an gekühlten Flächen	Reinigung von Schwefel, Iod, Verdampfen von festem Kohlenstoffdioxid ("Trockeneis")
Filtrieren	Unlöslichkeit eines festen Stoffes, Korngröße größer als Porendurchmesser der Filter, Schwerkraft bzw. Druckdifferenz u.a.	Reinigung von Brauchwasser; Rückgewinnung von Wertstoffen aus dem Siebwasser bei der Papierherstellung, Staubfiltration (Luftfilter im Pkw), Kraftstofffilter

Übersicht 2-5

Trennen von Gemischen (homogene Mischungen)

Methode/Verfahren	ausgenutzte Eigenschaft	Beispiele für die Anwendung
Destillieren	unterschiedliche Siedepunkte	Trennung von Kohlenwasserstoffen bei der Erdöldestillation; Konzentrierung von Alkohol
Eindampfen	Siedetemperatur des Lösungsmittels	Konzentrieren einer Lösung; Gewinnung des gelösten Salzes in fester Form
Kristallisieren	Abhängigkeit der Löslichkeit (von der Temperatur) in einem Lösungsmittel	Abscheidung von Salzen und anderen Verbindungen bei Abkühlung einer übersättigten Lösung; Umkristallisieren zur Reinigung eines Stoffes
Adsorbieren Desorbieren	Anlagerung eines gasförmigen Stoffes an die Oberfläche eines flüssigen oder festen Stoffes durch Oberflächenkräfte (Adsorption); Ablösen, „Austreiben" adsorbierter Stoffe z. B. durch Erwärmen oder Druckänderung	Zurückhalten giftiger Gase in Atemschutzfiltern (Aktivkohle); Entschwefelung von Rauchgas; chromatografisches Trennen von Mischungen aus Naturstoffen (Vitamine, Alkaloide, Antibiotika), seltenen Elementmischungen, radioaktiven Stoffgemischen usw.; Rückgewinnung (Recycling) von Lösungsmitteln mittels Aktivkohle oder Kieselgel; vorübergehende Stoffanlagerung an Katalysatoren, Färben von Textilien
Absorbieren	Lösen (Eindringen) von Gasen vor allem in Flüssigkeiten (und Festkörper)	Luft/Sauerstoff in Wasser, Gasreinigung durch Waschprozesse
Extrahieren Auslaugen	unterschiedliche Löslichkeit gemischter Stoffe in einem Lösungsmittel	Abtrennen von Aromaten aus Erdöl; Erzeugen von Tee- und Kaffeeauszug

Übersicht 2-6

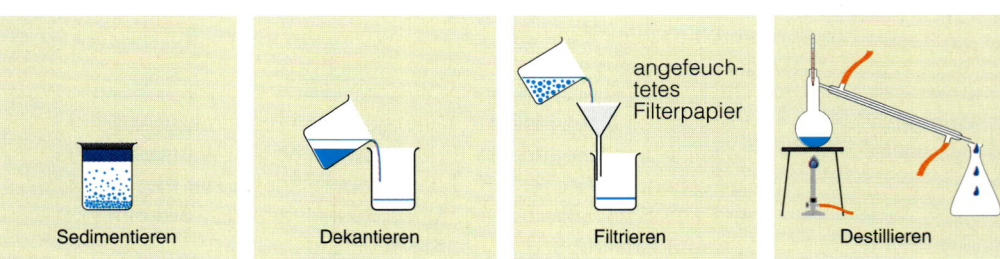

Abb. 2-11   Trennen von Mischungen

Aufgaben: 1. Glasbruch soll für Recyclingzwecke von Eisenschrott (z. B. Flaschenverschlüsse) getrennt werden.

2. Beim Recycling von Polyvinylchlorid- (Dichte 1,38 g · cm^{-3}) und Polyethylenverpackungen (Dichte ca. 0,95 g · cm^{-3}) werden die Kunststoffe geschreddert.

Schlagen Sie für beide Fälle geeignete Verfahren bzw. Prinziplösungen vor, mit deren Hilfe eine Trennung der Gemenge möglich ist.

Für chemische Untersuchungen und für den Aufbau von Verbindungen benötigt der Chemiker reine Stoffe, die er z.B. mithilfe der in Übersichten 2-5/2-6 genannten physikalischen Trennverfahren gewinnt. Auch bei der Rohstoffverarbeitung müssen häufig Stoffmischungen getrennt werden, um den interessierenden Stoff zu isolieren. Oft sind auch Verfahren zu kombinieren oder mehrfach anzuwenden, um die erforderliche Reinheit zu erzielen, z. B. bei der Erdöldestillation.

2.3.3 Reine Stoffe

Merkmale reiner Stoffe

Elemente und Verbindungen sind reine Stoffe. Sie bestehen aus einer Stoffart, d. h. auch aus einer Teilchenart. Die Teilchenarten, die den Stoff aufbauen, bezeichnet man als **Komponente.** Reines Aluminium besteht aus Aluminiumatomen. Die Komponente von Eisen sind Eisenatome, die von Schwefeldioxid SO_2-Moleküle.

Reine Stoffe sind gleichmäßig zusammengesetzt, **homogen.** Sie bestehen aus einer Phase. Vorhandene Fremdstoffe werden als **Verunreinigungen** bezeichnet.

Elemente

Atome sind die kleinsten Teilchen eines Elements.

Ein Element besteht aus Atomen gleicher Protonenzahl. Da die Protonen sich im Atomkern befinden und eine positive Ladung tragen, kann man wie folgt definieren:

Ein Element ist ein Stoff, dessen Atome die gleiche Kernladungszahl haben
(vgl. Abschnitt 3.3).

In der Natur wurden 90 Elemente nachgewiesen. Nach den wesentlichen Merkmalen lassen sich **Metalle** (65), **Nichtmetalle** (13) und **Edelgase** (6) unterscheiden. Die übrigen Elemente zeigen sowohl Eigenschaften der Metalle als auch der Nichtmetalle. Auf Grund ihrer Zwischenstellung werden sie als **Halbmetalle** bezeichnet (manchmal werden auch Bor und Silicium dazu gezählt). Wasserstoff nimmt eine Sonderstellung ein (vgl. Abschnitt 7.1; Übersicht 2-7). Die Elemente Technetium und Promethium (Ordnungszahl 43 und 61) wurden in der Natur nicht gefunden.
Elemente können durch chemische Methoden nicht in andere Stoffe zerlegt werden, weil Atome auf chemischem Wege nicht teilbar sind. Sie lassen sich jedoch mithilfe von kernphysikalischen Verfahren (Kernspaltung, Kernfusion oder -verschmelzung) verändern. Durch Kernfusion sind 21 neue, radioaktive Elemente erzeugt worden. Insgesamt waren 1996 111 Elemente bekannt.

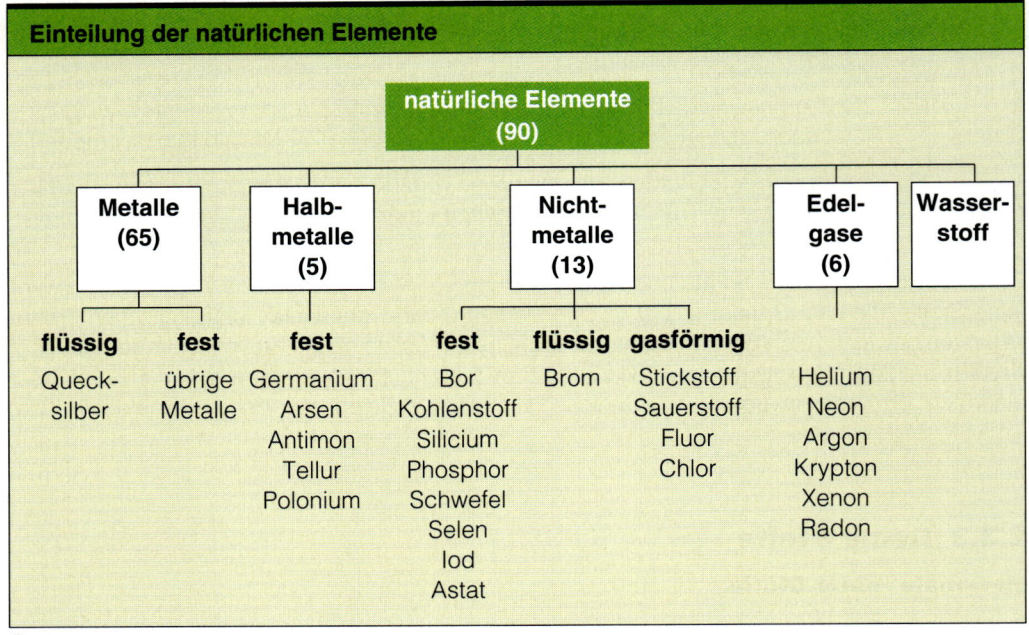

Einteilung der natürlichen Elemente

natürliche Elemente
(90)

| Metalle (65) | Halb-metalle (5) | Nicht-metalle (13) | Edel-gase (6) | Wasser-stoff |

flüssig **fest** **fest** **fest** **flüssig** **gasförmig**

flüssig	fest	fest	fest	flüssig	gasförmig
Queck-silber	übrige Metalle	Germanium Arsen Antimon Tellur Polonium	Bor Kohlenstoff Silicium Phosphor Schwefel Selen Iod Astat	Brom	Stickstoff Sauerstoff Fluor Chlor	Helium Neon Argon Krypton Xenon Radon

Übersicht 2-7

Für die Bezeichnung der chemischen Elemente verwendet man **chemische Zeichen** oder **Symbole.** Es sind Abkürzungen, zumeist die Anfangsbuchstaben der lateinischen oder griechischen Elementnamen. Bei Verwechslungsmöglichkeiten werden zwei Buchstaben benutzt. Das Symbol gibt nicht nur den Stoff an, sondern es ist auch das Zeichen für ein Atom des betreffenden Elementes (weitere Bedeutung s. Abschnitt 3.8; Elementnamen und Symbole siehe Anhang). Elemente und Verbindungen besitzen charakteristische, voneinander verschiedene Eigenschaften: Schmelz- und Siedetemperatur, Dichte, Härte, Farbe, Plastizität oder Sprödigkeit, Bindungsbestreben zu anderen Stoffen und Löslichkeit in Lösungsmitteln. Elemente, die bei Normtemperatur (0 °C) fest sind, haben zumeist zwischen 0 Kelvin und der Schmelztemperatur ein gleich bleibendes Kristallgitter (Al, Au, Ag, Cl u. a.). Bei den so genannten **allotropen Elementen** (z. B. S, C, N) ändert sich die Teilchenordnung. Sie treten in verschiedenen **Modifikationen** oder Erscheinungsformen auf (Übersicht 2-8).

Allotrope Elemente – allotrope Umwandlungen (Beispiele)

Element	Bezeichnung der Modifikation	Gitterstruktur (Kristallsystem)	Umwandlungs-temperatur
Sauerstoff	$\alpha\text{-}O_2$ $\beta\text{-}O_2$ $\gamma\text{-}O_2$	rhombisch rhomboedrisch kubisch	$\alpha-O_2 \underset{}{\overset{23{,}9\,K}{\rightleftharpoons}} \beta-O_2 \underset{}{\overset{54{,}4\,K}{\rightleftharpoons}} \gamma-O_2$
Eisen	$\alpha\text{-}Fe$ $\gamma\text{-}Fe$ $\delta\text{-}Fe$	kubisch (krz) kubisch (kfz) kubisch (krz)	$\alpha-Fe \underset{}{\overset{911\,°C}{\rightleftharpoons}} \gamma-Fe \underset{}{\overset{1392\,°C}{\rightleftharpoons}} \delta-Fe$
Zinn	$\alpha\text{-}Sn$ $\beta\text{-}Sn$	Diamantgitter tetragonal	$\alpha-Sn \underset{}{\overset{13{,}2\,°C}{\rightleftharpoons}} \beta-Sn$

Übersicht 2-8

Die Elemente kommen in der Natur zumeist gebunden vor. Wegen unterschiedlicher Löslichkeit und Flüchtigkeit der Stoffe sind sie in der **Lithosphäre** (Erdrinde), **Hydrosphäre** (Wassermantel), **Atmosphäre** (Lufthülle) und **Biosphäre** (belebter Raum, belebte Natur) sehr verschieden verteilt (Übersicht 2-9).

Verbindungen

Verbindungen bestehen aus zwei oder mehr Elementen und somit aus zwei oder mehr Atomarten, die im Verlauf chemischer Vorgänge Moleküle oder Ionen gebildet haben. Sie unterscheiden sich von den in ihnen enthaltenen Elementen durch andere Eigenschaften. Verbindungen sind reine Stoffe.

Die kleinsten Teilchen einer Verbindung sind Moleküle oder Ionen. Verbindungen entstehen im Verlauf von chemischen Vorgängen. Sie können nur mithilfe von chemischen Reaktionen zerlegt werden. Die Zusammensetzung von Verbindungen ist konstant.

Verteilung einiger Elemente nach ihrer Häufigkeit in der Lithosphäre, Hydrosphäre und Atmosphäre

Element	Lithosphäre Masseanteil in %	Hydrosphäre Masseanteil in %	Atmosphäre Masseanteil in %	Atmosphäre Vol.-anteil in %	tierischer und menschlicher Organismus Masseanteil in %
O	49,0	85,9	23,14	20,95	65,0
Si	25,7				0,002
Al	7,6				0,001
Fe	4,7				0,01
Ca	3,4	0,04			2,01
Na	2,6	1,07			0,11
K	2,5	0,04			0,27
Mg	1,9	0,13			0,04
H	0,9	10,8			10,0
Ti	0,6				
Cl	0,2	1,94			0,15
S	0,05	0,002			
C	0,09	0,03	0,046	0,036	18,0
N	0,002	0,0001	75,5	78,09	3,0
Ar			1,28	0,91	
übrige Elemente	zu 100 %	zu 100 %	zu 100 %	zu 100 %	zu 100 %

Übersicht 2-9

In Verbindungen sind die Atome entsprechend ihrer **Wertigkeit** miteinander gebunden. Daraus ergeben sich bestimmte Atomverhältnisse. Viele Elemente treten in mehreren Wertigkeiten auf (Übersicht 2-10).

Wertigkeiten häufiger Elemente	
Wertigkeiten	Elemente
+I	H, Li, Na, K, Ag, Cu; N, Cl, Br, I
+II	Mg, Ca, Sr, Ba, Fe, Ni, Cu, Hg, Pb, Mn; S, C, N
+III	Al, Fe, Cr; Cl, Br, I, As, B, N, P
+IV	Sn, Pb, Mn; Cl, S, N, C, Si
+V	P, N, As, Cl, Br, I
+VI	Mn, Cr; S, Se, Te
+VII	Mn; Cl, I
–I	F, Cl, Br, I
–II	O, S
–III	N, P, As
–IV	C, Si

Übersicht 2-10

Anmerkung: zu Wertigkeiten und Ladungen vgl. auch Abschnitte 5.3.2 und 5.4.3

2.3.4 Formeln

Formeln sind die chemischen Zeichen für Verbindungen. Sie setzen sich aus den Symbolen der Elemente zusammen, welche die Verbindung aufbauen. Die Formeln geben auch an, in welchem Verhältnis die Elemente enthalten sind.

Man unterscheidet Strukturformeln und Summenformeln (Bruttoformel).

In den **Summenformeln** (Brutto-, Substanzformel) wird das Zahlenverhältnis der beteiligten Atome durch Indizes angegeben (die Zahl 1 wird nicht geschrieben).

Beispiele:

Stoff	Atom-Zahlenverhältnis	Summenformel
Wasser	$H:O = 2:1$	H_2O
Zinkoxid	$Zn:O = 1:1$	ZnO
Aluminiumoxid	$Al:O = 2:3$	Al_2O_3
Methan	$C:H = 1:4$	CH_4
Schwefelsäure	$H:S:O = 2:1:4$	H_2SO_4
Chlormethan	$C:H:Cl = 1:3:1$	CH_3Cl
Kohlenstoffdioxid	$C:O = 1:2$	CO_2

Die **Strukturformel (LEWIS-Formel)** zeigt durch Bindestriche, welche Atome miteinander gebunden sind, ohne darüber zu informieren, wie die Bindung zustande gekommen ist. Die Anzahl der Bindestriche entspricht der Wertigkeit.

Beispiele:

Verbindung	Strukturformel	Summenformel	Wertigkeiten
Schwefeldioxid	$O = S = O$	SO_2	O 2-wertig S 4-wertig
Schwefelsäure	$H-O$ \ $\nearrow O$ S $H-O$ / $\searrow O$	H_2SO_4	H 1-wertig S 6-wertig O 2-wertig
Phosphorsäure	$H-O$ \ $H-O-P=O$ $H-O$ /	H_3PO_4	H 1-wertig P 5-wertig O 2-wertig
Chlormethan	H \ $H-C-Cl$ H /	CH_3Cl	H 1-wertig C 4-wertig Cl 1-wertig

Aufgabe:
1. Stellen Sie die Formeln für die Chlorverbindungen der Elemente Ag, Mg, Ba, Zn, Al, Si, C, As, Hg auf!
2. Die Elemente Fe, Cu, Pb, Sn treten in mehreren Wertigkeiten auf. Wie lauten die Struktur- und Summenformeln für die Chloride und Oxide?

2.3.5 Gleichungen

Der chemische Vorgang wird mithilfe von Gleichungen beschrieben. Auf der linken Seite gibt man die Ausgangsstoffe oder **Edukte**, auf der rechten die Endstoffe oder **Produkte** an. Der Reaktionspfeil zeigt die Richtung des Vorgangs an. Ein Doppelpfeil ($\rightleftharpoons$) wird gesetzt, wenn auch eine Rückreaktion erfolgt (vgl. chemisches Gleichgewicht).

Bei der Formulierung der Gleichungen sind zwei Grundsätze zu beachten:

1. Links und rechts des Reaktionspfeils müssen die jeweiligen Elemente in der Zahl übereinstimmen.

2. Elemente verbinden sich in konstanten Atomverhältnissen, die in den Formeln ausgedrückt werden.

Daraus lässt sich folgender Algorithmus für die Formulierung chemischer Gleichungen aufstellen:

1. Schritt: Edukte und Produkte vollständig formulieren.

2. Schritt: Wertigkeiten der Elemente feststellen und exakte Formeln für die Verbindungen angeben.
   HNO-Regel beachten: Wasserstoff, Stickstoff, Sauerstoff und die Elemente der 7. Hauptgruppe sind molekular anzugeben: H_2, N_2, O_2, F_2, Cl_2, Br_2, I_2 (vgl. Abschnitt 5.4.2).

3. Schritt: Die Atomzahl jedes Elementes auf der linken und rechten Seite der Gleichung überprüfen (Mengenprüfung).

4. Schritt: Mithilfe von ganzzahligen Koeffizienten die linke und rechte Seite der Gleichung in Übereinstimmung bringen (Mengenausgleich). Die Formeln der Verbindungen bleiben unverändert!

Beispiele

1. Reaktion des Phosphoroxids P_2O_3 (Phosphortrioxid) mit Wasser zu Phosphoriger Säure H_3PO_3

    1. Schritt: $P_2O_3 + H_2O \rightarrow H_3PO_3$

    2. Schritt: P 3-wertig, O 2-wertig P_2O_3
                 H 1-wertig, O 2-wertig H_2O
                 Formel der phosphorigen Säure H_3PO_3

    3. Schritt: Da in P_2O_3 2 Atome P, in H_3PO_3 aber nur 1 Atom P enthalten ist, entstehen aus 1 Molekül P_2O_3 2 Moleküle H_3PO_3
                 $P_2O_3 + H_2O \rightarrow 2\,H_3PO_3$

    4. Schritt: Edukte: 2 P-Atome, 2 H-Atome, 4 O-Atome
                 Produkte: 2 P-Atome, 6 H-Atome, 6 O-Atome
                 Der Ausgleich wird erreicht durch 3 H_2O
                 $P_2O_3 + 3\,H_2O \rightarrow 2\,H_3PO_3$

2. Reaktion von Magnesium mit Sauerstoff zu Magnesiumoxid MgO

    1. Schritt: $Mg + O \rightarrow MgO$

    2. Schritt: Beide Elemente sind 2-wertig, Sauerstoff kommt nur molekular als O_2 vor

    3. Schritt: 2 Atome Sauerstoff in O_2 führen zur Bildung von 2 Molekülen MgO
                 $Mg + O_2 \rightarrow 2\,MgO$

    4. Schritt: Edukte: 1 Mg, 2 O,
                 Produkte: 2 Mg, 2 O
                 In der Gleichung muss Mg den Koeffizienten 2 erhalten, damit sich Ausgangs- und Endprodukte in Übereinstimmung befinden
                 $2\,Mg + O_2 \rightarrow 2\,MgO$

Aufgaben: Bestimmen Sie in den folgenden Gleichungen die Koeffizienten:

    1. $FeS_2 + O_2 \rightarrow Fe_2O_3 + SO_2$

    2. $NH_3 + O_2 \rightarrow NO + H_2O$

    3. $HNO_3 + HCl \rightarrow NOCl + H_2O + Cl_2$

    4. $POCl_3 + H_2O \rightarrow H_3PO_4 + HCl$

    5. $H_2S + O_2 \rightarrow H_2O + SO_2$

    6. $H_2S + SO_2 \rightarrow H_2O + S$

    7. $PbS + H_2O_2 \rightarrow PbSO_4 + H_2O$

2.3.6 Nomenklatur

In der Geschichte der Chemie wurde jedem neu entdeckten Stoff ein Name zuerkannt. In der Regel erfolgte die Bezeichnung nach der Herkunft, dem Entdecker, einer Eigenschaft, der Verwendung o. a. Die Namen, die sich einbürgerten, sind z. T. noch als so genannte traditionelle oder **Trivialnamen** in Gebrauch.

Mit wachsender Zahl der synthetisierten Verbindungen und zunehmender Erkenntnis über die Zusammensetzung und die Struktur der Stoffe sowie über die chemische Verwandtschaft wurde es möglich, eine Systematik für die Bezeichnung zu schaffen. Der einheitliche Gebrauch der Namen sollte die internationale Verständigung erleichtern.

Eine Richtlinie für die wissenschaftliche Benennung der Elemente und Verbindungen (Nomenklatur) muss auf einheitlich anwendbaren Prinzipien beruhen. Dieser Aufgabe stellt sich die Nomenklaturkommission der **IUPAC** (International Union of Pure and Applied Chemistry), die verbindliche Regeln für die **Nomenklatur** anorganischer und organischer Stoffe herausgibt.

Es gibt drei Nomenklatursysteme:

1. Die **Binärnomenklatur** reiht Elementnamen oder davon abgeleitete Namen aneinander. Z. B. Salze mit einwertig negativem Chlor heißen Chloride. Numerische Vorsilben werden hinzugesetzt, wenn ein Element mehrfach auftritt. Die Vorsilbe Mon- oder Mono- (für eins) wird weggelassen, wenn keine Verwechslungen mit anderen Verbindungen auftreten können:

mono	eins	hexa	sechs
di	zwei	hepta	sieben
tri	drei	octa	acht
tetra	vier	nona	neun
penta	fünf	deca	zehn

Beispiele:

NaCl	Natriumchlorid (nicht Mononatriumchlorid)
N_2O	Distickstoffoxid, NO Stickstoffmonoxid
NO_2	Stickstoffdioxid, S_2Cl_2 Dischwefeldichlorid
SO_2	Schwefeldioxid, SO_3 Schwefeltrioxid

Daneben sind noch Angaben der Wertigkeit durch römische Ziffern im Verbindungsnamen gebräuchlich, wenn sich Elemente in mehreren Wertigkeitsstufen binden.

Beispiele:

Schwefel(IV)-oxid SO_2, Schwefel(VI)-oxid SO_3, Kupfer(I)-oxid Cu_2O, Kupfer(II)-oxid CuO

2. Die **Koordinationsnomenklatur** gilt für Koordinations- oder Komplexverbindungen (vgl. Abschnitt 7.6.)

3. **Die Substitutionsnomenklatur** wird vor allem für organische Verbindungen angewendet, sie ist aber auch für die Kennzeichnung vieler anorganischer Verbindungen geeignet. Häufig geht man von der Wasserstoffverbindung des bestimmten Elementes als Grund- oder Stammverbindung aus (z. B. von der Silicium-Wasserstoffverbindung Silan SiH_4, von den Kohlenstoff-Wasserstoffverbindungen wie Ethan C_2H_6 u. a.) und fügt die Namen der **Substituenten**, d. h. der Elemente oder Atomgruppen dazu, die Wasserstoffatome ersetzt oder substituiert haben (vgl. Kapitel 14). Numerische Vorsilben werden wie bei 1. gebraucht.

Beispiele:

SiH_3Cl Chlorsilan, SiH_2Cl_2 Dichlorsilan

CH_2Cl_2 Dichlormethan, C_2H_5Br Bromethan

Die Stellung oder Bindung eines **Substituenten** an ein Atom kennzeichnet man durch arabische Ziffern, wenn es mehrere Anlagerungsmöglichkeiten gibt. Dabei muss der „kürzeste Weg" zum Substituenten gewählt werden (vgl. Abschnitt 14.5).

Beispiele:

$$\overset{1}{Cl-CH_2} - \overset{2}{CH_2} - Cl \qquad 1,2\text{-Dichlorethan}$$

$$\overset{1}{Cl_2-CH} - \overset{2}{CH_3} \qquad 1,1\text{-Dichlorethan}$$

$$\underset{H \quad H \quad Cl}{\overset{H \quad H \quad H}{\overset{5}{H_2C} - \overset{4}{C} - \overset{3}{C} - \overset{2}{C} - \overset{1}{CH_3}}} \qquad 2\text{-Chlorpentan}$$

Traditionelle Namen (Trivialnamen) sind nach IUPAC nur noch für solche Verbindungen erlaubt, die seit langem bekannt sind.

Beispiele:

Trivialname	Formel	Trivialname für Anion	IUPAC-Nomenklatur
Schweflige Säure	H_2SO_3	Sulfit SO_3^{2-}	Dihydrogen-trioxosulfat, Trioxoschwefelsäure
Schwefelsäure	H_2SO_4	Sulfat SO_4^{2-}	Dihydrogen-tetraoxosulfat, Tetraoxoschwefelsäure
Salzsäure (-gas)	HCl	Chlorid Cl^-	Hydrogenchlorid, Chlorwasserstoff
Salpetersäure	HNO_3	Nitrat NO_3^-	Hydrogen-trioxonitrat, Trioxosalpetersäure
Phosphorsäure	H_3PO_4	Phosphat PO_4^{3-}	Trihydrogen-tetraoxophosphat, Tetraoxophosphorsäure
Flusssäure	HF	Fluorid F^-	Hydrogenfluorid Fluorwasserstoff

2.4 Aufgaben zur Wiederholung von Kapitel 1 und 2

1. Welche Aufgaben stellt sich die Wissenschaft Chemie?

2. Wie unterscheiden sich physikalische und chemische Vorgänge? Welche Eigenschaften können zum Unterscheiden herangezogen werden?

3. Erklären Sie die Begriffe reversibel, irreversibel, Synthese und Analyse!

4. Charakterisieren Sie die Teilchenverteilung in gasförmigen, flüssigen und festen Stoffen!

5. Erklären Sie, wie sich Druck und Volumen von Gasen mit der Temperatur ändern! Erläutern Sie das Gesetz von BOYLE-MARIOTTE und das allgemeine Gasgesetz!

6. Was versteht man unter den Begriffen isobar, isochor, isotherm, ideales Gas, reales Gas?

7. Wie unterscheiden sich Diffusion und Osmose bzw. Osmose und Umkehrosmose?

8. Worauf sind Oberflächenspannung und Viskosität zurückzuführen?

9. Erläutern Sie die Begriffe amorph und kristallin! Charakterisieren Sie das kubische und hexagonale Gitter und informieren Sie sich ergänzend über die kubisch-raumzentrierte, die kubisch-flächenzentrierte und hexagonal-dichte Packung!

10. Erläutern Sie an Beispielen, was man unter einem Element, einer Verbindung, einem Gemenge und einem Gemisch versteht! Wie trennt man Mischungen und wie Verbindungen?

11. Was sind Kolloide? Nennen Sie Beispiele!

12. Auf welchen physikalischen Eigenschaften bzw. Prinzipien beruhen folgende Trennverfahren: Flotation, Laugen, Zentrifugieren, Sublimieren, Destillieren, Adsorbieren, Absorbieren, Extrahieren, Kristallisieren?

13. Wofür werden die Begriffe Symbol, Formel, Gleichung angewendet? Was wird durch die Summen- bzw. Strukturformel ausgedrückt?

14. Charakterisieren Sie mit Beispielen die Nomenklatursysteme für die rationelle Bezeichnung von Elementen und Verbindungen!

3 Bau der Atome

3.1 Geschichtliches

DEMOKRIT

Die Vorstellung von einem kleinsten, nicht mehr teilbaren Baustein der Stoffe, dem Atom (griech. unteilbar), geht auf antike Philosophen zurück, wie z. B. DEMOKRIT (5. Jh. v. Chr.). Sie waren durch das Gedankenexperiment, dass man einmal zu einem nicht mehr teilbaren Bestandteil kommen müsste, wenn man z. B. einen Stein zertrümmert, zu dieser Annahme gelangt. Exakte Beweise konnten nicht angeführt werden, sodass die Existenz von Atomen bis in das vorige Jahrhundert hinein von vielen Wissenschaftlern bestritten wurde. Dennoch gab es bereits eine Reihe von Tatsachen, die darauf hindeuteten, dass die Befürworter der Atomtheorie als Sieger aus dem wissenschaftlichen Streit hervorgehen würden.

Der französische Chemiker JOSEPHE-LOUIS PROUST führte Ende des 18. Jahrhunderts quantitative (mengenmäßige) Analysen von Verbindungen aus. Er fand dabei heraus, dass sich die Bestandteile ein und derselben Verbindung immer im gleichen Massenverhältnis verbinden (z. B. reagieren stets 2,016 g Wasserstoff mit 16,000 g Sauerstoff zu Wasser) und formulierte aus seinen Ergebnissen 1799 das chemische **Grundgesetz von den konstanten Proportionen** (konstanten Massenverhältnissen):

> **In einer Verbindung ist das Massenverhältnis der Elemente konstant bzw. Elemente verbinden sich miteinander in konstanten Proportionen.**

PROUST

Der Engländer JOHN DALTON fand 1807/1808 dafür eine Erklärung, indem er annahm, dass die Stoffe aus Atomen bestimmter Masse bestehen und sich konstante Atomzahlen verbinden. Im Fall des Wassers reagieren Wasserstoff und Sauerstoff im Atomverhältnis 2:1 bzw. im Massenverhältnis von rund 2:16. (vgl. Abschnitte 2.3.4 und 2.3.5)

In vielen Fällen erzeugen zwei Elemente mehrere Verbindungen, z. B. bildet Schwefel mit Sauerstoff Schwefeldioxid SO_2 und Schwefeltrioxid SO_3; Stickstoff und Sauerstoff verbinden sich zu fünf Oxiden: N_2O, NO, N_2O_3, NO_2, N_2O_5; aus Kohlenstoff und Sauerstoff können Kohlenstoffmonoxid CO und Kohlenstoffdioxid CO_2 entstehen. Im Kohlenstoffmonoxid findet man ein Massenverhältnis von Kohlenstoff und Wasserstoff von $12:16$ und im Kohlenstoffdioxid von $12:32$. Die Massen des Sauerstoffs stehen in den beiden Kohlenstoffoxiden im Verhältnis $16:32$ bzw. $1:2$.

DALTON

In den Stickstoffoxiden stehen die Elemente Sauerstoff und Stickstoff in folgendem Massenverhältnis (gerundet):

N_2O NO N_2O_3 NO_2 N_2O_5

$$\frac{16}{28} = 0{,}57 \quad \frac{16}{14} = 1{,}14 \quad \frac{48}{28} = 1{,}71 \quad \frac{32}{14} = 2{,}28 \quad \frac{80}{28} = 2{,}85$$

GAY-LUSSAC

Dividiert man die Quotienten durch den Divisor 0,57, so erhält man die Proportionen 1:2:3:4:5, d. h. in diesem Massenverhältnis ist Sauerstoff in den verschiedenen Stickstoffoxiden mit Stickstoff verbunden. DALTON formulierte aus diesen Ergebnissen 1808 das **Gesetz von den multiplen Proportionen** (mehrfachen Massenverhältnissen):

> **Bilden zwei Elemente mehrere Verbindungen untereinander, so stehen die Massenverhältnisse, mit denen die Elemente in diesen Verbindungen enthalten sind, im Verhältnis kleiner ganzer Zahlen.**

Weitere indirekte Beweise vom Teilchencharakter der Materie wurden von dem Franzosen LOUIS JOSEPH GAY-LUSSAC (1808) und dem Italiener AMADEO AVOGADRO (1811) an Hand von Gasreaktionen erbracht. GAY-LUSSAC stellte fest, dass bei chemischen Reaktionen von Gasen die Volumina der Reaktionspartner bei gleichem Druck und gleicher Temperatur im einfachen ganzzahligen Verhältnis zueinander stehen **(chemisches Volumengesetz).**

AVOGADRO

Beispiele:		Volumenverhältnis der Ausgangsstoffe	Volumenverhältnis der Ausgangsstoffe zum Endprodukt
H_2 + Cl_2 → HCl HCl		1 : 1	2 : 2
N_2 + H_2 H_2 H_2 → NH_3 NH_3		1 : 3	4 : 2
H_2 H_2 + O_2 → H_2O H_2O		2 : 1	3 : 2

Während im ersten Fall die Volumenteile gleich bleiben, vermindern sie sich bei den beiden anderen Reaktionen, es kommt zu einer Volumenkontraktion.

Die Deutung für die Volumenverhältnisse bei Gasreaktionen gab 1811 AVOGADRO. Er ging wie DALTON vom Teilchenaufbau der Stoffe aus und nannte die Teilchen der Gase Moleküle (lat. molecula, kleine Masse). Seine Erkenntnisse formulierte er in der **AVOGADRO-Hypothese:**

> **Gleiche Volumina aller Gase enthalten bei gleicher Temperatur und bei gleichem Druck die gleiche Anzahl von Molekülen.**

Diese Hypothese warf die Frage nach der Anzahl der Teilchen in einem bestimmten Volumen auf. Der Österreicher JOSEPH LOSCHMIDT bestimmte sie 1865 experimentell. Nach gegenwärtigem Erkenntnisstand

sind bei 0 °C und 101,3 kPa (1 atm) in 1 cm³ eines Gases 2,687 · 10^{19} Moleküle enthalten (LOSCHMIDTsche Zahl).

Damit wurde es immer dringlicher, die Struktur von Atomen und Molekülen zu erforschen, um chemische Vorgänge und die mengenmäßige Zusammensetzung der Stoffe verstehen zu können.

Der Engländer ERNEST RUTHERFORD beschoss eine dünne Goldfolie mit α-Strahlen (Kerne von Heliumatomen) und stellte fest, dass nur wenige Kerne abgelenkt wurden. Er folgerte 1911 daraus, dass die Materieteilchen den Stoff ungleichmäßig dicht aufbauen und die Atome aus einem Atomkern und einer umgebenden Elektronenhülle bestehen. Nach seiner Vorstellung bewegen sich die Elektronen auf Planetenbahnen um den Kern (Abb. 3-1 und 3-2 a).

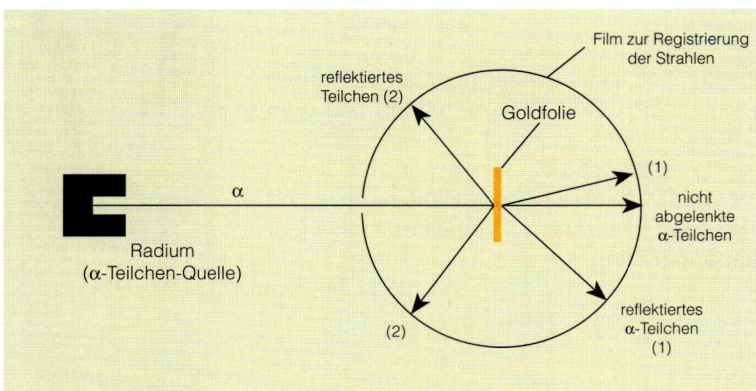

Abb. 3-1
RUTHERFORDscher
Streuversuch

a) Versuchsanordnung

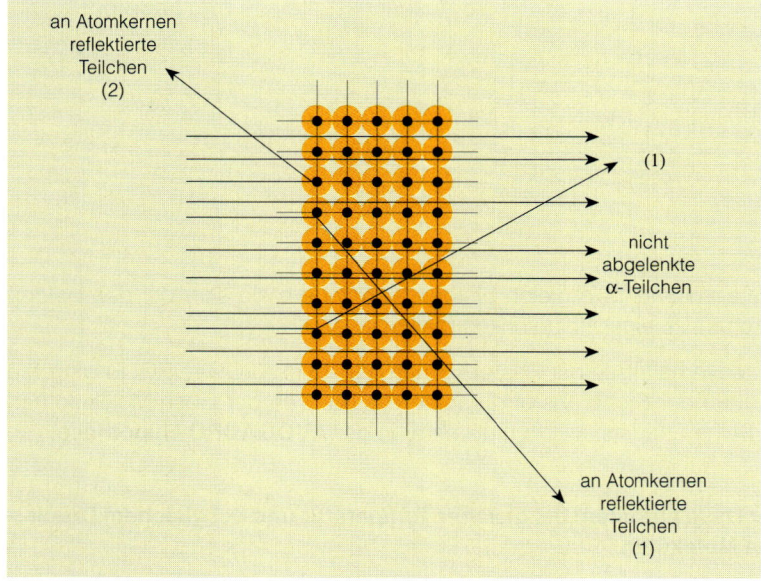

b) Streuung der
α-Teilchen

Der Däne NIELS BOHR verbesserte 1913 die Vorstellungen von der Elektronenhülle. Er erkannte Energieunterschiede bei den Elektronen eines Atoms und berücksichtigte diese Tatsache durch die Aufteilung der Elektronen auf Kreisbahnen mit unterschiedlichem Energieniveau sowie unterschiedlichem Radius, auf denen sie sich bewegen (Abb. 3-2 b). Dieses BOHRsche Atommodell wurde von dem deutschen Physiker ARNOLD SOMMERFELD modifiziert, indem er kreisförmige und elliptische Bahnen annahm.

BOHR

Bis zu diesem Entwicklungsstand ging man davon aus, dass das Wesen der Elektronen allein als Teilchen erklärbar sei (Korpuskularcharakter). Beispielsweise besitzen Elektronen eine Masse. Sie können durch Stoß Atome aktivieren oder in Ionen überführen. Mit der Weiterentwicklung der Physik wurden auch Welleneigenschaften der Elektronen erkannt. Elektronenstrahlen lassen sich z. B. wie Lichtwellen beugen und man kann ihnen in Abhängigkeit von ihrer Energie eine Wellenlänge zuordnen. Der Österreicher ERWIN SCHRÖDINGER führte die Entwicklung auf der Grundlage von Berechnungen zum wellenmechanischen (quantenmechanischen) Atommodell weiter, das die **Doppelnatur des Elektrons** (Welle-Teilchen-Dualität) berücksichtigt.

SCHRÖDINGER

SOMMERFELD

Danach kreist das einzelne Elektron nicht auf einer diskreten Bahn um den Atomkern, sondern es befindet sich mit einer hohen Wahrscheinlichkeit in einem Raum, der sich kugelsymmetrisch in bestimmtem Abstand um den Kern befindet. Diesen Raum bezeichnet man als **Orbital** (engl. Kugel, Planetenbahn) (Abb. 3-2 c; vgl. Abschnitt 4.5).

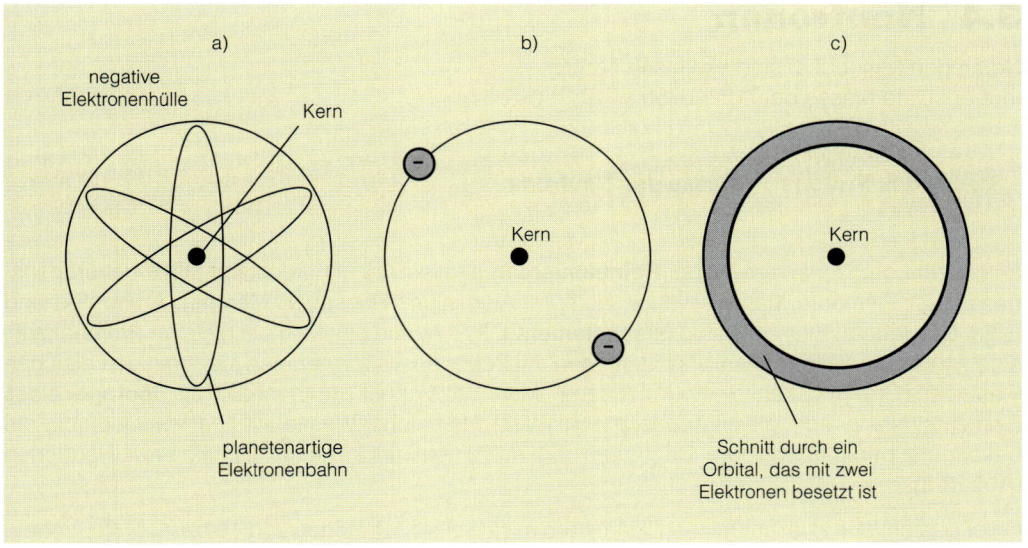

a)
negative
Elektronenhülle
Kern

planetenartige
Elektronenbahn

b)

Kern

c)

Kern

Schnitt durch ein
Orbital, das mit zwei
Elektronen besetzt ist

Abb. 3-2 Atommodell des Heliums nach
a) RUTHERFORD   b) BOHR   c) SCHRÖDINGER

3.2 Elementarteilchen und Bau des Atomkerns

Die Atome sind aus drei Arten von Elementarteilchen aufgebaut: **Protonen, Neutronen** und **Elektronen.** Im Atomkern befinden sich Protonen und Neutronen, es sind **Nukleonen** oder Kernteilchen. Lediglich der Wasserstoff besitzt allein ein Proton. Die Atomhülle (Schalen, Sphären bzw. Orbitale) wird von den Elektronen gebildet.

Andere durch die Physik nachgewiesene Teilchen haben für die Chemie keine Bedeutung.

Protonen und Neutronen sollen nach einer Hypothese aus drei noch kleineren Teilchen, den **Quarks,** bestehen.

3.3 Protonen

Protonen (Symbol p$^+$) haben eine absolute Masse von $1.6726 \cdot 10^{-24}$ g. Sie tragen eine positive Ladung von $1.6022 \cdot 10^{-19}$ A · s (Amperesekunden). Die Anzahl der Protonen bestimmt die positive Ladung des Kerns, die Kernladungszahl. Alle Atome eines Elements gleichen sich in der Protonen-, d. h. Kernladungszahl, sie unterscheiden sich darin von Atomen anderer Elemente. Im Periodensystem der Elemente (vgl. Abschnitt 4.2 und Anhang) sind die Elemente nach steigender Kernladungszahl geordnet. Es gilt:

Anzahl der Protonen = Kernladungszahl = Ordnungszahl

3.4 Neutronen

Neutronen (Symbol n) sind elektrisch neutral.
Ihre absolute Masse beträgt $1,6750 \cdot 10^{-24}$ g.

Masse des Protons ≈ Masse des Neutrons

Die Anzahl der Neutronen ist bei **Reinelementen** in allen Atomen konstant. Dazu gehören insgesamt 21 Elemente, darunter Fluor, Natrium, Aluminium, Phosphor, Mangan, Arsen, Iod und Gold. Die übrigen Elemente sind **Mischelemente.** Ihre Atome besitzen bei gleicher Protonenzahl eine unterschiedliche Anzahl von Neutronen. Im Periodensystem nehmen sie somit den gleichen Platz ein (Ordnungszahl = Protonenzahl). Man bezeichnet sie deshalb als **Isotope** eines Elements (isos griech. gleich; topos griech. Platz). Natürlicher Wasserstoff hat zwei Isotope, die besonders benannt werden: Deuterium (D) mit einem und Tritium (T) mit zwei Neutronen (Abb. 3-3).

Chlor besteht aus zwei natürlichen Atomarten mit jeweils 17 Protonen und 18 bzw. 20 Neutronen. Uran tritt in drei und Zinn in 10 Isotopen auf. Mithilfe der Kernphysik sind Isotope vieler Elemente künstlich erzeugt worden. Sie sind alle radioaktiv.

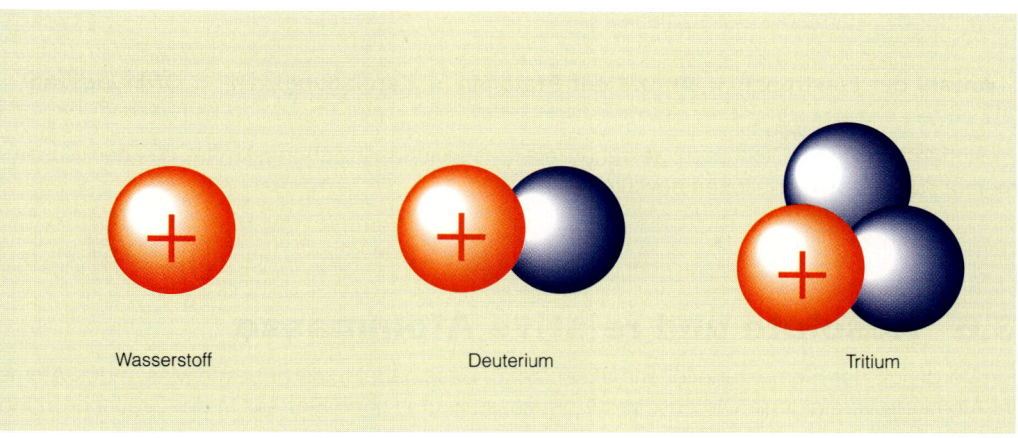

Abb. 3-3   Isotope des Wasserstoffs (Atomkerne)

Zur Unterscheidung der Isotope eines Elements werden vor dem Symbol links oben die Massenzahl (Anzahl der Nukleonen) und links unten die Kernladungszahl (Anzahl der Protonen) angegeben. Aus der Differenz ergibt sich die Neutronenzahl des Elements:

Massenzahl – Anzahl der Protonen = Anzahl der Neutronen

Massenzahl = Anzahl der Protonen + Anzahl der Neutronen

Die allgemeine Angabe eines Isotops bzw. der beiden Chlorisotope wird somit in folgender Weise vorgenommen:

Massenzahl
    Symbol des Elements
Kernladungszahl

$^{35}_{17}\text{Cl}$ $^{37}_{17}\text{Cl}$

Aufgabe: Entschlüsseln Sie die folgenden Angaben: $^{234}_{92}\text{U}$, $^{235}_{92}\text{U}$, $^{236}_{92}\text{U}$, $^{1}_{1}\text{H}$, $^{2}_{1}\text{D}$, $^{3}_{1}\text{T}$

Die natürliche Isotopzusammensetzung eines Elements (Mischungsverhältnis) ist auf der Erde (nahezu) konstant. Für die beiden Kohlenstoffisotope entfallen 98,892% auf $^{12}_{6}\text{C}$ und 1,108% auf $^{14}_{6}\text{C}$. Letzteres ist radioaktiv und wird für die Altersbestimmung archäologischer Funde herangezogen (Radiokarbonmethode). Natürliches Chlor besteht aus 75,8% $^{35}_{17}\text{Cl}$- und 24,2% $^{37}_{17}\text{Cl}$-Isotopen.

3.5   Elektronen

Elektronen (Symbol e⁻ bzw. ⊖) haben eine negative Ladung von $1,6022 \cdot 10^{-19}$ A · s. Die Ladung ist somit entgegengesetzt gleich der Protonladung. Kleinere Beträge treten im Atom nicht auf. Deshalb wird der Kennwert $1,6022 \cdot 10^{-19}$ A · s als **Elementarladung** bezeichnet. Die absolute Masse beträgt $9,1095 \cdot 10^{-28}$ g und ist somit wesentlich kleiner als die eines Kernteilchens.

Es gilt für die Atome die Gesetzmäßigkeit

Anzahl der Elektronen = Anzahl der Protonen = Kernladungszahl = Ordnungszahl

Zwischen Kern und Elektronen bestehen elektrostatische Anziehungskräfte, die den Zusammenhalt der Elementarteilchen bewirken.

3.6 Absolute und relative Atommasse

Ein Vergleich der Elementarteilchenmassen zeigt, dass nahezu die gesamte Masse des Atoms im Atomkern vereinigt ist. Die absolute Atommasse liegt je nach Element in der Größenordnung von 10^{-24} g (Wasserstoff) und 10^{-22}g (Uran). Sie ist somit sehr gering.

Es wäre unpraktisch, Berechnungen von Stoffumsätzen bei chemischen Reaktionen mit den absoluten Massen vorzunehmen. Das ist andererseits nicht notwendig. Bereits lange vor der Entdeckung der atomaren Konstanten rechnete man mit Verhältniszahlen, die zwischen den Massen verschiedener Atome bestehen. Es wird angegeben, wievielmal schwerer das Atom im Vergleich zu einer Bezugsmasseneinheit u ist. Man kommt damit zu **relativen Atommassen** (früher: relatives Atomgewicht) bzw. im Falle von Verbindungen zu **relativen Molekülmassen** (Abb. 3-4).

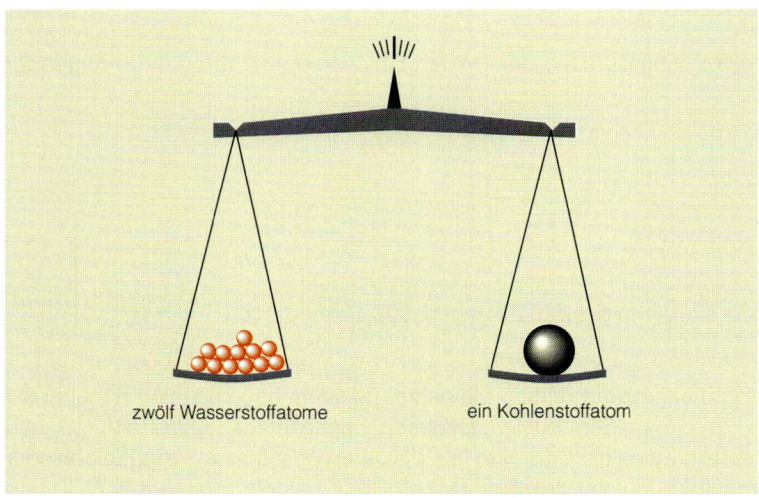

Abb. 3-4
Massenverhältnis
von Kohlenstoff ^{12}C
und Wasserstoff

zwölf Wasserstoffatome   ein Kohlenstoffatom

Das Bezugsatom ist seit der internationalen Übereinkunft von 1960 das Kohlenstoffisotop ^{12}C, dessen relative Atommasse auf 12 festgelegt wurde.

Die relative Atommasse eines Elements gibt an, wievielmal größer die Masse eines Atoms gegenüber einem Zwölftel der Masse des Kohlenstoffisotops ^{12}C ist.

Die absolute Masse von ^{12}C beträgt $1,99 \cdot 10^{-23}$ g. Die absolute Bezugsmasse, die **Atommasseneinheit u** genannt und laut Definition gleich 1 gesetzt wird, ist somit

$$u = \frac{1,99 \cdot 10^{-23}\,g}{12} = 1,66 \cdot 10^{-24}\,g$$

Die relative Atommasse A eines Elements ergibt sich danach als Quotient der absoluten Atommasse m_A und der Atommasseneinheit u als dimensionslose Zahl, z. B. für Aluminium

$$A_{Al} = \frac{44{,}79 \cdot 10^{-24}\,g}{1{,}66 \cdot 10^{-24}\,g} = 26{,}98$$

Aufgaben: 1. Errechnen Sie die relative Atommasse von Quecksilber, dessen absolute Atommasse $333{,}0 \cdot 10^{-24}$ g beträgt.

2. Errechnen Sie aus der relativen Atommasse des Eisens (55,85) dessen absolute Atommasse.

Da der Massewert von u nahe dem Massewert eines Protons und Neutrons liegt, müssten die relativen Atommassen nahezu ganzzahlige Werte haben. Der Vergleich zeigt jedoch, dass dies nur für wenige Elemente gilt (siehe Periodensystem der Elemente). Die Ursache für die Abweichung ist in den Isotopen und deren Mengenverhältnis zu suchen. Beispielsweise ergibt sich für das bereits erwähnte Isotopengemisch des Chlors aus den Anteilen 0,758 und 0,242, multipliziert mit 35 bzw. 37, die relative Atommasse des Chlors A_{Cl}

$$A_{Cl} = 0{,}758 \cdot 35 + 0{,}242 \cdot 37 = 35{,}484$$

Die Abweichung zur relativen Atommasse, die mit 35,45 in den Tabellen zu finden ist, erklärt sich daraus, dass die exakten relativen Isotopenmassen 34,968854 und 36,965896 betragen. Setzt man diese Werte in die Rechnung ein, ergibt sich 35,452159.

3.7 Relative Molekülmasse

Nach dem **Gesetz von der Erhaltung der Masse** gehen bei chemischen Reaktionen weder Stoffe verloren noch entstehen sie aus dem Nichts. Deshalb gilt:

Die relative Molekülmasse M ist die Summe der relativen Atommassen der in der Verbindung enthaltenen Elemente. Die Masse der Edukte ist gleich der Masse der Produkte.

Bei der Berechnung sind die Anteile der Elemente laut Formel zu berücksichtigen, wie folgende Beispiele verdeutlichen:

Chlorwasserstoff HCl $\qquad M_{HCl}$: $\quad 1{,}008 + 35{,}45 = 36{,}458$

Wasser H_2O $\qquad M_{H_2O}$: $\quad 2 \cdot 1{,}008 + 15{,}999 = 18{,}015$

Schwefelsäure H_2SO_4 $\qquad M_{H_2SO_4}$: $2 \cdot 1{,}008 + 32{,}06 + 4 \cdot 15{,}999 = 98{,}072$

Auch die relative Molekülmasse ist somit auf das Kohlenstoffisotop ^{12}C bezogen.

Aufgabe: Errechnen Sie die relativen Molekülmassen von Natriumhydroxid NaOH und Kupfer(II)-chlorid $CuCl_2$.

3.8 Das Mol als Teilchen- oder Stoffmenge

Die Einführung der relativen Massen erweist sich auch bei der Bestimmung der Teilchenzahl in Elementen und Verbindungen sinnvoll. Es zeigte sich, dass in so viel Gramm eines Elements oder einer Verbindung, deren Zahlenwert gleich der relativen Atom- oder Molekülmasse ist, eine gleiche Anzahl von Teilchen (Atome oder Moleküle) vorliegt, nämlich $6{,}022 \cdot 10^{23}$.

AVOGADRO-Konstante oder -Zahl $N_A = 6{,}022 \cdot 10^{23}\ mol^{-1}$

Ein Mol ist die Stoffmenge, die $6{,}022 \cdot 10^{23}$ elementare Einheiten (Atome, Moleküle, Ladungen, Bindungen usw.) enthält. Das Mol besteht aus ebenso vielen Teilchen, wie Atome in 12 g des Kohlenstoffisotops ^{12}C enthalten sind. Die Maßeinheit ist mol.

Für Berechnungen genügt der Wert $6 \cdot 10^{23}\ mol^{-1}$. Dazu muss angegeben werden, um welche Einheiten es sich im betreffenden Fall handelt. Beispiele:

1 Mol Neon enthält	$6 \cdot 10^{23}$ Neon-Atome		
1 Mol Wasser enthält	$6 \cdot 10^{23}$ Wasser-Moleküle		
1 Mol Natriumchlorid enthält	$6 \cdot 10^{23}$ Natrium-Ionen und	$6 \cdot 10^{23}$ Chlorid-Ionen oder	
1 Mol Natriumchlorid enthält	$6 \cdot 10^{23}$ positive Ladungen und	$6 \cdot 10^{23}$ negative Ladungen.	

Das Mol als Mengeneinheit oder Stoffmenge ist zu unterscheiden von der Masse, die ein Mol wiegt.

Die Masse eines Mols M (molare Masse oder Molmasse eines Elements oder einer Verbindung) entspricht der relativen Atom- oder Molekülmasse und wird in Gramm angegeben. Die Maßeinheit ist $g \cdot mol^{-1}$.

Molare Masse M und Anzahl der Mole n stehen mit einer beliebigen Masse m in folgender Beziehung:

$$M = \frac{m}{n} \text{ in } g \cdot mol^{-1}$$

Für Schwefel kann somit beispielsweise formuliert werden:
1 Mol Schwefel enthält $6 \cdot 10^{23}$ Schwefelatome,
die relative Atommasse ist 32,06,
die molare Masse beträgt $32{,}06\ g \cdot mol^{-1}$

Aufgaben: 1. Berechnen Sie, wie viel Mol Wasser in 1 kg Wasser enthalten sind!

2. Ein Mol Wasser nimmt bei 4 °C ein Volumen von $18\ cm^3$ ein. Wie viel Teilchen sind in einem Wassertropfen von $1\ mm^3$ Inhalt enthalten?

3. Geben Sie für Eisen und für Schwefeldioxid die relativen und molaren Massen an sowie die Teilchenzahl je Mol!

Nun wird endgültig verständlich, weshalb sich bei chemischen Reaktionen die beteiligten Stoffe nicht in gleichen Stoffmassen, sondern im Verhältnis der relativen Massen umsetzen. Nicht 10 g Schwefel verbinden sich mit 10 g Eisen zu Eisensulfid, sondern nur 1 Mol oder 32,06 g Schwefel können mit 1 Mol oder 55,85 g Eisen vollständig reagieren.

Fe	+	S	$\rightarrow$	FeS
1 Mol		1 Mol		1 Mol
55,85 g		32,06 g		87,91 g
$6 \cdot 10^{23}$ Atome		$6 \cdot 10^{23}$ Atome		$6 \cdot 10^{23}$ Moleküle

Die von PROUST und DALTON gefundenen Gesetze von den konstanten und multiplen Proportionen finden ihre Bestätigung durch die Existenz von Atomen, die bei chemischen Vorgängen in konstanten Teilchenzahlen und damit konstanten Massenverhältnissen reagieren.

Die Bedeutung der Element- und Formelsymbole kann an dieser Stelle erweitert werden (vgl. Abschnitte 2.3.3 und 2.3.4):

Ein Symbol, z. B. Fe, bedeutet:

den Stoff, das Element	Eisen
ein Atom dieses Elements	1 Eisen-Atom
1 Mol des Elements	$6 \cdot 10^{23}$ Eisen-Atome
eine molare Masse des Elements	$55,85$ g $\cdot$ mol^{-1}
$6 \cdot 10^{23}$ Masseteilchen $\cdot$ mol^{-1}	$6 \cdot 10^{23}$ Eisen-Atome $\cdot$ mol^{-1}

Eine Formel, z. B. H_2O, bedeutet:

den Stoff, die Verbindung	Wasser
ein Molekül der Verbindung	1 Wasser-Molekül
1 Mol der Verbindung	$6 \cdot 10^{23}$ Wasser-Moleküle
eine molare Masse der Verbindung	$18,015$ g $\cdot$ mol^{-1}
$6 \cdot 10^{23}$ Masseteilchen $\cdot$ mol^{-1}	$6 \cdot 10^{23}$ Wasser-Moleküle $\cdot$ mol^{-1}

3.9 Beziehung zwischen AVOGADROscher und LOSCHMIDTscher Zahl oder Konstante

Die LOSCHMIDTsche Zahl gibt die Teilchenzahl an, die 1 cm^3 Gasvolumen bei 0 °C und einem Druck von 101,325 kPa (1 atm) enthält (vgl. Abschnitt 3.1). Sie wurde mit $2,687 \cdot 10^{19}$ von LOSCHMIDT bestimmt. AVOGADRO formulierte die Hypothese, dass alle Gase bei gleicher Temperatur und bei gleichem Druck in gleichen Volumina die gleiche Anzahl von Molekülen enthalten (vgl. Abschnitt 3.1) und dass die gleiche Anzahl von Gasmolekülen unter gleichen äußeren Bedingungen (Druck, Temperatur) das gleiche Volumen einnehmen.

Das Volumen von 1 Mol (molares Volumen, Molvolumen) eines Gases beträgt bei 0 °C und 101,325 kPa 22414 cm$^3 \cdot$ mol^{-1} (ca. 22,41 l). Unter gleichen Temperatur- und Druckverhältnissen bestimmte LOSCHMIDT die Teilchenzahl in 1 cm^3 Gas. Multipliziert man die LOSCHMIDTsche Zahl mit dem molaren Volumen, so erhält man die **AVOGADROsche Zahl oder Konstante**:

$2,687 \cdot 10^{19}$ Moleküle $\cdot$ cm^{-3} $\cdot$ 22414 cm$^3 \cdot$ mol^{-1} = $6,0226 \cdot 10^{23}$ Moleküle $\cdot$ mol^{-1}

Es zeigt sich in diesem Ergebnis, mit welcher bemerkenswerten Genauigkeit beide Forscher ihre Messungen zu Beginn bzw. in der 2. Hälfte des 19. Jahrhunderts mit heute primitiv anmutenden experimentellen Mitteln durchgeführt haben.

3.10 Konzentrationsmaße

Bei chemischen Arbeiten werden sehr häufig Lösungen bestimmter Konzentration verwendet. Dabei spielt das Mol eine besondere Rolle.

Für einfache, nichtquantitative Laborarbeiten können masseprozentuale Lösungen verwendet werden:

$$\text{Masseanteil oder Masse-\%} = \frac{\text{Masse des Gelösten}}{\text{100 g Lösung (Mischung)}} \ (\cdot\ 100\,\%)$$

Infolge der unterschiedlichen relativen Molmasse sind z. B. in 5 g NaCl mehr Ionen enthalten als in 5 g KCl. Somit sind in 5%igen Lösungen dieser Salze wohl gleiche Massen, aber nicht vergleichbare Ionen-Zahlen oder Ladungen vorhanden.
Vergleichbar sind die **Stoffmengen** oder Anzahl der Mole n (vgl. Abschnitt 3.8).

Die Stoffmenge n eines Stoffes ist der Quotient aus einer Masse m und der molaren Masse M dieses Stoffes.

$$n = \frac{m}{M} \quad \text{in mol}$$

Die Stoffmengenkonzentration c eines Stoffes in einer Lösung ist der Quotient aus einer Stoffmenge n und dem Volumen der Lösung.

$$c = \frac{n}{V} \quad \text{in mol} \cdot \text{l}^{-1}$$

oder anders formuliert:

Die **Stoffmengenkonzentration** (früher: Molarität) einer Lösung gibt die Stoffmenge des gelösten Stoffes (Anzahl der gelösten Mole) in 1 l Lösung an. Sie wird mit M abgekürzt. (Beachte: nicht mit molarer Masse oder relativer Molmasse verwechseln!)
Die Dimension ist mol $\cdot$ l^{-1}, im metrischen System auch mol $\cdot$ dm^{-3}. In der Literatur wird teilweise mol $\cdot$ L^{-1} angegeben.
Eine 1 M NaCl-Lösung enthält 1 Mol Natriumchlorid bzw. 58,443 g in 1 l Lösung (bei 25 °C).

3.11 Bau der Atomhülle

Chemische Vorgänge führen zu Veränderungen in den äußeren Bereichen des Atoms, den **Schalen** oder Hüllen (Sphären). Der Atomkern bleibt unberührt, er wird nur bei Kernreaktionen (radioaktiver Zerfall, Verschmelzung von Kernen oder Kernfusion) verändert. Für das Verständnis chemischer Reaktionen ist deshalb die Kenntnis der Atomhüllen-Struktur von besonderer Bedeutung, während der Bau des Atomkerns vernachlässigt werden kann.

Um eine Vorstellung von den Größenverhältnissen des Atoms zu bekommen, denke man sich den Atomkern zu einem Korn von 1 mm Durchmesser vergrößert. Die äußersten Elektronenbahnen befinden sich dann je nach betrachtetem Element im Abstand von 10 bis 50 m vom Kern entfernt. Das bedeutet, dass der größte Teil des Raumes von der Atomhülle eingenommen wird. Die folgenden Betrachtungen basieren auf frühen Modellvorstellungen von BOHR und SOMMERFELD. Danach bewegen sich die Elektronen auf bestimmten strahlungsfreien Kreis- und Ellipsenbahnen um den Kern (Planetenmodell). Das verbesserte Modell geht davon aus, dass sich die Elektronen in Schalen um den Kern bewegen (Schalenmodell).

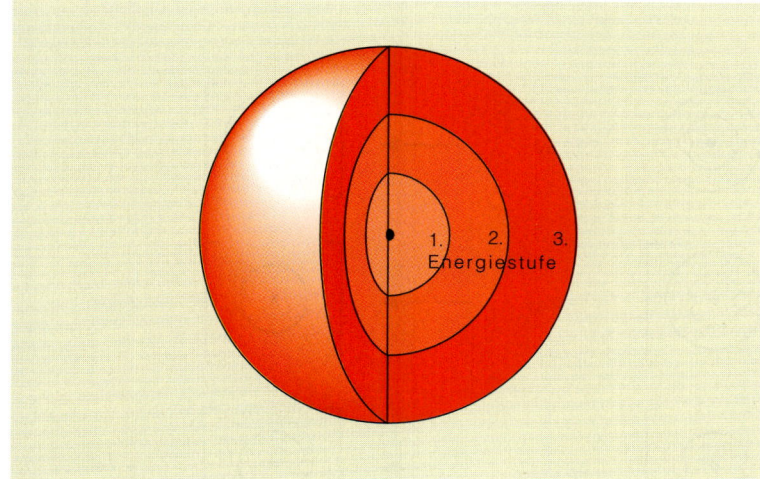

Abb. 3-5
BOHRsches Atom-
modell in Schnittdar-
stellung für ein Element
mit 3 Schalen
(z. B. Silicium)

Die Elektronen besitzen kinetische Energie (Bewegungsenergie). Gleichzeitig haben sie durch die Bewegung im elektrischen Feld des Atomkerns und die Anziehung, die der Kern auf die Elektronen ausübt, potentielle Energie. Alle Elektronen eines Atoms unterscheiden sich in ihrem Energiezustand (Abb. 3-5). Kernnah kreisende Elektronen befinden sich in niedriger Energielage (-stufe). Ihre Abspaltung ist nur mit hohem Energieaufwand möglich. Die Elektronen der äußeren Schalen nehmen ein hohes Energieniveau (energiereich) ein, sie können mit geringer Energie abgetrennt werden. Wird ein Elektron vom Kern abgespalten, überwiegt die positive Kernladung um eine Einheit der Elementarladung. Aus dem Atom ist ein positives **Ion** entstanden. Wenn die Hülle ein zusätzliches Elektron aufnimmt, entsteht ein negativ geladenes Ion.

Die Arbeit, die zur Abspaltung eines Elektrons aufgewendet werden muss, wird als **Ionisierungsarbeit** bezeichnet und als **Ionisierungsenergie** in **Elektronenvolt** (eV) angegeben.

Ein Elektronenvolt ist die kinetische Energie, die ein Elektron beim Durchlaufen einer Spannungsdifferenz von 1 V aus dem elektrischen Feld aufnimmt.
1 eV = 1,602 · 10⁻¹⁹ J

Eine Vorstellung von der Geschwindigkeit eines Elektrons, welches die Energie von 1 eV besitzt, vermittelt die Berechnung nach der aus der Physik bekannten Formel (m = Elektronenmasse):

$$W_{kin} = \frac{m \cdot v^2}{2}$$

$$\frac{m \cdot v^2}{2} = 1{,}602 \cdot 10^{-19} \text{ J}$$

$$v \approx 593000 \text{ m} \cdot \text{s}^{-1}$$

Die **Elektronenenergie** von 1 eV entspricht somit einer Elektronengeschwindigkeit von 593 km · s^{-1}. In der Größenordnung von 1 bis 10 eV liegt der Betrag der Ionisierungsarbeit für Elektronen, die sich auf der letzten Schale befinden, bei Kernreaktionen sind dagegen etwa 10^6 eV aufzubringen.

Der Betrag der Ionisierungsenergie steigt sprunghaft an, wenn die Elektronen der äußeren Schale bereits abgetrennt sind und ein Elektron aus der darunter liegenden, kernnäheren Bahn zum Verlassen des Atoms gezwungen wird. Beispielsweise besitzt Beryllium zwei Schalen mit je zwei Elektronen, die Ionisierungsenergien sind Abb. 3-6 zu entnehmen.

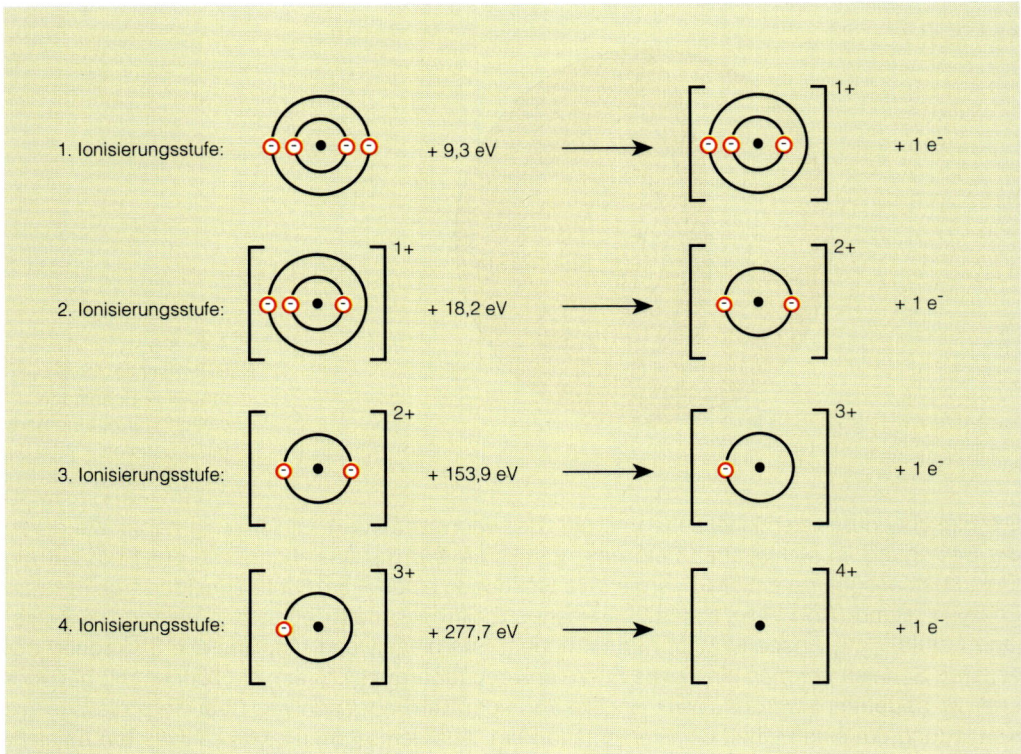

Abb. 3-6 Ionisierungsstufen von Beryllium

Atome mit kleiner relativer Atommasse besitzen wenige Schalen, während die Atome der schweren Elemente maximal sieben Schalen haben. Die Elektronen einer Schale unterscheiden sich nur wenig in ihrem Energiezustand, sie befinden sich auf einem **Hauptenergieniveau.** Das Schalenmodell kann somit auch als Modell für die Energiezustände der Elektronen aufgefasst werden. Zwischen den Hauptenergieniveaus existieren so genannte „verbotene" Energiebereiche (verbotene Zonen), die frei von Elektronen sind. Die Elektronenenergie im Atom kann sich daher nicht stetig, sondern nur in bestimmten Beträgen, den Energiequanten („Energieportionen"), ändern.

Die einzelnen Schalen oder Hauptenergieniveaus (-stufen) werden vom Kern aus mit den Buchstaben K, L, M, N, O, P, Q bzw. mit der Schalennummer n = 1, 2, ..., 7 bezeichnet (Abb. 3-7). Jede Schale nimmt eine maximale Zahl Z von Elektronen auf. Nach WOLFGANG PAULI gilt:

$$Z = 2 n^2$$

Danach ergibt sich für die ersten drei Schalen eine maximale Elektronenbesetzung von 2, 8 und 18. Die Elektronen der letzten Schale sind die **Valenzelektronen** (lat. Tüchtigkeit, Wert).

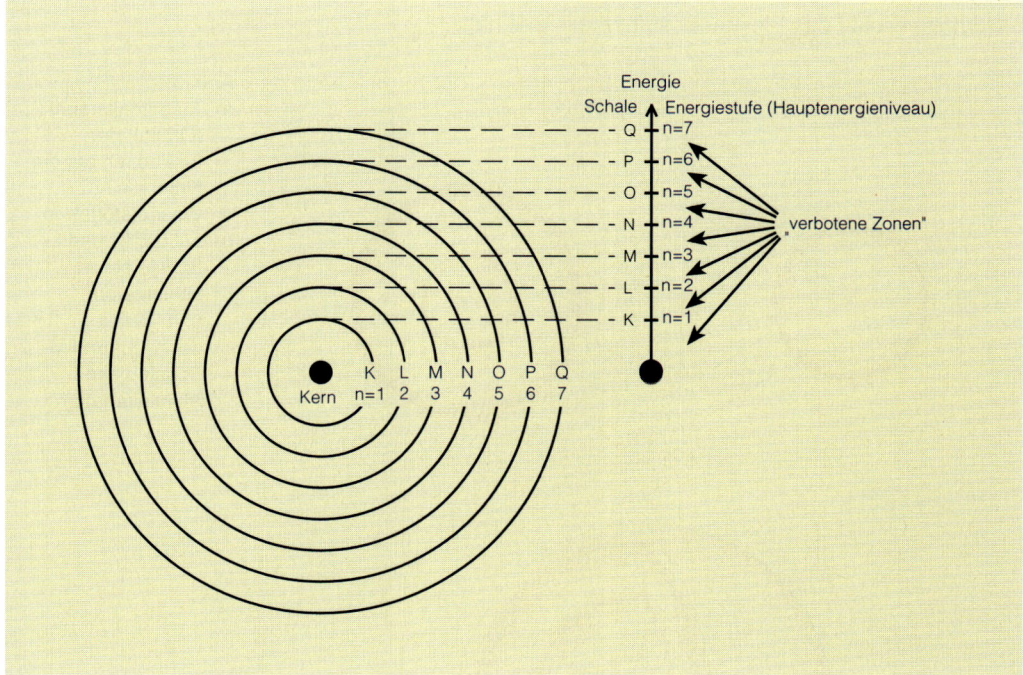

Abb. 3-7 Schalenaufbau des Atoms mit Energiestufenmodell (sog. Termschema)

Das Schalenmodell besitzt trotz seiner Anschaulichkeit viele Unzulänglichkeiten. Reaktionen zwischen Metallen und Nichtmetallen sind mit seiner Hilfe gut zu verdeutlichen (vgl. Abschnitt 5.3.1), es genügt aber nicht, wenn es um das Verstehen der Molekülbildung geht.

Die Realität der Atomhülle wird besser durch ein Modell widergespiegelt, das die **Welle-Teilchen-Dualität** der Elektronen berücksichtigt. Dieser Begriff bedeutet, dass das Elektron gleichzeitig die Eigenschaften eines Teilchens und einer Welle besitzt (vgl. Abschnitt 3.1). Danach ist es unmöglich, gleichzeitig anzugeben, wo sich ein Elektron befindet und welche Geschwindigkeit es besitzt. Wollte man beispielsweise den Aufenthaltsort bestimmen, müsste man das Elektron mit energiereicher Strahlung „abtasten". Das würde aber sowohl die Richtung als auch die Geschwindigkeit des Elektrons beeinflussen. Bei einer Bestimmung der Geschwindigkeit würde das Elektron die Bahn ändern. Der deutsche Physiker WERNER HEISENBERG bezeichnete diesen Sachverhalt als Unschärfebeziehung. Die Vorstellung, dass sich die Elektronen auf Bahnen (Schalen) bewegen, musste aufgegeben werden. Es wurden Aufenthaltsräume berechnet, die von den Elektronen mit einer Wahrscheinlichkeit von 90 bis 95 % eingenommen werden. Infolge der hohen Elektronengeschwindigkeit sind die Wahrscheinlichkeitsräume als negative Ladungswolken („räumliche Welle") aufzufassen (vgl. Abschnitt 4.5).

Die Berücksichtigung der Welleneigenschaften von Elektronen führte dazu, die Teilchen-vorstellung (wenigstens teilweise) durch die räumliche Welle negativer Ladung zu ersetzen bzw. zu ergänzen. Kombiniert man Letztere wiederum mit dem Teilchencharakter der Elektronen, so ist die Kugelwelle der wahrscheinlichste Aufenthaltsraum der negativen Elementarladungen.

Eine anschauliche Darstellung der Verhältnisse wird erreicht, indem man für sehr viele zeitliche Momente den Ort, an dem sich das Elektron aufhält, als Punkt zeichnet.

Der wahrscheinlichste Aufenthaltsbereich ergibt sich als dichteste Anhäufung der Punkte. Wie Abb. 3-8 zeigt, besitzen die Ladungswolken keine scharfen Grenzen und das Atom somit ebenfalls nicht. Trotzdem werden Atomradien angegeben. Hierbei hat man sich auf eine bestimmte Dichte des Elektronenaufenthalts geeinigt.

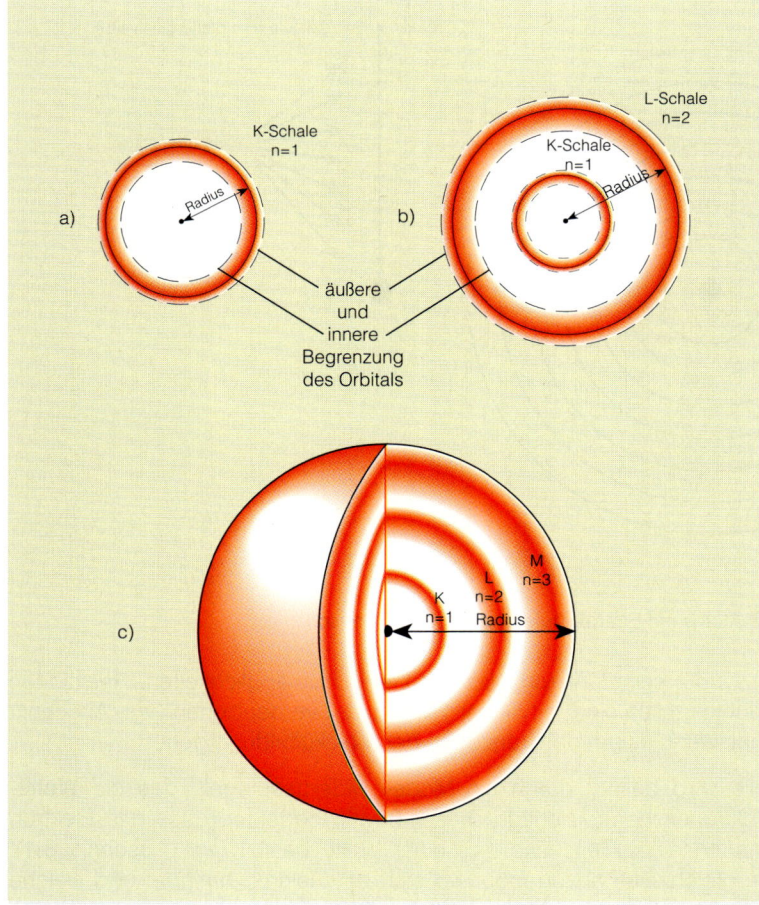

Abb. 3-8
a) Aufenthaltsraum (Orbital) der Elektronen auf der K-Schale im Wasserstoffatom
b) auf der K- und L-Schale beim Lithiumatom und
c) der K-, L- und M-Schale beim Aluminiumatom

Die negativen Ladungswolken oder Wahrscheinlichkeitsräume werden **Orbitale** genannt.

Vereinfacht kann man sich die Ladungswolke kugelförmig vorstellen. Das von dem Amerikaner GEORG E. KIMBALL zwischen 1951 und 1959 entwickelte Modell heißt deshalb **Kugelwolkenmodell** (vgl. Abschnitt 4.5.6). Real existieren die Ladungswolken aber auch in anderen Raumformen wie z. B. Ellipsoiden. Das wird im Orbitalmodell berücksichtigt. Die Kugelwolkenmodelle sind vereinfachte Orbitalmodelle der Atome. Erstere eignen sich nur für die Darstellung der Bindungen von Hauptgruppenelementen untereinander.

Jede Kugelwolke kann maximal zwei Elektronen, d. h. ein Elektronenpaar, aufnehmen.

Die Elektronenpaarbildung wird bei der chemischen Bindung (vgl. Abschnitt 5.1) näher betrachtet.

Für den Energiezustand der Elektronen eines Atoms gilt das für das Schalenmodell bereits Gesagte: Die Elektronen in den Kugelwolken innerhalb eines Hauptenergieniveaus unterscheiden sich nur gering, von einem zum anderen Hauptniveau treten größere Unterschiede auf.

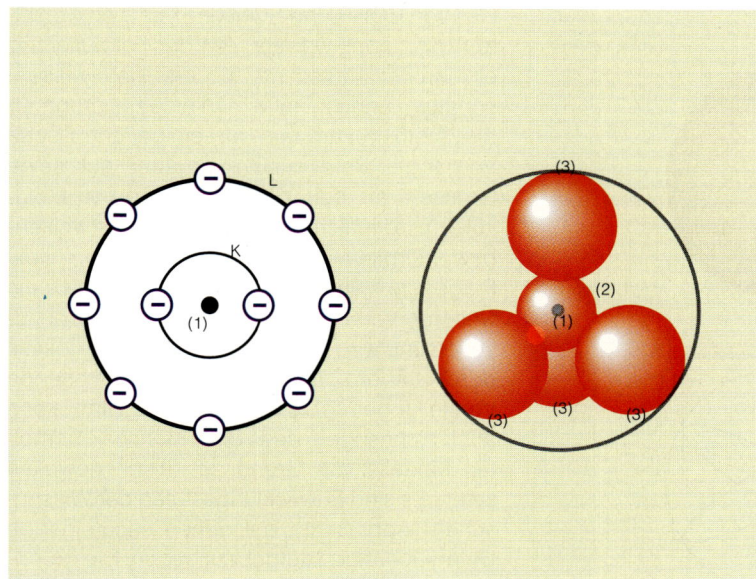

Abb. 3-9
Vergleich des
BOHRschen und des
Kugelwolkenmodells
von Neon
(Kernladungszahl 10)

(1) Atomkern
(2) Kugelwolke der
    K-Schale
(3) Kugelwolken der
    L-Schale

Vergleicht man das Schalen- oder Planetenmodell des Atoms mit dem Kugelwolkenmodell, erkennt man den Entwicklungsschritt: Vom Teilchenmodell erfolgte der Übergang zum Wellenmodell (vgl. Abb. 3-9). Die wesentlichste Veränderung zum BOHRschen Atommodell besteht darin, dass die Elektronen eines Energieniveaus nicht gemeinsam auf einer Bahn kreisen, vielmehr befinden sie sich einzeln oder paarweise in Ladungswolken, welche entsprechend ihres Energiezustandes um den Atomkern gruppiert sind. Wenn für das Element Neon im BOHRschen Modell zwei Schalen mit 2 und 8 Elektronen angegeben werden, so sind es im Kugelwolkenmodell eine Kugelwolke für die innerste Schale und 4 Kugelwolken für die äußere Schale mit je 2 Elektronen. Infolge gleicher Ladung stoßen sich die Kugelwolken untereinander ab. Sie gruppieren sich um den Kern mit größtmöglicher Raumausnutzung, d. h. in Form eines Tetraeders (Abb 3-10).

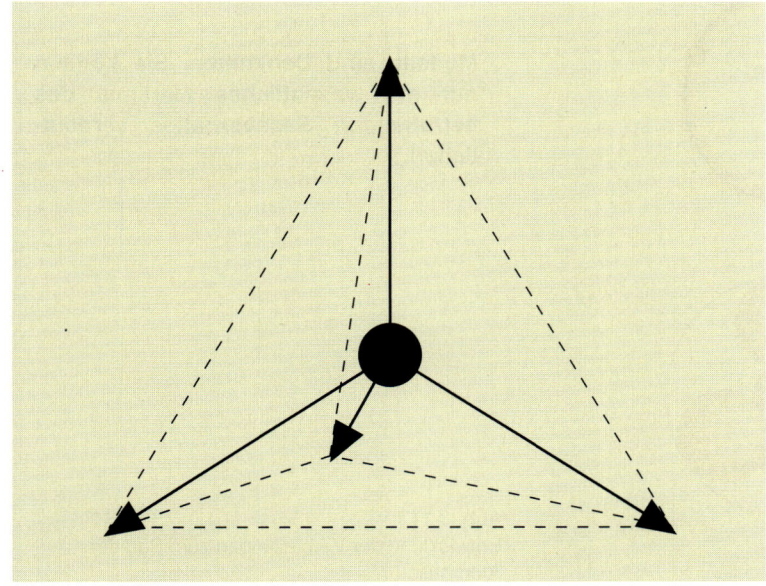

Abb. 3-10
Tetraeder („Vier-
flächner")
Die Kugelwolken
(Pfeile) weisen in die
Ecken des Tetraeders

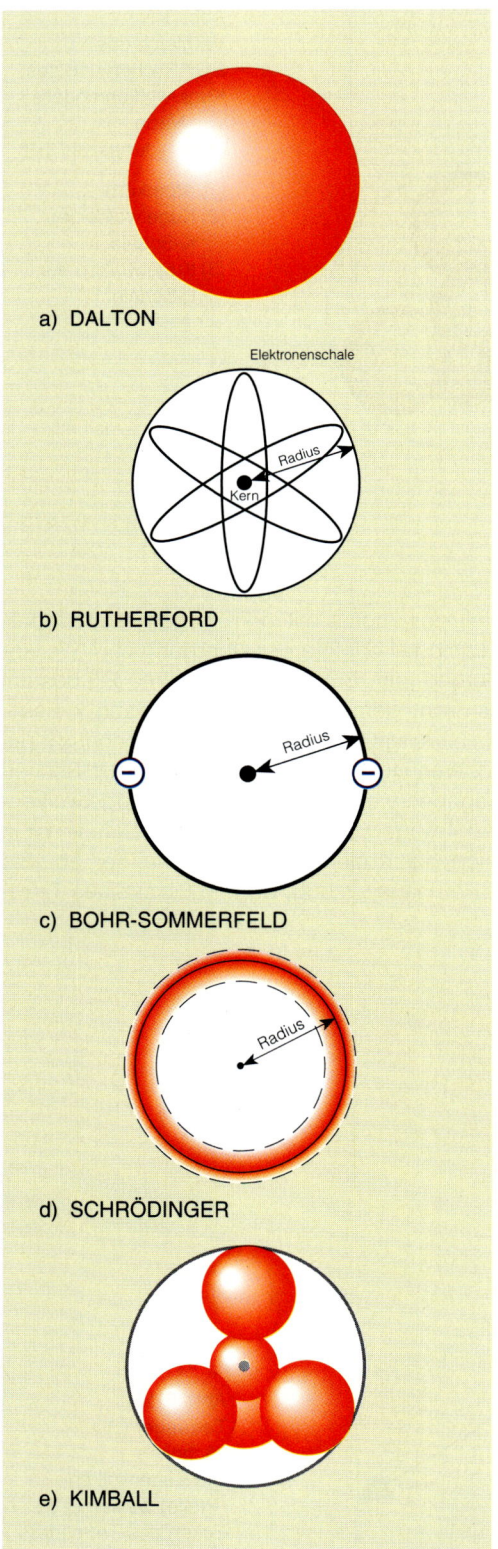

a) DALTON

b) RUTHERFORD

c) BOHR-SOMMERFELD

d) SCHRÖDINGER

e) KIMBALL

Das von BOHR und SOMMERFELD entwickelte Atommodell war zur Zeit der Formulierung ein großer Fortschritt für die Naturwissenschaften. Endlich hatte man eine Erklärung für die Atomstruktur und für einige chemische Vorgänge. Bald stieß man aber auf seine Grenzen, als man die Entstehung von Molekülen verdeutlichen wollte. Das Kugelwolken- bzw. Orbitalmodell ermöglichte es, viele Fragen zu klären, aber es ist auch nur als ein weiterer Vorstoß in den Mikrokosmos anzusehen und wird im weiteren Erkenntnisprozess durch andere, die Realität besser treffende Vorstellungen abgelöst werden. Man kann auch nicht sagen, dass die historisch überholten Modelle von Grund auf falsch gewesen seien. Es sind Entwicklungsstufen der Wissenschaft (Abb. 3-11), auf denen nachfolgende Untersuchungen aufgebaut haben. Die grundlegenden Ansätze und Ergebnisse vorangegangener Forschungen kehren deshalb in neuen Ergebnissen wieder. Ohne die Leistungen von RUTHERFORD, BOHR, SOMMERFELD und anderen Wissenschaftlern konnte das Kugelwolkenmodell von KIMBALL und seinen Mitarbeitern nicht geschaffen werden. Um elementare chemische Vorgänge verständlich zu machen, kann auch heute noch das Schalenmodell dienen. Es wird nachfolgend mitverwendet werden, wenn es sich für die Erklärung von Sachverhalten als ausreichend erweist.

Modelle sind Denkhilfen. Sie können nur ein wesentliches Merkmal des betreffenden Sachverhaltes verdeutlichen.

Abb. 3-11
Entwicklung der Vorstellungen zum Bau der Atomhülle

3.12 Aufgaben zur Wiederholung von Kapitel 3

1. Erläutern Sie am Beispiel der Gleichungen für das Verbinden von Natrium mit Chlor sowie von Aluminium mit Sauerstoff das Gesetz von den konstanten Proportionen!

2. Errechnen Sie, in welcher multiplen Proportion Schwefel und Sauerstoff im Schwefeldioxid und Schwefeltrioxid stehen!

3. In welchem Volumenverhältnis binden sich die Ausgangselemente zu Distickstoffmonoxid, Stickstoffmonoxid bzw. Stickstoffdioxid? Was sagt das chemische Volumengesetz von GAY-LUSSAC aus?

4. Auf welchen chemischen Sachverhalten gründeten Wissenschaftler im 19. Jahrhundert ihre Annahmen von der Existenz der Atome?

5. Erläutern Sie den RUTHERFORDschen Streuversuch!

6. Wie unterscheiden sich die Atommodelle, die von RUTHERFORD, BOHR-SOMMERFELD, SCHRÖDINGER und KIMBALL aufgestellt wurden?

7. Charakterisieren Sie: Proton, Neutron, Nukleon, Elektron, Isotop, absolute Atommasse, Atommasseneinheit, relative Atom- und Molekülmasse!

8. Warum wird in der Chemie das Mol als Einheit der Stoffmenge (Mengeneinheit) verwendet und nicht das Kilogramm?

9. Definieren Sie: Stoffmenge und Stoffmengenkonzentration!

10. Erläutern Sie das Schalenmodell des Atoms an Beispielen!

11. Was versteht man unter Welle-Teilchen-Dualismus des Elektrons?

12. Warum besitzt das Edelgas Helium auf seiner Schale nur zwei, Neon dagegen auf seiner Außenschale acht Elektronen?

13. Was sind Valenzelektronen?

14. Definieren Sie den Begriff Ionisierungsenergie! Warum steigt die Ionisierungsenergie von einer Ionisierungsstufe zur nächst höheren?

15. Warum sinkt die Ionisierungsenergie innerhalb der Gruppe mit steigender Atommasse? Warum steigt sie in der Periode?

4 Periodensystem

4.1 Periodizität der Eigenschaften

Eine Reihe von Elementen hat ähnliche chemische und zum Teil physikalische Eigenschaften. Schon frühzeitig versuchte man, ein chemisches Ordnungsprinzip zu erkennen und die Elemente danach zu systematisieren.

MENDELEJEW

Der Russe DIMITRI MENDELEJEW (1834–1907) veröffentlichte dazu 1869 Ergebnisse, die sich als äußerst wertvoll erweisen sollten. Er ordnete die Elemente nach steigender relativer Atommasse und „zerlegte" die so erhaltene Reihe jeweils dann, wenn ein Element auftrat, das ähnliche Eigenschaften hatte wie das Lithium. Die „Bruchstücke" legte er untereinander und es zeigte sich, dass nicht nur bei den Alkalimetallen, sondern auch bei den anderen, nun untereinander stehenden Elementen chemische Ähnlichkeiten zu erkennen waren. Die Eigenschaften wiederholten sich periodisch (Abb. 4-1). Auf diese Weise ergaben sich sieben horizontal verlaufende Reihen von Elementen, die **Perioden,** sowie sieben **Gruppen** von Elementen, die senkrecht untereinander angeordnet waren (die Edelgase wurden erst nach 1884 entdeckt). Alle Elemente bekamen eine Ordnungszahl, die sich später nach geringfügiger Korrektur als identisch mit der Kernladungszahl erwies. Letztere ist das eigentliche Ordnungsprinzip für die Elemente. Die von MENDELEJEW erkannte Periodizität (periodische Wiederkehr) von Eigenschaften ist eine wichtige Gesetzmäßigkeit der Chemie.

Das auf der Basis von Erfahrungswissen zu den Eigenschaften der Elemente und auf Grund bekannter relativer Atommassen aufgebaute Periodensystem der Elemente wurde ein bedeutsames Hilfsmittel für Physik und Chemie. Mit seiner Hilfe konnte bereits MENDELEJEW Eigenschaften und relative Atommassen noch nicht entdeckter Elemente voraussagen (z. B. ^{21}Sc, ^{131}Ga, ^{132}Ge). Später gefundene Elemente wie die Edelgase, Polonium, Radium sowie künstlich erzeugte Elemente ließen sich in das Periodensystem einordnen.

^{1}H ^{2}He ^{3}Li ^{4}Be ^{5}B ^{6}C ^{7}N ^{8}O ^{9}F ^{10}Ne ^{11}Na ^{12}Mg ^{13}Al ^{14}Si ^{15}P ^{16}S ^{17}Cl ^{18}Ar ^{19}K ^{20}Ca ...

Periode	GRUPPE							
	I	II	III	IV	V	VI	VII	VIII
1.	^{1}H							^{2}He
2.	^{3}Li	^{4}Be	^{5}B	^{6}C	^{7}N	^{8}O	^{9}F	^{10}Ne
3.	^{11}Na	^{12}Mg	^{13}Al	^{14}Si	^{15}P	^{16}S	^{17}Cl	^{18}Ar
4.	^{19}K	^{20}Ca	...					

Abb. 4-1 Zerlegung der Elementreihe in Perioden

Im Periodensystem der Elemente (PSE) sind zu unterscheiden

a) die Periodizität oder abgestufte Wiederholung der Eigenschaften in der Gruppe (vgl. Abschnitte 7.1.3, 7.1.4, 7.2.4, 7.2.5)

b) die Abstufung der Eigenschaften in der Periode.

Die periodische Wiederholung bzw. die Ähnlichkeiten von Eigenschaften werden deutlich, wenn man z. B. miteinander vergleicht
- den Bau der Atomhüllen
- die Atomradien
- die Schmelz- und Siedetemperaturen
- die Ionisierungsenergien (gleiche Ladungsstufe)
- die Ionenradien
- die negativen und positiven Wertigkeiten
- die Affinität zu Elektronen (siehe Elektronegativität)
- den Säurecharakter und die **Acidität** (Säurestärke)
- den Basencharakter und die **Basizität** (Basenstärke)

Nachfolgend werden für die 2. und 3. Periode Schmelztemperaturen und Ionisierungsenergien der Elemente, ihrer Oxide und Chloride als Beispiele angegeben:

2. Periode	Li	Be	B	C	N	O	F	Ne
Schmelztemperatur °C	180,5	1283,2	(2300)	(≈3800)	−210	−218,8	−219,6	−249
Ionisierungsenergie (1$^+$) kJ · mol^{-1}	520	899	801	1090	1400	1310	1680	2080

3. Periode	Na	Mg	Al	Si	P (weiß)	S	Cl	Ar
Schmelztemperatur °C	97,8	650	660,4	1410,4	44,1	119	−101	−189,4
Ionisierungsenergie (1$^+$) kJ · mol^{-1}	500	740	579	786	1060	1004	1250	1520

	Na_2O	MgO	Al_2O_3	SiO_2	P_2O_5	SO_3	Cl_2O_7	
Schmelztemperatur °C	920	2800	2050	1713	566	62,2	−92	

	NaCl	$MgCl_2$	$AlCl_3$	$SiCl_4$	PCl_3 (PCl_5)	SCl_2 (SCl_4)	Cl_2	
Schmelztemperatur °C	801	708	192,6	−70	−92 (+149)	−78,5 (−50)	−101	

Die Schmelztemperaturen der Elemente sowie einiger ihrer Verbindungen durchlaufen in der Periode häufig ein Maximum. Die Basizität der Sauerstoff-Wasserstoffverbindungen der Elemente einer Periode sowie die Acidität ändern sich gegenläufig:

NaOH	$Mg(OH)_2$	$Al(OH)_3$	$Si(OH)_4$ H_4SiO_4	$PO(OH)_3$ H_3PO_3	$SO_2(OH)_2$ H_2SO_4	$ClO_3(OH)$ $HClO_4$

Basencharakter

Säurecharakter

4.2 Periodizität des Atombaus

Die Ordnung der Elemente in Perioden und Gruppen sowie in Haupt- und Nebengruppenelemente erhielt erst mit der Entdeckung des Atomaufbaus ihre wissenschaftliche Begründung:

Innerhalb der Periode nimmt die Anzahl der Ladungen von Element zu Element um jeweils ein Proton und Elektron, d. h. um eine Kernladungszahl, zu.

> **Die Periodennummer stimmt mit der Anzahl von Schalen (K, L, M ...) bzw. Haupt-energieniveaus überein.**

Die maximal möglichen Kugelwolken des KIMBALLschen-Atommodells erhält man nach dem PAULI-Prinzip, indem die maximal mögliche Elektronenzahl $2 n^2$ durch 2 dividiert wird. Es ergeben sich für die K-Schale ($n = 1$) eine, für die L-Schale ($n = 2$) vier, für die M-Schale ($n = 3$) folglich 9 Kugelwolken usw. Die Elemente der 1. Periode haben somit Atome mit einer Schale (K-Schale), die im Falle des Wasserstoffs mit einem, im Falle des Heliums mit 2 Elektronen besetzt ist (Abb. 4-2).

Von der 2. Periode an gilt für die Elektronenbesetzung der Kugelwolken bei den Hauptgruppenelementen folgende Regel: Von den Elementen der Gruppen 1 bis 4 werden die Kugelwolken nacheinander nur mit jeweils einem Elektron besetzt. Erst von den Elementen der Hauptgruppe 5 an wird das jeweils zweite Elektron in die Kugelwolke aufgenommen. Die Ursache liegt in den Energieunterschieden der Elektronen (vgl. Abschnitte 4.3 und 4.5). Die Elemente der 8. Hauptgruppe erreichen mit der Schalenbesetzung von 8 Elektronen, dem so genannten **Elektronenoktett** (bzw. 4 Kugelwolken; vgl. Abb. 4-2), einen besonders stabilen Energiezustand, die **Edelgaskonfiguration.** Das erklärt die Reaktionsträgheit der Edelgase.

> **Die Gruppennummer der Hauptelemente gibt an, wie viel Elektronen die letzte Schale besetzen.**

Somit haben alle Elemente einer Hauptgruppe auf der letzten Schale (dem höchsten Energieniveau) dieselbe Anzahl von Elektronen. Daraus ergeben sich die ähnlichen Eigenschaften innerhalb einer Hauptgruppe. Eigenschaftsunterschiede resultieren aus der unterschiedlichen Atomgröße (Schalenzahl) bzw. Atommasse. Somit stehen die chemischen Eigenschaften in engem Zusammenhang mit dem Atombau. An dieser Stelle soll auf die gleiche bzw. ähnliche Wertigkeit der Elemente einer Gruppe hingewiesen werden (vgl. Abschnitte 5.3.2 und 5.4.7).

> **Aufgabe:** Skizzieren Sie die BOHRschen Atommodelle von H, Li, Na, K sowie von O, S und F, Cl!

Für die ersten 10 Hauptgruppenelemente (Wasserstoff bis Neon) ergibt sich nach dem BOHR-SOMMERFELDschen- und KIMBALLschen-Atommodell der in Abb. 4-2 dargestellte Atombau. Weil alle Hauptgruppenelemente der 2. bis 7. Periode auf der letzten Schale die gleiche Elektronenbesetzung haben, kann unter Verzicht auf vorangegangene Schalen das gleiche Kugelwolkenmodell jeweils für die letzte Schale benutzt werden (Abb. 4-3).

> **Die Periodizität des Atombaus erklärt die Periodizität der Eigenschaften.**

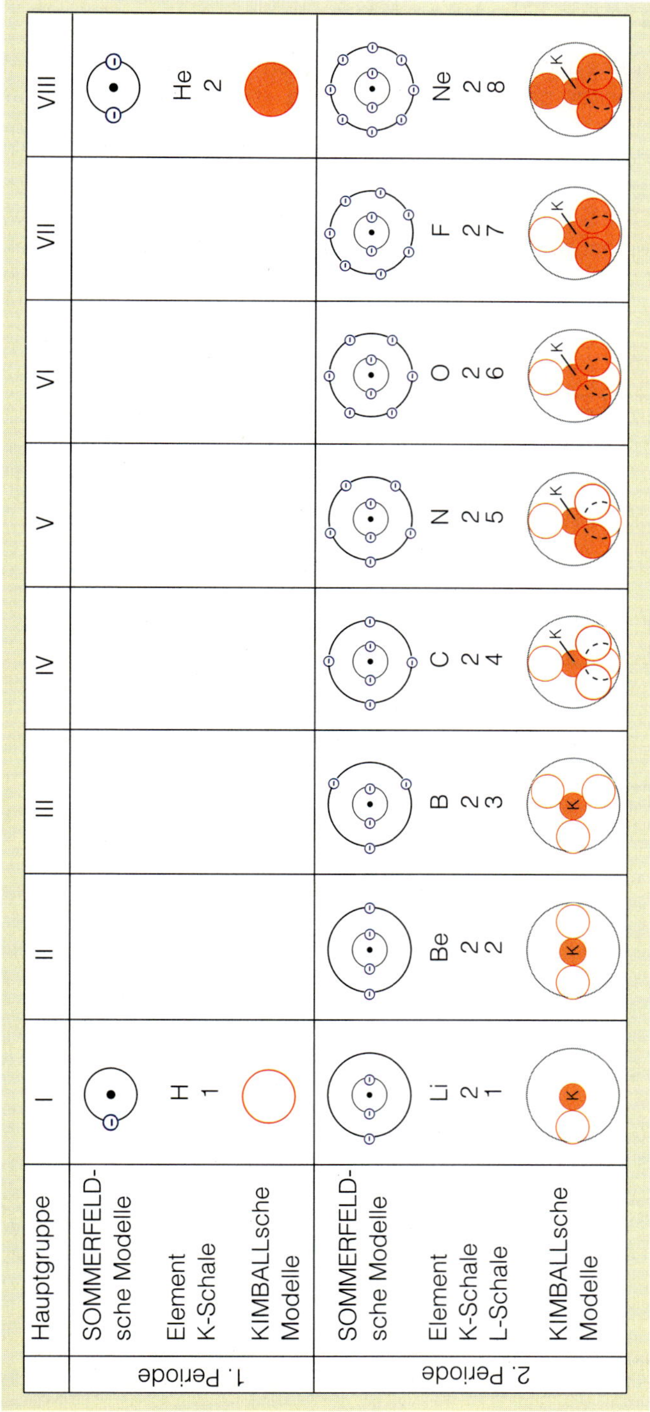

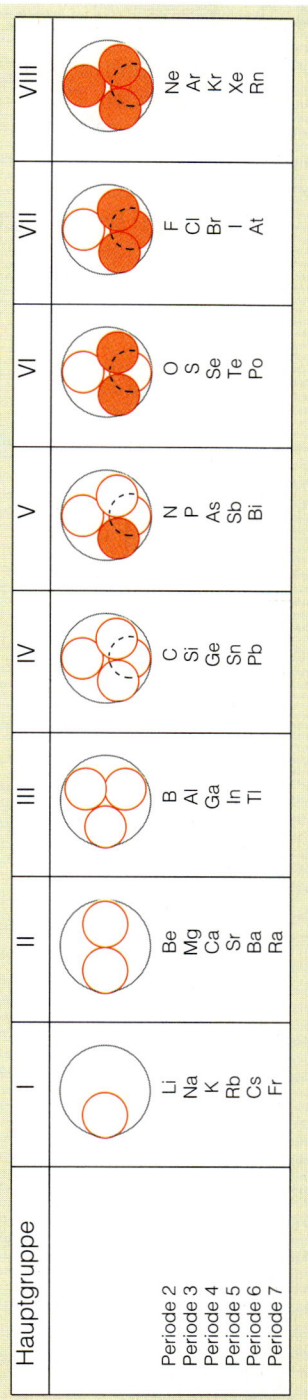

Abb. 4-2
Vergleich der BOHRschen und KIMBALLschen Modelle für die Elemente der 1. und 2. Periode; die leeren Kreise zu den KIMBALL-Modellen bedeuten einfache, die Vollkreise doppelte Besetzung mit Elektronen (Elektronenpaare)

Abb. 4-3
KIMBALL-Kugelwolken-Modelle für die letzte Schale der Hauptgruppenelemente (2. bis 7. Periode)

4.3 Energiestufen der Elektronen

MENDELEJEW fand für die Perioden eine ungleiche Zahl von Elementen, ohne dafür einen Grund angeben zu können. Die Erklärung wurde gefunden, als es gelang, die Energiezustände der Elektronen genau zu bestimmen. Auch die Elektronen (bzw. Kugelwolken) der Hauptgruppenelemente einer Periode unterscheiden sich energetisch, sie nehmen unterschiedliche Energiestufen ein. Gleiches gilt für die Nebengruppenelemente. Das Energieniveauschema gibt die Folge der einzelnen Energiestufen an (Abb. 4-4). Der schrittweise Aufbau der Atomschalen bzw. Kugelwolken mit Elektronen von Element zu Element innerhalb der Perioden erfolgt in der Weise, dass immer erst die noch nicht besetzten niedrigeren Energiestufen „aufgefüllt" werden. In

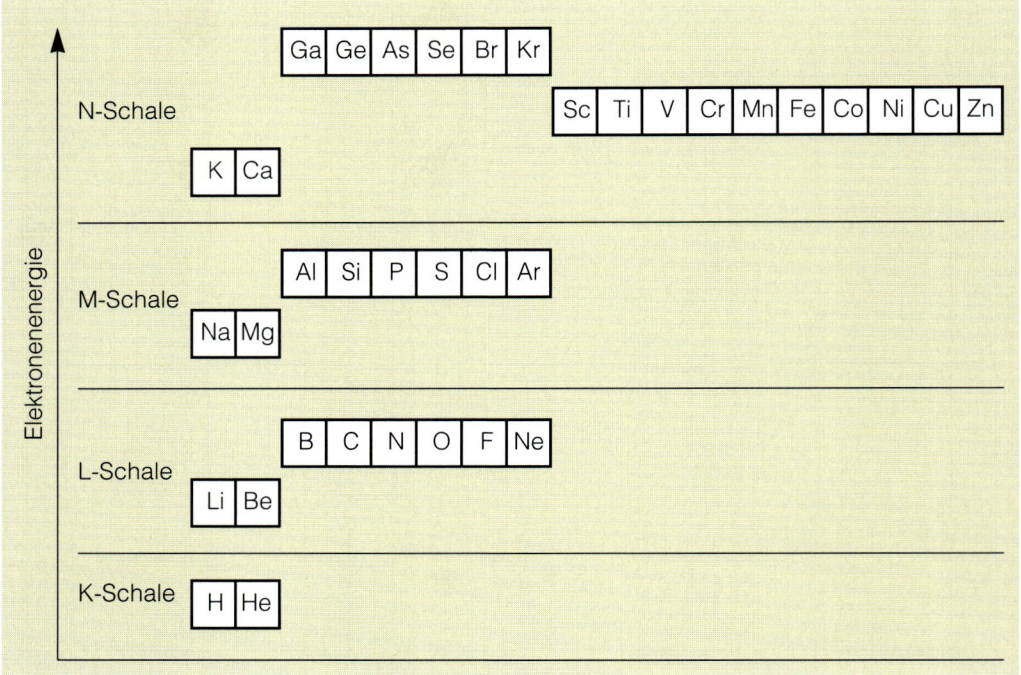

Abb. 4-4 Energieniveauschema für die Elemente der 1. bis 4 Periode

der 4. Periode folgen deshalb auf die Energiestufen, die Kalium und Calcium besetzen, nicht die Hauptgruppenelemente Gallium bis Krypton, sondern die als Nebengruppenelemente bezeichneten zehn Metalle Scandium bis Zink, weil deren Elektronenenergien hier einzuordnen sind (vgl. Abb. 4-5). Infolge dieser Stellung nach der 2. Hauptgruppe haben diese Nebengruppenelemente in der Regel zwei Elektronen auf der letzten Schale (s. Anhang; Ausnahmen z. B. Kupfer, Chrom).

Die Nebengruppenelemente der 4. Periode bauen die vorletzte Schale von 8 bis zu 18 Elektronen auf.

Aufgabe: Skizzieren Sie die BOHRschen Atommodelle von den Elementen der 4. Periode ^{19}K bis ^{36}Kr!

Gekürztes Periodensystem der Elemente — Relative Atommassen, Wertigkeiten — Metalle – Halbmetalle – Nichtmetalle – Edelgase

Periode	Hauptgruppe I	Hauptgruppe II	Neben-gruppen	Hauptgruppe III	Hauptgruppe IV	Hauptgruppe V	Hauptgruppe VI	Hauptgruppe VII	Hauptgruppe VIII
1	1 H 1,0079								2 He 4,0026
2	3 Li 6,941	4 Be 9,0122		5 B 10,81	6 C 12,011	7 N 14,0067	8 O 15,9994	9 F 18,9984	10 Ne 20,179
3	11 Na 22,9898	12 Mg 24,305		13 Al 26,9815	14 Si 28,085	15 P 30,9738	16 S 32,06	17 Cl 35,453	18 Ar 39,948
4	19 K 39,098	20 Ca 40,08	21...30 SC...Zn	31 Ga 69,72	32 Ge 72,59	33 As 74,9216	34 Se 78,96	35 Br 79,904	36 Kr 83,80
5	37 Rb 85,47	38 Sr 87,62	39...48 Y...Cd	49 In 114,82	50 Sn 118,69	51 Sb 121,75	52 Te 127,60	53 I 126,904	54 Xe 131,30
6	55 Cs 132,905	56 Ba 137,33	57...80 La...Hg	81 Tl 204,37	82 Pb 207,2	83 Bi 208,980	84 Po 209	85 At 210	86 Rn 222
7	87 Fr 223	88 Ra 226,03	89...104 Ac...Ku						
Wertig-keit	I	II	II...VIII	III	IV	V, III	VI, II	VII, I	0

Abb. 4-5 Stellung der ▇ Metalle, ▇ Halbmetalle, ▇ Nichtmetalle und ▇ Edelgase im Periodensystem der Elemente

Diese Elektronenbesetzung ist energetisch möglich, denn nach $Z = 2\,n^2$ ergeben sich für $n = 3$ insgesamt 18 erlaubte Energiezustände (9 Kugelwolken). Vergleichbare Energieverhältnisse findet man für die Nebengruppenelemente mit der Ordnungszahl 39 bis 48, 57 und 72 bis 80.

Die 14 Elemente der 6. Periode mit der Ordnungszahl 58 bis 71, Cer (Ce) bis Lutetium (Lu), die als seltene Erden (Lanthaniden) bezeichnet werden, bauen die vorvorletzte, also vierte Schale von 18 auf 32 Elektronen auf. Für $n = 4$ ergibt sich $2\,n^2 = 32$.

Gleiches gilt für die Elemente mit den Ordnungszahlen ab 90 (Actiniden). Die maximal mögliche Elektronenzahl für $n = 5$ wird jedoch durch die derzeit bekannten natürlichen und künstlich erzeugten Elemente (ab ^{93}Np, Neptunium) nicht erreicht. Die vollständige Besetzung der Hauptenergieniveaus ist dem Periodensystem im Anhang zu entnehmen (vgl. hierzu auch Abschnitt 4.5.4).

Zusammenfassend ergibt sich somit:

Die Anzahl der Schalen eines Elements ist gleich der Periodennummer.
Die Hauptgruppenelemente bauen die letzte Schale von 1 bis auf 8 Elektronen auf.
Die Anzahl der Valenzelektronen ist bei den Hauptgruppenelementen gleich der Gruppennummer.
Die Nebengruppenelemente bauen die vorletzte Schale von 8 auf 18 Elektronen auf. Sie besitzen meist 2 Elektronen auf der letzten Schale. Lanthaniden und Actiniden vervollständigen die vorvorletzte Schale von 18 auf 32 Elektronen.

4.4 Periodizität des Atomvolumens

Der deutsche Wissenschaftler LOTHAR MEYER (1830 –1915) veröffentlichte ebenfalls im Jahre 1869 Ergebnisse zur Systematisierung der chemischen Elemente. Wie MENDELEJEW hatte auch er die Ordnung nach steigender relativer Atommasse vorgenommen. Für jedes Element berechnete MEYER das Volumen eines Mols, das so genannte molare Volumen (in $cm^3 \cdot mol^{-1}$), als Quotienten aus der molaren Masse und der Dichte. Er trug die Werte über den Elementen auf und erhielt auf diese Weise die Molvolumenskurve. Sie wurde später auf Atomradien umgerechnet, die über der Ordnungszahl aufgetragen wurden (Abb. 4-6; vereinfacht).

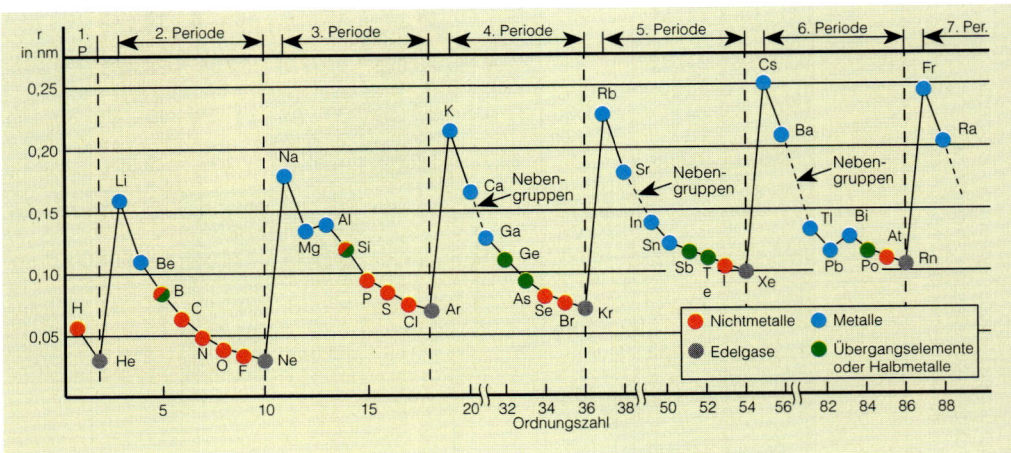

Abb. 4-6 Errechnete Atomradien der Hauptgruppenelemente (Atomradien- oder Atomvolumenskurve)

Der Verlauf dieser so genannten Atomvolumenskurve konnte erst nach der Entdeckung des Atombaus erklärt werden. Zu Beginn einer Periode (Elemente der 1. Hauptgruppe) steigt das Atomvolumen im Vergleich zur vorhergehenden Periode sprunghaft an, weil eine neue Schale hinzutritt. Innerhalb der Periode wächst von Element zu Element die Kernladung, die Elektronen werden stärker angezogen, dadurch verringert sich das Atomvolumen. Dieser Verlauf wiederholt sich periodisch (Periodizität des Atomvolumens). Maximum und Minimum jeder folgenden Periode liegen wegen der veränderten Schalenzahl bei höheren Radienwerten.

Die Kurve der Atomradien zeigt, dass die Elemente, die zu Beginn einer Periode stehen, einen größeren Atomradius besitzen. Die äußere Schale ist nur mit wenigen Elektronen besetzt, die wegen ihres energiereichen Zustandes leicht abspaltbar sind. Diese Elemente sind **Metalle.**

Die in der Periode folgenden Elemente haben mehr Elektronen auf der äußeren Schale und einen kleineren Atomradius. Die Elektronen sind stärker an den Kern gebunden. Diese Elemente nehmen leicht Elektronen von Metallen in die letzte Schale auf. Es sind die **Nichtmetalle.**

Zwischen Metallen und Nichtmetallen stehen in jeder Periode **Halbmetalle** (Übergangselemente), die hinsichtlich ihrer Eigenschaften eine Zwischenstellung einnehmen (vgl. Abb. 4-5).

Aufgaben: Betrachten Sie die Radien folgender Elemente in Relation zu den Radien der anderen Elemente und bilden Sie Merksätze zu den Erkenntnissen, die Sie gewonnen haben:
a) Li – Na – K – Rb – Cs – Fr
b) F – Cl – Br – I – At

4.5 Quantenmechanisches Modell der Atomhülle – Erweiterung der Modellvorstellungen über das Atom

4.5.1 Linienspektren

Um zu einem besseren Verständnis der Orbitale zu gelangen, sollen zunächst die Energiezustände von Elektronen genauer als im Abschnitt 4.3 betrachtet werden.

Werden Atome energetisch z. B. in einer Flamme angeregt, senden sie Licht bestimmter Frequenzen (bzw. Wellenlängen) aus. Es entsteht deshalb bei der Lichtzerlegung im **Spektroskop** kein kontinuierliches **Spektrum,** wie es ein glühender Körper aussendet (Abb. 4.7 a), sondern ein Linienspektrum (Abb. 4.7 b). Letzteres weist darauf hin, dass das abgegebene Licht aus bestimmten „Energieportionen" besteht.

Die Aussendung des Lichtes kommt in folgender Weise zustande: Im Grund- oder nicht angeregten Zustand befinden sich die Elekronen auf dem niedrigsten zur Verfügung stehenden Energieniveau, das Elektron des Wasserstoffatoms z. B. auf $n = 1$. Die höheren Energieniveaus sind unbesetzt, frei oder „leer". Bei Energieaufnahme springen die Elektronen auf die nächsthöhere oder auf noch kernfernere Bahnen, verweilen dort kurze Zeit (Verweildauer $10^{-9}...10^{-8}$ s) und kehren wieder in den energetischen Grundzustand zurück. Dabei geben sie den zuvor aufgenommenen Energiebetrag in Form von Licht wieder ab (Abb. 4-8, Seite 66).

Jedes Element sendet Licht bestimmter Wellenlängen aus.

Auf Grund dieses Sachverhaltes können Substanzen spektroskopisch analysiert, d. h. enthaltene Elemente nachgewiesen werden.

Bei der **Emissionsspektroskopie** wird das emitierte (ausgesendete) Licht in Wellenlängen zerlegt und als Linienspektrum beobachtet (Abb. 4-7). Für die Bestimmung organischer Substanzen wendet man die **Absorptionsspektroskopie** an: Die Verbindung (flüssig; in Lösung) wird mit Licht durchstrahlt, dessen Intensität und Spektrum bekannt sind. Jede Substanz absorbiert (schwächt) bestimmte Wellenlängen des Lichtes. Daraus sind Rückschlüsse auf die Zusammensetzung möglich.

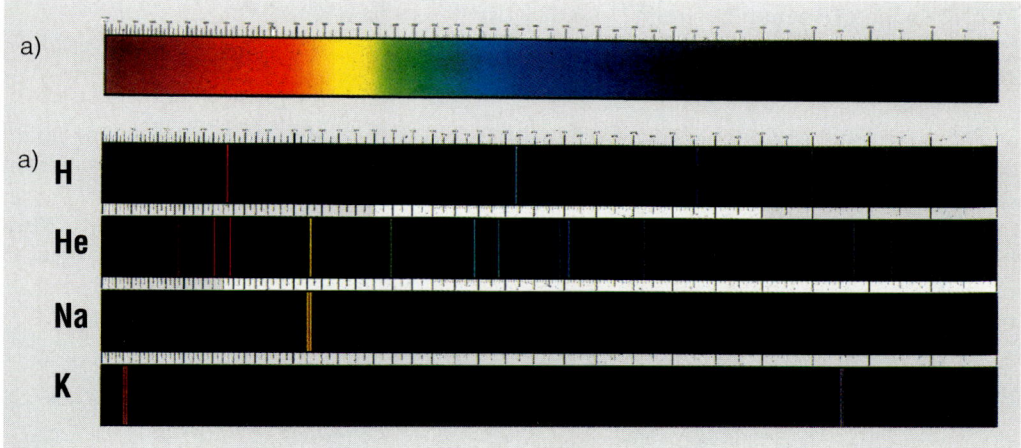

Abb. 4-7 Kontinuierliches Spektrum (a) des Glühlichtes und Linienspektrum (b) von Wasserstoff (sichtbarer Bereich), Helium, Natrium und Kalium

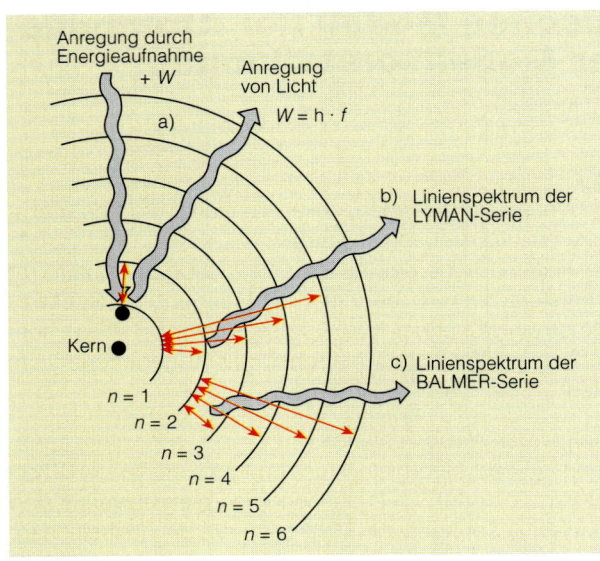

Abb 4-8 Anregung des Wasserstoff-Elektrons

a) allgemeines Schema der Energieaufnahme und -abgabe als Licht (elektromagnetische Strahlung)

b) Anregung von $n = 1$ auf höhere Bahnen. Die Spekrallinien des ausgesendeten Lichts (die sog. LYMAN-Serie) liegen für den Quantensprung $n = 2$ auf $n = 1$ im unsichtbaren UV-Bereich, z. B. bei $2{,}47 \cdot 10^{15}$ Hz

c) Anregung von $n = 2$ auf höhere Bahnen. Die Spektrallinien (sog. BALMER-Serie) liegen im sichtbaren Bereich des Spektrums

4.5.2 Gequantelte Energie

Die Linien im Spektrum lassen erkennen, dass Elektronen nicht beliebige, sondern immer nur bestimmte Energiebeträge aufnehmen oder abgeben können. Die Größe dieser „Portionen" hängt von dem Energieunterschied ΔW ab, der zwischen zwei oder mehr Energieniveaus besteht (vgl. „verbotene Zonen", Abschnitt 3.11).
Durch hochauflösende Spektroskope können geringste Energieunterschiede, selbst von gepaarten Elektronen, nachgewiesen werden.

Energie W und Wellenlänge λ bzw. Frequenz f des Lichts stehen miteinander in Beziehung:

$$W = h \cdot f \qquad \text{bzw.} \qquad W = h \cdot \frac{c}{\lambda}$$

PLANCKsches Wirkungsquantum $h = 6{,}626 \cdot 10^{-34}$ J $\cdot$ s (bzw. W $\cdot$ s^2);
Lichtgeschwindigkeit $c = 3 \cdot 10^8$ m $\cdot$ s^{-1};
f in Hz bzw. s^{-1}

Je höher die Frequenz oder je kürzer die Wellenlänge, desto höher ist die Energie des abgestrahlten Lichtes. Andererseits werden durch die Frequenz bzw. Wellenlänge die kleinsten Energieportionen bestimmt, die nicht mehr teilbar sind. Sie heißen **Quanten** (lat. Menge, Betrag). Bei der Aussendung von Lichtenergie spricht man auch von **Lichtquanten** oder **Photonen.**

Aufgabe: Das Elektron des Wasserstoffs wird angeregt und gibt bei der Rückkehr von der Hauptenergiestufe $n = 2$ auf $n = 1$ ultraviolettes Licht der Frequenz $2{,}47 \cdot 10^{15}$ Hz ab. Nach Anregung von $n = 1$ auf $n = 3$ wird UV-Licht der Frequenz $2{,}93 \cdot 10^{15}$ Hz ausgesendet. Errechnen Sie die Energie und die Wellenlänge des UV-Lichts für beide Anregungsstufen! Begründen Sie die beiden Werte!

Die Quantentheorie wurde 1900 von dem Physiker MAX PLANCK begründet und von dem Physiker ALBERT EINSTEIN erweitert. PAULI erkannte auf Grund der Linienspektren die energetische Ungleichheit der Elektronen eines Atoms oder Moleküls. Er formulierte 1925/26 das **PAULI-Prinzip** oder PAULI-Verbot:

Alle Elektronen eines Atoms (Moleküls) unterscheiden sich energetisch.

4.5.3 Quantenzahlen

Wegen der spektroskopischen Befunde müssen die in Abb. 3-7 angegebenen Energiestufen differenziert werden, wie das z. T. bereits in Abb. 4-4 berücksichtigt ist.

Die Hauptenergiestufen $n = 1$ bis $n = 7$ werden mit dem Begriff Hauptquantenzahl (HQZ) bezeichnet.

Den **Hauptquantenzahlen** entsprechen die Schalen K, L, M, N, O, P, Q im BOHR-SOMMER-FELDschen Atommodell.
Zur weiteren energetischen Unterscheidung der Elektronen werden zusätzlich zur Hauptquantenzahl n (HQZ) die **Nebenquantenzahl** l (NQZ), die **magnetische Quantenzahl** m (MQZ) und die **Spinquantenzahl** s (SQZ) verwendet.

Die Nebenquantenzahl gibt an, wie viel Unterenergieniveaus (-stufen) zur Hauptenergiestufe gehören.

Die Nebenquantenzahl steht mit der Hauptquantenzahl in Beziehung. Sie kann ganze Zahlen zwischen 0 und n – 1 annehmen:

$l = 0, 1, 2, 3, \dots , n - 1$

Für die Hauptquantenzahl 1 gibt es somit nur die Nebenquantenzahl 0, für $n = 2$ nimmt l die Werte 0 und 1 an, für $n = 3$ wird l 0,1 und 2 usw.

Die l-Werte sowie die zugeordneten Elektronen und Unterenergieniveaus werden mit Buchstaben bezeichnet: s, p, d, f (vgl. Übersicht 4-1).

Bezeichnung der Elektronen und Unterenergieniveaus		
Nebenquantenzahl	Elektronen	Unterenergieniveau
$l = 0$	s-Elektronen	s-Niveau
$l = 1$	p-Elektronen	p-Niveau
$l = 2$	d-Elektronen	d-Niveau
$l = 3$	f-Elektronen	f-Niveau

Übersicht 4-1

Die Symbole s, p, d, f werden zusammen mit der Hauptquantenzahl angegeben: 1s, 2s, 2p, 3s usw. Die Umlaufbewegung des Elektrons auf seiner Bahn um den Atomkern erzeugt ein magnetisches Moment, auch magnetisches Bahnmoment genannt. SOMMERFELD führte dafür die magnetische Quantenzahl m ein.

> **Die magnetische Quantenzahl m gibt an, wie viel Energiezustände für Elektronenpaare auf den Unterenergieniveaus bestehen, d. h. wie viel Elektronenpaare aufgenommen werden können.**

Sie kann ganzzahlige Werte von $m = -l$ bis $m = +l$ einschließlich $m = 0$, also $m = 2l + 1$ annehmen:

$$m = 2\,l + 1$$

Das ist identisch mit der Anzahl der Kästchen in der PAULINGschen Schreibweise der Elektronenbesetzung (vgl. Abschnitt 4.5.4).

Übersicht 4-2 ist die Aufschlüsselung der Hauptquantenzahl $n = 1$ bis $n = 3$ zu entnehmen.

Quantenzahlen für HQZ 1 bis 3		
HQZ	NQZ	MQZ
$n = 1$	$l = 0$	$m = 0$
$n = 2$	$l = 0$	$m = 0$
	$l = 1$	$m = -1, 0, +1$
$n = 3$	$l = 0$	$m = 0$
	$l = 1$	$m = -1, 0, +1$
	$l = 2$	$m = -2, -1, 0, +1, +2$

Übersicht 4-2

> **Aufgabe:** Vervollständigen Sie die Übersicht 4-2 für HQZ $n = 4$

Eine weitere Unterscheidung der Elektronen erfolgt nach dem Elektronenspin (to spin, engl. schnell rotieren).

Ursprünglich wurde eine Eigenrotation des Elektrons in Uhrzeigerrichtung und entgegen der Uhrzeigerrichtung angenommen und mit Links- und Rechtsspin bezeichnet. Heute geht man davon aus, dass es sich beim Spin um eine Eigenschaft des Elektrons handelt, die nicht weiter erklärt werden kann. Man spricht auch von paralleler (Symbol: ↑) und antiparalleler (Symbol: ↓) Einstellung oder Orientierung der Elektronen gegenüber dem magnetischen Bahnmoment.

> **Der Spin ist ein energetischer Zustand der Elektronen, der durch die Spinquantenzahl s beschrieben wird.**

Die Spinquantenzahl kann nur die Werte $s = -\frac{1}{2}$ und $+\frac{1}{2}$ annehmen. Das entspricht einem Elektronenpaar je Energiezustand:

$$s = \pm \frac{1}{2}$$

Spinquantenzahl *s* und s-Elektronen für *l* = 0 dürfen nicht verwechselt werden!

Der parallele Spin ($s = -\frac{1}{2}$) hat eine etwas niedrigerer Energie als der antiparallele Spin ($s = +\frac{1}{2}$).

Nach den vorangegangenen Darstellungen könnte man annehmen, dass sich die Unterniveaus nach steigender Energie *W* in folgender Weise ordnen: 1s, 2s, 2p, 3s, 3p, 3d, 4s, 4p, 4d, 4f usw. Das ist aber nur bis 3p der Fall!

Mit zunehmender Anzahl der Elektronen erfolgt eine gegenseitige Beeinflussung. Die Wechselwirkung zeigt sich ab 3p/4s: Auf das 3p-Niveau folgt zunächst 4s und erst dann das 3d-Niveau. Das 4d-Niveau liegt zwischen dem 5s- und dem 5p-Niveau, das 4f-Niveau zwischen 6s und 5d usw. Die richtige Folge der Unterenergieniveaus zeigt Abb. 4-9.

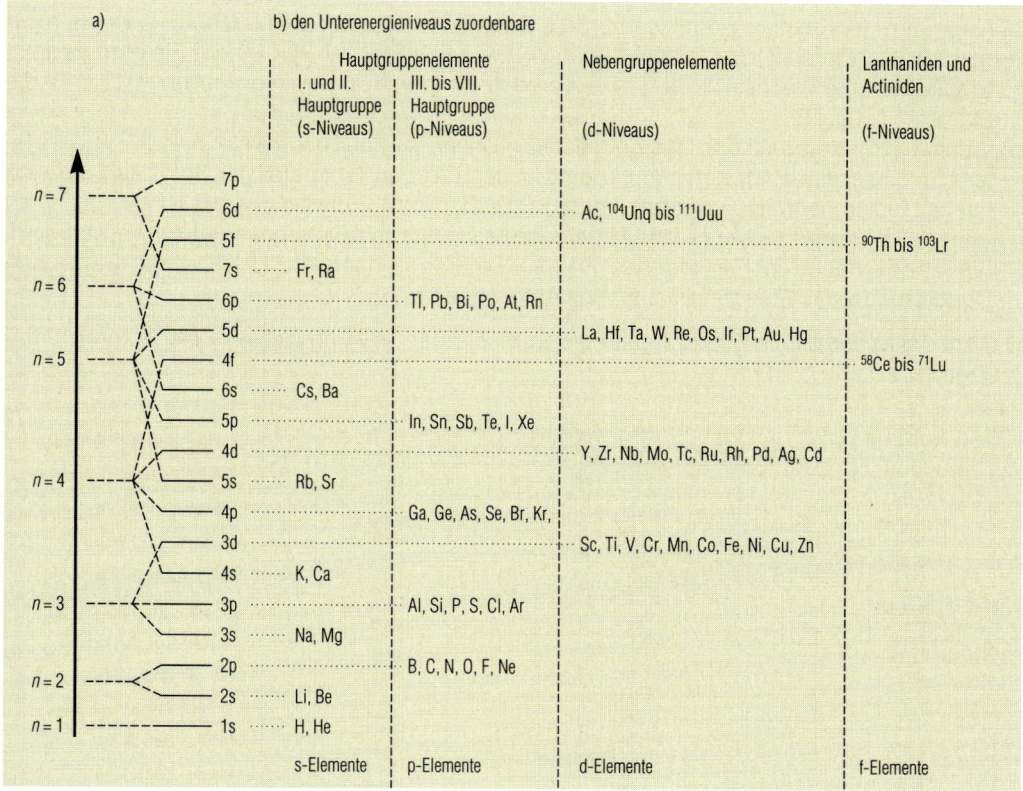

Abb. 4-9 a) Abfolge der Unterenergieniveaus
b) Einordnung der Elemente entsprechend ihrer Elektronenbesetzung

Ordnet man die Elemente entsprechend ihrer Elektronenstruktur diesem **Energiemodell** zu, so wird der Zusammenhang zur Systematik des Periodensystems deutlich: Elemente, deren Elektronenbesetzung mit einem s-Niveau endet, gehören der 1. und 2. Hauptgruppe an **(s-Elemente),** die Elemente der 3. bis 8. Hauptgruppe besetzen p-Elektonenzustände **(p-Elemente),** die Nebengruppenelemente d- **(d-Elemente)** und die Lanthaniden sowie Actiniden f-Niveaus **(f-Elemente)** (vgl. Abb. 4-9 und Übersicht 4-3).
Die Ordnung der Elemente im Periodensystem, die ursprünglich auf Grund der chemischen Eigenschaften und ohne Kenntnis des Atombaus aufgestellt wurde, ist somit durch die spektroskopischen Ergebnisse und quantenmechanischen Berechnungen bestätigt worden.

4.5.4 Kästchenschreibweise der Elektronenkonfiguration

Die Elektronenverteilung eines Elements auf die verschiedenen Energiezustände (Unterenergieniveaus) wird anschaulich durch ein Modell wiedergegeben, das von dem amerikanischen Chemiker LINUS PAULING aufgestellt wurde. Es sieht für jeweils ein Elektronenpaar ein Kästchen auf dem betreffenden Unterenergieniveau vor. Die Anzahl der Kästchen auf einem Niveau ist gleich den möglichen Energiezuständen bzw. der magnetischen Quantenzahl (vgl. Übersicht 4-3 mit Abb. 4-10).

Die Abfolge der Kästchen entspricht der Reihenfolge der Unterenergieniveaus. Kästchen, die mit Elektronen besetzt sind, entsprechen den Atomorbitalen im wellenmechanischen Atommodell (vgl. nächster Abschnitt).

Um die Elektronenkonfiguration zu ermitteln, ordnet man die Elektronen mit steigender Ordnungszahl der Elemente nach folgenden Prinzipien in die Kästchen ein:

a) Nach der HUNDschen Regel werden die Energiezustände des Unterenergieniveaus (p, d bzw. f) von Element zu Element zunächst nacheinander mit nur *einem* Elektron besetzt (dadurch ist die Wechselwirkung zwischen den Elektronen gering; vgl. in Abb. 4-10 z. B. die Elemente Li bis N).

b) Wenn alle Energiezustände des betreffenden Unterenergieniveaus einfach, d. h. mit parallelem Spin, besetzt sind, nehmen sie ein zweites Elektron (antiparalleler Spin) auf. Sie sind nun mit Elektronenpaaren besetzt (vgl. z. B. die Elemente O bis Ne in Abb. 4-10).

c) Wenn alle Energiezustände des Unterenergieniveaus mit Elektronenpaaren besetzt sind, nimmt das nächst höher liegende Niveau Elektronen nach der HUNDschen Regel auf. Dadurch wird das Energieminimum des Atoms gewahrt.

Die Abb. 4-10 enthält die Besetzung für die Elemente der Ordnungszahlen 1 bis 20 (ohne Energielage).

Element	1s	2s	2p	3s	3p	4s	Kurzschreibweise
Ca	↑↓	↑↓	↑↓ ↑↓ ↑↓	↑↓	↑↓ ↑↓ ↑↓	↑↓	$1s^2\,2s^2\,2p^6\,3s^2\,3p^6\,4s^2$
K	↑↓	↑↓	↑↓ ↑↓ ↑↓	↑↓	↑↓ ↑↓ ↑↓	↑	$1s^2\,2s^2\,2p^6\,3s^2\,3p^6\,4s^1$
Ar	↑↓	↑↓	↑↓ ↑↓ ↑↓	↑↓	↑↓ ↑↓ ↑↓		$1s^2\,2s^2\,2p^6\,3s^2\,3p^6$
Cl	↑↓	↑↓	↑↓ ↑↓ ↑↓	↑↓	↑↓ ↑↓ ↑		$1s^2\,2s^2\,2p^6\,3s^2\,3p^5$
S	↑↓	↑↓	↑↓ ↑↓ ↑↓	↑↓	↑↓ ↑ ↑		$1s^2\,2s^2\,2p^6\,3s^2\,3p^4$
P	↑↓	↑↓	↑↓ ↑↓ ↑↓	↑↓	↑ ↑ ↑		$1s^2\,2s^2\,2p^6\,3s^2\,3p^3$
Si	↑↓	↑↓	↑↓ ↑↓ ↑↓	↑↓	↑ ↑		$1s^2\,2s^2\,2p^6\,3s^2\,3p^2$
Al	↑↓	↑↓	↑↓ ↑↓ ↑↓	↑↓	↑		$1s^2\,2s^2\,2p^6\,3s^2\,3p^1$
Mg	↑↓	↑↓	↑↓ ↑↓ ↑↓	↑↓			$1s^2\,2s^2\,2p^6\,3s^2$
Na	↑↓	↑↓	↑↓ ↑↓ ↑↓	↑			$1s^2\,2s^2\,2p^6\,3s^1$
Ne	↑↓	↑↓	↑↓ ↑↓ ↑↓				$1s^2\,2s^2\,2p^6$
F	↑↓	↑↓	↑↓ ↑↓ ↑				$1s^2\,2s^2\,2p^5$
O	↑↓	↑↓	↑↓ ↑ ↑				$1s^2\,2s^2\,2p^4$
N	↑↓	↑↓	↑ ↑ ↑				$1s^2\,2s^2\,2p^3$
C	↑↓	↑↓	↑ ↑				$1s^2\,2s^2\,2p^2$
B	↑↓	↑↓	↑				$1s^2\,2s^2\,2p^1$
Be	↑↓	↑↓					$1s^2\,2s^2$
Li	↑↓	↑					$1s^2\,2s^1$
He	↑↓						$1s^2$
H	↑						$1s^1$

Abb. 4-10 Elektronenkonfiguration als Kästchen-Modell nach Pauling für die Elemente der Ordnungszahl 1 bis 20 sowie ihre Kurzschreibweise

An Stelle der aufwendigen Kästchenschreibweise können die Elektronenkonfigurationen auch in einer abgekürzten Form geschrieben werden: Man gibt Hauptquantenzahlen, Unterenergie-symbole und die Summe der Elektronen auf den Unterenergieniveaus als Hochzahl an (vgl. Abb. 4-10).

Beispiele: Sauerstoff $1s^2\,2s^2\,2p^4$ (Summe aller Hochzahlen: 8 Elektronen)

Natrium $1s^2\,2s^2\,2p^6\,3s^1$ (11 Elektronen)

Eisen $1s^2\,2s^2\,2p^6\,3s^2\,3p^6\,4s^2\,3d^6$ (26 Elektronen)

Offen bleibt bei den genannten Modellen die räumliche Aufenthaltswahrscheinlichkeit von Elektronen. Darauf gibt das Orbital-Modell eine Antwort.

4.5.5 Orbital-Modell der Atomhülle

Atomorbitale sind das Ergebnis komplizierter Berechnungen, deren Grundlagen 1925 von SCHRÖDINGER entwickelt wurden. Sie nehmen entsprechend der Haupt-, Neben- und magnetischen Quantenzahl eine bestimmte geometrische Form an. Man verwendet für das Orbital verschiedene Begriffe, um eine gewisse Anschaulichkeit zu vermitteln und der Realität näher zu kommen: **Aufenthaltswahrscheinlichkeit** des Elektrons, Wahrscheinlichkeitsdichte, Elektronenwolke oder Wahrscheinlichkeitswelle, Verteilungsdichte der elektrischen Ladung.

Die räumliche Lage der Atomorbitale liefert ein Bild darüber, wo sich die Elektronen der Atome entsprechend ihrer Quantenzahlen n, l, m bevorzugt aufhalten dürfen und wo ihr Aufenthalt „verboten", d.h. energetisch nicht möglich oder unwahrscheinlich ist.

> **Jedes Orbital entspricht einem Energiezustand. Es kann maximal ein Elektronenpaar mit antiparallelem Spin aufnehmen.**

Die **s-Orbitale** aller Hauptquantenzahlen (1s, 2s, 3s …) haben die Form von Kugelwolken. Sie liegen symmetrisch um einen Koordinatenursprung x, y, $z = 0$ (Abb. 4-11).

Die Kugelwolke kann man sich als Schale vorstellen: Der Radius der inneren Kugel ist r und der der äußeren Kugel $r + \Delta r$ (vgl. Abb. 4-12). In dem Zwischenraum hält sich das Elektron bzw. bei vollständiger Besetzung das Elektronenpaar mit einer Wahrscheinlichkeit von ca. 95 % auf, im Inneren der Kugel mit ca. 5 %.

Die **p-Orbitale** bestehen aus zwei Teilen, die sich im Koordinatenursprung berühren. Nach der Auffassung des Orbitals als stehende räumliche Welle spricht man am Berührungspunkt von Knotenflächen. Hier können sich keine Elektronen aufhalten (Aufenthaltswahrscheinlichkeit = 0).

In der Literatur sind p-Orbitale als Doppelkugeln, auch als Doppelkeulen oder Hantel beschrieben (Abb. 4-13). Man findet für alle Hauptquantenzahlen 2p, 3p, 4p usw. etwa gleiche Formen angegeben. Sie ordnen sich rotationssymmetrisch um die x-, y- und z-Achse und werden als

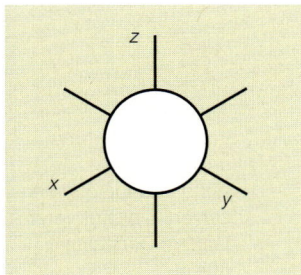

Abb. 4-11
s-Orbital

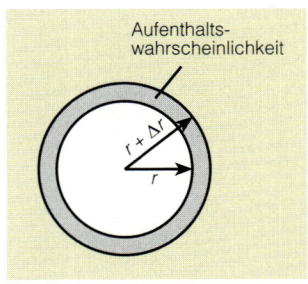

Abb. 4-12
Schnitt durch
ein s-Orbital

p_x-, p_y- und p_z-Orbital gekennzeichnet. Die drei p-Doppelwolken stehen senkrecht zueinander (Abb. 4-13)

Die **d-Orbitale** haben kompliziertere Formen, z. B. „Doppelhanteln". Nach der Lage im Koordinatensystem bezeichnet man das 3d-Niveau wie folgt: $3d_{xz}$ für die Lage zwischen x- und z-Koordinate, $3d_{yz}$ für die Lage zwischen y- und z-Koordinate, $3d_{xy}$ für die Lage auf der x- und y-Koordinate, $3d_{x^2y^2}$ für die Lage auf der x- und y-Achse und $3d_{z^2}$ für die Ausbreitung auf der z-Achse und der x-y-Achse (Abb. 4-14). Noch kompliziertere Formen nehmen die **f-Orbitale** an.

> **Die Orbitale geben an, wo sich die elektrische Ladung mit hoher Wahrscheinlichkeit befindet (korpuskulare Auffassung der Elektronen) bzw. welche Gestalt die Wahrscheinlichkeitswelle hat.**

Die Berechnungen, die von SCHRÖDINGER zum Bau der Atomhülle durchgeführt wurden, behandeln das Verhalten eines Atoms mit einem Elektron **(Einelektronenmodell)**. Somit gelten die Orbitale in der betrachteten Form streng genommen nur für Wasserstoffatome und noch für einfache Ionen wie He^+ und Li^{2+}. Wegen der höheren Kernladung haben die Orbitale dieser Ionen eine etwas verringerte Ausdehnung, gleichen aber in der Form dem Wasserstoffatom. Auch für die Orbitale von Atomen mit mehr Elektronen kann das Modell in der dargestellten Form angewendet werden.

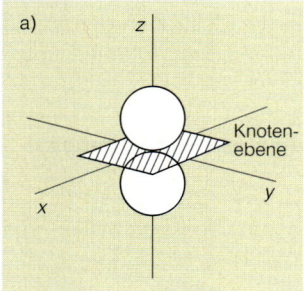 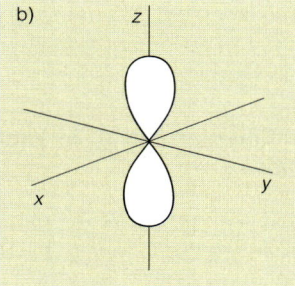 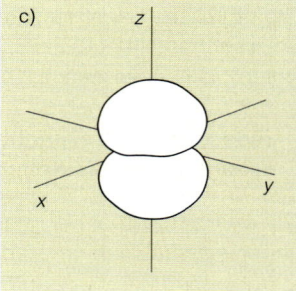

Abb. 4-13   p-Orbitale (z-Richtung, p_z Orbital) in verschiedenen Darstellungen
a) „Doppelkugel"   b) „Hantel"   c) verformte Doppelkugeln

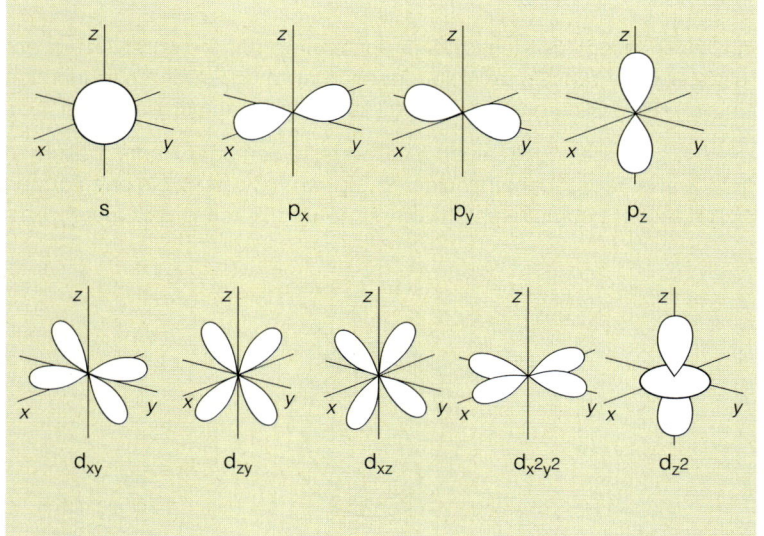

Abb. 4-14
Lage der s-, p- und d-Orbitale
(für alle Hauptquantenzahlen in dieser vereinfachten Darstellung gültig)

4.6 Aufgaben zur Wiederholung von Kapitel 4, Abschnitte 4.1 bis 4.4

1. Erläutern Sie, nach welchen Prinzipien das Periodensystem der Elemente von MENDE-LEJEW aufgestellt wurde!
2. Welche Eigenschaften eignen sich zum Vergleich der Elemente einer Gruppe bzw. Periode?
3. Erklären Sie die Begriffe Acidität, Basizität!
4. Erläutern Sie am Beispiel der 2. und 3. Periode, wie aus dem Periodensystem der Schalenaufbau und die Anzahl der Nukleonen für die Atome eines bestimmten Elements abgeleitet werden können.
5. Ergänzen Sie zu Abb. 4-2 den Atombau nach BOHR für die Elemente Kalium bis Krypton. Nehmen Sie dafür das Energieniveauschema Abb. 4-4 zu Hilfe!
6. Erläutern Sie mithilfe der Abb. 4-6, was unter Periodizität des Atomvolumens zu verstehen ist!
7. Formulieren Sie in Form von Merksätzen für Metalle, Nichtmetalle und Edelgase, wie die Außenschale mit Elektronen besetzt ist und welche Atomvolumina sie im Vergleich zueinander besitzen!
8. Was sind Halbmetalle (Übergangselemente)?
9. Wie unterscheiden sich Haupt- und Nebengruppenelemente sowie Lanthaniden und Actiniden (ab Ordnungszahl 90) hinsichtlich ihrer Elektronenbesetzung?

4.7 Aufgaben zur Wiederholung von Kapitel 4, Abschnitt 4.5

1. Wie entsteht die Lichtemission, wenn Atome energetisch angeregt werden?
2. Welche Schlussfolgerungen sind für den Atombau bzw. die Elektronenenergie aus den Linienspektren zu ziehen?
3. Welcher Unterschied besteht zwischen Emissions- und Absorptionsspektroskopie?
4. In welcher Beziehung stehen Energie, Wellenlänge und Frequenz des Lichts, das von angeregten Atomen abgestrahlt wird?
5. Was besagt das PAULI-Prinzip (-Verbot)?
6. Welche Bedeutung haben Haupt-, Neben-, magnetische und Spinquantenzahl? In welcher Beziehung stehen sie zueinander?
7. Erläutern Sie den Zusammenhang zwischen Haupt- und Nebenquantenzahl sowie der maximalen Elektronenzahl!
8. In welcher Weise stehen die Quantenzahlen mit der möglichen Besetzung der Energieniveaus s, p, d, f und dem Aufbau des Periodensystems in Beziehung?
9. Welche Elemente sind s-, p-, d-, f-Elemente?
10. Was besagt die HUNDsche Regel? Wie wird sie bei der Kästchenschreibweise nach PAULING berücksichtigt?
11. Ergänzen Sie die Abb. 4-10 für die Elemente 21 bis 36 (Kästchen- und Kurzschreibweise)!
12. Was versteht man unter einem Orbital?
13. Welche Beziehung besteht zwischen der magnetischen Quantenzahl und der Anzahl der Orbitale? Vergleichen Sie auch die Anzahl der Orbitale z. B. für $n = 2$ und $n = 3$ mit den Elektronenzuständen (-verteilung) nach der Kästchenschreibweise!
14. Welche Form haben s-, p- und d-Orbitale?

5 Primäre chemische Bindungen

5.1 Elektronenpaarbildung durch Spinkopplung

Bei einfachen chemischen Vorgängen reagieren Atome miteinander. Die Ursache ist in der Atomhülle zu suchen. Die Besetzung der äußersten Schale erreicht mit 8 Elektronen (Elektronenoktett oder 4 voll besetzte Kugelwolken) einen energetisch besonders stabilen Zustand (vgl. Abschnitt 4.2). Nur die Edelgase besitzen diese **Konfiguration** (Anordnung). Sie sind deshalb auch sehr reaktionsträge. Die Atome der übrigen Elemente haben dagegen „Elektronenlücken", d. h., in einzelnen Kugelwolken bzw. Orbitalen gibt es unbesetzte Energiezustände. Daraus ergibt sich das Bestreben, mit anderen Atomen eine chemische Bindung einzugehen. Die Atome tauschen bei der Reaktion Elektronen aus bzw. kombinieren sie zu Elektronenpaaren. Dabei werden Elektronenlücken aufgefüllt bzw. Elektronen abgegeben. Eine stabile, energieärmere Elektronenbesetzung wird erreicht.

> **Primäre Bindungen entstehen, wenn sich zwei Valenzelektronen, die verschiedenen Atomen angehören, zu einem Elektronenpaar vereinigen.**

Die Kombination von zwei negativen Elementarladungen zu einem Elektronenpaar kann nur dann zustande kommen, wenn die Elektronen unterschiedliche Energie besitzen. Das ist der Fall für ein Elektron mit Linksspin (↑) und ein Elektron mit Rechtsspin (↓) (vgl. Abschnitt 4.5.3).

Zwei Elektronen mit gleichem Spin (↑↑ bzw. ↓↓) können sich nicht kombinieren. Sie würden sich in allen Quantenzahlen bzw. Energiezuständen gleichen. Das PAULI-Prinzip beinhaltet jedoch, dass sich alle Elektronen eines Atoms oder eines Moleküls mindestens in einer Quantenzahl unterscheiden müssen.

> **Elektronenpaare können nur aus ungepaarten Elektronen, die unterschiedlichen Spin besitzen, gebildet werden.**

Die **Spinkopplung** vollzieht sich **exotherm** (griech. hinaus, Wärme).

Somit kann das **Wesen der primären Bindung** symbolisch wie folgt dargestellt werden:

$$\uparrow + \downarrow \quad \rightleftharpoons \quad \uparrow\downarrow \quad + \quad \text{Bildungsenergie (-wärme)}$$

Diese Vorstellung von der Spinkopplung gilt sowohl für die Ausbildung von **bindenden** als auch von **freien, nichtbindenden Elektronenpaaren.** Die chemische Bindung kann durch Aufnahme eines Energiebetrages wieder gelöst werden. Die Entkopplung des Elektronenpaares ist **endotherm** (griech. hinein, Wärme).

> **Es gibt somit eigentlich nur eine Art primärer Bindung, deren Wesen in der Ausbildung stabiler Elektronenpaare mit entgegengerichtetem Spin zwischen zwei Atomen besteht.**

Zu welchem der beteiligten Atome nun dieses gebildete Elektronenpaar „gehört", hängt von den elektrischen Kräften ab, die beide Atome auf das Elektronenpaar ausüben. Bei den nachfolgenden Überlegungen wird von der Vorstellung ausgegangen, dass die Atomkerne der an der Bindung beteiligten Atome auf das Elektronenpaar als Punktladungen wirken.

5.2 Wirkung der elektrostatischen Kräfte auf das bindende Elektronenpaar

Die Tatsachen zeigen, dass sich die primäre chemische Bindung verschiedenartig äußert: Es gibt unpolare und polare Moleküle (mit positivem und negativem Pol), positiv und negativ geladene Ionen sowie in Metallen bewegliche Elektronen. Offensichtlich wirkt sich die primäre Bindung unterschiedlich aus.

Das Elektronenpaar unterliegt den elektrostatischen Kräften F_{el}, die von den Atomkernen der Bindungspartner ausgehen **(COULOMB-Kräfte).**

Die Aufenthaltswahrscheinlichkeit des Elektronenpaares wird sich in der Mitte zwischen den beteiligten Atomen befinden, wenn beide Bindungspartner gleich große Kräfte ausüben (a).

Bei Ungleichheit der Kräfte ist das Elektronenpaar zu dem Atom mit der größeren elektrostatischen Wirkung verschoben (b)

oder es wird vollständig von einem Bindungspartner abgetrennt und geht in die Schale des zweiten Partners über (c).

In dem Fall a) ist die Bindung nicht polarisiert (unpolar), im Fall b) ist die Bindung polarisiert und im Fall c) ionisiert (Abb. 5-1).

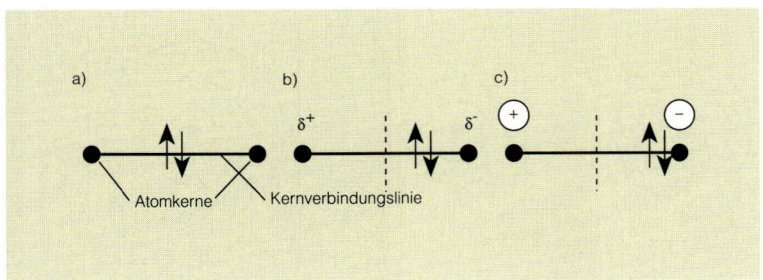

Abb. 5-1 Mögliche Wirkungen der Kernkräfte auf ein gebildetes Elektronenpaar
   a) nicht polarisiert
   b) verschoben, d. h. polarisiert
   c) abgetrennt, d. h. vollständig polarisiert oder ionisiert

Diese Verhältnisse werden mithilfe der Grenztypen der primären chemischen Bindung beschrieben. Man unterscheidet die **Ionenbindung,** die **Atombindung** und die **Metallbindung.**

Die wirksamen Kräfte F_{el} hängen von dem Abstand r und der Größe der aufeinander wirkenden Punktladungen Q_1 und Q_2 ab. Das **COULOMBsche Gesetz** beschreibt die Kraftwirkung:

$$F_{el} = \frac{K \cdot Q_1 \cdot Q_2}{r^2}$$

(Konstante K = $9 \cdot 10^9$ V · m/A · s)

Die Anziehungskraft zwischen zwei Ladungen ist dem Produkt der Ladungen direkt und dem Quadrat des Abstandes der Ladungen umgekehrt proportional.

Das Gesetz kann zur qualitativen Abschätzung der Kräfteverhältnisse oder **Affinität** (Bindungsbestreben, Neigung zur Bindung) benutzt werden, wenn man für den Abstand die Summe der Atomradien annimmt.

5.3 Ionenbindung oder Ionenbeziehung (heteropolare Bindung)

5.3.1 Bildung von Ionen

Die Ionenbindung existiert in Verbindungen zwischen Metallen und Nichtmetallen.

Metallatome besitzen einen wesentlich größeren Radius als Nichtmetallatome (siehe Abb. 4-6). Somit sind die elektrischen Kräfte der Metallatome wegen des großen Abstandes der Valenzelektronen vom Kern sehr klein im Vergleich zu den elektrischen Kräften, die von den Nichtmetallatomen ausgehen. Die geringe Elektronenanziehung (-affinität) der Metallatome steht der großen **Elektronenaffinität** der Nichtmetallatome gegenüber. Hinzu kommt, dass Metalle weniger Valenzelektronen besitzen als Nichtmetalle, die auf der äußeren Schale vier und mehr Elektronen, also eine geringe Anzahl von Elektronenlücken haben. Diese Sachverhalte führen dazu, dass in Verbindungen von Metall- und Nichtmetallatomen die Aufenthaltswahrscheinlichkeit des entstandenen Elektronenpaares beim Nichtmetallatom (nahe) 1 und beim Metallatom (nahe) 0 ist. Die Reaktion von Natrium mit Chlor zu Natriumchlorid stellt sich unter Beachtung der Größenverhältnisse und des BOHRschen Modells wie folgt dar (Abb. 5-2):

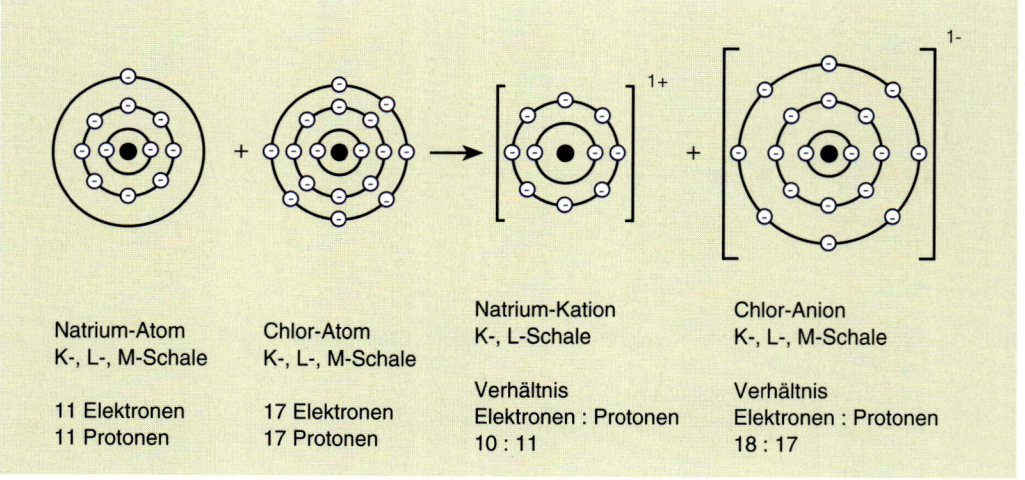

Natrium-Atom K-, L-, M-Schale	Chlor-Atom K-, L-, M-Schale	Natrium-Kation K-, L-Schale	Chlor-Anion K-, L-, M-Schale
		Verhältnis Elektronen : Protonen	Verhältnis Elektronen : Protonen
11 Elektronen 11 Protonen	17 Elektronen 17 Protonen	10 : 11	18 : 17

Abb. 5-2 Bildung der Ionenbeziehung bei der Reaktion von Chlor und Natrium

Das im Verhältnis zum Chlor größere Natriumatom gibt das Elektron der M-Schale an das Chloratom ab und wird zum einwertig positiven (1+) Natrium-Ion. Die letzte abgeschlossene Schale ist nun die L-Schale mit einem Elektronenoktett. Das kleinere Chloratom baut mit großer elektrischer Kraft das Elektron in die Elektronenlücke der letzten Schale ein und wird zum einwertig negativen (1–) Chlorid-Ion. Es besitzt nun ein Elektronenoktett in der M-Schale bzw. vier vollständig besetzte Kugelwolken.

Die Besetzung der Außenschale mit acht Elektronen, d. h. mit einem Elektronenoktett, ist besonders stabil (Oktett-Regel).

Durch den Übergang des Elektrons verändern sich die Teilchenradien. Die Metall-Ionen sind wegen des Wegfalls einer Schale und der Verteilung der Protonenladungen auf die verbliebenen Elektronen kleiner als die Metallatome. Beim Nichtmetall-Ion ist ein Elektronenüberschuss vorhanden. Auf eine negative Elementarladung entfällt nur noch ein Bruchteil einer positiven Elementarladung. Deshalb sind die Radien der Nichtmetall-Ionen größer als die Radien der Nichtmetallatome (vgl. Abb. 5-2).

Mithilfe der „Kästchen-Schreibweise" ist die Bindung von Natrium und Chlor wie folgt zu verdeutlichen:

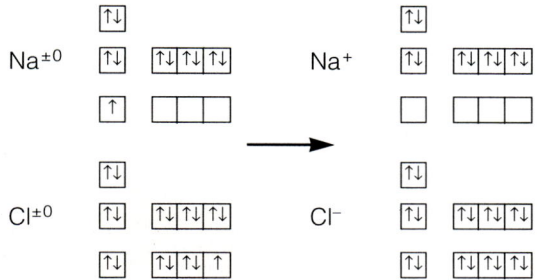

Positiv geladene Ionen heißen Kationen, negativ geladene Ionen heißen Anionen.

Übersicht 5-1 enthält Atom- und Ionenradien für die Elemente der 3. Periode sowie der 1. Gruppe. Es wird deutlich, dass sich der Radius immer mehr verringert, je mehr Elektronen abgegeben werden und sprunghaft ansteigt mit der Aufnahme von Elektronen. Je höher die negative Ladung ist, desto größer wird der Radius. Innerhalb einer Gruppe nehmen Atom- und Ionenradien bei gleicher Ionenwertigkeit zu.

Atom- und Ionenradien der Elemente der 3. Periode und 1. Gruppe in pm (1 pm = 10^{-12} m)					
Elemente der 3. Periode	Na/Na^+	Mg/Mg^{2+}	Al/Al^{3+}	Si/Si^{4+}	P/P^{5+}
Atomradius	186	160	143	117	110
Ionenradius	98	65	45	38	35
Elemente der 3. Periode	P/P^{3-}	S/S^{2-}	Cl/Cl^-		
Atomradius	110	104	99		
Ionenradius	212	190	181		
Elemente der 1. Gruppe	Li/li^+	Na/Na^+	K/K^+	Rb/Rb^+	Cs/Cs^+
Atomradius	152	186	227	248	266
Ionenradius	68	97	133	167	143

Übersicht 5-1

Aufgabe: Stellen Sie die Verläufe der Atom- und Ionenradien, die in der Übersicht 5-1 angegeben sind, grafisch dar, indem Sie die Werte über der Ordnungszahl der Elemente Natrium bis Chlor auftragen.

Bei der Abgabe von Elektronen verringert sich der Atomradius (Volumenkontraktion). Bei der Aufnahme von Elektronen vergrößert sich der Atomradius (Volumenerweiterung).

Abb. 5-3 zeigt schematisch, wie die Elektronenbesetzung des Metalls, z. B. Natrium, und des Nichtmetalls, z. B. Chlor, sich nach dem Kugelwolkenmodell ändert: Das Metallatom (1. Hauptgruppe) hat auf der letzten Sphäre ein ungepaartes Elektron in der Kugelwolke und das Nichtmetall (7. Hauptgruppe) besitzt ebenfalls eine halb besetzte Kugelwolke mit einem Elektron entgegengesetzten Spins. Bei der Reaktion kombinieren die Einzelelektronen. Das Elektronenpaar geht in die Kugelschale des Nichtmetallatoms über. Die Betrachtung des Vorgangs mithilfe des KIMBALL-Modells kommt somit zum gleichen Ergebnis wie die Darstellung mithilfe des BOHRschen Modells. Sie gestattet aber besser, die Spinkopplung zu zeigen.

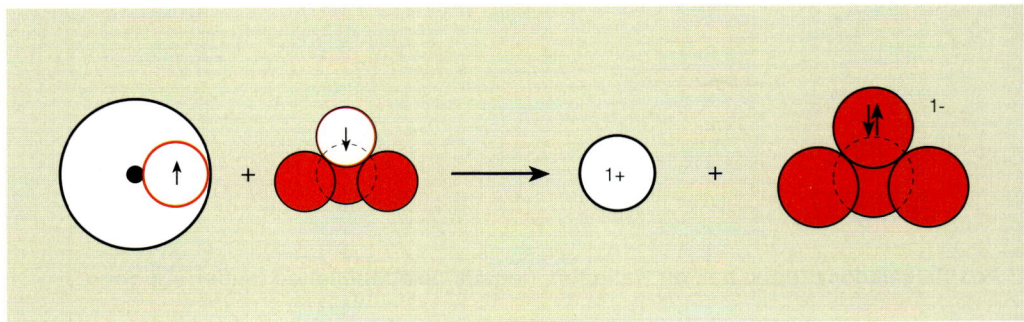

Abb. 5-3 Spinkopplung bei der Reaktion von Metall und Nichtmetall

Aus den Atomen sind negativ geladene Anionen und positiv geladene Kationen entstanden. Durch den Elektronenübergang erreichen beide Bindungspartner auf der äußeren Elektronenschale (bzw. in den Kugelwolken des letzten Hauptenergieniveaus) das Elektronenoktett: im Falle des Metallatoms durch die Abgabe der schwach gebundenen Valenzelektronen, im Falle des Nichtmetallatoms durch die Aufnahme der Elektronen.

In den meisten Fällen genügt eine vereinfachte Darstellung der Elektronenstruktur, da an der Bildung der Elektronenpaare nur die Valenzelektronen der Bindungspartner beteiligt sind. Die Besetzung der weiteren Elektronenschalen wird bei der Betrachtung vernachlässigt. Man symbolisiert die Valenzelektronen durch Punkte (LEWIS-Schreibweise):

$$Na\cdot \ + \ \cdot\ddot{\underset{..}{Cl}}: \ \longrightarrow \ Na^{1+} \ + \ :\ddot{\underset{..}{Cl}}:^{1-}$$

Natriumchlorid

Vergleicht man mittels dieser Darstellungsweise die Reaktionen anderer Metalle der 1. Hauptgruppe mit Nichtmetallen der 7. Hauptgruppe, so werden die Gemeinsamkeiten im Elektronenübergang deutlich und damit auch die Ähnlichkeiten der chemischen Eigenschaften von Elementen einer Hauptgruppe:

$$Li\cdot \ + \ \cdot\ddot{\underset{..}{Cl}}: \ \longrightarrow \ Li^{1+} \ + \ :\ddot{\underset{..}{Cl}}:^{1-}$$

Lithiumchlorid

$$K\cdot \ + \ \cdot\ddot{\underset{..}{Br}}: \ \longrightarrow \ K^{1+} \ + \ :\ddot{\underset{..}{Br}}:^{1-}$$

Kaliumbromid

$$Na\cdot \ + \ \cdot\ddot{\underset{..}{I}}: \ \longrightarrow \ Na^{1+} \ + \ :\ddot{\underset{..}{I}}:^{1-}$$

Natriumiodid

Aufgaben: 1. Stellen Sie mithilfe der BOHRschen Atommodelle und mithilfe der Elektronenschreibweise die Reaktion von Calcium mit Chlor, Sauerstoff und Stickstoff dar!

2. Überlegen und begründen Sie mit Hilfe der Atomvolumenskurve Abb. 4-6, welches Metall mit welchem Nichtmetall die Ionenbindung theoretisch am ausgeprägtesten eingeht!

Da die Ionenbindung zwischen Metallen und Nichtmetallen gebildet wird, gilt:

Salze, Metalloxide und Metallhydroxide sind typische Ionenverbindungen.

5.3.2 Ionenwertigkeit oder Ionenladung

Die **Ionenwertigkeit** steht mit der Anzahl der Valenzelektronen in enger Beziehung. Sie gibt (mit arabischer Ziffer) an, wie viel Elektronen von einem Metallatom abgegeben bzw. von einem Nichtmetallatom aufgenommen werden können. Die Ionenwertigkeit ist somit gleich der elektrischen Überschussladung, die das Ion in der Verbindung besitzt.

Die maximal mögliche positive Ladung eines Metallatoms ist gleich seiner Gruppennummer, die maximal mögliche negative Ladung eines Nichtmetallatoms gleich der Differenz von Oktett und Gruppennummer (Anzahl der Elektronenlücken).

Anstelle der Ionenwertigkeit (**Wertigkeit** oder **Valenz**) wird auch der Begriff **Oxidationszahl (-stufe)** verwendet. Zahlenmäßig sind Wertigkeit und Oxidationszahl gleich. Die Oxidationszahl ist aber immer zusammen mit der positiven oder negativen Ladung zu gebrauchen und durch römische Ziffer zu kennzeichnen. Zum Beispiel ist Cu^{I+} die Oxidationszahl, Cu^{1+} die Ionenladung und -wertigkeit des Kupfers. (Anmerkung: Bei der Oxidationszahl kann das Pluszeichen nach den IUPAC-Regeln weggelassen werden.)

Aufgabe: Begründen Sie, weshalb die Metalle Lithium, Natrium und Kalium nur in der Wertigkeitsstufe 1+ auftreten und in Fluoriden, Chloriden, Bromiden und Iodiden keine höheren negativen Wertigkeiten als 1− vorgefunden werden!

5.3.3 Redoxvorgang bei der Bildung von Ionen aus den Atomen

Metalle der 1. Hauptgruppe geben in Verbindungen mit Nichtmetallen ein Elektron (Valenzelektron) je Atom an das Nichtmetall ab:

1) $Na\cdot$ Na^+

        $+$ $\cdot\ddot{O}\cdot$ $\rightarrow$ $+$ $:\ddot{O}:^{2-}$ bzw. Na_2O

   $Na\cdot$ Na^+ Natriumoxid

Elektronenabgabe	2 Na	$\rightarrow 2\,Na^+ + 2\,e^-$	kleinstes gemeinsames
Elektronenaufnahme	O + 2e	$\rightarrow O^{2-}$	Vielfaches $2 \cdot 1 = 2$

Metalle der 2. Hauptgruppe besitzen 2 Valenzelektronen. Sie reagieren mit Nichtmetallen der 7. Hauptgruppe, die nur eine Elektronenlücke haben, im Atomverhältnis 1:2, mit Sauerstoff und Schwefelatomen im Verhältnis 1:1, da diese Elemente zwei Elektronenlücken besitzen:

2)

$$\cdot Mg \cdot + \begin{matrix} \cdot \ddot{\underset{..}{C}l} \cdot \\[4pt] \cdot \ddot{\underset{..}{C}l} \cdot \end{matrix} \rightarrow Mg^{2+} + \begin{matrix} :\ddot{\underset{..}{C}l}:^{1-} \\[4pt] :\ddot{\underset{..}{C}l}:^{1-} \end{matrix} \quad bzw.\ MgCl_2$$
Magnesiumchlorid

Elektronenabgabe	Mg	$\rightarrow Mg^{2+} + 2\,e^-$	kleinstes gemeinsames
Elektronenaufnahme	$2\,Cl + 2e^-$	$\rightarrow 2\,Cl^-$	Vielfaches $1 \cdot 2 = 2$

3) $\quad \cdot Ca \cdot \quad \cdot \ddot{\underset{..}{S}} \cdot \quad \rightarrow \quad Ca^{2+} + S^{2-} \quad$ bzw. CaS
Calciumsulfid

Elektronenabgabe	Ca	$\rightarrow Ca^{2+} + 2\,e^-$	kleinstes gemeinsames
Elektronenaufnahme	$S + 2e^-$	$\rightarrow S^{2-}$	Vielfaches $1 \cdot 1 = 1$

Die Atome (bzw. molaren Massen) verbinden sich immer entsprechend ihrer Wertigkeiten, auch wenn die Elemente unterschiedliche positive und negative Ladungszahlen annehmen. Die Anzahl der abgegebenen Elektronen ist immer gleich der Anzahl der aufgenommenen Elektronen. Das Teilchenverhältnis der reagierenden Elemente und die Formel der Verbindung bzw. das Ionenverhältnis ergibt sich aus dem kleinsten gemeinsamen Vielfachen für die abgegebenen und die aufgenommenen Elektronen.

Die Gleichungen zeigen, dass sich beim Verbinden von Metall- und Nichtmetallatomen der Elektronenübergang oder -austausch in gleicher Weise vollzieht:

> **Die Abgabe von Elektronen wird als Oxidation, die Aufnahme von Elektronen als Reduktion bezeichnet.**
> **Oxidations- und Reduktionsvorgang laufen immer gemeinsam ab, sie bilden eine Einheit. Der Gesamtprozess heißt Redoxvorgang.**

Stoffe, die Elektronen abgeben, wirken auf andere Stoffe reduzierend. Es sind **Reduktionsmittel, Elektronendonatoren** (lat. geben).

Stoffe, die Elektronen aufnehmen, wirken auf andere Stoffe oxidierend. Es sind **Oxidationsmittel, Elektronenacceptoren** (lat. annehmen, empfangen).

> **Im Redoxvorgang wird das Reduktionsmittel oxidiert, das Oxidationsmittel reduziert.**

(Weitere Redoxprozesse vgl. Abschnitt 7.3.8)

5.3.4 Elektronegativität

Metalle werden als **elektropositive** Elemente oder **Elektronendonatoren** bezeichnet. Nichtmetalle sind gegenüber Metallen stets **elektronegativ,** sie neigen zur Elektronenaufnahme. Es sind **Elektronenacceptoren**. Je kleiner die Radien der Atome sind, umso ausgeprägter ist die Kraft, die auf bindende Elektronenpaare wirkt. Ein Ausdruck für die Anziehung der Elektronenpaare ist die **Elektronegativität** EN.

> **Aufgabe:** Nennen Sie mithilfe der Abb. 4-6 das elektropositivste Element!

Das Fluoratom besitzt den kleinsten Radius und sieben Valenzelektronen. Es ist das elektronegativste Element und erhielt ursprünglich willkürlich den Elektronegativitätswert 4, der auf den Wert 4.1 korrigiert worden ist. Durch den Vergleich wurde die Elektronegativität der anderen Elemente ermittelt. Bildet man in Verbindungen die Differenz der Elektronegativität ΔEN der beteiligten Elemente, so lassen sich daraus in Annäherung Aussagen zur Bindungsart ableiten.

Ist der ermittelte Zahlenwert für ΔEN gleich oder größer 1,7, so besteht zwischen den Elementen eine ausgeprägte Ionenbindung. Übersicht 5-2 enthält die Elektronegativitätswerte wichtiger Elemente.

Elektronegativitätswerte EN

H 2,2																	
Li 1,0	Be 1,5											B 2,0	C 2,5	N 3,0	O 3,5	F 4,1
Na 0,9	Mg 1,2											Al 1,5	Si 1,8	P 2,1	S 2,5	Cl 3,0
K 0,8	Ca 1,0	Sc 1,3	Ti 1,5	V 1,6	Cr 1,6	Mn 1,5	Fe 1,8	Co 1,8	Ni 1,8	Cu 1,9	Zn 1,6	Ga 1,6	Ge 1,8	As 2,0	Se 2,4	Br 2,8
Rb 0,8	Sr 1,0	Y 1,3	Zr 1,4	Nb 1,6	Mo 1,8	Tc 1,9	Ru 2,2	Rh 2,2	Pd 2,2	Ag 1,9	Cd 1,7	In 1,7	Sn 1,8	Sb 1,9	Te 2,1	I 2,5
Cs 0,7	Ba 0,9	La-Lu 1,1-1,2	Hf 1,3	Ta 1,5	W 1,7	Re 1,9	Os 2,2	Ir 2,2	Pt 2,2	Au 2,4	Hg 1,9	Tl 1,8	Pb 1,8	Bi 1,9	Po 2,0	At 2,2
Fr 0,7	Ra 0,9															

Übersicht 5-2

Aufgaben:

1. Bilden Sie die Differenz der Elektronegativitätswerte ΔEN für folgende Verbindungen und entscheiden Sie, ob eine Ionenbindung zwischen den Atomen vorliegt: $NaCl$, $NaBr$, NaI, KCl, CH_4, KBr, KI, $SiCl_4$!

2. Warum hat Kalium eine geringere Elektronegativität als Natrium?

3. Begründen Sie die Unterschiede in den Differenzen der Elektronegativitäten für die vier Chloride der 3. Periode: $NaCl$, $MgCl_2$, $AlCl_3$, $SiCl_4$!

Versuch

C

Ätzend

Ein etwa erbsengroßes Stück Natrium wird nach dem „Entrinden" (Abschneiden der Oxidschicht) auf die Oberfläche von Wasser geworfen, das sich in einem großen Becherglas befindet (Vorsicht! Schutzbrille!). Beobachtung? Der Versuch wird in analoger Weise mit einem kleineren Stück Kalium ausgeführt. Beobachtung? Vergleich des Reaktionsverhaltens und Erklärung!
R 14, R 15, R 34, S 24, S 39

5.3.5 Struktur von Ionenverbindungen im festen Zustand – Ionengitter

Die Ionen können als kugelförmige Teilchen angenommen werden, deren Ladung allseitig gleichmäßig wirkt. Zwischen entgegengesetzt geladenen Ionen bestehen Anziehungskräfte (COULOMB-Kräfte). Dadurch ordnen sich die Ionen im festen Zustand so an, dass Kationen von Anionen umgeben sind und umgekehrt. Es entsteht ein **Kristallgitter,** das speziell auch **Ionen-gitter** genannt wird. Das einfachste Ionengitter besitzt Natriumchlorid (Abb. 5-4). Infolge der starken Bindungen zwischen den Ionen schmelzen Salze und Metalloxide erst bei hohen Tempe-raturen. Salzkristalle sind spröde. Wenn beispielsweise beim Kochsalz die Ionen durch äußere Kräfte um einen Gitterabstand verschoben werden, stehen gleichartig geladene Ionen gegen-über und stoßen sich ab (Abb. 5-5). Der Kristall bricht in Bruchstücken mit Winkeln von 90° aus-einander.

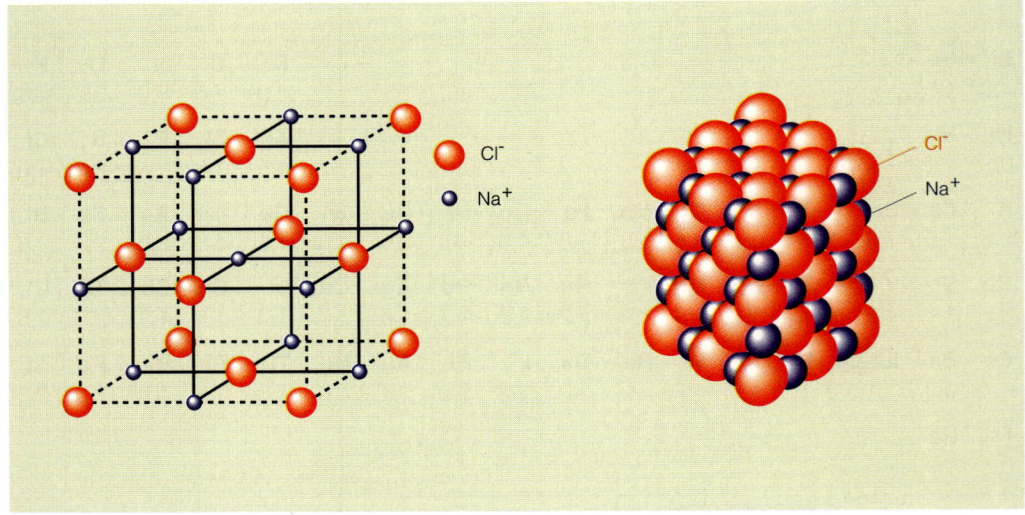

Abb. 5-4 Gitter des Natriumchlorids a) in „offener", b) in dicht gepackter Darstellung

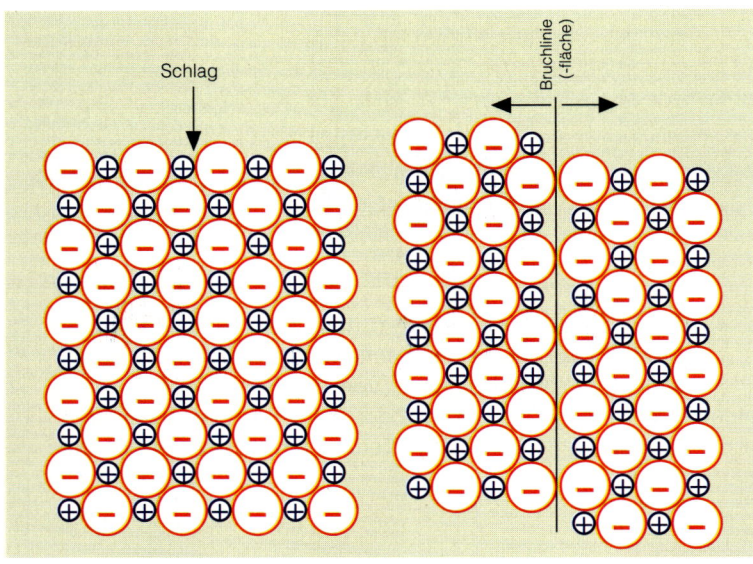

Abb. 5-5
Bildung von Bruch-flächen durch elektrische Abstoßung beim Zerschlagen eines Kochsalzkristalls

Versuch Ein Kochsalzkristall wird mit dem Hammer vorsichtig zerschlagen. Beobachtung?

Der Molekülbegriff ist auf feste Ionenverbindungen nicht anwendbar. Die Formel NaCl für kristallines Natriumchlorid (Kochsalz) bringt nur das Verhältnis 1:1 für beide Ionenarten zum Ausdruck. Sinnvoll ist die Benutzung der **Koordinationszahl** KZ, die im Ionenkristall die Anzahl der nächsten entgegengesetzt geladenen Nachbarionen angibt. Im NaCl-Kristall ist jeweils ein Na^+-Ion von 6 Cl^--Ionen umgeben. Ebenso hat ein Cl^--Ion 6 Na^+-Ionen als Nachbarn (vgl. Abb. 5-4).

Folglich ist die Koordinationszahl für beide Teilchenarten KZ (Na^+) = 6 und KZ (Cl^-) = 6.

Wollte man diese Verhältnisse in einer Formel zum Ausdruck bringen, sollte diese z. B. $Na_{[6]}Cl_{[6]}$ geschrieben werden.

Die relative Abgegrenztheit der Ionen im Ionengitter kommt auch in der Elektronendichteverteilung zum Ausdruck. Genaue Strukturuntersuchungen mithilfe von Röntgenstrahlen zeigen die Verteilung der Elektronen im Raum um die Atomkerne der Ionen. Abb. 5-6 verdeutlicht sowohl die unterschiedliche Größe der Ionen Na^+ und Cl^- als auch die rasche Abnahme der Elektronendichte von 50 bzw. 100 auf 0,1 (in Elektronen $\cdot 10^{-30}$ m³). Gleichzeitig werden in Abb. 5-6 gewisse Schwierigkeiten sichtbar, die einzelnen Ionen vollständig voneinander abzugrenzen. Selbst in einem so ausgeprägten Ionengitter wie dem NaCl-Gitter beeinflussen sich die Teilchen durch Überlappung, die zwar gering, aber nachweisbar ist. Die Vorstellung von völlig selbstständigen Teilchen ist „unscharf". Die Ionenbeziehung ist eben ein Denkmodell, ein Grenzfall, der in der Natur so nicht, wohl aber angenähert vorkommt (vgl. auch Abschnitt 5.6).

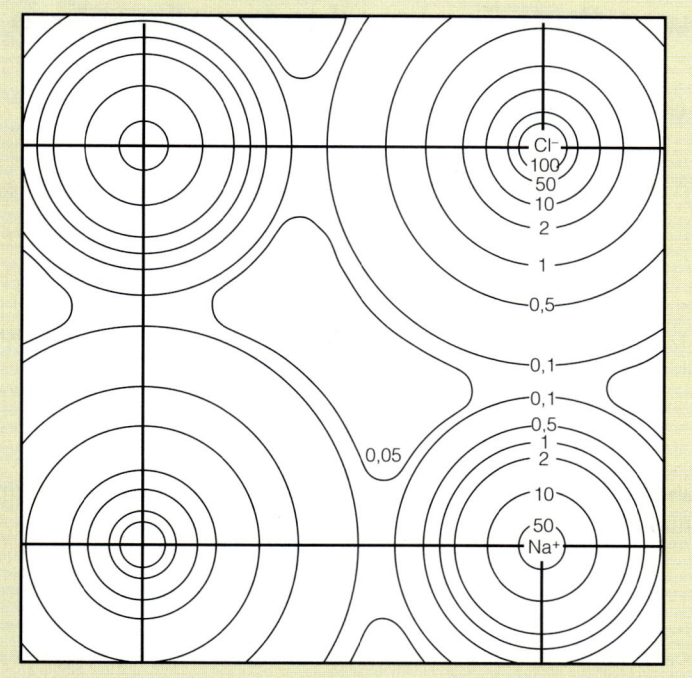

Abb. 5-6
Elektronendichteverteilung (Ladungsdichteverteilung) im NaCl-Kristall (Längsschnitt)

Schmelztemperatur, Gitterenergie und Bildungswärme			
	Schmelz-temperatur in °C	Gitter-energie in kJ/mol	Bildungs-wärme in kJ/mol
NaCl	801	776	411,3
KCl	772	686,6	436,2
MgO	2800	3918,8	602,2
CaO	2576	3475,0	636,4

Übersicht 5-3

Bei der Bildung der Ionen aus den Atomen wird die **Bildungswärme** frei. Sie liegt zwischen 10^2 und 10^3 kJ $\cdot$ mol^{-1}. Im festen Zustand werden die Ionen durch die **Gitterenergie** zusammengehalten. Sie wird auf die Temperatur von 0 K bezogen und für ein Mol angegeben.

Die Gitterenergie muss überwunden werden, wenn man die Kristallbausteine, die Ionen, so weit aus dem Gitter entfernen will, dass keine Anziehung mehr zwischen ihnen besteht. Stoffe mit der größten Gitterenergie sind am stabilsten. Sie besitzen auch eine hohe Härte, Zugfestigkeit und Schmelztemperatur.

Geschmolzene Ionenverbindungen (z. B. Salze) leiten den elektrischen Strom, weil die Ionen beweglich sind.

5.4 Atombindung (kovalente oder homöopolare Bindung)

5.4.1 Bildung gemeinsamer Elektronenpaare

Nichtmetallatome binden sich untereinander ebenfalls durch Spinkopplung ungepaarter Elektronen.

Infolge der wenigen Elektronenlücken und großer Elektronegativität der Atome werden jedoch die Elektronenpaare nicht wie bei der Ionenbindung abgespalten, sondern verbleiben bei den Partnern, die das Paar gebildet haben. Man spricht deshalb auch von **Elektronenpaarbindung.** Durch das gemeinsame Elektronenpaar nähern sich die Kerne der beiden Bindungspartner. Die Aufenthaltsräume der Elektronen (Kugelwolken bzw. Orbitale) überlagern (überlappen) sich (Abb. 5-7).

Bei der Atombindung gehören die gemeinsam gebildeten Elektronenpaare beiden Bindungspartnern an. Es entsteht ein Molekül.

Die Bindungskräfte wirken nicht räumlich wie bei den Ionen, sondern nur zwischen den beteiligten Atomen im entstandenen Molekül (Gerichtetheit der Kräfte). Es werden so viele Elektronenpaare zwischen den Reaktionspartnern gebildet, bis ein Elektronenoktett oder eine andere stabile **Konfiguration** (Besetzung, lat. Gestalt) erreicht ist.

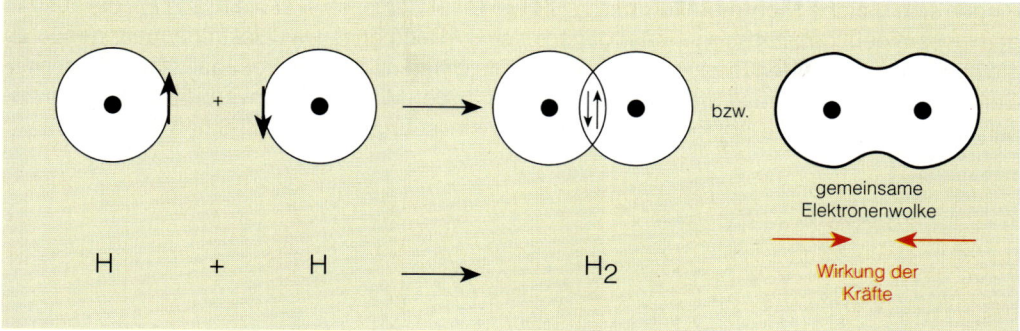

Abb. 5-7 Bildung eines gemeinsamen Elektronenpaares durch Spinkopplung zwischen zwei Wasserstoffatomen

Man unterscheidet die **reine oder unpolare Atombindung** zwischen zwei gleichen von der **polarisierten Atombindung** zwischen verschiedenen Nichtmetallatomen.

Stoffe mit Atombindung leiten den elektrischen Strom nicht, auch nicht im geschmolzenen Zustand.

Für die bildhafte Darstellung der Atombindung eignet sich das KIMBALL-Modell besser als das
BOHR-SOMMERFELDsche Modell.

5.4.2 Unpolare Atombindung

Im KIMBALL-Modell stellt sich der Vorgang der Molekülbildung aus gleichen Nichtmetallatomen
am Beispiel von Chlor, Fluor, Brom usw. wie folgt dar: Jedes Atom besitzt ein ungepaartes
Elektron. Zwei Atome mit Elektronen entgegengesetzten Spins reagieren unter Spinkopplung
(Abb. 5-8). Dadurch überlappen sich die beiden Kugelwolken. Aus halb besetzten Wolken
entsteht eine gemeinsame Kugelwolke, die die Bindung zwischen beiden Atomen herstellt. Aus
zwei Atomen ist ein Molekül entstanden. Die an der Bindung beteiligten Atome erreichen durch
das gemeinsame Elektronenpaar wechselseitig ein Oktett.

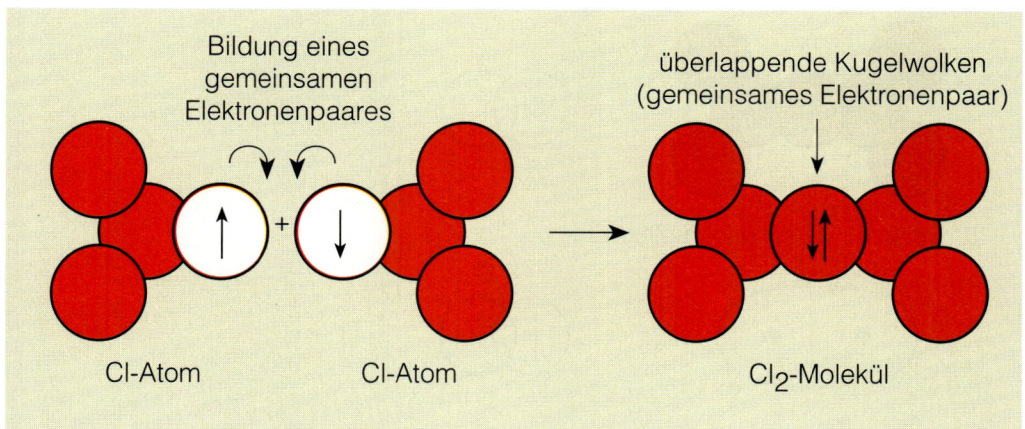

Abb. 5-8 Darstellung der Bildung eines gemeinsamen Elektronenpaares durch Spinkopplung und Überlappung einfach besetzter Kugelwolken am Beispiel des Chlors

Binden sich **gleiche Nichtmetallatome,** z. B. zwei Chloratome, so sind die Kräfte F_{el}, die auf das gemeinsam gebildete Elektronenpaar gerichtet sind, gleich groß. Das Elektronenpaar gehört zu gleichen Anteilen beiden Bindungspartnern an. Die Differenz der Elektronegativität ΔEN ist Null. Der Bereich der Aufenthaltswahrscheinlichkeit ist in der Mitte der Kernverbindungslinie anzunehmen. Deshalb ist die Bindung nicht polarisiert, sie ist **unpolar** (Abb. 5-8 und Abb. 5-10).

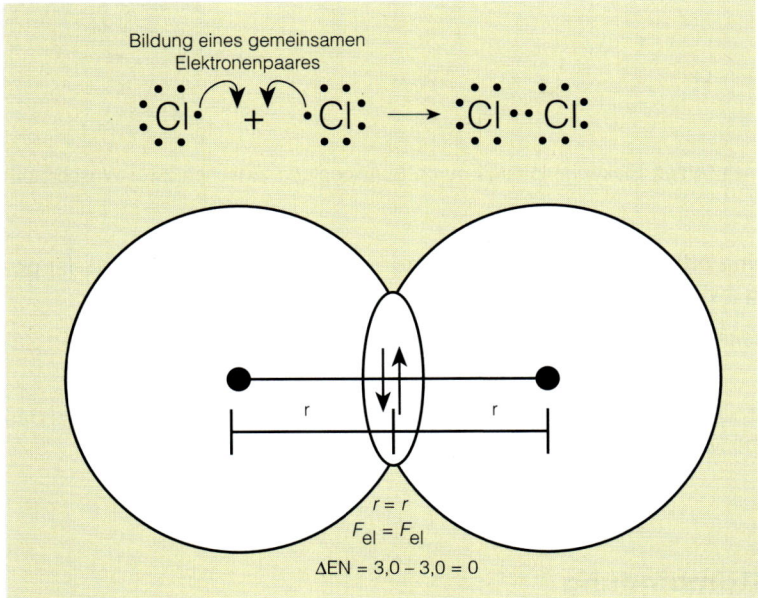

Abb. 5-9
Bildung und Aufenthaltswahrscheinlichkeit eines gemeinsamen Elektronenpaares am Beispiel des Chlormoleküls

Zur Symbolisierung der Elektronenverhältnisse werden die bindenden und die nicht an der Bindung beteiligten **nichtbindenden** Elektronenpaare auch durch Striche an dem Elementzeichen angegeben. Die Darstellungen in Abb. 5-10 sind gleichbedeutend. Häufig werden nur die **bindenden** Elektronenpaare eingezeichnet.

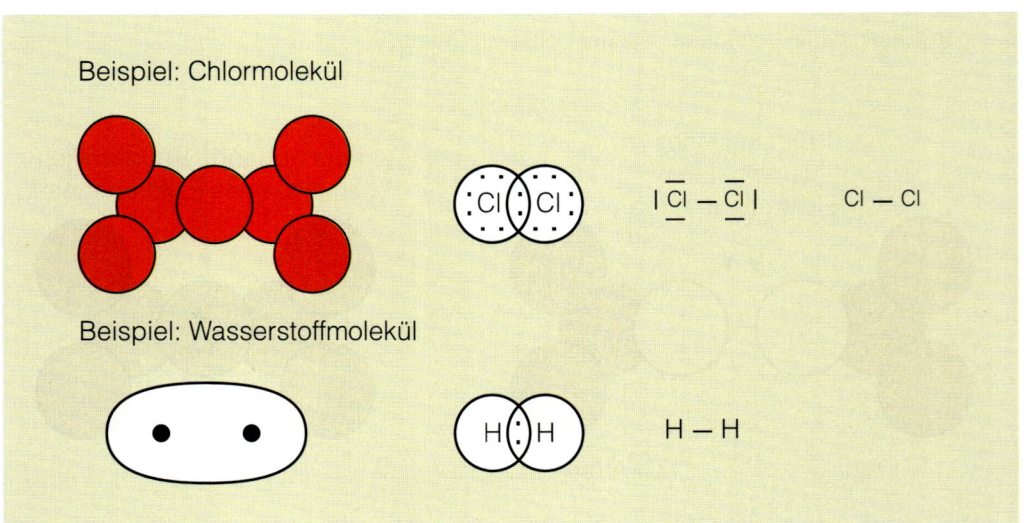

Abb. 5-10   Verschiedene Darstellungsmöglichkeiten der Elektronenverhältnisse in unpolaren Molekülen am Beispiel des Chlors und Wasserstoffs

Die Elemente der 7. Hauptgruppe und Wasserstoff bilden unpolare Moleküle mit einem gemeinsamen Elektronenpaar (einbindige Moleküle). Die Elemente Sauerstoff und Stickstoff besitzen zwei bzw. drei Elektronenlücken. Sie erreichen ein Elektronenoktett auf der äußeren Schale durch Bildung von zwei bzw. drei gemeinsamen Elektronenpaaren (Abb. 5-11).

Die genannten Elemente kommen als Molekül vor. Sie müssen deshalb auch durch Molekülsymbole gekennzeichnet werden: H_2, N_2, O_2, F_2, Cl_2, Br_2, I_2 (**HNO-Regel**).

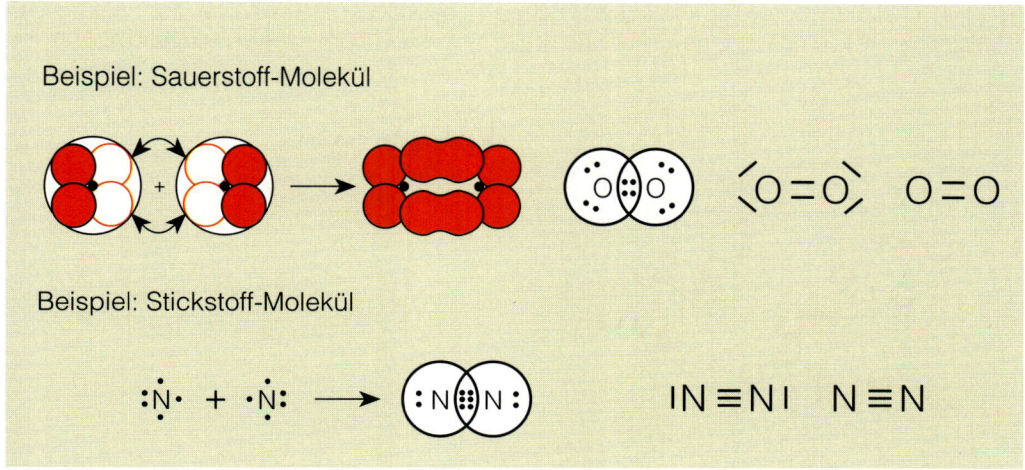

Abb. 5-11 Verschiedene Darstellungsmöglichkeiten für die Bildung gemeinsamer Elektronenpaare bzw. der Elektronenverhältnisse am Beispiel des Sauerstoffs und Stickstoffs

5.4.3 Bindigkeit unpolarer Moleküle

Bei der unpolaren Atombindung kann man nicht von einer Wertigkeit der Atome sprechen. Dafür benutzt man besser den Begriff der **Bindigkeit:** Es wird angegeben, wie viel gemeinsame Elektronenpaare (gemeinsame Kugelwolken) ein Atom ausgebildet hat. Wasserstoff, Fluor, Chlor sind einbindig in den Molekülen gebunden, Sauerstoffatome sind zweibindig, Stickstoffatome dreibindig und Kohlenstoffatome vierbindig untereinander gebunden.

5.4.4 Bindungsenergie und Gitterenergie unpolarer Stoffe

Bei der unpolaren (und auch polaren) Atombindung muss zwischen der Bindungsenergie (Anziehung der Atome im Molekül) und der Gitterenergie (Anziehung der Moleküle untereinander im festen Zustand) unterschieden werden.

Die **Bindungsenergie** bringt zum Ausdruck, welcher Energiebetrag aufzubringen ist, um $6{,}022 \cdot 10^{23}$ einfache, doppelte oder dreifache Atombindungen (d. h. Moleküle in Atome) aufzuspalten. Der Betrag der Bindungsenergie hängt von den gebundenen Atomarten, vom Abstand der Teilchen und von der Anzahl der Bindungen zwischen den Bindungspartnern ab (vgl. Übersicht 5-6). Die **Gitterenergie** von Stoffen mit Atombindung ist der Energiebetrag, der (bei 0 K) ein Mol Moleküle im Kristall zusammenhält.

5.4.5 Struktur von unpolaren Stoffen im festen Zustand – Molekülgitter

Die Nichtmetalle sind im festen Zustand kristallin geordnet. Auf den Gitterplätzen befinden sich H_2-, F_2-, O_2-, N_2-Moleküle usw. Man bezeichnet diesen Ordnungzustand als **Molekülgitter** (Abb. 5-12). Die Anziehungskräfte bzw. Bindungsenergien innerhalb des Moleküls sind groß ($10^2 \dots 10^3$ kJ · mol^{-1}). Zwischen den Molekülen besteht eine geringe Gitterenergie. Diese Stoffe sind deshalb unter Normalbedingungen gasförmig oder leicht verdampfbar (Brom, Iod) bzw. leicht schmelzbar (Schwefel, Phosphor). Schwefel besitzt ein Molekülgitter mit ringförmigen S_8-Molekülen. Die Ringe sind gewinkelt und liegen im Kristall übereinandergestapelt (Abb. 5-13).

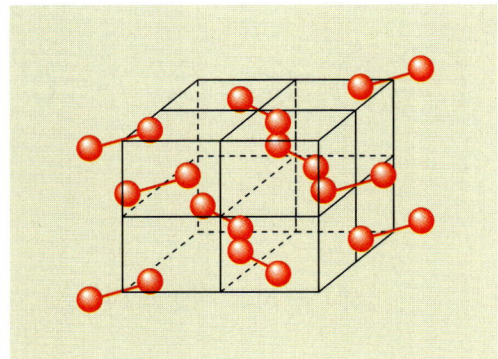

Abb. 5-12
Molekülgitter des Iod

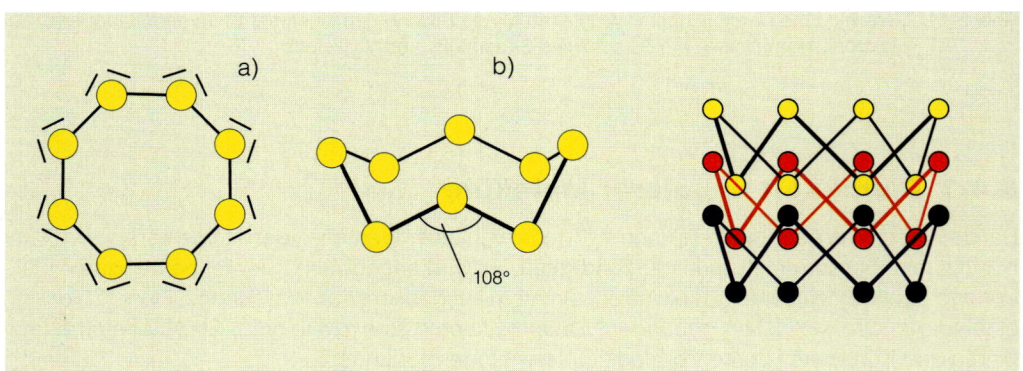

Abb. 5-13 Anordnung der Schwefelatome; S_8-Moleküle a) von oben, b) von der Seite betrachtet

Abb. 5-14 Überlappung der L-Schalen beim Kohlenstoff (flächenhafte Darstellung)

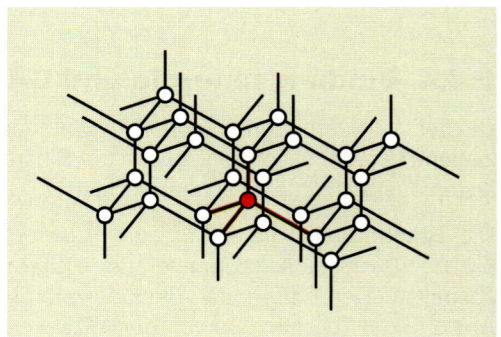

Abb. 5-15 Diamantstruktur (die farbig hervorgehobene Anordnung verdeutlicht die Vierbindigkeit der Atome)

Kohlenstoff ist ein Element der 4. Hauptgruppe. Seine Atome besitzen vier Valenzelektronen bzw. vier einfach besetzte Kugelwolken. Durch Spinkopplung mit vier Nachbaratomen werden gemeinsame Elektronenpaare und Elektronenoktetts gebildet. Die Schalen der Atome durchdringen sich in der Bindung (Abb. 5-14). Dadurch sind letztlich alle Atome eines Kristalls zu einem „Riesenmolekül" vereinigt. Dieser Gittertyp wird speziell als **Diamantgitter** bezeichnet (Abb. 5-15). Auch Silizium und Germanium kristallisieren in dieser Struktur. Es ist ein Atomgitter mit großer Gitterenergie. Daraus erklärt sich beispielsweise die hohe Härte von Diamant, die von keinem anderen Stoff überboten wird.

Nahezu unpolar ist auch die Bindung zwischen Kohlenstoff und Wasserstoff (C—H-Bindung), weil sich diese Elemente in ihren Elektronegativitäten nur wenig unterscheiden. Die Differenz beträgt nur 0,3. Die Bindung beider Elemente tritt besonders häufig in organischen Verbindungen neben der Bindung von Kohlenstoffatomen untereinander auf. Beispielsweise kann man Kohlenwasserstoffmoleküle wie Methan, Polyethylen oder Polypropylen als unpolare Verbindungen ansehen:

$$\begin{array}{ccc}
\text{H} \\
| \\
\text{H}-\text{C}-\text{H} \qquad & \dots \text{CH}_2-\text{CH}_2-\text{CH}_2-\text{CH}_2 \dots & \qquad \dots \text{CH}_2-\text{CH}-\text{CH}_2-\text{CH} \dots \\
| & & \qquad\qquad | \qquad\qquad\quad | \\
\text{H} & & \qquad\qquad \text{CH}_3 \qquad\quad \text{CH}_3
\end{array}$$

Methan   Polyethylen   Polypropylen

Unpolare organische Stoffe haben ein Molekülgitter. Die geringen Kräfte zwischen den Teilchen äußern sich in niedrigen Schmelz- und Siedetemperaturen.

5.4.6 Polare Atombindung

Die polare oder polarisierte Atombindung bildet sich zwischen den Atomen verschiedener Nichtmetalle aus.

Dabei überlappen sich bei der Spinkopplung Kugelwolken, die nur mit einem Elektron besetzt sind, in gleicher Weise, wie das bei der unpolaren Atombindung der Fall ist. Der Unterschied besteht nur darin, dass die halbgefüllten Kugelwolken verschiedenen Nichtmetallatomen angehören (Abb. 5-16).

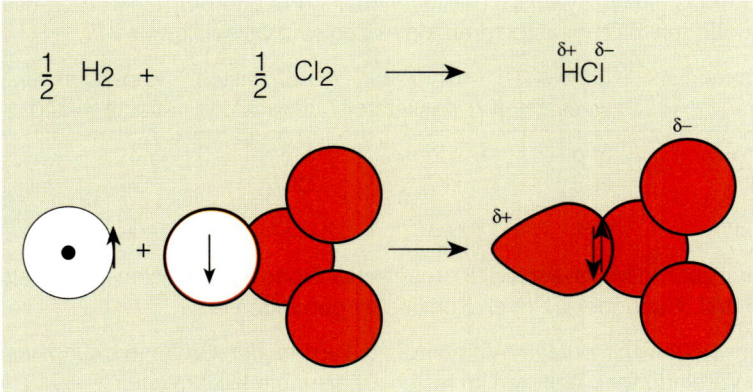

Abb. 5-16
Überlappung der halbbesetzten Kugelwolken bei der Spinkopplung am Beispiel der Bildung von Chlorwasserstoff

Infolge der Radienunterschiede wirken unterschiedliche elektrische Kräfte auf die gemeinsam gebildeten Elektronenpaare, es kommt jedoch nicht zur Abtrennung von Elektronen. Die Elektronegativitätsdifferenz ΔEN der Nichtmetallatome mit polarer Atombindung ist größer 0 und kleiner 1,7. Dadurch wird das Elektronenpaar in Richtung des kleineren, elektronegativeren Atoms verschoben, d. h., die Bindung wird polarisiert. Das äußert sich in der Deformation der gemeinsamen Kugelwolke (Abb. 5-16). Das elektronegativere Element erhält eine negative Teilladung (Zeichen δ⁻), das weniger elektronegative Element eine positive Teilladung (Zeichen δ⁺).

Die Elektronendichteverteilung im Molekül von Hydrogenfluorid HF (Abb. 5-17 a) zeigt zum einen die Abgegrenztheit der Teilchen voneinander, zum anderen die starke Annäherung des Wasserstoffatoms an das Fluoratom sowie die Polarisierung der Bindung (höhere Elektronendichte bei F). Auch im Stickstoffmolekül N_2 lassen sich selbständige Teilchen erkennen, jedoch ist die Bindung unpolar und die Elektronendichte ist symmetrisch um beide Atomkerne verteilt (Abb. 5-17 b).

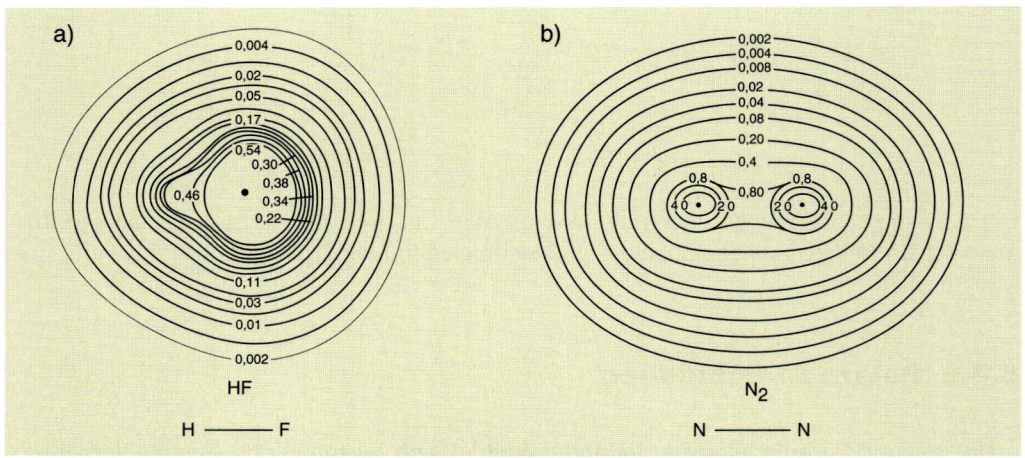

Abb. 5-17   Elektronendichteverteilung im HF- (a) und N_2-Molekül (b) (Längsschnitte)

Aufgabe: Begründen Sie mithilfe der Anzahl der Valenzelektronen und der Atomradien (Abb. 4-6), weshalb sich Nichtmetalle untereinander nur polarisieren, jedoch keine Ionenbeziehung eingehen!

Die polarisierte Atombindung ist somit zwischen der Ionenbeziehung und der reinen Atombindung einzuordnen. Verbindungen mit typisch polaren Molekülen sind beispielsweise:

	Wasser	Ammoniak	Schwefel-wasserstoff	Chlor-wasserstoff	Kohlenstoff-tetrachlorid	Phosphor-pentachlorid
	δ⁺ δ⁻	δ⁻ δ⁺	δ⁺ δ⁻	δ⁺ δ⁻	δ⁺ δ⁻	δ⁺ δ⁻
	H_2O	NH_3	H_2S	HCl	CCl_4	PCl_5
ΔEN	1,3	0,8	0,3	0,8	0,5	0,9

Die polare Atombindung tritt auch in Molekülen vieler organischer Stoffe auf, vor allem in solchen, in denen Stickstoff, Sauerstoff, Fluor oder Chlor an Kohlenstoff gebunden ist.

Die Bindungsenergie von Stoffen mit polarer Atombindung liegt in der Größenordnung von $10^2 \ldots 10^3$ kJ · mol⁻¹. Die Verbindungen besitzen im festen Zustand ein Molekülgitter.

5.4.7 Bindigkeit polarer Moleküle und formale Oxidationszahl

Anstelle der Wertigkeit wird bei polaren Molekülen auch die Bindigkeit angegeben. Sie ergibt sich wie bei der unpolaren Atombindung aus der Anzahl der gemeinsam gebildeten Elektronenpaare. Wasserstoff kann nur ein Elektronenpaar ausbilden. Die Nichtmetalle der 2. Periode gehen so viele Bindungen ein, dass ein Oktett aus bindenden und nichtbindenden Elektronenpaaren entsteht:

1. Beispiel: Kohlenstoffdioxid

2. Beispiel: Wasser

Da Wasserstoff und Sauerstoff normalerweise molekular vorkommen, ergibt sich als Summengleichung für beide Reaktionen:

$$1) \quad C \quad + \quad O_2 \quad \rightarrow \quad CO_2$$
$$2) \quad H_2 \quad + \quad {}^1\!/_2\, O_2 \quad \rightarrow \quad H_2O \quad \text{bzw.} \quad 2\,H_2 \quad + \quad O_2 \quad \rightarrow 2\,H_2O$$

Für Nichtmetalle der 3. Periode sind auf der M-Schale nicht nur Elektronenbesetzungen mit 4, sondern auch mit mehr Elektronenpaaren stabil:

1. Beispiel: Schwefeldioxid

Schwefel: vierbindig, 10er-Konfiguration
Sauerstoff: zweibindig, Oktett

2. Beispiel: Schwefeltrioxid

Schwefel: sechsbindig, 12er-Konfiguration
Sauerstoff: zweibindig, Oktett

Die Summengleichungen lauten:

$$1) \quad S \quad + \quad O_2 \quad \rightarrow \quad SO_2$$
$$2) \quad S \quad + \quad {}^3\!/_2\, O_2 \quad \rightarrow \quad SO_3 \quad \text{bzw.} \quad 2\,S \quad + \quad 3\,O_2 \quad \rightarrow \quad 2\,SO_3$$

Zusätzlich zur Bindigkeit kann polaren Verbindungen formal eine Oxidationszahl gegeben werden. Dazu muss man die Verbindung gedanklich in Ionen zerlegen und die Elektronen dem elektronegativeren Element zuordnen. Für die folgenden Verbindungen ergeben sich die genannten Oxidationszahlen:

H_2O	NH_3	H_2S	HCl	CCl_4
Wasserstoff I$^+$		Stickstoff III$^-$		Chlor I$^-$
Sauerstoff II$^-$		Schwefel II$^-$		Kohlenstoff IV$^+$

Die Oxidationszahl bietet auch Vorteile bei der Benennung (Nomenklatur) der Verbindungen. Bilden zwei Elemente mehrere Verbindungen, so wird die Oxidationszahl im Namen nach dem betreffenden Element eingeschoben:

SO_2 Oxidationszahl des Schwefels IV+, Schwefel(IV)-oxid oder Schwefeldioxid (nach der stöchiometrischen Zusammensetzung).

SO_3 Oxidationszahl des Schwefels VI+, Schwefel(VI)-oxid oder Schwefeltrioxid (nach der stöchiometrischen Zusammensetzung).

Aufgabe: Welche Oxidationszahl besitzt Phosphor in den Verbindungen PCl_3 und PCl_5? Wie bezeichnet man diese Verbindungen?

Zusammenfassend lässt sich zur Ionenwertigkeit und Bindigkeit feststellen:

Wie die Ionenwertigkeiten ergeben sich auch die Bindigkeiten der Elemente aus der Stellung im Periodensystem. Bei den Nichtmetallen bestimmt die Anzahl der Elektronenlücken, wie viel Elektronen in die letzte Schale aufgenommen bzw. wie viel Elektronenpaare in der Verbindung gebildet werden. Bei den Metallen gibt die Zahl der Valenzelektronen an, welche positive Überschussladung die Ionen annehmen können.

Außer den maximal möglichen Werten sind in Verbindungen auch niedrigere Stufen anzutreffen, wie Übersicht 5-4 zeigt:

Häufige Ionenwertigkeiten und Bindigkeiten der Hauptgruppenelemente							
Hauptgruppe	I	II	III	IV	V	VI	VII
Ionenwertigkeit/-ladung	1+	2+	3+	4–	3–	2–	1–
häufige Bindigkeiten (bzw. Oxidations- zahlen)				4 (IV+) 2 (II+)	5 (V+) 3 (III+)	6 (VI+) 4 (IV+) 2 (II+)	7 (VII+) 5 (V+) 3 (III+) 1 (I+)

Übersicht 5-4

Bei den Nebengruppenelementen werden meist nicht alle Wertigkeitsstufen erreicht, die der Gruppennummer entsprechen.

Aufgabe: Stellen Sie die Strukturformel (LEWIS-Formel) für folgende Verbindungen auf und schreiben Sie die Bindigkeit und die formale Oxidationszahl der Elemente auf: Phosphorpentoxid P_2O_5, Phosphortrioxid P_2O_3, Siliciumdioxid SiO_2, Kohlenstoffdisulfid CS_2, Schwefelhexachlorid SCl_6!

5.4.8 Gestalt von Molekülen

Die Gestalt von Molekülen hängt von der Anzahl der Kugelwolken bzw. Elektronenpaare ab, die sich auf der letzten Schale befinden. Einerseits werden die Elektronenpaare vom Atomkern angezogen. Andererseits stoßen sich die Elektronenpaare, die gemeinsam an einen Kern gebunden sind, auf Grund der gleichnamigen Ladung gegenseitig ab und entfernen sich so weit wie möglich räumlich voneinander. Somit ergeben sich die in Abb. 5-18 und 5-19 aufgeführten geometrischen Formen bzw. bestimmte **Bindungswinkel.**

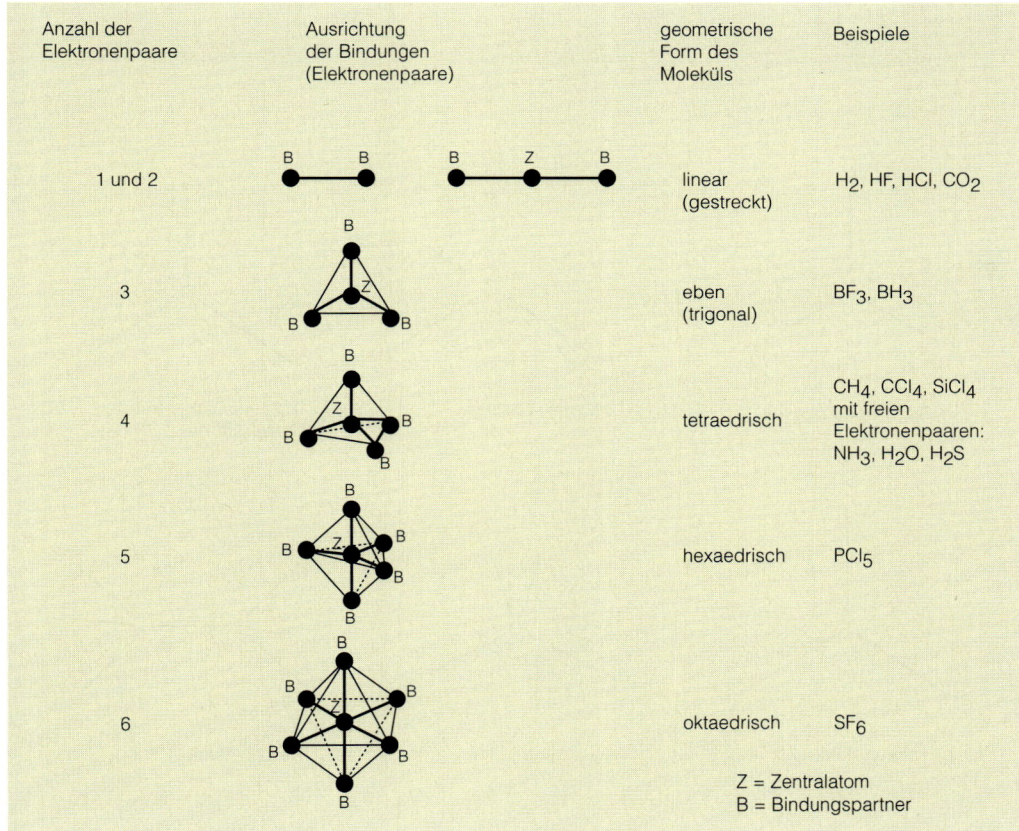

Anzahl der Elektronenpaare	Ausrichtung der Bindungen (Elektronenpaare)	geometrische Form des Moleküls	Beispiele
1 und 2		linear (gestreckt)	H_2, HF, HCl, CO_2
3		eben (trigonal)	BF_3, BH_3
4		tetraedrisch	CH_4, CCl_4, $SiCl_4$ mit freien Elektronenpaaren: NH_3, H_2O, H_2S
5		hexaedrisch	PCl_5
6		oktaedrisch	SF_6

Z = Zentralatom
B = Bindungspartner

Abb. 5-18   Abhängigkeit der Molekülform von der Anzahl der Elektronenpaare (bindende und nichtbindende Paare)

Das Wasserstoffmolekül besitzt nur ein Elektronenpaar, es ist folglich linear gebaut (Abb. 5-19 a). Eine gleiche Gestalt haben die zweiatomigen Moleküle von Fluor, Chlor, Sauerstoff oder Chlorwasserstoff u. a. In diesen Molekülen sind aber neben bindenden auch nichtbindende Elektronenpaare vorhanden, die ebenfalls Einfluss auf die Molekülgestalt nehmen. So bewirkt im Chlormolekül ein Elektronenpaar die Bindung und jedes Atom besitzt drei nichtbindende Elektronenpaare. Die vier Kugelwolken füllen den Raum um die Kerne in tetraedrischer Anordnung aus (Abb. 5-19 b und c; Anmerkung: Die Kugelwolken bzw. Elektronenpaare werden wegen der besseren Übersichtlichkeit durch Striche symbolisiert).

Aufgabe: Die tetraedrische Anordnung der Bindungen und der Bindungspartner wurde bereits bei der Angabe der Diamantstruktur des Kohlenstoffs in Abb. 5-15 berücksichtigt. Überlegen Sie, in welcher Weise die Elektronenpaare in den S_8-Molekülen des Schwefels den Raum um die Atomkerne füllen (Abb. 5-13).

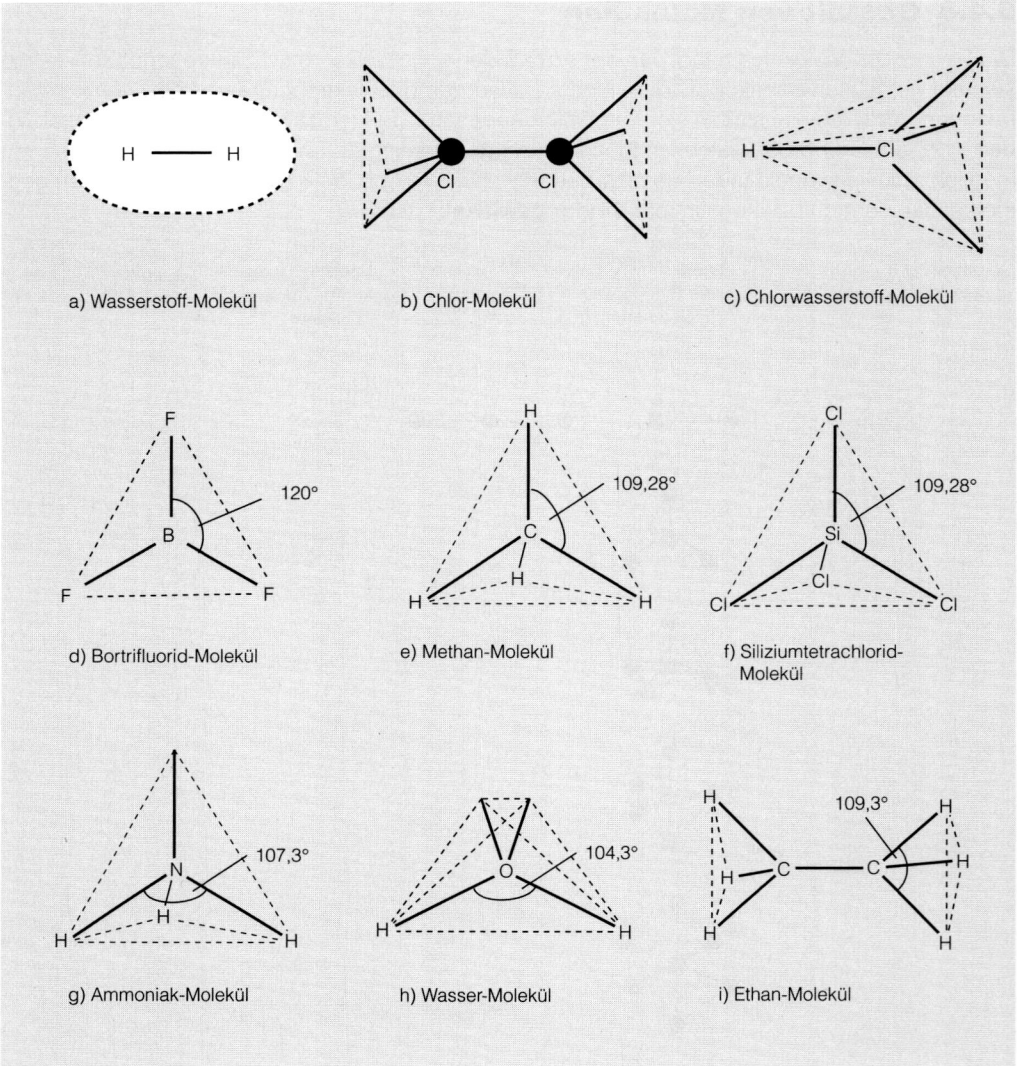

a) Wasserstoff-Molekül

b) Chlor-Molekül

c) Chlorwasserstoff-Molekül

d) Bortrifluorid-Molekül

e) Methan-Molekül

f) Siliziumtetrachlorid-Molekül

g) Ammoniak-Molekül

h) Wasser-Molekül

i) Ethan-Molekül

Abb. 5-19 Gestalt unpolarer und polarer Moleküle

Das **Modell der Elektronenpaarabstoßung** ist auch auf polare Verbindungen übertragbar. Bortrifluorid BF_3 hat nur drei bindende Elektronenpaare und nimmt deshalb eine ebene Struktur an (Abb. 5-19 d). Alle Moleküle mit vier gleichen Partnern an einem Zentralatom wie z. B. Methan CH_4, Siliciumwasserstoff SiH_4, Tetrachlorkohlenstoff CCl_4, Siliciumtetrachlorid $SiCl_4$ sind tetraedrisch gebaut (Abb. 5-19 e und f).

Besonders wichtig wegen seiner Bedeutung als Lösungsmittel ist der Bau des Wassermoleküls. Der Sauerstoff besitzt zwei bindende und zwei nichtbindende Elektronenpaare, die in die Ecken eines unregelmäßigen Tetraeders zeigen (Abb. 5-20). Dadurch ergibt sich zwischen den drei Atomen des Moleküls ein Winkel von 104,5° (Abb. 5-19 h). Schwefelwasserstoff besitzt einen ähnlichen Bau (Abb. 5-20). Im Ammoniak NH_3 sind drei bindende und ein nichtbindendes Elektronenpaar vorhanden (Abb. 5-20). Deshalb wird ebenfalls eine Tetraederstruktur angestrebt (Abb. 5-19 g und Übersicht 5-5).

Bindungswinkel in Molekülen					
Stoff	Winkel zwischen Bindungspartnern	Winkel	Stoff	Winkel zwischen Bindungspartnern	Winkel
H_2O	H–O–H	104,5°	Kohlenwasser-	H–C–C	109° (KZ = 4)
H_2S	H–S–H	92°	stoffe	H–C–H	109° (KZ = 4)
NH_3	H–N–H	107,5°	Benzen	C–C–C	120° (KZ = 3)

Übersicht 5-5

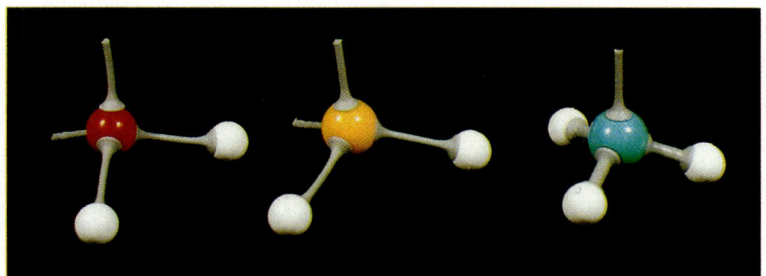

Abb. 5-20
Molekülmodelle
von Wasser,
Schwefelwasserstoff
und Ammoniak
mit Berücksichtigung
der nichtbindenden
Elektronenpaare

Aufgabe: Zeichnen Sie die räumliche Struktur der Moleküle in den Verbindungen Phosphortrichlorid PCl_3, Phosphorpentachlorid PCl_5 und Schwefelhexafluorid SF_6! Die freien Elektronenpaare am Chlor- und Fluoratom brauchen nicht berücksichtigt zu werden.

Die bisher an kleinen Molekülen dargestellten Verhältnisse findet man auch bei größeren Molekülen (vgl. z. B. Abb. 14-6) sowie bei den so genannten Komplexionen vor (Sulfat-Ion SO_4^{2-}, Phosphat-Ion PO_4^{3-}, Permanganat-Ion MnO_4^{1-} u. a.).

Aufgabe: Geben Sie den räumlichen Bau der genannten Komplexionen an!

Die **Koordinationszahl** beträgt für Kohlenstoff in Diamant, Methan, Ethan, Tetrachlorkohlenstoff jeweils 4, für Bor in Bortrifluorid 3, für Schwefel im Sulfat-Ion 4 und im Schwefelhexafluorid 6.

5.4.9 Bindungslänge und Bindungsenergie in Molekülen

Der Abstand zwischen zwei Atomkernen in einem Molekül wird als **Bindungslänge** (Bindungsabstand) bezeichnet. Er ist abhängig von der Größe der gebundenen Atome sowie von der Anzahl der bindenden Elektronenpaare.

Je größer die Atome sind, desto weiter sind die Atomkerne im Molekül voneinander entfernt. Mit zunehmendem Kernabstand sinkt die **Bindungsenergie** (Bildungswärme), die bei der Bildung des Moleküls freigesetzt wird (exotherm). Die Bindungsenergie erhält ein negatives Vorzeichen.

Zur Aufspaltung des Moleküls ist der gleiche Energiebetrag notwendig (endotherm). Die so genannte **Dissoziationsenergie** wird mit positivem Vorzeichen angegeben.

Cl + Cl –Bindungsenergie → Cl_2
Cl_2 + Dissoziationsenergie → Cl + Cl

Die Kernabstände in den Molekülen Cl_2, Br_2 und I_2 nehmen in der angegebenen Reihenfolge zu. Die Dissoziationsenergien nehmen ab (vgl. Übersicht 5-6). In den Wasserstoffverbindungen der Halogene von Hydrogenfluorid HF bis Hydrogeniodid HI nimmt die Dissoziationsenergie ebenfalls ab, weil sich die Atomdurchmesser von Fluor bis Iod vergrößern.

Bindungslänge und Dissoziationsenergie		
Stoff	Bindungslänge in pm	mittlere Dissoziationsenergie in $kJ \cdot mol^{-1}$
Cl–Cl	199	232
Br–Br	228	192
I–I	266	151
H–H	74	435
O=O	124	498
N≡N	115	715
C–C	154	368
C=C	134	720
C≡C	120	962
H–F	92	562
H–Cl	127	432
H–Br	141	367
H–I	161	299

Übersicht 5-6

Gegenüber Einfachbindungen verringert sich bei Doppel- und Dreifachbindung der Abstand der Atomkerne (vgl. z. B. die Kohlenstoffbindungen in Übersicht 5-6). Durch die stärkere Wechselwirkung vergrößern sich Bindungs- und Dissoziationsenergie.

5.4.10 Deutung der Atombindung mithilfe des Orbitalmodells

Bei der Atombindung überlappen sich die Orbitale der Atome, wenn Elektronenpaare gebildet werden (Abb. 5-21).

Bei der Atombindung entstehen aus Atomorbitalen Molekülorbitale.

Man gelangt zu ähnlichen Vorstellungen wie beim Durchdringen der Kugelwolken (vgl. Abschnitt 5-4). Je größer die Überlappung der Orbitale ist, desto stabiler ist die Bindung, da sich der Kernabstand verringert.

Die Atombindungen mit **Einfachbindung** können nach drei Fällen unterschieden werden:
1. die **s-s-Bindung** existiert, wenn sich zwei s-Orbitale überlagern wie im H_2-Molekül (Abb. 5-21a).
2. Die **s-p-Bindung** besteht zwischen einem s- und einem p-Orbital wie z. B. im HCl-Molekül (s-Orbital des Wasserstoffs und p-Orbital des Chlors; Abb. 5-21b).
3. Die **p-p-Bindung** bildet sich zwischen zwei p-Orbitalen wie im Cl_2-Molekül (Abb. 5-21c).

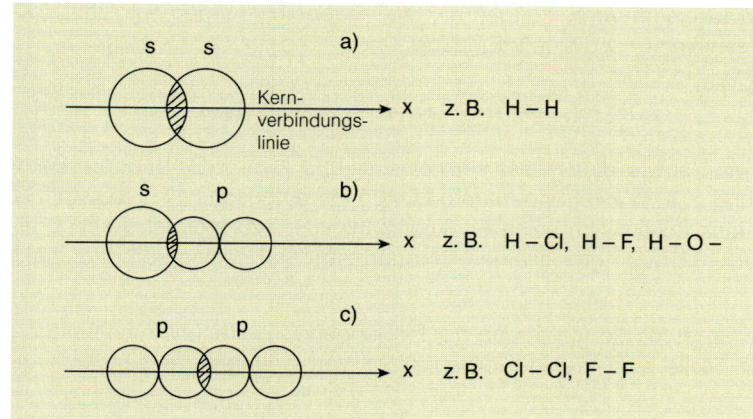

Abb. 5-21
Überlappung von
Atomorbitalen –
Bildung von Molekül-
Orbitalen
a) s-s-σ-Bindung
b) s-p-σ-Bindung
c) p-p-σ-Bindung

Gemeinsam ist allen drei Fällen, dass die Durchdringung der Orbitale auf der Kernverbindungs-linie erfolgt.

Aufgabe: Geben Sie für folgende Verbindungen die Orbitale an, die an der Ausbildung von σ-Bindungen beteiligt sind: H_2S, HBr, F_2, H_2O, CH_4, CCl_4.

Orbital-Überlappungen, die auf der Kernverbindungslinie liegen, sind σ-Bindungen (Sigma-Bindungen).

Bei Doppel- und Dreifachbindung, z. B. bei O=O, C=C, N≡N, C≡C, sind die p-p-Bindungen nicht gleichartig. Den Raum auf der Kernverbindungslinie kann nur eine Bindung einnehmen. Definitionsgemäß wird sie auf der x-Achse eingeordnet (p_x-p_x-Bindung) und ist eine σ-Bindung. Für die zweite und evtl. dritte vorhandene Bindung steht nur der Raum oberhalb und unterhalb bzw. seitlich der Kernverbindungslinie zur Verfügung. Die p_y- (bzw. p_z-) Orbitale können sich nur zu Molekülorbitalen in paralleler Orientierung überlappen, wie in Abb. 5-22 gezeigt ist. Eine solche Bindung wird **π-Bindung** genannt.

π-Bindungen (Molekülorbitale) liegen oberhalb und unterhalb bzw. seitlich (vor oder hinter) der Kernverbindungslinie.
σ-Bindungen sind energieärmer und somit stabiler als π-Bindungen.

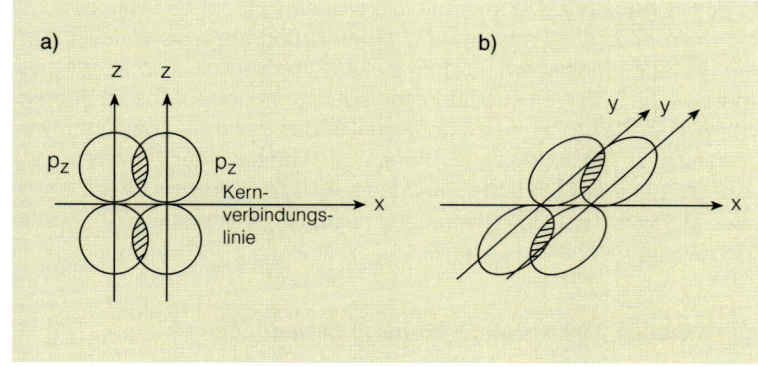

Abb. 5-22
π-Bindungen
a) zwischen
zwei p_z-Atomorbitalen
und
b) zwischen
zwei p_y-Atomorbitalen

97

Ungesättigte Kohlenstoff-Wasserstoff-Verbindungen mit C=C-Doppelbindungen enthalten zwischen den Kohlenstoffatomen eine σ- und eine π-Bindung

$$\diagdown_{\diagup} C \underset{\pi}{\overset{\sigma}{=}} C \diagup_{\diagdown}$$

und C≡C-Dreifachbindungen sowie das N_2-Molekül eine σ- und zwei π-Bindungen. Beim O_2-Molekül ist die π-Bindung z. T. in zwei ungepaarte Elektronen aufgespalten. Sauerstoff ist danach ein **Diradikal.** Daraus erklärt sich seine Reaktionsfähigkeit. Stickstoff ist durch Dreifachbindung und den dadurch bedingten kleinen Bindungsabstand sehr stabil und reaktionsträge.

Die Überlappung der Orbitale ist für die Aufklärung der Bindungen in Stoffen mit Atombindung aufschlussreich. An erster Stelle sind hier die organischen Verbindungen zu nennen (vgl. Abschnitte 14 und 15).

5.5 Metallbindung

Die hohen Schmelztemperaturen vieler Metalle, deren Härte und Zugfestigkeit deuten darauf hin, dass zwischen den Atomen Bindungsenergien in der Größenordnung primärer Bindungen existieren und COULOMB-Kräfte für den Stoffzusammenhalt angenommen werden müssen.

Auch in reinen Metallen und in Metalllegierungen neigen die Atome zur Elektronenabgabe. Es ist jedoch kein Nichtmetall vorhanden, das die Elektronen aufnehmen könnte, sodass sich die primäre Bindung anders vollzieht als in Gegenwart eines Elektronenacceptors.

Metallatome existieren nur im Metalldampf. Nähern sich die Atome bei Abkühlung auf atomare Abstände wie in Schmelzen oder im Kristallgitter, so spaltet sich im Mittel ein Valenzelektron je Atom ab:

$$Me^{\pm 0} \quad \rightarrow \quad Me^{1+} \quad + \quad 1\,e^-$$

bzw. für ein Mol n:

$$n\,Me^{\pm 0} \quad \rightarrow \quad n\,Me^{1+} \quad + \quad n\,e^-$$
$$\qquad\qquad\quad \text{Atomrümpfe} \qquad \text{„Elektronengas“}$$

Aus den Atomen entstehen positiv geladene Atomrümpfe, sie ordnen sich auf den Gitterplätzen an. Die abgespaltenen Elektronen bilden das so genannte **„Elektronengas“.** Sie verteilen sich zwischen den Atomrümpfen. Ihr Aufenthaltsraum, in dem sie „frei“ beweglich sind, ist der gesamte Gitterverband des Metallkörpers. Die Elektronen unterliegen einer ungeordneten Wärmebewegung (Abb. 5-23). Mehr als ein Elektron je Atom geht nicht in das Elektronengas über, weil dafür mehr Energie notwendig ist bzw. höher geladene Atomrümpfe sofort wieder Elektronen einfangen. Die Ladungen zwischen Atomrümpfen und „Elektronengas“ gleichen sich im gesamten Metallkörper aus, sodass das Metall nach außen neutral erscheint. Die elektrostatischen Kräfte zwischen ihnen bewirken den Zusammenhalt des Metalls.

Diese Wechselwirkung in Metallen wird als Metallbindung bezeichnet.

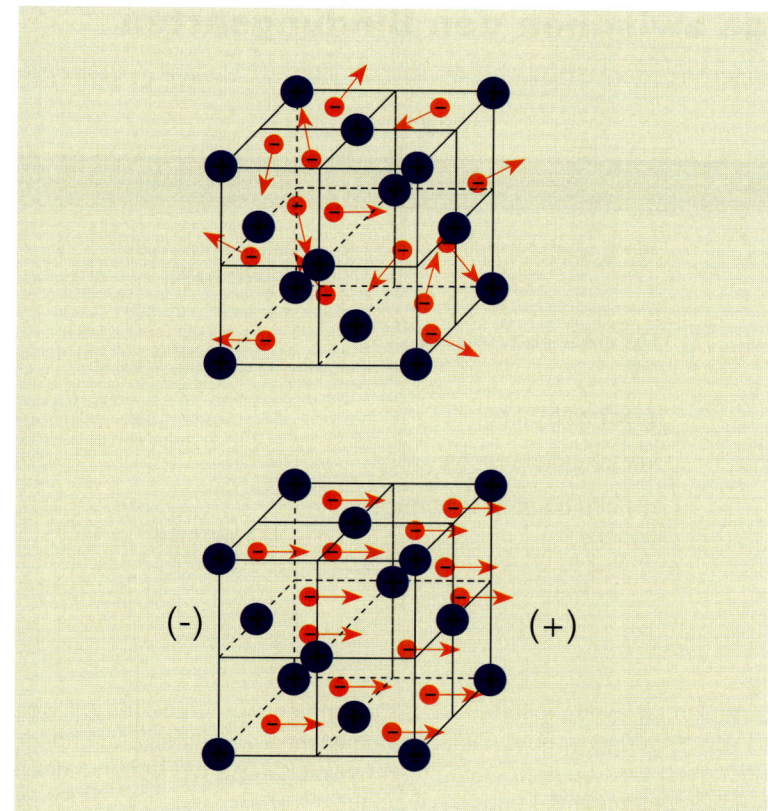

Abb. 5-23
Ungerichtete Wärme-
bewegung des
Elektronengases und
der Transport
elektrischer Ladungen
unter Einfluss des
elektrischen Feldes

Auf der Metallbindung beruhen die Metalleigenschaften, wie z. B. die elektrische Leitfähigkeit. Beim Anlegen einer Spannung gehen aus der Spannungsquelle Elektronen in das Metall über. Das „Elektronengas" wird in Richtung des positiven Pols bewegt (Abb. 5-23) und an der Anode verlassen ebenso viele Elektronen wieder den Festkörper. Auch bei der Wärmeleitung übernimmt das „Elektronengas" den Wärmetransport. Bei der Verformung des Metalls werden die positiven Atomrümpfe verschoben. Die beweglichen Elektronen gleichen sofort die Ladungsverschiebung aus.

Wenn in anderen Abschnitten des Buches von Metallatomen im Kristallgitter gesprochen wird, so ist das eine Vereinfachung der realen Verhältnisse.

Auch die Undurchsichtigkeit bzw. der metallische Glanz kommt durch das Elektronengas zustande. Im Unterschied zu den Atomen nehmen die im Metallgitter beweglichen Elektronen auch kleinste Energiequanten auf und geben sie wieder ab. Das eingestrahlte Licht wird dadurch reflektiert. In dünnsten Schichten können so genannte Komplementärfarben entstehen, indem bestimmte Wellenlängen des einfallenden weißen Lichtes absorbiert werden und bei der Reflexion fehlen. So erscheinen dünne Goldschichten auf Gläsern im Durchlicht blau, wenn die Schicht sehr dünn ist. Auf gleiche Weise entstehen die „Farben" der Buntmetalle (Kupfer, Messing, Gold) durch Umwandlung der absorbierten Wellenlängen bzw. deren Energie in Wärme.

5.6 Übergänge zwischen den Bindungsarten

Die primären Bindungen treten in reiner Form nur bei wenigen Stoffen auf. Sie stellen Grenzfälle dar (vgl. Übersicht 5-7)

Primäre Bindungsarten		
Bindungsart	Bindungspartner	Elektronegativitäts-differenz ΔEN
Ionenbeziehung	Metalle + Nichtmetalle	$\geqq 1,7$
reine oder unpolare Atombindung	gleiche Nichtmetalle	0
polare Atombindung	verschiedene Nichtmetalle	$<1,7$
Metallbindung	gleiche oder verschiedene Metalle	0 oder nahe 0

Übersicht 5-7

Weitaus häufiger überlagern sich die Bindungsarten, sodass man von einer partiellen (teilweisen) Ionenbeziehung und Atombindung spricht. Der Zusammenhang zwischen Atomradius, Elektronegativität und Bindungsart wird deutlich, wenn man beispielsweise die Verbindungen des Chlors mit den anderen Elementen der 3. Periode betrachtet:

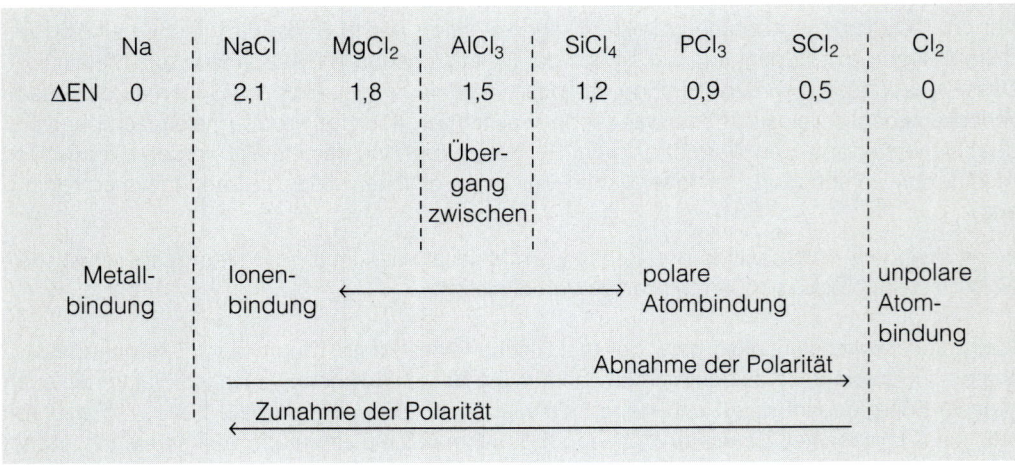

Natriumatome ($\Delta EN = 0$) sind untereinander metallisch gebunden, die Chloratome untereinander unpolar nichtmetallisch. Die Beträge für die Elektronegativitätsdifferenz ΔEN nehmen vom NaCl zum SCl_2 hin, also innerhalb der Periode, ab. Damit wandelt sich der Bindungscharakter von der Ionenbindung über die polare Atombindung zur unpolaren Atombindung.

Es sind auch Übergänge zwischen Ionenbindung und Metallbindung sowie zwischen Metallbindung und Atombindung bekannt:

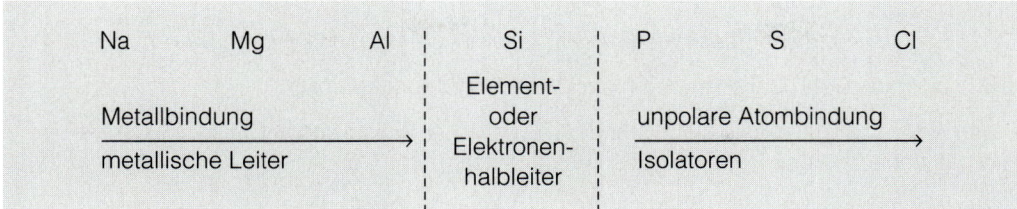

Na	Mg	Al	Si	P	S	Cl

Metallbindung →   Element- oder Elektronen- halbleiter   unpolare Atombindung →

metallische Leiter   Isolatoren

Silizium und Germanium besitzen wenige „frei bewegliche" Elektronen, deren Zahl sich aber mit der Erhöhung der Temperatur vergrößert. Die elektrische Leitfähigkeit nimmt in diesen Fällen mit der Temperatur zu. Ebenso verhalten sich einige Verbindungen wie z. B. Silbersulfid (Ag_2S), Zinksulfid (ZnS), Galliumarsenid (GaAs) und Bleiselenid (PbSe). Bei ihnen besteht neben der Ionenbeziehung ein Anteil metallischer Bindung. Es entspricht den realen Bindungsverhältnissen in den meisten Fällen besser, wenn von einer Mischung der Bindungen ausgegangen wird (Abb. 5-24).

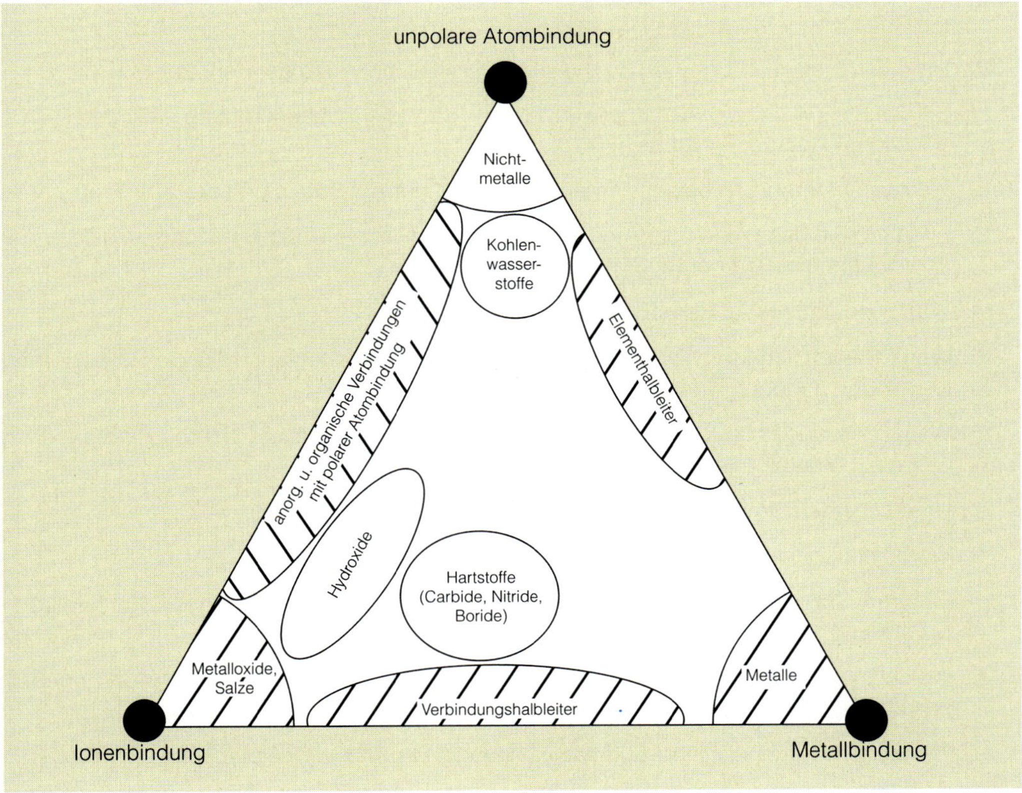

unpolare Atombindung

Nicht- metalle

Kohlen- wasser- stoffe

Elementhalbleiter

anorg. u. organische Verbindungen mit polarer Atombindung

Hydroxide

Hartstoffe (Carbide, Nitride, Boride)

Metalloxide, Salze

Verbindungshalbleiter

Metalle

Ionenbindung

Metallbindung

Abb. 5-24 Grenztypen der primären Bindungen und reale (gemischte) Bindungsverhältnisse in Verbindungen

5.7 Aufgaben zur Wiederholung von Kapitel 5

1. Welche Aussagen enthält das PAULI-Prinzip (-Verbot)?

2. Erläutern Sie, worin das Wesen einer primären chemischen Bindung besteht!

3. Welches Bestreben wird durch die Oktett-Regel ausgedrückt?

4. Wovon hängen COULOMB-Kräfte ab? In welcher Weise wirken COULOMB-Kräfte zwischen Ionen und in Molekülen sowie im Metall?

5. Worin besteht das Wesen der Ionen- und Atombindung?

6. Erklären Sie mithilfe des BOHRschen Atommodells die Bildung von Ionen beim Verbinden von Kalium und Sauerstoff, Magnesium und Chlor, Aluminium und Sauerstoff.

7. Begründen Sie die Änderungen des Volumens bei dem Übergang Na/Na^+, Mg/Mg^{2+}, Al/Al^{3+}, S/S^{2-} und Cl/Cl^- (Übersicht 5-1)!

8. In welcher Beziehung stehen Stellung eines Elements in der Gruppe des Periodensystems und Ionenwertigkeit?

9. Was ist unter einem Redoxvorgang zu verstehen? Diskutieren Sie dazu (einschließlich der Gleichungen sowie Donator- und Acceptorwirkung) das Verbinden von Aluminium mit Chlor, mit Schwefel und mit Stickstoff!

10. Diskutieren sie die Änderung der Elektronegativität innerhalb der Periode!

11. Zeigen Sie am Beispiel des Kochsalz-Gitters, dass die Ionenanordnung elektrostatisch günstig und ausgeglichen ist.

12. Welcher Widerspruch besteht in der Darstellung der Abb. 5-4 b und der Abb. 5-6?

13. Erläutern Sie das Wesen der Atombindung. Warum ist die Unterscheidung in reine und polare Atombindung notwendig?

14. Was besagt die HNO-Regel?

15. Warum leiten Ionenverbindungen den elektrischen Strom, Verbindungen mit Atombindungen dagegen nicht?

16. Warum benötigen Ionenverbindungen in der Regel eine höhere Schmelzenergie als Stoffe mit Atombindungen?

17. Unterscheiden Sie Wertigkeit, Bindigkeit, Oxidationszahl!

18. Woraus ergibt sich die Gestalt der Moleküle (Bindungswinkel)?

19. Erklären Sie die Bildung von σ-Bindungen und π-Bindungen mithilfe der Orbital-Darstellung.

20. Welcher Zusammenhang besteht zwischen Metallbindung und metallischen Eigenschaften?

21. Warum sind Ionen-, Atom- und Metallbindung Grenzfälle der primären chemischen Bindungen?

6 Sekundäre Bindungen

6.1 Nahkräfte zwischen den Molekülen

Aus der Darstellung primärer Bindungen ist der Zusammenhalt von Teilchen in Ionenverbindungen, Molekülen und Metallen deutlich geworden:

> **In Ionenverbindungen wirken zwischen Kationen und Anionen COULOMB-Kräfte.**
>
> **Moleküle sind durch die gerichteten COULOMB-Kräfte zwischen Atomkern und bindenden Elektronenpaaren stabil.**
>
> **In Metallen bestehen COULOMBsche Wechselwirkungen zwischen Atomrümpfen und Elektronengas.**

Darüber hinaus wirken Anziehungskräfte zwischen den Molekülen von Flüssigkeiten und festen Stoffen. Man nennt sie **zwischenmolekulare Kräfte oder sekundäre Bindungen** (auch VAN DER WAALSsche Kräfte oder -Bindungen). Die Wirkungen können beträchtlich sein, wie die Festigkeiten von Holz oder Kunststoffen im Vergleich zur Festigkeit der Metalle zeigen.

> **Zwischenmolekulare Kräfte entstehen nicht durch Elektronenpaare oder Valenzelektronen. Sie beruhen vielmehr auf der Polarisierung von Molekülen.**

Dabei muss zwischen Molekülen mit ständiger (permanenter) Polarisierung und solchen mit induzierter (beeinflusster, vermittelter) Polarisierung unterschieden werden.

Sekundäre Wechselwirkungen sind elektrostatische Nahkräfte, die nicht dem COULOMBschen Gesetz folgen. Sie verstärken sich bei Annäherung der Moleküle und sinken bei Entfernung der Teilchen sehr rasch auf Null. Zwischenmolekulare Kräfte folgen der Beziehung

$$F_{el} \sim \frac{1}{r^n}$$

Der Exponent n nimmt bei ungeladenen Teilchen den Wert 6, zwischen Molekülen mit permanenter Polarisierung (Dipolen) den Wert 3 und für Abstoßungskräfte den Wert 9 bis 12 an. Mit steigender Temperatur werden die Anziehungskräfte auf Grund der zunehmenden Wärmebewegung und Entfernung der Teilchen geschwächt.

6.2 Polare Moleküle – Dipolmoleküle

Die Bindungen in Molekülen aus verschiedenen Nichtmetallatomen sind immer polarisiert (vgl. Abschnitt 5.4.6). Es tritt die Frage auf, in welcher Weise sich die Polarisierung auf die Umgebung des Moleküls auswirkt. Um eine Antwort zu finden, muss die Molekülgestalt betrachtet werden.

Im Wassermolekül liegen zwei polarisierte Bindungen vor. Das Sauerstoffatom ist negativ, die Wasserstoffatome sind positiv polarisiert. Es gibt somit einen negativen Ladungsschwerpunkt am Sauerstoffatom. Der positive Ladungsschwerpunkt liegt zwischen den beiden Wasserstoffatomen. Die beiden Ladungsschwerpunkte fallen nicht zusammen. In derartigen Fällen äußert sich die Polarisation der Elektronenpaare in elektrischen Restkräften oder Polen (Abb. 6-1). Man bezeichnet die Moleküle als permanente (ständig, andauernd) Dipolmoleküle und gibt ihnen das Symbol $\boxed{+ \quad -}$.

Das **Dipolmoment** μ ist abhängig von der Teilladung Q und dem Abstand l der Ladungsschwerpunkte (Abb. 6-1):

$$\boxed{\mu = Q \cdot l}$$

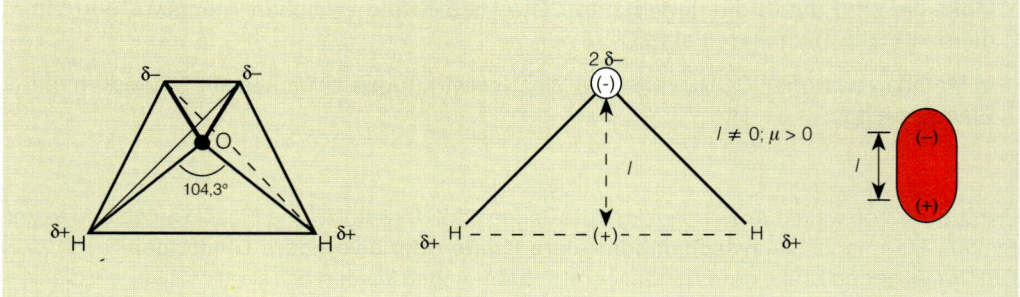

Abb. 6-1   Wasser als Dipol-Molekül in verschiedenen Modelldarstellungen

Je größer das Dipolmoment ist, umso größer ist die Ladungsverschiebung im Molekül und die Wirkung der Ladung auf die Umgebung des Moleküls. Ein Dipolmoment besitzen auch die Moleküle von Chlorwasserstoff HCl, Bromwasserstoff HBr, Monochlormethan CH_3Cl, Trichlormethan $CHCl_3$ (Abb. 6-2).

Räumlich unsymmetrisch gebaute polarisierte Moleküle sind permanente Dipole.

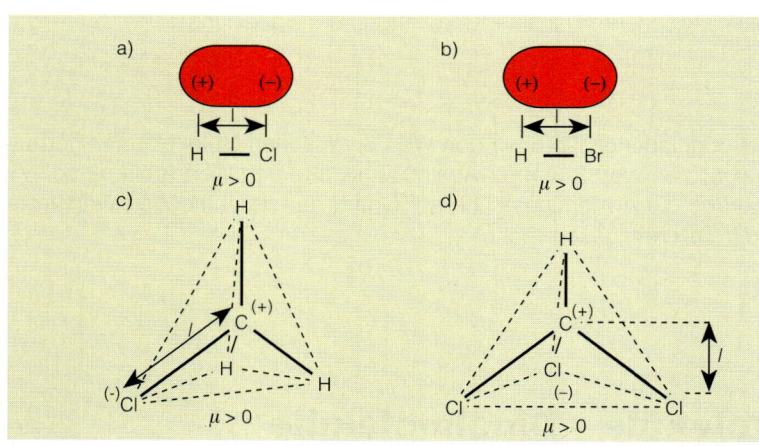

Abb. 6-2
Räumliche Struktur von Dipol-Molekülen
a) Chlorwasserstoff
b) Bromwasserstoff
c) Monochlormethan CH_3Cl
d) Trichlormethan (Chloroform)

Dagegen haben polarisierte Moleküle mit räumlich symmetrischem Aufbau kein Dipolmoment.

Im Fall des Tetrachlormethan CCl_4 befinden sich die vier negativ polarisierten Chloratome in gleichem Bindungsabstand vom positiv polarisierten Kohlenstoffatom und wegen des idealen Tetraederwinkels auch in gleichem Abstand zueinander. Auf Grund dieser Sachverhalte fallen negativer und positiver Ladungsschwerpunkt zusammen und das Molekül besitzt keinen Dipol wegen $l = 0$ (Abb. 6-3). Die Kräfte gleichen sich im Molekül aus. Ebenso entstehen bei der Bindung gleicher Nichtmetallatome zu Molekülen (z. B. O_2, N_2, Cl_2) keine Dipole, da keine Ladungsverschiebung eintritt. Die Kräfte unpolarer Moleküle kompensieren sich innerhalb des Moleküls und wirken nicht nach außen. Für unpolare Moleküle und -gruppen wird folgendes Symbol verwendet: $(\pm)$

Voraussetzung für die Entstehung von permanenten Dipolmolekülen sind die polarisierte Atombindung und ein Abstand l > 0 zwischen den Ladungsschwerpunkten.

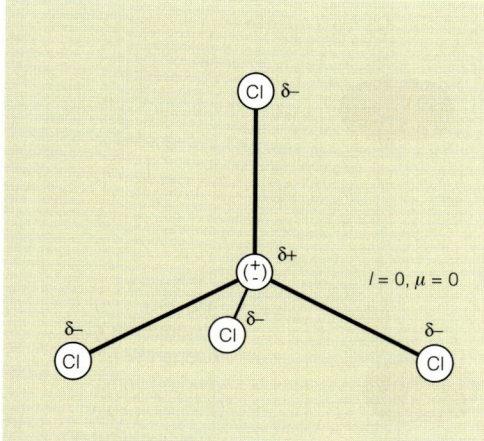

$l = 0, \mu = 0$

Abb. 6-3
Tetrachlormethan ohne Dipol

Versuch Laden Sie einen PVC-Stab durch Reiben an einem Wolltuch elektrostatisch auf. Nähern Sie dann den Stab langsam einem dünnen Wasserstrahl. Beobachtung und Erklärung?

Aufgabe: Legen Sie anhand der Abb. 5-18 für die Moleküle von Bortrifluorid, Siliciumtetrachlorid und Ammoniak die Ladungsschwerpunkte fest und entscheiden Sie, in welchem Fall ein permanenter Dipol vorliegt.

6.3 Einteilung der zwischenmolekularen Kräfte

Zur näheren Betrachtung der zwischenmolekularen Wechselwirkungen soll eine Einteilung nach der Art der Teilchen, die miteinander in Beziehung stehen, getroffen werden:

Dipol	– Dipol	⎫
Ion	– Dipol	⎬ Pol-Orientierungskräfte
Ion	– unpolares Molekül (ohne Dipol)	⎫
Dipol	– unpolares Molekül (ohne Dipol)	⎬ Induktionskräfte
unpolares Molekül	– unpolares Molekül	Dispersionskräfte

6.4 Pol – Orientierungskräfte (KEESOM-Kräfte)

Permanente Dipol-Moleküle können mithilfe ihrer elektrischen Restkräfte an den Molekülpolen untereinander in Wechselwirkung treten und so den Stoffzusammenhalt bewirken (Abb. 6-4 a, b und Abb. 6-5). Zwischen den Molekülen des Wassers sind sie gemeinsam mit der Wasserstoffbrückenbindung (vgl. Abschnitt 6.7) wirksam.

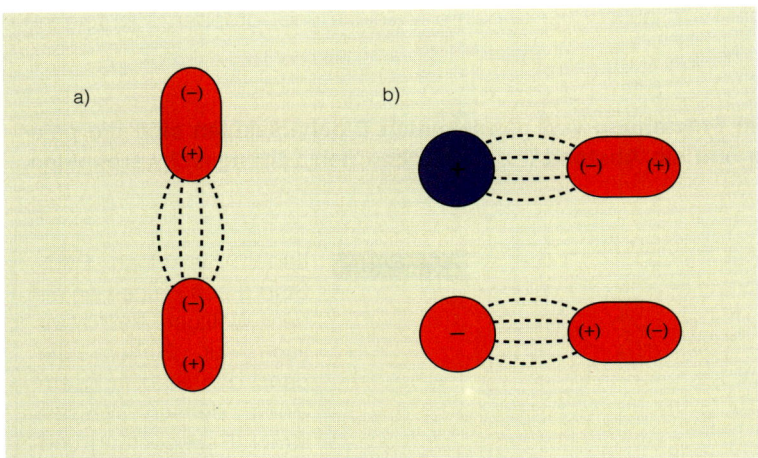

Abb. 6-4
Anordnung und Ausrichtung von geladenen Teilchen unter Einfluss von Pol-Orientierungskräften
a) Dipol-Dipol
b) Ion-Dipol

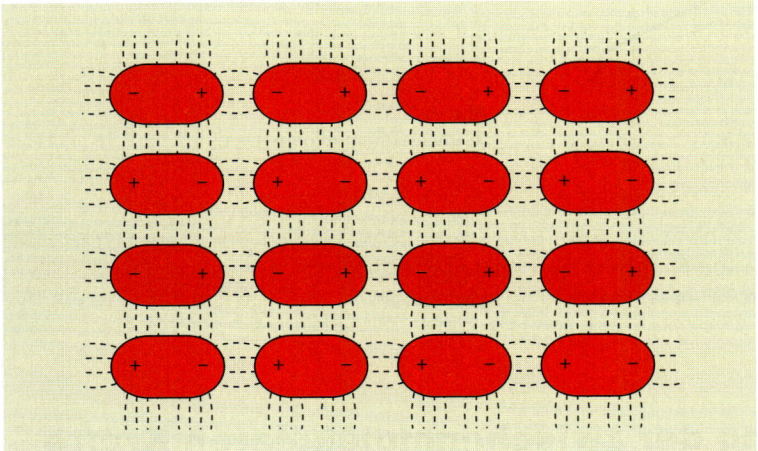

Abb. 6-5
Schema der elektrischen Wechselwirkung von Dipolmolekülen (Polorientierungs- oder Dipolkraft-Wirkung)

Dipol-Moleküle können auch mit Ionen wechselwirken, wie es beispielsweise beim Lösen von Salzen in Wasser geschieht (vgl. Abschnitt 12.3). Die anziehende Energie zwischen Dipol-Molekülen beträgt ca. 5 … 10 kJ/mol.

Polare Stoffe lösen sich in polaren Flüssigkeiten. Sie haben höhere Schmelz- und Siedetemperaturen als Stoffe mit unpolaren Molekülen.

> **Polorientierungskräfte bestehen zwischen Dipolmolekülen sowie zwischen Dipolen und Ionen.**

6.5 Induktionskräfte (DEBYE-Kräfte)

Unpolare Moleküle werden von permanenten Dipolen oder Ionen beeinflusst, wenn sie sich auf Teilchenabstand nähern (Abb. 6-6).

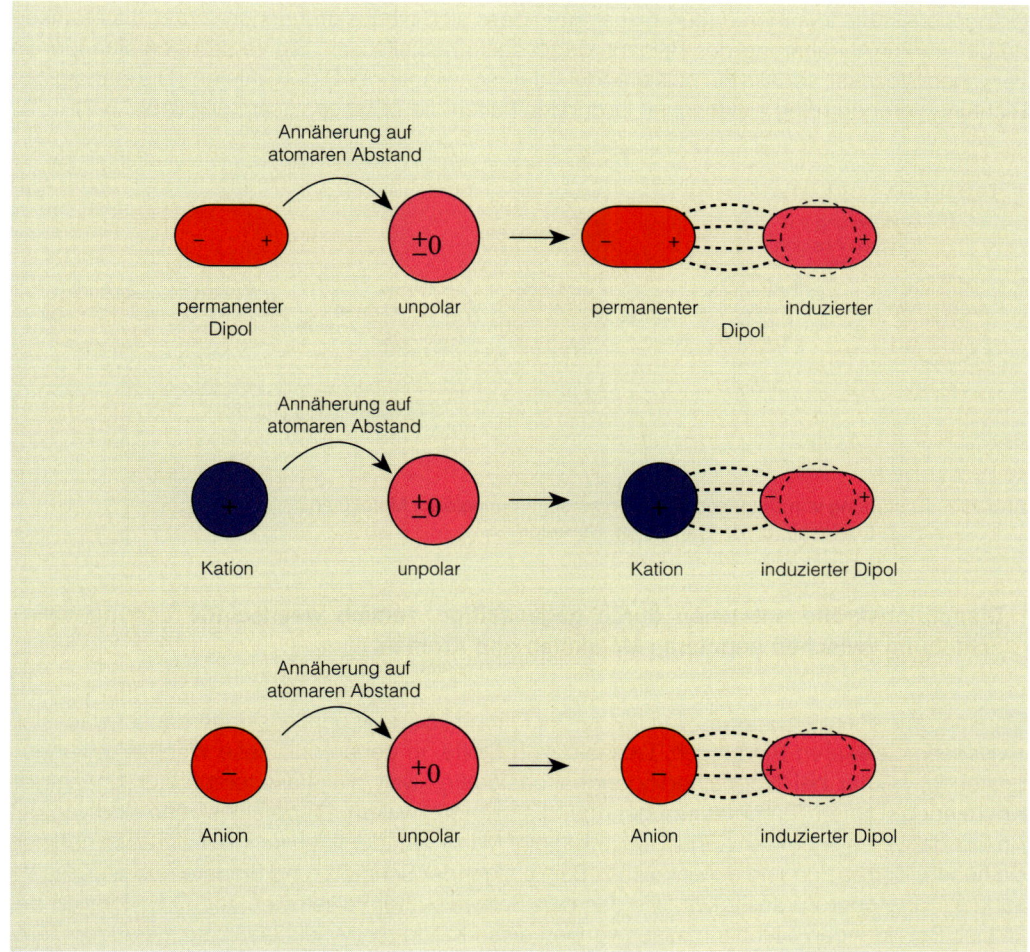

Abb. 6-6 Induzierende Wirkung von Dipolmolekülen und Ionen auf unpolare Moleküle (Entstehung von Induktionskräften)

Dabei wirkt eine negative Ladung (negativer Pol, Anion) abstoßend auf die Elektronenhülle des unpolaren Moleküls und anziehend auf den Kern (Abb. 6-6). Positive Ladungen wirken umgekehrt. Es wird eine Ladungsverschiebung induziert (lat. hineinführen), d. h., aus den unpolaren Molekülen bilden sich **induzierte Dipole.** Die dadurch entstehenden Kräfte werden als Induktionskräfte oder DEBYE-Kräfte bezeichnet. Die anziehende Energie beträgt ca. $1 \ldots 1{,}5 \, \text{kJ} \cdot \text{mol}^{-1}$. So kann z. B. die polare Gruppe $-\text{CHCl}-$ des Polyvinylchlorid-Moleküls auf die unpolare CH_2-Gruppe eines Nachbarmoleküls eine polarisierende Wirkung ausüben.

Induktionskräfte bestehen zwischen Dipolen bzw. Ionen und unpolaren Molekülen.

6.6 Dispersionskräfte (LONDON-Kräfte)

Die fundamentalste zwischenmolekulare Kraft, die immer wirkt, ist die Dispersions- oder LONDON-Kraft. Zwischen Edelgasatomen, unpolaren Molekülen und unpolaren Molekülgruppen ist sie die einzige bestehende Wechselwirkung.

Dispersionskräfte kommen dadurch zustande, dass sich die Elektronenhüllen und die Atomkerne bei starker Annäherung der Teilchen gegenseitig beeinflussen. Sie verdrängen einander im zeitlichen Wechsel, sodass ein pulsierender oder „schwingender Dipol" entsteht. Die ständig ihre Richtung verändernden elektrischen Ladungen halten die Teilchen zusammen (Abb. 6-7).

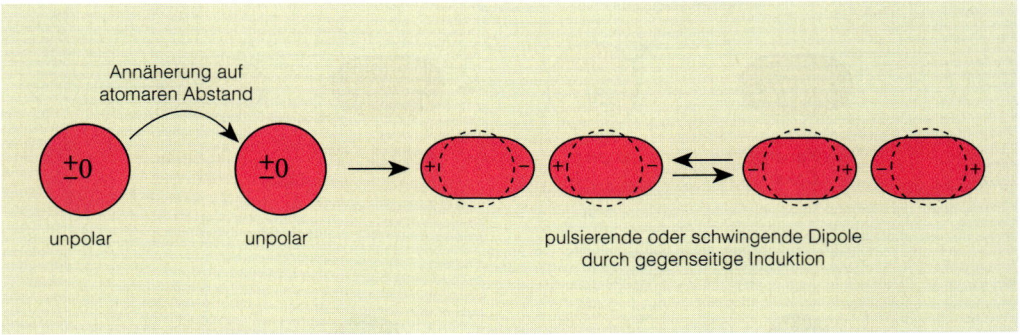

Abb. 6-7 Enstehung von Dispersionskräften zwischen unpolaren Molekülen
(z. B. Edelgase, Chlor, Sauerstoff, Stickstoff)

Dispersionskräfte entstehen durch gegenseitige, zeitlich wechselnde Ladungsverschiebung zwischen unpolaren Molekülen und Atomen.

Mit einer anziehenden Energie von 0,3 ... 2 kJ · mol^{-1} sind Dispersionskräfte die schwächsten zwischenmolekularen Bindungen. Deshalb sind Stoffe, in denen nur diese Wechselwirkungen bestehen, häufig bei Normalbedingungen gasförmig, weil die stark temperaturabhängigen Kräfte nur bei tiefen Temperaturen genügend anziehend wirken. Dispersionskräfte sind von der Anzahl der verschiebbaren Ladungen abhängig. Mit steigender relativer Molekülmasse nehmen sie höhere Beträge an und äußern sich z. B. in steigender Schmelz- und Siedetemperatur, wachsender Härte oder Zugfestigkeit, wie das beispielsweise bei Polyethylen und Polypropylen der Fall ist. Bei geringen Teilchenmassen können diese Kräfte die Moleküle nur bei niedrigen Temperaturen im festen oder flüssigen Zustand zusammenhalten. So liegt die Schmelztemperatur von Ethylen $CH_2 = CH_2$ bei 103,8 K; Polyethylen schmilzt oberhalb 400 K.

6.7 Wasserstoffbrückenbindung

Die Wasserstoffbrückenbindung ist eine spezielle sekundäre Bindungsart. Sie kann nur dann entstehen, wenn Wasserstoff an eines der elektronegativsten Elemente, also an Fluor, Sauerstoff oder Stickstoff, als FH, –OH oder –NH gebunden ist. In diesen Gruppen ist der Wasserstoff sehr stark positiv polarisiert. Er kann mit einem freien Elektronenpaar von Fluor, Sauerstoff oder Stickstoff eines Nachbarmoleküls in Wechselwirkung treten, wie Übersicht 6-1 zeigt. Wegen seiner geringen Größe kann sich der Wasserstoff dem elektronegativen Nachbaratom stark nähern. Es entsteht somit durch den Wasserstoff eine „Brücke" zwischen zwei Molekülen.

Die Wasserstoffbrückenbindung wird gebildet, wenn Wasserstoff, der an Fluor, Sauerstoff oder Stickstoff primär gebunden ist, mit einem freien Elektronenpaar von Fluor, Sauerstoff oder Stickstoff eines Nachbarmoleküls in Wechselwirkung tritt.

Die Wasserstoffbrückenbindung wird durch eine punktierte Linie symbolisiert. Sie ist eine gerichtete Bindung zwischen den betreffenden gebundenen Atomen (Übersicht 6-1).

Über die Bindungsmöglichkeiten und -energien gibt Übersicht 6-1 Auskunft:

Möglichkeiten für die Ausbildung von Wasserstoffbrückenbindungen		
Bindungs- möglichkeit	Beispiel	Energie der Bindung in kJ/mol
$-\overline{\underline{F}}I \cdots H-\overline{\underline{F}}I$	Flusssäure	25 bis 30
$-OH \cdots I\underline{O}\langle$	Wasser, Eis Methansäure, Ethansäure, Cellulose	ca. 20 ca. 25 bis 30
$-OH \cdots IN\langle$	eiweißartige Naturstoffe wie Wolle, Seide, Haare, Horn	10 bis 20
$-NH \cdots I\underline{O}\langle$	Polyamide, Polyurethane, eiweißartige Naturstoffe	ca. 10
$-NH \cdots IN\langle$	eiweißartige Naturstoffe	ca. 5

Übersicht 6-1

Die Energie der Wasserstoffbrückenbindung liegt höher als die der anderen sekundären Bindungen, jedoch niedriger als die Energien primärer Bindungen.

Eine wichtige Verbindung mit Wasserstoffbrückenbindung ist das Wasser (Abb. 6-8). Die starken Wechselwirkungen zwischen den Molekülen erklären die im Vergleich zu anderen Wasserstoffverbindungen (z. B. Ammoniak NH_3 oder Schwefelwasserstoff H_2S) hohen Schmelz- und Siedetemperaturen sowie die starken Kräfte an der Oberfläche des Wassers, die als Oberflächenspannung zu beobachten sind. Wasserstoffbrückenbindungen spielen eine große Rolle beim Ablauf biologischer Prozesse (z. B. beim Anlagern von Enzymen und der Spaltung von Nährstoffen, bei der Energie- und Informationsübertragung im Organismus, beim Aufbau von Eiweißen und anderen körpereigenen Stoffen).

Die relativ hohe Festigkeit von Polyamiden, Melamin-Formaldehyd-Harz, Polyurethanen (Formteile, Bauteile, Fasern, PUR-Schäume) sowie Holz und Holzwerkstoffen beruht zum großen Teil auf den Wasserstoffbrückenbindungen in diesen Stoffen.

Abb. 6-8
Wasserstoffbrücken-
bindung zwischen
Wasser- und
Essigsäuremolekülen

6.8 Aufgaben zur Wiederholung von Kapitel 6

1. Welcher Unterschied besteht zwischen primären und sekundären Bindungen?

2. Warum können bei Ionenverbindungen die sekundären Bindungskräfte bzw. -energien vernachlässigt werden?

3. Welche Voraussetzungen müssen gegeben sein, damit Dipole im Molekül entstehen?

4. Vergleichen Sie die verschiedenen sekundären Bindungen (Kräfte) und geben Sie die Unterschiede an, die hinsichtlich der in Wechselwirkung stehenden Teilchen und der Bindungsenergie bestehen!

5. Weshalb werden bei der Betrachtung der Wirkungen, die zwischen Wassermolekülen bestehen, vorrangig die Wasserstoffbrückenbindungen und weniger die Dipolkräfte diskutiert?

6. Zwischen welchen Atomgruppen können sich Wasserstoffbrücken ausbilden? Informieren Sie sich im Buch über die Formeln von Aceton, Ameisensäure, Ethanol, Methylamin, Eiweiß, Diethylether, Nitromethan, Methanol und Aminoessigsäure! In welchen dieser Substanzen können sich Wasserstoffbrücken bilden?

7. Weshalb erreichen Polyamid und Cellulose eine höhere Festigkeit als Polyethylen?

8. Warum haben die Moleküle Methan CH_4, Tetrabrommethan CBr_4 und Borwasserstoff BH_3 keinen Dipol?

9. Welche Gestalt hat das Molekül von Kohlenstoffdioxid, da es keinen Dipol besitzt?

10. Schwefeldioxid-Moleküle haben einen Dipol. Welche Gestalt besitzen die Moleküle?

12. Haben die Moleküle des Dichlormethan CH_2Cl_2 einen Dipol?

7 Einige Elemente des Periodensystems und ihre Verbindungen

7.1 Nichtmetalle

7.1.1 Stellung der Nichtmetalle im Periodensystem

Aufgabe: Lesen Sie die Abschnitte 4.2 und 4.4. Überprüfen Sie Ihre Kenntnisse zum Inhalt der Begriffe: Elektronenoktett, Elektronenbesetzung der letzten Schale, Atomvolumen (-radien) der Metalle und Nichtmetalle.

Alle Nichtmetalle sind Hauptgruppenelemente.

Nichtmetalle stehen im rechten oberen Teil des Periodensystems und am Ende der Perioden (Abb. 7-1). Innerhalb der Periode geht mit steigender Ordnungszahl der Metallcharakter in den Nichtmetallcharakter über. Von Periode zu Periode nimmt die Anzahl der sich nichtmetallisch verhaltenden Elemente ab. Ebenso verringert sich innerhalb der 4. bis 6. Hauptgruppe die Elektronegativität mit steigender Ordnungszahl. Die Elemente nehmen metallischen Charakter an.

Aufgabe: Begründen Sie, weshalb in der 4. bis 6. Hauptgruppe mit steigender Ordnungszahl das nichtmetallische Verhalten in metallisches Verhalten übergeht!

Periode	Hauptgruppe							
	I	II	III	IV	V	VI	VII	VIII
1	H							He
2	Li	Be	B	C	N	O	F	Ne
3	Na	Mg	Al	Si	P	S	Cl	Ar
4	K	Ca	Ga	Ge	As	Se	Br	Kr
5	Rb	Sr	In	Sn	Sb	Te	I	Xe
6	Cs	Ba	Tl	Pb	Bi	Po	At	Rn
7	Fr	Ra						

Metalle   Halbmetalle   Nichtmetalle   Edelgase   Wasserstoff

Abb. 7-1 Stellung der Hauptgruppenelemente im Periodensystem

In der 7. Hauptgruppe reagieren alle Elemente nichtmetallisch.

Im Periodensystem bilden die Nichtmetalle Bor, Kohlenstoff, Silicium, Phosphor, Schwefel, Selen, Iod und Astatin etwa als Diagonale die Grenze zu den Metallen (Abb. 7-1). Alle rechts oberhalb von dieser Diagonale stehenden Elemente reagieren nichtmetallisch. Links und unterhalb angeordnete Elemente verhalten sich metallisch. Entlang der Diagonale findet man die Halbmetalle oder Übergangselemente. Sie nehmen eine Mittelstellung ein: Germanium, Arsen, Antimon, Tellur, Polonium. Man kann ihnen außerdem Bor und Silicium zuordnen.

7.1.2 Allgemeine Eigenschaften der Nichtmetalle

Elemente, die in Verbindung mit anderen Elementen bevorzugt Elektronen aufnehmen, um Edelgaskonfiguration zu erreichen, verhalten sich elektronegativ. Sie werden als Nichtmetalle bezeichnet.

Nichtmetalle gehen mit Metallen die Ionenbeziehung ein oder bilden Bindungen mit stärkerem Ionenanteil. Untereinander gebundene verschiedene Nichtmetalle bilden polarisierte Atombindungen, gleiche Nichtmetalle unpolare Atombindungen.

Nichtmetalle kristallisieren in Molekülgittern. Sie sind Nichtleiter. Eine wichtige chemische Eigenschaft der Nichtmetalle ist die Bildung von Säuren (vgl. Abschnitt 7.3).

Sowohl Hydrogenverbindungen der Nichtmetalle (z. B. HF, HCl, H_2S) als auch die Verbindungen der Nichtmetalloxide mit Wasser reagieren sauer.

Nichtmetalle, die der gleichen Hauptgruppe angehören, weisen Gemeinsamkeiten in den physikalischen und chemischen Eigenschaften auf. Sie sind „chemisch verwandt", weil sie die gleiche Zahl von Valenzelektronen besitzen. Unterschiede in den Eigenschaften ergeben sich aus der Anzahl der Schalen (Atomradien).

7.1.3 Elemente der 7. Hauptgruppe – Halogene

Halogene (griech., lat. Salzbildner) kommen in der Natur an Metalle gebunden als Salze vor (Meerwasser, Salzlagerstätten, Mineralquellen). Elementar sind sie in allen Aggregatzuständen molekular. Sie sind sehr reaktionsfreudig. Fluor ist das elektronegativste und reaktionsfähigste Element. Es tritt nur elektronegativ geladen auf. Die übrigen Elemente haben in Verbindungen mit elektronegativeren Elementen auch positive Oxidationszahlen.

Alle Halogene sind giftig, Chlor und Fluor sehr giftig.

Die physikalischen und chemischen Eigenschaften der Halogene sind ähnlich. Mit steigender relativer Atommasse verändern sie sich mit zunehmender oder auch abnehmender Tendenz (Übersicht 7-1).

Eigenschaften und Eigenschaftsänderungen der Halogene

	Fluor F_2	Chlor Cl_2	Brom Br_2	Iod I_2	Astat At_2
Aggregatzustand (25 °C)	gasf.	gasf.	flüssig	fest	fest
Farbe	hellgelb	gelbgrün	rotbraun	violett glänzend	
Kristallgitter (Molekülgitter)	hexagonale Schichten	rhombisch (verzerrte kubisch dichte Packung)	rhombisch	rhombisch	
Schmelztemperatur (°C)	−219,6	−101	−7,2	113,5	≈300
Siedetemperatur (°C)	−188	−34,6	58,8	185,3	≈370
Dichte (g · cm^{-3})	1,108 (−188 °C)	1,567 (−33 °C)	3,14 (20 °C)	4,94 (20 °C)	
Atomradius (pm)	64	99	111	128	140
Ionenradius x$^-$ (pm)	133	181	196	219	227
Ionisierungsenergie 1$^+$ (kJ · mol^{-1})	1680	1250	1140	1010	950
Nichtmetallcharakter	abnehmend $\longrightarrow$				
Elektronegativität	abnehmend $\longrightarrow$				
Reaktionsfähigkeit	abnehmend $\longrightarrow$				
Affinität zu Metallen	abnehmend $\longrightarrow$				
Affinität zu Wasserstoff	abnehmend $\longrightarrow$				
Affinität zu Sauerstoff u. a. Nichtmetallen	zunehmend $\longrightarrow$				

Übersicht 7-1

Versuche

Lehrerversuch

T+

Sehr giftig

1. Ein Zylinder wird unter dem Abzug mit Chlor gefüllt und abgedeckt. Mittels einer Tiegelzange lässt man erhitzte Eisenwolle in den Zylinder fallen. Beobachtung? Gleichung?
Der Versuch kann mit anderen Metallen wiederholt werden.
Schutzbrille, Atemschutz! R 26, S 23

2. Unter dem Abzug lässt man einen Tropfen Brom in einem abgedeckten Zylinder verdampfen. Mit einer Tiegelzange wird erhitzte Aluminiumfolie in das Gefäß geworfen.
Beobachtung? Gleichung?

Lehrerversuch

Schutzbrille, Atemschutz! R 26, S 23

Die Halogene sind starke **Oxidationsmittel.** Die Oxidationswirkung nimmt von Fluor zu Iod ab.

Versuche

T+

Sehr giftig

Lehrer-versuch

1. Im Reagenzglas wird Kaliumiodid-Lösung mit Bromwasser versetzt und geschüttelt (evtl. vorher etwas Trichlormethan als Extraktionsmittel hinzugeben).   R 26, S 23

2. Kaliumbromid-Lösung wird mit wenig Chlorwasser (und Trichlormethan) versetzt und geschüttelt.
   Beoachtungen? Gleichungen? Begründungen?   R 26, S 23

3. Feuchte bunte Blüten, angefeuchtetes bedrucktes oder mit Tinte beschriebenes Papier, bunte Textilreste etc. werden in einen mit Chlor gefüllten Zylinder geworfen.
   Beobachtung? Erläuterung!
   Abzug!   R 26, S 23

Die Verwendung der Halogene im elementaren Zustand erstreckt sich vor allem auf Chlor. Es dient als Rohstoff für die industrielle Erzeugung von anorganischen Verbindungen. Der Einsatz von Chlor als Chlorierungsmittel birgt große Gefahren für die Umwelt in sich und macht die exakte Einhaltung von Sicherheitsmaßnahmen unabdingbar!

Chlor wird durch die Chloralkalielektrolyse erzeugt (vgl. Abschnitt 11-5).

Die Sauerstoffverbindungen der Halogene OF_2, Cl_2O, ClO_2, Cl_2O_7 u. a. sind bis auf I_2O_5 thermisch instabil, z. T. explosiv.

Aufgabe: Welche Oxidationszahlen haben die genannten Oxide?

Wichtige Verbindungen des Chlors sind Hydrogenchlorid (Salzsäure-Gas), das sich in Wasser zu Salzsäure löst (vgl. Abschnitt 7.3.3) sowie sauerstoffhaltige Säuren und deren Salze:

Hypochlorige Säure HOCl (schwache Säure, Salze: Hypochlorite; Bleich-, Oxidations- und Desinfektionsmittel).

Chlorige Säure $HClO_2$ (Salze: Chlorite; starke Oxidationsmittel, explosiv mit Chlorsäure).

Chlorsäure $HClO_3$ (Salze: Chlorate; starke Oxidationsmittel, für Sprengstoffe, Antiseptika u. a.).

Perchlorsäure $HClO_4$ (eine der stärksten Säuren); Salze: Perchlorate; explosiv mit oxidierbaren Stoffen, starkes Oxidationsmittel.

Chlor und Calciumhypochlorit $Ca(OCl)_2$ (wirksamer Bestandteil des Chlorkalks) sind bedeutsame Oxidations- (Bleich-) und Desinfektionsmittel.

7.1.4 Elemente der 6. Hauptgruppe – Chalkogene

Chalkogene (griech. Erzbildner) sind weit verbreitet. Sauerstoff ist das häufigste Element der Erde (vgl. Übersicht 2.9). Er ist vor allem am Aufbau der Mineralien beteiligt. Oxidische und sulfidische (schwefelhaltige) Erze haben zur Gruppenbezeichnung geführt.

Sauerstoff, Schwefel, Selen und **Tellur** gehen mit Metallen der 1. und 2. Hauptgruppe Ionenbeziehungen ein und bilden Metalloxide, -sulfide, -selenide und -telluride. In anderen Metall-Verbindungen der Chalkogene treten nur ionische Bindungsanteile auf (z. B. Eisensulfid). Sauerstoff ist in Verbindungen negativ geladen, nur in einigen Verbindungen mit Fluor wird er positiv polarisiert. Der Nichtmetallcharakter nimmt von Sauerstoff zu Tellur deutlich ab: Selen kommt in metallischer (hexagonales Kristallgitter) und nichtmetallischer Modifikation vor. Das Element Tellur ist den Metallen ähnlich, seine Verbindungen den Nichtmetallen. Polonium gehört zu den Metallen.

Eigenschaften und Eigenschaftsänderungen der Chalkogene					
	Sauerstoff Oxigen O_2	Schwefel Sulfur, Theion S	Selen Se	Tellur Te	Polonium Po
Kristallgitter (25 °C)	α-O_2 rhombisch β-O_2 rhomboedrisch γ-O_2 kubisch	α-S rhombisch β-S monoklin	hexagonal	hexagonal	kubisch
Farbe	hellblau (flüssig)	gelb	rot oder grau	grau	metallischer Glanz
Schmelztemperatur (°C)	−218,8	119 (β-S)	217	450	254
Siedetemperatur (°C)	−183	444,6	685	990	962
Dichte (g · cm^{-3})	1,32	2,06	4,82	6,25	9,20
Atomradius (pm)	66	104	117	137	153
Ionenradius x^{2-} (pm)	140	184	198	221	
Ionisierungsenergie 1+ (kJ · mol^{-1})	1310	1004	946	870	810
Nichtmetallcharakter Elektronegativität	abnehmend ➤				
Reaktionsfähigkeit	abnehmend ➤				
Metallcharakter elektrische Leitfähigkeit	zunehmend ➤				
Salzcharakter der Halogenide	zunehmend ➤				
Affinität zu Metallen	abnehmend ➤				
Affinität zu anderen Nichtmetallen	zunehmend ➤				

Übersicht 7-2

Die Wasserstoffverbindungen der Elemente Schwefel, Selen und Tellur zeigen mit zunehmender relativer Atommasse stetig steigende Schmelz- und Siedetemperaturen. Sehr deutlich hebt sich Wasser davon ab: Schmelz- und Siedetemperatur liegen erheblich höher. Wasser ist die einzige Wasserstoffverbindung der Chalkogene, die oberhalb 0 °C flüssig vorliegt (vgl. Übersicht 7-3). Schwefelwasserstoff ist giftiger als Blausäure; Selenwasserstoff und Tellurwasserstoff sind ebenfalls giftig. Alle drei Gase riechen unangenehm.

Schmelz- und Siedetemperaturen der Wasserstoffverbindungen der Chalkogene				
	H_2O	H_2S	H_2Se	H_2Te
Schmelztemperatur (°C)	0	−85	−60,4	−51
Siedetemperatur (°C)	100	−60,8	−41,5	−2,3
Säurestärke	zunehmend ⟶			

Übersicht 7-3

Aufgabe: Wo liegt die Ursache für die scheinbar „anormalen" Temperaturen für das Schmelzen und Sieden von Eis bzw. Wasser? Lesen Sie evtl. Abschnitt 6.7!

Sauerstoff ist geruchlos, geschmacklos, im gasförmigen Zustand farblos, in flüssigem Zustand schwach bläulich gefärbt. In Wasser ist er besser löslich als Stickstoff. Sauerstoff ist nicht brennbar, ohne ihn ist aber keine Verbrennung oder Veratmung möglich. Im Gemisch mit brennbaren Gasen bilden sich in bestimmter Zusammensetzung Knallgase, die explosiv reagieren. Unter Ausbildung von Flammen ablaufende Oxidationen bezeichnet man als **Verbrennungen.** Steigt die Geschwindigkeit der Flammenausbreitung auf Werte von $2000\,\mathrm{m\cdot s^{-1}}$ an, spricht man von **Explosionen** oder Detonationen.

Elementarer Sauerstoff der Luft ist das lebensnotwendigste Element. Im tierischen und menschlichen Organismus setzt sich der Sauerstoff mit Nährstoffen zu Oxiden um (CO_2, H_2O). Dabei wird die chemische Energie zur Aufrechterhaltung der Lebensprozesse freigesetzt. Ebenso atmen Pflanzen: Ein Teil der Kohlehydrate, die im pflanzlichen Organismus mithilfe der Sonnenenergie entstehen, werden unter Sauerstoffverbrauch zerlegt.

Fäulnisprozesse, die zum Abbau organischer Substanzen führen, werden von sauerstoffverbrauchenden (aeroben) Bakterien hervorgerufen. Langsam verlaufende Vorgänge werden als **stille Oxidationen** bezeichnet.

Schwefel ist ein allotropes Element (vgl. Abschnitt 2.3.3). Er kommt in vielen Modifikationen vor: Der rhombische α-Schwefel geht beim Erwärmen in monoklinen β-Schwefel über, der bei 119,6 °C eine gelbe, dünnflüssige Schmelze (λ-S) bildet. Die Moleküle bestehen wie im festen Zustand aus S_8-Ringen (Abb. 5-13). Die Ringe spalten sich bei weiterem Erhitzen auf. Die kurzen Ketten lagern sich ab 160 °C zu langen Ketten zusammen, dem μ-Schwefel. Dadurch wird die Schmelze dickflüssig und dunkel. Sie siedet schließlich bei 444,6 °C. Der Schwefeldampf setzt sich als „Schwefel-Blüte" an kalten Flächen ab.

$$\alpha\text{-S} \xrightleftharpoons{95,5\,°C} \beta\text{-S} \xrightleftharpoons{119,6\,°C} \lambda\text{-S} \xrightleftharpoons{ca.\ 160\,°C} \mu\text{-S} \xrightleftharpoons{444,6\,°C} \text{S-Dampf}$$

| α-S gelb, spröde | β-S farblose Nadeln | λ-S dünnflüssig honiggelb | μ-S dickflüssig dunkelbraun | S-Dampf |

Wird μ-Schwefel-Schmelze abgeschreckt, bleiben die Kettenmoleküle zunächst beständig. Der Schwefel ist bis zum Übergang in den kristallinen Zustand plastisch.

Versuche

1. Erhitzen Sie in einem Reagenzglas Schwefel (ca. 3 cm Füllhöhe) bis zum Sieden und beobachten Sie die Umwandlungen im flüssigen Zustand.

2. Erhitzen Sie eine zweite Probe, bis sich der µ-Zustand einstellt. Gießen Sie die Schmelze in kaltes Wasser und prüfen Sie nach dem Erkalten die Plastizität durch Kneten.

T+   F

Sehr giftig   Leicht entzündlich

Lehrer-versuch

3. Prüfen Sie unter dem Abzug die Löslichkeit des Schwefels in Wasser, Alkohol und Schwefelkohlenstoff CS_2 (leicht entzündlich, Gift). Lassen Sie die entstandenen Lösungen im Abzug auf einem Objektträger verdunsten. Betrachten Sie die Kristalle unter dem Mikroskop.

R 10, R 23, S 16, S 23, S 41

Schwefel wird elementar in der Natur gefunden (USA, Sizilien, Mexiko) und durch Ausschmelzen gewonnen.

Im CLAUS-Prozeß setzt sich Schwefelwasserstoff, der in Kokereien sowie bei der Erdgas- und Erdölaufbereitung anfällt, mit Schwefeldioxid zu elementarem Schwefel um. Dadurch können Gase entschwefelt werden.

$$2\,H_2S \;+\; 3\,O_2 \longrightarrow 2\,SO_2 \;+\; 2\,H_2O \qquad \Delta H \;=\; -1038\ kJ$$

$$2\,H_2S \;+\; SO_2 \xrightarrow{Al_2O_3\text{-Kat}} 3\,S \;+\; 2\,H_2O \qquad \Delta H \;=\; -147\ kJ$$

Die Entschwefelung z. B. von Kokereigasen kann auch mit Eisen(III)-hydroxid erfolgen:

$$2\,Fe(OH)_3 \;+\; 3\,H_2S \qquad\rightarrow\quad 2\,FeS \;+\; S \;+\; 6\,H_2O$$

$$4\,FeS \;+\; 6\,H_2O \;+\; 3\,O_2 \;\rightarrow\; 4\,Fe(OH)_3 \;+\; 4\,S$$

Aufgabe: Wie lauten die Redoxgleichungen sowie die Summengleichungen für die Umsätze der beiden Verfahren?

Schwefel findet man in gebundener Form als Sulfat (Na_2SO_4, $MgSO_4$ u. a. in Salzlagern) und als Sulfid (sulfidische Erze wie Pyrit FeS_2, Bleiglanz PbS, Zinkblende ZnS u. a.).

(Zur Gewinnung von Sauerstoff vgl. Abschnitt 13.1)

Von den Oxiden der Chalkogene sind neben Wasser (vgl. Abschnitt 12) die folgenden Verbindungen von Bedeutung:

Schwefeldioxid SO_2 ist ein farbloses, giftiges, stechend riechendes reduzierend wirkendes Gas. Es findet Verwendung zur Schwefelsäureproduktion, als Kühlmittel, Bleichmittel, zur Desinfektion. Mit Wasser entsteht schweflige Säure H_2SO_3 (Salze: Sulfide).

Schwefeltrioxid SO_3 ist fest, sehr hygroskopisch, wirkt stark oxidierend. Es bindet sich mit Wasser zu Schwefelsäure H_2SO_4 (Salze: Sulfate) und dient als Trockenmittel für Gase und feste Stoffe im Labor (Übersichten 7-4 und 7-15).

7.1.5 Weitere Nichtmetalle und ihre Verbindungen

Wasserstoff (Hydrogen H) besitzt nur eine Elektronenschale und kann in Verbindungen nur ein Elektronenpaar ausbilden, d. h., er ist mit zwei Elektronen bereits energetisch stabil. Wasserstoff nimmt deshalb eine Sonderstellung ein. Zumeist wird er aber den Nichtmetallen zugeordnet, da er auch Atombindungen eingeht und in Verbindungen mit Metallen, den so genannten Metallhydriden, einwertig negativ auftritt.

In Verbindungen mit anderen Nichtmetallen ist Wasserstoff je nach Elektronegativitätsdifferenz ΔEN mehr oder weniger stark polarisiert. In sauer reagierenden Stoffen wird er als Proton abgespalten (vgl. Abschnitte 7.3.1 und 7.3.5).

Wasserstoff ist farblos, geruchlos und das leichteste Gas. Er besitzt von allen Gasen die größte spezifische Wärme, das höchste Wärmeleitvermögen und die größte Diffusionsgeschwindigkeit. Wasserstoff ist starkes Reduktionsmittel, beim Verbrennen mit Sauerstoff entstehen hohe Temperaturen.

In der 3. und 5. Hauptgruppe ändert sich mit steigender relativer Atommasse der chemische Charakter der Elemente sehr deutlich. In der 3. Hauptgruppe hat nur **Bor** B nichtmetallische und einige metallische Eigenschaften. Es ist im Verhalten dem Silizium ähnlicher als dem Aluminium (Schrägbeziehung im PSE). Bor ist sehr hart und wie Silizium ein **Halbleiter.** Es bildet einige schwache Borsäuren, z. B. H_3BO_3 und Borate.

Von **Aluminium** Al bis **Thallium** Tl nimmt der Metallcharakter deutlich zu. Aluminium ist amphoter (ampholytisch).

In der 4. und 5. Hauptgruppe sind die Übergänge von nichtmetallischem zu metallischem Verhalten jeweils um eine Periode verschoben. Besonders deutlich ist die Änderung in der 4. Hauptgruppe vom nichtmetallischen **Kohlenstoff** (Carbon C) zum metallischen **Blei** (Plumbum Pb).

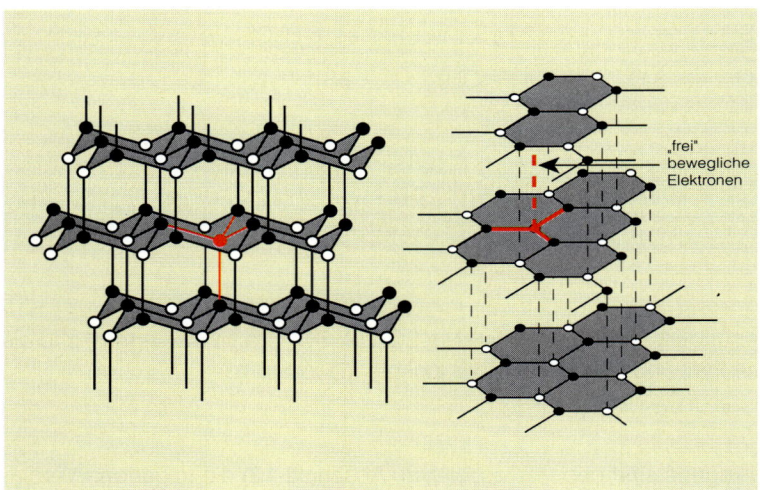

„frei" bewegliche Elektronen

Abb. 7-2
Diamantgitter und Graphitgitter
(die vier Bindungen zu den Nachbaratomen sind farblich hervorgehoben)

Kohlenstoff kommt in den beiden **Modifikationen** (Erscheinungsformen) **Diamant** und **Graphit** vor, die sich in der Atomanordnung unterscheiden (Abb. 7-2). Im Diamant (Dichte 3,51 g/cm³) sind die Atome tetraedrisch mit vier Nachbaratomen in gleichem Bindungsabstand verbunden (Koordinationszahl 4). Diamant besitzt deshalb eine hohe Gitterenergie und die höchste Härte, die bei allen Stoffen gemessen wurde. Graphit (Dichte 2,22 g/cm³) ist sehr weich. Er kristallisiert in einem Schichtgitter. Innerhalb einer Schicht sind die Atome dreibindig in geringem Abstand und mit großer Bindungsenergie an die Nachbaratome gebunden. Der Abstand zum vierten

Atom in der folgenden Schicht ist größer. Das Elektronenpaar dieser Bindung wird dadurch frei beweglich. Deshalb kann Graphit den elektrischen Strom leiten, während Diamant ein Isolator ist. Die Atomschichten des Graphitgitters sind verschiebbar. Graphit eignet sich deshalb – auch wegen chemischer und thermischer Beständigkeit – als Festschmierstoff. Im Jahr 1985 wurde eine dritte Modifikation des Kohlenstoffs entdeckt, die **Fullerene.** Sie bestehen aus räumlichen Molekülen (Atomaggregraten) mit 28, 32, 50, 60 oder 70 C-Atomen und sind weich-elastisch.

Versuch Reiben Sie etwas Graphitpulver zwischen den Fingern. Wie ist das Schreiben mit einem Bleistift zu erklären?

Ruß, Holzkohle, Aktivkohle, künstlicher Graphit (Retortengraphit) enthalten feinkristallinen Graphit mit amorphen Anteilen.

Die beiden Erscheinungsformen des Kohlenstoffs zeigen anschaulich, dass viele Eigenschaften wie z. B. Härte, Farbe u. a. von der Atomanordnung abhängen, während das chemische Verhalten gleichartig ist, da es sich um das gleiche Element handelt. Sowohl Graphit (oberhalb 690 °C) als auch Diamant (oberhalb 800 °C) verbrennen in reinem Sauerstoff zu Kohlenstoffdioxid. Kohlenstoff bildet zwei Oxide: das sehr giftige brennbare Kohlenstoffmonoxid CO und Kohlenstoffdioxid CO_2 (Kühlmittel, Trockeneis, Schutzgas, CO_2-Feuerlöscher). CO_2 ist das Säureanhydrid der Kohlensäure; Salze: Carbonate (vgl. Abschnitte 7.3.4, 7.3.5 und Übersicht 7-12).

Aktivkohle wird aus Knochen, Holz, Zucker u. a. organischen Stoffen hergestellt. Zunächst werden diese mit Lösungen aus Kaliumcarbonat oder Zinkchlorid getränkt. Diese Mittel blähen den Ausgangsstoff, der beim Erhitzen unter Luftabschluss Wasserstoff und Kohlenstoffoxid abgibt, stark auf. Dadurch entsteht ein poriges Kohlenstoffgerüst mit großer innerer Oberfläche (bis 800 $m^2 \cdot g^{-1}$ Aktivkohle). A-Kohle kann deshalb Gase, Dämpfe und gewisse gelöste Stoffe in beträchtlicher Menge adsorbieren und z. B. beim Erwärmen wieder freisetzen.

Versuche 1. In einem Verbrennungsrohr wird Luft oder Sauerstoff über erhitzte Holzkohle geleitet. Das Kohlenstoffdioxid wird in Kalkwasser $Ca(OH)_2$ oder Bariumhydroxid-Lösung $Ba(OH)_2$ geleitet. Beobachtung? Gleichung! (Abb. 7-3).

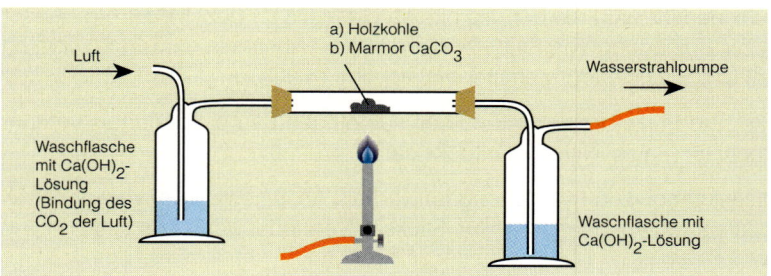

Abb. 7-3 Nachweis von Kohlenstoffdioxid

2. Tauschen Sie die Holzkohle gegen Marmor $CaCO_3$ aus, den Sie kräftig erhitzen. Beobachtung? Gleichung!

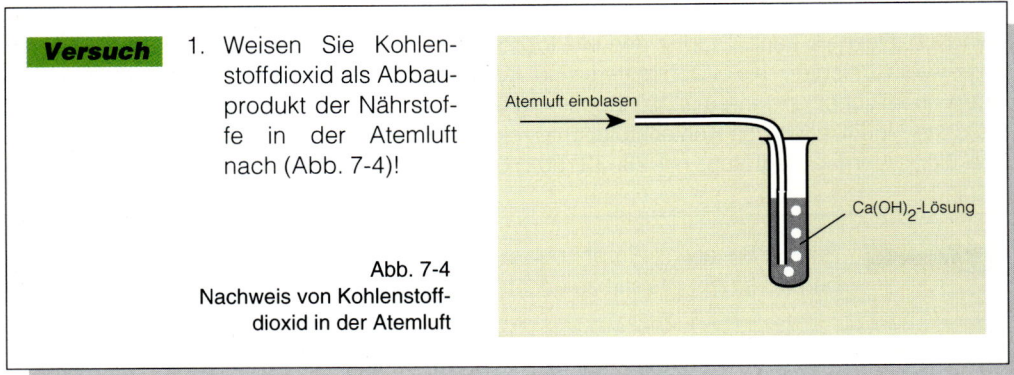

Versuch 1. Weisen Sie Kohlenstoffdioxid als Abbauprodukt der Nährstoffe in der Atemluft nach (Abb. 7-4)!

Atemluft einblasen

Ca(OH)$_2$-Lösung

Abb. 7-4
Nachweis von Kohlenstoffdioxid in der Atemluft

Silicium Si besitzt ebenfalls ein Diamantgitter und metallischen Glanz. Es tritt nur gegenüber Metallen elektronegativ, gegenüber Nichtmetallen elektropositiv auf.

Silicium bildet eine Reihe von Säuren, z. B. H_4SiO_4 Orthokieselsäure (Salze: Silicate) und so genannte Polykieselsäuren. Die Silikatmineralien enthalten Metallverbindungen der Polykieselsäuren.

In der 5. Hauptgruppe sind **Stickstoff** (Nitrogen N) und **Phosphor** P Nichtmetalle. Die schwarze Modifikation des Phosphors zeigt jedoch schon metallische Eigenschaften, die bei **Arsen** As und **Antimon** (Stibium Sb) deutlicher hervortreten. Das letzte Element der Gruppe, **Bismut** Bi, hat Metallcharakter.

Stickstoff ist geruchlos, geschmacklos, nicht brennbar und neben Sauerstoff der wichtigste Luftbestandteil. In Wasser ist er nur halb so gut löslich wie Sauerstoff. Die Zerlegung des Stickstoffmoleküls benötigt eine Enthalpie von $+946$ kJ · mol^{-1}. Auf Grund dieses hohen Betrages verhält sich Stickstoff reaktionsträge und zeigt unter normalen Bedingungen keine Reaktion mit Sauerstoff. Es sind fünf Oxide bekannt, die alle mehr oder weniger endotherm bzw. instabil sind: N_2O, NO, N_2O_2, NO_2, N_2O_5. Nur Stickstoffmonoxid NO bildet sich bei hoher Temperatur (Verbrennungsmotor, Lichtbogen, Blitz) direkt aus den Elementen sowie beim Verbrennen von Ammoniak. Das Oxid geht bei Anwesenheit von Sauerstoff sofort in Stickstoffdioxid NO_2 über:

$$N_2 \quad + \quad O_2 \quad \rightarrow \quad 2\,NO$$
$$4\,NH_3 \quad + \quad 5\,O_2 \quad \rightarrow \quad 4\,NO \quad + \quad 6\,H_2O$$
$$2\,NO \quad + \quad O_2 \quad \rightarrow \quad 2\,NO_2$$

Die Oxide NO, NO_2 werden als nitrose Gase (NO_x) bezeichnet (vgl. Abschnitt 11.3.2). Sie dienen zur Erzeugung von Salpetersäure HNO_3 (Abschnitt 11.3) und Nitraten, die als Oxidationsmittel und Stickstoffdüngemittel wichtig sind (KNO_3).

Nitrite sind Salze der unbeständigen salpetrigen Säure, die nur als verdünnte wässrige Lösung bekannt ist (Salze: Nitrite, Nitritpökelsalz).

Distickstoffmonoxid N_2O (Lachgas) wird als Anästhesiemittel verwendet. Ammoniak NH_3 ist ein bedeutsamer Ausgangsstoff für Stickstoffverbindungen (Abschnitt 11.2 und Übersicht 7-14).

Phosphor existiert in drei Modifikationen: Der giftige weiße Phosphor ist äußerst reaktionsfähig, selbstentzündlich und ein starkes Reduktionsmittel. Er kann nur unter Wasser aufbewahrt werden. Der rote und der schwarze Phosphor sind deutlich reaktionsträger. Schwarzer Phosphor ist die energetisch stabilste Modifikation des Phosphors. Roter und schwarzer Phosphor besitzen ein graphitähnliches Gitter und leiten den elektrischen Strom.

Die wichtigsten Oxide des Phosphors Phosphor(III)-oxid P_4O_6 und Phosphor(V)-oxid P_4O_{10} (bzw. P_2O_3 und P_2O_5) bilden sich beim Verbrennen des Phosphors. Es sind die Anhydride der phosphorigen Säure H_3PO_3 (Salze: Phosphite) und der Orthophosphorsäure H_3PO_4. Von Letzterer leiten sich primäre Phosphate, z. B. Natriumdihydrogenphosphat NaH_2PO_4 (Säurerest $H_2PO_4^{2-}$), sekundäre Phosphate z. B. Dinatriumhydrogenphosphat Na_2HPO_4 (Säurerest HPO_4^{2-}) und tertiäre Phosphate z. B. Trinatriumphosphat Na_3PO_4 (Säurerest PO_4^{3-}) ab (Düngesalze, Wasserenthärter, Pharmazeutika, Käseschmelzsalz u. a.). Phosphorwasserstoff oder Phosphin PH_3 ist ein sehr giftiges Gas.

Verwendung wichtiger Nichtmetalle

Diamant (C)	Schmuckstein (klare, farblose bis gefärbte Kristalle); trübe, fehlerhafte und künstlich erzeugte Kristalle für Glasschneider, Trennscheiben, Drahtziehösen, Achslager für Präzisionsgeräte
Graphit (C)	Bleistiftminen, Schmierstoffzusatz, Kohleelektroden (-bürsten) für Batterien und Elektromotoren, Neutronen-Moderatorwerkstoff in Kernreaktoren
Ruß (C)	Zusatz zu Gummireifen (Erhöhung der Abriebbeständigkeit), Druckerschwärze, Schuhcreme u. a.
A-Kohle (C)	Filter zur Reinigung und Gewinnung von Gasen und Dämpfen (Benzol, CKW) sowie Rückgewinnung von Lösungsmitteln (Lackindustrie); Adsorption giftiger Stoffe (Atemschutzfilter, Zigarettenfilter); Entfärben (Zuckersaft)
Silicium (Si)	Halbleitertechnik, Solarzellen, Silikongummi, Silikonöle
Schwefel (S)	Pharmazeutika (Hautkrankheiten u. a.), Pflanzenschutzmittel, Vulkanisatoren für die Gummiindustrie, Schwefelverbindungen (Chemikalien, Farbstoffe)
Chlor (Cl)	Entkeimen des Wassers, Chlorkalk, Salzsäure, Chloride, organische Chlorverbindungen, PVC
Fluor (F)	Flusssäure, Polytetrafluorethylen, Fluorchlorkohlenwasserstoff FCKW (ozonzerstörend), als Kühlmittel, Treibmittel, für Spray
Wasserstoff (H)	Hydriermittel in der organischen Chemie, Erzeugung hoher Temperaturen (Knallgasgebläse), Energiegewinnung in Brennstoffzellen, Ammoniak-Synthese, Methanol-Synthese, HCl-Synthese, Kühlmittel (flüssig), Raketentreibstoff
Phosphor (P)	Phosphorsäure H_3PO_4, Phosphate als Düngemittel (Calciumortho- oder Superphosphat $Ca(H_2PO_4)_2$, Ammoniumphosphat $(NH_4)_2HPO_4$), Zündhölzer, militärische Brandstoffe, P_4O_{10} als Trockenmittel
Stickstoff (N)	Schutzgas (Schweißen, Halbleiterproduktion, Tieffrosten), Treibgas (Sprühdosen, Feuerlöscher), Ammoniak und Folgeprodukte
Sauerstoff (O)	autogenes Schweißen, Hochofenprozess, LD-Stahlprozess, Atmungsgeräte, Sauerstofftherapie, Salpetersäure, Verbrennung von Raketentreibstoffen

Übersicht 7-4

7.2 Metalle

7.2.1 Stellung der Metalle im Periodensystem

Elemente, die bei der Verbindung mit anderen Elementen stets Elektronen abgeben, um Edelgaskonfiguration zu erreichen, verhalten sich elektropositiv. Sie werden als Metalle bezeichnet.

Unterhalb der Diagonalen, die von Bor bis Astat und den Halbmetallen im Periodensystem der Elemente gebildet wird, stehen die Metalle. Dazu gehören alle Elemente der 1. und 2. Hauptgruppe, einige Elemente der 3. bis 5. Hauptgruppe in abnehmender Zahl (vgl. Abb. 7-1) sowie alle Nebengruppenelemente. Die Mehrzahl der Elemente hat somit metallischen Charakter. Allerdings verhalten sich viele Metalle **ampholytisch** (amphoter; vgl. Abschnitt 7.4.6). Ihr Verhalten ist vom Reaktionspartner abhängig.

7.2.2 Allgemeine Eigenschaften der Metalle

Metalle haben zumindest an frischen Schnittstellen ein hohes Reflexionsvermögen oder metallischen Glanz. Auf Grund der Metallbindung leiten sie den elektrischen Strom (Leiter 1. Klasse) und sind gute Wärmeleiter, insbesondere Kupfer, Gold und Silber (vgl. Abschnitt 5.5).

Versuche

1. Blei, das mit einer Oxidschicht bedeckt ist (genauer: Oxid-Carbonatschicht), wird angekratzt!

2. Das Blei wird geschmolzen. Schieben Sie die Deckschicht mit einem Spatel oder Draht zur Seite und beobachten Sie die freie Fläche der Metallschmelze!

3. Die Schmelze wird auf eine feuerfeste Unterlage gegossen und das erstarrte Metall im Abstand von jeweils einer Woche betrachtet und beurteilt. Beobachtungen? Erklärungen!

Eine wichtige Eigenschaft der Metalle ist die Bildung von Hydroxiden (Basen), die z. T. löslich sind (vgl. Abschnitt 7.4).
In Verbindung mit Nichtmetallen entstehen Salze als Ionenverbindungen (oder mit großem Ionenanteil der Bindung; vgl. Abschnitt 7.5).
Alle Metalle bis auf Quecksilber sind unter Normbedingungen fest und kristallin (vgl. Abschnitt 7.2.3).
In reinen Metallen sind alle Gitterplätze von Atomen des betreffenden Metalls besetzt.

Legierungen sind Metallmischungen aus zwei oder mehreren Metallen.

Eine bemerkenswerte Eigenschaft, auf welcher die technische Bedeutung der Metalle weitgehend beruht, ist die **Legierbarkeit.** Sie führt zu Eigenschaftsverbesserungen wie höherer Festigkeit und höherer Härte, allerdings auf Kosten der Plastizität. Für Konstruktionen und Werkzeuge verwendete Metalle werden bis auf einige Spezialfälle legiert angewendet.

Metalle bezeichnet man als **unedel,** wenn sie leicht Kationen bilden (stark elektropositiv sind) bzw. nur unter größerem Energieaufwand zu reduzieren sind: Alkali-, Erdalkalimetalle, Magnesium, Zink, Aluminium. **Edle** Metalle sind dagegen beständiger und leichter elementar zu gewinnen, z. B. Kupfer, Silber, Gold.

7.2.3 Kristallstruktur

Die technisch bedeutsamen Metalle kristallisieren vor allem in kubischen und hexagonalen Gittern.

Im kubischen System (griech. Würfel) besetzen die Atome die Eckpunkte. Die Elementarzellen haben gleiche Kantenlängen. Die Winkel zwischen den Nachbaratomen betragen 90°. Im Zentrum der Zelle oder in den Flächenmittelpunkten sind Atome eingelagert (Abb. 7-5 a und b). Im hexagonalen System (griech. Sechseck) bilden die Atome sechseckige Basis- und Deckflächen mit jeweils einem weiteren Atom im Mittelpunkt. Im dicht gepackten hexagonalen System befinden sich zusätzlich drei Atome in der Zelle (Abb. 7-5 c).

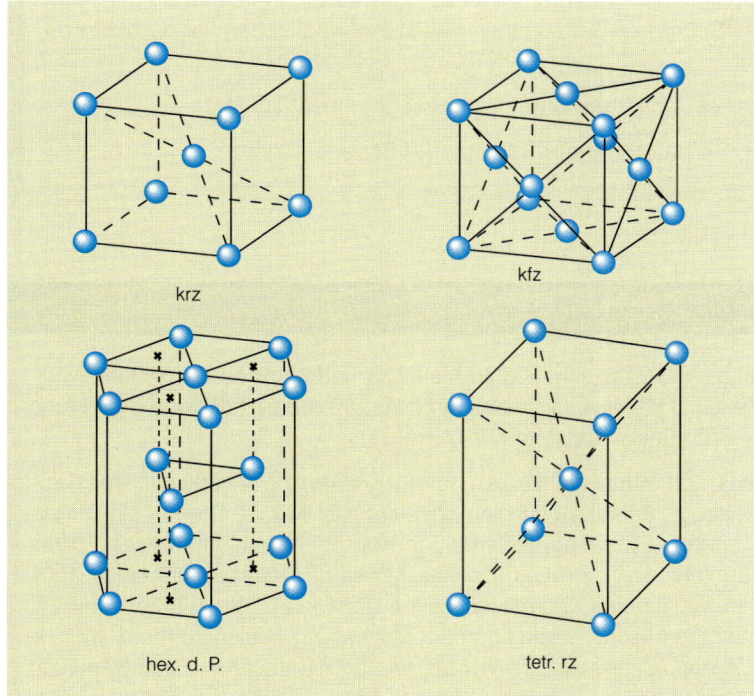

krz

kfz

hex. d. P.

tetr. rz

Abb. 7-5
Häufigste Kristallgitter bei Metallen
a) kubisch-raumzentriertes Gitter, krz (Cr, Mo, V, α-Fe)
b) kubisch-flächenzentriertes Gitter, kfz (Al, Au, Ag, Cu, Ni Pb, γ-Fe)
c) hexagonal-dichtgepacktes Gitter, hex. d. P. (Mg, Zn, Cd, Ti)
d) tetragonal-raumzentriertes Gitter, tetr. rz (Sn)

Abb. 7-6
Modelle der kubisch-raumzentrierten, kubisch-flächen-zentrierten und hexagonal dichten Packung

Metalle sind mehr oder weniger **duktil,** d. h. plastisch formbar durch Walzen, Schmieden, Biegen, Tiefziehen, Pressen usw. Allerdings hängt die Umformbarkeit von der Anordnung der Atome, d. h. von der Gitterstruktur der Metalle ab. Sehr duktil verhalten sich Metalle mit kubisch-flächenzentriertem Gitter wie z. B. Aluminium, Blei, Kupfer, Gold, Silber, Nickel, Platin sowie Eisen oberhalb von 911 °C (Abb. 7-5 und 7-6). So können aus Aluminium dünne Folien und aus Gold so genanntes Blattgold mit einer Dicke bis zu 0,1 μm hergestellt werden. Die Umformbarkeit der kubisch-raumzentrierten Metalle ist geringer, aber noch als gut zu bezeichnen. Eisen (unterhalb 911 °C), Chrom, Natrium, Kalium, Molybdän, Vanadium, Wolfram u. a. besitzen ein solches Gitter. Die hexagonal aufgebauten Kristalle von Magnesium, Cobalt, Cadmium, Titan, Zink u. a. sind noch weniger duktil als die kubisch-raumzentrierten. Metalle wie Bismut, Antimon, Mangan u. a. kristallisieren in komplizierten Gittertypen (Abb. 7-9). Das äußert sich in höherer Härte, größerer Sprödigkeit und geringerer Verformbarkeit. Beim Biegen eines Metallstabes aus Bismut oder Zinn kann man Reibungseffekte im Gitter als so genannten „Gitterschrei" oder „Zinnschrei" hören.

Versuche

1. Biegen Sie einen Kupferdraht, einen Eisendraht und einen Magnesiumdraht mehrfach an der gleichen Stelle und vergleichen Sie die Verformbarkeit!

2. Biegen Sie nahe Ihres Ohres eine Stange reinen Zinns!

3. Biegen Sie analog eine Bismutstange! Beobachtungen?

Wichtige Gebrauchsmetalle

Eisen (Ferrum) (Fe)	nach Aluminium das zweithäufigste Metall; Grundmetall für Baustähle, Werkzeugstähle, Gussstähle, Gusseisen, Sintereisen; unlegiert geringe Bedeutung (Eisenkerne für Elektromagneten, z. B. Relais)
Aluminium (Al)	Grundmetall der Aluminiumlegierungen, Konstruktionswerkstoff im Fahrzeug-, Flugzeug-, Schiffbau (Legierungselemente: Mg, Si, Cu, Zn, Mn, Ni; zunehmend auch Li); Legierungselement in Kupfer (Aluminiumbronze); Folienmaterial für Nahrungs- und Genussmittelindustrie (Al-Verbindungen sind ungiftig); Al-Pulver für das Thermitschweißen ($Fe_2O_3 + 2\ Al \rightarrow 2\ Fe + Al_2O_3$) u. a. aluminothermische Reaktionen zur Erzeugung kohlenstofffreier Metalle aus den Oxiden (Cr, Ni, Co, Ti, V, Mn), für die Pyrotechnik (Feuerwerkskörper), für die Herstellung von Schaumbeton (Reaktion mit alkalischem Beton: $Al + 2\ OH^- \rightarrow AlO_2^- + H_2$)
Kupfer (Cuprum) (Cu)	Leiterwerkstoff in der Elektrotechnik und Mikroelektronik (Leiterplatten); Wärmeaustauscherwerkstoff; Grundmetall für Kupferlegierungen als Konstruktionswerkstoff: mit Zink (Messinge), mit Zinn (Zinnbronze), mit Aluminium (Aluminiumbronze), mit Blei und Zinn (Bleibronze), mit Zinn und Zink (Rotguss), mit Zink und Nickel (Neusilber oder Alpaka); Widerstandslegierungen (mit Ni, Fe, Mn)
Zink (Zn)	vor allem legiert mit Aluminium und Kupfer (sowie Magnesium) für den Druckguss von mechanisch gering beanspruchten Teilen für Kleingeräte; Verzinken von Stahl als Korrosionsschutz; Reduktionsmittel (z. B. Silbergewinnung)

Wichtige Gebrauchsmetalle (Fortsetzung)

Blei (Plumbum) (Pb)	Akkumulatoren (mit Antimon legiert), Lotlegierungen mit Zinn; unlösliche Anoden; Legierungen für Gleitlager, Drucklettern (Schriftmetall); Bleiplatten für den Schutz vor Röntgen- u. a. energiereichen Strahlen
Zinn (Stannium) (Sn)	Lotlegierungen; Feuerverzinnen und galvanisches Verzinnen von Stahl (Weißblech); Legierungsmetall für Bronzen
Magnesium (Mg)	Magnesiumlegierungen (mit Al, Zn, Si, Mn u. a.) als leichteste metallische Werkstoffe (Flugzeug-, Fahrzeugbau); Opferanoden für den Korrosionsschutz; Legierungsmetall für Aluminium; pyrotechnische Erzeugnisse
Titan (Ti)	hochfestes Metall mittlerer Dichte (4,5 g · cm^{-3}) für Flugzeugbau, Raketentechnik, medizinische Instrumente, spezielle Chemieanlagen; Legierungselement für spezielle Baustähle; Erzeugung von verschleißfesten Überzügen aus Titancarbid (TiC) und Titannitrid (TiN) auf Werkzeugen; goldfarbige TiN-Schichten auf Modeschmuck
Beryllium (Be)	teures, aber hartes, festes und leichtes Konstruktionsmetall für Reaktorbau; Hitzeschild für Raumfahrzeuge; sehr harte, feste Be-Legierungen (Be-Cu, Be-Al, Be-Ni)
Quecksilber (Hydrargyrum) (Hg)	Thermometerfüllung, Gleichrichter, Diffusionspumpen, Zinnober-Pigment, Katalysatoren, Hg-Dampflampen, Amalgame (Hg-Legierungen), Zahnfüllungen (gesundheitlich problematisch!); Hilfsmittel bei der Chloralkalielektrolyse und Edelmetallgewinnung. Quecksilberdämpfe und -verbindungen (außer Zinnober HgS) sind äußerst giftig!
Calcium (Ca)	Reduktionsmittel für die Gewinnung von Thorium, Uran, Vanadium, Zirkon (Übersicht 11-7). Desoxidationsmittel für Stahlschmelzen, Trockenmittel (Alkohol)
Natrium (Na)	Reduktionsmittel für die Gewinnung von Titan, Kalium; Kühlmittel (z. B. Kernreaktoren) Na-K-Dampflampen; Bleich- und Waschmittel (Na$_2$O$_2$); Trocknung von Ether
Kalium (K)	Wärmeüberträger (Na-K-Legierung), Schmelztemperatur –12,5 °C); Düngesalz

Übersicht 7-5

7.2.4 Elemente der 1. Hauptgruppe – Alkalimetalle

Alkalimetalle haben eine geringe Dichte, **Lithium** die geringste von aller Metallen. Alle Alkalimetalle sind äußerst reaktiv (vgl. Ionisierungsenergie). In der Natur kommen sie nur gebunden vor. Innerhalb der Gruppe ändern sich die Eigenschaften mit zunehmender relativer Atommasse, wie Übersicht 7-6 zeigt. Mit Nichtmetallen bilden alle Alkalimetalle typische Ionenverbindungen (Salze), mit Wasser setzen sie sich mit steigender Periode zunehmend heftiger zu Basen oder Hydroxiden um (vgl. Abschnitt 7.4). Auch an der Luft reagieren sie rasch mit Sauerstoff und Wasserdampf. Sie müssen unter Petroleum aufbewahrt werden, sie sind sehr weich und lassen sich mit einem Messer schneiden.

Alkalimetalle kommen nur in der Oxidationsstufe I+ bzw. Ladungszahl 1+ vor.

Eigenschaften der Alkalimetalle

	Lithium Li	Natrium Na	Kalium K	Rubidium Rb	Caesium Cs	Francium Fr
Kristallgitter	krz	krz	krz	krz	krz	krz
Flammenfarbe (Chloride)	karmin-rot	gelb	violett	rot-violett	blau	
Schmelztemperatur (°C)	180,5	97,8	63,6	38,9	28,5	≈27
Siedetemperatur (°C)	1336	892	760	688	690	≈680
Dichte (g · cm^{-3})	0,53	0,97	0,86	1,53	1,87	
Atomradius (pm)	152	186	227	248	265	270
Ionenradius Me$^+$ (pm)	68	97	133	147	167	176
Ionisierungsenergie Me$^+$ (kJ · mol^{-1})	520	500	420	400	380	360
Metallcharakter Elektropositivität	zunehmend ⟶					
Affinität zu Nichtmetallen	zunehmend ⟶					
Basenstärke	zunehmend ⟶					
Ionencharakter der Salze	zunehmend ⟶					

Übersicht 7-6

Die Gewinnung der Alkalimetalle ist sehr energieaufwendig. Sie kann nur unter starken Reduktionsbedingungen erfolgen. Dafür sind Schmelzflusselektrolysen wasserfreier Chloride geeignet (LiCl, NaCl, KCl). Kalium kann außerdem durch Reduktion von KCl-Schmelze mit Natrium erzeugt werden.

Lithium ist in manchen Eigenschaften dem zweiten Element der II. Hauptgruppe, dem Magnesium, ähnlicher als den anderen Alkalimetallen. Eine ebensolche Tendenz beobachtet man zwischen Beryllium und Aluminium sowie zwischen Bor und Silicium oder allgemein zwischen dem ersten Element einer Hauptgruppe und dem zweiten Element der nächsten Hauptgruppe. Es handelt sich um die so genannte **Schrägbeziehung** im PSE.

Natrium- und Kaliumhydroxid sind wichtige Basen und Rohstoffe für andere Verbindungen (Salze, Übersicht 7-14, 7-15)

7.2.5 Elemente der 2. Hauptgruppe – Erdalkalimetalle

Die Erdalkalimetalle sind nach den Alkalimetallen die reaktivsten Metalle, die Oxidationszahl ist II+ bzw. Ladungszahl 2+. An feuchter Luft oxidieren sie rasch. **Beryllium** und **Magnesium** bilden eine dünne Hydroxidhaut, die vor weiterer Oxidation schützt. Mit steigender relativer Atommasse nimmt die Reaktivität gegenüber Wasser, Sauerstoff und anderen Nichtmetallen zu.

Calcium bis **Radium** ähneln im chemischen Verhalten mehr den Alkalimetallen (starke Basen), Beryllium (und Magnesium) mehr dem Aluminium. So ist Beryllium hart, spröde, es verhält sich ampholytisch. Von Magnesium an nimmt die Härte ab. Auch einige physikalische Eigenschaften zeigen Abweichungen des Berylliums und des Magnesiums gegenüber den anderen Metallen der 2. Hauptgruppe (vgl. Übersicht 7-7).

Eigenschaften der Erdalkalimetalle						
	Beryllium Be	Magnesium Mg	Calcium Ca	Strontium Sr	Barium Ba	Radium Ra
Kristallgitter bei Schmelztemperatur	hexa-gonal d. P.	hexa-gonal d. P.	hexa-gonal d. P.	hexa-gonal d. P.	hexa-gonal d. P.	hexa-gonal d. P.
Flammenfarbe (Chloride)			ziegelrot	rot	grün	
Schmelztemperatur (°C)	1283,2	650	850	770	726	≈700
Siedetemperatur (°C)	2480	1107	1483	1385	1640	1140
Dichte ($g \cdot cm^{-3}$)	1,85	1,74	1,55	2,54	3,52	5,50
Atomradius (pm)	112	160	197	215	221	230
Ionenradius (pm)	35	66	99	112	134	143
Ionisierungsenergie ($kJ \cdot mol^{-1}$) $Me \rightarrow Me^+ + e^-$ $Me^+ \rightarrow Me^{2+} + e^-$	899 1760	740 1450	590 1145	550 1060	503 960	500
Metallcharakter Elektropositivität	zunehmend →→→					
Affinität zu Nichtmetallen	zunehmend →→→					
Basenstärke	zunehmend →→→					
Löslichkeit der Hydroxide	zunehmend →→→					
Löslichkeit der Sulfate und Carbonate	abnehmend →→→					

Übersicht 7-7

Erdalkalimetalle kommen als Salze gebunden vor (z. B. $MgCl_2$, $MgSO_4$, $MgCO_3$, $CaSO_4$, $CaCO_3$ u. a.)

7.2.6 Oxidation von Metallen

Alle Metalle oxidieren an der Luft. Bei edlen Metallen kommt dieser Prozess rasch zum Stillstand, weil eine dichte, wenige Nanometer dicke Oxidschicht die weitere Sauerstoffaufnahme stoppt. Auch auf vielen unedlen Metallen bildet sich eine Oxidschicht aus, die den weiteren Sauerstoff-angriff verhindert. Das Metall passiviert sich dadurch. Aluminium und Magnesium sind wichtige Beispiele.

Abb. 7-7
Patina auf einem
Kupferdach
(Erfurter Mariendom)

Viele Metalle verdanken ihre Existenz in elementarer Form den passivierenden Oxidschichten oder Deckschichten, die durch nachfolgende Reaktionen (z. B. mit CO_2) aus Oxidschichten hervorgehen. Beispielsweise ist Zink von einem basischen Zinkcarbonat $Zn(OH)_2 \cdot ZnCO_3$ bedeckt. Auf Kupfer bildet sich eine beständige Schicht aus $Cu(OH)_2 \cdot CuCO_3$ und $Cu(OH)_2 \cdot CuSO_4$ („Patina") aus, wenn es längere Zeit den atmosphärischen Bedingungen ausgesetzt ist (Abb. 7-7).

Andere Metalle, wie Eisen und die meisten seiner Legierungen, bilden nur locker haftende oder poröse Oxidschichten aus, durch die der Sauerstoff ungehindert zu der Oberfläche des Metalls diffundiert. In solchen Fällen kann das Metall völlig oxidiert werden.

Versuch Ein Blechstück aus kohlenstoffarmem Stahl wird längere Zeit in der heißen Bunsenbrennerflamme geglüht. Nach dem Erkalten wird die Oberfläche durch Betrachten, Kratzen und Biegen des Bleches beurteilt. Beobachtungen?

7.3 Säuren

7.3.1 Definition der Säuren

Die typischste chemische Eigenschaft der Nichtmetalle ist die Bildung von Säuren.

Man unterscheidet nach der Zusammensetzung

a) **sauerstofffreie Säuren** als Verbindungen der Nichtmetalle mit Wasserstoff, z. B. HCl, Chlorwasserstoff

b) **sauerstoffhaltige Säuren** als Verbindungen der Nichtmetalloxide mit Wasser, z. B. H_2SO_4, Schwefelsäure

Säuren bestehen aus Wasserstoff und einem Säurerest. Zwischen beiden besteht polarisierte Atombindung.

ARRHENIUS definierte 1883 die Säuren im Zusammenhang mit Wasser als Lösungsmittel:

Säuren sind Nichtmetallverbindungen, die in wässriger Lösung in positiv geladene Wasserstoffionen und negativ geladene Säurerestionen zerfallen (dissoziieren).

Diese Definition erwies sich durch die Einschränkung auf das Medium Wasser als zu eng. BRÖNSTED erweiterte sie deshalb allgemein auf Stoffe, die Protonen abgeben, ohne dass Wasser, das die Wasserstoff-Ionen aufnimmt, zugegen sein muss.

Verbindungen, die nach der ARRHENIUS-Definition Säuren sind, wie z.B. HCl, H_2SO_4, HNO_3 usw., sind auch nach BRÖNSTED Säuren. Aber die erweiterte Definition umfasst auch Stoffe, die nach ARRHENIUS keine Säuren sind, z. B. HCl-Gas.

Gasförmiges Hydrogenchlorid reagiert direkt mit gasförmigem Ammoniak. Dabei tritt der Wasserstoff des HCl-Moleküls als Proton an das freie Elektronenpaar des Stickstoffs über und geht eine neue Bindung ein:

Nähern Sie unter dem Abzug eine geöffnete Flasche, die konzentrierte Salzsäure enthält, einer geöffneten Flasche mit Ammoniak-Lösung.
Beobachtung?
Schutzbrille! Einmalhandschuhe!
R 35/37, S 23

Das HCl-Molekül reagiert wie eine in Wasser gelöste Säure. Das Ammoniak-Molekül wirkt wie das OH-Ion einer gelösten Base (z.B. NaOH). Nach BRÖNSTED gilt:

Säuren sind Protonendonatoren.

Man bezeichnet Säuren als **elektrophil** (griech. elektronenfreundlich), weil die Protonen der Säure ein Elektronenpaar zur Bindung „suchen".

Als BRÖNSTED-Säuren reagieren nur solche Wasserstoffverbindungen, die Protonen auf Basen übertragen können.

7.3.2 Indikatoren

Indikatoren sind Farbstoffe, mit deren Hilfe Säuren und auch Hydroxide im wässrigen Medium nachgewiesen werden können. Sie sind in saurer Lösung Protonenacceptoren und geben bei basischer Reaktion Protonen ab. Dabei gehen jeweils Farbänderungen vor sich.

Wichtige Indikatoren sind Lackmus, Alizaringelb, Phenolphthalein, Bromthymolblau, Methylrot, Methylorange und Thymolblau.

Versuche
1. Geben Sie in sechs Reagenzgläser je 3–4 ml einer verdünnten Säure und versetzen sie diese mit 1–2 Tropfen der o. a. Indikatoren.

2. Wiederholen Sie den Versuch mit einer verdünnten Lauge.

Notieren Sie die Farben, die von den Indikatoren im sauren und basischen Medium angenommen werden.

Die Farbänderungen sind umkehrbar (reversibel). Das bedeutet, dass der Indikator die Anlagerung und Abgabe der Protonen in Abhängigkeit des Mediums vollzieht.

Versuch
Versetzen Sie verdünnte Natronlauge im Erlenmeyer-Kolben mit 1–2 Tropfen Bromthymolblau. Geben Sie unter Schütteln des Kolbens tropfenweise verdünnte Salzsäure hinzu, bis der Farbumschlag genau erreicht ist. (Es sind weder überschüssige OH^-- noch H^+-Ionen vorhanden. Die Lösung ist neutral).

Geben Sie nun wieder einen Tropfen der NaOH-Lösung und danach 1–2 der HCl-Lösung hinzu. Beobachtung?

(Weitere Ausführungen zu den Indikatoren vgl. Abschnitt 10.9).

7.3.3 Sauerstofffreie Säuren

Die wichtigsten sauerstofffreien Säuren sind Verbindungen zwischen Wasserstoff und Halogenen bzw. Schwefel.

a)

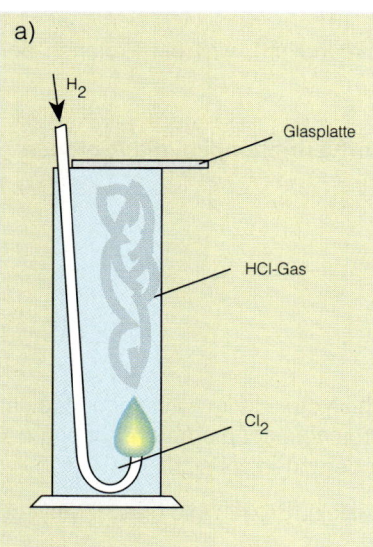

Verbindungen der Halogene mit Wasserstoff, die **Halogenwasserstoffe,** sind unter Normbedingungen gasförmig.

b)

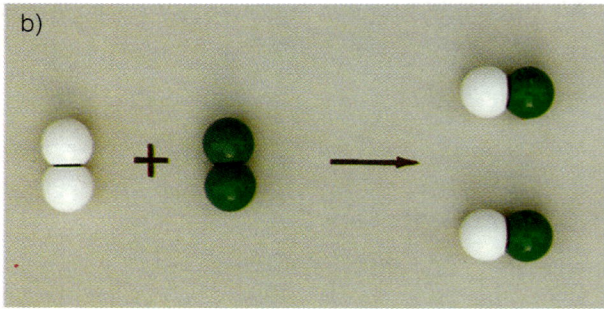

Abb. 7-8
Reaktion von Wasserstoff und Chlor zu Chlorwasserstoff
a) Versuchsaufbau
b) Modell für die Bildung von HCl

Fluor verbindet sich bereits im Dunkeln bei niedriger Temperatur mit Wasserstoff zu **Hydrogenfluorid** (Fluorwasserstoff) HF. **Hydrogenchlorid** HCl (Chlorwasserstoff, Salzsäuregas) entsteht, wenn Wasserstoff ohne Luftzufuhr direkt in Chlorgas verbrannt wird (Abb. 7-8) oder wenn sich ein Wasserstoff-Chlor-Gemisch bei energiereicher Belichtung explosiv umsetzt. **Hydrogeniodid** (Iodwasserstoff) HI bildet sich erst in der Wärme und mithilfe eines Katalysators (Beschleuniger) aus den Elementen.

$$H_2 + F_2 \rightarrow 2\,HF$$
$$H_2 + Cl_2 \rightarrow 2\,HCl$$
$$H_2 + Br_2 \rightarrow 2\,HBr$$
$$H_2 + I_2 \rightarrow 2\,HI$$

Aufgabe: Formulieren Sie die Redoxvorgänge (Oxidations- und Reduktionsgleichungen).

In der Reihenfolge HF bis HI sinkt die Stabilität der Verbindungen.

Chlorwasserstoffgas kann auch durch doppelte Umsetzung aus den Salzen der Säure, den Chloriden, mit konzentrierter Schwefelsäure dargestellt werden, z.B. aus Natriumchlorid (vgl. Abschnitt 7.3.5).

Eigenschaften der Halogenwasserstoffe (Hydrogenhalogenide)

	Hydrogen-fluorid Fluor-wasserstoff HF	Hydrogen-chlorid Chlor-wasserstoff HCl	Hydrogen-bromid Brom-wasserstoff HBr	Hydrogen-iodid Iod-wasserstoff HI
Schmelztemperatur (°C)	−83,6	−114,2	−86,9	−50,8
Siedetemperatur (°C)	+19,5	−85,1	−66,7	−35,4
Bindungslänge (pm)	93	128	142	161
Ionenanteil der Bindung (%)	45	17	12	5
Bildungswärme (25 °C) $(kJ \cdot mol^{-1})$	−271	−92,4	−51,9	−4,7
Stabilität der Verbindungen	abnehmend ⟶			
elektrolytische Dissoziation in Wasser, Säurestärke	zunehmend ⟶			
Oxidationswirkung	abnehmend ⟶			
Reduktionswirkung	zunehmend ⟶			

Übersicht 7-8

Aufgaben: 1. Lesen Sie den Abschnitt 6.7. Begründen Sie die abweichende Schmelz- und Siedetemperatur von HF im Vergleich zu den anderen Halogenwasserstoffen.
2. Erläutern Sie den Zusammenhang zwischen der Änderung der Bildungswärme und der sinkenden Stabilität der Halogenwasserstoffe.

Durch die Zunahme der Reduktionswirkung können die leichteren Elemente die schwereren aus deren Verbindungen verdrängen, indem Elektronen vom schweren zum leichteren Element übertragen werden.

Halogenwasserstoffe lösen sich sehr gut in Wasser. Dabei zerfallen (dissoziieren) die polarisierten Moleküle in Wasserstoff- und Halogenionen (vgl. Abschnitt 7.3.6). Die wässrigen Lösungen reagieren sauer.

Allgemein werden die Namen der sauerstofffreien Säuren aus der Elementbezeichnung und der Endung -wasserstoffsäure und die Salznamen aus der Elementbezeichnung und der Endung -id gebildet. Daneben existieren herkömmliche oder Trivialnamen.

Auch Elemente der 6. Hauptgruppe (S, Te, Se) binden sich mit Wasserstoff zu Verbindungen, die in wässriger Lösung sauer reagieren und mit Metallen Salze bilden (Übersicht 7-9).

Sauerstofffreie Säuren und ihre Salze – Nomenklatur

Formel der Säure	Nomenklatur für die wasserfreie Verbindung (IUPAC, Trivialnamen)	Säurelösung	Säurerest Anion	Nomenklatur der Salze
HF	Hydrogenfluorid Fluorwasserstoffgas	Fluorwasserstoffsäure Flusssäure	F^-	Fluoride
HCl	Hydrogenchlorid Salzsäuregas	Chlorwasserstoffsäure Salzsäure	Cl^-	Chloride
HBr	Hydrogenbromid	Bromwasserstoffsäure	Br^-	Bromide
HI	Hydrogeniodid	Iodwasserstoffsäure	I^-	Iodide
H_2S	Dihydrogensulfid	Schwefelwasserstoffsäure	S^{2-}	Sulfide
H_2Se	Dihydrogenselenid	Selenwasserstoffsäure	Se^{2-}	Selenide

Übersicht 7-9

Verwendung wichtiger sauerstofffreier Säuren

HF	**Fluorwasserstoff,** Erzeugung aus Flussspat CaF_2 mit Schwefelsäure; gasförmig; sehr gut wasserlöslich; Lösung in Wasser: Flusssäure; mittelstarke, flüchtige Säure, giftig, sehr hautschädigend (beim Arbeiten mit HF Hände durch Vaseline und Gummihandschuhe schützen! Schutzbrille tragen!). Verwendung zur Herstellung von Fluorverbindungen und Polytetrafluorethylen, zum Matt- und Blankätzen von Glas (Zersetzung des Glases; Aufbewahrung der Flusssäure in Polyethylen- oder PVC-Flaschen!).
HCl	**Chlorwasserstoff;** gasförmig, stechender Geruch, sehr gut wasserlöslich; gelöst in Wasser: **Salzsäure;** starke, leicht flüchtige Säure, verwendet zum Beizen von Metallen (Lösen von Oxiden), zur Herstellung von Chloriden.

Übersicht 7-10

7.3.4 Sauerstoffhaltige Säuren oder Oxosäuren

> **Sauerstoffhaltige Säuren sind Reaktionsprodukte aus einem Nichtmetalloxid und Wasser. Das Nichtmetalloxid wird als Säureanhydrid bezeichnet (griech. wasserlos).**

Schwefel verbrennt mit Sauerstoff zu einem Gemisch von stechend riechendem, farblosem Schwefeldioxidgas und weißem Schwefeltrioxid. Beide Oxide lösen sich in Wasser zu einem Säuregemisch.

$$SO_2 \ + \ H_2O \ \rightleftharpoons \ H_2SO_3$$
Schweflige Säure

$$SO_3 \ + \ H_2O \ \rightarrow \ H_2SO_4$$
Schwefelsäure

Die Hauptmenge des Schwefeldioxids löst sich nur in Wasser. Es besteht ein **chemisches Gleichgewicht** (doppelter Reaktionspfeil) zwischen dem gelösten und dem gebundenen Anteil. Das Schwefeltrioxid bindet sich vollständig (einfacher Reaktionspfeil). Das Gleichgewicht liegt praktisch 100%ig auf der rechten Seite.

Für die Erzeugung von reiner Schwefelsäure muss Schwefeldioxid mit Sauerstoff zu Schwefeltrioxid oxidiert werden (vgl. Abschnitt 11.1):

$$2\,SO_2 \ + \ O_2 \ \rightarrow \ 2\,SO_3$$

Versuche

Xi — Reizend
T — Giftig

1. Eine Spatelspitze Schwefel wird in einem Verbrennungslöffel unter dem Abzug entzündet. Die entstehenden Reaktionsprodukte werden in einem Stand- oder Erlenmeyerkolben, in dem sich etwas Wasser befindet, aufgefangen (Abb. 7-9) (Öffnung mit Stopfen verschließen.) Nach dem Erlöschen der Flamme werden die Oxide durch Schütteln in Wasser gelöst. Führen Sie vorsichtig die Geruchsprobe durch (Abb. 7-10) und prüfen Sie die Lösung mit rotem und blauem Lackmuspapier! Beobachtungen? Welche Schlussfolgerung ist für den Nachweis von Säuren mit Lackmus zu ziehen? R 23, S23
2. Wiederholen Sie den Versuch mit einer Spatelspitze roten Phosphors! Beobachtung?

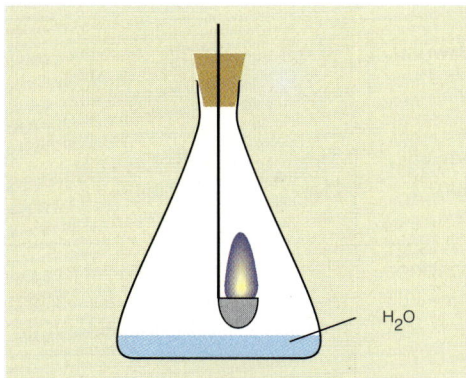

Abb. 7-9 Versuchsanordnung für das Verbrennen von Schwefel (bzw. Phosphor)

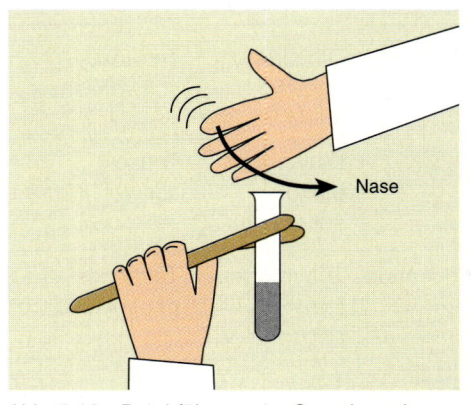

Abb. 7-10 Durchführung der Geruchsprobe

Beim Verbrennen von Phosphor entsteht vor allem Phosphorpentoxid, das sich mit Wasser zu Phosphorsäure (Orthophosphorsäure) umsetzt:

$$4\,P \quad + \quad 5\,O_2 \quad \rightarrow \quad P_4O_{10}$$
$$P_4O_{10} \quad + \quad 6\,H_2O \quad \rightarrow \quad 4\,H_3PO_4$$

Salpetersäure HNO_3 wird durch Verbrennung von Ammoniak NH_3 gewonnen. Zunächst entstehen Stickstoffoxide, die sich mit Wasser zur Säure umsetzen (Abschnitt 11.3).

Kohlensäure bildet sich nur in sehr geringem Maße aus Kohlenstoffdioxid und Wasser:

$$CO_2 \quad + \quad H_2O \quad \rightleftharpoons \quad H_2CO_3$$

Das Gleichgewicht liegt nahezu vollständig auf der linken Seite beim lediglich gelösten Säureanhydrid (Mineralwasser!).

Allgemein kann somit für die Bildung sauerstoffhaltiger Säuren folgende Reaktionsgleichung aufgestellt werden:

> **Nichtmetalloxid + Wasser ⇌ Säure**
> (Säureanhydrid)

In Übersicht 7-11 sind die wichtigsten sauerstoffhaltigen Säuren aufgeführt. Die Namen können nach IUPAC-Regeln entweder nach der **Hydrogen-** oder nach der **Säurenomenklatur** gebildet werden. Die traditionellen oder Trivialnamen sind erlaubt. Sie setzen sich aus dem Elementnamen und der Endung -säure zusammen, wenn das säurebildende Element in der häufigsten bzw. wichtigsten Oxidationsstufe vorliegt. Ausnahmen bilden die Salpetersäure und die Kohlensäure (eigentlich: Stickstoff- und Kohlenstoffsäure). Die Salze erhalten an den eingekürzten Elementnamen die Endung -at. Die Säurenamen der nächst niedrigeren Oxidationsstufe werden aus der Adjektivform des Elementnamens mit der Endung -ige gebildet. Deren Salze erhalten zur lateinischen Stammsilbe des Elementnamens die Endung -it (vgl. Übersicht 7-7).

Nomenklatur einiger sauerstoffhaltiger Säuren (Oxosäuren) und ihrer Salze

Element und Säure	IUPAC-Nomenklatur Hydrogen-Nomenklatur	IUPAC-Nomenklatur Säure-Nomenklatur	Trivialnamen	Säurerest Anion	Nomenklatur der Salze
Schwefel Sulfur H_2SO_4	Dihydrogen-tetraoxo-sulfat(VI)	Tetraoxo-schwefelsäure	Schwefel-säure	SO_4^{2-} HSO_4^-	Sulfate Hydrogensulfate
H_2SO_3	Dihydrogen-trioxo-sulfat(IV)	Trioxo-schwefelsäure	Schweflige Säure[1]	SO_3^{2-} HSO_3^{1-}	Sulfite Hydrogensulfite
Phosphor H_3PO_4	Trihydrogen-tetraoxo-phosphat(V)	Tetraoxo-phosphorsäure	Phosphor-säure	PO_4^{3-} $H_2PO_4^-$ HPO_4^{2-}	Phosphate Dihydrogenphosphate Hydrogenphosphate
H_3PO_3	Trihydrogen-trioxo-phosphat(III)	Trioxo-phosphorsäure	Phosphorige Säure[1] Phosphonsäure	PO_3^{3-}	Phosphite

Nomenklatur einiger sauerstoffhaltiger Säuren (Oxosäuren) und ihrer Salze (Forts.)

Element und Säure	IUPAC-Nomenklatur Hydrogen-Nomenklatur	IUPAC-Nomenklatur Säure-Nomenklatur	Trivial-namen	Säure-rest Anion	Nomenklatur der Salze
Stickstoff Nitrogen HNO_3	Hydrogen-trioxo-nitrat(V)	Trioxo-Salpetersäure	Salpeter-säure	NO_3^-	Nitrate
HNO_2	Hydrogen-dioxo-nitrat(III)	Dioxo-salpetersäure	Salpetrige Säure[1]	NO_2^-	Nitrite
Kohlenstoff Carbon[2] H_2CO_3	Dihydrogen-trioxo-carbonat	Trioxo-kohlensäure	Kohlensäure	CO_3^{2-} HCO_3^-	Carbonate Hydrogencarbonate

[1] 1990 wurde von der IUPAC-Kommission vorgeschlagen, künftig Einwortnamen zu verwenden: Schwefligsäure, Phosphorigsäure, Salpetrigsäure
[2] Organische Säuren des Kohlenstoffs vgl. Organische Chemie

Übersicht 7-11

Aufgabe: Bestimmen Sie die Oxidationszahl der säurebildenden Elemente in den Säuren, die in Übersicht 7-8 genannt sind!

Es gibt noch weitere sauerstoffhaltige Säuren oder Oxosäuren wie z. B.

H_4SiO_4	Orthokieselsäure
H_3AsO_4	Arsensäure
H_3AsO_3	Arsenige Säure
H_2CrO_4	Chromsäure
$HClO_4$	Perchlorsäure
$HClO_3$	Chlorsäure
$HClO_2$	Chlorige Säure
$HClO$	Hypochlorige Säure

Aufgaben: 1. Wie heißen die Säuren nach der IUPAC-Nomenklatur
a) nach der Hydrogen-Nomenklatur
b) nach der Säure-Nomenklatur

2. Welche Oxidationszahl besitzen die säurebildenden Elemente? Welche Ladungzahl tragen die Anionen?

3. Wie können die Säuren H_2SO_3, H_2SO_4, H_3PO_4, H_3PO_3, HNO_3 und HNO_2 mithilfe der Wertigkeit benannt werden?

Verwendung wichtiger Oxosäuren

H_2SO_4 **Schwefelsäure;** konzentriert sehr hygroskopisch; farblose, ölige Flüssigkeit; beim Verdünnen starke Wärmeentwicklung (immer Säure in das Wasser gießen und nicht umgekehrt! Schutzbrille!); starke, schwerflüchtige Säure.
Verwendung zur Herstellung von Sulfaten, Viskosefasern, Zellwolle, Waschmitteln, zur Reinigung (Raffination) von Erdöl; zum Beizen von Metallen (Abätzen, d. h. Lösen der Oxide), als Elektrolyt für die anodische Oxidation von Aluminium, Elektrolyt in Bleiakkumulatoren. Rauchende Schwefelsäure enthält zusätzlich gelöstes SO_3 (Trockenmittel für gelöste Gase in Waschflaschen oder feste Stoffe in Exsikkatoren).

H_2SO_3 **Schweflige Säure;** starkes Reduktionsmittel; Lösung von SO_2 in Wasser, zum geringen Teil als H_2SO_3 gebunden; bei der Verbrennung fossiler Brennstoffe entsteht SO_2, mit Wasserdampf SO_2/H_2SO_3 in der Luft als „saurer Regen", zersetzt Sand-, Kalkstein etc., korrodiert Metalle. Verwendung als Salze (Sulfite, Hydrogensulfite) zur Zellstoffgewinnung, Reduktionsmittel beim Bleichen in Färbereien.

H_3PO_4 **Phosphorsäure;** fest, handelsüblich als farblose Flüssigkeit; verwendet zur Herstellung von Phosphaten, Säuerungsmittel für Limonaden, Phosphatieren von Zink und niedriglegierten Stählen (Haftgrund für Lacke, Gleitschichten zur Verminderung der Reibung, Verbesserung der Korrosionsbeständigkeit).

HNO_3 **Salpetersäure;** farblose, wegen geringer Zersetzung meist leicht gelbe Flüssigkeit; konzentriert stark oxidierend, nur wenige Metalle nicht angreifend (Au, Pt sowie durch Passivierung Fe, Cr, Al); 50%ige HNO_3 löst Silber („Scheidewasser"). Verwendung zur Herstellung von Düngemitteln, Explosivstoffen, Nitraten (alle Metallnitrate sind wasserlöslich); zum Lösen von Platin und Gold nur im Gemisch mit konzentrierter Salzsäure (Königswasser); zur Herstellung von organischen Nitroverbindungen, von Zelluloid etc.

H_2CO_3 **Kohlensäure;** Lösung von CO_2 in Wasser, zum geringen Teil, ca. 1 % als H_2CO_3 gebunden (zu CO_2 vgl. Abschnitte 13.3 und 13.4).

Übersicht 7-4

7.3.5 Flüchtige und schwerflüchtige Säuren

Säuren können, wenn sie gasförmige Verbindungen sind, aus ihren Salzen durch andere Säuren verdrängt werden.

Chlorwasserstoff entsteht, wenn Kochsalz mit konzentrierter Schwefelsäure versetzt wird:

$$2\,NaCl \;+\; H_2SO_4 \;\rightarrow\; Na_2SO_4 \;+\; 2\,HCl$$

Dabei nutzt man aus, dass die Schwefelsäure eine schwerflüchtige und die Chlorwasserstoffsäure eine leichtflüchtige Säure ist. Ebenso wird Kohlensäure durch starke Säuren verdrängt. Sie zerfällt jedoch sofort in Kohlendioxid und Wasser.

Aufgabe: Läuft in diesem Prozess ein Redoxvorgang ab? Bestimmen Sie die Oxidationszahlen.

Leichtflüchtige Säuren werden durch schwerflüchtige Säuren aus ihren Salzen verdrängt.

Leichtflüchtig sind auch Fluorwasserstoff, Kohlensäure, Essigsäure und schweflige Säure.

Versuche

Xi
Reizend

C
Ätzend

1. Ein Spatel Kochsalz wird in einem Reagenzglas unter dem Abzug mit wenigen Tropfen konzentrierter Schwefelsäure versetzt. Man verschließt das Reagenzglas rasch durch einen Stopfen mit Gasableitungsrohr (Abb. 7-11). Beobachtung? Vorsicht! Konzentrierte Schwefelsäure und das Chlorwasserstoffgas sind stark ätzend!
Schutzbrille! R 23, R 34, S 23

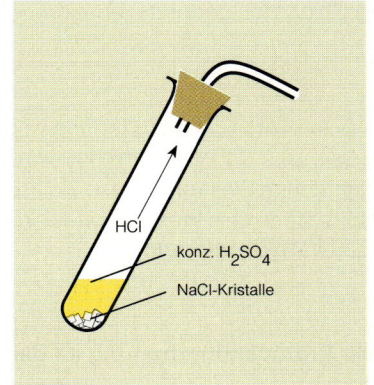

Abb. 7-11
Versuchanordnung zum Verdrängen einer leichtflüchtigen Säure durch eine schwerflüchtige Säure

2. Vor das Gasableitungsrohr (Versuch 1) werden nacheinander angefeuchtetes blaues und rotes Lackmuspapier gehalten. Beobachtung? Schlussfolgerung für den Nachweis von Säure?

3. Man nähert das Gasableitungsrohr der Oberfläche von Wasser, das sich z. B. in einem Becherglas befindet, ohne das Rohr einzutauchen. Beobachtung?

4. Die wässrige Lösung wird mit Lackmuspapier geprüft. Beobachtung?

T
Giftig

Xi
Reizend

5. Der Nachweis von Salzsäuregas kann mithilfe von konzentrierter Ammoniaklösung erfolgen. Tauchen Sie einen Glasstab in konzentrierte Ammoniaklösung und halten Sie ihn dann an die Mündung des Gasableitungsrohres! Beobachtung? R 23, R 34, S 23

6. Einige Stückchen Marmor ($CaCO_3$) oder eine Spatelspitze eines anderen Carbonates werden in je einem Reagenzglas mit einem Milliliter verdünnter Salzsäure, Schwefelsäure bzw. Essigsäure versetzt und erwärmt. Beobachtung? Formulieren Sie die Gleichungen! Welches Gas entsteht? Weisen Sie es nach!

Xi
Reizend

7. Versetzen Sie einige Kristalle eines Acetats, z. B. Natriumacetat CH_3COONa, mit etwas verdünnter Salzsäure bzw. verdünnter Schwefelsäure und erwärmen Sie! Prüfen Sie den Geruch! Beobachtung? Gleichung? R 37, S 23

Aufgabe: Ordnen Sie die Kohlensäure, Salzsäure bzw. verdünnte Schwefelsäure nach der Verdrängbarkeit aus ihren Salzen!

7.3.6 Starke und schwache Säuren – Dissoziation und Hydratation

Die wasserfreien Säuren sind Verbindungen mit polarer Atombindung. In wässriger Lösung zerfallen die Moleküle in Wasserstoff-Ionen und Säurerest-Ionen. Diesen Vorgang bezeichnet man als **elektrolytische Dissoziation.** Er wird durch die Dipolmoleküle des Wassers bewirkt, die sich an die polaren Säuremoleküle anlagern und die Atombindung vollständig polarisieren. Das gemeinsame Elektronenpaar verschiebt sich zum Säurerest, im Falle der Chlorwasserstoffsäure zum Chlor, das dadurch zum einwertig negativen Chlorid-Ion wird:

$$\text{(+ \quad -)} \quad \overset{\delta^{1+}}{H} \!-\! \overset{\delta^{1-}}{Cl} \text{(+ \quad -)} \rightarrow \text{(+ \quad -)} \; H^+ \; + \; Cl^- \; \text{(+ \quad -)}$$

Die polare Atombindung ist unter Einfluss der Wassermoleküle in eine Ionenbindung übergegangen. Das Säurerest-Ion hat sich vom Wasserstoff-Ion getrennt. Das H^+-Ion ist eine positive Ladung ohne Elektronen, also ein Proton. Die positive Ladung wirkt durch die geringe Größe des Protons stark. Das Wasserstoff-Ion reagiert deshalb sofort mit dem angelagerten Wassermolekül zu einem **Hydronium-Ion** H_3O^+

$$H^+ \; + \; H_2O \; \rightarrow \; H_3O^+$$

> **Die Protonenübertragung an das Wassermolekül ist eine Protolyse (Abschnitt 7.4.2)**

Das Hydronium-Ion und das Chlorid-Ion werden durch weitere Wechselwirkungen (Pol-Orientierungskräfte) von Wassermolekülen umgeben. Es entsteht um die Ionen eine **Hydrathülle** (griech. Wasser) aus orientiert angelagerten Wassermolekülen (Abb. 7-12). Den Vorgang nennt man **Hydratation.** Er schließt sich eng an die Dissoziation an und verläuft exotherm. Der Gesamtvorgang kann wie in Abb. 7-13 angegeben werden.

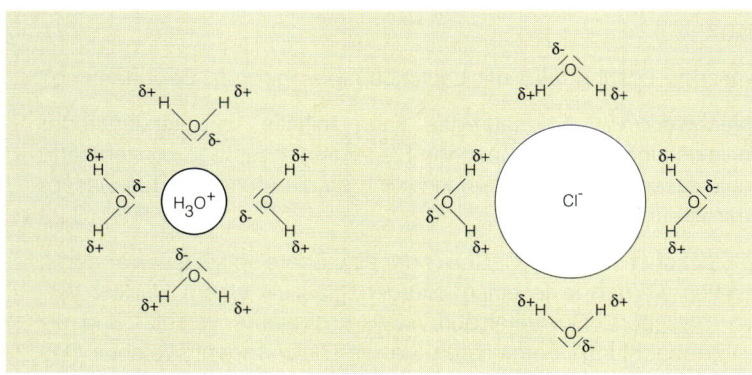

Abb. 7-12
Hydratisierte
H_3O^+-
und Cl^--Ionen
einer Salzsäure-
Lösung

1. Dissoziation des Säuremoleküls und Protolyse:	$HCl + H_2O \longrightarrow H_3O^+ + Cl^-$
2.a) Hydratation des Hydronium-Ions:	$H_3O^+ + x\,H_2O \longrightarrow$
2.b) Hydratation des Chlorid-Ions:	$Cl^- + x\,H_2O \longrightarrow$

Abb. 7-13
Dissoziation und
Hydratation am Beispiel
der Salzsäure

Dissoziation und Hydratation finden beim Lösen aller Säuren, Hydroxide und Salze (Elektrolyte) statt.
Allgemein bezeichnet man Stoffe, die in wässriger Lösung in Ionen zerfallen, als Elektrolyte, weil die Lösungen den elektrischen Strom leiten.

In Wasser gelöste Ionen haben stets eine Hydrathülle, die aus Gründen der Vereinfachung meist nicht in der Formel berücksichtigt wird. Ebenso wird oft nicht das Hydronium-Ion H_3O^+, sondern nur das Wasserstoff-Ion angegeben.

Säuren mit einem gebundenen Wasserstoffatom sind einwertige und Säuren mit mehreren Wasserstoffatomen sind mehrwertige Säuren.

Mehrwertige Säuren dissoziieren in Stufen, z. B. die Schwefelsäure (Abb. 7-14) in zwei Stufen:

1. Stufe $H_2SO_4 \;+\; H_2O \;\rightarrow\; H_3O^+ \;+\; HSO_4^{1-}$
Hydrogensulfat-Ion

2. Stufe $HSO_4^{1-} \;+\; H_2O \;\rightarrow\; H_3O^+ \;+\; SO_4^{2-}$
Sulfat-Ion

Der **Dissoziationsgrad** ist der Quotient aus der Anzahl der zerfallenen Moleküle und der Anzahl der ursprünglich vorhandenen Moleküle:

$$\alpha = \frac{\text{Anzahl der dissoziierten Moleküle}}{\text{Gesamtzahl der Moleküle}}$$

Der Dissoziationsgrad kann maximal den Wert 1 bzw. 100 % annehmen.

Abb. 7-14
Modell für ein
undissoziiertes
Schwefelsäuremolekül
H_2SO_4 und das
Sulfation SO_4^{2-}

Je nach Dissoziationsgrad unterscheidet man starke, mittelstarke und schwache Elektrolyte. Sehr **starke Säuren** sind in verdünnter wässriger Lösung nahezu vollständig zerfallen wie Salzsäure und Salpetersäure ($\alpha = 70 \ldots 100\,\%$). Verdünnte Schwefelsäure ist eine starke ($\alpha \approx 70\,\%$) und Phosphorsäure eine mittelstarke Säure ($\alpha = 15 \ldots 20\,\%$).

Schwache bis sehr schwache Säuren sind Essigsäure ($\alpha = 0{,}1 \ldots 1\,\%$), Kohlensäure und Schwefelwasserstoffsäure ($\alpha < 0{,}1\,\%$).

Versuch Geben Sie in vier Reagenzgläser gleich große Zinkkörner und 2 bis 3 ml verdünnte Salz-, Schwefel-, Phosphor- und Essigsäure gleicher Konzentration. Vergleichen Sie die Reaktionen!

Der Dissoziationsgrad ist abhängig von der Temperatur und der Konzentration. Mit zunehmender Temperatur und Verdünnung nimmt die Dissoziation zu.

7.3.7 Reaktion von verdünnten Säuren mit Metallen

Die Reaktion von Zink mit verdünnter Salzsäure oder verdünnter Schwefelsäure verläuft mit folgendem Ergebnis:

$$Zn \;+\; 2\,HCl \;\rightarrow\; \underset{\text{Zinkchlorid}}{ZnCl_2} \;+\; H_2$$

$$Zn \;+\; H_2SO_4 \;\rightarrow\; \underset{\text{Zinksulfat}}{ZnSO_4} \;+\; H_2$$

Versuch

C

Ätzend

Versetzen Sie Zinkkörner in je einem Reagenzglas mit verdünnter Salz- bzw. Schwefelsäure. Verschließen Sie die Öffnung des Glases mit dem Daumen und entzünden Sie das entweichende Gas an der Sparflamme des Bunsenbrenners (Abb. 7-15). Beobachtungen? R 10

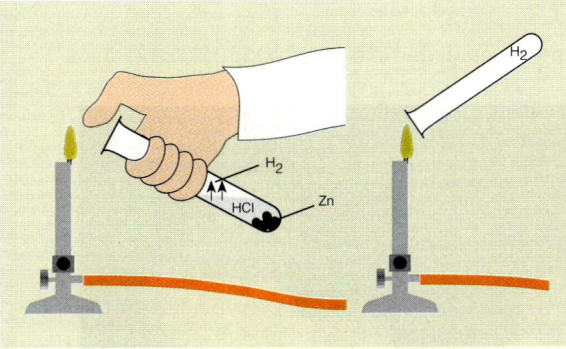

Abb. 7-15
Entzünden des Luft-Wasserstoff-Gemisches und Prüfen des Wasserstoffs auf Vorhandensein von Sauerstoff (sog. Knallgas)

Eine verdünnte Säure greift unedle Metalle an, indem die Hydronium-Ionen bzw. (vereinfacht) die Wasserstoff-Ionen dem Metall Elektronen entziehen.

Die Säurereste sind an der Reaktion unbeteiligt. Das Chlorid-Ion und das Sulfat-Ion verändern sich nicht. Das Wesen beider Reaktionen ist deshalb wie folgt als Redoxvorgang zu formulieren:

$$Zn \;+\; 2\,H^+ \;\rightarrow\; Zn^{2+} \;+\; H_2$$

Oxidation: $Zn \;\rightarrow\; Zn^{2+} \;+\; 2\,e^-$

Reduktion: $2\,H^+ \;+\; 2\,e^- \;\rightarrow\; H_2$

Zink gibt seine Elektronen an die Wasserstoff-Ionen ab, die dadurch entladen oder reduziert werden. Zink wird zum Zink-Ion umgewandelt, es wird oxidiert.

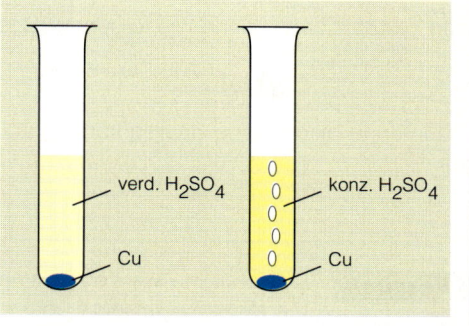

> **Versuch** Versetzen Sie Kupferspäne mit verdünnter Schwefel- oder Salzsäure (evtl. etwas erwärmen). Beobachtung? Vergleich mit dem vorangegangenen Versuch!
> Schutzbrille!   R 38, S 29
>
> Abb. 7-16
> Reaktionen von Kupfer mit Säure

Verdünnte Säuren lösen unedle, d. h. leicht oxidierbare, Metalle chemisch auf. Metalle wie Kupfer, Silber und Gold werden von ihnen nicht angegriffen. Sie gelten deshalb als edle Metalle.

7.3.8 Redoxreaktionen mit oxidierenden Säuren

In einem Redoxvorgang können sich auch die Oxidationsstufen (Oxidationszahlen, Wertigkeiten) von einer höheren in eine niedrigere ändern und umgekehrt: Konzentrierte Salpeter- und Schwefelsäure sind nicht dissoziiert. Sie reagieren intensiv mit vielen Metallen, indem sie Sauerstoff übertragen, d. h., sie wandeln das Metall in ein Oxid um. Dabei nehmen sie die Elektronen des Metalls auf und werden selbst zu einer niedrigeren Oxidationsstufe reduziert. Der Redoxvorgang ist mit einem Zerfall des Säuremoleküls verbunden.

> **Versuch** Geben Sie in einem Reagenzglas einige Tropfen konzentrierter Schwefelsäure auf ein Zinkkorn. Vorsichtige Geruchsprobe nach Erwärmen unter dem Abzug! Beobachtung?
> Schutzbrille, stechender Geruch!   R 23, R 37, R 38, S 23, S 29
>
>
> C   Xi
> Ätzend   Reizend

Die Reaktion von Zink mit konzentrierter Schwefelsäure verläuft in zwei Stufen.

$$\overset{\pm 0}{Zn} + \overset{VI+}{H_2SO_{4,\,konz}} \rightarrow \overset{2+}{ZnO} + H_2O + \overset{IV+}{SO_2}$$

1. Stufe:

Oxidation $Zn \rightarrow Zn^{2+} + 2\,e^-$

Reduktion $\overset{VI+}{S} + 2\,e^- \rightarrow \overset{IV+}{S}$

Das Zink wird in der ersten Teilreaktion oxidiert. Die konzentrierte Schwefelsäure wirkt somit oxidierend, sie ist ein **Oxidationsmittel** und reduziert sich durch Elektronenaufnahme von der sechswertigen zur vierwertigen Oxidationszahl. Zink wirkt reduzierend, es ist ein **Reduktionsmittel** und wird oxidiert. In einer Folgereaktion verbindet sich Zinkoxid mit überschüssiger Schwefelsäure zu Zinksulfat und Wasser.

2. Stufe: $ZnO + H_2SO_4 \rightarrow ZnSO_4 + H_2O$

Beide Teilreaktionen können zu folgender Gesamtgleichung zusammengefasst werden:

$$Zn + 2H_2SO_4 \rightarrow ZnSO_4 + 2H_2O + SO_2$$

Konzentrierte oxidierende Säuren können auch edle Metalle angreifen, wie folgender Versuch zeigt.

Versuch

C   Xi

Ätzend   Reizend

Kupferspäne werden in einem Reagenzglas mit einigen Tropfen konzentrierter Schwefelsäure übergossen und erwärmt. Beobachtungen? Vorsichtige Geruchsprobe!
Abzug! Stechender Geruch, Schutzbrille! (Abb. 7-16)
Lehrerversuch   R 23, R 37, R 38, S 23, S 29

Aufgabe: Formulieren Sie die Reaktionsgleichungen (Teilgleichungen, Oxidations-, Reduktionsgleichung, Summengleichung).

Konzentrierte Salpetersäure ist ein noch stärkeres Oxidationsmittel als konzentrierte Schwefelsäure. Der Zerfall des Säuremoleküls ist beim Metallangriff durch die Braunfärbung des entstehenden Gases Stickstoffdioxid deutlicher wahrnehmbar.

Mit Zink finden folgende Teilreaktionen statt:

$$\overset{V+}{Zn} + 2HNO_3 \rightarrow ZnO + H_2O + 2\overset{IV+}{NO_2}$$

$$ZnO + 2HNO_3 \rightarrow Zn(NO_3)_2 + H_2O$$

$$Zn + 4HNO_3 \rightarrow Zn(NO_3)_2 + 2H_2O + 2NO_2 \text{ Gesamtgleichung}$$

Versuch

T+   C

Sehr giftig   Ätzend

Unter dem Abzug werden in je einem Reagenzglas einige Körner bzw. Späne Zink, Nickel und Kupfer mit einigen Tropfen konzentrierter Salpetersäure versetzt. Beobachtung? Formulieren Sie die Gleichungen für die Reaktionen des Nickels und des Kupfers mit konzentrierter Salpetersäure!
Vorsicht! Erstickender Geruch! Gift! Schutzbrille!
Lehrerversuch   R 26, R 37, R 38, S 23, S 29

Oxidierende Säuren wie konzentrierte Salpetersäure und konzentrierte Schwefelsäure treten in Redoxvorgängen als Oxidationsmittel auf. Sie werden dabei von einer höheren zu einer niedrigeren Oxidationsstufe reduziert.

7.4 Metallhydroxide, Basen, Laugen

7.4.1 Definition der Hydroxide

Hydroxide oder Basen bestehen aus Metall-Ionen und Hydroxid-Ionen. In wässriger Lösung spricht man von Laugen.

Die Anzahl der gebundenen OH^--Ionen entspricht der Wertigkeit des Metall-Ions. In Anlehnung an die Säuredefinition von ARRHENIUS definierte man ursprünglich die Hydroxide als Stoffe, die in wässriger Lösung OH^--Ionen abgeben.

Hydroxide reagieren in wässriger Lösung mit einer Säure, indem OH^--Ionen und H^+-Ionen zu Wasser zusammentreten, z. B.

$$NaOH + HCl \rightarrow NaCl + H_2O$$

In Ionenschreibweise, die wegen der Dissoziation angebrachter ist, lautet der Umsatz:

$$Na^+ + OH^- + H^+ + Cl^- \rightarrow H_2O + Na^+ + Cl^-$$

Wegen der Löslichkeit von NaCl reagieren die Ionen Na^+ und Cl^- nicht miteinander, d. h., sie bleiben in Lösung. Es entsteht eine Kochsalz-Lösung.
Die wirksame Base ist somit nicht NaOH, sondern das Hydroxid-Ion OH^-.

Die **Ionenreaktion** läuft zwischen Säuren und Hydroxiden wie folgt ab:

$$H^+ + OH^- \rightleftharpoons H_2O$$
$$\text{bzw. } H_3O^+ + OH^- \rightleftharpoons 2\,H_2O$$

Das Wesen der Säure-Base-Reaktion besteht in dem Übergang des Säureprotons an ein freies Elektronenpaar des Hydroxid-Ions bzw. allgemein formuliert der Base. Der Vorgang ist eine Protolyse.

Es stellt sich ein chemisches Gleichgewicht ein, dessen Schwerpunkt jedoch auf der Seite des undissoziierten Wassers liegt.

Wie bereits im Abschnitt 7.3.1 gezeigt wurde, finden Protonenübergänge an ein freies Elektronenpaar eines zweiten Stoffes nicht nur in wässriger Lösung, sondern auch im gasförmigen Medium statt.

BRÖNSTED erweiterte deshalb die Base-Definition von ARRHENIUS:

Basen sind Protonenacceptoren.
Als BRÖNSTED-Basen können nur Stoffe (Ionen, Moleküle) reagieren, die freie Elektronenpaare besitzen, an die sich Protonen anlagern können.

Man bezeichnet Basen als **nucleophil** (kern- d. h. protonenfreundlich).

Aufgabe: Wiederholen Sie im Abschnitt 7.3.1 die Säuredefinition nach BRÖNSTED und die elektrophile Eigenschaft der Säuren!

Die Reaktion einer Säure mit einer Base bildet eine Einheit. Man spricht von **Säure-Base-Paaren.**

Stoffe, die nach ARRHENIUS als Basen definiert werden, sind auch BRÖNSTED-Basen. Die BRÖNSTED-Definition erstreckt sich auch auf Säure-Base-Reaktionen im wasserfreien Medium.

7.4.2 Weitere Säure-Base-Paare – Protolyse

Die BRÖNSTED-Definition ermöglicht es, auch andere Reaktionen als Vorgänge zwischen Säuren und Basen zu verstehen, z.B. ist auch die Dissoziation einer Säure eine Protolyse:

$$H{-}Cl + O{<}^H_H \rightleftharpoons H_3O^+ + Cl^-$$

Säure   Base

Da der Vorgang auch nach links verlaufen kann, ist im Fall der Rückdissoziation das Hydronium-Ion H_3O^+ der Protonendonator, d.h. die Säure und Cl^- die Base. Zwischen den Produkten und Edukten besteht ein Protolysegleichgewicht:

$$\overset{H^+}{H_3O^+ + Cl^-} \rightleftharpoons \overset{H^+}{HCl + H_2O}$$

Säure   Base   Säure   Base

Für ein Säure-Base-Paar gilt allgemein:

> **Je leichter eine Säure ihr Proton abgibt, desto stärker ist sie und desto schwächer ist die mit ihr in Wechselwirkung stehende Base (auch korrespondierende Base genannt). Je leichter eine Base ein Proton aufnimmt (je fester sie das Proton bindet), umso schwächer ist die korrespondierende Säure.**

Ob ein Stoff als Säure oder als Base wirkt, wird somit immer von dem korrespondierenden Partner mitbestimmt. So ist in der Reaktion von HCl mit H_2O das HCl die stärkere Säure. Bei der Reaktion von H_2O mit Ammoniak NH_3 ist das Wasser die stärkere Säure:

$$H_2O + NH_3 \rightleftharpoons NH_4^+ + OH^-$$

Säure   Base   Säure   Base

Weitere Beispiele für Säure-Base-Paare bzw. Protolysen:

$$HCl + NH_3 \rightleftharpoons NH_4^+ + Cl^-$$

$$HSO_4^- + H_2O \rightleftharpoons H_3O^+ + SO_4^{2-}$$

$$CH_3COOH + H_2O \rightleftharpoons H_3O^+ + CH_3COO^-$$

$$H_2O + CN^- \rightleftharpoons HCN + OH^-$$

$$H_2O + CH_3COO^- \rightleftharpoons CH_3COOH + OH^-$$

Säure   Base   Säure   Base

Bei den letzten beiden Reaktionen tritt Wasser in Gegenwart von Anionen sehr schwacher Säuren als Protonendonator, d. h., als Säure, auf (vgl. Hydrolyse, Abschnitt 10.12).

Aufgaben: 1. Überprüfen Sie die Oxidationsstufen der Edukte und Produkte in den Gleichungen dieses Abschnittes und beantworten Sie die Frage, ob Protolysevorgänge zu den Redoxreaktionen gehören.

2. Kennzeichnen Sie für die folgenden Reaktionen die Säure und die Base:

$$HCO_3^- \; + \; H_2O \; \rightleftharpoons \; CO_3^{2-} \; + \; H_3O^+$$
$$H_2O \; + \; H_2S \; \rightleftharpoons \; HS^- \; + \; H_3O^+$$
$$S^{2-} \; + \; H_2O \; \rightleftharpoons \; HS^- \; + \; OH^-$$
$$HPO_4^{2-} \; + \; H_2O \; \rightleftharpoons \; H_3O^+ \; + \; PO_4^{3-}$$

Ein spezielles Säure-Base-Paar ist das Wasser selbst. Einige der angeführten Beispiele zeigen, dass Wasser als Säure und als Base auftreten kann. Wasser ist somit ampholytisch (ampholyter). In allen wässrigen Medien laufen zwei Reaktionen ab:

1)
$$H_2O \; \rightleftharpoons \; OH^- \; + \; H^+$$
2)
$$H^+ \; + \; H_2O \; \rightleftharpoons \; H_3O^+$$

Gesamtvorgang:
$$2\,H_2O \; \rightleftharpoons \; H_3O^+ \; + \; OH^-$$
bzw.
$$\underset{\text{Säure}}{H_2O} \; + \; \underset{\text{Base}}{H_2O} \; \rightleftharpoons \; \underset{\text{Säure}}{H_3O^+} \; + \; \underset{\text{Base}}{OH^-}$$

Wasser unterliegt einer so genannten **Autoprotolyse** (Selbst-Protolyse), wobei das Ionenprodukt den Wert $10^{-14}\,mol^2 \cdot l^{-2}$ bei 18 °C besitzt (vgl. Abschnitt 10.8).

Bei mehrwertigen (mehrprotonigen oder mehrbasigen) Säuren geht die Protolyse (Dissoziation) in Stufen vor sich (vgl. H_2SO_4 Abschnitt 7.3.6):

Beispiel: H_3PO_4

$$H_3PO_4 \; + \; H_2O \; \rightleftharpoons \; H_3O^+ \; + \; H_2PO_4^-$$
Dihydrogenphosphat-Ion

$$H_2PO_4^- \; + \; H_2O \; \rightleftharpoons \; H_3O^+ \; + \; HPO_4^{2-}$$
Hydrogenphosphat-Ion

$$HPO_4^{2-} \; + \; H_2O \; \rightleftharpoons \; H_3O^+ \; + \; PO_4^{3-}$$
Phosphat-Ion

Von Stufe zu Stufe verringert sich die Dissoziation (der Dissoziationsgrad).

Analog wie bei der elektrolytischen Dissoziation ein Dissoziationsgrad definiert wurde, ist auch ein **Protolysegrad** α festgelegt. Er lautet für die allgemeine Reaktion

$$HA \; + \; H_2O \; \rightleftharpoons \; H_3O^+ \; + \; A^-$$

$$\alpha \; = \; \frac{\text{Konzentration protolysierter HA-Moleküle } c_{(A^-)}}{\text{Gesamtkonzentration der HA-Moleküle vor der Protolyse } c_{(AH)}}$$

$$\alpha \; = \; \frac{c_{A^-}}{c_{AH}} \qquad \alpha \; \leqq \; 1 \text{ bzw. } 100\,\%$$

145

7.4.3 Bildung von Hydroxiden (Basen)

Zumeist entstehen **Hydroxide** oder **Basen** durch die Umsetzung von Metalloxiden mit Wasser. Das Metalloxid wird deshalb auch als Basenanhydrid bezeichnet.

Metalloxid + Wasser → Metallhydroxid
(Basenanhydrid)   (Base)

$$CaO + H_2O \rightarrow Ca(OH)_2$$
$$Na_2O + H_2O \rightarrow 2\,NaOH$$

Hydroxide bestehen aus Metall-Ionen und Hydroxid-Ionen.

Nur wenige Metalle reagieren direkt mit Wasser zu Hydroxiden. Dazu gehören die Alkalimetalle Lithium, Natrium, Kalium, Rubidium, Cäsium sowie einige Metalle der 2. Hauptgruppe, die Erdalkalimetalle Calcium, Strontium und Barium. Diese Metalle geben bei der Reaktion mit Wasser Elektronen an Wasserstoff ab, der dadurch zu elementarem Wasserstoff reduziert wird. Das Wasser wird zersetzt. Die Metall- und Hydroxid-Ionen lösen sich im Wasser.

Ätzend

1. Ein erbsengroßes Stück Natrium wird durch „Entrinden" von anhaftenden Oxiden befreit. Eine dünne Scheibe des Metalls gibt man in ein hohes Becherglas, in dem sich etwas Wasser befindet. Vorsicht! Beobachtung? Prüfen Sie die entstandene Lösung mit blauem und rotem Lackmuspapier sowie mit Phenolphthaleinpapier. Beobachtung? Schlussfolgerungen für den Nachweis gelöster Hydroxide?
   Schutzbrille, Abzug!   R 10, R 15, R 34, S 39

2. Wiederholen Sie den Versuch mit einigen Spänen Calcium, die Sie in einem Sieblöffel eingeschlossen haben. Tauchen Sie das Calcium in einer pneumatischen Wanne unter die Wasseroberfläche und fangen Sie den Wasserstoff durch Wasserverdrängung in einem Reagenzglas oder Standzylinder auf (Abb. 7-17). Das gefüllte Reagenzglas wird unter Wasser mit einem Gummistopfen oder mit dem Daumen verschlossen. Entzünden Sie den Wasserstoff wie in Abb. 7-15 angegeben. Schutzbrille! S 39

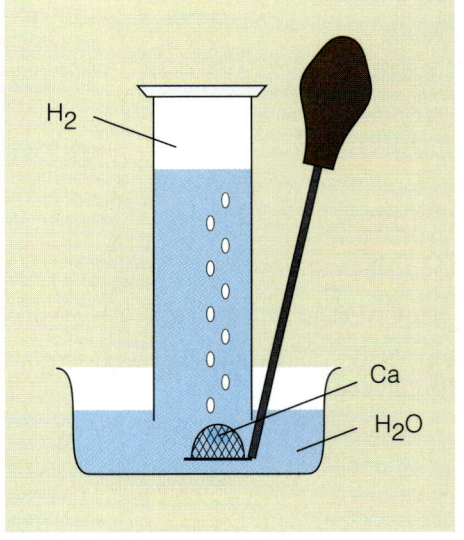

Abb. 7-17 Reaktion von Calcium mit Wasser

$$2\,Na \quad + \quad 2\,H_2O \quad \rightarrow \quad 2\,NaOH \quad + \quad H_2$$

Oxidation: $\quad 2\,Na \qquad\qquad\qquad \rightarrow \quad 2\,Na^+ \quad + \quad 2\,e^-$

Reduktion: $\quad 2\,H^+ \quad + \quad 2\,e^- \quad \rightarrow \quad H_2$

$$Ca \quad + \quad 2\,H_2O \quad \rightarrow \quad Ca(OH)_2 \quad + \quad H_2$$

Oxidation: $\quad Ca \qquad\qquad\qquad \rightarrow \quad Ca^{2+} \quad + \quad 2\,e^-$

Reduktion: $\quad 2\,H^+ \quad + \quad 2\,e^- \quad \rightarrow \quad H_2$

Sehr unedle Metalle reagieren mit Wasser nach der allgemeinen Gleichung:

Sehr unedles Metall   +   H$_2$O   →   Metallhydroxid   +   Wasserstoff
(Alkali-, Erdalkalimetall)   (Base)

7.4.4 Löslichkeit und Reaktionen von Metallhydroxiden (Basen)

Nur einige Metalloxide bzw. -hydroxide sind in Wasser löslich, z. B. NaOH, KOH, Ca(OH)$_2$, Ba(OH)$_2$.

Die Lösung von Hydroxiden in Wasser bezeichnet man als Lauge, deren Reaktion wird alkalisch oder basisch genannt. Der Nachweis erfolgt mithilfe von Indikatoren.

Versuche

Ätzend

1. Verdünnte Natriumhydroxid-Lösung wird in einem Erlenmeyerkolben mit einem Tropfen Phenolphthalein- oder Lackmuslösung versetzt. Mithilfe einer Pipette wird unter ständigem Schütteln des Erlenmeyerkolbens tropfenweise verdünnte Salzsäure bis zur Entfärbung oder bis zum Farbumschlag zugegeben. R 34, S 24

2. Dieser Versuch kann auch mit einigen Tropfen Rotkohlextrakt (ein Stückchen Rotkohl in Wasser erwärmen) als Indikator durchgeführt werden. Wenn genau bis zum Farbumschlag „titriert" wurde, kann **in diesem Fall** ein Tröpfchen der Lösung mit der Zungenspitze geprüft werden, obwohl sonst streng die Regel gilt: im Chemieunterricht keine Geschmacksprüfung durchführen!

3. Die genau bis zum Farbumschlag versetzte Lösung aus Versuchsteil 1. oder 2. wird wiederum mit einem Tropfen Natriumhydroxid-Lösung, danach mit 1–2 Tropfen verdünnter Salzsäure versetzt usw. Beobachtung?

Lösliche Hydroxide dissoziieren in wässriger Lösung in Metall-Ionen und Hydroxid-Ionen. Die Ionen werden hydratisiert.

$$NaOH \quad \rightarrow \quad Na^{1+} \quad + \quad OH^-$$
$$Ca(OH)_2 \quad \rightarrow \quad Ca^{2+} \quad + \quad 2\,OH^-$$

Wie bei den Säuren unterscheidet man nach dem Dissoziationsgrad

sehr starke Basen:	NaOH, KOH
starke Basen:	Ca(OH)$_2$, Ba(OH)$_2$
mittelstarke Basen:	AgOH
schwache Basen:	NH$_4$OH (NH$_3$-Lösung)

Nomenklatur und Trivialnamen der Laugen		
Formel	Nomenklatur	Trivialname der wässrigen Lösung
NaOH	Natriumhydroxid	Natronlauge
KOH	Kaliumhydroxid	Kalilauge
$Ca(OH)_2$	Calciumhydroxid	Kalkwasser
$Ba(OH)_2$	Bariumhydroxid	Barytwasser

Übersicht 7-13

Alle löslichen Hydroxide wirken gegenüber lebender Materie ätzend! Natrium- und Kaliumhydroxid sind als Gifte einzuordnen. Abfälle werden als Sondermüll behandelt.

Lösliche Hydroxide sind im festen Zustand häufig **hygroskopisch** (wasseranziehend), z. B. KOH, NaOH. Sie lösen sich im Wasser unter Erwärmung (vgl. Abschnitt 12.3).

Versuch

C 
Ätzend

Einige Plätzchen Natriumhydroxid oder Kaliumhydroxid werden auf ein Uhrglas gegeben. Beurteilen Sie nach einigen Minuten die Oberfläche. Der Nachweis der Wasseraufnahme aus der Luft kann auch auf einer Waage stattfinden.
Schutzbrille! Einmalhandschuhe!   R 38, S 24

Hydroxide binden an der Luft Kohlenstoffdioxid. Darauf beruht das Abbinden von Kalkmörtel:

$$Ca(OH)_2 \ + \ CO_2 \ \rightarrow \ CaCO_3 \ + \ H_2O$$
Calciumcarbonat

Versuch

Aus Calciumcarbonat (Kalkstein, Marmor) wird mithilfe verdünnter Salzsäure Kohlenstoffdioxid entwickelt. Leiten Sie das Gas über trockenes Calciumhydroxid (Abb. 7-18). Prüfen Sie nach einiger Zeit die Temperatur. Schutzbrille!

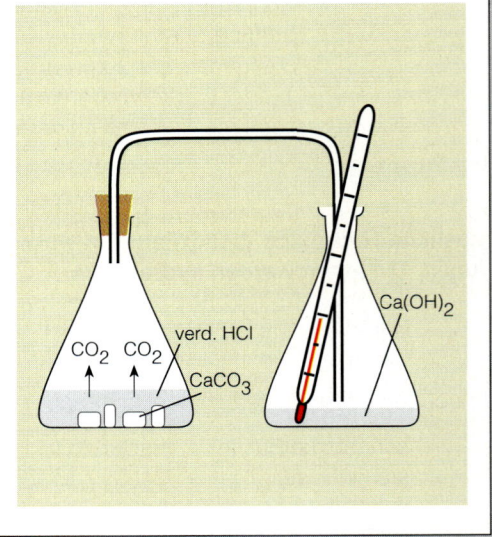

Abb. 7-18
Modellversuch zum Abbinden
von Kalkmörtel

Eigenschaften und Verwendung wichtiger Hydroxide	
NaOH	**Natriumhydroxid** (Ätznatron), Gewinnung durch Elektrolyse von NaCl (Produkte: NaOH, H_2, Cl_2); stark ätzend, hygroskopisch, starke Erwärmung beim Lösen in Wasser (Vorsicht! Schutzbrille!); Aufbewahrung in Glasflaschen mit Kunststoff- oder Gummiverschluss (Glasstopfen verkitten); Verwendung zur Herstellung von anderen Natriumverbindungen, Seifen, Waschmitteln, basischen Industrieentfettungsmitteln, von Brünierbädern, Beizen von Aluminium, Aufschluss von Bauxit bei der Aluminiumgewinnung
KOH	**Kaliumhydroxid** (Ätzkali); Gewinnung durch Elektrolyse von KCl (Produkte: KOH, H_2, Cl_2); stark ätzend, hygroskopisch, beim Lösen starke Erwärmung (Vorsicht! Schutzbrille!); Verwendung zur Herstellung von Kaliumverbindungen, Schmierseifen; Elektrolyt in Nickel-Cadmium-Akkumulatoren ($Ni(OH)_3$/KOH/Cd), Entschwefelung von Erdöl, Absorption von SO_2
$Ca(OH)_2$	**Calciumhydroxid** (Kalkwasser); ätzend; Gewinnung durch Ablöschen von gebranntem Kalk (CaO); Verwendung zur Herstellung von Chlorkalk (zum Bleichen, Desinfizieren, Entsorgen cyanidischer Abfälle von Galvanik und Einsatzhärterei); zum Entsäuern des Bodens und saurer Abwässer, Isolierung von organischen Säuren aus pflanzlichen Extrakten, Obstsäften etc. (als Calciumsalze), Erzeugung von Pflanzenschutzmitteln; Anstriche; Kalkmörtel
NH_3-Lösung	**Ammoniumhydroxid** (Salmiakgeist); Erzeugung des NH_3 durch HABER-BOSCH-Synthese; bei normalen Temperaturen nur als Lösung, nicht als feste Substanz herstellbar; ätzend; Verwendung zum Neutralisieren von Säuren, zur Erzeugung von Ammoniumsalzen, Düngemitteln, Metallputzmitteln.

Übersicht 7-14

7.4.5 Ammoniumhydroxid

Die schwache Base Ammoniumhydroxid (Salmiakgeist) NH_4OH stellt unter den Hydroxiden eine Ausnahme dar, weil das Kation nicht von einem Metall-, sondern von dem Ammonium-Ion, einem komplexen Nichtmetall-Ion NH_4^+ gebildet wird.

Ammoniumhydroxid NH_4OH entsteht, wenn das gasförmige Ammoniak NH_3 in Wasser gelöst wird. Dabei liegt das Gleichgewicht der Reaktion auf der linken Seite, d. h., nur ein geringer Teil des Ammoniaks bindet sich. Ammoniumhydroxid existiert nur als Lösung:

$$NH_3 \; + \; H_2O \; \rightleftharpoons \; \underset{\text{nicht beständig}}{[NH_4OH]} \; \rightarrow \; NH_4^+ \; + \; OH^-$$

Es läuft, wie bereits im Abschnitt 7.4.2 ausgeführt, eine Säure-Base-Reaktion (Protolyse) ab. Im Kontakt mit Wasser „fängt" das freie Elektronenpaar des Stickstoffs ein Proton des Wassers ein und bildet das NH_4OH, das sofort dissoziiert. Beide Ionenarten werden hydratisiert.

Ammoniumhydroxid ist leicht flüchtig und kann von starken Basen aus den Ammoniumsalzen verdrängt werden.

Versuche

C

Ätzend

1. Eine Spatelspitze eines trockenen Ammoniumsalzes (z. B. Ammoniumchlorid, Salmiak, NH_4Cl) wird in einem Reagenzglas mit einigen Tropfen konzentrierter Natronlauge NaOH versetzt. Führen Sie vorsichtig die Geruchsprobe durch (Abb. 7-10)! Formulieren Sie die Gleichung für die Reaktion des Ammoniumsalzes mit Natronlauge!
Schutzbrille!   R 23, R 34, R 35, S 24, S 39

2. Tauchen Sie einen Glasstab in konzentrierte Salzsäure und führen Sie diesen anschließend in die Öffnung des Glases!
Schutzbrille!

Xi

Reizend

3. Befeuchten Sie Lackmuspapier und halten Sie es in die Öffnung des Glases. Beobachtungen? Welche Eigenschaften besitzt Ammoniak?

7.4.6 Amphotere oder ampholytische Metalle

Viele Metalle bilden **amphotere** (ampholytische) Oxide und Hydroxide, die je nach Reaktionspartner sowohl als Hydroxid als auch als Säure reagieren können. Bringt man beispielsweise das Aluminiumhydroxid mit einer starken Säure in Berührung, verhält es sich wie eine Base und reagiert unter Salzbildung. Aluminium bildet das Kation:

$$Al(OH)_3 \;+\; 3\,HCl \;\rightarrow\; \underset{\text{Aluminiumchlorid}}{AlCl_3} \;+\; 3\,H_2O$$

Im Kontakt mit einer starken Base wie NaOH reagiert Aluminiumhydroxid wie eine Säure, es bildet mit Sauerstoff einen Anionenkomplex:

$$Al(OH)_3 \;+\; NaOH \;\rightarrow\; \underset{\text{Natriumaluminat}}{NaAlO_2} \;+\; 2\,H_2O$$

Aluminium selbst verhält sich ebenfalls amphoter, wie die folgenden Versuche zeigen:

Versuche

C

Ätzend

1. Geben Sie in ein Reagenzglas einige Aluminiumspäne und 2 bis 3 ml verdünnte Salzsäure (evtl. erwärmen).

2. Wiederholen Sie den Versuch mit 2 bis 3 ml konzentrierter Natronlauge.
R 35, S 24, S 39

Insbesondere Nebengruppenelemente bilden amphotere Oxide und Hydroxide, z. B. Titan, Vanadium, Mangan, Molybdän.

7.5 Salze als Ionenverbindungen zwischen Metallen und Nichtmetallen

Salze sind Reaktionsprodukte von Metallen oder Metallverbindungen mit Nichtmetallen oder Säuren. Sie dissoziieren in wässriger Lösung in Metall-Ionen und Säurerest-Ionen.

Die Darstellung der Salze ist durch unterschiedliche chemische Vorgänge möglich:

1. Reaktion von Elementen

$$Mg \quad + \quad Br_2 \quad \rightarrow \quad MgBr_2$$
$$2\,Na \quad + \quad Cl_2 \quad \rightarrow \quad 2\,NaCl \quad Natriumchlorid$$
$$2\,K \quad + \quad S \quad \rightarrow \quad K_2S \quad Kaliumsulfid$$

Allgemeine Reaktionsgleichung:

Metall + Nichtmetall → Salz

Versuch

F — Leicht entzündlich
T — Giftig

Mischen Sie je einen Porzellanlöffel Eisenpulver und Schwefel und zünden Sie das Gemisch auf einer Keramikplatte unter dem Abzug mithilfe eines brennenden Magnesiumbandes (Abb. 7-19). Beobachtung? Zerschlagen Sie das erkaltete Eisensulfid und versetzen Sie ein Stück in einem Reagenzglas mit verdünnter Salzsäure. (Abzug!) Beobachtung? Gleichung!

R 7, R 26, S 23, S 39

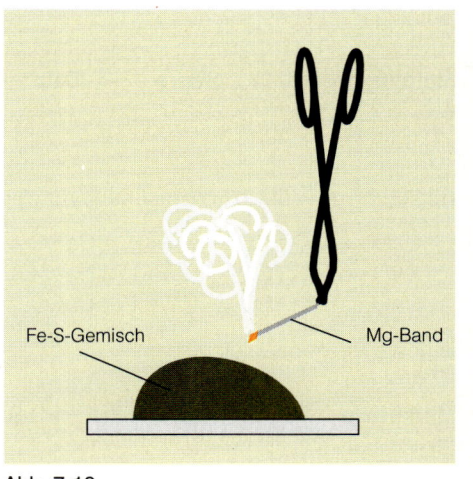

Fe-S-Gemisch   Mg-Band

Abb. 7-19
Zünden eines Eisen-Schwefel-Gemischs

2. Reaktion von Metall und Säure

$$Zn \quad + \quad 2\,HCl \quad \rightarrow \quad ZnCl_2 \quad + \quad H_2 \quad Zinkchlorid$$
$$Mg \quad + \quad 2\,HNO_3 \quad \rightarrow \quad Mg(NO_3)_2 \quad + \quad H_2 \quad Magnesiumnitrat$$
$$Fe \quad + \quad H_2SO_4 \quad \rightarrow \quad FeSO_4 \quad + \quad H_2 \quad Eisen(II)\text{-}sulfat$$

Allgemeine Reaktionsgleichung:

Metall + Säure → Salz + Wasserstoff

3. Reaktion von Metalloxid und Säure

$$CuO \quad + \quad 2\,HNO_3 \quad \rightarrow \quad Cu(NO_3)_2 \quad + \quad H_2O \quad \text{Kupfer(II)-nitrat}$$
$$ZnO \quad + \quad 2\,HCl \quad \rightarrow \quad ZnCl_2 \quad + \quad H_2O \quad \text{Zinkchlorid}$$
$$Ag_2O \quad + \quad 2\,HNO_3 \quad \rightarrow \quad 2\,AgNO_3 \quad + \quad H_2O \quad \text{Silbernitrat}$$

Allgemeine Reaktionsgleichung:

Metalloxid + Säure → Salz + Wasser

Versuch Erhitzen Sie vorsichtig etwas Kupferoxid-Pulver mit verdünnter Schwefel- oder Salpetersäure. Beobachtung? Wiederholen Sie den Versuch mit oxidiertem Kupferblech.

4. Reaktion von Metallhydroxid und Säure (vgl. **Neutralisation,** Abschnitt 10.15).

$$NaOH \quad + \quad HCl \quad \rightarrow \quad NaCl \quad + \quad H_2O \quad \text{Natriumchlorid}$$
$$2\,KOH \quad + \quad H_2S \quad \rightarrow \quad K_2S \quad + \quad 2\,H_2O \quad \text{Kaliumsulfid}$$
$$2\,Al(OH)_3 \quad + \quad 3\,H_2SO_4 \quad \rightarrow \quad Al_2(SO_4)_3 \quad + \quad 6\,H_2O \quad \text{Aluminiumsulfat}$$

Allgemeine Reaktionsgleichung:

Metallhydroxid + Säure → Salz + Wasser
Base

5. Reaktion von Metalloxid (Basenanhydrid) und Nichtmetalloxid (Säureanhydrid)

$$CaO \quad + \quad CO_2 \quad \rightarrow \quad CaCO_3 \quad \text{Calciumcarbonat, Kalkstein}$$
$$Na_2O \quad + \quad CO_2 \quad \rightarrow \quad Na_2CO_3 \quad \text{Natriumcarbonat, Soda}$$
$$CaO \quad + \quad SO_2 \quad \rightarrow \quad CaSO_3 \quad \text{Calciumsulfit}$$

Allgemeine Reaktionsgleichung:

Metalloxid + Nichtmetalloxid → Salz
(Basenanhydrid)   (Säureanhydrid)

6. Reaktion von Metallhydroxid und Nichtmetalloxid

$$Ca(OH)_2 \quad + \quad CO_2 \quad \rightarrow \quad CaCO_3 \quad + \quad H_2O \quad \text{Calciumcarbonat, Kalkstein}$$
$$Ba(OH)_2 \quad + \quad CO_2 \quad \rightarrow \quad BaCO_3 \quad + \quad H_2O \quad \text{Bariumcarbonat}$$
$$Ba(OH)_2 \quad + \quad SO_3 \quad \rightarrow \quad BaSO_4 \quad + \quad H_2O \quad \text{Bariumsulfat}$$

Allgemeine Reaktionsgleichung:

Metallhydroxid + Nichtmetalloxid → Salz + Wasser
(Säureanhydrid)

Die Übersicht 7-14 enthält wichtige Salze sowie deren Bedeutung.

Wichtige Salze

NaCl **Natriumchlorid** (Steinsalz, Kochsalz); in Steinsalzlagern, manchen Mineral-quellen und im Meerwasser (10,6 g Na^+/l); Rohstoff für Natriumhydroxid, andere Natriumsalze und -verbindungen

Na_2SO_4 **Natriumsulfat;** mit Kristallwasser Na_2SO_4 . 12 H_2O (Glaubersalz); in manchen Salzlagerstätten, Mineral- und Meerwasser; Herstellung von Glas, Zellstoff, Waschmitteln; in Färbereien zum Niederschlagen der Farben (Fixieren) auf die Textilfasern; Abführmittel

Na_2CO_3 **Natriumcarbonat** (Soda); weißes Pulver, mit Kristallwasser Na_2CO_3 · 10 H_2O (Kristallsoda), farblose Kristalle; natürliches Vorkommen in Sodaseen (Ägypten, Kalifornien); Erzeugung aus Kochsalz und Kalkstein bzw. Natronlauge und Kohlenstoffdioxid; zur Herstellung von Glas, Seife, Waschmitteln, Emaillen; zur Entschwefelung von Roheisen, zur Wasserenthärtung

$NaNO_3$ **Natriumnitrat** (Natronsalpeter); hygroskopische, farblose Kristalle; Salzlager in Chile (Chilesalpeter); Erzeugung aus Natriumhydroxid und -carbonat mit Salpetersäure; Düngesalz; Sauerstoffträger in Explosivstoffen; Oxidationsmittel in Brünierbädern (zusammen mit NaOH und $NaNO_2$)

$NaNO_2$ **Natriumnitrit;** giftig, leicht löslich, farblose Kristalle; in Pökelsalz (ca. 0,4%), für Brünierbäder; Pflanzengift

KCl **Kaliumchlorid;** farblose Kristalle, leicht löslich; Kalisalzlager; Rohstoff für andere Kaliumverbindungen; Düngesalz

K_2SO_4 **Kaliumsulfat;** farblose, leicht lösliche Kristalle; Düngesalz; zur Herstellung von Kalium-Aluminiumsulfat (Alaun) für Gerbereien, zur Papierherstellung

K_2CO_3 **Kaliumcarbonat** (Pottasche); weißes, hygroskopisches Pulver; für Herstellung von Gläsern, Schmierseifen; zur Reinigung technischer Gase von Kohlenstoffdioxid mit heißer Lösung: $K_2CO_3 + H_2O + CO_2 \rightarrow 2\,KHCO_3$

KNO_3 **Kaliumnitrat** (Kalisalpeter, Salpeter); leicht löslich, nicht hygroskopisch; Erzeugung von Schießpulver und Farbstoffen (Azofarben); Düngemittel

NH_4Cl **Ammoniumchlorid** (Salmiak); Verwendung als Düngemittel, Lötstein, Elektrolyt in galvanischen Trockenelementen (LECLANCHÉ-Element: $Zn/NH_4Cl/C$)

$(NH_4)_2SO_4$ **Ammoniumsulfat;** Düngesalz

$MgSO_4$ **Magnesiumsulfat;** mit Kristallwasser $MgSO_4$ · 7 H_2O (Bittersalz); in Kalisalzlagern und manchen Mineralquellen; Behandlung von Textilgeweben (Appretur z. B. zum Herabsetzen der Brennbarkeit)

$CaCO_3$ **Calciumcarbonat** (Kalkstein, Marmor); schwer löslich; gering löslich in CO_2-haltigem Wasser zu Calciumhydrogencarbonat:

$CaCO_3 + H_2O + CO_2 \rightarrow Ca(HCO_3)_2$.

Beim Verdunsten und Erwärmen zerfällt Calciumhydrogencarbonat rückläufig, dadurch Bildung von Tropfsteinen, Travertin, Kesselstein. $Ca(HCO_3)_2$ ist bei der Entstehung von hartem Wasser beteiligt (Wasserhärter); Zersetzung mit Säuren, daher zum Entsäuern von Böden, Obstsäften; für Erzeugung von gebranntem Kalk (CaO) und Löschkalk ($Ca(OH)_2$) für Kalkmörtel, von Zement, Glas, Kohlenstoffdioxid, Carbid (CaC_2), Kalkstickstoff ($CaCN_2$) für die Düngung, Flussmittel in der Metallurgie (Hochofenprozess), Keramik etc.

Wichtige Salze (Fortsetzung)

$CaSO_4$	**Calciumsulfat,** natürliches Vorkommen als Anhydrit; mit Kristallwasser: $CaSO_4 \cdot 2\,H_2O$ Gips (Fasergips, Alabaster, Marienglas); gebrannter abbindefähiger Gips: $CaSO_4 \cdot H_2O$; verwendet zur Herstellung von Schwefelsäure und Ammoniumsulfat, für Gipsprodukte und Stuck im Bauwesen (Gipswände, -verbundwerkstoffe, Stukkaturen, Estrich)
$CuSO_4$	**Kupfer(II)-sulfat,** mit Kristallwasser $CuSO_4 \cdot 5\,H_2O$ (Kupfervitriol), blaue, wasserlösliche Kristalle, gering giftig; für galvanisches Verkupfern von Metallen; Vorbereitung eines Stahlwerkstücks für das Anreißen: $Fe + Cu^{2+} \rightarrow Cu + Fe^{2+}$
$NiSO_4$	**Nickelsulfat,** mit Kristallwasser $NiSO_4 \cdot 7\,H_2O$, verwendet für galvanische Nickelbäder
$Na_2CrO_4,$ $Na_2Cr_2O_7$	**Natriumchromat** und **Natriumdichromat;** Salze der Chromsäure H_2CrO_4 und Dichromsäure $H_2Cr_2O_7$; leicht lösliche gelbe bzw. orangefarbene Kristalle; starke Oxidationsmittel; Verwendung in schwefelsaurer Lösung zum „Chromatieren" von galvanischen Zink- und Cadmiumüberzügen sowie von Aluminium (goldgelbe Chromatschicht) zur Verbesserung des Aussehens und der Korrosionsbeständigkeit, galvanische Erzeugung von Chromüberzügen auf Stahl, Aluminium (Verchromen) mit dem Anhydrid der Chromsäure CrO_3 und Chromsulfat $Cr_2(SO_4)_3$ in schwefelsaurer Lösung
$KMnO_4$	**Kaliumpermanganat,** Salz der Permangansäure $HMnO_4$; violette, leicht lösliche Kristalle; sehr starkes Oxidationsmittel; Desinfektionsmittel des Mund- und Rachenraumes; zur Zerstörung von Cyaniden und chemischen Kampfstoffen

Übersicht 7-15

7.6 Komplex- oder Koordinationsverbindungen

Komplex- oder **Koordinationsverbindungen** bestehen aus einem **Zentralteilchen,** um das die so genannten **Liganden** gruppiert sind. Das können Atome, Ionen oder Moleküle sein. Auch das Zentralteilchen kann ein Atom oder ein Ion sein.

Die meisten Komplexverbindungen haben Metallatome oder -ionen im Zentrum. Die Anzahl der Liganden ist die **Koordinationszahl.** Sie ist größer als die Zahl der Bindungen, die das Zentralatom in einfachen Verbindungen ausbildet. So besitzt Fe^{2+} in $FeCl_2$ zwei Partner, im Komplex des $[Fe(CN)_6]^{2+}$-Ions sechs Partner oder Liganden (Cyanid-Ionen: CN^-). Zwischen Zentralteilchen und Liganden bestehen feste Bindungen. Deshalb sind Komplexe nicht oder nur gering dissoziiert. Die räumliche Anordnung der Liganden um das Zentrum entspricht dem Bau der Moleküle, wie er in Abschnitt 5.4.8, Abb. 5-18, beschrieben ist: Die Koordinatenzahl 2 führt zur Bildung linearer Komplexe, KZ = 4 in der Regel zu Tetraedern und KZ = 6 zu Oktaedern usw.

Bei der Formelangabe wird der Komplex in eckige und die Liganden werden in runde Klammern gesetzt.

Sind sowohl Zentralteilchen als Liganden ungeladen, entstehen neutrale Komplexverbindungen (Fall a). Steht im Zentrum ein Ion, so ergibt sich die Ladung des Komplexes aus dessen Ionenladung und der Ladung der Liganden: Ein positiv geladenes Zentralion mit ungeladenen Liganden ergibt ein positiv geladenes Komplexion (Fall b). Ist das Zentralteilchen positiv, die Liganden negativ, so überwiegt die Überschussladung (Fall c).

Beispiele:

Fall a) Metallkomplexe mit Kohlenstoffmonoxid CO entstehen aus dem Metallpulver und CO bei hohem Druck. Sie heißen Metallcarbonyle. Man erzeugt aus ihnen durch Zersetzung sehr reine Metalle oder komplizierter zusammengesetzte Komplexe. Sie sind sehr giftig!

Beispiele: $[Ni(CO)_4]$ Nickeltetracarbonyl
$[Fe(CO)_5]$ Eisenpentacarbonyl
$[Cr(CO)_6]$ Chromhexacarbonyl

Fall b) Viele einfache Verbindungen oder Metallionen bilden mit ungeladenen Molekülen Komplexionen, die positiv geladen sind.

Beispiele: $AgCl$ + $2\,NH_3$ → $[Ag(NH_3)_2]^+$ + Cl^- Diamminsilber(I)-chlorid
fest, schwer löslich ... löslich

Cu^{2+} + $4\,NH_3$ → $[Cu(NH_3)_4]^{2+}$ Tetramminkupfer(II)-Kation
löslich

Ni^{2+} + $6\,NH_3$ → $[Ni(NH_3)_6]^{2+}$ Hexamminnickel(II)-Kation
löslich

1. Versetzen Sie 2–3 ml einer 1%igen Silbernitratlösung $AgNO_3$ tropfenweise mit NaCl-Lösung.
Beobachtung? Geben Sie die Gleichung für die Ionenreaktion an! Welche Ionen bleiben in Lösung? Prüfen Sie die Lösung mit rotem Lackmuspapier.
Geben Sie nun tropfenweise verdünnte Ammoniaklösung dazu. Beobachtung? Vergleich mit o. a. Gleichung! Prüfen Sie das Produkt mit rotem Lackmus.   R 38, S 24, S 29

C
Ätzend

2. Wiederholen Sie den Versuch in analoger Weise mit Kupfersulfat $CuSO_4$ durch tropfenweise Zugabe von Ammoniaklösung bis zum Überschuss. Beobachtung? Welche Verbindung entsteht zunächst? Geben Sie die Gleichung für die Ionenreaktion an. Welche Reaktion läuft beim 2. Versuchsschritt ab? Welches Ion entsteht? Vergleichen Sie mit o. a. Gleichung und formulieren Sie die Gesamtgleichung für die Komplexbildung.   R 38, S 24, S 29

3. Wiederholen Sie den Versuch mit $NiSO_4$ und Ammoniaklösung (Auswertung wie unter 2.).   R 38, S 24, S 29

Fall c) Bei der Anlagerung negativer Liganden an das Zentralteilchen bildet sich ein negativ geladenes Komplex-Ion.

1. Beispiel: Fe^{2+} + $6\,CN^-$ → $[Fe(CN)_6]^{4-}$ Hexacyanoeisen(II)-Ion
Hexacyanoferrat(II)-Ion

Aufgabe: Formulieren Sie die Gesamtgleichung für die Reaktion von Eisen(II)-sulfat $FeSO_4$ mit Kaliumcyanid KCN zu Kaliumhexacyanoferrat(II) (gelbes Blutlaugensalz).

2. Beispiel: $Fe^{3+} + 6\,CN^- \rightarrow [Fe(CN)_6]^{3-}$ Hexacyanoferrat(III)-Ion

Aufgabe: Formulieren Sie die Gesamtgleichung für die Reaktion von Eisen(III)-chlorid mit Natriumcyanid NaCN zu Natriumhexacyanoferrat(III) (rotes Blutlaugensalz).

3. Beispiel: $Ag^+ + 2\,S_2O_3^{2-} \rightarrow [Ag(S_2O_3)_2]^{3-}$ Dithiosulfatoargentat(I)-Ion
Bisthiosulfatoargentat(I)-Ion

Versuch   Versetzten Sie 2–3 ml verdünnte Silbernitratlösung tropfenweise mit Natriumthiosulfat-Lösung bis zur Auflösung des Niederschlags! Beobachtung? Welche Reaktionen laufen in beiden Teilschritten ab? Formulieren Sie die Gesamtgleichungen!

Eigentlich sind Sulfat-, Perchlorat-, Nitrat-, Phosphat- u. a. Säurerest-Ionen auch Komplex-Anionen und könnten als solche formuliert werden: $[SO_4]^{2-}$, $[ClO_4]^-$ oder (SO_4^{2-}), (ClO_4^-) usw. Die IUPAC-Regeln schreiben die Verwendung von Klammern in diesen Fällen nicht vor. Hydratisierte Ionen wie $[Cr(H_2O)_6]^{3+}$ oder $[Cu(H_2O)_4]^{2+}$ werden dagegen in Klammern gesetzt.

Aus den Beispielen wird deutlich, dass vor allem Nebengruppenelemente Komplex- oder Koordinationsverbindungen bilden können. Das Zentralteilchen muss als Voraussetzung zur Komplexbildung freie Unterenergieniveaus bzw. freie Atomorbitale besitzen. Das ist bei Nebengruppenelementen (und Hauptgruppenelementen in höheren Perioden) der Fall. Als Liganden sind Ionen oder neutrale Moleküle geeignet, die über freie (nichtbindende) Elektronenpaare verfügen. Somit können Liganden als Elektronendonatoren auftreten und ein Elektronenpaar an die freien Unterenergieniveaus anlagern. Die Zentralteilchen als Elektronenacceptoren erreichen dabei zumeist die nächst höhere stabile Elektronenkonfiguration. Liganden sind Elektronendonatoren, Zentralteilchen Elektronenacceptoren.

Die Bindungen in Komplexen werden als koordinativ (bzw. kovalent) bezeichnet. Obwohl das Elektronenpaar nur vom Liganden stammt, sind es im Prinzip Atombindungen.

Beispiele:

$[Ni(CO)_4]$ Elektronenzahl $Ni^{\pm 0}$: 28
+ 4 Elektronenpaare von CO: 8   Summe 36 (Krypton)

$[Fe(CO)_5]$ Elektronenzahl $Fe^{\pm 0}$: 26
+ 5 Elektronenpaare von CO: 10   Summe 36 (Krypton)

$[Cr(CO)_6]$ Elektronenzahl $Cr^{\pm 0}$: 24
+ 6 Elektronenpaare von CO: 12   Summe 36 (Krypton)

Aufgabe: Überprüfen Sie, in welcher Weise die Carbonyle $[W(CO)_6]$, $[V(CO)_6]$, $[Ru(CO)_6]$ den stabilen Edelgaskonfigurationen entsprechen!

Nickel besitzt folgende Elektronenkonfiguration: $1s^2\ 2s^2\ 2p^6\ 3s^2\ 3p^6\ 4s^2\ 3d^8$. Somit sind als freie Atomorbitale oder freie Unterenergieniveaus vorhanden: auf 3d ein Orbital, auf 4p drei Orbitale, d. h., 8 Elektronen oder 4 Elektronenpaare können aufgenommen werden. Somit ist die Anlagerung von 4 Liganden möglich. Auch Kohlenstoffmonoxid erreicht ein Oktett und damit höhere Stabilität (Abb. 7-20).

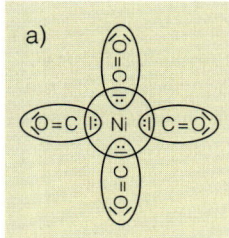 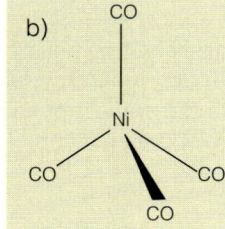 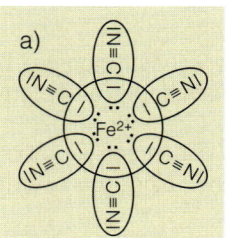 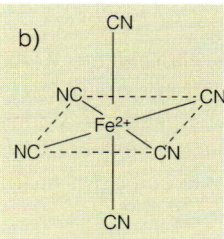

Abb. 7-20 Nickeltetracarbonyl [Ni(CO)$_4$]
a) Elektronen- b) räumliche Anord-
konfiguration   nung der Liganden
                       als Tetraeder

Abb. 7-21 Hexacyanoferrat(II)-Kation
a) Elektronenkonfigu- b) räumliche Anord-
ration   nung der Liganden
                                    als Oktaeder

(Die Doppelpunkte symbolisieren Elektronen des Zentralteilchens, die Striche Elektronenpaare der Liganden)

Zu einem gleichartigen Ergebnis gelangt man, wenn man die Konfiguration des Hexacyanoferrat(II)-Kations analysiert. Fe^{2+} hat insgesamt 24 e$^-$ und 12 freie Energieplätze (6 auf dem 3d- und 6 auf dem 4p-Niveau) (vgl. Abb. 7-21). Mit 6 Cyanid-Ionen (6 Elektronenpaare) erreicht das Fe^{2+}-Ion die Konfiguration des Kryptons.

Aufgabe: 1. Warum ist das Anion in K$_3$[Fe(CN)$_6$] weniger stabil als in K$_4$[Fe(CN)$_6$]?

2. Analysieren Sie die Elektronenkonfiguration folgender Komplexe und stellen Sie fest, welche Zentralteilchen Edelgaskonfiguration erreichen (welche Edelgase?)!

Hexachloroplatinat(IV)-Anion [PtCl$_6$]$^{2-}$

Hexaaquachrom(III)-Kation [Cr(H$_2$O)$_6$]$^{3+}$

Hexammincobalt(II)-Kation [Co(NH$_3$)$_6$]$^{2+}$

Tetrahydroxozinkat(II)-Anion [Zn(OH)$_4$]$^{2-}$

Die Namen für einfache Komplexverbindungen werden nach folgenden IUPAC-Rgeln gebildet:

1. Ungeladene Zentralatome und Liganden werden in der Reihenfolge Metallname – Zahl der Liganden – Ligandenname bezeichnet: [Ni(CO)$_4$] Nickeltetracarbonyl.

2. Ist der Komplex ein Kation und die Liganden neutral, so werden erst die Liganden (bzw. die Anzahl) und dann das Zentralteilchen und seine Oxidationszahl genannt: [Ag(NH$_3$)$_2$]$^+$ Diamminsilber(I)-Kation.

3. Ist der Komplex ein Anion, so wird folgende Reihenfolge eingehalten: Kation – griechisches Zahlwort – Liganden – Zentralteilchen – Ladung des Zentralteilchen: K[Ag(CN)$_2$] Kaliumdicyanoargentat(I).
Die Endung lautet -at.

4. Wichtige neutrale Liganden sind H_2O (aqua), NH_3 (ammin), CO (carbonyl).

5. Wichtige anionische Liganden sind F^- (fluoro), Cl^- (chloro), OH^- (hydroxo), CN^- (cyano), $S_2O_3^{2-}$ (thiosulfato). (Organische Liganden: siehe speziellere Literatur).

6. Die Oxidationszahl des Zentralteilchens folgt als römische Ziffer nach dem Namen des Zentralteilchens.

Kompliziertere Komplexe können mehrere Zentralteilchen enthalten (mehrkernige Komplexverbindungen). Bei Chelatkomplexen liefern Liganden mehrere Elektronenpaare (Chelate). Ungesättigte organische Liganden bilden mithilfe der π-Elektronen ihrer Doppelbindungen (vgl. Anschnitt 5.4.10) so genannte „Sandwich-Verbindungen" (Abb. 7-22), die z. T. als Katalysatoren bei Polymerisationen eingesetzt werden.

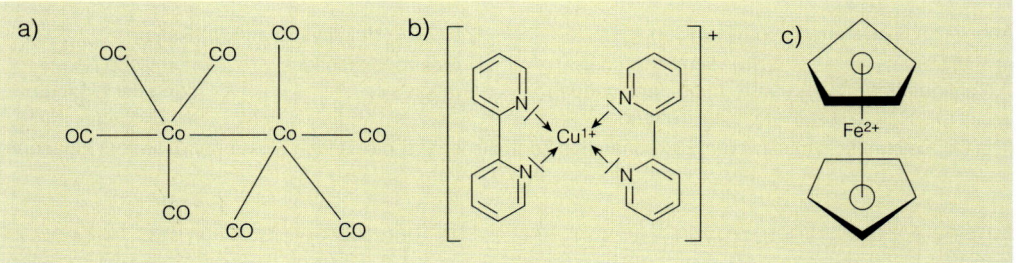

Abb. 7-22 Beispiele für komplizierte Koordinations- oder Komplexverbindungen

a) mehrkernige (zweikernige) Verbindung $[Co_2(CO)_8]$

b) Chelatkomplex (Kupfer(I)-Bis(2,2' Dipyridil)-Komplexion

c) Sandwich-Verbindung Ferrocen $[Fe(C_5H_5)_2]$ (Bis-II-cyclopentadienyl-eisen(II)

7.7 Aufgaben zur Wiederholung von Kapitel 7

1. Charakterisieren Sie die Stellung der Metalle und Nichtmetalle im Periodensystem der Elemente!

2. Wie erklären sich die „Schrägbeziehungen" im Periodensystem und die Diagonale der Halbmetalle zwischen den Metallen und Nichtmetallen?

3. Vergleichen Sie die allgemeinen Eigenschaften der Metalle mit denen der Nichtmetalle!

4. Vergleichen Sie die Ionisierungsenergien der 7. sowie der 1. Hauptgruppe. Begründen Sie die Änderung der Werte innerhalb der Gruppe!

5. Diskutieren Sie die Änderung der Werte für die physikalischen Eigenschaften in den Hauptgruppen 1, 2, 6 und 7 sowie die Tendenz der chemischen Eigenschaftsänderungen!

6. Was sind Legierungen?

7. Begründen Sie, dass in der Definition der Säure und Base nach BRÖNSTED die Säuren und Basen nach ARRHENIUS mit berücksichtigt sind!

8. Wie können sauerstofffreie und sauerstoffhaltige Säuren dargestellt werden? Welcher Unterschied besteht zwischen Säurerest-Ion und Säureanhydrid? Warum besitzt Salzsäure kein Säureanhydrid?

9. Warum hat Brom eine oxidierende Wirkung gegenüber Iodid-Ionen, jedoch nicht gegenüber Chlorid-Ionen?

10. Wie heißen Orthokieselsäure H_4SiO_4, Orthoborsäure H_3BO_3 und Thioschwefelsäure $H_2S_2O_3$ nach der IUPAC-Nomenklatur?

11. Welche Säuren bzw. Base sind leichtflüchtig? Wie können sie aus ihren Salzen verdrängt werden?

12. Beschreiben Sie den Vorgang des Lösens, Dissoziierens und Hydratisierens eines Salzes und einer Säure (HCl)!

13. Warum dissoziieren mehrwertige Säuren in Stufen mit deutlich abnehmendem Dissoziationsgrad?

14. Was versteht man unter starken und schwachen Elektrolyten bzw. Säuren und Basen (Beispiele)?

15. Warum sind Wasserstoff-Ionen (Protonen) in wässrigen Säurelösungen als Hydronium-Ionen gebunden?

16. Erläutern Sie an Beispielen, welche Salzbildungsmöglichkeiten bestehen.

17. Erklären Sie die Unterschiede in der Reaktion von verdünnter und konzentrierter Schwefelsäure bzw. Salpetersäure mit Zink und Kupfer!

18. Wie werden Hydroxide dargestellt?

19. Durch welche Indikator-Stoffe können Säuren und Basen nachgewiesen werden? Welche Farbänderungen ergeben sich beim Nachweis?

20. Erläutern Sie das Wesen der Protolyse an geeigneten Beispielen!

21. Was versteht man unter Autoprotolyse des Wassers?

22. Auf welcher Seite liegt das Protolysegleichgewicht einer starken bzw. schwachen Säure im Wasser?

23. Wie sind Komplex-(Koordinations-)Verbindungen aufgebaut?

24. Warum bilden nur Elemente höherer Ordnungzahl das Zentralteilchen in Komplexen?

25. Woraus erklärt sich die hohe Stabilität (geringe Dissoziation) der Komplexe?

8 Stöchiometrische Berechnungen

8.1 Grundlegende Gesetze

Das chemische Rechnen oder die Stöchiometrie (griech. Messen von Bestandteilen, wörtlich: Messen von Buchstaben als Bestandteile der Schrift) stellt einen Zusammenhang zwischen der chemischen Reaktion und den Stoffmassen her, die sich dabei umsetzen. Grundlage der Stöchiometrie sind folgende Gesetze und Zusammenhänge:

1. Das Gesetz von der Erhaltung der Masse: Bei einer chemischen Reaktion bleibt die Gesamtmasse der Stoffe konstant.

2. Die Gesetze von den konstanten und multiplen Proportionen als die eigentlichen stöchiometrischen Gesetze (vgl. Abschnitt 3.1).

3. Die LOSCHMIDTsche oder AVOGADROsche Konstante: Die Teilchenzahl in 1 Mol beträgt $6{,}022 \cdot 10^{23}$ (Atome, Moleküle, Ionenpaare entsprechend der Formel, Elementarladungen; vgl. Abschnitt 3.1 und 3.9).

4. Die Teilchen verbinden sich entsprechend ihrer Wertigkeit oder Bindigkeit.

8.2 Schrittfolge beim chemischen Rechnen

Die Vorgehensweise beim chemischen Rechnen soll an folgender Aufgabe demonstriert werden:

Aufgabenstellung: Calciumhydroxid bindet mit Kohlenstoffdioxid zu Calciumcarbonat und Wasser ab. Wie viel Gramm Calciumcarbonat und Wasser entstehen aus 1000,00 g Calciumhydroxid? Wie viel Gramm Kohlenstoffdioxid sind zum Abbinden dieser Menge notwendig?

Schrittfolge für die stöchiometrische Berechnung:

1. Die Reaktionsgleichung wird unter Berücksichtigung der Wertigkeiten (richtige Formeln!) aufgestellt; die Gleichheit der Teilchenzahl auf beiden Seiten der Gleichung wird kontrolliert:

$$Ca(OH)_2 \quad + \quad CO_2 \quad \rightarrow \quad CaCO_3 \quad + \quad H_2O$$

Teilchenzahl der Ausgangsstoffe	Teilchenzahl der Endprodukte
$1 \cdot Ca$	$1 \cdot Ca$
$2 \cdot O + 2 \cdot O = 4 \cdot O$	$3 \cdot O + 1 \cdot O = 4 \cdot O$
$2 \cdot H$	$2 \cdot H$
$1 \cdot C$	$1 \cdot C$

2. Die molaren Massen der Verbindungen werden aus den relativen Atommassen errechnet (entsprechend den Anteilen der Stoffe laut Formel):

Gerundete molare Massen für

$Ca(OH)_2$:   40,08 g (Ca) + 2 · 16 g (O) + 2 · 1,01 g (H) =   74,10 g · mol^{-1}
CO_2 :   12,01 g (C) + 2 · 16 g (O) =   44,01 g · mol^{-1}
$CaCO_3$:   40,08 g (Ca) + 12,01 g (C) + 3 · 16 g (O) = 100,09 g · mol^{-1}
H_2O : 2 · 1,01 g (H) + 16 g (O) =   18,02 g · mol^{-1}

3. Die ermittelten Zahlenwerte für die molaren Massen werden unter die betreffenden Stoffe in die Reaktionsgleichung eingetragen:

$Ca(OH)_2$ + CO_2 → $CaCO_3$ + H_2O
74,10 g · mol^{-1} 44,01 g · mol^{-1} 100,09 g · mol^{-1} 18,02 g · mol^{-1}

4. Die gegebenen und die gesuchten Stoffmengen der Aufgabenstellung werden über die betreffenden Stoffe in die Reaktionsgleichung eingetragen:

1000,00 g   x g   y g   z g
$Ca(OH)_2$ + CO_2 → $CaCO_3$ + H_2O
74,10 g · mol^{-1} 44,01 g · mol^{-1} 100,09 g · mol^{-1} 18,02 g · mol^{-1}

5. Da sich infolge der gleichen Teilchenzahl je Mol die Stoffe in konstanten Gewichtsverhältnissen binden, können die gesuchten Massen durch Verhältnisrechnung ermittelt werden. Dazu sind die Proportionsgleichungen aufzustellen:

für CO_2

$$\frac{x}{44,01 \text{ g} \cdot mol^{-1}} = \frac{1000,00 \text{ g}}{74,10 \text{ g} \cdot mol^{-1}} \qquad x = 593,92 \text{ g } CO_2$$

für $CaCO_3$

$$\frac{y}{100,09 \text{ g} \cdot mol^{-1}} = \frac{1000,00 \text{ g}}{74,10 \text{ g} \cdot mol^{-1}} \qquad y = 1350,74 \text{ g } CaCO_3$$

für H_2O

$$\frac{z}{18,02 \text{ g} \cdot mol^{-1}} = \frac{1000,00 \text{ g}}{74,10 \text{ g} \cdot mol^{-1}} \qquad z = 243,18 \text{ g } H_2O$$

Ergebnis: Aus 1000,00 g $Ca(OH)_2$ entstehen beim Abbinden ca. 1351 g $CaCO_3$ und 243 g H_2O. Es werden rund 594 g CO_2 verbraucht.

6. Kontrolle: Die Masse der Ausgangsstoffe muss gleich der Masse der Endprodukte sein:

Summe der Ausgangsstoffe: 1000,00 g   +   593,92 g   =   1593,92 g

Summe der Endprodukte: 1350,74 g   +   243,18 g   =   1593,92 g

8.3 Rechenbeispiel für teilweisen Umsatz der Ausgangsstoffe

Eine Berechnung nach den sechs Schritten der vorausgegangenen Aufgabe ist nur bei 100%igem Stoffumsatz möglich. Bei der so genannten Wassergasreaktion zur Gewinnung von Wasserstoff bei etwa 630 °C entstehen aus Kohlenstoffmonoxid und Wasser Kohlenstoffdioxid und Wasserstoff, wobei nur zwei Drittel der Mole der Ausgangsstoffe an der Umsetzung teilnehmen. Dieser Sachverhalt muss im letzten Teilschritt der Berechnungen Berücksichtigung finden.

Die Aufgabenstellung soll lauten: Wie viel kg Wasserstoff kann man im Gleichgewicht beim Umsetzen von 1 kg Kohlenstoff gewinnen?

Schrittfolge für die stöchiometrische Berechnung:

1. Zunächst ist die Gleichung für die Oxidation von Kohlenstoff zu Kohlenstoffmonoxid aufzustellen. Der Umsatz zu Kohlenstoffmonoxid erfolgt zu 100 %. Es ist zu errechnen, wie viel Gramm Kohlenstoffmonoxid aus 1 kg Kohlenstoff entstehen:

$$
\begin{array}{llll}
1000\ \text{g} & & & x\ \text{g} \\
C & + & \tfrac{1}{2}\,O_2 \rightarrow & CO \\
12{,}01\ \text{g}\cdot\text{mol}^{-1} & & & 28{,}01\ \text{g}\cdot\text{mol}^{-1}
\end{array}
$$

Nach dem Sauerstoffverbrauch ist nicht gefragt, somit ist nur die Proportion zwischen Kohlenstoff und Kohlenstoffmonoxid aufzustellen:

$$
\frac{x}{28{,}01\ \text{g}\cdot\text{mol}^{-1}} = \frac{1000\ \text{g}}{12{,}01\ \text{g}\cdot\text{mol}^{-1}}
$$

$$
x = 2332{,}22\ \text{g CO}
$$

Beim Verbrennen von 1 kg Kohlenstoff entstehen rund 2332 g Kohlenstoffmonoxid. Die weiteren Berechnungen erfolgen mit gerundeten relativen molaren Massen.

Schrittfolge für die stöchiometrische Berechnung:

2. Die Ausgangs- und die Endstoffe der Wassergasreaktion sind Kohlenstoffmonoxid und Wasserdampf bzw. Kohlenstoffdioxid und Wasserstoff:

$$
\begin{array}{llllll}
2332\ \text{g} & & & & & x\ \text{g} \\
CO & + & H_2O & \rightleftharpoons & CO_2 + & H_2 \\
28\ \text{g}\cdot\text{mol}^{-1} & & & & & 2\ \text{g}\cdot\text{mol}^{-1}
\end{array}
$$

Da der Umsatz nur zu $\tfrac{2}{3}$ Mol erfolgt, bleiben beim Einsatz von 1 Mol CO und 1 Mol H_2O von jedem Ausgangsstoff $\tfrac{1}{3}$ Mol bzw. $\tfrac{2332}{3}$ g CO im Gleichgewicht übrig und es entstehen nicht 1 Mol H_2 bzw. x g Wasserstoff, sondern $\tfrac{2}{3}$ Mol bzw. $\tfrac{2}{3}$ x g Wasserstoff. Somit ergibt sich:

$$
\begin{array}{llllll}
2332\ \text{g}\cdot\tfrac{2}{3} & & & & & x\ \text{g} \\
CO & + & H_2O & \rightleftharpoons & CO_2 + & H_2 \\
28\ \text{g}\cdot\text{mol}^{-1} & & & & & 2\ \text{g}\cdot\text{mol}^{-1}
\end{array}
$$

$$
\frac{x}{2\ \text{g}\cdot\text{mol}^{-1}} = \frac{2332\cdot\tfrac{2}{3}\ \text{g}}{28\ \text{g}\cdot\text{mol}^{-1}}
$$

$$
x = 111\ \text{g Wasserstoff}
$$

Bei der Wassergasreaktion entstehen aus 1 kg Kohlenstoff bei einem $\tfrac{2}{3}$ Umsatz 111 g Wasserstoff (bei vollständigem Umsatz würden ca. 166 g gebildet werden).

8.4 Rechenbeispiel für den Volumenumsatz

Beim Umsatz von Gasen – wie im vorangegangenen Beispiel – wird weniger nach der Masse, sondern vielmehr nach dem Volumen gefragt. In diesem Fall geht man davon aus, dass stets 1 Mol Gas unabhängig von der Gasart bei Normalbedingungen, d. h. bei 0 °C und 101,325 kPa (= 1,01325 bar) ein Volumen von 22,414 l (Molvolumen) einnimmt (vgl. Abschnitt 3.9). Somit kann für 1 Mol bzw. 2 g Wasserstoff das Volumen von 22,414 l eingesetzt werden:

$$
\begin{array}{ccccccc}
2332\ g\ \cdot\ {}^2/_3 & & & & & x\ l & \\
CO & + & H_2O & \rightarrow & CO_2 & + & H_2 \\
28\ g & & & & & & 22,414\ l
\end{array}
$$

$$
\frac{x}{22,414\ l} = \frac{2332\ g\ \cdot\ {}^2/_3}{28\ g}
$$

$$
x = 1244,5\ l\ \text{Wasserstoff}
$$

1244,5 l Wasserstoff entstehen aus 1 kg Kohlenstoff bei einem $^2/_3$ Umsatz der Ausgangsstoffe (bezogen auf 0 °C und 101,325 kPa).

Durch Verwendung von Volumina vereinfacht sich die stöchiometrische Rechnung häufig, wie folgendes Beispiel zeigt:

Aufgabenstellung: **Wie viel Liter Sauerstoff entstehen, wenn sich 1,000 g Quecksilberoxid beim Erhitzen unter Normalbedingungen thermisch zersetzt?**

$$
\begin{array}{cccccc}
1,000\ g\ \cdot & {}_{(T)} & & & x\ l & \\
HgO & \rightarrow & Hg^{60} & + & {}^1/_2\ O_2 & \\
216,589\ g & & & & {}^1/_2 \cdot 22,414\ l &
\end{array}
$$

$$
\frac{x}{{}^1/_2 \cdot 22,414\ l} = \frac{1,000\ g}{216,589\ g}
$$

$$
x = 0,052\ l\ \text{Sauerstoff}
$$

Bei der vollständigen thermischen Zersetzung von 1,000 g Quecksilberoxid erhält man unter Normalbedingungen 52 cm³ Sauerstoff.

8.5 Rechenbeispiel für die Metallgewinnung aus Erzen

Bei Erzen, Lösungen und dergleichen muss ebenso wie beim unvollständigen Umsatz der Anteil (Konzentration, Prozentgehalt etc.) berücksichtigt werden, wie an folgendem Beispiel gezeigt wird:

Aufgabenstellung: **Wie viel Eisen kann aus 1 t Roteisenstein, Fe_2O_3, durch Reduktion mit Kohlenstoffmonoxid gewonnen werden, wenn der Erzgehalt 80 % beträgt?**

$$
\begin{array}{ccccccc}
800\ kg & & & & x & & \\
Fe_2O_3 & + & 3\ CO & \rightarrow & 2\ Fe & + & 3\ CO_2 \\
159,7\ g \cdot mol^{-1} & & & & 2 \cdot 55,85\ g \cdot mol^{-1} & &
\end{array}
$$

$$
\frac{x}{2 \cdot 55,85\ g \cdot mol^{-1}} = \frac{800\ kg}{159,7\ g \cdot mol^{-1}}
$$

$$
x = 559,5\ kg
$$

Aus 1 t Roteisenstein mit einem Erzgehalt von 80 % können durch Reduktion mit Kohlenstoffmonoxid ca. 560 kg Eisen gewonnen werden.

8.6 Aufgaben zur Stöchiometrie

1. Aus Zink und Salzsäure sollen unter Normalbedingungen 10 l Wasserstoff erzeugt werden. Wie viel 5%ige Salzsäure (Masseprozente) und wie viel Gramm Zink sind dazu notwendig?

2. Wie viel Gramm Schwefel sind notwendig, um 1 Mol Eisen zu Eisensulfid umzusetzen?

3. Ein Kilogramm 3%ige Salzsäure (Masseprozent) muss neutralisiert werden. Wie viel Gramm festes Natriumhydroxid sind dafür notwendig?

4. Durch Brennen von Kalkstein ($CaCO_3$) sollen 1000 cm^3 Kohlenstoffdioxid unter Normalbedingungen erzeugt werden. Wie viel Kalkstein ist notwendig? Wie viel Branntkalk fällt dabei an und wie viel Löschkalk kann daraus gewonnen werden?

5. 10 g Kupferoxid werden mit Wasserstoff reduziert. Wie viel Gramm Kupfer entstehen? Wie viel Liter Wasserstoff sind unter Normalbedingungen notwendig?

6. Wie viel Teilchen sind bei Normbedingung in einem Liter Sauerstoff enthalten?

7. Wie viel Mol Wasser enthält 1 Liter Wasser bei 4 °C?

8. Beim aluminothermischen Schweißen wird Eisen aus Eisenoxid Fe_3O_4 durch Reduktion mit Aluminium freigesetzt. Durch die entstehende Reaktionswärme wird das Eisen flüssig und kann z. B. zum Verschweißen von Straßenbahnschienen dienen. Es sollen 500 cm^3 Eisen (Dichte 7,87 $g \cdot cm^{-3}$) erzeugt werden. Wieviel Eisenoxid und Aluminiumpulver müssen mindestens zur Reaktion gebracht werden?

9. Um die Oberfläche von warmgewalzten Stahlblechen von Walzzunder (Fe_3O_4) zu befreien, werden die Bleche bei 50 bis 80 °C in 20%iger Schwefelsäure gebeizt. Wie viel Kilogramm Schwefelsäurelösung sind erforderlich, um 2 kg Zunder zu lösen?

   Anmerkung: Fe_3O_4 besteht aus der Verbindung $FeO \cdot Fe_2O_3$.

10. Ein Brauchwasser enthält als Härtebildner 650 mg Calciumhydrogencarbonat $Ca(HCO_3)_2$ je Liter. Das Salz soll durch den Zusatz von Natriumcarbonat (Soda) als Kalkschlamm ausgefällt werden. Es sind 10 Kubikmeter Wasser zu enthärten. Wie viel Soda wird benötigt?

11. Ein Hauptbestandteil des Benzins sind Octane C_8H_{18}. Sie verbrennen bei vollständiger Oxidation zu Kohlenstoffdioxid und Wasser. Die Dichte beträgt rund 0,72 $g \cdot cm^{-3}$. Wie viel Liter (bzw. m^3) Sauerstoff verbrauchen 1000 Autos auf 100 km, wenn sie auf dieser Strecke 8 l Benzin je Auto verbrennen (Normalbedingungen)?

12. Wie viel Tonnen Schwefeldioxid entstehen beim Verbrennen von 1 Mio Tonnen Braunkohle, die im Mittel 1 % Schwefel enthält?

9 Energieänderungen beim Ablauf chemischer Reaktionen

9.1 Reaktionswärme und Reaktionsenthalpie

Jeder Stoff besitzt einen bestimmten Energieinhalt, der sich aus der Summe der Energiearten der Teilchen zusammensetzt (thermische, chemische u. a. Energie). Die Gesamtenergie ist abhängig vom Zustand des Stoffes und dieser wiederum von den **Zustandsvariablen** (Zustandsgrößen): Temperatur, Druck, Volumen, Konzentration und Zusammensetzung.

> **Der Energiegehalt eines Stoffes wird innere Energie genannt.**

Er kann nicht bestimmt werden. Nur Änderungen der inneren Energie sind messbar.
Bei einem chemischen Vorgang interessiert daher nur, wie sich Ausgangs- und Endstoffe in ihrer Energie unterscheiden. Die chemischen Zeichen für die energetischen Kenngrößen wie die Reaktionswärme u. a. werden deshalb mit dem Zeichen Δ (griech. Delta) für Energiedifferenz versehen.

Führt man den Ausgangsstoffen im chemischen Vorgang Energie von außen zu, so erhöht sich die innere Energie der Produkte. Geben die Edukte Energie ab, erniedrigt sich die innere Energie der Endstoffe um den freigesetzten Betrag. Bei allen chemischen Vorgängen finden zusammen mit den Stoffumwandlungen auch immer Energieumwandlungen statt.

> **Die Ausgangsstoffe haben stets einen anderen Energiegehalt als die Endprodukte.**

Der **Energieerhaltungssatz** sagt aus, dass Energie weder neu entstehen, noch vernichtet werden kann.

Daraus folgt für den **1. Hauptsatz der Thermodynamik** (Wärmelehre):
Die von den Stoffen aufgenommene oder abgegebene Energiemenge ist nur vom Anfangs- und Endzustand der Stoffe, die am Vorgang beteiligt sind, abhängig. Da die umgesetzte Energie häufig als Wärmeenergie in Erscheinung tritt, spricht man auch von **Wärmetönung** des Vorgangs.

Die bei einer Umsetzung der Stoffe beteiligte Energiemenge heißt **Reaktionsenergie** oder **Reaktionswärme** ΔU, wenn der Vorgang ohne Volumenänderung der beteiligten Stoffe abläuft (V = konst.), und **Reaktionsenthalpie** ΔH (H von heat, engl. Wärme), wenn er ohne Druckänderung erfolgt (p = konst.). Die Maßeinheit ist Joule (J) bzw. Kilojoule (kJ). Die Angabe bezieht sich immer auf 1 Mol.

Chemische Vorgänge verlaufen meist isobar, deshalb wird nachfolgend der Begriff Reaktionsenthalpie verwendet, um Wärmetönungen anzugeben.
Nach dem ersten Hauptsatz gilt für die Änderung der Reaktionsenthalpie im Verlauf eines chemischen Vorgangs:

$$\Delta H = \sum \Delta H_{\text{Produkte}} - \sum \Delta H_{\text{Edukte}}$$

> **Die Enthalpie des Vorgangs ist die Differenz zwischen den Enthalpien der Edukte und der Produkte.**

Die Energieänderung wird immer vom Edukt aus betrachtet: Verläuft die Reaktion von den Edukten zu den Produkten unter Energieabgabe, also **exotherm,** so bedeutet das, gemessen an der Energie der Ausgangsstoffe, Energieverlust, Verminderung der inneren Energie. Die Enthalpie des Vorgangs erhält ein negatives Vorzeichen:

$$\sum \Delta H_{Edukte} > \sum \Delta H_{Produkte}$$

Gehen die Edukte unter Energieaufnahme in die Produkte über, so ist das für die Produkte gegenüber den Edukten ein Energiegewinn (Erhöhung der inneren Energie). Der Vorgang verläuft **endotherm** und die Enthalpie erhält ein positives Vorzeichen:

$$\sum \Delta H_{Edukte} < \sum \Delta H_{Produkte}$$

Der **HESSsche Satz** von den konstanten Wärmemengen ist eine spezielle Formulierung des 1. Hauptsatzes:

> **Die Energiemenge, die zwischen Ausgangs- und Endstoffen abgegeben oder aufgenommen wird, ist unabhängig vom Weg gleich groß.**

Beispielsweise kann Stickstoffdioxid direkt endotherm gebildet werden oder in zwei Schritten über das Zwischenprodukt NO in einem endothermen und einem exothermen Vorgang:

Weg 1: $\quad N_2 + 2\,O_2 \rightarrow 2\,NO_2 \quad \Delta H = +33{,}1\ kJ \cdot mol^{-1}$

Weg 2a: $\quad N_2 + O_2 \rightarrow 2\,NO \quad \Delta H = +90{,}3\ kJ \cdot mol^{-1}$

$\quad$ b: $\quad 2\,NO + O_2 \rightarrow 2\,NO_2 \quad \Delta H = \underline{-57{,}2\ kJ \cdot mol^{-1}}$

$$\hspace{6cm} +33{,}1\ kJ \cdot mol^{-1}$$

Die Energiemenge des 1. Weges bis zum Endprodukt NO_2 ist gleich der des 2. Weges, der über ein Zwischenprodukt führt.

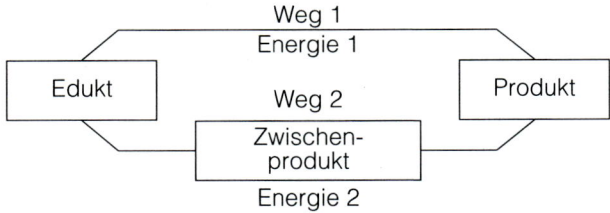

Energie 1 = Energie 2

Der HESSsche Satz ermöglicht es, Reaktionsenthalpien von Zwischenprodukten zu errechnen. So ist die Enthalpie bei der Umsetzung von Kohlenstoff (Graphit) mit reinem Sauerstoff zu 100 % Kohlenstoffmonoxid nicht direkt bestimmbar, weil CO immer im Gemisch mit Kohlenstoffdioxid entsteht. Es sind jedoch die Enthalpien für die Bildung von CO_2 aus Kohlenstoff und für die Bildung von CO_2 aus CO bekannt. Die Berechnung der Enthalpie für die Bildung von Kohlenstoffmonoxid aus Kohlenstoff ist somit möglich:

1. Weg: $\quad C + O_2 \rightarrow CO_2 \quad\quad \Delta H_{CO_2} = -394\ kJ \cdot mol^{-1}$

2. Weg a: $\quad 2\,C + O_2 \rightarrow 2\,CO \quad\quad \Delta H_{CO} = \ ?$

$\quad$ b: $\quad 2\,CO + O_2 \rightarrow 2\,CO_2 \quad \Delta H_{CO \rightarrow CO_2} = -283\ kJ \cdot mol^{-1}$

$\Delta H = \sum \Delta H_{Produkte} - \sum \Delta H_{Edukte}$

$\Delta H_{CO} = \Delta H_{CO_2} - \Delta H_{CO \rightarrow CO_2} = -394\ kJ \cdot mol^{-1} - (-283\ kJ \cdot mol^{-1})$

$\underline{\underline{\Delta H_{CO} = -111\ kJ \cdot mol^{-1}}}$

Die Reaktionsenthalpie für die Bildung von Kohlenstoffmonoxid aus Kohlenstoff (Graphit) und Sauerstoff beträgt $-111\ kJ \cdot mol^{-1}$.

9.2 Exotherme Reaktionen – Verbrennungsenthalpie

Die Reaktionsenthalpie, die bei der Verbrennung von 1 Mol eines Stoffes entsteht, wird **Verbrennungsenthalpie** oder **Verbrennungswärme** genannt.

Beispiele für exotherme Reaktionen:

1. Verbrennen von Wasserstoff (Oxidation) zu Wasserdampf
   $$2\,H_2 + O_2 \rightarrow 2\,H_2O \quad \Delta H = -483,6\ \text{kJ}$$
   Die Verbrennung von 1 Mol Wasserstoff setzt die Verbrennungsenthalpie von $241{,}8\ \text{kJ} \cdot \text{mol}^{-1}$ frei.

2. Verbrennen von Ethan (Oxidation)
   $$2\,C_2H_6 + 7\,O_2 \rightarrow 4\,CO_2 + 6\,H_2O \quad \Delta H = -2860\ \text{kJ}$$

   Die Verbrennungswärme (Verbrennungsenthalpie) von 1 Mol Ethan beträgt $-1430\ \text{kJ} \cdot \text{mol}^{-1}$ (Anmerkung: Die Verbrennungswärme wird in der Technik nicht auf das Mol, sondern zumeist auf 1 kg oder 1 m³ des Brennstoffes bezogen).

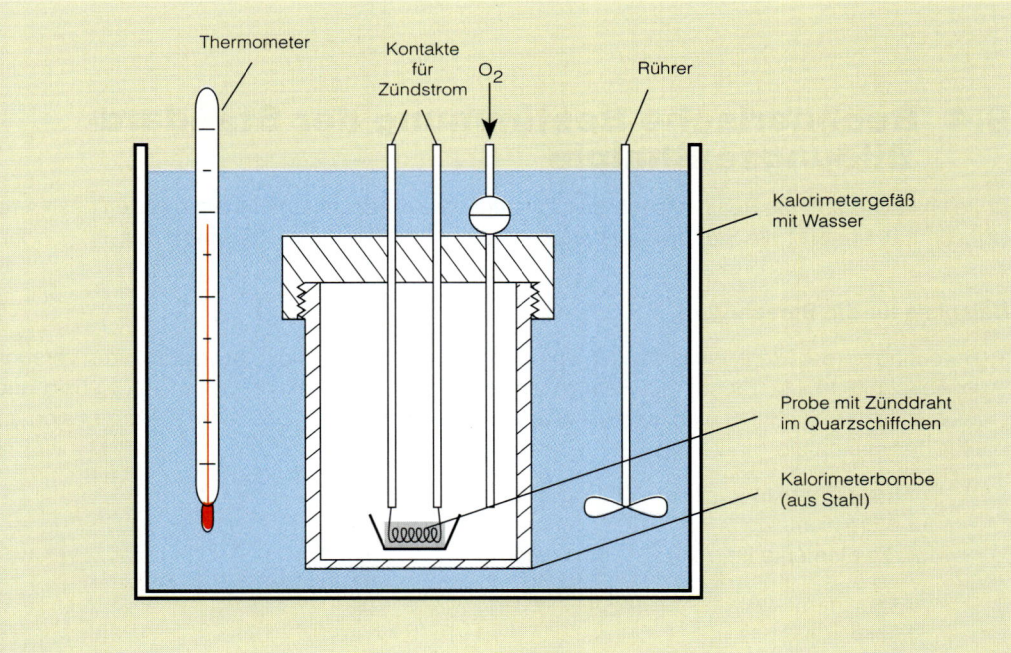

Abb. 9-1 Kalorimeter

Je stärker der exotherme Verlauf einer Reaktion ist, umso energieärmer und stabiler sind die Endprodukte.

Die Verbrennungswärme kann im **Kalorimeter** (von Kalorie) bestimmt werden (vgl. Abb. 9-1): In einem Verbrennungsgefäß wird eine genau abgewogene Stoffmenge in reinem Sauerstoff verbrannt. Das Verbrennungsgefäß ("Kalorimeterbombe") befindet sich in einer bekannten Wassermenge, die durch die Verbrennungswärme erwärmt wird. Aus der Temperaturdifferenz, der Masse des erwärmten Wassers und der spezifischen Wärme des Wassers kann die gesuchte Verbrennungswärme errechnet werden.

9.3 Standard-Bildungsenthalpie

Die Reaktionsenthalpie, die bei der Bildung eines Mols einer Verbindung aus den Elementen unter so genannten Standardbedingungen (25 °C, 1,013 bar) freigesetzt oder zugeführt wird, ist die **Standard-Bildungsenthalpie** ΔH_B (auch -wärme, -energie, molare Bildungswärme unter Standardbedingungen genannt). Die Bildungswärme der Elemente selbst wird dabei vereinbarungsgemäß null gesetzt, obwohl die Elemente eine chemische Energie besitzen.

Beispiele für die Bildung von Verbindungen aus den Elementen unter Standardbedingungen:

$$H_2 \quad + \quad {}^1/_2\,O_2 \quad \rightarrow \quad H_2O_{(g)} \qquad\qquad \Delta H_B \;=\; -241,8\ kJ \cdot mol^{-1}$$

$$H_2 \quad + \quad {}^1/_2\,O_2 \quad \rightarrow \quad H_2O_{(fl)} \qquad\qquad \Delta H_B \;=\; -286\ kJ \cdot mol^{-1}$$

$$C \quad + \quad O_2 \quad \rightarrow \quad CO_2 \qquad\qquad \Delta H_B \;=\; -394\ kJ \cdot mol^{-1}$$

$$Mg \quad + \quad Cl_2 \quad \rightarrow \quad MgCl_{2\,(f)} \qquad\qquad \Delta H_B \;=\; -642\ kJ \cdot mol^{-1}$$

$$2\,Al \quad + \quad {}^3/_2\,O_2 \quad \rightarrow \quad Al_2O_{3\,(f)} \qquad\qquad \Delta H_B \;=\; -1676\ kJ \cdot mol^{-1}$$

(g = gasförmig, fl = flüssig, f = fest)

9.4 Rechnerische Bestimmung der Standard-Bildungsenthalpie

In vielen Fällen wird die Reaktionsenergie rechnerisch aus bekannten Enthalpiewerten bestimmt. Übersicht 9-1 enthält die Standard-Bildungsenthalpie für einige Verbindungen.

Beispiele für die Berechnung

1. Berechnung der Reaktionsenthalpie für das aluminothermische Schweißen (vgl. Versuch in Abschnitt 11.10). Es soll die Reaktionsenthalpie für die Reaktion von Eisen(III)-oxid und Aluminium zu Aluminiumoxid und Eisen bestimmt werden. Nach Übersicht 9-1 ergibt sich als Reaktionsenthalpie

für Eisen(III)-oxid	$-822\ kJ \cdot mol^{-1}$
für Aluminiumoxid	$-1676\ kJ \cdot mol^{-1}$
für die Elemente Fe, Al	$0\ kJ \cdot mol^{-1}$

$$Fe_2O_3 \quad + \quad 2\,Al \quad \rightarrow \quad 2\,Fe \quad + \quad Al_2O_3$$
$$-822\ kJ \cdot mol^{-1} \qquad\qquad\qquad\qquad\qquad -1676\ kJ \cdot mol^{-1}$$

Die Reaktionsenthalpie des Eisen(III)-oxids muss aufgebracht werden, da aus dieser Verbindung das Element Eisen freigesetzt wird, sie erscheint in der Berechnung positiv. Die Reaktionsenthalpie des Aluminiumoxids wird frei, sie ist negativ anzusetzen.

$$\Delta H_B \;=\; \Sigma \Delta H_{B,\ Produkte} \;-\; \Sigma \Delta H_{B,\ Edukte}$$

$$\Delta H_B \;=\; (\Delta H_{B,\ Al_2O_3} \;+\; 2 \cdot \Delta H_{B,\ Fe}) \;-\; (\Delta H_{B,\ Fe_2O_3} \;+\; 2 \cdot \Delta H_{B,\ Al})$$

$$\Delta H_B \;=\; (-1676 + 0)\ kJ \cdot mol^{-1} \;-\; (-822 + 0)\ kJ \cdot mol^{-1}$$

$$\Delta H_B \;=\; -854\ kJ \cdot mol^{-1}$$

Für das aluminothermische Schweißen ergibt sich eine Reaktionsenthalpie von $-854\ kJ \cdot mol^{-1}$, d. h., der Vorgang verläuft exotherm.

2. Es soll rechnerisch ermittelt werden, ob die Reduktion von Eisen(III)-oxid mit Wasserstoff exotherm verläuft:

$$Fe_2O_3 \quad + \quad 3\,H_2 \quad \rightarrow \quad 2\,Fe \quad + \quad 3\,H_2O_{(g)}$$

$$-822\,kJ \cdot mol^{-1} \quad 0 \qquad\qquad 0 \qquad\qquad 3 \cdot (-241{,}8\,kJ \cdot mol^{-1})$$

$$\Delta H_B = (3 \cdot \Delta H_{B,\,H_2O} + 3 \cdot \Delta H_{B,\,Fe}) - (\Delta H_{B,\,Fe_2O_3} + 3 \cdot \Delta H_{B,\,H_2})$$

$$\Delta H_B = -725{,}4\,kJ \cdot mol^{-1} - (-822\,kJ \cdot mol^{-1})$$

$$\Delta H_B = +96{,}6\,kJ \cdot mol^{-1}$$

Die Reaktion verläuft nicht exotherm, sondern unter Energieaufnahme, also endotherm. Das bedeutet, dass ständig Wärmeenergie zugeführt werden muss, damit der Vorgang abläuft.

Aufgabe Berechnen Sie die Reaktionsenthalpie für die Reduktion von 1 Mol Kupfer(II)-oxid CuO mit Wasserstoff zu Kupfer und Wasser (gasförmig) und entscheiden Sie, ob die Reaktion exotherm oder endotherm erfolgt (Enthalpiewerte vgl. Übersicht 9-1).

9.5 Aktivierung

Alle chemischen Vorgänge bedürfen einer energetischen Anregung oder Aktivierung. Dadurch werden die Stoffe in den reaktionsfähigen Zustand versetzt. Es müssen bestehende Bindungen in den Ausgangsstoffen aufgespalten werden, um neue Bindungen eingehen zu können. Dazu ist die Bindungsenergie zu überwinden. Die Aufspaltung ist endotherm. Erst nach dieser Aktivierung können sich die Elektronen neu kombinieren (Abb. 9-2).

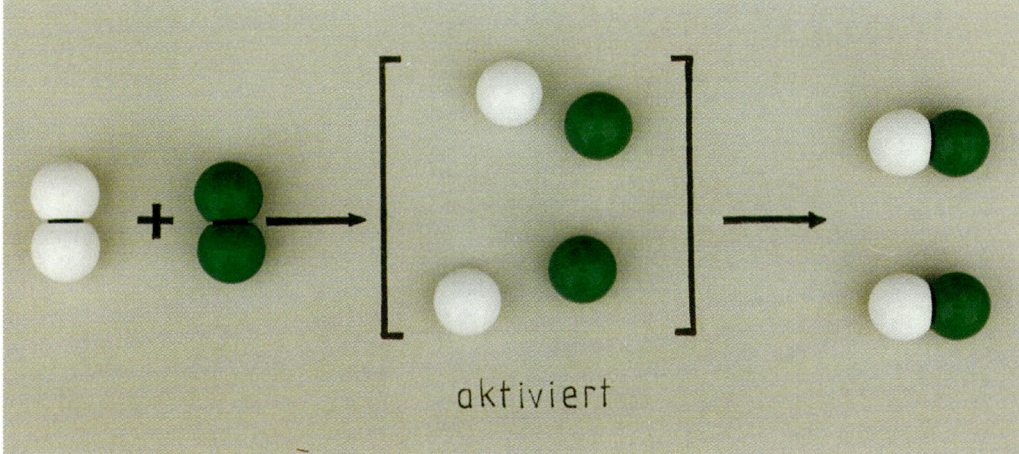

Abb. 9-2 Aktivierung von Molekülen (z. B. von H_2- und Cl_2-Molekülen bei der Bildung von Chlorwasserstoff)

Bildungsenthalpien ΔH_B unter Standardbedingungen (Standard-Bildungsenthalpien)

Formel	ΔH_B kJ · mol^{-1}	Formel	ΔH_B kJ · mol^{-1}	Formel	ΔH_B kJ · mol^{-1}
$Al_{,f}$	0	$Cl_{,g}$	+121	$N_{2,g}$	0
$AlCl_{3,f}$	−704	CuO	−165	$N_{,g}$	+473
$Al_2O_{3,f}$	−1676	$Fe_{,f}$	0	$NH_{3,g}$	−45,9
$C_{,f}$	0	$FeCl_{2,f}$	−342	$N_2O_{,g}$	+82,1
$CO_{,g}$	−111	$FeCl_{3,f}$	−399	$NO_{,g}$	+90,3
$CO_{2,g}$	−394	FeO_f	−265	$NO_{2,g}$	+33,1
$CH_{4,g}$	−74,8	$Fe_2O_{3,f}$	−822	Na	0
$C_2H_{2,g}$	+227	$Fe_3O_{4,f}$	−1117	$NaCl$	−411
$C_2H_{4,g}$	+52,2	$H_{2,g}$	0	$NaOH_f$	−426
$C_2H_{6,g}$	−84,7	$H_{,g}$	+218	$O_{2,g}$	0
$C_6H_{6,fl}$	+49	$HF_{,g}$	−286,6	$O_{,g}$	+249
Ca_f	0	$HCl_{,g}$	−92,3	$O_{3,g}$	+143
$CaCO_{3,f}$	−1208	$HBr_{,g}$	−36,2	$S_{,f}$	0
CaO_f	−635	$HI_{,g}$	+25,9	$SO_{2,g}$	−297
$Ca(OH)_{2,f}$	−986	$H_2O_{,g}$	−241,8	$SO_{3,g}$	−395
$Cl_{2,g}$	0	$H_2O_{,fl}$	−286	$H_2SO_{4,fl}$	−814

Übersicht 9-1

Beispiele

1. Die Aufspaltung von 1 Mol Wasserstoffmolekülen zu 2 Mol Wasserstoffatomen benötigt unter Standardbedingungen die Bindungsenergie von Wasserstoff H—H bzw. die Bildungsenthalpie von 2 Mol

$$H_2 \quad \rightarrow \quad 2\,H \qquad \Delta H = 218\text{ kJ · mol}^{-1}\text{ bzw. }436\text{ kJ Bindungsenergie}$$

2. Die Reaktion von Wasserstoff mit Sauerstoff

$$2\,H_2 \quad + \quad O_2 \quad \rightarrow \quad 2\,H_2O_{(g)}$$

gliedert sich in folgende Teilreaktionen:

a) Aufspaltung der Wasserstoffmoleküle (endotherm)
b) Aufspaltung der Sauerstoffmoleküle (endotherm)
c) Reaktion der Sauerstoff- und Wasserstoffatome (exotherm; Ausbildung von vier OH-Bindungen in zwei Wassermolekülen!) zu Wasser (dampf- bzw. gasförmig)

a)	$2\,H_2$	$\rightarrow$	$4\,H$	$\Delta H = +872\text{ kJ bzw. }+218\text{ kJ · mol}^{-1}$
b)	O_2	$\rightarrow$	$2\,O$	$\Delta H = +498\text{ kJ bzw. }+249\text{ kJ · mol}^{-1}$
c)	$4\,H + 2\,O$	$\rightarrow$	$2\,H_2O$	$\Delta H = -1854\text{ kJ bzw. }-927\text{ kJ · mol}^{-1}$
	$2\,H_2 + O_2$	$\rightarrow$	$2\,H_2O$	$\Delta H = -484\text{ kJ bzw. }-242\text{ kJ · mol}^{-1}$

3. Die Bindungsenergie von Chlorwasserstoff (Definition vgl. Abschnitt 5.4.4) setzt sich aus den Standard-Bildungsenthalpien für die Erzeugung von je einem Mol Wasserstoff- und Chloratomen und für die Bildung von einem Mol Chlorwasserstoff zusammen (vgl. Werte in Übersichten 9-1 und 9-2).

$$H \quad + \quad Cl \quad \rightarrow \quad HCl$$
$$+218 \text{ kJ} \cdot \text{mol}^{-1} \quad +121 \text{ kJ} \cdot \text{mol}^{-1} \quad -92,3 \text{ kJ} \cdot \text{mol}^{-1}$$

$$\Delta H_B = -92,3 \text{ kJ} \cdot \text{mol}^{-1} - (+218 \text{ kJ} \cdot \text{mol}^{-1} + 121 \text{ kJ} \cdot \text{mol}^{-1})$$

Die Beträge addieren sich:

$-92,3 \text{ kJ} \cdot \text{mol}^{-1} -218 \text{ kJ} \cdot \text{mol}^{-1} - 121 \text{ kJ} \cdot \text{mol}^{-1} = -431,3 \text{ kJ} \cdot \text{mol}^{-1}$. Diese Bindungsenergie ist zur Aufspaltung der Bindung H−Cl und zur Bildung der Atome erforderlich.

Bindungsenergien nach L. PAULING			
Bindung	Bindungsenergie in kJ · mol^{-1}	Bindung	Bindungsenergie in kJ · mol^{-1}
H–H	436	O–H	463,5
O=O	498	H–Cl	431,3
N≡N	946	C–H	412,8
Cl–Cl	242	C=O	760,8
C–C	346,4	N–H	388,7

Übersicht 9-2

Bildhaft kann man sich die Aktivierung als Überwinden eines „Energieberges" vorstellen. Wenn die exotherme Teilreaktion abläuft, steht genügend Energie für die weitere Aufspaltung von Sauerstoff- und Wasserstoffmolekülen zur Verfügung (Abb. 9-3 a, b).

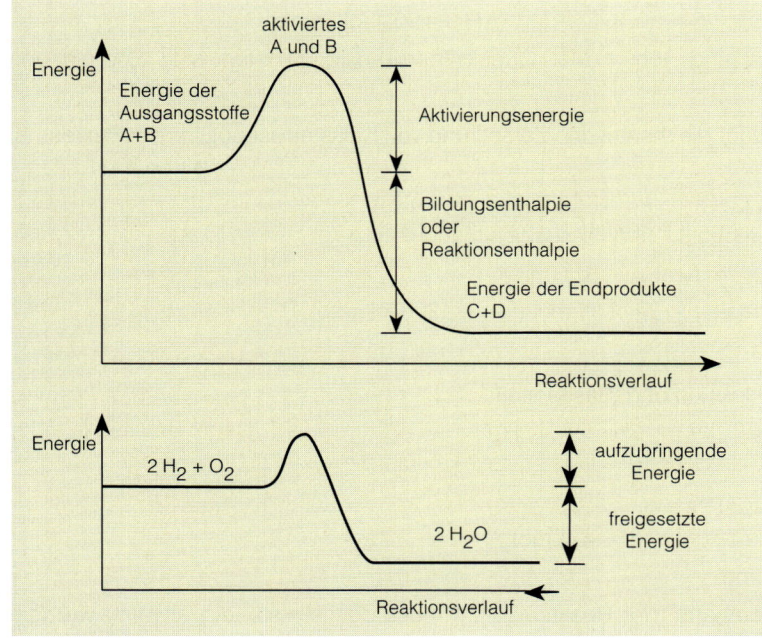

Abb. 9-3
a) Energieverlauf für die Reaktion A + B → C + D bei exothermer Wärmetönung
b) für die Bildung von Wasser

9.6 Endotherme Reaktionen

Chemische Vorgänge können auch so verlaufen, dass die Endprodukte energiereicher werden. Gegenüber den Ausgangsstoffen haben sie einen Energiegewinn erfahren (Energiespeicherung). Solche Prozesse sind **endotherm.** Die Reaktionsenthalpie ist positiv. Sowohl die Aktivierung als auch die Bildung der Endprodukte erfordern Energie (Abb. 9-4 a, b), sodass ständig Energie zugeführt werden muss, sonst kommt die Reaktion zum Stillstand. Die Abb. 9-3 b und 9-4 b zeigen beispielhaft die Energieänderungen bei der Bildung sowie bei der Zerlegung von Wasser.

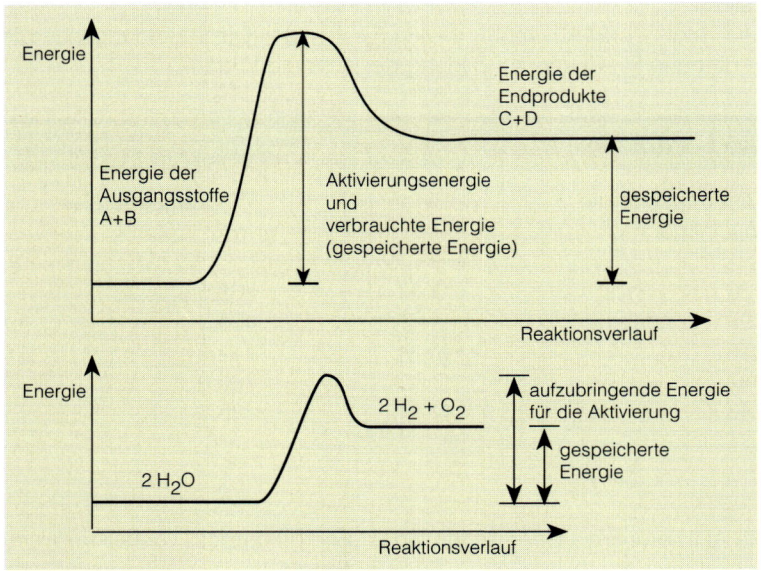

Abb. 9-4
a) Energieverlauf für die Reaktion A + B → C + D bei endothermer Wärmetönung
b) für die Zerlegung von Wasser

Beispiele für endotherme Reaktionen

1. Thermische Zersetzung von Quecksilber(II)-oxid

$$2\,HgO \;\rightarrow\; 2\,Hg \;+\; O_2 \qquad\qquad \Delta H = +90{,}1\ kJ \cdot mol^{-1}$$

Die thermische Zersetzung von 1 Mol Quecksilber(II)-oxid benötigt eine Energie von 90,1 kJ · mol^{-1}.

2. Die Reaktionsenthalpie für die thermische Zersetzung von Kalkstein ist positiv, der Prozess ist endotherm:

$$CaCO_3 \quad\rightarrow\quad CaO \quad+\quad CO_2$$

−1208 kJ · mol^{-1} −635 kJ · mol^{-1} −394 kJ · mol^{-1}

$$\Delta H_B = \Delta H_{B,\,CaO} + \Delta H_{B,\,CO_2} - \Delta H_{B,\,CaCO_3}$$

$$\Delta H_B = -635\ kJ \cdot mol^{-1} - 394\ kJ \cdot mol^{-1} - (-1208\ kJ \cdot mol^{-1})$$

$$\Delta H_B = +179\ kJ \cdot mol^{-1}$$

3. Bildung von Zink aus Zinkoxid und Wasserstoff

$$ZnO \quad+\quad H_2 \quad\rightarrow\quad Zn \quad+\quad H_2O$$

−350 kJ · mol^{-1} 0   0   −242 kJ · mol^{-1}

$$\Delta H_B = \Delta H_{B,\,H_2O} - \Delta H_{B,\,ZnO}$$

$$\Delta H_B = -242\ kJ \cdot mol^{-1} - (-350\ kJ \cdot mol^{-1})$$

$$\Delta H_B = +108\ kJ \cdot mol^{-1}$$

Die Reaktion verläuft endotherm, der Reaktionsraum muss deshalb ständig erwärmt werden.

Aufgaben:
1. Berechnen Sie die Bildungsenthalpie von Calciumhydroxid aus Calcium-oxid und Wasser (Löschen von Branntkalk) und entscheiden Sie, ob die Reaktion exotherm oder endotherm verläuft!
2. Verläuft die Reaktion von Eisen(II)-chlorid zu Eisen(III)-chlorid exotherm oder endotherm?

Für den Ablauf des endothermen Vorgangs muss ein „energetischer Zwang" ausgeübt werden. Die Stoffe weichen dem Zwang aus, indem sie Wärmeenergie aufnehmen und als chemische Energie speichern.

9.7 Freie Enthalpie und Entropie

Aus den bisherigen Ausführungen zu den Energieumsätzen könnte angenommen werden, dass nur exotherme Reaktionen freiwillig ablaufen, weil die Produkte energieärmer und somit stabiler sind als die Edukte. Aber auch schwach endotherme Reaktionen können sich bei Raumtemperatur freiwillig vollziehen. Beispielsweise lösen sich manche Stoffe in Wasser, das sich dabei abkühlt. Dabei bilden z. B. ein Salz und das Lösungsmittel zumindest vorüber-gehend ein abgeschlossenes System (bis die Lösung aus der Umgebung Wärmeenergie auf-nimmt):

Versuch Lösen Sie in ca. 20 ml Wasser etwa 5 g Kaliumnitrat! Messen Sie zuvor die Temperatur des Wassers und nach dem Lösen die der Lösung! Was lässt sich über die Lösungsenthalpie sagen?

Das Salz ist kristallin. Beim Lösen wird die Ordnung der Ionen aufgegeben und die Teilchen werden beweglich. Die Energie für das Ablösen und die ungerichtete Bewegung wird dem Wasser entzogen. Da dieser Vorgang offensichtlich spontan und doch endotherm erfolgt, sagt die Enthalpie allein offenbar nichts darüber aus, ob eine Reaktion freiwillig ablaufen kann oder nicht. Aus dem Versuch kann aber abgeleitet werden, dass Prozesse, die zu wachsender Unordnung und zu zunehmender Beweglichkeit der Teilchen führen, begünstigt sind. Diese Vorgänge laufen jedoch unter Energieaufnahme ab. Um Letztere berücksichtigen zu können, müssen zwei weitere Energiegrößen eingeführt werden, die freie Enthalpie und die Entropie. Die Verküpfung von Reaktionsenthalpie, freier Enthalpie und Entropie gestattet eine Aussage darüber, ob sich ein bestimmter Prozess unter den bestehenden Bedingungen freiwillig vollzie-hen kann oder nicht.

Die Triebkraft eines chemischen Vorgangs hängt von der Abgabe von Energie und der Zunahme der Entropie ab.

Die Reaktionsenthalpie ΔH besteht aus zwei Anteilen. Der eine Anteil kann Arbeit verrichten. Es ist die freie Reaktionsenthalpie ΔG. Der zweite Anteil führt zur Veränderung der Bewegungs-energie der Teilchen. Dafür ist eine Wärmemenge Q notwendig. Reaktionsenthalpie, freie Reaktionsenthalpie und Wärmeenergie des Vorgangs stehen in folgender Beziehung:

$$\Delta H = \Delta G + Q$$

Der Wärmemenge Q ist der absoluten Temperatur proportional: $Q \sim T$. Mit einem Proportionalitätsfaktor, der **Entropie** S genannt wird, erhält man die Entropieänderung ΔS eines Vorgangs:

$$Q = T\Delta S \qquad \text{bzw.} \qquad \Delta S = \frac{Q}{T}$$

Daraus ergibt sich für die Enthalpie sowie die **freie Enthalpie:**

$$\Delta H = \Delta G + T\Delta S$$

$$\Delta G = \Delta H - T\Delta S$$

Die Gleichung für die freie Enthalpie gestattet nun, Aussagen über die Freiwilligkeit eines Vorgangs in einem abgeschlossenen System (ohne Energieaustausch mit der Umgebung) zu machen:

Eine chemische Reaktion geht freiwillig ohne Zwang vor sich, wenn die freie Enthalpie des Vorgangs negativ ist: $\Delta G < 0$.

Die Entropie ist eine wenig anschauliche Größe, die nach den vorangegangenen Darstellungen am besten mit „Unordnung" und Teilchenbeweglichkeit versinnbildlicht wird. So hat der vollkommen geordnete (ideale) Kristall bei 0 Kelvin die Entropie 0. Wenn der Kristall erwärmt wird, nimmt die Entropie durch die einsetzende und stärker werdende Teilchenschwingung und entstehende Gitterfehler zu.

Beim Schmelzen und Verdampfen eines Stoffes wächst die Entropie sprunghaft an (Abb. 9-5). Die Entropiezunahme ist beim Verdampfen größer als beim Schmelzen.

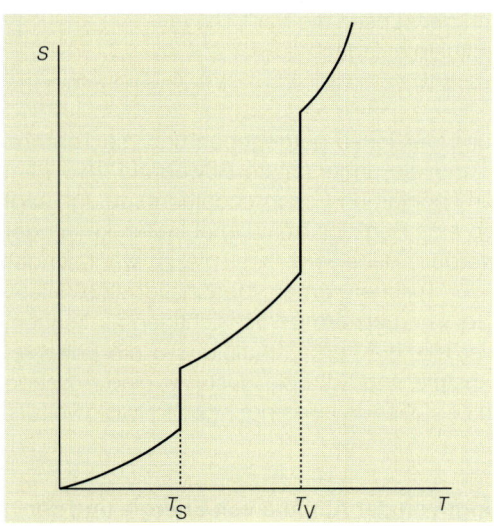

Sie ist bei Gasen (bzw. im Plasma) am größten. Umgekehrt nimmt die Entropie ΔS mit wachsendem Ordnungsgrad ab (Kondensieren, Kristallisieren, Polymerisation), d. h., sie wird negativ.

Abb. 9-5
Entropieänderung eines Stoffes
beim Erwärmen

Bei Aggregatzustandsänderungen ist ΔS gleich der Wärmemenge, die dabei aufgenommen oder abgegeben wird, dividiert durch die zugehörige absolute Temperatur. Beispielsweise ergibt sich für das Schmelzen von 1 Mol Eis (1 bar) bzw. das Verdampfen von 1 Mol Wasser aus der Schmelz- und Verdampfungswärme Q_S bzw. Q_V:

a) Schmelzen: $\quad S = \dfrac{Q_S}{T} \qquad S = \dfrac{6{,}017\ \text{kJ} \cdot \text{mol}^{-1}}{273\ \text{K}} \; = \; 22\ \text{J} \cdot \text{mol}^{-1} \cdot \text{K}^{-1}$

b) Verdampfen: $\quad S = \dfrac{Q_V}{T} \qquad S = \dfrac{40{,}700\ \text{kJ} \cdot \text{mol}^{-1}}{373\ \text{K}} \; = \; 109\ \text{J} \cdot \text{mol}^{-1} \cdot \text{K}^{-1}$

Bei chemischen Umsetzungen ergibt sich die Entropieänderung – analog wie bei Enthalpie-änderungen – durch die Bildung der Entropiedifferenz zwischen Produkten und Edukten (im Standardzustand):

$$\Delta S = \sum \Delta S_{Produkte} - \sum \Delta S_{Edukte}$$

Beispiele (Entropiewerte für den Standardzustand vgl. Übersicht 9-2):

1. Cl_2 + H_2 → 2 HCl

$\Delta S = 2 \cdot S_{HCl} - (S_{Cl_2} + S_{H_2})$

$\Delta S = 2 \cdot 186{,}9 \, J \cdot mol^{-1} \cdot K^{-1} - (223 + 130{,}6) \, J \cdot mol^{-1} \cdot K^{-1}$

$\underline{\Delta S = 20{,}2 \, J \cdot mol^{-1} \cdot K^{-1}}$

Für diesen Vorgang nimmt die Entropie zu, weil die Atome in den Molekülen des Chlors und Wasserstoffs voneinander getrennt, „abgesondert" sind, sich aber im HCl „vermischen". Es bedarf einer Arbeit, sie wieder in die Elemente zu trennen.

2. 2 H_2 + O_2 → 2 H_2O (Dampf)

$\Delta S = 2 \cdot S_{H_2O} - (S_{H_2} + S_{O_2})$

$\Delta S = 2 \cdot 188{,}7 \, J \cdot mol^{-1} \cdot K^{-1} - (2 \cdot 130{,}6 + 205) \, J \cdot mol^{-1} \cdot K^{-1}$

$\underline{\Delta S = -88{,}8 \, J \cdot mol^{-1} \cdot K^{-1}}$

Die Entropie ist in diesem Fall negativ, obwohl sich wie im 1. Beispiel Elemente verbinden. Bei diesem Vorgang nimmt aber die Zahl der Teilchen ab: Aus 3 Mol Gas entstehen 2 Mol Gas (Dampf). Es sind nach dem Vorgang weniger frei bewegliche Teilchen vorhanden als vorher. Die Wärmeenergie der Reaktion verteilt sich von 3 auf 2 Mol.
Die freie Energie beträgt für den Umsatz mit $\Delta H = 2 \cdot (-241{,}8) \, kJ$ (bei 25 °C)

$\Delta G = -483{,}6 \, kJ - 298 \, K \cdot (-88{,}8 \, J \cdot mol^{-1} \cdot K^{-1})$

$\Delta G = -457{,}1 \, kJ$ bzw. für 1 Mol Wasserdampf $-228{,}55 \, kJ \cdot mol^{-1}$

Der Vorgang verläuft freiwillig.

3. Die Erfahrung zeigt, dass sich bei 25 °C aus Stickstoff und Sauerstoff in der Luft kein Stick-stoffmonoxid bildet. Vermutlich ist die freie Reaktionsenthalpie positiv.

N_2 + O_2 → 2 NO

$\Delta S = 2 \cdot S_{NO} - (S_{N_2} + S_{O_2})$

$\Delta S = 2 \cdot 211 \, J \cdot mol^{-1} \cdot K^{-1} - (191{,}2 + 205) \, J \cdot mol^{-1} \cdot K^{-1}$

$\underline{\Delta S = 25{,}8 \, J \cdot mol^{-1} \cdot K^{-1}}$ für den Gesamtumsatz bzw. $12{,}9 \, J \cdot mol^{-1} \cdot K^{-1}$ für ein Mol NO.

Bei diesem Vorgang wird eine positive Entropie erhalten. Aus zwei Molen Edukten entste-hen zwei Mole Produkte. Die Bildungsenthalpie für ein Mol Stickstoffmonoxid hat den Wert $90{,}3 \, kJ \cdot mol^{-1}$. Damit erhält man für die freie Energie bei 25 °C:

$\Delta G = 90{,}3 \, kJ \cdot mol^{-1} - 298 \, K \cdot (12{,}9 \, J \cdot mol^{-1} \cdot K^{-1})$

$\underline{\Delta G = 86{,}5 \, kJ \cdot mol^{-1}}$

Der Vorgang kann nicht freiwillig ablaufen.

Standardentropien einiger Stoffe (in $J \cdot mol^{-1} \cdot K^{-1}$)					
Stoff	Standard-entropie	Stoff	Standard-entropie	Stoff	Standard-entropie
H_2	130,6	H	114,6	C (Diamant)	2,5
F_2	203,3	F	158,7	C (Graphit)	5,7
Cl_2	223,0	Cl	165,1	CO	198,0
Br_2	245,2	Br	174,9	NO	211,0
N_2	191,2	N	153,2	HCl	186,9
O_2	205,0	O	161,0	$H_2O_{(g)}$	188,7
Cu	33,3	Fe	27,2	CO_2	213,8

Übersicht 9-2

Die Standardentropien der Elemente sind nicht 0 wie die Standardenthalpien!

Aufgaben: 1. Ist die Dissoziation von Elementmolekülen mit Zunahme oder Abnahme der Entropie verbunden?
2. Berechnen Sie die Entropieänderung und die freie Enthalpie bei der Verbrennung von Graphit zu Kohlenstoffdioxid (Enthalpiewerte vgl. Übersicht 9-1)!
3. Wie ändert sich die Entropie beim Vermischen zweier Gase, zweier Flüssigkeiten (Wasser und Alkohol) oder beim Lösen eines Salzes?

Aus den dargestellten Zusammenhängen ergibt sich:

1. Ein Vorgang ist exotherm, wenn
   a) $\Delta H < 0$ und $\Delta S > 0$ ist oder
   b) wenn $\Delta S < 0$, aber der negative Wert von ΔH größer ist als der Betrag von $T\Delta S$.

2. Ein Vorgang ist endotherm, wenn
   a) $\Delta H > 0$ und $\Delta S < 0$ ist oder
   b) wenn $\Delta S > 0$, aber der positive Wert von ΔH größer ist als der Betrag von $T\Delta S$.

3. Im chemischen Gleichgewicht kommt eine Reaktion zum Stillstand, wenn $\Delta G = 0$ und ΔH und $T\Delta S$ gleich sind.

9.8 Katalyse – Katalysatoren

Katalysatoren beeinflussen die Reaktionsgeschwindigkeit chemischer Prozesse, indem sie die Aktivierungsenergie der Ausgangsstoffe erniedrigen (Abb. 9-6). Im Kontakt mit der Katalysatoroberfläche (Anlagerung, Adsorption) bilden die Ausgangsstoffe „Zwischenverbindungen". Sie werden dadurch bereits bei geringer Anregung reaktionsfähig. Nach dem Reaktionsablauf liegt der Katalysator stofflich unverändert vor. Der Katalysator nimmt scheinbar nicht an der Reaktion teil.

Die Anlagerung eines Stoffes an den Katalysator wird **Chemisorption** genannt.

1. Teilreaktion:	A	+	Kat	$\longrightarrow$	AKat		
2. Teilreaktion:	AKat	+	B	$\longrightarrow$	AB	+	Kat
Summengleichung der Reaktion:	A	+	B	$\xrightarrow{\text{(Kat)}}$	AB		

Katalytisch bewirkte Reaktionen verlaufen auf Grund der niedrigeren Aktivierungsenergie in einigen Fällen bereits bei Raumtemperatur. Ein Beispiel dafür ist die katalytische Verbrennung des Wasserstoffs (Abb. 9-7). Sie wurde im so genannten „DÖBEREINERschen Feuerzeug" genutzt: 1823 machte DÖBEREINER die Beobachtung, dass sich Wasserstoff schon bei Raumtemperatur entzündet, wenn das Gas, hergestellt aus Zink und Säure, aus einer Düse auf feinverteiltes Platin strömt (Abb. 9-8). Das Platin wird dabei nicht verbraucht. In Anlehnung an die oben angegebene allgemeine Gleichung für katalytische Reaktionen kann die katalytische Verbrennung des Wasserstoffs schematisch wie folgt formuliert werden:

$$H_2 + 2\,Pt \rightarrow 2\,H\text{--}Pt$$
$$4\,H\text{--}Pt + O_2 \rightarrow 2\,H_2O + 4\,Pt$$

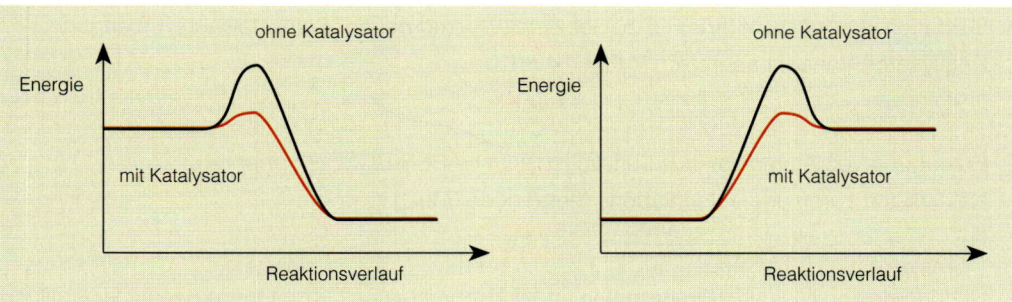

Abb. 9-6 Erniedrigung der Aktivierungsenergie durch Katalysatoren
a) bei einer exothermen
b) bei einer endothermen Reaktion

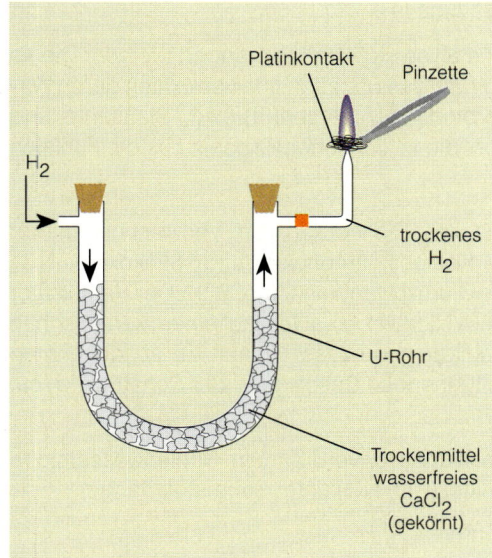

Abb. 9-7 Katalytische Verbrennung von Wasserstoff

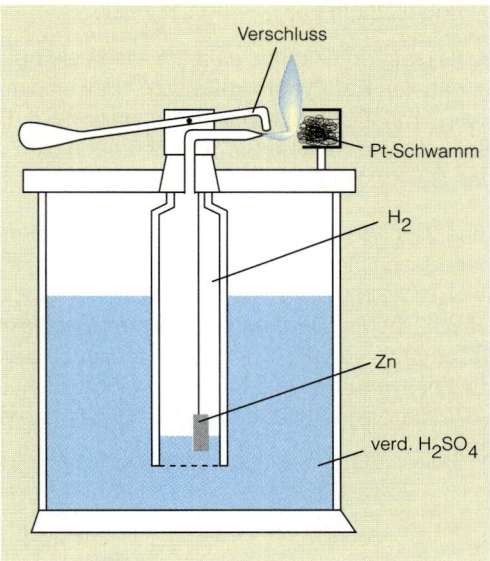

Abb. 9-8 Aufbau des DÖBEREINERschen Feuerzeugs

Versuche

1. Werfen Sie in verdünnte Wasserstoffperoxid-Lösung (H_2O_2) ein Stück Braunstein (MnO_2). Beobachtung? Führen Sie die Probe auf Sauerstoff mit dem glühenden Holzspan durch! Beobachtung? Gleichung?
   S 24, S 25, S 29

2. Werfen Sie ein Stück Platindraht (entfettet!) in verdünnte Wasserstoffperoxid-Lösung. Beobachtung? Führen Sie die Spanprobe durch! Beobachtung? Gleichung?
   S 24, S 25, S 29

Viele katalytisch bewirkte Reaktionen nutzt man bei der technischen Erzeugung von Stoffen aus. Auf Grund der Energiesenkung und der Reaktionsbeschleunigung kann die Wirtschaftlichkeit der Prozesse verbessert werden. Wichtige Katalysatoren sind dabei Platin, Palladium, Nickel, Kupfer, Eisenoxid, Vanadiumpentoxid u. a. Katalysatoren werden in feiner Verteilung angewendet. Man erhält dadurch eine große Oberfläche, die bei der Bildung der Zwischenverbindungen als Kontaktfläche wirkt. Katalysatoren werden auch als **Kontaktstoffe** bezeichnet.

Beispiele für katalytisch gesteuerte technische Prozesse:

1. Oxidation von Schwefel(IV)-oxid zu Schwefel(VI)-oxid bei der Schwefelsäure-Erzeugung

   Katalysator: Vanadiumpentoxid V_2O_5

   $$2\ SO_2\ +\ O_2\ \xrightarrow{(V_2O_5)}\ 2\ SO_3$$

2. Erzeugung von Ammoniak aus Luftstickstoff im HABER-BOSCH-Verfahren.

   Katalysator: Eisen und verschiedene Metalloxide (MeO)

   $$N_2\ +\ 3\ H_2\ \underset{\xleftarrow{\hspace{1cm}}}{\xrightarrow{(Fe\ +\ MeO)}}\ 2\ NH_3$$

3. Hydrierung von flüssigen Pflanzenölen und tierischen Fetten (Fetthärtung) bei der Herstellung von Margarine

   Katalysator: Nickel

   $$\text{ungesättigte Öle}\ +\ H_2\ \xrightarrow{(Ni)}\ \text{gesättigte Öle}$$

Katalysatoren sind nur wirksam, wenn sie bei der Katalyse stofflich unverändert bleiben. Die so genannten **Katalysatorgifte** verbinden sich mit den Katalysatorstoffen und vernichten deren Wirkung. Katalysatorgifte sind beispielsweise Bleiverbindungen, Arsen(III)-oxid, Blausäure und Schwefelwasserstoff. Sie vergiften auch die Enzyme, die im tierischen Organismus die Funktion von Bio-Katalysatoren ausüben.

Eine wichtige Anwendung finden Katalysatoren in Autos. Sie werden dem Verbrennungsmotor nachgeschaltet, um unverbrannte Benzinreste, Kohlenstoffmonoxid und Stickoxide NO_x (NO, NO_2) in die ungiftigen Abprodukte N_2, CO_2, H_2O umzuwandeln (Abb. 9-9). Der Katalysator (Platin-Rhodium im Gemisch 10:1 mit Metalloxiden wie Nickeloxid) ist fein auf einem keramischen Trägerstoff verteilt. Der katalytisch gesteuerte Reinigungsprozess verläuft im so genannten Zweibettverfahren in 2 Stufen und führt zu einer weitgehenden Beseitigung der Schadstoffe (ca. 90 % der Abgas-Schadstoffe von Benzin-Motoren):

1. Stufe: Reduktion der Stickoxide sowie der restlichen unverbrannten Kohlenwasserstoffe (z. B. Octane C_8H_{18}) durch Reduktionsmittel (CO, NO) unter Sauerstoffmangel

$$2\ NO\ +\ 2\ CO\ \xrightarrow{Kat}\ N_2\ +\ 2\ CO_2$$

$$2\ NO_2\ +\ 4\ CO\ \xrightarrow{Kat}\ N_2\ +\ 4\ CO_2$$

$$2\ C_8H_{18}\ +\ 50\ NO\ \xrightarrow{Kat}\ 25\ N_2\ +\ 16\ CO_2\ +\ 18\ H_2O$$

2. Stufe: Endgültige Oxidation von Kohlenstoffmonoxid und Kohlenwasserstoffen unter Sauerstoffzufuhr (Luft):

$$2\,CO \quad + \quad O_2 \quad \xrightarrow{\text{Kat}} \quad 2\,CO_2$$

$$2\,C_8H_{18} \quad + \quad 25\,O_2 \quad \xrightarrow{\text{Kat}} \quad 16\,CO_2 \quad + \quad 18\,H_2O$$

Starke Überhitzung des Motors bzw. des Katalysators durch Abgase (längerer Leerlauf ohne ausreichende Kühlung) und Katalysatorgifte (z. B. verbleites Benzin) machen den Katalysator unwirksam.

Die bisher ausgeführten Beispiele sind Vorgänge der **heterogenen Katalyse,** weil der Katalysator im festen und die reagierenden Stoffe im flüssigen bzw. gasförmigen Aggregatzustand vorliegen.
Bei anderen Prozessen befinden sich Katalysator und Edukte in gleicher Phase. Man spricht von **homogener Katalyse.** Die bereits erwähnten Bio-Katalysatoren liegen in homogener Phase mit den gelösten Nährstoffen vor.

Beispiele:
Wird eine Natriumhypochlorit-Lösung NaOCl oder Chlorkalk-Lösung CaOCl$_2$ mit einigen Tropfen Kobalt(II)-chlorid-Lösung CoCl$_2$ als Katalysator versetzt, entwickelt sich Sauerstoff, ohne dass CoCl$_2$ in dem Stoffumsatz erscheint.

$$2\,Ca(OCl) \quad \xrightarrow{\text{Kat}} \quad 2\,CaCl_2 \quad + \quad O_2$$

Nach Verbrauch der Chlorkalk-Lösung kann durch erneute Zugabe der Substanz die Reaktion von neuem ablaufen. Der Katalysator hat sich nicht verbraucht.

Versuch	Versetzen Sie Kaliumchromat-Lösung K$_2$CrO$_4$ mit etwas verdünnter Wasserstoffperoxid-Lösung H$_2$O$_2$. Spanprobe. Beobachtungen? Wärmetönung?
Xn ✖ Mindergiftig (Gesundheitsschädlich)	Nach Abschluss der Reaktion versetzen Sie die Lösung erneut mit H$_2$O$_2$-Lösung. Schlussfolgerung? S 24, S 25, S 29

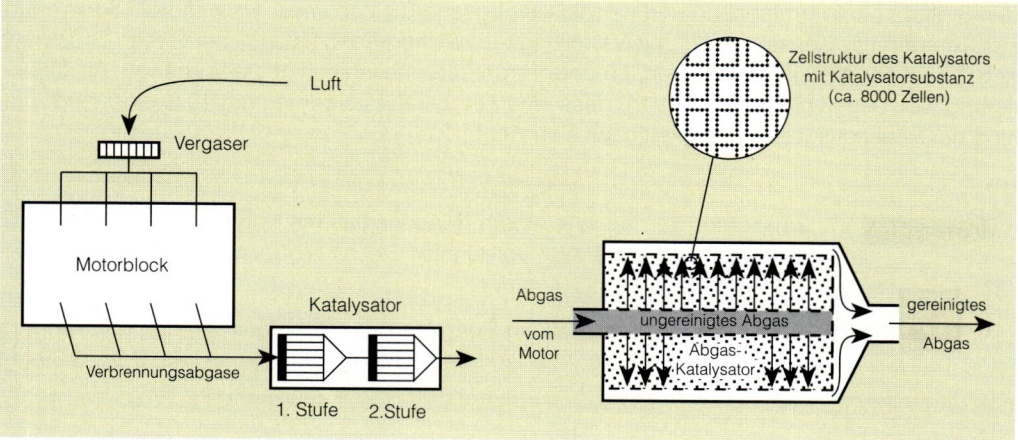

Abb. 9-9
Aufbau-Schema eines Otto-Verbrennungsmotors mit Katalysator und Schnittzeichnung eines Reaktors für die katalytische Nachoxidation der Schadstoffe

Diethylether kann aus Ethylalkohol (Ethanol) sowohl in homogener Katalyse in Gegenwart von konzentrierter Schwefelsäure als Katalysator als auch in heterogener Katalyse z. B. mit festem Al_2O_3 erzeugt werden:

$$2\ CH_3\text{–}CH_2\text{–}OH \xrightarrow{(H_2SO_4;\ 140\,°C)} CH_3\text{–}CH_2\text{–}O\text{–}CH_2\text{–}CH_3 + H_2O$$

Ethanol $\qquad\qquad\qquad\qquad\qquad$ Diethylether

$$2\ CH_3\text{–}CH_2\text{–}OH \xrightarrow{(Al_2O_3;\ 200\,°C)} CH_3\text{–}CH_2\text{–}O\text{–}CH_2\text{–}CH_3 + H_2O$$

Die Erzeugung von Schwefelsäure (ca. 60 bis 80%ig) im **Bleikammer-Verfahren** erfolgt aus gasförmigem Schwefeldioxid und Stickstoffmonoxid/-dioxid-Gasgemisch als Katalysator. Vereinfacht läuft die Reaktion wie folgt ab:

SO_2	$+\ NO_2$	$\rightarrow$	SO_3	$+\ NO$
$2\ NO$	$+\ O_2$	$\rightarrow$	$2\ NO_2$	
SO_3	$+\ H_2O$	$\rightarrow$	H_2SO_4	
$2\ SO_2 + O_2 + 2\ H_2O$		$\rightarrow$	$2\ H_2SO_4$	

Das Bleikammer-Verfahren ist technisch weniger bedeutsam, da die Hauptmenge der Schwefelsäure (über 90 %) in heterogener Katalyse im so genannten Doppelkontaktverfahren gewonnen wird (vgl. Abschnitt 11.1.1). Es besitzt aber auch einige Vorteile: SO_2-haltige Rauch- und Röstgase können zu Schwefelsäure verarbeitet, d. h. entschwefelt werden. Der Katalysator ist unempfindlich gegen Katalysatorgifte.

9.9 Weitere Bedingungen für den Ablauf chemischer Vorgänge

Nach den bisherigen Betrachtungen wird der Verlauf chemischer Vorgänge von den reagierenden Stoffen, der Wärmetönung und der Aktivierungsenergie bestimmt. Als weitere Faktoren wirken Temperatur, Konzentration und Verteilungs- bzw. Aggregatzustand, bei Gasen Druck auf den Ablauf chemischer Reaktionen. Erhöhte Temperatur beschleunigt die Vorgänge. Als Orientierung wird allgemein angenommen, dass eine Temperatursteigerung um 10 K eine Verdopplung der Reaktionsgeschwindigkeit nach sich zieht.

Versuche

C

Ätzend

1. Zinkkörner werden in je einem Reagenzglas mit kalter verdünnter Salzsäure und mit erwärmter verdünnter Salzsäure übergossen. Beobachtungen? R 34, S 39

2. Zinkkörner werden in einem Reagenzglas mit einigen Tropfen halbkonzentrierter Salzsäure versetzt. Beobachtung? R 35, S 37, S 39

In konzentrierter Lösung treffen mehr Teilchen je Zeiteinheit aufeinander als in verdünntem Medium. Analog gilt für Gase bei höherem Druck, dass mehr Zusammenstöße stattfinden als bei niedrigem Druck. Somit erhöht sich der Stoffumsatz.

Reaktionen laufen an der Teilchenoberfläche ab. Mit Vergrößerung der Stoffoberfläche erhöht sich ebenfalls die Reaktionsgeschwindigkeit bzw. die Menge der sich verbindenden Stoffanteile.

Versuche

1. In je einem Reagenzglas werden Zinkkörner (grob) bzw. Zinkpulver oder -grieß mit verdünnter Salzsäure zur Reaktion gebracht. Beobachtungen?

2. Streuen Sie Eisenpulver mit einem Spatel in die heiße Bunsenbrennerflamme. Beobachtung? (Vergleich mit Erhitzen eines Eisenstücks?)

9.10 Aufgaben zur Wiederholung von Kapitel 9

1. Was besagen
   a) der Energieerhaltungssatz
   b) der 1. Hauptsatz der Thermodynamik
   c) der HESSsche Satz?
2. Was versteht man unter innerer Energie, Reaktionswärme und Reaktionsenthalpie?
3. Worin besteht die Bedeutung des HESSschen Satzes?
4. Wie unterscheiden sich Norm- und Standard-Bedingungen?
5. Weshalb hat man Standard-Bedingungen eingeführt, obwohl doch die meisten Reaktionen gar nicht bei Standard-Temperatur ablaufen?
6. Was wird durch den Begriff der Aktivierung ausgedrückt? Was wird durch die Aktivierung bewirkt?
7. Charakterisieren Sie den Energieverlauf einer exothermen und endothermen Reaktion!
8. Unter welcher Bedingung kann eine chemische Reaktion freiwillig vor sich gehen?
9. Charakterisieren Sie, was unter Entropie zu verstehen ist.
10. Wie verändert sich die Entropie, wenn sich zwei Gase mischen oder konzentrierte Schwefelsäure mit Wasser verdünnt wird?
11. Eine Kupferschmelze erstarrt. Wie verändert sich die Entropie?
12. Berechnen Sie die Entropieänderung beim Schmelzen von 1 Mol Natrium bzw. Aluminium (Übersicht 1-1)! Wie ändert sie sich beim Erstarren?
13. Was ist unter einem abgeschlossenen System zu verstehen?
14. Kann man ein Kalorimeter als abgeschlossenes System verstehen?
15. Kennzeichnen Sie die Wirkung von Katalysatoren! Geben Sie Beispiele für homogene und heterogene Katalyse an!
16. Wie wirken Katalysatorgifte? Nennen Sie solche Stoffe!
17. Wie wirkt ein Autokatalysator? Erklären Sie die Vorgänge bei der katalytischen Entgiftung der Autoabgase!
18. Wie können Rauchgase mithilfe von NO/NO_2 katalytisch entschwefelt werden?

10 Chemisches Gleichgewicht

10.1 Richtung und Umkehrbarkeit einer Reaktion – Prinzip vom kleinsten Zwang

Chemische Reaktionen sind umkehrbar. In welche Richtung der Vorgang abläuft, hängt von den Reaktionsbedingungen Temperatur, Konzentration und Druck (bei gasförmigen Stoffen) ab.

Die Umkehrbarkeit eines chemischen Prozesses wird durch einen Doppelpfeil in der Reaktionsgleichung symbolisiert:

$$\underset{\substack{\text{energiereich} \quad \text{Rückreaktion}}}{\overset{\substack{\text{Hinreaktion} \\ \text{exotherm}}}{N_2 \;+\; 3\,H_2 \;\rightleftharpoons\; 2\,NH_3}} \underset{\text{energiearm}}{} \qquad \Delta H = -45{,}9\,\text{kJ} \cdot \text{mol}^{-1}$$

Bei der Umsetzung von einem Mol Stickstoff und 3 Mol Wasserstoff entstehen 2 Mol Ammoniakgas, wenn man annimmt, dass sich die Ausgangsstoffe vollständig umsetzen. Dabei wird eine Energie von 91,8 kJ freigesetzt. Wird Ammoniak so hoch erhitzt, dass die Bindungsenergie zur Verfügung steht, so zerfällt er wieder in Wasserstoff und Stickstoff. Die Reaktion kehrt sich um.

Die Umkehrung einer exothermen Reaktion ist endotherm. Hohe Temperaturen ermöglichen den endotherm verlaufenden Vorgang. Niedrige Temperaturen begünstigen den exothermen Verlauf.

Die Reaktion von Wasserstoff und Stickstoff kann auch durch Veränderungen des Druckes beeinflusst werden. Die Ausgangsstoffe und das Endprodukt sind gasförmig. In der Gleichung stehen links 4 Mol bzw. Volumenteile und rechts 2 Mol bzw. Volumenteile:

$$N_2 \;+\; 3\,H_2 \;\rightleftharpoons\; 2\,NH_3$$

1 Volumenteil   3 Volumenteile   2 Volumenteile

Der Prozessverlauf führt zu einer Volumenverringerung.

Von außen aufgebrachte Druckveränderungen nehmen Einfluss auf chemische Vorgänge, an denen gasförmige Stoffe beteiligt sind.

Eine Druckerhöhung begünstigt Reaktionen, die zu einer Volumenverringerung führen.

Der Franzose LE CHATELIER erkannte am Beispiel derartiger Umkehrungen von Reaktionen, dass ein Stoff bzw. ein aus mehreren Stoffen bestehendes Stoffsystem versucht, einem äußeren Zwang, der sich auf Grund der Reaktionsbedingungen ergibt, auszuweichen. Im Fall des Ammoniakzerfalls verbraucht das System Energie, die bei hoher Temperatur zur Verfügung steht. Der erhöhte Druck wird bei der Bildung des Ammoniaks durch die Reduzierung des Volumens vermindert. LE CHATELIER formulierte das **Prinzip vom kleinsten Zwang:**

Ein Stoffsystem weicht einem äußeren Zwang aus, indem es sich so verändert, dass der Zwang verringert oder verbraucht wird.

10.2 Gleichgewicht zwischen Hin- und Rückreaktion

Im Verlauf chemischer Reaktionen setzen sich die Ausgangsstoffe nie vollständig zu Endprodukten um. Das gilt auch dann, wenn im Prozess eine scheinbar 100%ige Ausbeute entsteht und wenn in der chemischen Gleichung nur ein Reaktionspfeil in die Richtung der Endstoffe weist. Die Ursache liegt nicht darin, dass sich Teilchen im Reaktionsgemisch „nicht finden" und somit Teile der Ausgangsstoffe nicht an der Reaktion teilnehmen. Vielmehr zerfallen bei jedem Vorgang gebildete Endprodukte teilweise wieder in die Ausgangsstoffe. Die Reaktion verläuft nicht nur nach rechts, sondern gleichzeitig auch in umgekehrter Richtung.

> **Prozesse, bei denen sich die Konzentrationen der Ausgangsstoffe und der Endprodukte nach einiger Zeit nicht mehr ändern, befinden sich im Gleichgewicht.**

Im folgenden allgemeinen Beispiel sollen sich die Stoffe A und B zu den Produkten C und D verbinden:

$$A + B \rightleftharpoons C + D$$

Zu Beginn der Reaktion liegen nur die Ausgangsstoffe in der gewählten Konzentration vor. Endstoffe haben sich noch nicht gebildet, sodass auch kein Zerfall einsetzen kann. Im Verlauf des Vorgangs nimmt die Konzentration bzw. Menge der Ausgangsstoffe ab. Endprodukte entstehen und deren Zerfall setzt ein. Mit dem Fortschreiten des Verbindens nimmt die Geschwindigkeit der Hinreaktion v_{Hin} ab und die der Rückreaktion $v_{Rück}$ nimmt zu (Abb. 10-1). Wenn beide Geschwindigkeiten gleich sind

$$v_{Hin} = v_{Rück}$$

ist ein **chemisches Gleichgewicht** erreicht. Die Konzentrationen der Stoffe A und B sowie C und D ändern sich nicht mehr. Scheinbar herrscht in dem System Ruhe. In Wirklichkeit bilden sich in der Zeiteinheit ebenso viele C- und D-Moleküle in der Hinreaktion wie A- und B-Moleküle in der Rückreaktion.

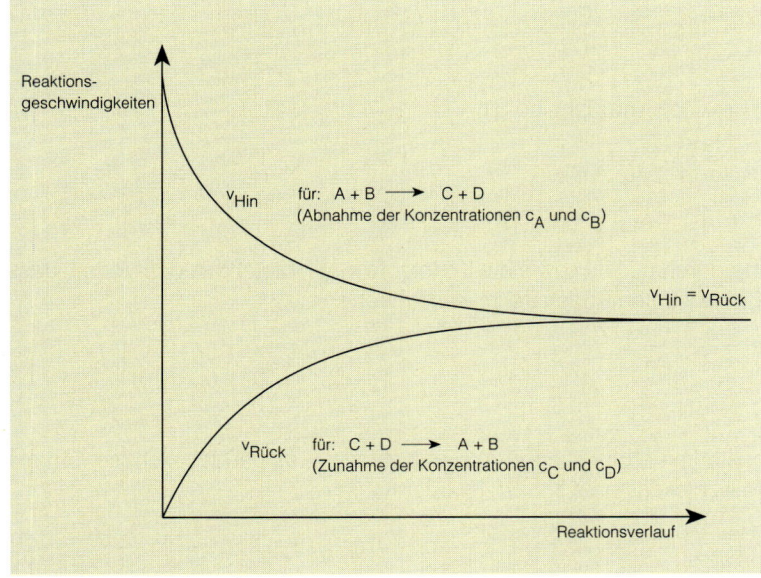

Abb. 10-1
Einstellung des chemischen Gleichgewichts

10.3 Massenwirkungsgesetz

Die Lage des chemischen Gleichgewichts ist durch Kenngrößen quantitativ (mengenmäßig) beschreibbar. Das geschieht durch die **Gleichgewichtskonstante K.** Setzt man für die Berechnung die Konzentration der reagierenden Stoffe an, kann sie durch das Zeichen K_c (c für Konzentration) symbolisiert werden. Bei Gasreaktionen verwendet man auch die Drücke. Die Gleichgewichtskonstante erhält dann das Zeichen K_p (p für pressure, engl. Druck). Da die Gleichgewichtslage durch die Temperatur beeinflusst wird, sind die K- bzw. K_c- und K_p-Werte ebenfalls temperaturabhängig.

Eine Reaktion von Stoff A mit Stoff B findet nur statt, wenn die Teilchen A und B mit aktivierender Wirkung zusammenstoßen. Sie hängt von der Anzahl der Stoßmöglichkeiten ab. Liegen beispielsweise 2 Teile A und 3 Teile B vor, so sind es nicht 2 + 3, sondern 2 · 3 Stoßmöglichkeiten, die sich zwischen den Konzentrationen c_A des Stoffes A und c_B des Stoffes B ergeben:

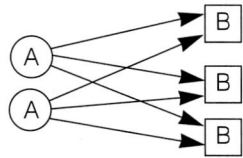

Die Anzahl der Zusammenstöße ist gleich dem Produkt der Konzentrationen.

Für die Hinreaktion ergibt sich unter Verwendung einer Konstanten k_{Hin} als Reaktionsgeschwindigkeit v_{Hin}

$$v_{Hin} = k_{Hin} \cdot c_A \cdot c_B$$

Analog hängt die Rückreaktion von dem Produkt der Konzentrationen c_C und c_D der Endstoffe C und D, d. h. der Anzahl der Stoßmöglichkeiten zwischen den Teilchen C und D und einer Konstante $k_{Rück}$ ab:

$$v_{Rück} = k_{Rück} \cdot c_C \cdot c_D$$

Befindet sich die Reaktion im Gleichgewicht, so gilt

$$v_{Hin} = v_{Rück}$$
$$k_{Hin} \cdot c_A \cdot c_B = k_{Rück} \cdot c_C \cdot c_D$$

Dividiert man die Gleichung durch $c_A \cdot c_B$ sowie die Konstante $k_{Rück}$, bietet das den Vorteil, dass die Konzentrationen der gewünschten Endstoffe im Zähler stehen:

$$\frac{k_{Hin}}{k_{Rück}} = \frac{c_C \cdot c_D}{c_A \cdot c_B}$$

Der Quotient aus zwei Konstanten ergibt wiederum eine Konstante, es handelt sich hier um die bereits erwähnte Gleichgewichtskonstante K bzw. K_c oder K_p:

$$K_c = \frac{k_{Hin}}{k_{Rück}}$$

Damit ergibt sich für die allgemeine Reaktion

$$A + B \rightleftharpoons C + D$$

im chemischen Gleichgewicht eine Beziehung, die als **Massenwirkungsgesetz** bezeichnet wird:

$$K_c = \frac{c_C \cdot c_D}{c_A \cdot c_B}$$

> **Im chemischen Gleichgewicht ist der Quotient aus dem Produkt der Endstoffe und dem Produkt der noch vorhandenen Ausgangsstoffe für eine bestimmte Temperatur konstant.**
>
> **Die Gleichgewichtskonstante K_c gibt für eine bestimmte Temperatur an, bei welcher Konzentration sich Ausgangs- und Endstoffe im Gleichgewicht befinden.**

10.4 Berechnung der Gleichgewichtskonstante K_c

Bei der Temperatur T sollen sich je 1 Mol der Ausgangsstoffe A und B zu je $^4/_5$ Mol der Endstoffe C und D umsetzen.

	A	+	B	$\rightleftharpoons$	C	+	D
Konzentrationen zu Beginn der Reaktion	1 Mol		1 Mol		0 Mol		0 Mol
Konzentrationen im chemischen Gleichgewicht	$^1/_5$ Mol		$^1/_5$ Mol		$^4/_5$ Mol		$^4/_5$ Mol

Die Konzentrationen, die sich im Gleichgewicht ergeben, werden in die Gleichung eingesetzt:

$$K_c = \frac{^4/_5 \text{ mol} \cdot {}^4/_5 \text{ mol}}{^1/_5 \text{ mol} \cdot {}^1/_5 \text{ mol}} \qquad \text{(bei T)}$$

$$K_c = 16 \qquad \text{(bei T)}$$

In der Gleichgewichtskonstante $K_c > 1$ drückt sich aus, dass das chemische Gleichgewicht relativ weit auf der Seite der Endstoffe liegt. Bei Werten von $K_c < 1$ befindet sich das Gleichgewicht auf der linken Seite, es liegen mehr Ausgangs- als Endstoffe vor.

10.5 Verallgemeinerung des Massenwirkungsgesetzes

Bisher wurde die Reaktion zwischen jeweils einem Mol der Ausgangs- und Endstoffe betrachtet. Für die Reaktion von mehreren Molen ergibt sich folgende allgemeine Berechnung:

$$2A + 3B \rightleftharpoons 2C + D$$

$$K_c = \frac{c_C \cdot c_C \cdot c_D}{c_A \cdot c_A \cdot c_B \cdot c_B \cdot c_B}$$

$$K_c = \frac{c_C^2 \cdot c_D}{c_A^2 \cdot c_B^3}$$

> **Aus den Koeffizienten der chemischen Reaktionsgleichung werden im Massenwirkungsgesetz Exponenten.**

Für jede konkrete chemische Reaktion lässt sich mithilfe des Massenwirkungsgesetzes die vom speziellen Gleichgewicht abhängige Gleichgewichtskonstante errechnen. Bei Temperaturänderungen ändert sich auch die Gleichgewichtskonstante, ebenso bei Änderung des Drucks (Reaktionen in der Gasphase). Katalysatoren führen schneller zum Gleichgewicht, sie ändern jedoch die Gleichgewichtslage nicht.

10.6 Bildung von Iodwasserstoffsäure

Die Bildung von Iodwasserstoff HI aus Wasserstoff und Iod verläuft unter Standardbedingungen schwach endotherm.

$$H_2 \quad + \quad I_2 \quad \rightleftharpoons \quad 2\,HI \qquad\qquad \Delta H \; = \; +25{,}9\,kJ \cdot mol^{-1}$$

Die Gleichgewichtskonstante ergibt sich aus der Gleichung

$$K_c \; = \; \frac{c_{HI}{}^2}{c_{H_2} \cdot c_{I_2}}$$

Bei einer Temperatur von 425 °C geht ein merklicher Zerfall von Iodwasserstoff vor sich. Im Gleichgewicht findet man beispielsweise nebeneinander $2{,}36 \cdot 10^{-3}$ mol $\cdot$ l^{-1} Iodwasserstoff und je $0{,}32 \cdot 10^{-3}$ mol $\cdot$ l^{-1} Wasserstoff und Iod. Der Wert der Gleichgewichtskonstante beträgt für diesen Fall

$$K_c \; = \; \frac{(2{,}36)^2 \; \cdot \; 10^{-6}\,mol^2 \cdot l^{-2}}{(0{,}32) \; \cdot \; (0{,}32) \; \cdot \; 10^{-6}\,mol^2 \cdot l^{-2}}$$

$$K_c \; = \; 54{,}4$$

Bei einer anderen Ausgangskonzentration liegen bei 425 °C im Gleichgewicht nebeneinander $4{,}56$ mol $\cdot$ m^{-3} Wasserstoff, $0{,}74$ mol $\cdot$ m^{-3} Iod und $13{,}55$ mol $\cdot$ m^{-3} Iodwasserstoff vor. Es tritt die Frage auf, ob die Gleichgewichtskonstante den gleichen Betrag besitzt:

$$K_c \; = \; \frac{(13{,}55)^2 \; \cdot \; (mol \cdot m^{-3})^2}{4{,}56\,mol \cdot m^{-3} \; \cdot \; 0{,}74\,mol \cdot m^{-3}}$$

$$K_c \; = \; 54{,}4$$

Bei 425 °C beträgt die Gleichgewichtskonstante für die Bildung von Iodwasserstoff immer 54,4.

10.7 Dissoziationskonstante von Elektrolyten

Wichtige Gleichgewichte bestehen in schwachen Elektrolyten (vgl. Abschnitt 7.3.6). Die Essigsäure dissoziiert in wässriger Lösung nach der Gleichung

$$CH_3COOH \quad \rightleftharpoons \quad \underset{\text{Acetat-Ion}}{CH_3COO^-} \quad + \quad H^+$$

Die Gleichgewichtskonstante bezeichnet man bei derartigen Reaktionen auch als **Dissoziationskonstante K_D.** Das Massenwirkungsgesetz lautet somit

$$K_D = \frac{c_{CH_3COO^-} \cdot c_{H^+}}{c_{CH_3COOH}}$$

Die Dissoziationskonstante der Essigsäure beträgt bei 25 °C $1{,}8 \cdot 10^{-5}$ mol $\cdot$ l^{-1}. Dieser Wert zeigt, dass das Gleichgewicht auf der Seite der undissoziierten Säure liegt (vgl. auch Abschnitt 10.10).

> **Schwache Elektrolyte besitzen eine Dissoziationskonstante mit einem Zahlenwert $K_D < 10^{-4}$.**
>
> **Starke Elektrolyte haben eine Dissoziationskonstante mit einem Zahlenwert $K_D > 10^{-4}$.**

Die Dissoziationsstufen (Protolysestufen) mehrwertiger Säuren (Abschnitt 7.3.6) haben von Stufe zu Stufe kleiner werdende K_D-Werte: $K_{D, H_2SO_4} = 1 \cdot 10^3$ mol $\cdot$ l^{-1}, $K_{D, HSO_4^-} = 1{,}2 \cdot 10^{-2}$ mol $\cdot$ l^{-1}.

10.8 Ionenprodukt des Wassers und pH-Wert

Wasser ist ein sehr schwacher Elektrolyt. Es dissoziiert in Hydronium- bzw. Wasserstoff- und in Hydroxid-Ionen:

$$2\,H_2O \;\rightleftharpoons\; H_3O^+ \;+\; OH^-$$

oder vereinfacht: $\quad H_2O \;\rightleftharpoons\; H^+ \;+\; OH^-$

Die Dissoziationskonstante K_D von Wasser beträgt bei 25 °C

$$K_D = \frac{c_{H^+} \cdot c_{OH^-}}{c_{H_2O}}$$

$$K_D = 1{,}8 \cdot 10^{-16} \text{ mol} \cdot \text{l}^{-1}$$

Die Anzahl der Mole an undissoziiertem Wasser beträgt im Liter Wasser bzw. in 1000 g $\cdot$ l^{-1}

$$c_{H_2O} = \frac{1000 \text{ g} \cdot \text{l}^{-1}}{1 \text{ Mol}}$$

$$c_{H_2O} = \frac{1000 \text{ g} \cdot \text{l}^{-1}}{18 \text{ g} \cdot \text{mol}^{-1}}$$

$$c_{H_2O} = 55{,}56 \text{ mol} \cdot \text{l}^{-1}$$

Auf Grund der sehr geringen Dissoziation kann man diese Konzentration im neutralen Wasser als konstant ansehen und mit der Dissoziationskonstante des Wassers zu einer neuen Konstante vereinen:

$$K_D \cdot c_{H_2O} = c_{H^+} \cdot c_{OH^-}$$

$$K_D \cdot c_{H_2O} = 1{,}8 \cdot 10^{-16} \text{ mol} \cdot \text{l}^{-1} \cdot 55{,}56 \text{ mol} \cdot \text{l}^{-1}$$

$$K_D \cdot c_{H_2O} = 10^{-14} \text{ mol}^2 \cdot \text{l}^{-2}$$

Man erhält daraus als wichtige Konstante das **Ionenprodukt des Wassers:**

$$c_{H^+} \cdot c_{OH^-} = 10^{-14}\ mol^2 \cdot l^{-2}$$

Dieses Ergebnis ist in verschiedener Hinsicht bemerkenswert:

- Auch im neutralen Wasser liegen Wasserstoff- und Hydroxid-Ionen vor, und zwar in gleicher Konzentration:

$$c_{H^+} \cdot c_{OH^-} = 10^{-14}\ mol^2 \cdot l^{-2}$$
$$c_{H^+} = c_{OH^-} = 10^{-7}\ mol \cdot l^{-1}$$

- Im sauren und basischen Medium ist die Hydroxid- oder auch die Wasserstoff-Ionenkonzentration nie null, denn das Produkt beider Konzentrationen ist $10^{-14}\ mol^2 \cdot l^{-2}$.

- Im sauren Medium, d. h. in Säurelösungen, gilt, dass die OH^--Ionenkonzentration kleiner als die H^+-Ionenkonzentration ist:

  sauer: $\quad c_{H^+} > c_{OH^-}$ bzw. $\quad c_{H^+} > 10^{-7}\ mol \cdot l^{-1}$

- Im basischen Medium, d. h. in Laugen, ist die OH^--Ionenkonzentration größer als die H^+-Ionenkonzentration:

  basisch: $\quad c_{OH^-} > c_{H^+}$ bzw. $\quad c_{H^+} < 10^{-7}\ mol \cdot l^{-1}$

Die Charakterisierung des Säureanteils einer Lösung mithilfe des negativen Exponenten der Wasserstoff-Ionenkonzentration ist natürlich möglich, im Gebrauch aber umständlich. Aus praktischen Gründen wurde deshalb eine mathematische Definition eingeführt, nach der nur der Exponent der Wasserstoff-Ionenkonzentration als positive Zahl verwendet wird. Die Zahl, die man dadurch erhält, heißt **pH-Wert** (abgeleitet aus pondus hydrogenii, lat. Gewicht des Wasserstoffs, bzw. potentia hydrogenii, lat. Wirksamkeit oder Kraft des Wasserstoffs). Die Definition lautet:

Der pH-Wert ist der negative dekadische Logarithmus des Zahlenwertes der molaren Wasserstoff-Ionenkonzentration c_{H^+}.

Obwohl die Definition umständlich anmutet, wird die dadurch getroffene Vereinfachung sofort an Beispielen deutlich:

$$c_{H^+} = 10^{-3}\ mol \cdot l^{-1}$$
$$pH = -lg\ 10^{-3}$$
$$pH = 3$$

Für die Umrechnung des pH-Wertes in die Wasserstoff-Ionenkonzentration gilt die Definition

$$c_{H^+} = lg - pH$$
$$c_{H^+} = lg - 3$$
$$c_{H^+} = 10^{-3}\ mol \cdot l^{-1}$$

Im praktischen Gebrauch ist klar, dass es sich z. B. bei pH = 1 oder pH = 4,5 um verdünnte Säurelösungen mit der Wasserstoff-Ionenkonzentration $c_{H^+} = 10^{-1}\ mol \cdot l^{-1}$ bzw. $c_{H^+} = 10^{-4,5}\ mol \cdot l^{-1}$ handelt.

Somit können saure, neutrale und basische Medien einfach charakterisiert werden:

$$pH = 0 \longleftarrow \quad pH = 7 \longrightarrow pH = 14$$

$$\longleftarrow \text{neutral} \longrightarrow$$

sauer   basisch

> **Verdünnte Säuren haben einen pH-Wert kleiner als 7.**
>
> **Verdünnte Laugen haben einen pH-Wert größer als 7.**
>
> **Neutrale Medien haben einen pH-Wert gleich 7.**

10.9 pH-Messung

Mit Indikatoren ist nicht nur die saure bzw. basische Reaktion feststellbar, sondern in Näherung auch der pH-Wert.

Im Abschnitt 7.3.2 wurde bereits die durch Protonen gesteuerte Farbänderung erwähnt.

> **Indikatoren sind sehr schwache Säuren (Zeichen: H-Ind).**

In wässriger Lösung erfolgt in geringem Umfang Protolyse. Es liegen folgende Säure-Base-Paare vor:

$$\text{H-Ind} + \text{H}_2\text{O} \rightleftharpoons \text{H}_3\text{O}^+ + \text{Ind}^-$$

Säure   Base   Säure   Base

Gibt man zu dieser Lösung eine Säure, so verschiebt sich das Gleichgewicht nach links zum undissoziierten Molekül. Eine Base bindet dagegen das Hydronium-Ion ab, folglich wird das Gleichgewicht nach rechts verschoben.

Das undissoziierte Indikator-Molekül H-Ind absorbiert andere Lichtwellen als das Anion Ind$^-$, deshalb erscheint die Lösung je nach Gleichgewichtslage bzw. pH-Wert unterschiedlich gefärbt.

Die verschiedenen Indikatoren ändern ihre Farbe jeweils in einem bestimmten pH-Bereich (Übersicht 10-1, Seite 190 und Abb. 10-2, 10-3).

Abb. 10-2
Säure-Lösungen mit Methylrot (links), Bromthymolblau (Mitte) und Phenolphthalein (rechts)

Abb. 10-3
Hydroxid-Lösungen mit Methylrot (links), Bromthymolblau (Mitte) und Phenolphthalein (rechts)

Umschlagbereiche von wichtigen Indikatoren

Name des Indikators	Farbe bei niedrigem pH-Wert	Farbumschlag im pH-Bereich	Farbe bei höherem pH-Wert
Thymolblau	rot	1,2 ... 2,8	gelb
	gelb	8,0 ... 9,6	blau
Methylorange	rot	3,1 ... 4,4	gelb
Methylrot	rot	4,4 ... 6,2	gelb
Lackmus	rot	5,0 ... 8,0	blau
Bromthymolblau	gelb	6,0 ... 7,6	blau
Phenolphthalein	farblos	8,2 ... 10,0	rot
Thymolphthalein	farblos	9,4 ... 10,6	blau
Alizaringelb	gelb	10,1 ... 12	rotbraun

Übersicht 10-1

Universalindikator-Papiere enthalten mehrere Indikatoren, die verschiedene, nicht identische Umschlagsbereiche besitzen und sich nicht gegenseitig in den Farben stören (Abb. 10-4). Mit ihnen kann der pH-Wert durch Farbvergleich mit einer vorgegebenen Farbskala festgestellt werden (Abb. 10-5). Die Genauigkeit liegt bei etwa 0,5 pH-Wert-Einheiten. Testpapiere für bestimmte pH-Bereiche gestatten Genauigkeiten von ca. 0,1 pH-Wert-Einheiten.

Universalindikatoren werden auch als Lösung angewendet.

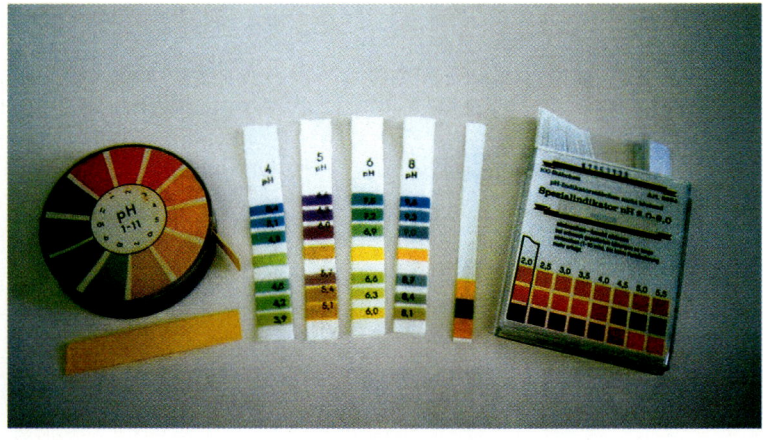

Abb. 10-4
Universalindikator-Papier (links) und Indikator-Papier für bestimmte pH-Bereiche (rechts)

Versuche

T+

Sehr giftig

1. Prüfen Sie verdünnte Säuren wie HCl c = 0,1 mol · l^{-1}, Essigsäure c = 0,001 mol · l^{-1}, gesättigtes H_2S-Wasser mit Universalindikator-Papier. Versetzen Sie die Lösungen anschließend mit flüssigem Universalindikator und vergleichen Sie die Färbungen. Notieren sie die Farbumschläge. (H_2S nicht einatmen! R 26, S 23)

2. Prüfen Sie in gleicher Weise verschiedene verfügbare Stoffe wie Mineralwasser, Fruchtsäfte, Bier, reines Wasser, Lösung von Spülmitteln, Buttermilch etc.

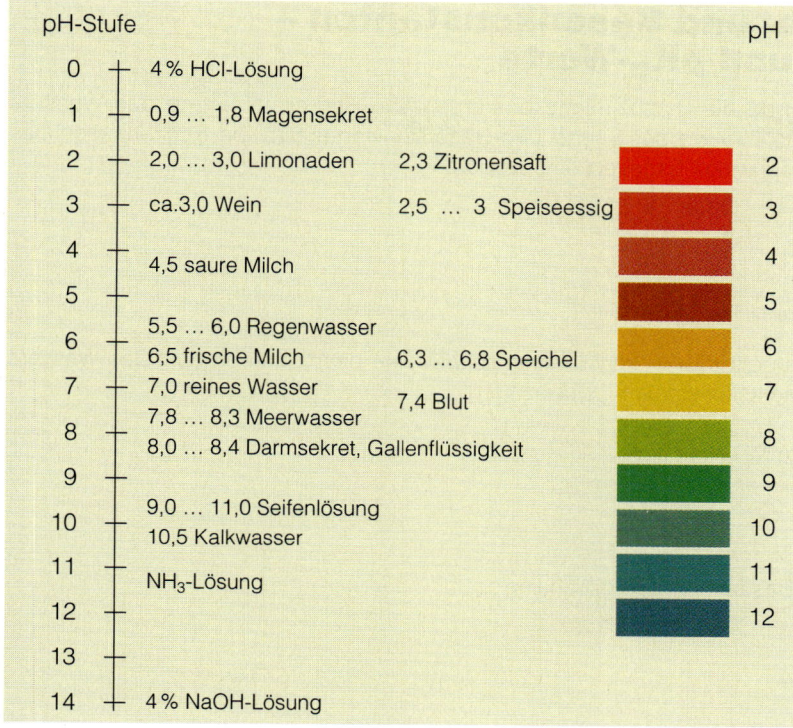

pH-Stufe

pH-Stufe			pH
0	4 % HCl-Lösung		
1	0,9 ... 1,8 Magensekret		
2	2,0 ... 3,0 Limonaden	2,3 Zitronensaft	2
3	ca.3,0 Wein	2,5 ... 3 Speiseessig	3
4	4,5 saure Milch		4
5			5
6	5,5 ... 6,0 Regenwasser		6
	6,5 frische Milch	6,3 ... 6,8 Speichel	
7	7,0 reines Wasser	7,4 Blut	7
8	7,8 ... 8,3 Meerwasser		8
	8,0 ... 8,4 Darmsekret, Gallenflüssigkeit		
9			9
10	9,0 ... 11,0 Seifenlösung		10
	10,5 Kalkwasser		
11	NH$_3$-Lösung		11
12			12
13			
14	4 % NaOH-Lösung		

Abb. 10-5
pH-Werte verschiedener Lösungen und pH-Farbskala für Papier-Universalindikator

Exaktere Bestimmungen des pH-Wertes sind mittels pH-Messgeräten möglich. Der pH-Wert wird elektrochemisch gemessen, denn mit der Ionenkonzentration ändert sich die elektrische Leitfähigkeit der Lösung (Abb. 10-6).

Die Messgenauigkeit der Geräte beträgt bis 0,01 pH-Wert-Einheiten.

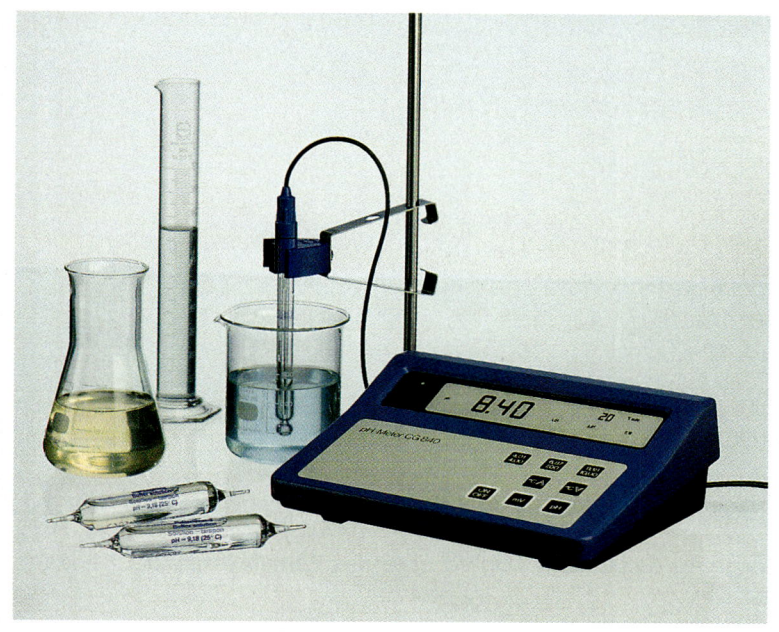

Abb. 10-6
pH-Messgerät

10.10 Säure- und Basenkonstanten – pK_S- und pK_B-Werte

Im Abschnitt 10.7 wurde die Dissoziationskonstante ohne Berücksichtigung des Wassers abgeleitet. Für die Bestimmung der Säure- und Basenkonstante wird die Konzentration des Wassers c in das Massenwirkungsgesetz einbezogen:

$$Säure + H_2O \rightleftharpoons Base + H_3O^+$$

$$K_S = \frac{c_{Base} \cdot c_{H_3O^+}}{c_{Säure} \cdot c_{H_2O}}$$

$c_{Säure}$ = Konzentration der undissoziierten Säure

In wässrigen Lösungen gilt $c_{H_2O} \approx$ konst., deshalb wird wie beim Ionenprodukt des Wassers c_{H_2O} in die Gleichgewichtskonstante K_S einbezogen.

Für die Säurekonstante K_S ergibt sich

$$K_S = \frac{c_{Base} \cdot c_{H_3O^+}}{c_{Säure}}$$

Für die Base und die Basenkonstante gilt analog

$$Base + H_2O \rightleftharpoons OH^- + Säure$$

$$K_B = \frac{c_{OH^-} \cdot c_{Säure}}{c_{Base}}$$

c_{Base} = Konzentration der undissoziierten Base

Die Multiplikation der beiden letzten Gleichungen ergibt

$$K_S \cdot K_B = \frac{c_{Base} \cdot c_{H_3O^+} \cdot c_{OH^-} \cdot c_{Säure}}{c_{Säure} \cdot c_{Base}}$$

Die Vereinfachung durch Kürzen führt zu

$$K_S \cdot K_B = c_{H_3O^+} \cdot c_{OH^-}$$

Das ist gleich dem Ionenprodukt des Wassers 10^{-14} mol$^2 \cdot$ l^{-2}:

$$K_S \cdot K_B = K_W = 10^{-14} \text{ mol}^2 \cdot \text{l}^{-2}$$

Mit dem Wert der Säurekonstante ist somit auch der Wert der Basenkonstante gegeben.

Beispiel: Für $K_S = 2 \cdot 10^{-4}$ mol $\cdot$ l^{-1} = $10^{0,3} \cdot 10^{-4}$ mol $\cdot$ l^{-1} ergibt sich
für $K_B = 5 \cdot 10^{-11} = 10^{0,7} \cdot 10^{-11}$ mol $\cdot$ l^{-1}
bzw. als Produkt: $10^{-3,7} \cdot$ mol $\cdot$ l$^{-1} \cdot 10^{-10,3}$ mol $\cdot$ l^{-1} = 10^{-14} mol$^2 \cdot$ l^{-2}

So wie beim Ionenprodukt des Wassers der pH-Wert festgelegt wurde, führte man auch einen pK_S- und einen pK_B-Wert ein:

Der pK_S-Wert ist der negative dekadische Logarithmus des Zahlenwertes der Säurekonstante K_S.
Der pK_B-Wert ist der negative dekadische Logarithmus des Zahlenwertes der Basenkonstante K_B.

Die Definition führt zu der Vereinfachung:

$$pK_S + pK_B = 14$$

Die definitorischen Festlegungen machen es möglich, die Stärke von Säuren und Basen durch einfache Zahlen anzugeben (vgl. Übersicht 10-2, Seite 194).

Die Stärke einer Säure wird durch den pK$_S$-Wert, die Stärke einer Base durch den pK$_B$-Wert ausgedrückt.

Dabei ist zu beachten, dass eine große Säurekonstante K_S eine hohe Dissoziation bzw. starke Säure bedeutet. Durch Logarithmieren wird daraus aber ein kleiner pK$_S$-Wert (z. B. $K_S = 10^3$ mol $\cdot$ l^{-1} wird zu pK$_S$ = –3!).

Je kleiner der pK$_S$-Wert, desto stärker ist die Säure.

Starke Säuren wie H_2SO_4, HCl, HNO_3 haben pK$_S$-Werte < 1 (vgl. Übersicht 10-2).

Analog gilt für Basen:
Eine starke Base hat einen hohen Dissoziationsgrad und somit eine große Basenkonstante und einen kleinen pK$_B$-Wert.

Je kleiner der pK$_B$-Wert, desto stärker ist die Base.

Starke Basen wie NaOH, KOH haben pK$_B$-Werte < 1 (vgl. Übersicht 10-2).

Die Betrachtungen können auch auf Säure-Base-Paare ausgedehnt werden. Dabei gelangt man zu folgendem Ergebnis:
Die korrespondierende Base einer starken Säure (kleiner pK$_S$-Wert) hat einen großen pK$_B$-Wert. Die korrespondierende Base einer schwachen Säure (großer pK$_S$-Wert) hat einen kleinen pK$_B$-Wert (vgl. dazu die Säure-Base-Paare der Übersicht 10-2).

In den korrespondierenden Säure-Base-Paaren gilt:

**Eine starke Säure hat eine schwache korrespondierende Base,
eine mittelstarke Säure hat eine mittelstarke korrespondierende Base,
eine schwache Säure hat eine starke korrespondierende Base.**

10.11 Berechnung des pH-Wertes

Mithilfe der pK$_S$- und pK$_B$-Werte kann der pH-Wert berechnet werden.
Verdünnte starke Säuren und Basen sind in wässriger Lösung praktisch vollständig dissoziiert (protolysiert). Somit ist $c_{(H_3O^+)}$ bzw. $c_{(OH^-)}$ gleich der Gesamtkonzentration.

Beispiel: Säure
Für eine HCl-Lösung $c = 0{,}1$ mol $\cdot$ l^{-1} ist $c_{(H_3O^+)} = 10^{-1}$ mol $\cdot$ l^{-1}.
Daraus folgt pH = 1

Beispiel: Base
Für eine NaOH-Lösung $c = 0{,}01$ mol $\cdot$ l^{-1} ist $c_{(OH^-)} = 10^{-2}$ mol $\cdot$ l^{-1}.
Daraus folgt $c_{(H_3O^+)} = 10^{-12}$ mol $\cdot$ l^{-1} und pH = 12

Säure-Base-Paare (Säure-Konstanten, Basen-Konstanten, pK$_S$- und pK$_B$-Werte)

	K_S mol · l^{-1}	pK$_S$	Säure $\longleftrightarrow$ korrespondierende Base		pK$_B$	K_B mol · l^{-1}	
sehr stark	10^9	−9	HClO$_4$ Perchlorsäure	ClO$_4^-$	23	10^{-23}	sehr schwach
	10^6	−6	HCl Salzsäure	Cl$^-$	20	10^{-20}	
	10^3	−3	H$_2$SO$_4$ Schwefelsäure	HSO$_4^-$	17	10^{-17}	
	$10^{1,3}$	−1,3	HNO$_3$ Salpetersäure	NO$_3^-$	15,3	$10^{-15,3}$	
	10^0	0	H$_3$O$^+$ Hydronium-Ion	H$_2$O	14	10^{-14}	
stark	$10^{-1,9}$	1,9	H$_2$SO$_3$ Schweflige Säure	HSO$_3^-$	12,1	$10^{-12,1}$	schwach
	$10^{-1,96}$	1,96	H$_3$PO$_4$ Phosphorsäure	H$_2$PO$_4^-$	12,04	$10^{-12,04}$	
	$10^{-3,1}$	3,1	HF Flusssäure	F$^-$	10,9	$10^{-10,9}$	
mittelstark	$10^{-4,8}$	4,8	CH$_3$COOH Essigsäure	CH$_3$COO$^-$	9,2	$10^{-9,2}$	mittelstark
	$10^{-6,5}$	6,5	H$_2$CO$_3$ Kohlensäure	HCO$_3^-$	7,5	10^{-75}	
	$10^{-7,1}$	7,1	H$_2$S Schwefelwasserstoff	HS$^-$	6,9	$10^{-6,9}$	
	$10^{-7,2}$	7,2	HSO$_3^-$ Hydrogensulfit-Ion	SO$_3^{2-}$	6,8	$10^{-6,8}$	
	$10^{-7,12}$	7,12	H$_2$PO$_4^-$ Dihydrogenphosphat-Ion	HPO$_4^{2-}$	6,88	$10^{-6,88}$	
	$10^{-9,2}$	9,2	NH$_4^+$ Ammonium-Ion	NH$_3$	4,8	$10^{-4,8}$	
schwach	$10^{-9,4}$	9,4	HCN Cyanwasserstoffsäure	CN$^-$	4,6	$10^{-4,6}$	stark
	$10^{-10,4}$	10,4	HCO$_3^-$ Hydrogencarbonat-Ion	CO$_3^{2-}$	3,6	$10^{-3,6}$	
	$10^{-12,3}$	12,3	HPO$_4^{2-}$ Hydrogenphosphat-Ion	PO$_4^{3-}$	1,7	$10^{-1,7}$	
	$10^{-12,9}$	12,9	HS$^-$ Hydrogensulfid-Ion	S^{2-}	1,1	$10^{-1,1}$	
sehr schwach	10^{-14}	14	H$_2$O Wasser	OH$^-$	0	10^0	sehr stark
	10^{-24}	24	OH$^-$ Hydroxid-Ion	O^{2-}	−10	10^{10}	

Acidität (left vertical axis) — **Basizität** (right vertical axis)

Übersicht 10-2

Aufgabe: Welchen pH-Wert haben eine HCl-Lösung $c = 0{,}5$ mol $\cdot$ l^{-1} und eine NaOH-Lösung $c = 0{,}02$ mol $\cdot$ l^{-1}?

Schwache Säuren und schwache Basen sind unvollständig dissoziiert (protolysiert). Es liegen messbare Konzentrationen $c_{Säure}$ und c_{Base} vor, aber es gilt nicht $c_{(H_3O^+)}$ = Gesamtkonzentration bzw. $c_{(OH^-)}$ = Gesamtkonzentration. Dagegen kann wegen schwacher Protolyse $c_{Säure} \approx$ Gesamtkonzentration und $c_{Base} \approx$ Gesamtkonzentration gesetzt werden.

Der pH-Wert der wässrigen Säure- bzw. Base-Lösung ist mithilfe der folgenden Näherungsformeln zu berechnen:

Säure:
$$pH = \frac{pK_S - \lg c_{Säure}}{2}$$

Base:
$$pH = 7 + \frac{pK_S + \lg c_{Base}}{2}$$

Beispiele:

1. Gegeben ist eine Essigsäure $c = 0{,}1$ mol $\cdot$ l^{-1}.
   Welchen pH-Wert hat die Lösung?

   Aus der Übersicht 10-2 ergibt sich für Essigsäure $pK_S = 4{,}8$.
   $$c_{Säure} = 10^{-1} \text{ mol} \cdot \text{l}^{-1} \qquad \lg c_{Säure} = -1$$
   $$pH = \frac{4{,}8 - (-1)}{2}$$
   $$pH = 2{,}9$$

2. Gegeben ist eine NH$_3$-Lösung $c = 0{,}01$ mol $\cdot$ l^{-1}.
   Welchen pH-Wert hat die Lösung?

   Aus der Übersicht 10-2 ergibt sich $pK_S = 9{,}2$.
   $$c_{Base} = 10^{-2} \text{ mol} \cdot \text{l}^{-1} \qquad \lg c_{Base} = -2$$
   $$pH = 7 + \frac{9{,}2 - 2}{2} = 7 + 3{,}6$$
   $$pH = 10{,}6$$

Aufgabe: Berechnen Sie den pH-Wert folgender Lösungen:
Phosphorsäure $c = 0{,}01$ mol $\cdot$ l^{-1}; Flusssäure $c = 0{,}1$ mol $\cdot$ l^{-1};
Essigsäure $c = 0{,}5$ mol $\cdot$ l^{-1}; Cyanwasserstoffsäure (Blausäure) $c = 0{,}3$ mol $\cdot$ l^{-1}

Andere Näherungsgleichungen führen über die Berechnung der Konzentration von Hydronium- bzw. Hydroxid-Ionen zu gleichen Ergebnissen:

$$c_{(H_3O^+)} \approx \sqrt{K_S \cdot c} \qquad \text{bzw.} \qquad c_{(OH^-)} \approx \sqrt{K_B \cdot c}$$

c = Ausgangskonzentration der Säure bzw. Base

Für Essigsäure $c = 0{,}1$ mol $\cdot$ l^{-1} ergibt sich

$$c_{(H_3O^+)} = \sqrt{10^{-4{,}8} \cdot 10^{-1}} \text{ mol} \cdot \text{l}^{-1}$$
$$c_{(H_3O^+)} = \sqrt{10^{-5{,}8}} \text{ mol} \cdot \text{l}^{-1} = 10^{-2{,}9} \text{ mol} \cdot \text{l}^{-1}$$
$$pH = 2{,}9$$

Für Ammoniak-Lösung $c = 0,01$ mol $\cdot$ l^{-1} folgt

$$c_{(OH^-)} = \sqrt{10^{-4,8} \cdot 10^{-2}} \text{ mol} \cdot \text{l}^{-1} = 10^{-3,4} \text{ mol} \cdot \text{l}^{-1}$$

$$c_{(H_3O^+)} = \frac{10^{-14} \text{ mol}^2 \cdot \text{l}^{-2}}{10^{-3,4} \text{ mol} \cdot \text{l}^{-1}} = 10^{-10,6} \text{ mol} \cdot \text{l}^{-1}$$

$$\text{pH} = 10,6$$

10.12 Hydrolyse

Wässrige Lösungen von Salzen starker Säuren und starker Basen wie NaCl, KNO$_3$ oder KBr reagieren neutral.

Anders verhalten sich die Salzlösungen starker Säuren und schwacher Basen bzw. schwacher Säuren und starker Basen, wie z. B. Lösungen von NH$_4$Cl, CH$_3$COONa, Na$_2$S oder NaCN.

Versuch Prüfen Sie mit einem Universalindikator wässrige Lösungen von Natriumchlorid NaCl, Kaliumnitrat KNO$_3$, Ammoniumchlorid NH$_4$Cl und Natriumacetat CH$_3$COONa. Ergebnis? Geruch der Lösungen?

Im Falle des Ammoniumchlorids und des Natriumacetats unterliegen die NH$_4$$^+$- und die CH$_3COO^-$-Ionen im Wasser einer **Protolyse,** die auch **Hydrolyse** genannt wird:

$$\overset{\displaystyle H^+}{\overline{NH_4^+ \ + \ Cl^- \ + \ H_2O}} \ \rightleftharpoons \ H_3O^+ \ + \ NH_3 \ + \ Cl^-$$

Säure   Base   Säure   Base

$$\overset{\displaystyle H^+}{\overline{CH_3COO^- \ + \ Na^+ \ + \ H_2O}} \ \rightleftharpoons \ CH_3COOH \ + \ OH^- \ + \ Na^+$$

Base   Säure   Säure   Base

Die Gleichgewichte beider Reaktionen liegen auf der rechten Seite.

In der Ammoniumchlorid-Lösung stören sich H$_3$O$^+$ und Cl$^-$ als starke Elektrolyte nicht. NH$_4$$^+$ ist jedoch eine schwache Kation-Säure, von der die starke Base H$_2$O ein Proton „einfängt" (vgl. pK$_S$- bzw. pK$_B$-Werte in Übersicht 10-2). Es entsteht ein Überschuss an H$_3$O$^+$-Ionen, der zur sauren Reaktion der Lösung führt.

Das Acetat-Ion CH$_3$COO$^-$ ist gegenüber dem Wasser eine schwache Anion-Base. Sie „übernimmt" aus dem Wasser Protonen. Es entstehen OH$^-$-Ionen, die eine basische Reaktion bewirken. Natrium- und OH$^-$-Ionen stören sich gegenseitig nicht, da NaOH ein starker Elektrolyt ist (vollständig dissoziiert).

Hydrolyse ist eine Protolyse von Salzen schwacher Säuren und starker Basen bzw. starker Säuren und schwacher Basen in wässriger Lösung

---

Der pH-Wert hydrolysierter Salze kann mit den Näherungsgleichungen berechnet werden, die im Abschnitt 10.10 angegeben sind:

1. Der pH-Wert einer basisch reagierenden CH$_3$COONa-Lösung in Wasser $c = 0,1$ mol $\cdot$ l^{-1} ergibt sich aus

$$pH = 7 + \frac{pK_S + \lg c_{Base}}{2}$$

Base: CH$_3$COO$^-$
$c_{Base} = 0,1$ mol $\cdot$ l^{-1}
$pK_{S,\,Essigsäure} = 4,8$

$$pH = 7 + \frac{4,8 - 1}{2}$$

$$pH = 8,9$$

2. Der pH-Wert einer sauer reagierenden NH$_4$Cl-Lösung in Wasser $c = 0,1$ mol $\cdot$ l^{-1} ergibt sich nach

$$pH = \frac{pK_S + \lg c_{Säure}}{2}$$

Säure: NH$_4^+$
$c_{Säure} = 0,1$ mol $\cdot$ l^{-1}
$pK_{S\,(NH_4^+)} = 9,2$

$$pH = \frac{9,2 - (-1)}{2}$$

$$pH = 5,1$$

Aufgabe:
1. Berechnen Sie die pH-Werte der 0,1 mol $\cdot$ l^{-1} CH$_3$COONa- und 0,1 mol $\cdot$ l^{-1} NH$_4$Cl-Lösungen nach der 2. Näherungsgleichung und vergleichen Sie die Ergebnisse mit den Werten, die nach der 1. Näherungsgleichung erhalten wurden.
2. Errechnen Sie die pH-Werte folgender wässriger Lösungen nach beiden Näherungsgleichungen, nachdem Sie mithilfe der K$_S$- und K$_B$-Werte abgeschätzt haben, ob eine saure oder basische Hydrolyse stattfindet:
NaCN $c = 0,1$ mol $\cdot$ l^{-1}; Na$_2$S $c = 0,01$ mol $\cdot$ l^{-1} (zu HS$^-$);
Na$_2$CO$_3$ $c = 0,1$ mol $\cdot$ l^{-1} (zu HCO$_3^-$); NaHCO$_3$ $c = 0,2$ mol $\cdot$ l^{-1};
CH$_3$COOK $c = 0,5$ mol $\cdot$ l^{-1}!

10.13 Löslichkeitsprodukt

Eine Lösung, die keinen weiteren Stoff aufnehmen kann, gilt als **gesättigte Lösung.** Eine weitere Zugabe des betreffenden Stoffes bildet einen so genannten Bodenkörper. Ein ebensolcher entsteht, wenn eine **Ionenreaktion** zu einem schwer löslichen Salz führt.

Versuch Versetzen Sie verdünnte AgNO$_3$-Lösung mit einer chloridhaltigen Lösung, z. B. NaCl-Lösung.
Wiederholen Sie den Versuch mit AgNO$_3$- und KBr-Lösung.

Die Ag$^+$- und Cl$^-$-Ionen bzw. Ag$^+$- und Br$^-$-Ionen reagieren zu schwer löslichen Verbindungen, weil die Löslichkeit überschritten ist:

Ag$^+$ + Cl$^-$ $\rightleftharpoons$ AgCl
Ag$^+$ + Br$^-$ $\rightleftharpoons$ AgBr

Die schwer löslichen Salze setzen sich nach einiger Zeit als Niederschlag ab. Die darüber stehende Lösung ist gesättigt. Sie enthält im Gleichgewicht noch eine geringe konstante, aber von der Temperatur abhängige Menge an undissoziierten AgCl, Ag^+- und Cl^--Ionen bzw. AgBr, Ag^+- und Br^--Ionen.

Es besteht ein dynamisches Gleichgewicht: In der Zeiteinheit dissoziieren ebenso viele AgCl-Teilchen, wie wiederum aus Ionen entstehen.

Allgemein kann für ein solches, stark auf der rechten Seite liegendes Gleichgewicht auch geschrieben werden:

$$KA \rightleftharpoons K^+ + A^-$$

undissoziiertes   Kation   Anion
Salzteilchen

Das Massenwirkungsgesetz ergibt als Konstante K

$$K = \frac{c_{K^+} \cdot c_{A^-}}{c_{KA}}$$

Die Konzentration des undissoziierten Salzes c_{KA} ist in Salzlösungen gering. Bei T = konst. und Bildung von Bodenkörpern gilt auch c_{KA} = konst. Der Wert kann in die Konstante K einbezogen werden.

Die neue Konstante heißt **Löslichkeitsprodukt** K_L.

$$K_L = c_{K^+} \cdot c_{A^-}$$

Ein Niederschlag (Bodenkörper) entsteht durch eine Ionenreaktion, wenn das Löslichkeitsprodukt überschritten wird.

Löslichkeit und Löslichkeitsprodukt sind temperaturabhängig.

Für die angegebenen Reaktionen lautet das Löslichkeitsprodukt

$$K_{L,\,AgCl} \rightleftharpoons c_{Ag^+} \cdot c_{Cl^-}$$
$$K_{L,\,AgBr} \rightleftharpoons c_{Ag^+} \cdot c_{Br^-}$$

In einer gesättigten Lösung, z. B. von AgCl gilt

$$K_{L,\,AgCl} = c_{Ag^+} \cdot c_{Cl^-} = 10^{-10} \text{ mol}^2 \cdot l^{-2}$$
$$c_{Ag^+} = c_{Cl^-} = \sqrt{10^{-10}} \text{ mol} \cdot l^{-1}$$
$$= 10^{-5} \text{ mol} \cdot l^{-1}$$

Wird die Konzentration einer Ionenart, z. B. von Cl^- erhöht, indem man das Fällungsmittel im Überschuss anwendet, so ist das Gleichgewicht gestört.

Es gilt nun: $c_{Ag^+} < c_{Cl^-}$ und $K_{L,\,AgCl} \neq 10^{-10} \text{ mol}^2 \cdot l^{-2}$.

Weitere Ag^+- und Cl^--Ionen müssen sich nun zu unlöslichem AgCl verbinden (zusätzlichen Bodenkörper bilden), bis wieder gilt $K_{L,\,AgCl} = 10^{-10} \text{ mol}^2 \cdot l^{-2}$.

Beispiel: Es wird so viel Fällungsmittel zugegeben, dass c_{Cl^-} einen Wert von 10^{-1} mol $\cdot l^{-1}$ annimmt, nun muss c_{Ag^+} auf 10^{-9} mol $\cdot l^{-1}$ sinken.
Dann gilt wieder $K_{L,\,AgCl} = 10^{-9}$ mol $\cdot l^{-1} \cdot 10^{-1}$ mol $\cdot l^{-1} = 10^{-10} \text{ mol}^2 \cdot l^{-2}$.

Eine Ionenart kann somit durch weitere Zugabe der anderen Ionenart in stärkerem Maße ausgefällt werden. Man wählt dafür den Ausdruck „quantitativ", obwohl – wie das Beispiel auch zeigt – die Konzentration nicht null werden kann.

Das Löslichkeitsprodukt wird sinnvoll nur für schwer lösliche Verbindungen angegeben (vgl. Übersicht 10-3).

Löslichkeitsprodukte von schwerlöslichen Salzen bei 20°C			
Verbindung	Löslichkeits-produkt in $mol^2 \cdot l^{-2}$	Verbindung	Löslichkeits-produkt in $mol^2 \cdot l^{-2}$
$AgCl$	$1 \cdot 10^{-10}$	$BaSO_4$	$1 \cdot 10^{-10}$
$AgBr$	$5 \cdot 10^{-13}$	$PbSO_4$	$2 \cdot 10^{-14}$
AgI	$2 \cdot 10^{-16}$	$BaCrO_4$	$2,4 \cdot 10^{-10}$
$CaSO_4$	$6,1 \cdot 10^{-5}$	$PbCrO_4$	$1,8 \cdot 10^{-14}$

Übersicht 10-3

10.14 Puffer

Schwache Säuren sowie schwache Basen unterliegen einer geringen Protolyse. Eine Essigsäure $c = 0,1 \, mol \cdot l^{-1}$ enthält ca. 98,7% undissoziierte Moleküle. Das Gleichgewicht der Reaktion liegt auf der linken Seite:

$$CH_3COOH \ + \ H_2O \ \rightleftharpoons \ H_3O^+ \ + \ CH_3COO^-$$
$$\approx 1,3\%$$

Die Säurekonstante K_S beträgt (Übersicht 10-2)

$$K_S \ = \ \frac{c_{H_3O^+} \cdot c_{CH_3COO^-}}{c_{CH_3COOH}} \ = \ 10^{-4,8} \, mol \cdot l^{-1}$$

Gibt man zur Essigsäure eines ihrer Salze, z. B. Natriumacetat CH_3COONa, so wird der Wert von K_S gestört. Der Zähler ist zu groß. Es müssen so viele H_3O^+- und CH_3COO^--Ionen zu undissoziierten Essigsäuremolekülen zusammentreten, bis das Gleichgewicht bzw. $K_S = 10^{-4,8} \, mol \cdot l^{-1}$ hergestellt ist (Umkehrung der Protolyse). Praktisch liegen nur undissoziierte CH_3COOH-Moleküle vor.

In einer reinen Acetat-Lösung findet man auf Grund der geringen Protolyse nur wenige CH_3COOH-Moleküle:

$$CH_3COO^- \ + \ H_2O \ \rightleftharpoons \ CH_3COOH \ + \ OH^-$$

Das Gleichgewicht liegt auf der linken Seite:

$$K_B \ = \ \frac{c_{CH_3COOH} \cdot c_{OH^-}}{c_{CH_3COO^-}} \ = \ 10^{-9,2} \, mol \cdot l^{-1}$$

Fügt man der Acetat-Lösung Essigsäure hinzu, so wird die Protolyse (Hydrolyse) zurückgedrängt, bis sich der Wert von K_B einstellt.

In einem Essigsäure-Acetat-Gemisch kann somit in guter Näherung gesetzt werden:

$$c_{CH_3COOH, \, undissoziiert} \ = \ c_{CH_3COOH, \, gesamt}$$
$$c_{CH_3COO^-} \qquad\qquad = \ c_{Acetat, \, gesamt}$$

Danach ergibt sich der pH-Wert für ein Gemisch aus Essigsäure HAc $c = 0,1 \, mol \cdot l^{-1}$ und Natriumacetat AcNa $c = 0,2 \, mol \cdot l^{-1}$ wie folgt:

$$K_{S,\,HAc} = \frac{c_{H_3O^+} \cdot c_{Ac^-}}{c_{HAc}} = 10^{-4,8}\ mol \cdot l^{-1}$$

$$10^{-4,8}\ mol \cdot l^{-1} = \frac{c_{H_3O^+} \cdot 0,2\ mol \cdot l^{-1}}{0,1\ mol \cdot l^{-1}}$$

$$c_{H_3O^+} = 10^{-4,8} \cdot 10^{-0,3}\ mol \cdot l^{-1} = 10^{-5,1}\ mol \cdot l^{-1}$$

$$pH = 5,1$$

Allgemein kann für ein solches Gemisch aus einer schwachen Säure HA und der korrespondierenden schwachen Base A$^-$ formuliert werden:

$$K_{S,\,HA} = \frac{c_{H_3O^+} \cdot c_{A^-}}{c_{HA}}$$

Diese Gemische sind in folgender Weise bedeutsam: Wegen des hohen Anteils an undissoziierten Säuremolekülen können in bestimmtem Umfang von außen zugeführte OH$^-$-Ionen abgebunden werden, ohne dass sich der pH-Wert wesentlich ändert, wenn noch genügend HA-Moleküle vorliegen:

$$HA + OH^- \rightleftharpoons A^- + H_2O$$

Ebenso wird ein Zusatz von Säure auf Grund der Reaktion von H$_3$O$^+$ mit A$^-$ nur eine geringe Änderung des pH-Werte verursachen, solange A$^-$-Ionen vorhanden sind:

$$A^- + H_3O^+ \rightleftharpoons HA + H_2O$$

Die Eigenschaft des Gemisches, sowohl mit Protonen als auch mit Hydroxid-Ionen zu reagieren, bezeichnet man als Pufferung.
Ein Gemisch aus schwacher Säure (bzw. Base) und ihrer korrespondierenden Base (bzw. Säure) heißt Puffer oder Pufferlösung.
Puffer halten den pH-Wert bei Zusatz von Säuren oder Basen konstant, solange genügend Anionen und bzw. undissoziierte Säuremoleküle vorhanden sind.

Der pH-Wert einer Pufferlösung ist von dem K_S- bzw. pK_S-Wert der verwendeten schwachen Säure und den Konzentrationen der Base (= des Salzes) sowie der Säure abhängig.

Die HENDERSON-HESSELBACH-Gleichung gestattet die Berechnung:

$$pH = pK_S + \lg \frac{c_{A^-}}{c_{HA}}$$

Aufgabe: Berechnen Sie den pH-Wert eines Puffers aus Essigsäure $c = 0,3\ mol \cdot l^{-1}$ und Natriumacetat $c = 0,1\ mol \cdot l^{-1}$.

Soll eine Pufferlösung auf einen bestimmten pH-Wert eingestellt werden, bedient man sich der angegebenen Gleichung: Es wird diejenige schwache Säure gewählt, deren pK_S-Wert in der Nähe des gewünschten pH-Wertes liegt. Das Glied $\lg c_{A^-}/c_{HA}$ d. h. das Verhältnis der Konzentration von Base A$^-$ und schwacher Säure HA, bestimmt den pH-Wert genau. Der Puffer ist jedoch nur wirkungsvoll, wenn die Grenzen $10 > c_{A^-}/c_{HA} > 0,1$ eingehalten werden.

Die größte Wirkung hat ein Puffer, wenn $c_{A^-}/c_{HA} = 1$ und $pH = pK_S$ ist.

Beispiele:

1. Der Wert einer Lösung aus CH_3COOH $c = 0,1$ mol $\cdot$ l^{-1} und CH_3COONa $c = 0,1$ mol $\cdot$ l^{-1} beträgt

$$pH = pK_S + \lg \frac{c_{CH_3COO^-}}{c_{CH_3COOH}} = 4,8 + \lg \frac{0,1}{0,1}$$

$$pH = 4,8$$

2. Der pH-Wert eines Phosphatpuffers aus Natriumdihydrogenphosphat $c = 0,5$ mol $\cdot$ l^{-1} (NaH_2PO_4) und Dinatriumhydrogenphosphat $c = 0,1$ mol $\cdot$ l^{-1} (Na_2HPO_4) ergibt sich zu

$$pH = pK_{S, NaH_2PO_4} + \lg \frac{c_{HPO_4{}^{2-}}}{c_{H_2PO_4{}^-}}$$

$$pH = 7,12 + \lg \frac{0,1}{0,5} = 7,12 + \lg 0,1 - \lg 0,5$$

$$pH = 7,12 - 1 + 0,3 = 6,42$$

Puffer sind in Organismen sehr bedeutungsvoll, weil die normalen Abläufe von physiologischen Vorgängen sehr stark vom pH-Wert abhängen. Das menschliche Blut hat einen pH-Wert von 7,4. Bereits Abweichungen auf pH < 7,35 bzw. > 7,45 können lebensgefährliche Auswirkungen haben. Durch Stoffwechselvorgänge entstehen sauer reagierende Stoffe wie Milchsäure, Kohlenstoffdioxid, Aminosäuren u. a. Puffer halten den pH-Wert bei 7,4 konstant. Das wichtigste Puffersystem im menschlichen Organismus (z. B. im Blut) ist Hydrogencarbonat-Kohlensäure. Weiterhin wirken Hämoglobin, Eiweißstoffe, Hydrogen-Dihydrogenphosphat als Puffer.

Im Boden sind ebenfalls Puffersysteme wirksam. In kalkreichen Böden sind es z. B. Hydrogencarbonat-Carbonat-Puffer.

Aufgabe: 1. Ein Essigsäure-Acetat-Puffer enthält 0,2 mol $\cdot$ l^{-1} CH_3COOH und 0,2 mol $\cdot$ l^{-1} CH_3COONa. Welchen pH-Wert hat die Lösung?
   a) Zu 1 l dieser Lösung werden 10 ml HCl $c = 1$ mol $\cdot$ l^{-1} gegeben. Welche pH-Änderung tritt ein?
   b) Zu 1 l dieser Lösung werden 10 ml NaOH $c = 0,5$ mol $\cdot$ l^{-1} gegeben. Welche pH-Änderung tritt ein?
2. Welche Zusammensetzung muss ein Essigsäure-Acetat-Puffer haben, wenn der pH-Wert 5,5; 5,0; 4,5 betragen soll?

10.15 Neutralisation – Säure-Base-Titration

Eine wässrige Lösung reagiert neutral, wenn die Konzentration der Hydronium-Ionen gleich der Konzentration der Hydroxid-Ionen ist:

$$c_{H_3O^+} = c_{OH^-} = 10^{-7} \text{ mol} \cdot \text{l}^{-1}$$

Die quantitative Umsetzung einer Säure mit einer Base bezeichnet man als **Neutralisation.** Man wendet dafür ein analytisches Verfahren an, das **Titration** genannt wird. Entsprechend Abb. 10-7 wird in eine geeichte **Bürette** die Lösung mit bekannter Konzentration eingefüllt, z. B. eine Hydroxid-Lösung. In den Erlenmeyer-Kolben gibt man ein genau abgemessenes Volumen der Lösung mit unbekannter Konzentration, z. B. eine Säure-Lösung, und versetzt sie mit 1 bis 2 Tropfen eines Indikators, z. B. Phenolphthalein. Unter Schütteln des Kolbens oder Rühren der Lösung wird die Hydroxid-Lösung tropfenweise zugegeben bis zum Farbumschlag des Indikators. Es ist der **Neutral-** oder **Äquivalenzpunkt** erreicht. An Stelle des Indikators kann ein pH-Messgerät eingesetzt werden.

Die Lösungen bekannter Konzentrationen bezeichnet man als **Maßlösungen.**

Zur Titration von Säuren werden in der Regel Lösungen mit Hydroxid-Ionen-Konzentrationen von 1 bzw. 0,1 mol · l⁻¹, bei Basen mit Wasserstoffionen-Konzentrationen von 1, 0,1 bzw. 0,01 mol · l⁻¹ verwendet. Man nennt sie Äquivalentkonzentrationen c_{eq}.

Am Äquivalenzpunkt gilt: Die Anzahl der zugesetzten Ionen ist gleich der Anzahl der gebundenen Ionen. Die exakte Volumenmessung ist deshalb sehr wichtig!

> **Gleiche Volumina von Lösungen gleicher Äquivalentkonzentrationen enthalten äquivalente Stoffmengen.**

Allgemein lässt sich aus dem am Äquivalenzpunkt verbrauchten Volumen der Lösung mit bekannter Konzentration, dem **Titrator** T, und dem Volumen der Lösung mit unbekannter Konzentration, der Probe P **(Titrand),** die gesuchte Konzentration bzw. gelöste Masse der Probe berechnen:

$$c_P \cdot V_P = c_T \cdot V_T$$
$$m_P = c_T \cdot V_T \cdot M_P$$

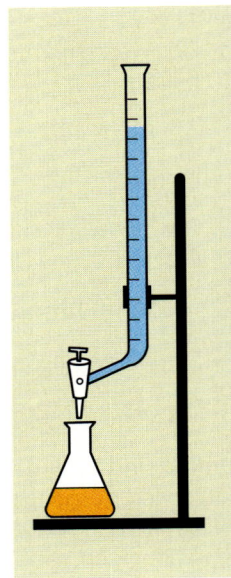

Abb. 10-7
Versuchsanordnung für eine Neutralisationstitration

Aufgabe: Zur Titration von 30 ml Salzsäure-Lösung werden 75 ml Natronlauge, c_{eq} = 0,2 mol · l⁻¹ verbraucht. Welche Konzentration hat die Salzsäure-Lösung? Wie viel mg HCl sind in 30 ml gelöst?
(Anmerkung: Für mehrbasige Säuren vgl. Literatur zur analytischen Chemie.)

Trägt man die Änderung des pH-Wertes während der Titration über dem verbrauchten Volumen auf, ergibt sich die **Titrations-** oder **Neutralisationskurve** (Abb. 10-8). Sie hat einen charakteristischen Verlauf und gibt Auskunft darüber, wie sich die Konzentration der Hydronium- bzw. Hydroxid-Ionen im Verlauf der Titration ändert.

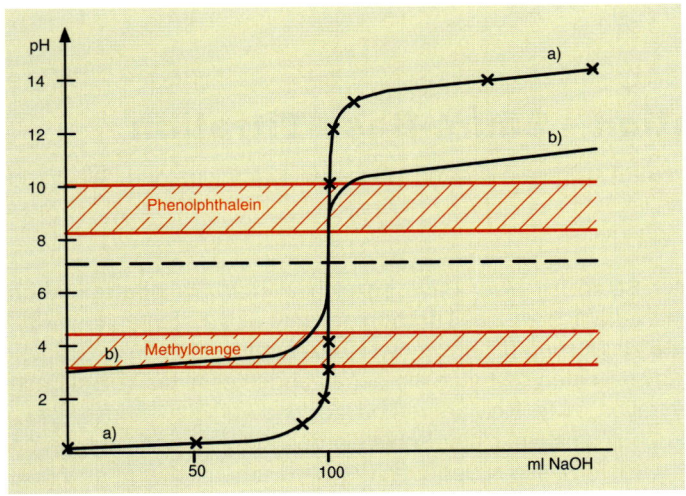

Abb. 10-8
Titrationskurve von Salzsäure mit Natronlauge (T = 25 °C)
a) c(HCl) 1 mol · l⁻¹
  c(NaOH) 1 mol · l⁻¹
b) c(HCl) 0,001 mol · l⁻¹
  c(NaOH) 0,001 mol · l⁻¹

Im Beispiel werden 100 ml HCl-Lösung $c_{H_3O^+}$ = 1 mol $\cdot$ l^{-1}, pH = 0 vorgelegt und mit NaOH-Lösung c_{OH^-} = 1 mol $\cdot$ l^{-1} titriert. (Anmerkung: Das Volumen der Natronlauge wird bei der nachfolgenden Betrachtung vernachlässigt, um die Rechnung zu vereinfachen; die Form der Kurve wird dadurch nicht grundsätzlich verändert):

Zugabe NaOH	Gehalt H_3O^+		pH-Wert
50 ml	0,5 mol $\cdot$ l^{-1}	= $10^{-0,3}$ mol $\cdot$ l^{-1}	0,3
90 ml	0,1 mol $\cdot$ l^{-1}	= 10^{-1} mol $\cdot$ l^{-1}	1
99 ml	0,01 mol $\cdot$ l^{-1}	= 10^{-2} mol $\cdot$ l^{-1}	2
99,9 ml	0,001 mol $\cdot$ l^{-1}	= 10^{-3} mol $\cdot$ l^{-1}	3
99,99 ml	0,0001 mol $\cdot$ l^{-1}	= 10^{-4} mol $\cdot$ l^{-1}	4

Die erreichbare Genauigkeit beträgt ca. 0,1 %, denn die Dosierung der NaOH-Lösung kann praktisch nur auf einen Tropfen genau erfolgen. In einem Tropfen mit dem Volumen von 0,01 ml sind jedoch bei c = 1 mol $\cdot$ l^{-1} noch 6,022 $\cdot$ 10^{18} Teilchen enthalten. Ein weiterer Tropfen führt deshalb zu einer Veränderung von mehreren pH-Stufen. Mit modernen Titrationsautomaten erreicht man eine Tropfengröße von 0,01 ml als untere Grenze.

Bei überschüssiger Zugabe von NaOH-Lösung ändert sich der pH-Wert in folgender Weise:

Überschuss NaOH	pH-Wert
0,01 ml	10
0,1 ml	11
1 ml	12
10 ml	13
100 ml	14

Im angeführten Beispiel erhält man die Titrations- oder Neutralisationskurve einer starken Säure und starken Base: Zu Beginn der Titration ergeben sich geringe pH-Änderungen. Mit Annäherung an den Äquivalenzpunkt steigt der pH-Wert sprunghaft, bei überschüssigem Zusatz der Lauge verändert sich der pH-Wert wieder langsam (Abb. 10-8).
Trägt man die Umschlagbereiche der Indikatoren mit in die Kurve ein, so zeigt sich, dass bei Verwendung von Methylorange noch ein geringer Überschuss von H_3O^+-Ionen am Umschlagpunkt vorhanden ist, während beim Einsatz von Phenolphthalein in geringem Maße übertitriert wird (Abb. 10-8). Für die Titration einer starken Säure mit einer starken Base nimmt man einen Indikator, der seine Farbe im Übergangsbereich pH 4 … 10 ändert.

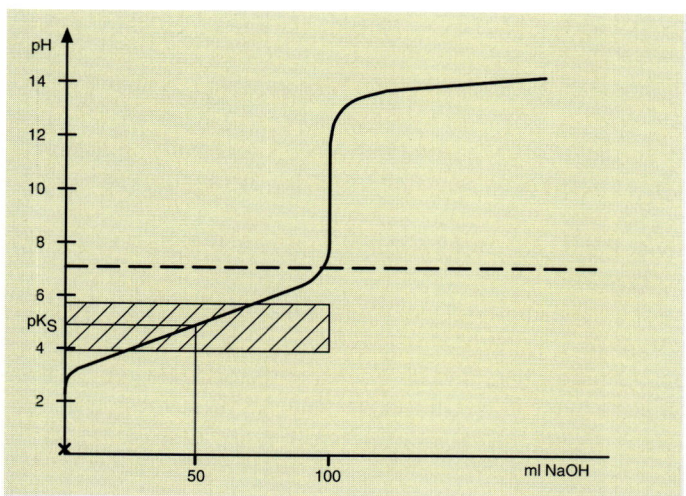

Abb. 10-9
Titrationskurve von Essigsäure
mit Natronlauge
1 mol $\cdot$ l^{-1}
(schraffiert: Pufferbereich)
(25 °C)

Um möglichst genaue Messergebnisse zu erhalten, wählt man für Maß-Lösungen Konzentrationen von $c = 0,1$ bzw. $= 0,01$ Mol $\cdot$ l^{-1}. Der pH-Sprung am Äquivalenzpunkt wird dadurch jedoch kleiner und mit sinkender Konzentration nimmt die Genauigkeit ab.

Wird eine Base mit einer schwachen Säure titriert oder umgekehrt, nimmt die Titrationskurve auf Grund der Pufferwirkung einen etwas anderen Verlauf (Abb. 10-9).

10.16 Aufgaben zur Wiederholung von Kapitel 10

1. Was besagt das Prinzip vom kleinsten Zwang? Begründen Sie mithilfe dieses Prinzips, warum Kohlenstoffdioxid bei hohen Temperaturen in Kohlenstoffmonoxid und Sauerstoff dissoziiert (bei 2600 °C ca. 50 %, bei 2850 °C ca. 76 %)!

2. Ist die direkte Bildung von Stickstoffdioxid aus den Elementen bei hohem Druck begünstigt oder ist die Bildung druckunabhängig? Begründen Sie Ihre Aussage!

3. Was unterscheidet ein chemisches Gleichgewicht von dem Gleichgewicht zweier Massen? Wodurch wird das chemische Gleichgewicht beeinflusst?

4. Warum werden im Massenwirkungsgesetz die Koeffizienten der chemischen Gleichung zu Exponenten?

5. Wie groß ist die Gleichgewichtskonstante für die Reaktion von Schwefeldioxid und Sauerstoff zu Schwefeltrioxid, wenn im Kontaktverfahren bei 600 °C 1,52 Mol SO_3 aus 2 Mol SO_2 und 1 Mol O_2 entstehen? Bei 650 °C beträgt die Ausbeute 58 %. Welchen Wert hat die Gleichgewichtskonstante bei dieser Temperatur? Welche Schlussfolgerung ziehen Sie aus diesem Wert?

6. Wie groß ist der pH-Wert einer 0,1 M HCl, 0,01 M HCl, 0,2 M HCl sowie einer 0,1 M NaOH, 0,5 M NaOH, 0,001 M NaOH?

7. Mithilfe der Dissoziationskonstante ist zu berechnen, wie groß die Protonen-Konzentration und der pH-Wert einer 0,2 M Essigsäurelösung ist!

8. In welcher Größenordnung liegen K_S- und pK_S-Werte für starke und schwache Säuren bzw. die K_B- und pK_B-Werte für starke und schwache Basen?

9. In welcher Beziehung stehen K_S- und K_B- bzw. pK_S- und pK_B-Werte von den Säure-Base-Paaren a) starke Säure und korrespondierende Base, b) schwache Säure und korrespondierende Base (Beispiele mit Zahlenwerten belegen!)?

10. Was versteht man unter Hydrolyse von Salzen? Wie sind Salze zusammengesetzt, die in wässriger Lösung hydrolysieren?

11. Formulieren Sie die Gleichungen für die Hydrolyse von Natriumcyanid, Natriumcarbonat, Ammoniumfluorid!

12. Stellen Sie die Gleichung für das Löslichkeitsprodukt von Bleichromat und Bariumsulfat auf! Wie groß ist die Konzentration von Barium- bzw. Blei-Ionen, die in der Lösung verbleiben?

13. Was versteht man unter einer Pufferung? Welche Bedeutung haben Puffer? Wie sind Puffer-Lösungen zusammengesetzt?

14. Erläutern Sie die Wirkung eines Essigsäure-Acetat-Puffers, wenn a) eine Säure, b) eine Base (HCl, NaOH) zugesetzt wird!

15. Warum sollen in der Pufferlösung die Säure und die korrespondierende Base bzw. die Base und die korrespondierende Säure (etwa) in gleicher Konzentration vorliegen?

16. Was versteht man unter Neutralisation? Erläutern Sie die Begriffe Titration, Titrator, Titrand, Äquivalenzpunkt!

11 Chemisch-technische Prozesse – Erzeugung von Grundchemikalien und Metallen

11.1 Erzeugung von Schwefelsäure

11.1.1 Kontaktverfahren

Ausgangsstoff für die Erzeugung von Schwefelsäure ist Schwefel(IV)-oxid (Schwefeldioxid) SO_2. Es kann auf unterschiedliche Weise gewonnen werden, z. B.

1. durch Verbrennen von Schwefel

$$S \; + \; O_2 \; \rightarrow \; SO_2$$

2. durch thermische Zersetzung von Sulfaten, z. B. Anhydrit $CaSO_4$, mithilfe von Kohle

$$2\,CaSO_4 \; + \; C \; \rightarrow \; 2\,CaO \; + \; 2\,SO_2 \; + \; CO_2$$

3. aus schwefelhaltigen Erzen, z. B. Pyrit oder Schwefelkies FeS_2, Kupferkies $CuFeS_2$, Bleiglanz PbS, Zinkblende ZnS, durch Erhitzen der Erze in Gegenwart von Luftsauerstoff („Rösten" der Erze)

$$2\,ZnS \; + \; 3\,O_2 \; \rightarrow \; 2\,ZnO \; + \; 2\,SO_2$$
$$4\,FeS_2 \; + \; 11\,O_2 \; \rightarrow \; 2\,Fe_2O_3 \; + \; 8\,SO_2$$

Versuche

Xi
Reizend

1. Entzünden Sie in einer Porzellanschale Schwefel. Saugen Sie das Schwefeldioxid über einen erhitzten Katalysator (Platin-Asbest) und danach in eine leere und anschließend in eine mit etwas Wasser gefüllte Waschflasche (Abb. 11-1). Abzug.
   Beobachtungen? R 37, S 23

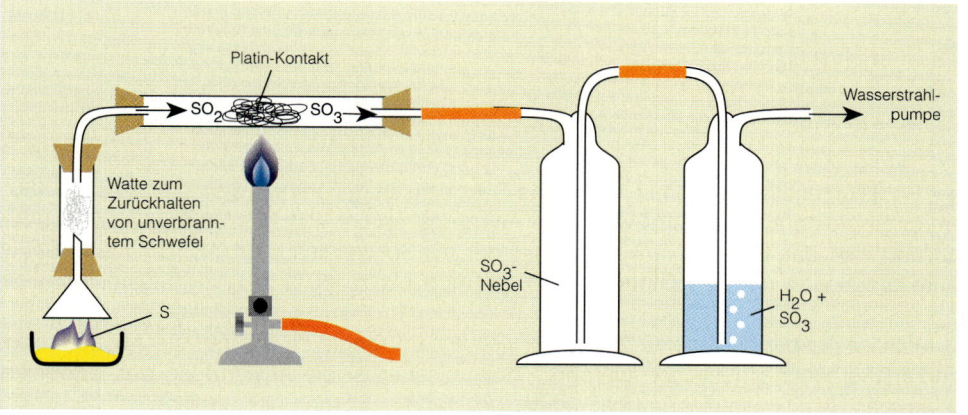

Abb. 11-1 Versuchsaufbau zur Erzeugung von Schwefelsäure aus Schwefel

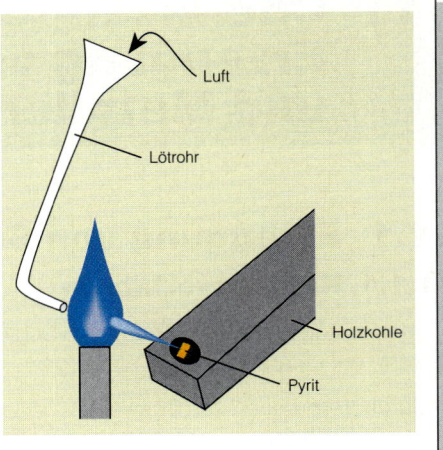

Versuche 2. Prüfen Sie die Lösung von Versuch 1 mit Lackmus.

3. „Rösten" Sie mit dem Lötrohr auf Holzkohle etwas Pyrit (oder ein anderes schwefelhaltiges Erz), indem Sie einen Teil der entleuchteten Flamme eines Bunsenbrenners auf das Pyritkorn blasen. Geruch? Weitere Beobachtung? (Abb. 11-2). R 37

Abb. 11-2
„Rösten" von Pyrit mit dem Lötrohr

Über 80 % der Weltproduktion von Schwefelsäure werden durch Verbrennen von Schwefel nach dem **Doppelkontakt-Verfahren** erzeugt (Abb. 11-3): Ein SO_2-Luft-Gemisch reagiert bei Berührung (Kontakt) mit einem festen Katalysator aus Vanadium(V)-oxid V_2O_5 bzw. Platin zu Schwefeltrioxid SO_3. Das Reaktionsgemisch muss frei von Staub, Arsen-, Selen- u. a. Verbindungen sein, um den Katalysator nicht zu vergiften. Der Katalysator bedarf zur Aktivierung einer Mindesttemperatur. Andererseits führen zu hohe Temperaturen zum Zerfall bzw. zu ungenügender Bildung des Schwefeltrioxids. Der 1. Kontaktofen arbeitet bei 600 °C.

Es reagieren 2 Mol Schwefeldioxid und 1 Mol Sauerstoff im chemischen Gleichgewicht zu 1,52 Mol Schwefeltrioxid.

$$2\,SO_2 \;+\; O_2 \xrightarrow{\text{(Kat)}} 2\,SO_3 \qquad \Delta H = -98\,\text{kJ} \cdot \text{mol}^{-1}$$

Somit haben sich 0,48 Mol SO_2 und 0,24 Mol O_2 nicht umgesetzt. Daraus folgt für das Massenwirkungsgesetz und die Gleichgewichtskonstante:

$$K_c = \frac{c_{SO_3}{}^2}{c_{SO_2}{}^2 \cdot c_{O_2}}$$

$$K_c = \frac{(1,52)^2 \,\text{mol}^2}{(0,48)^2 \,\text{mol}^2 \cdot 0,24\,\text{mol}}$$

$$K_c = 41,78\,\text{mol}^{-1} \qquad (\text{bei } T = 600\,°C)$$

Da die Reaktion exotherm verläuft, muss das Gasgemisch gekühlt werden, bevor es bei 450 °C einem 2. Kontaktofen zugeführt wird. Die Ausbeute erhöht sich auf 99,8 %. Nach weiterer Abkühlung wird das Schwefeltrioxid im Absorber mit Schwefelsäure zu konzentrierter Schwefelsäure umgesetzt oder zu **Oleum,** das zusätzlich bis zu 80 % SO_3 in gelöster Form enthält.
Da 3 Mol der Ausgangsstoffe zu 2 Mol Schwefeltrioxid reagieren, könnte die Ausbeute auch durch Druckerhöhung gesteigert werden. Ökonomischer ist die Anwendung des Doppelkontakts, um das Reaktionsgleichgewicht nahezu vollständig auf die Seite des Schwefeltrioxids zu verschieben. Gleichzeitig wird ein Umweltschutzeffekt erreicht.
(Verwendung von Schwefelsäure vgl. Übersicht 7-12.)

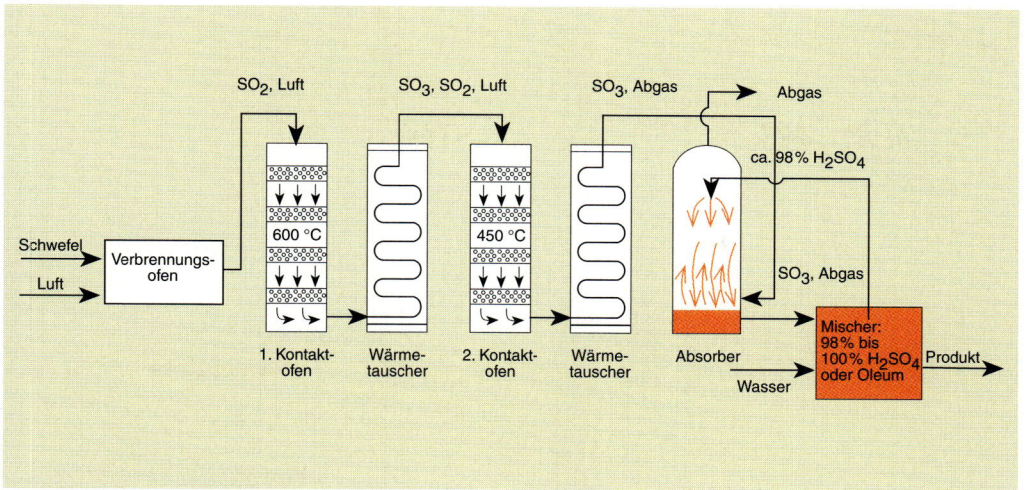

Abb. 11-3 Schema der Schwefelsäure-Gewinnung im Doppelkontakt-Verfahren

11.1.2 Schwefeldioxid als Umweltgift

Die möglichst vollständige Umsetzung von Schwefeldioxid in Abgasen aus der Schwefelsäure-Produktion, im Rauchgas von Kraftwerken, in ungebundenen Röstgasen aus der Verarbeitung sulfidischer Erze u. a. muss weltweit als Ziel gesetzt werden. Auch bei der Verbrennung fossiler Brennstoffe (vor allem von Kohle) im Haushalt entstehen große Mengen Schwefeldioxid. Ebenso enthalten Kraftstoffe für Diesel- und Otto-Motoren Restschwefel. Schwefeldioxid ist nach Umwandlung zu SO_3 und H_2SO_4 in der Atmosphäre an der Bildung des Smogs und des sauren Regens beteiligt. Das trägt vor allem zur Zersetzung von Kunst- und Bauwerken aus Sandstein, Kalk und Marmor bei und verursacht die Korrosion von Metallen. Schwefeldioxid schädigt Pflanzen und führt zum Waldsterben, indem es Chlorophyll zerstört und durch eine Erweiterung der Spaltöffnungen zu erhöhter Wasserverdunstung führt (Trocken-Stress, vgl. auch Übersicht 13-7).

Für die Entschwefelung von Abgasen der Industrie-Anlagen eignen sich verschiedene, unterschiedlich teure Verfahren, z. B. der CLAUS-Prozess (vgl. Abschnitt 7.1.4) und die **Rauchgasentschwefelung,** die mit der Entstaubung durch Gewebe- oder Elektrofilter kombiniert wird. Bei der **Trockenentschwefelung** leitet man SO_2-haltiges Gas durch Aktivkoks. Daraus kann SO_2 desorbiert und für die Schwefelsäure-Produktion genutzt werden. Gleichzeitig lassen sich andere Schadstoffe wie Cl_2, HCl, NO, NO_2 adsorbieren. Aktivkoks ist jedoch teurer. Das Verfahren wird nur angewandt, wenn niedrige Emissionswerte zu erreichen sind.

Im Nassverfahren, der **Rauchgas-Nasswäsche,** wird Schwefeldioxid (sowie HCl, HF u. a.) im Waschturm durch Kalkmilch ($Ca(OH)_2/CaCO_3$, H_2O) und Luftsauerstoff zu Gips $CaSO_4 \cdot 2\,H_2O$ gebunden und ausgefällt:

$$2\,SO_2 \;+\; 2\,Ca(OH)_2 \;+\; O_2 \;+\; 2\,H_2O \;\rightarrow\; 2\,CaSO_4 \cdot 2\,H_2O$$
$$2\,SO_2 \;+\; 2\,CaCO_3 \;+\; O_2 \;+\; 4\,H_2O \;\rightarrow\; 2\,CaSO_4 \cdot 2\,H_2O \;+\; 2\,CO_2$$

Der in der Rauchgas-Entschwefelungs-Anlage (REA) anfallende REA-Gips wird in der Bauindustrie eingesetzt (z. B. Gips-Bauplatten, Erstarrungsregler für Zement, Gipsmörtel usw.). Die jährliche Menge in der BR Deutschland liegt bei weit über 3 Millionen t. Durch seine Verwendung sinkt der Abbau von Naturgips auf mehr als die Hälfte. Etwa 10 % fallen als Rückstandsschlamm an, der auf Deponien abgelagert werden muss, weil er Schwermetalle, Chlor- und Fluorverbindungen sowie Calciumsulfit neben Calciumsulfat-Schlamm enthält.

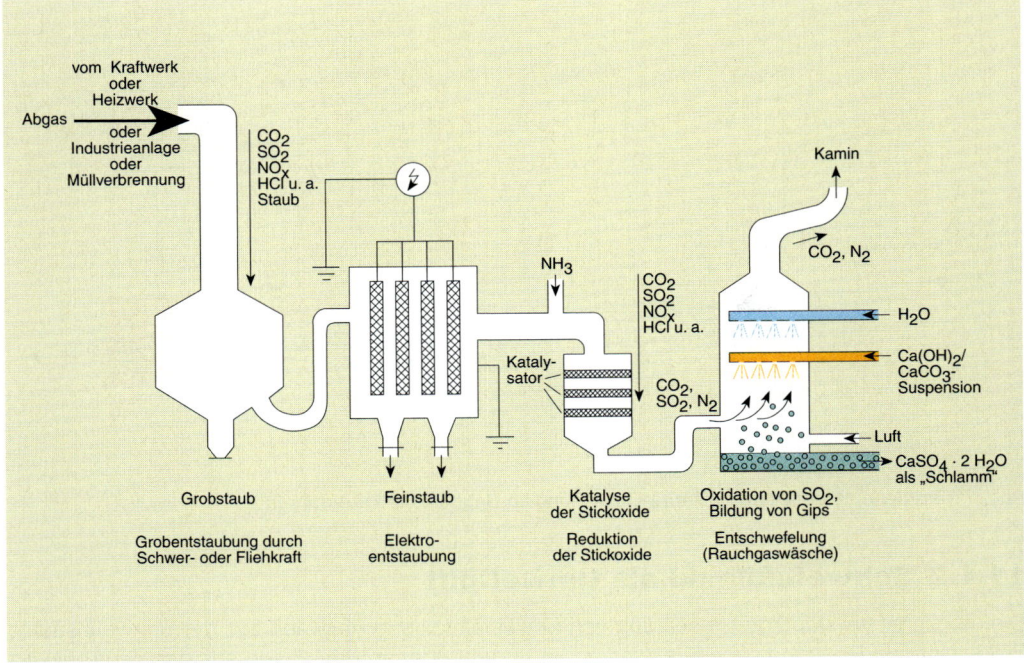

Abb. 11-4   Schema der Rauchgasreinigung

In den Rauchgasanlagen kann gleichzeitig durch Zugabe von Ammoniak die Umwandlung der Stickoxide NO_x in molekularen Stickstoff erfolgen (vgl. Abb. 11-4 und Abschnitt 11.3.2).

In anderen Verfahren wird Schwefeldioxid durch Ammoniak, Magnesiumoxid oder Natriumsulfit gebunden.

Im Jahre 1991 waren weltweit erst ca. 500 Rauchgasentschwefelungsanlagen in Betrieb, davon 90 % in der BRD, in Japan und in den USA.

11.2 Erzeugung von Ammoniak aus Luftstickstoff nach dem HABER-BOSCH-Verfahren

Ausgangsstoffe für die Erzeugung von Ammoniak nach dem HABER-BOSCH-Verfahren sind Wasserstoff und Stickstoff.

Das **Synthesegas** wird in der BRD aus Erdgas (z. T. aus Benzin-Kohlenwasserstoffen und Schweröl) und Luft in mehreren Stufen erzeugt:

$$CH_4 + H_2O \xrightarrow{\text{Ni-Kat, 38 bar, 850 °C}} CO + 3\,H_2$$

$$2\,CH_4 + O_2 + 4\,N_2 \xrightarrow{\text{Ni-Kat, 28 bar, 1000 °C}} 2\,CO + 4\,H_2 + 4\,N_2$$

$$CO + H_2O \xrightarrow{\text{ca. 400 °C}} CO_2 + H_2$$

Das Gasgemisch enthält neben Stickstoff und Wasserstoff auch Kohlenstoffdioxid und Schwefelverbindungen, die als Katalysatorgifte wirken, sowie Rest-Methan, Rest-Kohlenstoffmonoxid (und Argon). Sie werden ausgewaschen. Beispielsweise kann CO_2 durch Ammoniak-Wasser zu Ammoniumcarbonat $(NH_4)_2CO_3$ gebunden werden, das als Düngemittel Verwendung findet.

F. HABER (1868–1934) und
C. BOSCH (1874–1940)
erhielten 1918 bzw. 1931 für die
Forschungsarbeiten zur Entwicklung der
Ammoniaksynthese den Nobelpreis.

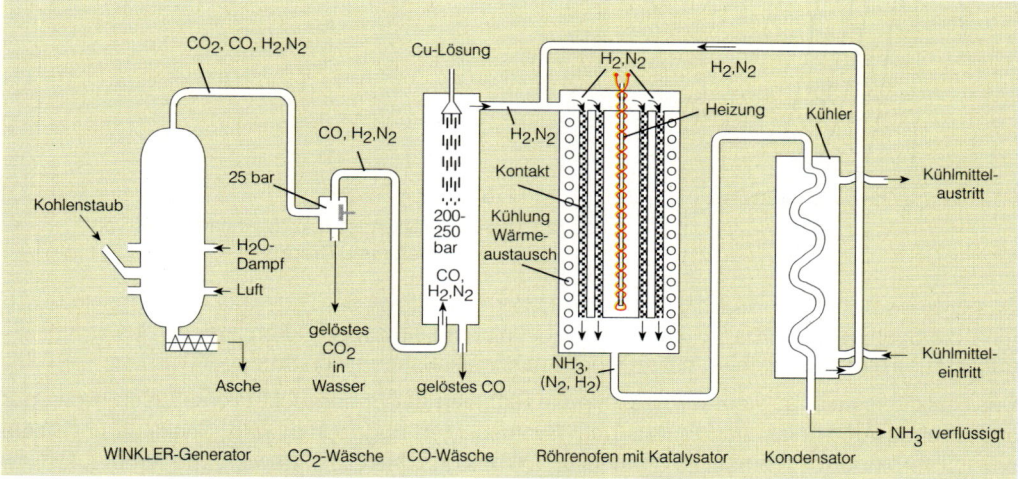

Abb. 11-5 Schema der Ammoniak-Synthese nach dem HABER-BOSCH-Verfahren

Das Synthesegas besteht nun aus Stickstoff und Wasserstoff. Es wird dem Kontaktofen (Abb. 11-5) zugeführt. Der darin befindliche Katalysator ist ein Gemisch von Eisen(II,III)-oxid Fe_3O_4 mit Zusätzen an Al_2O_3, CaO u. a.

Die technische Synthese von Ammoniakgas erfolgt in einer Gleichgewichtsreaktion:

$$N_2 \quad + \quad 3\,H_2 \quad \rightleftharpoons \quad 2\,NH_3 \qquad\qquad \Delta H = -45{,}9\ \text{kJ} \cdot \text{mol}^{-1}$$

Die Gleichgewichtskonstante errechnet sich wie folgt (bezogen auf die Konzentration c oder den Druck p):

$$K_c = \frac{c_{NH_3}^2}{c_{N_2} \cdot c_{H_2}^3} \qquad \text{bzw.} \qquad K_p = \frac{p_{NH_3}^2}{p_{N_2} \cdot p_{H_2}^3}$$

Die Temperaturabhängigkeit von K_c geht aus der Übersicht 11-1 hervor. Mit steigender Temperatur sinkt der K_c-Wert. Das steht im Einklang mit dem exothermen Verlauf der Reaktion. Bei höherer Temperatur ist die energiereichere Seite begünstigt. Es bildet sich folglich weniger Ammoniakgas und K_c verringert sich (Abb. 11-6, Seite 210). Eine günstige Ausbeute an Ammoniak wäre bei etwa 400 °C zu realisieren. Das Gleichgewicht stellt sich jedoch bei höherer Temperatur in kürzerer Zeit ein. Der Katalysator besitzt um 500 °C die größte Wirksamkeit. Die Wahl der Reaktionstemperatur erfordert deshalb einen Kompromiss.

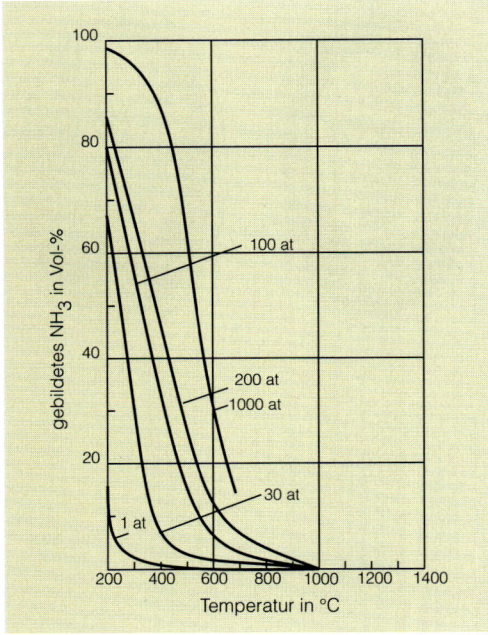

Um die festgelegte Temperatur konstant zu halten, muss der Kontakt- oder Syntheseofen wegen des exothermen Verlaufs der Reaktion gekühlt werden. Neben der Temperatur nimmt der Druck Einfluss auf die Reaktion: Die Bildung von Ammoniak ist eine Gasreaktion mit Volumenminderung. Bei konstanter Temperatur wird ein erhöhter Druck das Gleichgewicht in die Richtung des geringeren Volumens, also zum Ammoniak, verschieben. Die Gleichgewichtskonstante K_p nimmt deshalb mit steigendem Druck zu.

Abb. 11-6
Ammoniak-Ausbeute in Abhängigkeit von Temperatur und Druck

Das Gleichgewicht der Reaktion liegt trotz hoher Drücke auf der Seite der Ausgangsstoffe. So führt die Synthese bei 400 °C und 200 bar bei einem einmaligen Durchströmen des Synthesegases durch den Kontaktofen nur zu einer Ammoniakausbeute von 36 Vol.-%.

Das Reaktionsgleichgewicht wird auch in die Richtung der Endprodukte verschoben, wenn der entstehende Ammoniak ständig aus dem Syntheseofen abgepumpt wird. Stickstoff und Wasserstoff verbinden sich erneut zu Ammoniak, um das gestörte Gleichgewicht wiederherzustellen.

Für eine wirtschaftliche Synthese von Ammoniak sind somit folgende Bedingungen einzuhalten:

* Temperatur: um 500 °C
* Druck: 200 … 250 bar
* Abführung der Reaktionswärme durch Kühlung
* Anwendung geeigneter Katalysatoren
* Abführen des gebildeten Ammoniaks

Die nicht umgesetzten Anteile an Stickstoff und Wasserstoff werden nach der Abscheidung des Ammoniaks (Verflüssigung durch Kühlung oder Lösen in Wasser o. a.) wieder zum Kontaktofen geführt, sodass schließlich eine Ausbeute von 98 % des Synthesegases entsteht (Verwendung von Ammoniak vgl. Übersicht 7-14).

11.3 Erzeugung von Salpetersäure

11.3.1 OSTWALD-Verfahren

Bedeutsam für die Bildung von Salpetersäure sind Stickstoff(II)-oxid oder Stickstoffmonoxid NO und Stickstoff(IV)-oxid oder Stickstoffdioxid NO_2.
Die Bildung von NO aus den Elementen ist stark endotherm. Sie kann nur bei hohen Verbrennungstemperaturen ablaufen (Verbrennungsmotoren von Kraftfahrzeugen, Kraftwerke):

$$N_2 \ + \ O_2 \ \rightarrow \ 2\,NO \qquad \Delta H \ = \ +90,3\,kJ \cdot mol^{-1}$$

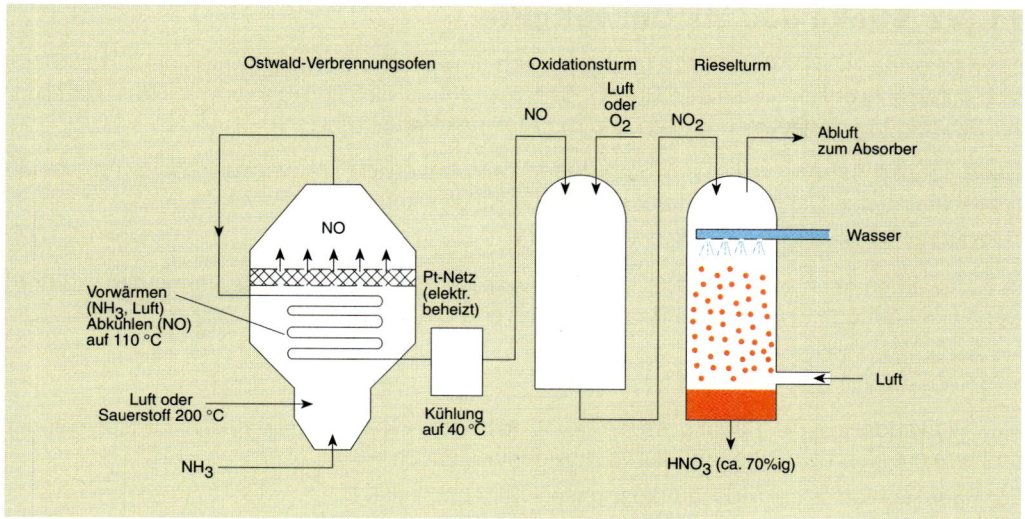

Abb. 11-7   Schema der Salpetersäure-Gewinnung im OSTWALD-Verfahren

Im OSTWALD-Verfahren (Abb. 11-7) geht man von flüssigem Ammoniak aus, der verdampft, mit Luft gemischt und vorgewärmt über einen Platin- oder Platin-Rhodium-Katalysator geführt wird. Es bildet sich vor allem Stickstoffmonoxid neben Stickstoffdioxid:

$$4\,NH_3\ +\ 5\,O_2\ \underset{}{\overset{Pt;\ 800-950\,°C}{\rightleftharpoons}}\ 4\,NO\ +\ 6\,H_2O$$

Die Kontaktzeit des Gasgemisches mit dem Katalysator beträgt ca. 10^{-3} Sekunden, um zu verhindern, dass Ammoniak und auch das gebildete Stickstoffmonoxid in die Elemente zerfallen. Das instabile Stickstoffmonoxid muss sehr schnell in Stufen auf 40 °C abgekühlt werden. Im Oxidationsturm kommt es erneut mit Luft in Berührung und reagiert spontan zu NO_2:

$$2\,NO\ +\ O_2\ \rightleftharpoons\ 2\,NO_2$$

Im Rieselturm setzt sich NO_2 mit Luft und Wasser zu (max. 70%iger) Salpetersäure um:

$$4\,NO_2\ +\ O_2\ +\ 2\,H_2O\ \rightarrow\ 4\,HNO_3$$

Dabei entsteht z. T. salpetrige Säure HNO_2:

$$2\,NO_2\ +\ H_2O\ \rightarrow\ HNO_3\ +\ HNO_2$$

Sie zersetzt sich jedoch durch Übergang des Stickstoffs von der Oxidationsstufe III+ in die Oxidationsstufen II+ und V+:

$$3\,HNO_2\ \rightarrow\ \overset{V+}{HNO_3}\ +\ 2\,\overset{II+}{NO}\ +\ H_2O$$

Der Zerfall einer Verbindung mittlerer Oxidationsstufe in je eine Verbindung mit niedriger und höherer Oxidationszahl wird **Disproportionierung** genannt.

Das NO wird mit der Luft wieder zu NO_2 und mit Wasser zu HNO_3 gebunden. Der Umsatz beträgt bis zu 97 %. Stickstoffdioxid-Reste in der Abluft werden nahezu vollständig im Absorber mithilfe von Kalkwasser $Ca(OH)_2$ zu Calciumnitrat gebunden.

Konzentrierte Salpetersäure kann mithilfe konzentrierter Schwefelsäure (96 Masse-%) als Wasser entziehendes Mittel gewonnen werden. Danach destilliert man eine bis 99,8 Masseprozent enthaltende Salpetersäure ab. Zurück bleibt eine ca. 60%ige Schwefelsäure, die erneut aufgearbeitet wird.

Salpetersäure wird vor allem für die Herstellung von Nitratdünger und die Nitrierung organischer Verbindungen benötigt (vgl. Übersicht 7.9).

11.3.2 Stickoxide als Umweltgifte

Die Stickoxide NO_x (NO und NO_2) sind giftig und umweltschädlich: Sie wirken als „Ozonkiller",
sind mitverantwortlich am sauren Regen, führen zu Nitrat/Nitrit-Anreicherung in Pflanzenzellen,
zur Schädigung der Zellmembranen und der Atmungsorgane u. a.

Gase können nahezu völlig von Stickoxiden befreit werden, indem man etwas Ammoniak
zumischt und das Gasgemisch über einen V_2O_5-Katalysator leitet, z. B.

$$6 NO_2 + 8 NH_3 \rightarrow 7 N_2 + 12 H_2O$$

In Kraftwerken kann NO bzw. NO_2 im Rauchgas auf die gleiche Weise vermindert werden,
wenn nicht genügend CO für die Reaktion zu N_2 und CO_2 vorhanden ist:

$$2 NO + 2 CO \rightarrow N_2 + 2 CO_2$$
$$2 NO_2 + 4 CO \rightarrow N_2 + 4 CO_2$$

Man verwendet für die Rauchgasentstickung mit Ammoniak spezielle Keramik-Katalysatoren
und erreicht eine Verminderung des Stickoxidanteils um ca. 85 %.

Zur Reduktion der Stickoxide in Autoabgasen vgl. Abschnitt 9.8.

11.4 Erzeugung von Soda nach dem Solvay-Verfahren

Soda oder Natriumcarbonat Na_2CO_3 ist ein wichtiger Rohstoff für die Glasherstellung, die
Erzeugung von Waschmitteln und Cellulose, die Entschwefelung von Roheisen u. a. Die Herstellung erfolgt heute ausschließlich nach dem **Solvay-Verfahren** aus folgenden Rohstoffen:

1. Kochsalz, Natriumchlorid NaCl für Na^+

2. Kalkstein, Calciumcarbonat $CaCO_3$

    a) für das Anhydrid CO_2 durch Brennen des Kalksteins

    $$CaCO_3 \rightarrow CaO + CO_2 \qquad \Delta H = +177\ kJ \cdot mol^{-1}$$

    b) für Kalkmilch $Ca(OH)_2$ durch Löschen des Calciumoxids

    $$CaO + H_2O \rightarrow Ca(OH)_2$$

    c) für das Ausfällen von Verunreinigungen

    d) für das Binden von Chlorid-Ionen zu $CaCl_2$

3. Ammoniak für die Zwischenprodukte Ammoniumhydrogencarbonat NH_4HCO_3 und Ammoniumchlorid NH_4Cl

4. Koks für das Brennen des Kalksteins und die zusätzliche Bereitstellung von CO_2.

Die Erzeugung von Na_2CO_3 nach der Summengleichung

$$2 NaCl + CaCO_3 \rightarrow Na_2CO_3 + CaCl_2$$

ist auf direktem Wege nicht möglich, denn $CaCO_3$ ist unlöslich, beide Produkte sind dagegen
löslich.

Überhaupt ist die relativ gute Löslichkeit der Ausgangs-, Zwischen- und Endprodukte problematisch.

Das Solvay-Verfahren (Abb. 11-8) verläuft in Stufen: Es wird so gestaltet, dass als Zwischenprodukt Natriumhydrogencarbonat entsteht, das eine etwas geringere Löslichkeit besitzt als die
anderen Salz-Verbindungen des Prozesses (Übersicht 11-1; Abb. 11-9).

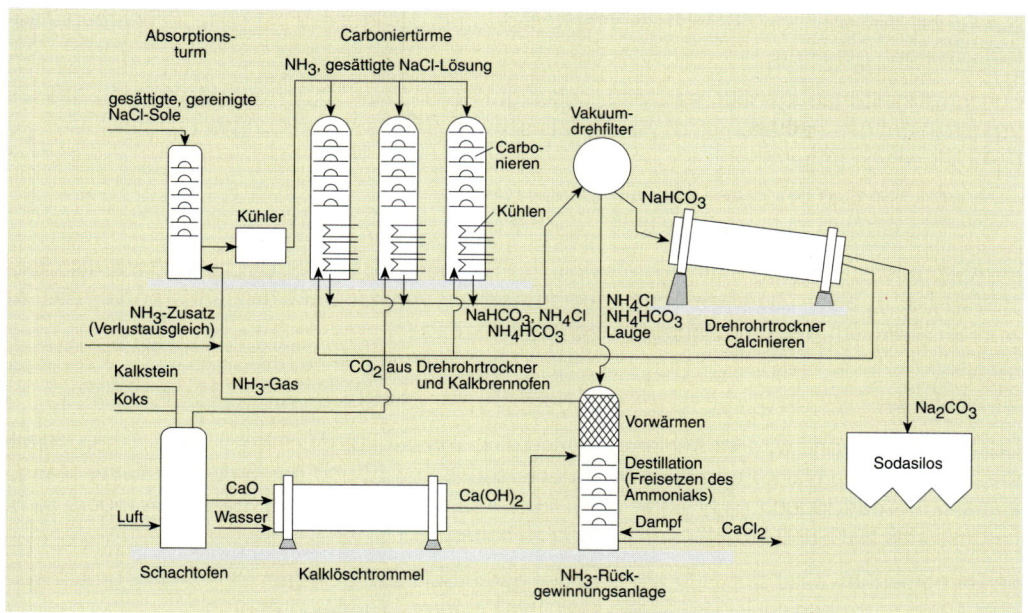

Abb. 11-8   Schema der Soda-Gewinnung nach dem Solvay-Verfahren

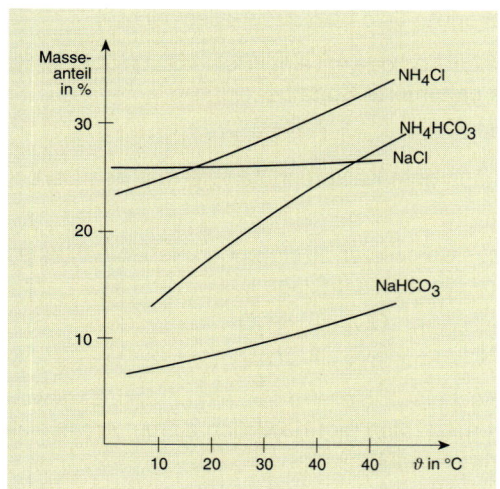

Abb. 11-9
Löslichkeit der Prozess-Salze in Wasser

Wasserlöslichkeit der Salze (in Masseprozent)		
Salz	Löslichkeit bei der Temperatur ϑ in °C		
	10	30	50
NaCl	26,3	26,5	26,9
NH_4Cl	25,0	29,3	33,4
NH_4HCO_3	13,7	21,3	27,2
$NaHCO_3$	7,5	9,9	12,7

Übersicht 11-1

Auf Grund der geringen Löslichkeitsunterschiede wird der Prozess mit gesättigten/übersättigten Lösungen gefahren.

Zunächst stellt man aus Steinsalz eine gesättigte Lösung her. Ca^{2+}- und Mg^{2+}-Ionen, die als Verunreinigungen enthalten sind, werden als schwer lösliche Verbindungen ausgefällt ($\downarrow$) und durch Absetzen abgetrennt:

$$Mg^{2+} + Ca(OH)_2 \rightarrow Mg(OH)_2\downarrow + Ca^{2+}$$
$$Ca^{2+} + Na_2CO_3 \rightarrow CaCO_3\downarrow + 2\,Na^+$$

Im Absorptionsturm führt man NH_3-Gas bis zur Sättigung zu und in Carboniertürmen Kohlenstoffdioxid. In einer Gleichgewichtsreaktion entsteht Ammoniumhydrogencarbonat, das zu weniger löslichem Natriumhydrogencarbonat weiterreagiert:

$$NH_3 + H_2O + CO_2 \rightleftharpoons NH_4HCO_3$$
$$NH_4HCO_3 + NaCl \rightleftharpoons NaHCO_3 + NH_4Cl$$

Die Reaktionswärme wird im Kühler abgeführt. Die Temperatur muss unter 30 °C liegen, damit die Sättigung von $NaHCO_3$ in der Lösung unterschritten wird und das Salz in größerer Menge ausfällt. Sie darf jedoch nicht unter 25 °C absinken, um die anderen Salze, besonders nicht umgesetztes $NaCl$ und NH_4HCO_3 in Lösung zu halten.

Im Carbonierturm setzt sich Salz ab. Es muss durch Sole und geringen CO_2-Zusatz gelöst werden. Für einen kontinuierlichen Betrieb sind somit mehrere Türme notwendig.

Das auskristallisierte Natriumhydrogencarbonat wird im Vakuumdrehfilter (oder in Zentrifugen) abgefiltert und mit wenig kaltem Wasser von anhaftender Sole befreit (vor allem NH_4Cl).

Im Drehrohrtrockner erfolgt bei 170 °C die Umwandlung in Soda mit einer Reinheit von über 99 %. Der Prozess wird als **Calcinieren,** das Produkt als **calcinierte Soda** bezeichnet:

$$2\,NaHCO_3 \rightarrow Na_2CO_3 + H_2O + CO_2$$

Das hier anfallende Kohlenstoffdioxid sowie CO_2 aus dem Kalkbrennofen werden den Carboniertürmen zugeleitet.

NH_4Cl, das evtl. im $NaHCO_3$ enthalten ist, würde beim Calcinieren zu störenden Nebenreaktionen führen, die Ausbeute senken und Soda mit Natriumchlorid verunreinigen:

$$2\,NH_4Cl + Na_2CO_3 \rightarrow 2\,NaCl + 2\,NH_3 + CO_2 + H_2O$$
$$NH_4Cl + NaHCO_3 \rightarrow NaCl + NH_3 + CO_2 + H_2O$$

Die Sole enthält NH_4Cl, restliches NH_4CO_3 und Rest-$NaCl$. Sie wird zur Ammoniakrückgewinnungsanlage geleitet und dort mit Wasserdampf erhitzt. Man gibt Kalkmilch zu, um Ammoniak freizusetzen, der wieder in den Absorptionsturm zurückgeführt wird:

$$2\,NH_4HCO_3 + Ca(OH)_2 \rightarrow 2\,NH_3 + CaCO_3 + 3\,H_2O + CO_2$$
$$2\,NH_4Cl + Ca(OH)_2 \rightarrow 2\,NH_3 + 2\,H_2O + CaCl_2$$

Die Verluste an CO_2 und NH_3 sind sehr gering. Die Restlösung, die in der Ammoniakrückgewinnungsanlage anfällt, enthält Calciumchlorid und geringe Mengen des nicht umgesetzten Natriumchlorids.

Es entsteht mehr $CaCl_2$, als benötigt wird (Kältemischungen, Kühlsole, Auftausalz, Calcium-Erzeugung, Imprägniermittel für Holz, Zementzusatz, Trocknungsmittel). Die Restlösung gelangt über Klärbecken und Vorfluter in die Gewässer. Sie belastet vor allem durch die Chlorid-Ionen die Wasserqualität. Calcium-Ionen führen zu verstärkter Wasserhärte (vgl. Abschnitt 12-7). Eine befriedigende Lösung für die Entfernung der Ionen wurde für großtechnische Prozesse noch nicht gefunden.

11.5 Chlor-Alkali-Elektrolyse

11.5.1 Wesen der Elektrolyse

Die Elektrolyse ist eine erzwungene elektrochemische Redoxreaktion in einem Elektrolyten.

Abb. 11-10 zeigt eine labormäßige Versuchsanordnung für eine **Elektrolyse.** Sie besteht aus einer Gleichstromquelle, die mit den elektrischen Polen leitend verbunden ist. Der Elektrolyt, der sich in einem „elektrolytischen Trog" befindet, schließt den Stromkreis. Mit einem Schiebewiderstand kann der Stromfluss reguliert werden.

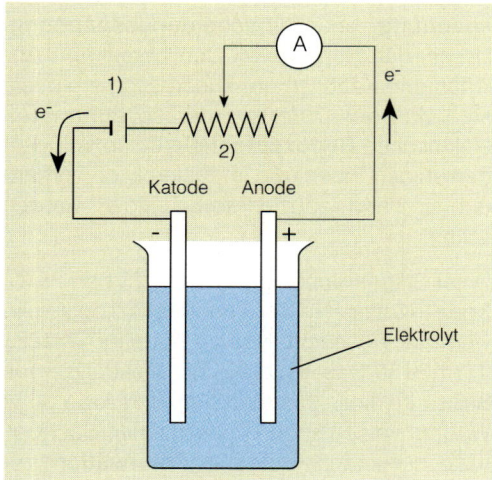

Abb. 11-10
Prinzipskizze für die Elektrolyse
1) Gleichstromquelle
2) Schiebewiderstand zur Regulierung von Strom und Spannung

Definitionsgemäß erhält die **Katode** ein negatives (Minuspol) und die **Anode** ein positives (Pluspol) Vorzeichen.

An der Anode findet durch Elektronenentzug eine Oxidation, an der Katode durch Elektronenübertragung eine Reduktion statt.

11.5.2 Zersetzungsspannung

Wird in einem HOFMANNschen Wasserzersetzungsapparat (Abb. 11-11, Seite 216) verdünnter Salzsäure elektrischer Gleichstrom zugeführt, so finden an den Polen folgende Redoxvorgänge statt:

anodische Oxidation: $2\,Cl^- \rightarrow Cl_2 + 2\,e^-$
katodische Reduktion: $2\,H^+ + 2\,e^- \rightarrow H_2$

An der Anode entwickelt sich Chlorgas und an der Katode Wasserstoff im gleichen Volumenverhältnis (Abb. 11-11).

Aufgabe: Erläutern Sie die Ergebnisse der Elektrolyse von Salzsäure mithilfe der DALTONschen Grundgesetze und der AVOGADROschen Hypothese (vgl. Abschnitt 3.1).

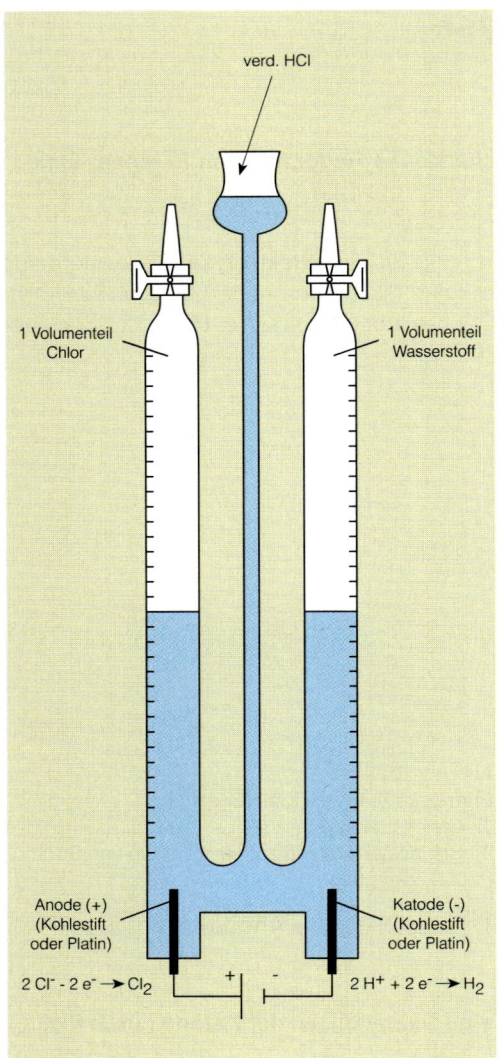

verd. HCl

1 Volumenteil Chlor

1 Volumenteil Wasserstoff

Anode (+) (Kohlestift oder Platin)

Katode (-) (Kohlestift oder Platin)

$2\,Cl^- - 2\,e^- \rightarrow Cl_2$

$2\,H^+ + 2\,e^- \rightarrow H_2$

Abb. 11-11
Elektrolyse von HCl-Lösung im HOFMANNschen Wasserzersetzungsapparat

Die Zerlegung eines Elektrolyten erfordert eine Mindestspannung, die **Zersetzungsspannung** oder **Abscheidungsspannung.** Deren Höhe hängt von den beteiligten Anionen und Kationen ab. Theoretisch ergibt sie sich aus der Differenz der so genannten elektrischen **Redoxpotentiale** E_o (in Volt) von denjenigen Ionen, die im Elektrolyten vorhanden sind und reduziert sowie oxidiert werden sollen.

Unter Standardbedingungen (1,013 bar, 25 °C, Konzentration $1\,mol \cdot l^{-1}$) beträgt sie beispielsweise für Wasserstoff $E_o = 0\,V$ und für Chlor $E_o = +1{,}36\,V$. Das ergibt für die Elektrolyse von Salzsäure einen theoretischen Wert von 1,36 V. Wegen verschiedener elektrischer Sachverhalte, die unter dem Begriff **„Polarisation"** zusammmgefasst werden, liegt die notwendige Spannung darüber.

In einem gemischten Elektrolyten scheiden sich zunächst immer die Ionen mit den niedrigeren Redoxpotentialen ab (vgl. Übersicht 11-2).

Wie viel Ionen bei der Zersetzungsspannung in der Zeiteinheit reduziert oder oxidiert werden, hängt von der Stromstärke bzw. Stromdichte (Ampere/Flächeneinheit) ab. Die Ladung von 1 Mol Elektronen beträgt 1 Faraday = 96 496 A · s oder Coulomb. Zur Erzeugung von 1 Mol ein- bzw. z-wertiger Ionen ist somit eine Elektrizitätsmenge von rund z · 96 500 Coulomb notwendig.

Bei der Elektrolyse einer wässrigen Kochsalz-Lösung mit unangreifbaren Eisen- oder Graphitelektroden entstehen an der Anode Chlor durch Oxidation der Chlorid-Ionen und an der Katode durch Reduktion der Wasserstoff-Ionen des Wassers Wasserstoff:

anodische Oxidation: $\quad 2\,Cl^- \qquad\qquad \rightarrow \quad Cl_2 \;+\; 2\,e^-$
katodische Reduktion: $\quad 2\,H^+ \;+\; 2\,e^+ \rightarrow \quad H_2$

Natrium-Ionen haben unter Standardbedingungen ein Zersetzungspotential (Redoxpotential) von $E_o = -2{,}71\,V$, Hydroxid-Ionen von $E_o = +0{,}40\,V$. Sie können gemeinsam mit Cl^- und H_3O^+-Ionen nicht entladen werden. Sie verbleiben in der Lösung, die alkalisch reagiert.

Versuch

T+

Sehr giftig

Lehrer-versuch

Unter dem Abzug wird Koch-salzlösung in einer Schale bei 10 V etwa 1 Minute elekt-rolysiert (Abb. 11-12). Trop-fen Sie wenig Phenolphtha-leinlösung in die Nähe der beiden Pole oder berühren Sie die Pole mit Polrea-genzpapier.

Achtung! Chlorgas ist extrem giftig! Der Versuch kann auch in der Weise durchge-führt werden, dass Polrea-genzpapier in Kochsalz-lösung getaucht und anschl-ießend mit den Polen einer Gleichstromquelle berührt wird.

R 26, S 23

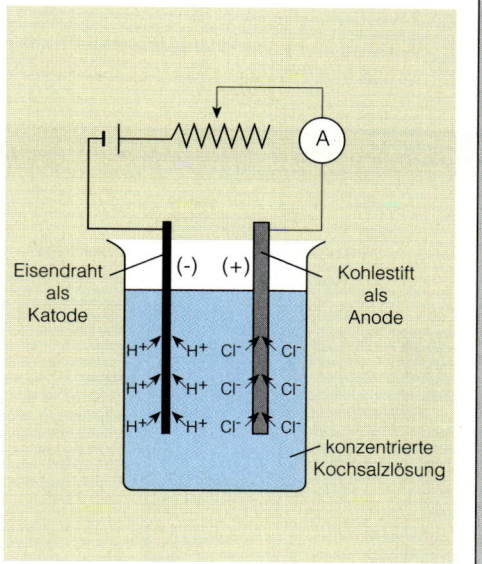

Abb. 11-12   Elektrolyse einer Kochsalzlösung

Redox- und Spannungsreihe von einigen Metallen bei Standardbedingungen

Redoxpaare		Standardpotentiale für die
reduziert	oxidiert	Redoxpaare Metall/Metall-Ion E_o in V
Li	Li^+ $+ e^-$	$-3,01$
K	K^+ $+$ $+ e^-$	$-2,92$
Ca	Ca^{2+} $+ 2e^-$	$-2,76$
Na	Na^+ $+ e^-$	$-2,71$
Mg	Mg^{2+} $+ 2e^-$	$-2,38$
Al	Al^{3+} $+ 3e^-$	$-1,66$
Zn	Zn^{2+} $+ 2e^-$	$-0,76$
Fe	Fe^{2+} $+ 2e^-$	$-0,44$
Pb	Pb^{2+} $+ 2e^-$	$-0,13$
$2 H_2O + H_2$	$3 H_3O^+$ $+ 2e^-$	$0,00$
Cu	Cu^{2+} $+ 2e^-$	$+0,34$
Fe^{2+}	Fe^{3+} $+ e^-$	$+0,75$
Ag	Ag^+ $+ e^-$	$+0,80$
Hg	Hg^{2+} $+ 2e^-$	$+0,86$
Au	Au^{3+} $+ 2e^-$	$+1,42$

Zunahme der reduzierenden Wirkung als Reduktionsmittel

Zunahme der oxidierenden Wirkung als Oxidationsmittel

Übersicht 11-2

Auch bei den Nichtmetallen kann eine elektrochemische Spannungsreihe für Redox-Paare aufgestellt werden, die sich in die Reihe der Übersicht 11-2 für Metalle einordnen lassen. Das Redox-Paar H_2O/H_2 ist dort bereits enthalten. Aus Gründen der Übersichtlichkeit werden die Nichtmetalle jedoch gesondert in Übersicht 11-3 angegeben.

Elektrochemische Spannungsreihe von einigen Nichtmetallen bei Standardbedingungen

Redoxpaare reduziert	Redoxpaare oxidiert		Standardpotentiale für die Redoxpaare E_0 in V
Te^{2-}	Te	$+ 2e^-$	$-0,92$
Se^{2-}	Se	$+ 2e^-$	$-0,78$
S^{2-}	S	$+ 2e^-$	$-0,51$
$2\,OH^- + H_2$	$2\,H_2O$	$+ 2e^-$ (bei pH 7)	$-0,42$
$2\,H_2O + H_2$	$2\,H_3O^+$	$+ 2e^-$	$0,00$
$4\,OH^-$	$O_2 + 2\,H_2O$	$+ 4e^-$	$+0,40$
$2\,I^-$	I_2	$+ 2e^-$	$+0,53$
$6\,H_2O + NO$	$NO_3^- + 4\,H_3O^+$	$+ 3e^-$	$+0,95$
$2\,Br^-$	Br_2	$+ 2e^-$	$+1,06$
$12\,H_2O + Cr^{3+}$	$CrO_4^{2-} + 8\,H_3O^+$	$+ 3e^-$	$+1,30$
$2\,Cl^-$	Cl_2	$+ 2e^-$	$+1,36$
$12\,H_2O + Mn^{2+}$	$MnO_4^- + 8\,H_3O$	$+ 5e^-$	$+1,50$
$3\,H_2O + O_2$	$O_3 + 2\,H_3O^+$	$+ 2e^-$	$+2,05$
$2\,F^-$	F_2	$+ 2e^-$	$+2,87$

Zunahme der reduzierenden Wirkung als Reduktionsmittel

Zunahme der oxidierenden Wirkung als Oxidationsmittel

Übersicht 11-3

11.5.3 Erzeugung von Chlor und Natriumhydroxid im Diaphragma-Verfahren

Zur Erzeugung von Chlor und Natriumhydroxid dient Steinsalz NaCl, das in wässriger Lösung einer Elektrolyse unterworfen wird. Nach Reinigung (siehe Soda-Herstellung) strömt die NaCl-Sole in den Katodenraum der Elektrolysezelle. Eine 2 bis 3 mm dicke, poröse Wand, das Diaphragma, trennt Anoden- und Katodenraum (Abb. 11-13). Es besteht aus Asbest, dessen Fasern mit Kunststoff gebunden sind. Das Diaphragma ist durchlässig für Natrium- und Chlorid-Ionen, aber nicht für Wasserstoff- und Chlormoleküle. Es liegt direkt auf der Katode auf.

Die Anode besteht aus Titan oder Graphit. Sie ist beständig gegenüber dem Chlor, das daran oxidiert wird:

anodische Oxidation: $2\,Cl^- \rightarrow Cl_2 + 2e^-$

Das Chlor wird abgeleitet und mit konzentrierter Schwefelsäure getrocknet, weil feuchtes Chlor sehr aggressiv ist. Nach Verflüssigung sind mindestens 97,5 % Chlor neben Sauerstoff, Stickstoff u. a. enthalten.

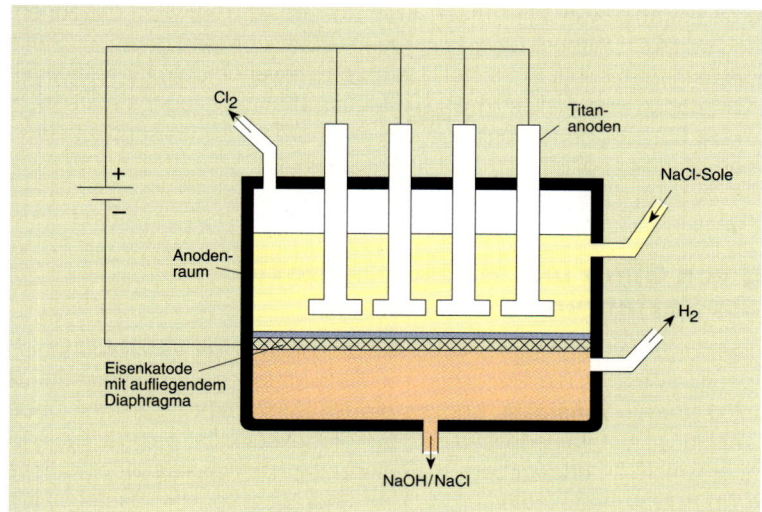

Abb. 11-13
Schema der
Chloralkali-Elektrolyse
nach dem Diaphragma-
Verfahren
(horizontale Anordnung
der Elektrolysezelle)

Die Katode besteht aus einem Eisennetz. Daran werden Hydronium-Ionen reduziert bzw. die direkte Reduktion von Wassermolekülen ist wahrscheinlicher.

katodische Reduktion: $2\,H_3O^+ + 2e^- \rightarrow H_2 + 2\,H_2O$

bzw. $2\,H_2O + 2e^- \rightarrow H_2 + 2\,OH^-$

Natrium-Ionen entladen sich nicht, da sie in wässriger Lösung und bei den angewendeten Konzentrationen ein negativeres Redoxpotential besitzen als H_3O^+ bzw. H_2O (vgl. Übersicht 11-2).

Die Sole strömt vom Anoden- zum Katodenraum, um zu verhindern, dass OH^--Ionen in den Anodenraum gelangen. Die Hydroxid-Ionen würden mit Chlor Nebenreaktionen verursachen, die Ausbeute an Natriumhydroxid senken und zu Verunreinigungen führen, z. B. durch die Bildung von Natriumhypochlorid NaOCl:

$Cl_2 + 2\,NaOH \rightarrow NaOCl + NaCl + H_2O$

Aus dem Anodenraum wird Wasserstoff abgeführt, getrocknet und für die Verwendung zunächst verdichtet. (Verwendung siehe Übersicht 7-4). Die ablaufende Sole enthält ca. 12 Masse-% NaOH und noch ca. 15 bis 17 Masse-% NaCl. Zur Gewinnung von Natronlauge oder festem Natriumhydroxid (Ätznatron) dampft man sie ein. Die Reinheit von etwa 99 % mit 1 % NaCl reicht für die Erzeugung vieler Produkte aus. Beim Eindampfen scheidet sich festes NaCl aus, das in den Prozess zurückgeführt wird.

Kalilauge und Kaliumhydroxid gewinnt man in ähnlicher Weise durch Elektrolyse von Kaliumchlorid.

Die NaCl-Elektrolyse wird mit einer Bad-Spannung von 3 bis 4 Volt und einer hohen Stromdichte durchgeführt. Eigentlich müsste sich an der Anode Sauerstoff und nicht Chlor entwickeln, denn das Redoxpotential OH^-/O_2 beträgt nach Übersicht 11-3 +0,40 V (bei pH 7), während das Redoxpotential für Cl^-/Cl_2 mit +1,36 V bestimmt wird.

Die Erzeugung von Chlor und Natronlauge durch Redoxvorgänge in einer Elektrolyse wird erst dadurch möglich, dass die Entladung des Sauerstoffs (wie auch des Wasserstoffs) an vielen Elektrodenmaterialien gehemmt ist. Die Redoxpotentiale liegen z. T. weit über den Werten der Übersicht 11-3. Eine solche Erscheinung wird **Überspannung** genannt. Sie ist auch vom pH-Wert abhängig. Die Überspannung für Sauerstoff ist an Titan und Graphit so groß, dass das Potential OH^-/O_2 höher liegt als das für Cl^-/Cl_2.

Das **Membran-Verfahren** ist ein abgewandelter Prozess. In Zukunft wird es wohl die zunehmende Anwendung finden, weil kein Asbest bzw. kein Quecksilber notwendig ist. An Stelle des Diaphragmas wird eine semipermeable Kunststoff-Membran verwendet, die für Na^+-Ionen durchlässig, für Cl^-- und OH^--Ionen undurchlässig ist. Die Membranen sind jedoch noch nicht genügend resistent gegen die 35–40%ige Natronlauge, die sehr rein anfällt. Besonders Ca^{2+}-Ionen stören ab etwa 50 ppb (parts per billion).

11.5.4 Erzeugung von Chlor und Natriumhydroxid im Amalgam-Verfahren

Die wesentlichsten Unterschiede zum Diaphragma-Verfahren bestehen in der Verwendung von flüssigem Quecksilber als Katode und in der Reduktion von Natrium-Ionen. Die Natriumatome lösen sich sofort mit Quecksilber zu **Amalgam,** sodass die Na-Konzentration an der Oberfläche des Quecksilbers sehr klein ist. Infolgedessen wird das Redoxpotential weniger negativ, als in Übersicht 11-2 für $c = 1$ mol $\cdot$ l^{-1} angegeben ist. Gleichzeitig hat Wasserstoff eine hohe Überspannung an Quecksilber. Das Redoxpotential H_3O^+/H_2 beträgt unter den bestehenden Konzentrations-pH-Verhältnissen –1,9 V. Es liegt damit über dem Wert für Na^+/Na. Der Energieaufwand ist größer als beim Diaphragma-Verfahren.

Abb. 11-14 zeigt schematisch die Elektrolysezelle. Die von Schwermetall-Ionen gereinigte NaCl-Sole läuft im Kreislauf. Es wird ständig Natriumchlorid ergänzt.

An den Titananoden entwickelt sich Chlor.

anodische Oxidation: $2\,Cl^- \rightarrow Cl_2 + 2e^-$

Die Ableitung, Trocknung und Verdichtung erfolgt wie beim Diaphragma-Verfahren.
Der Boden der Zelle ist leicht geneigt. Darüber fließt das flüssige Quecksilber in dünner Schicht ab und nimmt dabei die Natriumatome auf.

katodische Reduktion: $2\,Na^+ + 2e^- \rightarrow 2\,Na^{\pm 0}$ (bzw. Na-Hg)

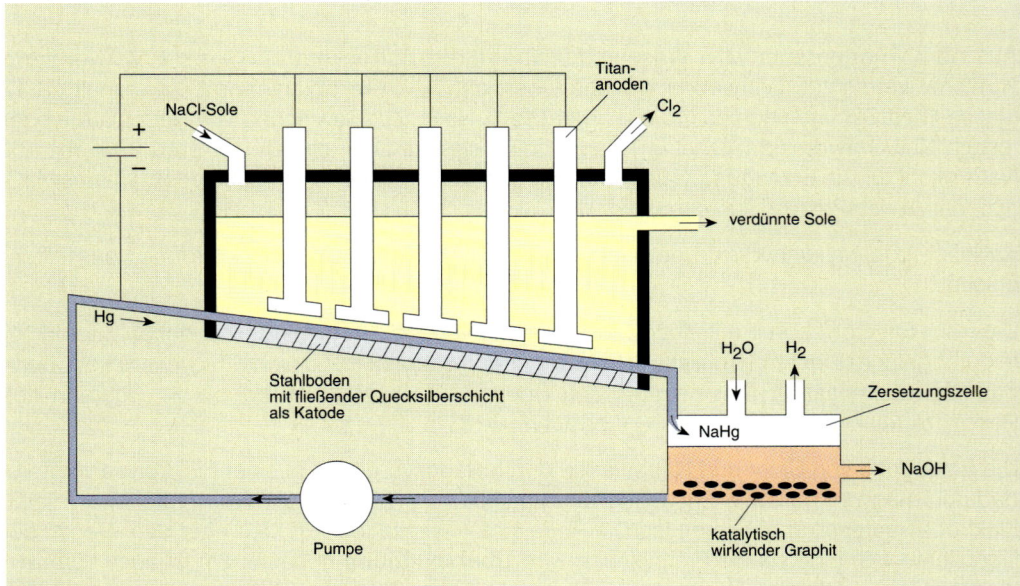

Abb. 11-14   Schema der Chloralkali-Elektrolyse nach dem Almagan-Verfahren

Das ständige Abfließen des Amalgams ist notwendig, weil bei einem Anteil von mehr als 1,7 Masse-% Natrium die Lösung zähflüssig bzw. fest wird.

Im Zersetzer kommt das Amalgam mit Wasser in Berührung. Graphit wirkt als Katalysator für die Zersetzung zu Natronlauge und Wasserstoff.

$$2\,Na\,(-Hg) \;+\; H_2O \;\rightarrow\; 2\,NaOH \;+\; H_2\,(+Hg)$$

Die Bildung von Natriumhydroxid und die Wasserstoffentstehung sind damit von der des Chlors räumlich getrennt.

Die Gefahr der Chlorknallgas-Bildung wird umgangen, Nebenreaktionen zwischen Natriumhydroxyd und Chlor können nicht ablaufen.

Die Natronlauge enthält ca. 50 % NaOH und ist sehr rein.

Das Quecksilber wird in die Elektrolysezelle zurückgepumpt.

11.5.5 Gefahren bei der Realisierung der Chlor-Alkali-Elektrolyse

Die chemische Industrie und andere Industriezweige haben einen hohen Bedarf an Chlor und Natriumhydroxid (vgl. Übersichten 7-4 und 7-14).

Die Zerlegung von wässriger Kochsalz-Lösung mithilfe der Elektrolyse liefert genügend NaOH, Chlor wird zusätzlich durch Elektrolyse von Salzsäure gewonnen. Die Verfahren der Chlor-Alkali-Elektrolyse bergen viele Gefahren in sich durch die entstehenden Stoffe Cl_2, H_2 und NaOH, die zu den aggressivsten und reaktivsten Stoffen gehören.

Chlor ist extrem giftig (Atemgift, ätzt Schleimhäute z. B. Augen, Nase etc.). Es tötet in kürzester Zeit alle lebenden Organismen bzw. zerstört organische Stoffe.

Die Anlagen für die Elektrolyse müssen gasdicht sein und ständig gewartet werden, die Abluft muss gefiltert werden, denn es darf kein Chlor in die Produktionsstätten bzw. in die Luft und Gewässer gelangen. Für das Anlagen-Personal sind Schutzkleidung und Atemschutz erforderlich.

Die Produktionshallen sind gut zu belüften, sowohl am Boden (Chlor ist schwerer als Luft) als auch oberhalb der Anlagen (Wasserstoff ist leichter als Luft). Chlor-Wasserstoff-Gemische, so genanntes **Chlorknallgas,** sind hochexplosiv. Sie zünden bereits durch Belichtung mit kurzwelligem Licht. Chlor und Wasserstoff dürfen sich deshalb auch in der Zelle nicht mischen.

Natriumhydroxid-Lauge und Ätznatron wirken stark ätzend auf lebende Zellen. Beim Abfüllen des festen Natriumhydroxids können NaOH-Stäube entstehen, die besonders gefährlich sind (Schleimhäute der Atemwege, Mund-Rachen-Raum, Speiseröhre, Haut). Atemschutz, Schutzkleidung und Schutzbrille sind unbedingt notwendig.

Der Asbest des Diaphragmas ist mit Kunstharz gebunden. Trotzdem können bei Montagen, Reparaturen und bei der Entsorgung Asbest-Stäube freigesetzt werden. (Reizung der Schleimhäute; Lungenkrebs).

Quecksilber verflüchtigt bereits bei Raumtemperatur zu farblosem, geruchlosem Dampf, der schwerer als Luft und hochgiftig ist. (Schädigung von Nieren, Leber, Nervensystem, Gehirn, Zahnfleischbluten, Entwicklungsstörungen bei Embryos und Kindern). Der MAK-Wert beträgt 0,01 ppm. Es muss auf gute Belüftung und Filtern der Abluft geachtet werden.

Alle Quecksilber-Verbindungen mit Ausnahme des schwer löslichen Quecksilbersulfids (Zinnober) HgS sind sehr giftig. Beim Amalgam-Verfahren entstehen Quecksilber-Verluste. Das Abwasser muss mit großem Aufwand gereinigt werden.

11.6 BOUDOUARDsches Gleichgewicht

Unter dem Begriff BOUDOUARDsches Gleichgewicht versteht man CO_2/CO-Gleichgewichte, die bei Verbrennungsprozessen von kohlenstoffhaltigen Stoffen, insbesondere von Benzin (Abgase von Kraftfahrzeugen) und Kohle auftreten.

Wie in anderen Gleichgewichtsreaktionen sind auch in diesem Fall die Anteile an Kohlenstoffdioxid und -monoxid stark von der Temperatur abhängig.

Kohlenstoffdioxid entsteht bei relativ niedriger Temperatur, wenn bei der Verbrennung genügend Sauerstoff/Luft zur Verfügung steht:

$$C \ + \ O_2 \ \rightarrow \ CO_2 \qquad \Delta H \ = \ -394 \, kJ \cdot mol^{-1}$$

Bei Temperaturen über 400 °C oder bei unvollkommener Verbrennung durch Sauerstoffmangel entsteht das Kohlenstoffmonoxid:

$$2\,C \ + \ O_2 \ \rightarrow \ 2\,CO \qquad \Delta H \ = \ -111 \, kJ \cdot mol^{-1}$$
$$\text{bzw. } CO_2 \ + \ C \ \rightarrow \ 2\,CO \qquad \Delta H \ = \ +178 \, kJ \cdot mol^{-1}$$

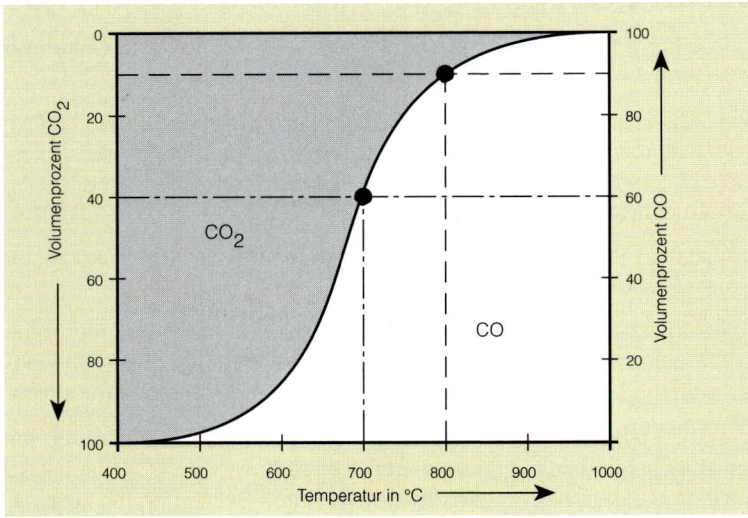

Abb. 11-15
CO–CO_2-Gleichgewicht
bei 1 bar Druck:
Z. B. entstehen bei
der Verbrennung von
Kohlenstoff bei 700 °C
etwa 60 % CO
und 40 % CO_2.

Wie Abb. 11-15 zeigt, verschiebt sich das Gleichgewicht mit zunehmender Temperatur zu Gunsten des energiereicheren CO. So wird bereits in der Glut einer Zigarette merklich das äußerst giftige Kohlenstoffmonoxid gebildet (Blutgift; CO blockiert den Sauerstofftransport durch das Blut). Über 1000 °C ist Kohlenstoffdioxid in Gegenwart von Kohlenstoff nicht mehr stabil. Das BOUDOUARDsche Gleichgewicht wird durch folgende Gleichung wiedergegeben:

$$CO_2 \ + \ C \ \underset{\text{niedrige Temperatur}}{\overset{\text{hohe Temperatur}}{\rightleftharpoons}} \ 2\,CO$$

Entsteht Kohlenstoffmonoxid bei niedriger Temperatur, so verschiebt sich das Gleichgewicht zur linken Seite der Gleichung, Kohlenstoff setzt sich in Form von Ruß ab.

Bei der Berechnung der Gleichgewichtskonstanten ist in diesem Fall zu beachten, dass sich Gleichgewichte nur in homogenen Gemischen einstellen und das Massenwirkungsgesetz nur auf homogene Phasen anzuwenden ist. Somit vereinfacht sich der mathematische Ansatz, weil der feste Kohlenstoff aus dem Gleichgewicht ausscheidet:

$$K_c \ = \ \frac{c^2_{CO}}{c_{CO_2}}$$

Aus Abb. 11-16 ist ablesbar, dass bei 700 °C etwa 60 Volumenanteile bzw. mol $\cdot$ l^{-1} CO und 40 Volumenanteile bzw. mol $\cdot$ l^{-1} CO$_2$ im Gleichgewicht vorliegen (bei p = 1 bar):

$$K_c^{700\,°C} = \frac{(0{,}6)^2 \ mol^2 \cdot l^{-2}}{0{,}4 \ mol \cdot l^{-1}}$$

$$K_c^{700\,°C} = 0{,}9 \ mol \cdot l^{-1}$$

Bei 800 °C sind es 90 Volumenanteile CO und 10 Volumenanteile CO$_2$. K_c nimmt einen höheren Wert an:

$$K_c^{800\,°C} = \frac{(0{,}9)^2 \ mol^2 \cdot l^{-2}}{0{,}1 \ mol \cdot l^{-1}}$$

$$K_c^{800\,°C} = 8{,}1 \ mol \cdot l^{-1}$$

Aufgabe: Errechnen Sie den Wert von $K_c^{600\,°C}$ für das BOUDOUARDsche Gleichgewicht mithilfe von Werten, die Sie aus der Abb. 11-15 entnehmen.

Kohlenstoffmonoxid besitzt eine hohe Affinität zu Sauerstoff. Durch weitere Oxidation geht es in das energieärmere Kohlenstoffdioxid über. Bei hohen Temperaturen wirkt Kohlenstoffmonoxid reduzierend auf Metall-Sauerstoffverbindungen und wird deshalb bei vielen metallurgischen Prozessen als Reduktionsmittel eingesetzt.

11.7 Gewinnung von Roheisen im Hochofenprozess
11.7.1 Vorbehandlung der Eisenerze

Die Roheisengewinnung im Hochofen geht von oxidischen Eisenerzen, z. B. von Magneteisenstein (Magnetit) Fe$_3$O$_4$, Roteisenstein (Fe$_2$O$_3$) bzw. von abgeröstetem Pyrit FeS$_2$ aus.

Erze mit einem hohen Eisengehalt werden durch Zerkleinern in eine günstige Stückgröße gebracht, damit im Hochofen einerseits das Gas die Füllung gut durchströmen kann, andererseits dürfen die Erzstücke nicht zu groß sein, denn sie müssen geschmolzen werden.

Aufgabe: Berechnen und vergleichen Sie den prozentualen Eisengehalt in Magneteisenstein und Roteisenstein ohne Gesteinsbeimengungen!

Eisenärmere Erze befreit man weitgehend von Gesteinsbeimengungen (Gangart), um die Eisenausbeute zu erhöhen und den Koksbedarf zu senken.

Koks hat im Hochofenprozess verschiedene Aufgaben. Er dient als Energielieferant für die endotherme Reduktion der Eisenoxide zu Eisen und für das Ausschmelzen des reduzierten Eisens sowie der Gangart. Koks bzw. Kohlenstoffmonoxid wirkt als Reduktionsmittel (indirekte Reduktion durch Kohlenstoffmonoxid, direkte Reduktion durch Kohlenstoff). Reduziertes Eisen nimmt außerdem Kohlenstoff auf (Aufkohlung). Dadurch sinkt der Schmelzpunkt des Eisens und die Schmelze wird dünnflüssig.

Aufgabe: Wie groß ist die Bildungsenthalpie bei der Reduktion von Roteisenstein bzw. Magneteisenstein mit Koks?

Bei der Aufbereitung der Erze für den Verhüttungsprozess erfolgt die Abtrennung der Gangart durch Magnetscheiden oder durch Flotation.

Beim **Magnetscheiden** (Abb. 11-16) werden die magnetischen Eigenschaften einiger Eisenerze ausgenutzt. Große Elektromagnete trennen die Erzanteile vom unmagnetischen Gestein.

Bei der **Flotation** wird gemahlenes Erz in Wasser mit Flotationsmitteln versetzt. Das sind Stoffe, die sich nur an den Erzteilchen anlagern und Schaum bilden (Abb. 11-17). In dieses Gemenge wird Luft geblasen. Die in Schaum gehüllten Erzanteile sammeln sich an der Oberfläche und können abgestrichen werden. Die Gesteinsanteile sinken zu Boden. Nachteilig ist bei dieser Technologie, dass die Erzteilchen wieder zu größeren Stücken zusammengesintert werden müssen, bevor sie in den Hochofen eingebracht werden.

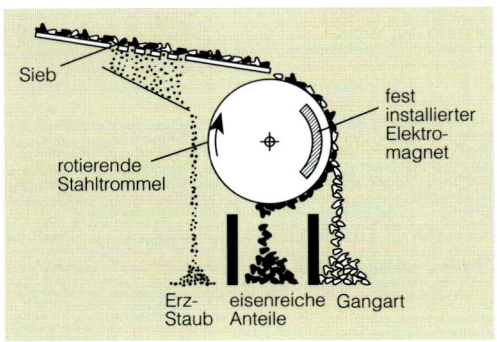

Abb. 11-16   Prinzip der magnetischen Sortierung von Eisenerz (Magnetscheider)

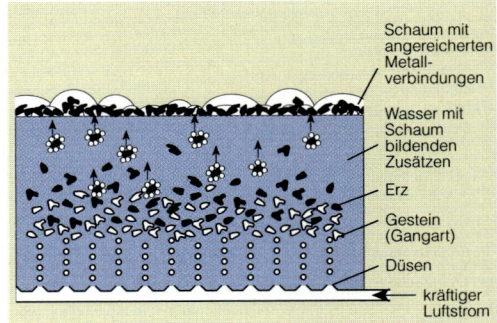

Abb. 11-17   Flotation von Erzen

11.7.2 Beschickung des Hochofens

Die Beschickung (Füllung) des Hochofens geschieht von oben, an der Gicht, die durch die Gichtglocke verschlossen wird: Druck- und abriebfester Koks und die Möllerung aus Erzen und Zuschlägen werden schichtweise in den Ofen gebracht (Abb. 11-18). Die Zuschläge (Kalkstein, Dolomit, Flussspat, Tonschiefer, Quarz) sollen mit den Gesteinsresten chemisch reagieren und eine leicht schmelzende dünnflüssige Schlacke bilden. Sie werden deshalb auch **Flussmittel** genannt. Die Zusammensetzung muss auf die chemischen Eigenschaften der Gangart abgestimmt sein:

Siliciumdioxidhaltige Erze reagieren sauer. In diesem Fall wird basisch reagierender Kalkstein $CaCO_3$ zugesetzt. Eine basische Gangart erhält dagegen saure Zuschläge von Sand SiO_2 oder Tonschiefer.

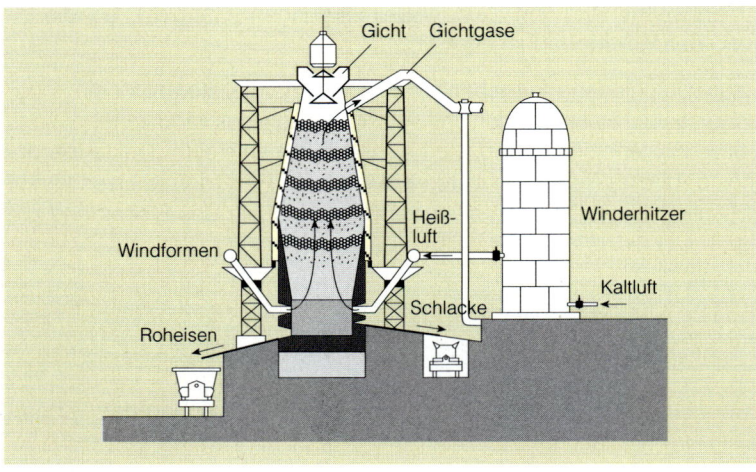

Abb. 11-18
Schema einer
Hochofenanlage

11.7.3 Chemische Vorgänge im Hochofen

In den Hochofen wird an den Windformen auf 800 °C vorgewärmte Luft bzw. mit Sauerstoff angereicherte Luft unter Druck eingeblasen. Der Koks verbrennt im unteren Ofenbereich. Das entstehende Kohlenstoffmonoxid strömt nach oben. Im Temperaturbereich von 600 bis 900 °C reduziert es das Eisenerz zunächst zu schwammigem Eisen. Dieser Vorgang wird **indirekte Reduktion** genannt. Er verläuft in folgenden Stufen (Abb. 11-19):

$$3\,Fe_2O_3 + CO \rightarrow 2\,Fe_3O_4 + CO_2$$
$$Fe_3O_4 + CO \rightarrow 3\,FeO + CO_2$$
$$FeO + CO \rightarrow Fe + CO_2$$

Das Kohlenstoffdioxid wird durch Koks wieder zu Kohlenstoffmonoxid reduziert:

$$CO_2 + C \rightleftharpoons 2\,CO$$

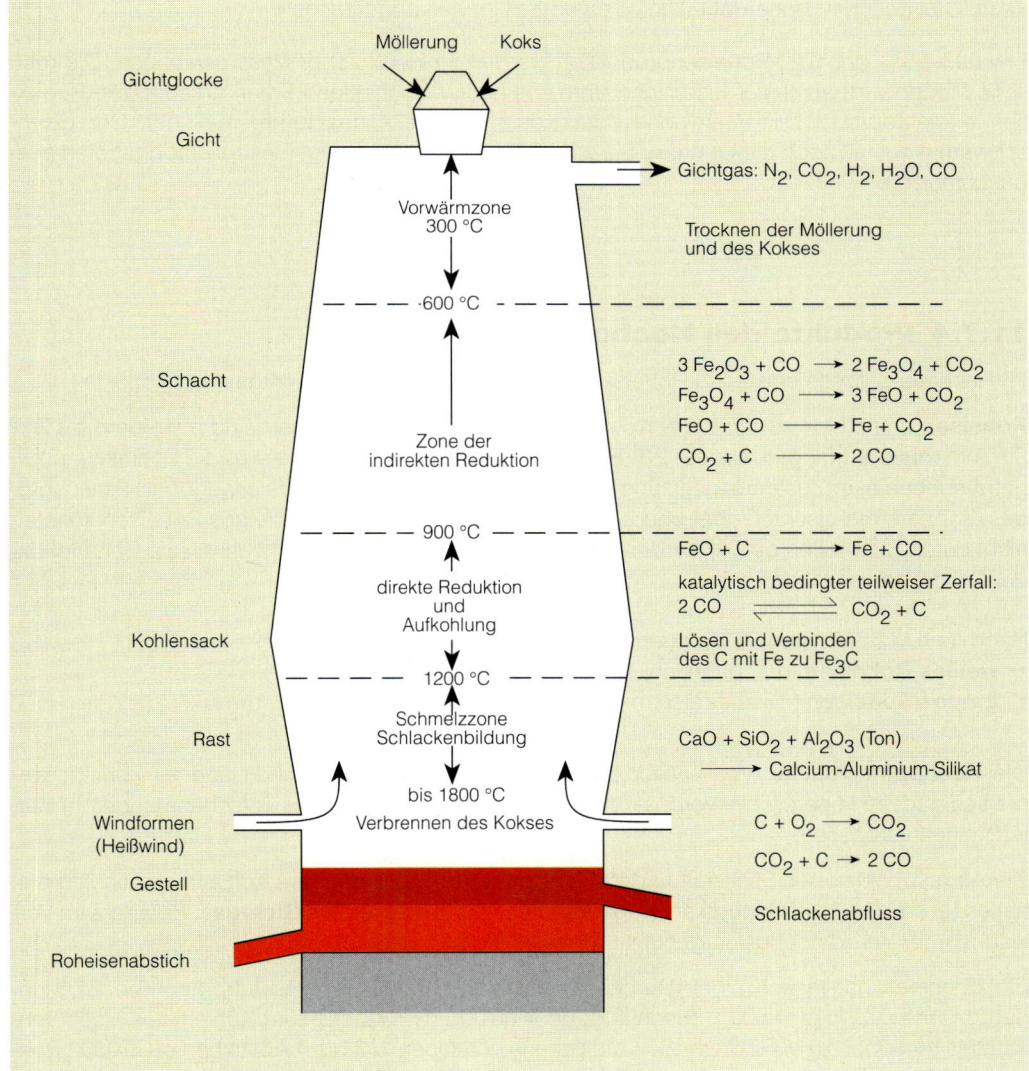

Abb. 11-19   Reaktionszonen im Hochofen

Eisen wirkt katalytisch auf den Vorgang. Im Temperaturbereich von 900 bis 1200 °C nimmt das Eisen Kohlenstoff auf, es wird aufgekohlt. Ein Teil des Kohlenstoffs löst sich im Eisen, ein anderer Teil verbindet sich mit Eisen zu Eisencarbid Fe_3C (in der Stahlkunde Zementit genannt). Durch die Aufnahme von Kohlenstoff (Kohlung) und den Gehalt von Zementit sinkt der Schmelzpunkt des Roheisens bis auf 1152 °C, während reines Eisen erst bei 1536 °C schmilzt. Das führt zu geringerem Koksverbrauch.

Im Bereich der Kohlungszone werden noch nicht umgesetzte Anteile des Eisen(II)-oxids, FeO, durch Kohlenstoff direkt reduziert **(direkte Reduktion):**

$$FeO \quad + \quad C \quad \rightarrow \quad Fe \quad + \quad CO$$

Im heißesten Bereich des Hochofens (dem „Kohlensack" und der „Rast") schmelzen Eisen, die Beimengungen und Zuschläge. Es entsteht eine Schlacke aus Calcium-Magnesium-Aluminium-Silikaten, die meist kontinuierlich abfließt. Mit dem Ausschmelzen des Roheisens und dem Abfluss der Schlacke im Hochofengestell rutschen Koks und Möllerung aus oberen Ofenbereichen nach. Das geschmolzene Roheisen wird von Zeit zu Zeit abgestochen.

Etwa 93–95 % der Welt-Roheisenproduktion werden im Hochofenprozess gewonnen. Die restliche Menge wird als fester Eisenschwamm aus hoch eisenhaltigen Erzen erzeugt. Die Reduktion erfolgt durch CO/H_2-Gemische oder Kohle (an Stelle des teuren Kokses). Der Eisenschwamm enthält noch die Gangart. Sie wird beim Umschmelzen im Elektrolichtbogenofen ausgeschmolzen.

11.7.4 Produkte des Hochofens

Im Hochofenprozess entstehen Roheisen, Hochofenschlacke und Gichtgas als Produkte.

Roheisen enthält bis zu 4 bis 5 % Kohlenstoff. Aus Kohle und Gangart sind außerdem bis 3 % Silicium, bis 6 % Mangan, bis ca. 2 % Phosphor und bis 0,15 % Schwefel in die Schmelze übergetreten. In dieser Zusammensetzung ist Roheisen nicht als Werkstoff verwendbar. Es ist spröde, sehr hart, nicht schmiedbar und kaum spanend zu bearbeiten. Teile aus Roheisen könnten nicht durch Schweißen gefügt werden. Das Roheisen wird deshalb nicht ohne eine Behandlung der Schmelze verwendet.

Nach dem Mangan- und Siliciumgehalt nimmt man eine Einteilung vor in
* **weißes Roheisen** (manganreich, siliciumarm) und in
* **graues Roheisen** (siliciumreich, manganarm).

Die **Hochofenschlacke** wird entweder in kaltem Wasser abgeschreckt und zu Zement vermahlen oder zu Mineralwolle verdüst (Wärmeisolation), zu Hüttenbims verschäumt oder zu Hüttensteinen vergossen.

Die Abgase, die neben Stickstoff und Kohlenstoffdioxid das brennbare Kohlenstoffmonoxid enthalten (etwa 30 %), entweichen am Kopf des Ofens als so genanntes **Gichtgas.** Es wird zum Vorwärmen der Verbrennungsluft genutzt.

Ein Hochofen hat täglich einen Durchsatz von etwa 10 000 t Erz. Er verbraucht in 24 Stunden ca. 5 000 t Koks, 1 500 t Zuschläge, über 30 000 m^3 Wasser zum Kühlen des Hochofenmantels und über 15 Mio m^3 erhitzte Luft. Daraus entstehen in 3 bis 4 Abstichen ca. 5 000 t Roheisen, 2 000 t Schlacke und über 15 Mio. m^3 Gichtgas. Die Lebensdauer eines Hochofens beträgt etwa 10 Jahre.

11.7.5 Weiterverarbeitung des Roheisens zu Stahl

Die Hauptmenge des Roheisens wird zu Stahl verarbeitet. Durch moderne Verfahren können nicht nur aus manganreichen, sondern auch aus siliciumreichen Sorten beanspruchbare Stähle hergestellt werden. Ziel der Stahlherstellung ist es, durch chemische Vorgänge den Gehalt an solchen Begleitstoffen, die eigenschaftsmindernd wirken, zu reduzieren sowie durch Legieren Eigenschaftsverbesserungen zu erzeugen. In Übersicht 11-5 sind wichtige Eisenbegleiter sowie deren Wirkung auf die Eigenschaften der Eisenwerkstoffe aufgeführt.

Einflüsse der Begleitstoffe auf die Eigenschaften von Eisenguss- und Stahlwerkstoffen	
Begleitstoffe	Einfluss
Kohlenstoff	zu hohe Anteile wirken versprödend, erhöhen die Härte, vermindern die Plastizität und verhindern die Formgebung durch Umformen
Phosphor	Bildung von spröden, groben, phosphorreichen Kristallen, die zur Rissbildung bei der Warmumformung führen
Schwefel	Bildung von FeS-Kristallen mit geringer Plastizität; Rissbildung beim Warmumformen (Rotbrüchigkeit bei 800 bis 1000 °C) bzw. Aufschmelzen der FeS-Kristalle (Heißbrüchigkeit bei 1000 bis 1200 °C)
Stickstoff	Alterung des Werkstoffs und zunehmende Versprödung
Sauerstoff	Erzeugung von Rotbrüchigkeit (wie Schwefel) durch die Bildung von FeO-Kristallen
Wasserstoff	Erzeugung von Spannungsrissen und Senkung der Festigkeit
Silicium	zu große Anteile wirken versprödend und fördern den Zerfall von Zementit in Eisen und Kohlenstoff beim Erstarren
Mangan	zu hohe Anteile verspröden den Stahl, erhöhen die Härte, führen zu grobkörnigem Gefüge
Schlackereste	Verbindungen von SiO_2 (Silikate) und Al_2O_3 (Tonerde) mit Metalloxiden führen zu Unterbrechungen im Metallgefüge, Senkung der Festigkeit

Übersicht 11-4

Sauerstoff, Wasserstoff und Schlackereste sind unerwünscht. Alle anderen Eisenbegleiter haben bis zu einer Grenzkonzentration auch positive Einflüsse auf die Werkstoffeigenschaften.

Stähle sind Eisenwerkstoffe mit einem Kohlenstoffgehalt unter 2,1 %.

Die wesentlichen chemischen Vorgänge bei der Stahlerzeugung sind Oxidationsprozesse, die mittels Sauerstoff ausgelöst werden. Man nutzt aus, dass die Eisenbegleiter eine höhere Affinität zu Sauerstoff besitzen als Eisen. Sie oxidieren vorrangig. Es findet eine „Entkohlung" der Schmelze statt und gleichzeitig werden störende Begleitelemente weitgehend in Oxide überführt. Der Oxidationsprozess wird als **Frischen** bezeichnet.

Der schmelzflüssige Zustand wird durch die Verbrennungswärme von Kohlenstoff, Phosphor, Schwefel und Silicium sowie durch Zusatzheizungen aufrechterhalten.

$$C + O_2 \rightarrow CO_2 \qquad \Delta H = -394 \text{ kJ} \cdot \text{mol}^{-1}$$
$$S + O_2 \rightarrow SO_2 \qquad \Delta H = -297 \text{ kJ} \cdot \text{mol}^{-1}$$
$$4\,P + 5\,O_2 \rightarrow 2\,P_2O_5 \qquad \Delta H = -1507 \text{ kJ} \cdot \text{mol}^{-1}$$
$$Si + O_2 \rightarrow SiO_2 \qquad \Delta H = -911 \text{ kJ} \cdot \text{mol}^{-1}$$

Die Oxide von Kohlenstoff und Schwefel entweichen gasförmig. Die sauren Oxide SiO_2 und P_2O_5 werden durch Zuschläge von gebranntem Kalk gebunden:

$$3\,CaO + P_2O_5 \rightarrow Ca_3(PO_4)_2$$
$$2\,CaO + SiO_2 \rightarrow Ca_2SiO_4$$

Nach der Sättigung des Branntkalks wird das Produkt gemahlen und unter der Bezeichnung **Thomasmehl** als Phosphordüngemittel in den Handel gebracht.

Die im vorigen Jahrhundert entwickelten „Thomas-Verfahren" (1854) und „Siemens-Martin-Verfahren" (1864) sind inzwischen bedeutungslos geworden. Das wichtigste Verfahren der Stahlerzeugung aus Roheisen ist heute das **LD-Verfahren** oder Blasstahl-Verfahren (Sauerstoff-Blasstahl-Verfahren), benannt nach Linz-Donawitz in Österreich, wo es entwickelt wurde:

Das Roheisen wird in einen kippbaren Konverter gefüllt. Auf die Oberfläche der Schmelze wird durch ein wassergekühltes Rohr gasförmiger Sauerstoff aufgeblasen (Abb. 11-20). Es entsteht eine lebhafte Badbewegung. Die Oxidation der Begleitstoffe verläuft sehr intensiv und die Temperatur steigt auf 2500 … 3000 °C, sodass man gleichzeitig bis zu 35 % Stahlschrott mit einschmelzen kann. Zugesetzter Kalk bindet die Phosphoroxide. Das Verfahren ist von hoher Wirtschaftlichkeit, es ermöglicht die Herstellung von **Grundstählen.** Für die Produktion von Baustählen steht das LD-Verfahren an erster Stelle (ca. 70 % der Stahlproduktion), weil der Reinigungseffekt von unerwünschten Begleitstoffen groß ist, die Prozesse in kurzer Zeit ablaufen und weil Eisenschrott recycelt werden kann. Der Verfahrensablauf wird durch Rechner überwacht und gesteuert, sodass der Blasprozess bei richtiger Temperatur und dem gewünschten Kohlenstoffgehalt beendet werden kann.

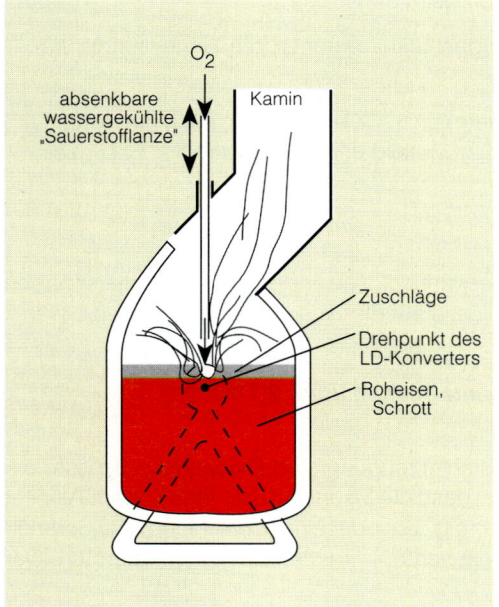

Das LD-Verfahren wird heute durch einige daraus entwickelte Varianten ergänzt, z. B. durch das Bodenblasverfahren oder gleichzeitiges Auf- und Durchblasen der Schmelze mit Sauerstoff. Das führt u. a. zu noch kürzeren Frischzeiten, höherer Reinheit, rascher Schrotteinschmelzung, geringen Erzeugungskosten und genauer Einstellung der gewünschten Stahlzusammensetzung. **Qualitäts-** und **Edelstähle** werden u. a. nach dem Elektrostahlverfahren hergestellt.

Graues Roheisen wird zusammen mit Gussschrott und Stahlschrott auch zu Eisengusswerkstoffen verarbeitet.

Abb. 11-20
Blasfrischen im LD-Konverter

11.8 Gewinnung von Kupfer

Die Gewinnung von Kupfer erfolgt zumeist noch in einem diskontinuierlichen Prozess, um die vielfältig zusammengesetzten Erze stufenweise aufzuarbeiten. Kupfer kommt in den Lagerstätten z.B. als **Kupferkies** oder Chalkopyrit $CuFeS_2$, **Rotkupfererz** oder Cuprit Cu_2O, **Kupferglanz** Cu_2S, **Kupfercarbonat** oder Malachit $CuCO_3 \cdot Cu(OH)_2$ vor. Die Erze enthalten neben Kupfer eine Vielzahl anderer Elemente in geringer Menge wie Zn, Ni, Au, Ag, Pt, As u.a. Der Kupfergehalt ist gering, z.T. nur 1,5 bis 2%; der höhere Anteil entfällt auf Siliciumdioxid SiO_2, Eisen u.a. Begleitelemente. Durch Flotation von staubfein vermahlenen Erzen gelingt eine Anreicherung auf 25 bis 30% Kupfer. Zur Trocknung durchlaufen die Konzentrate Trockentrommeln. In Sinter-Röstöfen oder bei moderneren Anlagen in Wirbelschichtöfen werden sie mit Luft geröstet (Abb. 11-21). In letzteren Anlagen verbleiben die feinkörnigen Erze nur wenige Sekunden bei 500 bis 900°C. Sie werden z.T. in Oxide und einfachere Sulfide überführt (Teilabröstung). Nach Zündung reicht die Reaktionswärme der exothermen Vorgänge für den Ablauf der Prozesse aus:

$$\begin{aligned}
CuFeS_2 &+ 3\,O_2 &&\rightarrow& CuO &+ FeO &&+ 2\,SO_2 \\
2\,CuFeS_2 &+ O_2 &&\rightarrow& Cu_2S &+ 2\,FeS &&+ SO_2 \\
FeS_2 &+ O_2 &&\rightarrow& FeS &+ SO_2 \\
2\,FeS_2 &+ 5\,O_2 &&\rightarrow& 2\,FeO &+ 4\,SO_2 \\
4\,FeO &+ O_2 &&\rightarrow& 2\,Fe_2O_3 \\
2\,Cu_2S &+ 3\,O_2 &&\rightarrow& 2\,Cu_2O &+ 2\,SO_2 \\
2\,FeS &+ 3\,O_2 &&\rightarrow& 2\,FeO &+ 2\,SO_2
\end{aligned}$$

Dabei entstehen aus Begleitelementen der Erze Oxide von Arsen, Antimon, Blei, Zink u.a., die im Abgas enthalten sind und bei der Gasreinigung in fester Form anfallen (As_2O_3, Sb_2O_3, PbO, ZnO u.a.).

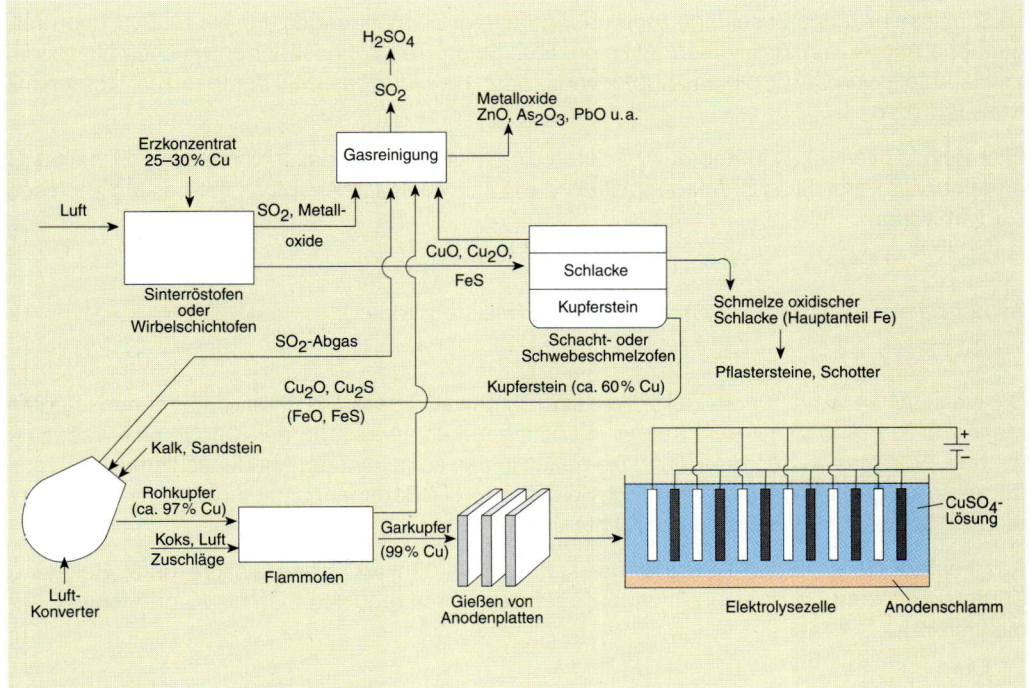

Abb. 11-21   Schema der Erzeugung von Kupfer

Das Schwefeldioxid wird nach dem Doppelkontakt-Verfahren zu Schwefelsäure umgesetzt. Im nächsten Verfahrensschritt schmilzt man das Gemisch aus Oxid-Sulfid-Gangart. Dafür stehen Schacht-, Flamm-, Elektro- und in modernen Anlagen Schwebeschmelzöfen zur Verfügung. Es findet eine Trennung in eine leichte oxidische Schlacke (Dichte 3 … 4 g · cm^{-3}) und eine schwerere Kupferstein-Schmelze (Dichte 4 … 6 g · cm^{-3}) statt. Hierbei wird die hohe Affinität des Kupfers zum Schwefel ausgenutzt. Dadurch gelingt es, das Eisen z.T. zu verschlacken und abzutrennen. Das notwendige Siliciumdioxid wird als Sand zugeschlagen, wenn nicht genügend Gangart vorhanden ist:

$$Cu_2O + FeS \rightarrow Cu_2S + FeO$$
$$2\,FeO + SiO_2 \rightarrow Fe_2SiO_4$$

Die Schlacke fließt kontinuierlich ab und wird zu Pflastersteinen und Schotter vergossen. Der **Kupferstein** enthält ca. 60 % Cu als Cu_2O, Cu_2S neben noch vorhandenem FeS und FeO. Er wird nun in einem Konverter mit Luft, die am Boden in die Schmelze hineingepresst wird, zusammen mit Sand (SiO_2) und Kalk als Verschlackungsmittel zu **Rohkupfer** verblasen. Dabei laufen z.B. folgende Reaktionen in Stufen ab:

1. Stufe: $2\,FeS + 3\,O_2 \rightarrow 2\,FeO + 2\,SO_2$
$\qquad\qquad 2\,FeO + SiO_2 \rightarrow Fe_2SiO_4$

Die Schlacke enthält Kupfer und wird zur Erschmelzung von Kupferstein zurückgeführt.

2. Stufe: $Cu_2S + 2\,CuO \rightarrow 4\,Cu + SO_2$
$\qquad\qquad Cu_2S + 2\,Cu_2O \rightarrow 6\,Cu + SO_2$

Rohkupfer (Schwarzkupfer) enthält ca. 97 % Kupfer. Für elektrotechnische Verwendungen muss es zu einer Reinheit von mindestens 99,5 % raffiniert werden, weil die Beimengungen die elektrische Leitfähigkeit erheblich senken.

Die **Raffination** zu **Garkupfer** mit 99 % Kupfergehalt erfolgt im Flammofen. Man gibt der Schmelze Schlacke bildende Zuschläge zur Bindung weiterer Beimengungen (Fe, Ni) zu. Evtl. noch vorhandene Anteile von Zink, Arsen, Antimon, Blei, Selen, Tellur, Phosphor entweichen als Oxide. Letzte Anteile von Cu_2O, die das Kupfer verspröden bzw. die Plastizität herabsetzen, werden mit Koks reduziert.

Eine Reinheit von 99,99 % Kupfer wird durch elektrolytische Raffination von Garkupfer bei 50 °C erreicht. Man vergießt es zu Anodenplatten, die in schwefelsaurer Kupfersulfat-Lösung anodisch oxidiert werfen:

$$Cu^{\pm O} \rightarrow Cu^{2+} + 2\,e^-$$

An der Katode erfolgt die Reduktion zu Kupfer (Elektrolytkupfer):

$$Cu^{2+} + 2\,e^- \rightarrow Cu^{\pm O}$$

Die elektrischen Werte für die Elektrolyse sind so gewählt, dass alle noch vorhandenen unedlen Metalle an der Anode mit dem Kupfer in Lösung gehen, jedoch an der Katode nicht reduziert werden. Edle Metalle oxidieren nicht. Sie gehen in den so genannten Anodenschlamm über, aus dem man sie gewinnen kann (Ag, Au, Pt, Se, Te u.a.). Die Badspannung beträgt 0,3 V, die Stromdichte 3 A · dm^{-2}, der Energieaufwand nur 0,2 kWh je kg Kupfer.

Aus kupferärmeren Erzen (< 1,5 % Cu) kann mit verdünnter Schwefelsäure unter Belüftung Kupfersulfatlösung „ausgelaugt" werden. Mit Eisenschrott reduziert man die Kupfer-Ionen („Zementieren"):

$$Cu^{2+} + Fe \rightarrow Cu^{\pm O} + Fe^{2+}$$

Das Produkt kann zu Rohkupfer für die Elektrolyse ausgeschmolzen werden.

Versuch Entfetten Sie einen Nagel oder ein Stück Eisenblech und legen Sie das Metall in Kupfersulfat-Lösung. Beobachtung?

11.9 Gewinnung von Aluminium durch Schmelzfluss-Elektrolyse

Die Erzeugung von Aluminium, Magnesium u. a. unedlen Metallen unterscheidet sich sehr stark von der Gewinnung des Eisens und Stahls. Die Ausgangsverbindungen sind chemisch sehr stabil, sodass die Reduktion mit Kohlenstoff oder Kohlenstoffmonoxid nicht möglich ist. Beispielsweise würde sich bei der Reaktion von Aluminiumoxid mit Kohlenstoff die noch energieärmere Verbindung Aluminiumcarbid bilden.

Sehr unedle Metalle (Li, Na, K, Be) werden ausschließlich oder bevorzugt (Ca, Mg) durch Schmelzfluss-Elektrolyse aus ihren Chloriden und Aluminium aus Aluminiumoxid gewonnen.

Aufgabe: Begründen Sie, weshalb die genannten Metalle nicht durch Elektrolyse wässriger Chlorid-Lösungen erzeugt werden können!

Obwohl Aluminium das dritthäufigste Element der Erdrinde ist (vgl. Übersicht 2-9), kommen nur wenige reichhaltige Lagerstätten vor. Diese bestehen aus einem Verwitterungsprodukt aluminiumhaltiger Silikate (Eruptivgesteine), vor allem des Feldspates. Das Erz wird **Bauxit** genannt. Es enthält 55 bis 65 Masse-% $Al_2O_3/Al(OH)_3$, daneben Eisen(III)-oxid Fe_2O_3, Titandioxid TiO_2, Siliziumdioxid SiO_2, Natrium-Aluminium-Silikate u. a. Beimengungen, die abgetrennt werden müssen.

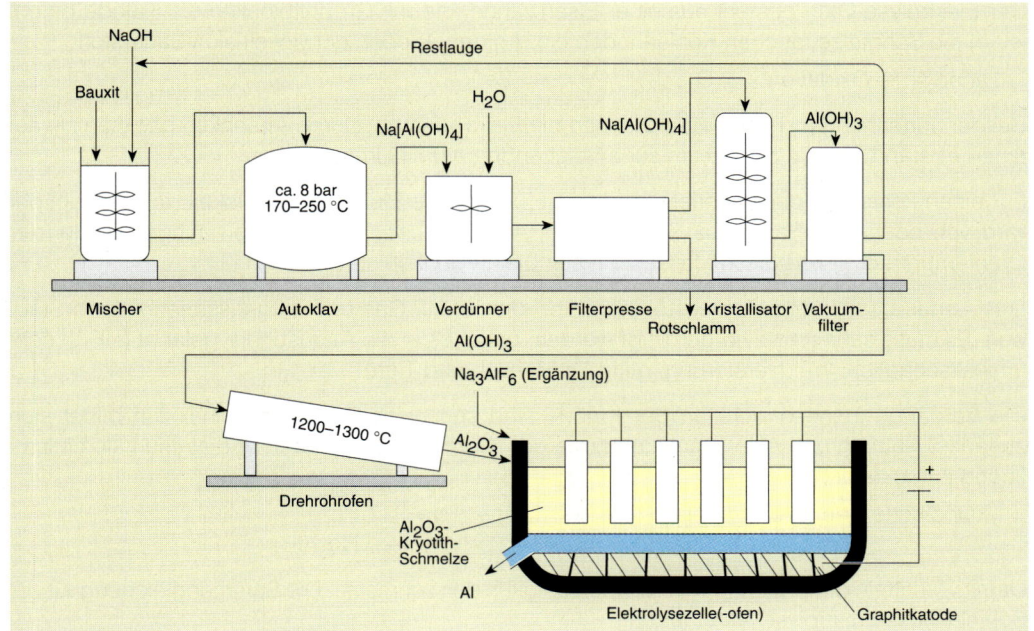

Abb. 11-22 Schema der Erzeugung von Aluminium in der Schmelzfluss-Elektrolyse (Bayer-Verfahren)

Die Erzeugung von Aluminium gliedert sich in die Gewinnung von reinem Aluminiumoxid Al_2O_3 (Tonerde) und die Zerlegung der Schmelze durch Elektrolyse (Abb. 11-22).

Zunächst wird gemahlener, getrockneter Bauxit mit wässriger Natronlauge (ca. 8 mol $\cdot$ l^{-1}) im Autoklaven bei 170 bis 230 °C und etwa 8 bar einige Stunden behandelt. Dabei löst sich Aluminiumoxid/-hydroxid zu Natriumtetrahydroxoaluminat $Na[Al(OH)_4]$. Die Lauge wird gefiltert. Als unlöslicher Schlamm („Rotschlamm") fallen an: $Fe(OH)_3$ (bis 50 % Fe_2O_3, z. T. im Hochofen eingesetzt), SiO_2, TiO_2 u. a.

Nach Abkühlen, Verdünnen und Impfen mit $Al(OH)_3$-Kristallen (so genannten „Kristallkeimen") kristallisiert das gelöste Aluminium als $Al(OH)_3$ aus. Es wird abgefiltert und anschließend im Drehrohrofen bei 1200 bis 1300 °C zu Al_2O_3 calciniert.

In der zweiten Stufe wird das Aluminiumoxid, das eine Schmelztemperatur von 2045 °C besitzt, mit **Trinatriumhexafluoroaluminat** oder **Kryolith** Na_3AlF_6 gemischt und gemeinsam eingeschmolzen. Dadurch kann der Schmelzpunkt abgesenkt werden, für ein Gemisch aus 15 bis 20 Masse-% Al_2O_3 und 85 bis 80 Masse-% Na_3AlF_6 auf 940 … 960 °C. Erst durch die Schmelzmischung entsteht Leitfähigkeit für den elektrischen Strom (spezifische elektrische Leitfähigkeit ca. 400 $\Omega^{-1} \cdot m^{-1}$).

Die Zersetzungsspannung beträgt theoretisch 2,2 V, sie muss aber zur Überwindung des OHMschen Badwiderstandes auf 5 bis 7 V heraufgesetzt werden. Die Stromstärke kann bei großen Öfen bis 100 000 A betragen.

Auf Grund dieser elektrischen Parameter schmilzt die Mischung ohne Zusatzheizung. Der Energieaufwand ist beträchtlich. Von allen Gebrauchsmetallen ist die Erzeugung von Aluminiumwerkstoffen am energieintensivsten (neben Magnesium). Gebrauchtes Aluminium muss unbedingt recycelt werden! Für die Erzeugung sind ca. 15 kWh pro kg Aluminium notwendig ($^2/_3$ für die Heizung, $^1/_3$ für die Elektrolyse).

> **Aufgabe:**   Wie viel Kilojoule je Tonne Aluminium sind aufzubringen?

Der Elektrolyse-Ofen besteht aus einer Eisenwanne, die mit Graphitblöcken als Katode belegt ist. In die Schmelze tauchen Kohleanoden ein. An den Anoden entwickelt sich Sauerstoff.

anodische Oxidation: $2\,O^- \rightarrow O_2 + 2e^-$

Bei der herrschenden Temperatur brennen die Elektroden ab. Durch Absenken hält man sie auf einen Abstand von ca. 5 bis 6 cm zur entstehenden Aluminiumschmelze.

Für einen kontinuierlichen Betrieb wurde eine besondere Elektrode entwickelt: In ein Stahlrohr wird von oben eine Paste aus Graphit, Ruß, Anthrazit und Teer ständig nachgefüllt. Bei der Ofentemperatur sintert diese Masse zu fester Elektrodenkohle.

Das Abgas besteht aus Kohlenstoffmonoxid, -dioxid, HF-Gas und mitgerissenen Fluorid-Stäuben. Es muss sehr sorgfältig gereinigt werden, bevor es in die Atmosphäre gelangt (HF ist sehr umweltschädlich: Waldzerstörung, giftig für Mensch und Tiere).

Die Vorgänge insbesondere an der Katode sind sehr verwickelt. Wahrscheinlich bildet sich zunächst Natrium und Aluminiumfluorid, die das Aluminium reduzieren und Natriumaluminiumfluorid zurückbilden.

katodische Reduktion: $Na^+ + e^- \rightarrow Na^{\pm O}$

$3\,Na^{\pm O} + 2\,AlF_3 \rightarrow Al + Na_3AlF_6$

Damit vermitteln die Natrium-Ionen die Leitfähigkeit der Schmelze. Die Summengleichung für die Schmelzfluss-Elektrolyse lautet formal:

$2\,Al_2O_3 \rightarrow 4\,Al + 3\,O_2$

Die Dichte des Kryoliths beträgt bei der vorliegenden Temperatur 2,21 g · cm^{-3}, die des Aluminiums 2,41 g · cm^{-3}. Somit schwimmt das geschmolzene Kryolith auf der Aluminiumschmelze und bildet einen Oxidationsschutz. Das Aluminium wird mit Vakuumpumpen in Abständen abgesaugt. Die Reinheit beträgt 99,5 bis 99,9 %. Höhere Reinheit lässt sich durch weitere, speziell gestaltete Elektrolyse erreichen.

Verbrauchtes Aluminiumoxid wird ergänzt. 5 Tonnen Bauxit liefern 2 Tonnen Aluminiumoxid bzw. 1 Tonne Aluminium. Für diese Masse sind zusätzlich ca. 75 kg Kryolith, 500 bis 600 kg Elektroden-Graphit und 15 000 kWh notwendig.

An einem fluoridfreien Verfahren wird noch Entwicklungsarbeit geleistet. Es basiert auf oxid- und vollständig wasserfreiem Aluminiumchlorid, dessen Erzeugung noch Probleme bereitet. In Pilotanlagen gelingt die Schmelzfluss-Elektrolyse mit 5 Masse-% $AlCl_3$, 53 Masse-% NaCl und 42 Masse-% LiCl bei ca. 700 °C.

11.10 Überblick über die Gewinnung weiterer Metalle durch Redoxvorgänge

Das wichtigste und billigste Reduktionsmittel, das in großer Menge zur Verfügung steht, ist Kohlenstoff in Form von Koks und Kohlenstoffmonoxid. Es eignet sich jedoch nicht für alle Prozesse der Metallgewinnung.

Die Reduktion hängt von verschiedenen Bedingungen ab, erstens von der Stabilität der Edukte und Reduktionsmittel. Die reduzierende Wirkung des Reduktionsmittels muss ausreichend groß sein. In wässriger Lösung sind dafür die Redoxpotentiale entscheidend (vgl. Übersicht 11-2). Elementares Zink besitzt ein negativeres Potential als beispielsweise Eisen oder Kupfer. Es kann somit Eisen- oder Kupfer-Ionen reduzieren:

$$Zn \; + \; Fe^{2+} \; \rightarrow \; Zn^{2+} \; + \; Fe$$
$$Zn \; + \; Cu^{2+} \; \rightarrow \; Zn^{2+} \; + \; Cu$$

Eine Reduktion von Natrium-Ionen durch Zink ist dagegen nicht möglich, weil Natrium ein negativeres Redoxpotential im Vergleich zu Zink hat.

Allgemein gilt:

> **Ein Element kann in wässriger Lösung Ionen von solchen Redoxpaaren reduzieren, die ein positiveres Potential besitzen.**

Aufgabe: Beantworten Sie mithilfe der Übersicht 11-3, welche Ionen durch Eisen bzw. durch Kupfer reduziert werden können.

Versuche

Xn

Mindergiftig
(Gesundheitsschädlich)

1. Stellen Sie Streifen von blank geschmirgeltem entfetteten Zink in verdünnte Lösungen (etwa 0,5 mol · l^{-1}) von Eisen(II)-sulfat, Zinn(II)-chlorid, Bleinitrat und Kupfer(II)-sulfat. Beobachten Sie die Veränderungen. Formulieren Sie die Oxidations-, Reduktions- und Summengleichungen!
   R 22, R 53, S 29

2. Stellen Sie einen rostfreien entfetteten Eisennagel in verdünnte Lösungen von Kupfer(II)-sulfat und Silbernitrat. Beobachtungen? Gleichungen!
   R 22, R 53, S 29

3. Tropfen Sie auf ein Kupferblech Silbernitrat-Lösung. Beobachtung? Gleichungen!
   R 22, R 53, S 29

Zweitens ist bei der Reduktion der Metallverbindungen auch der Aggregatzustand von Bedeutung. Wenn z. B. ein gasförmiges Reduktionsmittel (CO, H_2) auf ein Metalloxid einwirken soll, ist nicht das Redoxpotential gültig, es ist die thermische Stabilität des Oxids entscheidend. Der Druck des Sauerstoffs p_{O_2}, der von einem Oxid bei einer bestimmten Temperatur abgegeben wird, bestimmt die Gleichgewichtslage der Reaktion:

$$2\,MeO \;\rightleftharpoons\; 2\,Me \;+\; O_2$$

Mit zunehmender Temperatur ändert sich das Gleichgewicht zu Gunsten der Produkte. Der thermisch abgespaltene Sauerstoff kann von einem Reduktionsmittel abgebunden werden. Das führt zu einer weiteren Gleichgewichtsverlagerung.

Versuch Eine Mischung aus pulverisierter Holzkohle und Blei(II)-oxid PbO wird in einem schwer schmelzbaren Reagenzglas unter dem Abzug stark erhitzt. Das entweichende Gas wird in Kalkwasser entsprechend Abb. 11-23 geleitet.
Beobachtungen? Gleichungen für die Oxidation, Reduktion und den Gesamtvorgang!

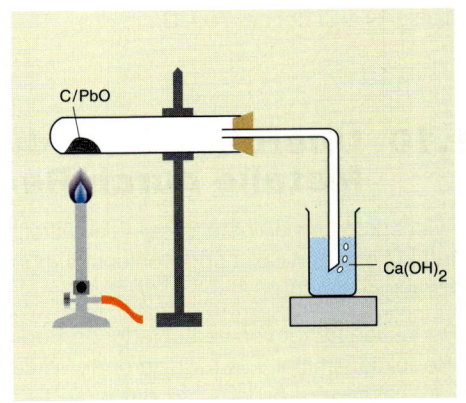

Abb. 11-23 Reduktion von Blei(II)-oxid mit Holzkohle (Kohlenstoff)

Auch Wasserstoff ist ein bedeutendes Reduktionsmittel. Bei höheren Temperaturen wirkt er stark reduzierend auf weniger stabile Metalloxide. Wasserstoff gibt Elektronen an das Metall ab und wird selbst zu Wasser oxidiert:

$$CuO \;+\; H_2 \;\rightarrow\; Cu \;+\; H_2O$$

Oxidation: $\quad H_2 \rightarrow 2\,H^+ + 2e^-$ (Elektronendonator, Reduktionsmittel)

Reduktion: $\quad Cu^{2+} + 2\,e^- \rightarrow Cu$ (Elektonenakzeptor, Oxidationsmittel)

Silicium wird als Reinststoff für die Mikroelektronik durch Reduktion von Trichlorsilan $HSiCl_3$ (Oxidationszahl II+) mithilfe von Wasserstoff gewonnen:

$$HSiCl_3 \;+\; H_2 \;\rightarrow\; Si \;+\; 3\,HCl$$

Oxidation: $\quad H_2 \rightarrow 2\,H^+ + 2e^-$

Reduktion: $\quad Si^{II+} + 2\,e^- \rightarrow Si$

Versuch

E

Leiten Sie über das stark erhitzte Kupfer(II)-oxid entsprechend dem Versuchsaufbau (Abb. 11-24) einige Zeit trockenen Wasserstoff (vor dem Erhitzen und Entzünden Knallgasprobe!)
Beobachtungen?

Explosionsgefährlich

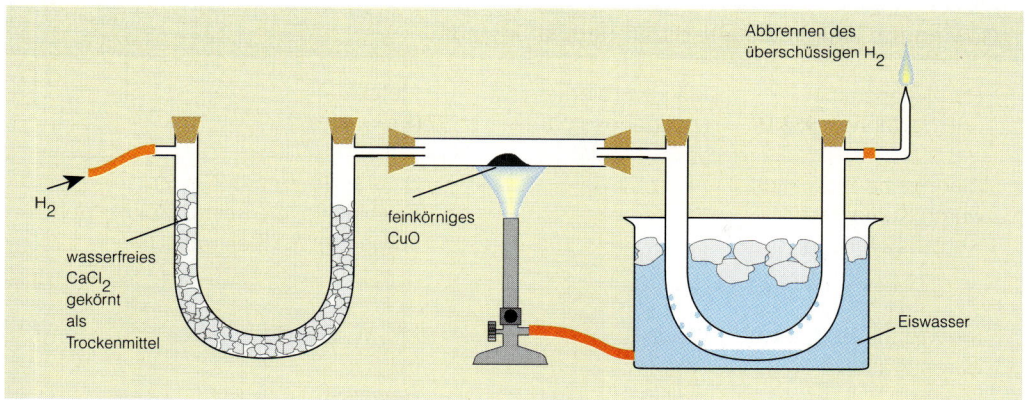

Abb. 11-24 Reduktion von Kupfer(II)-oxid durch Wasserstoff

Auch unedle Metalle können als Reduktionsmittel angewendet werden. Sie entziehen Oxiden edlerer Metalle Sauerstoff.

In so genannten **aluminothermischen Prozessen** gewinnt man auf diese Weise Metalle wie Mangan Mn, Chrom Cr und Vanadium V (vgl. Übersicht 11-5).

Versuch

F+

Hoch entzündlich

Lehrer-versuch

Zum Schweißen von Eisenbahn- oder Straßenbahnschienen benutzt man eine Thermitmischung. Dazu werden 10 g Eisen(III)-oxid-Pulver und 30 g Aluminiumgrieß vermischt und in einen feuerfesten Tiegel gefüllt, der am Boden eine kleine Öffnung besitzt. Der Tiegel wird in einen Stativring gesetzt. Die Mischung wird im Freien vorsichtig mit einem Magnesiumband gezündet (Abb. 11-25). (Schutzbrille! Abstand halten! (vgl. Abschnitt 8.6, Aufgabe 8). R 7, S 39

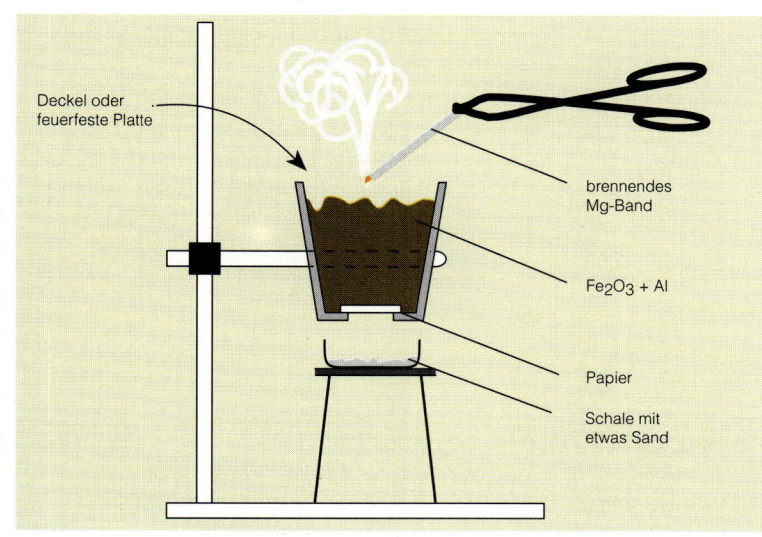

Deckel oder feuerfeste Platte

brennendes Mg-Band

Fe_2O_3 + Al

Papier

Schale mit etwas Sand

Abb. 11-25
Versuchsanordnung für das Thermit-Schweißen

$$Fe_2O_3 \;+\; 2\,Al \;\rightarrow\; 2\,Fe \;+\; Al_2O_3$$

Oxidation: $\quad 2\,Al \qquad\qquad\qquad \rightarrow \quad 2\,Al^{3+} \;+\; 6\,e^-$

Reduktion: $\quad 2\,Fe^{3+} \;+\; 6\,e^- \;\rightarrow\; 2\,Fe$

Gewinnung einiger Metalle durch Reduktionsmittel

Reduktionsmittel und Verfahren	Metallverbindung (Ausgangsstoffe)	Metalle (Produkte)
thermische Reduktion durch Kohlenstoff/ Kohlenstoffmonoxid	meist Oxide	Sn, As, Sb, Bi, Pb, Cd, Zn Fe (Metalle, die kein Carbid bilden, sowie Fe); Si (Elektroofen)
thermische Reduktion durch Wasserstoff	Oxide NH_4ReO_4 $HSiCl_3$	Mo, W, Ge, Ni Re Reinst-Si
thermische Zersetzung	Iodide HgS (einschl. Abrösten) $Ni(CO)_4$	Ti, Hf, Zr, V Hg Ni
Schmelzfluss- elektrolyse	Chloride, Fluoride Fluorkomplexe	Li, Na, K, Be, Mg, Ca, Sr, Sc, Y, La, Ac, Th Al, Ta
Elektolyse wässriger Lösungen	Chloride, Sulfate	Co, Ni, Zn, Cd, Ga, In, Tl (Mn, Re unter bestimmten Bedingungen)
thermische Reduktion mit unedleren Metallen	Chloride, z. T. Fluoride Oxide	mit Ca als Reduktionsmittel: V, Ce, Pr, Gd, Sm mit Na als Reduktionsmittel: Ti, Ta mit Mg als Reduktionsmittel: Ti, Be mit Al als Reduktionsmittel (Alumino- thermie, aluminothermische Verfah- ren): Mn, Si, Cr, Ni, Ca, Co, Ba, Sr, Th, Fe

Übersicht 11-5

Aufgaben: Wie lauten die Redoxgleichungen für die Reduktion
a) von Germanium(IV)-oxid und Molybdän(VI)-oxid durch Wasserstoff?
b) von Bismut(III)-oxid und Zinn(IV)-oxid durch Kohlenstoffmonoxid?
c) von Titantetrachlorid und Berylliumchlorid durch Magnesium?
d) von Vanadium(V)-oxid durch Calcium?
e) von Chrom(III)-oxid, Mangan(III)-oxid, Mangan(IV)-oxid und Calciumoxid durch Aluminium?

11.11 Nebenprodukte und Produktionsabfälle

Bei der Erzeugung eines gewünschten Produkts entstehen Nebenprodukte. Sie werden aus ökonomischen Gründen nach Möglichkeit einer Verwertung zugeführt. Beispiele hierzu wurden in den vorangegangenen Abschnitten angegeben.

Produktionsrückstände, die nicht mehr weiter genutzt werden können, sind Abfall. Feste Rückstände bezeichnet man als Müll.

Aus ökologischen Gründen gewinnt die größtmögliche Aufarbeitung der Neben- oder Abprodukte an Stelle geordneter Entsorgung zunehmend an Bedeutung. Insbesondere in der chemischen Industrie ist man bestrebt, Technologien zu verbessern oder neu zu entwickeln, die in ihrer Gesamtheit umweltverträglich sind.

Die Reduzierung des nicht mehr nutzbaren Anteils von Abprodukten ist Ziel ökonomisch und ökologisch orientierter Produktion.

Eine vollständige Verwertung von Reststoffen ist gegenwärtig nicht möglich und auch künftig nicht zu erwarten. Häufig sind Wertstoffe in zu geringer Konzentration im Abfall enthalten wie beispielsweise Schwermetalle im Flugstaub oder in Entstaubungsfiltern. Die Gewinnung wäre aufwendig, teuer und nicht ergiebig. Für manche Nebenprodukte besteht auch kein Bedarf in der anfallenden Menge oder es fehlen geeignete Verfahren für die Aufarbeitung. Das gilt auch für manche Altstoffe (z. B. Altgummi).

Für die Behandlung von Abfällen gilt u. a. das Abfall-Beseitigungsgesetz. Es bestehen folgende Entsorgungsmöglichkeiten:

- Deponierung von Müll, der nicht mit Schadstoffen umweltgefährdend belastet ist, auf geeigneten Flächen (vgl. Abschnitt 12.10);

- Endlagerung von belastetem Abfall auf Sonderdeponien (vgl. Abschnitt 12.10);

- Endlagerung (bzw. Verkapselung) von Gefahrstoffen in Sicherheitsbehältern und Einlagerung z. B. in Salzstöcken (z. B. radioaktiver Abfall);

- Verklappen flüssiger bzw. gelöster Stoffe im Meer (sehr problematisch; z. B. Einleiten von gebrauchten Säuren wie H_2SO_4-Dünnsäure in die rotierende Schiffsschraube);

- Verbrennen von Haushaltsmüll und geeigneten Industrieabfällen (z. B. Lignin aus der Zellstoffproduktion) in Müllverbrennungsanlagen (vgl. Abschnitt 12.10);

- Verbrennen von Giften auf Verbrennungsschiffen auf dem Meer (sehr problematisch; z. B. Halogenkohlenwasserstoffe bei $T > 1200\,°C$ und Abgabe der toxischen Gase in die Atmosphäre);

- Vergären von Stalldung, Gülle, Pflanzenabfällen wie Stroh, Klärschlamm zu Biogas (bis 70 % Methan sowie Kohlenstoffdioxid, Verwendung als Heizgas) und Kompost;

- thermische Verwertung von Kunststoffabfällen, Abbau zu niedermolekularen Stoffen (Öle, Diesel, Vergasen zu Synthese-Gas) durch Hitzespaltung (Pyrolyse).

Neue technologische Lösungen decken Reserven für die Aufarbeitung von Abprodukten auf, die bisher als Abfall angesehen wurden. So wird beispielsweise die bereits genannte H_2SO_4-Dünnsäure zum Teil aufgearbeitet. Sie fällt in großen Mengen beim Aufschluss von Phosphaten und Titanerzen, bei der Erzeugung von Phosphor- und Flusssäure sowie beim Nitrieren organischer Verbindungen an. Nach Reinigung von Verunreinigungen, z. B. Schwermetallen, wird die Dünnsäure mit Tauchbrennern erhitzt, sodass das Wasser verdampft. Die konzentrierte Säure kann erneut technologisch verwendet werden.

11.12 Aufgaben zur Wiederholung von Kapitel 11

1. Stellen Sie die Erzeugung von Schwefelsäure nach dem Doppelkontakt-Verfahren dar!

2. Welche Umweltschäden verursacht Schwefeldioxid?

3. Wie kann die Umweltbelastung durch Schwefeldioxid reduziert werden? Wodurch werden SO_2-Emissionen verursacht?

4. Erläutern Sie die Erzeugung von Ammoniak nach dem HABER-BOSCH-Verfahren! Wodurch kann die Ausbeute gesteigert werden?

5. Erläutern Sie die Erzeugung von Salpetersäure nach dem OSWALD-Verfahren!

6. Was ist unter dem Begriff Disproportionierung zu verstehen?

7. Welche Wirkungen haben Stickoxide auf die Umwelt?

8. Wie kann die Umweltgefährdung durch Stickoxide gemindert werden? Wodurch entstehen Stickoxid-Emissionen?

9. Erläutern Sie die Erzeugung von Soda nach dem SOLVAY-Verfahren!

10. Erklären Sie den Aufbau einer Elektrolysezelle! Welche Vorgänge laufen bei der Elektrolyse an den Elektroden ab?

11. Definieren Sie die Begriffe Zersetzungsspannung, Redoxpotential, Polarisation, Standardbedingungen!

12. Warum entwickelt sich bei der Elektrolyse von Kaliumchlorid-Lösung an der Katode nicht Kalium, sondern Wasserstoff? Warum kann aus wässriger Magnesiumchlorid-Lösung kein Magnesium gewonnen werden?

13. Erläutern Sie die Erzeugung von Natriumhydroxid und Chlor a) nach dem Diaphragma- und b) nach dem Amalgam-Verfahren!

14. Welche Umweltgefahren gehen von der Chlor-Chemie aus?

15. Charakterisieren sie das BOUDOUARDsche Gleichgewicht! Wie kann es beeinflusst werden? Berechnen Sie mithilfe der Abb. 11-15 (angenähert) die Gleichgewichtskonstante für 750 °C!

16. Welche Redoxvorgänge führen zur Reduzierung des Eisenerzes im Hochofen?

17. Welche Wirkungen gehen von Begleitstoffen des Roheisens bzw. der Eisenwerkstoffe aus? Wie werden die Begleitstoffe entfernt bzw. in ihrer Menge vermindert?

18. Beschreiben Sie die Erzeugung von Kupfer!

19. Erläutern Sie die Gewinnung von Aluminium! Welche Umweltgefahren gehen von dem Verfahren aus?

12 Wasser

12.1 Eigenschaften

Wasser ist das Oxid des Wasserstoffs. Die Elemente Wasserstoff und Sauerstoff sind im Molekül polar gebunden (vgl. Abschnitt 5.4.6). Zwischen den Molekülen wirken Dipolkräfte und Wasserstoffbrückenbindungen (Abb. 12-1). Wasser hat deshalb eine Reihe von Eigenschaften, die bei anderen Wasserstoff-Nichtmetall-Verbindungen nicht anzutreffen sind: Es besitzt eine relativ hohe Schmelz- und Siedetemperatur. Es ist bei Raumtemperatur flüssig, während Schwefel-, Selen-, Tellur-, Fluor- und Chlorwasserstoff (H_2S, H_2Se, H_2Te, HF, HCl) sowie Ammoniak (NH_3) gasförmig sind (vgl. Abschnitte 7.1.4 und 7.3.3).

Auch die spezifische Wärme sowie die Verdampfungs- und Schmelzwärme sind höher als bei den genannten Verbindungen, weil die Überwindung der Dipolkräfte und Wasserstoffbrücken zusätzliche Energie benötigt. Dadurch wirken große Wassermassen wie die Ozeane als Wärmespeicher ausgleichend auf das Klima (Seeklima).

An der Wasseroberfläche verursachen diese Kräfte eine hohe Oberflächenspannung, die z. B. Wassertropfen wie mit einer Haut zusammenhält, dem Eindringen von Körpern Widerstand entgegensetzt und die Benetzung von Fremdkörpern herabsetzt. Waschmittel zerstören die Wasserstoffbrückenbindung an der Oberfläche. Sie senken dadurch die Oberflächenspannung und erhöhen die Benetzbarkeit.

> **Versuch** Legen Sie vorsichtig eine leichte Metallnadel auf die Oberfläche sehr reinen Wassers. Tropfen Sie nun etwas waschaktive Substanz (z. B. Geschirrspülmittel) auf das Wasser.

Im Vergleich zu anderen Stoffen zeigt die Dichte des Wassers in Abhängigkeit von der Temperatur einen ungewöhnlichen Verlauf. Man bezeichnet diesen Sachverhalt als **Dichteanomalie des Wassers.** Bei +4 °C wird die größte Dichte mit 1,000000 g $\cdot$ cm^{-3} gemessen.

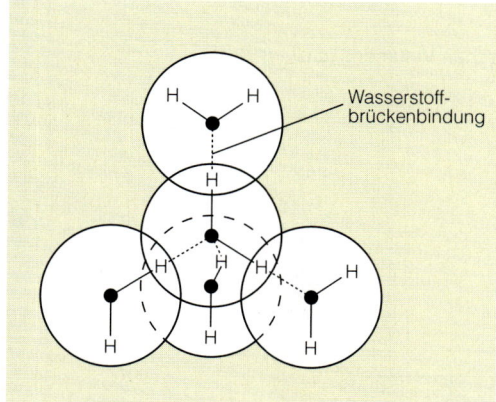

Abb. 12-1 Wasserstoffbrückenbindung zwischen Wassermolekülen (tetraedrische Anordnung)

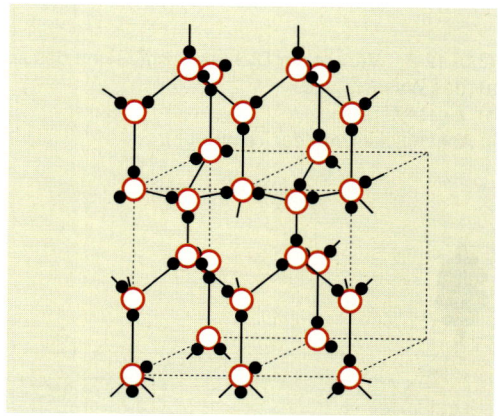

Abb. 12-2 Lockere Anordnung der Wassermoleküle im Eis (die voll ausgezogenen Striche symbolisieren die Wasserstoffbrücken)

Die Ursache dafür ist in der Anordnung der Wassermoleküle zu finden. Bereits im flüssigen Zustand sind die Moleküle zu einem Teil unter Einfluss der Wasserstoffbrückenbindung in Tetraedern geordnet (Abb. 12-1). Unter 4 °C bis zum Gefrierpunkt nimmt diese Anordnung zu. Sie enthält aber viele Lücken (lockere Packung; Abb. 12-2). Die geordneten Moleküle nehmen beim Gefrieren einen größeren Raum ein als im flüssigen Zustand bzw. bei +4 °C (Abb. 12-3 a).

Bei 0 °C hat Wasser eine Dichte von 0,999868 g · cm^{-3} und Eis von 0,917 g · cm^{-3}. Eis schwimmt somit auf dem Wasser und wassergefüllte Gefäße platzen beim Gefrieren des Wassers. Im Gegensatz dazu gehen die Atome anderer Stoffe, z. B. der Metalle, beim Kristallisieren in eine dichtere Packung über und benötigen ein geringeres Volumen (Abb. 12-3 b).

Die Dichteanomalie ist von größter Bedeutung für die Lebewesen in Flüssen, Seen und Teichen genügender Tiefe, denn das dichteste Wasser sinkt auf den Grund des Gewässers mit 4 °C im flüssigen Zustand, während sich nur an der Oberfläche das feste, leichte Wasser als Eis bildet (Abb. 12-4).

In reiner Form ist Wasser geruchlos, geschmacklos fade und farblos. In dicken Schichten wirkt es leicht blau gefärbt. Aus dem Kosmos erscheint die Erde deshalb als „blauer Planet".

Natürliches Wasser ist je nach seiner Herkunft mit Staub (Regenwasser), gelösten Gasen und Salzen (Carbonate, Sulfate, Chloride u. a.) verunreinigt.

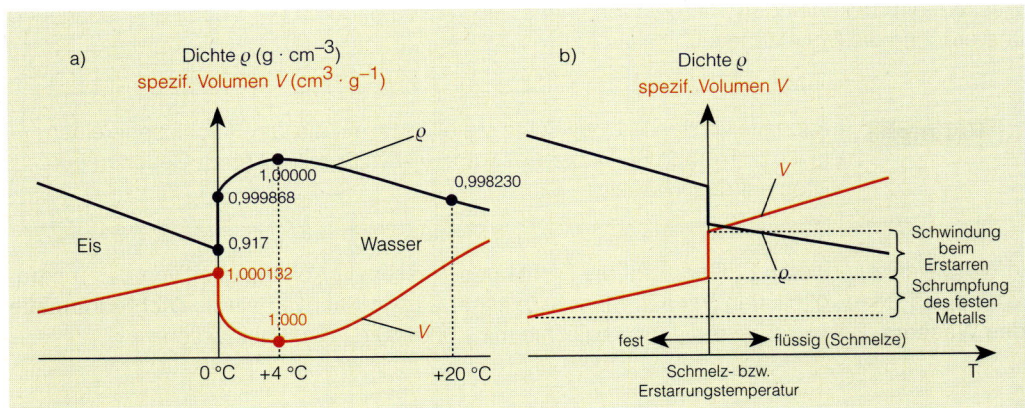

Abb. 12-3   Verlauf der Dichte (g · cm^{-3}) und des spezifischen Volumens (cm^3 · g^{-1})
a) des Wassers und
b) eines Metalls
in Abhängigkeit von der Temperatur

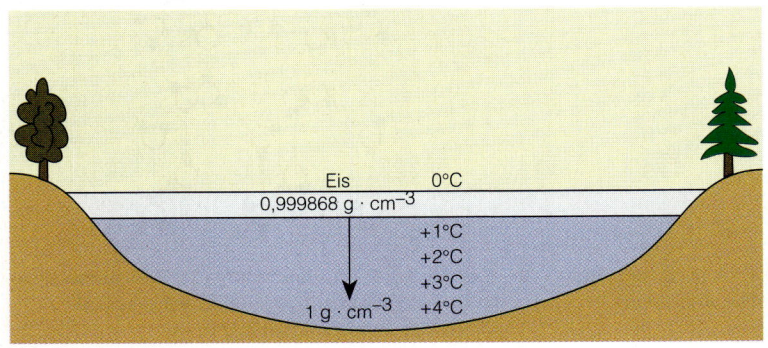

Abb. 12-4
Temperaturen und Dichteverteilung in einem Gewässer

Durch Destillation kann das Wasser von den Verunreinigungen befreit werden. Die gelösten Salze verbleiben im Rückstand. Der Wasserdampf kondensiert durch Kühlung zu Aqua destillata (Aqua dest.). Für hohe Reinheitsforderungen wird doppelt oder mehrfach destilliert. Man benutzt dazu Geräte aus Quarzglas, weil sich aus Alkaliglas-Geräten Ionen lösen können. Neben der Destillation können für die Gewinnung von vollentsalztem Wasser auch hintereinander geschaltete H^+- und OH^--Ionenaustauscher verwendet werden. Sie ersetzen Metall-Ionen durch Hydronium-Ionen und Säurerest-Ionen durch Hydroxid-Ionen (vgl. Abschnitt 12.8). Die Regenerierung der Austauscher erfolgt mithilfe verdünnter Säure- bzw. Hydroxid-Lösungen.

Physikalische Eigenschaften von Wasser	
Schmelztemperatur	273,15 K bzw. 0 °C
Siedetemperatur	373,15 K bzw. 100 °C
Bildungsenthalpie	286,0 kJ $\cdot$ mol^{-1}
Schmelzenthalpie	6,01 kJ $\cdot$ mol^{-1}
Verdampfungsenthalpie	40,66 kJ $\cdot$ mol^{-1}
Dipolmoment	6,2 C $\cdot$ m
Dielektrizitätskonstante (bei 25 °C)	78,5

Übersicht 12-1

Das Wasserstoff-Isotop **Deuterium** bildet ebenfalls ein farbloses, geruchloses Oxid, das als **Schweres Wasser** D_2O gemischt mit Wasser vorkommt. Eine Tonne Wasser enthält ca. 150 g D_2O. Es besitzt gegenüber Wasser deutlich abweichende physikalische Eigenschaften. Wegen etwas höherer Zersetzungsspannung verbleibt es bei der Wasserelektrolyse als Rückstand. Schweres Wasser wird als Moderatorstoff und Kühlwasser in verschiedenen Typen von Kernreaktoren gebraucht.

Physikalische Eigenschaften von Schwerem Wasser	
Schmelztemperatur	280,97 K bzw. 3,82 °C
Siedetemperatur	374,57 K bzw. 101,42 °C
Dichte	1,106 g $\cdot$ cm^{-3}
Dichtemaximum	11,6 °C

Übersicht 12-2

Wasserstoff bildet mit Sauerstoff noch ein weiteres Oxid, **Wasserstoffperoxid** H_2O_2. Die Verbindung reagiert schwach sauer. Sie zerfällt bei Einwirkung von Sonnenlicht sowie bei Gegenwart von katalytisch wirkenden Stoffen (MnO_2, Pt, Blut etc.) in Wasser und Sauerstoff, der stark oxidierend wirkt (Bleichwirkung). In saurer und alkalischer Lösung wird H_2O_2 als Oxidationsmittel eingesetzt. Gegenüber stärkeren Oxidationsmitteln (z. B. $KMnO_4$) ist es ein Reduktionsmittel.

12.2 Wasser als Lösungsmittel und Löslichkeit von Salzen

Es gibt viele organische Stoffe, die sich als Lösungsmittel eignen, dagegen ist Wasser nicht nur das einzige anorganische Lösungsmittel von praktischer Bedeutung, es ist das wichtigste Lösungsmittel überhaupt.

Lösungsmittel nehmen Gase, Flüssigkeiten und feste Stoffe auf, ohne dass stoffändernde Reaktionen zwischen dem zu lösenden Stoff und dem Lösungsmittel auftreten. Verteilt sich der zu lösende Stoff im flüssigen Lösungsmittel in Form einzelner Ionen (z. B. Salze in Wasser) oder Moleküle (z. B. Zucker in Wasser), bezeichnet man die Mischung als **echte Lösung** (vgl. Abschnitt 2.3.2). Durch den Dipolcharakter löst Wasser viele polare Stoffe (Salze, Säuren, Hydroxide, niedermolekulare Alkohole und Carbonsäuren etc.), jedoch keine unpolaren Verbindungen (z. B. Kohlenwasserstoffe, Halogenkohlenwasserstoffe).

Die **Löslichkeit** drückt aus, wie viel Gramm (oder Milliliter) des zu lösenden Stoffes maximal von 100 g Lösungsmittel aufgenommen werden können. Wird diese Menge unterschritten, spricht man von **ungesättigter Lösung** (oder verdünnter Lösung). Bringt man mehr Stoff in das Lösungsmittel ein, so bildet sich ein Bodenkörper aus nicht mehr zu lösenden Anteilen aus. Darüber befindet sich die **gesättigte Lösung.** Durch Erwärmen können Salze in den meisten Fällen nicht nur beschleunigt gelöst werden, sondern es bilden sich **übersättigte Lösungen** (Abb. 12-5), aus denen das überschüssige Salz beim Abkühlen auskristallisiert.

Löslichkeit von Salzen in Wasser

Me^{n+}	Cl^-	SO_4^{2-}	NO_3^-	CO_3^{2-}	
Na^+	+	+	+	+	
K^+	+	+	+	+	
Mg^{2+}	+	+	+	−	
Ca^{2+}	+	−	+	−	
Ba^{2+}	+	−	+	−	
Ni^{2+}	+	+	+	−	
Zn^{2+}	+	+	+	−	+ gut löslich
Cu^{2+}	+	+	+	−	− gering oder schwer löslich
Pb^{2+}	−	−	+	−	
Ag^+	−	−	+	−	

Übersicht 12-3

Aus Übersicht 12-3 geht hervor, dass im Allgemeinen die Nitrate die größte Löslichkeit und Carbonate die geringste Löslichkeit besitzen.

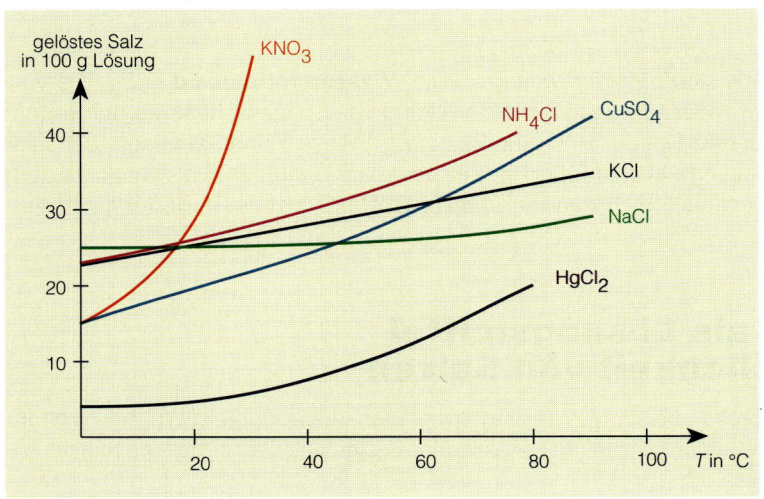

Abb. 12-5
Abhängigkeit der Löslichkeit von der Temperatur

Bei Gasen nimmt die Löslichkeit mit der Temperatur ab (Abb. 12-6).

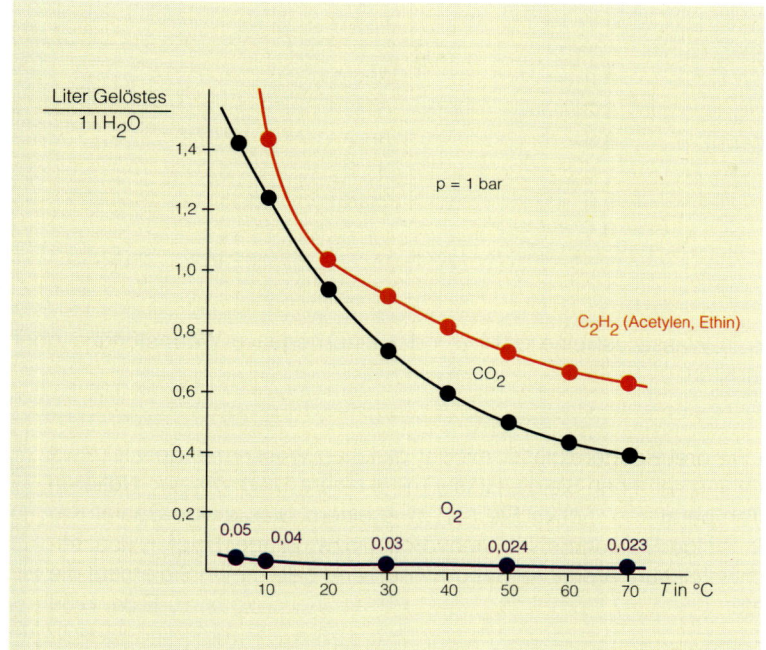

Abb. 12-6
Löslichkeit von Gasen
in Wasser
(in Liter Gelöstes /
1 Liter Wasser)
in Abhängigkeit von der
Temperatur

Versuch

T

Giftig

Stellen Sie durch Erwärmen übersättigte Lösungen von Alaun $KAl(SO_4)_2$ oder Kupfersulfat $CuSO_4$ (Gift) her und beobachten Sie die Abkühlung. Evtl. werfen Sie einen einzelnen Kristall des betreffenden Salzes in die abkühlende Lösung. Beobachtung? Erklärung!   R 53, R 54, S 29

12.3 Vorgänge beim Lösen

Allgemein sind für die Löse-Wirkung eines flüssigen Stoffes drei Eigenschaften entscheidend: das Molekülvolumen, das Dipolmoment μ, und die Dielektrizitätskonstante ε des Lösungsmittels.

Die Anlagerung der Wasser- bzw. Lösungsmittelmoleküle kommt durch das Dipolmoment zustande. Kleine Moleküle können sich zwischen die zu lösenden oder zu trennenden Teilchen „schieben". Für die Schwächung der Anziehungskräfte (Bindungskräfte) und die Trennung der Ionen oder polarisierten Teilchen voneinander ist die **Dielektrizitätskonstante** ε wirksam. Letztere drückt aus, wie stark die elektrische Anziehung zwischen zwei geladenen Teilchen durch das Lösungsmittel gesenkt wird, wenn es sich zwischen den Teilchen befindet.

Wasser ist ein hervorragendes Lösungsmittel, weil es drei Eigenschaften besitzt, die in dieser Ausprägung bei anderen Flüssigkeiten nicht auftreten: Es besitzt ein kleines Molekülvolumen, ein großes Dipolmoment und eine hohe Dielektrizitätskonstante (Übersicht 12-4).

Dipolmoment und Dielektrizitätskonstante einiger Lösungsmittel (bei 20 °C)		
Lösungsmittel	μ in 10^{-3} C · m	ε
Wasser (0 °C)	6.2	88
Wasser (18 °C)	6.2	81
1.2.3-Propantriol (Glycerin)	8.8	56.2
Methanol	5.5	31.2
Ethanol	5.6	25.8
Benzol	0	2.2

Übersicht 12-4

Beim Lösen eines Stoffes in Wasser ist eine positive oder eine negative Wärmetönung oder **Lösungswärme** zu beobachten:

Versuch Bereiten Sie drei Reagenzgläser mit der gleichen Wassermenge vor (etwa 2 bis 3 ml) und versehen Sie die Gläser mit je einem Thermometer. Notieren Sie die Temperaturen. Lösen Sie nun in je einem Glas einige Spatel Kaliumnitrat, einige Plätzchen Natriumhydroxid bzw. einige Tropfen konzentrierte Schwefelsäure (Vorsicht! Schutzbrille!) und bestimmen Sie erneut die Temperatur. R 34, S 39

Der Löseprozess kommt durch die Polarität der Teilchen zustande: An der Oberfläche eines Salzkristalls sind die elektrischen Kräfte der Ionen nicht abgesättigt (Abb. 12-7). Die polarisierten Wassermoleküle lagern sich an diese Ionen an und „lockern" die Bindungen auf Grund ihres Dipolmomentes (Abb. 12-8). Gleichzeitig können sich die relativ kleinen Wassermoleküle zwischen die Ionen drängen. Im Fall einer nicht zu hohen Gitterenergie wird die Anziehung der

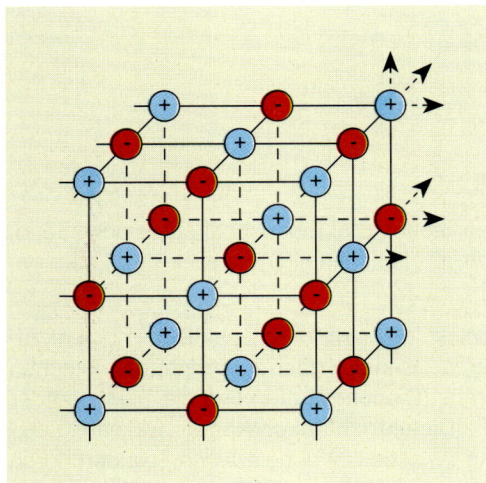

Abb. 12-7
Unabgesättigte elektrische Kräfte der Ionen an der Oberfläche eines Salzkristalls (NaCl)

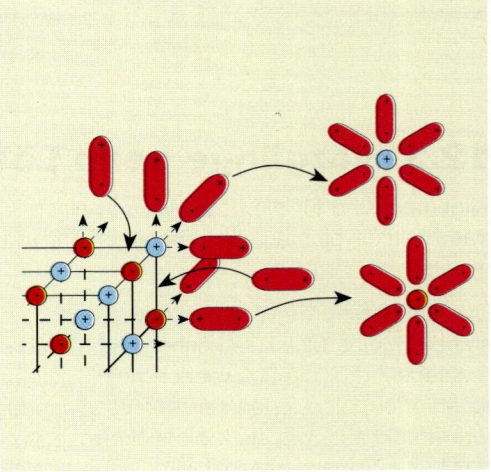

Abb. 12-8
Anlagerung von Wassermolekülen an die Ionen eines Salzkristalls und Ablösung der hydratisierten Ionen

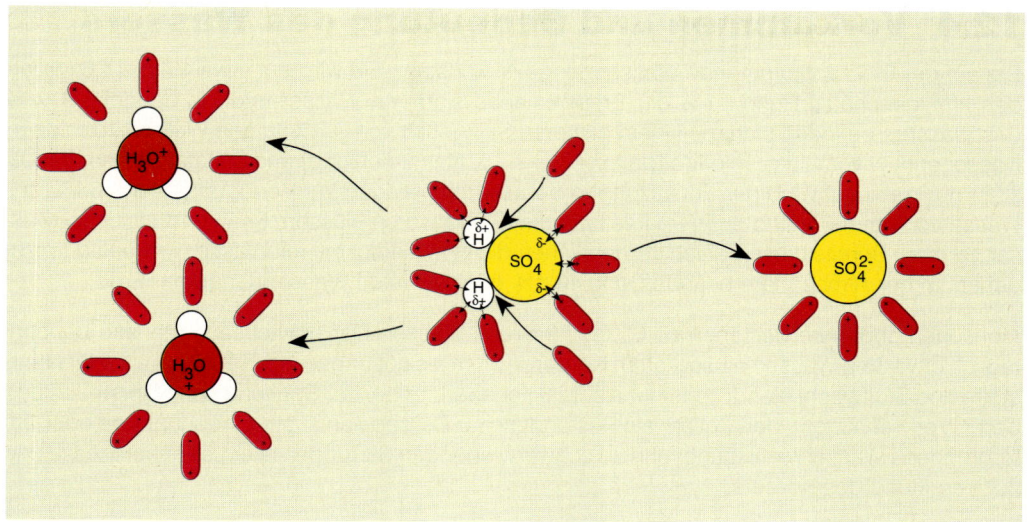

Abb. 12-9   Dissoziation der Schwefelsäure und Hydratation der Ionen

Ionen untereinander endotherm überwunden. Ein ähnlicher Prozess findet statt, wenn eine polare Substanz wie z. B. Schwefelsäure in Wasser gelöst wird. Die Wassermoleküle vergrößern beim Anlagern an das H_2SO_4-Molekül den Bindungsabstand und spalten die Bindung nachfolgend, wenn sich Wassermoleküle zwischen H^+- und SO_4^{2-}-Ionen schieben. Für diese Dissoziation wird ebenfalls Energie gebraucht.

Die abgelösten Ionen werden anschließend von Wassermolekülen umhüllt (Abb. 12-9). Die Hydratation verläuft exotherm (vgl. Abschnitt 7.3.6).

Überwiegt beim Lösen eines Stoffes die Gitter- oder Bindungsenergie(-enthalpie) ΔH_G gegenüber der **Hydratationswärme(-enthalpie)** ΔH_H, so ist eine Abkühlung der Lösung zu registrieren. Im umgekehrten Fall erwärmt sich die Lösung während des Lösevorgangs (Abb. 12-10). Ist die Gitterenergie zu groß, ist der Stoff schwer oder unlöslich.

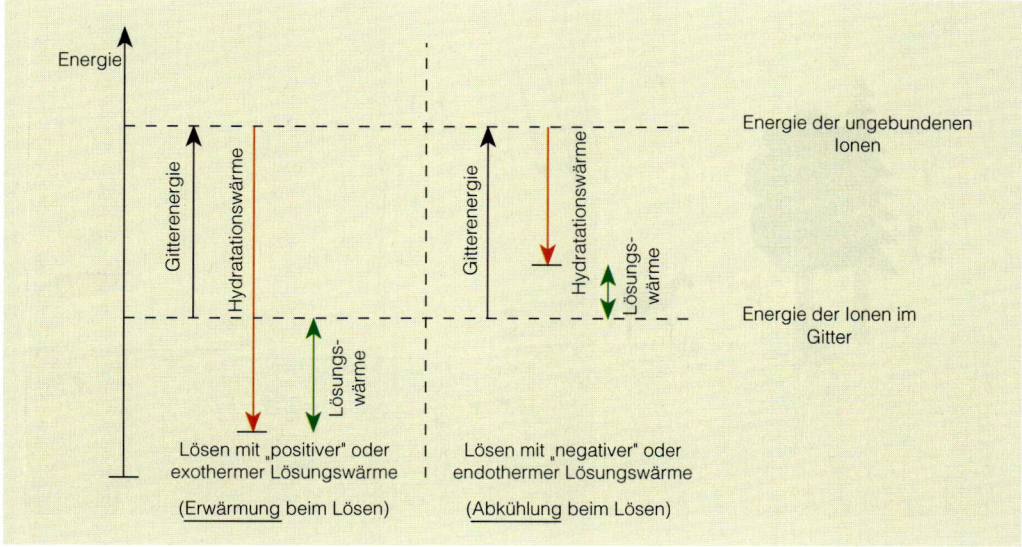

Abb. 12-10   Positive und negative Lösungswärme

12.4 Vorkommen und Bedeutung des Wassers

Die auf der Erde vorkommende Wassermenge ist konstant. Sie wird auf etwa 1,4 bis 1,6 Milliarden km^3 geschätzt. Rund 71% der Erdoberfläche sind von Wasser und Eis bedeckt. 97,2% des Wassers befinden sich mit einem mittleren Salzgehalt von 3,5% in den Weltmeeren. Meerwasser enthält vor allem Chloride (davon etwa 2,7% Natriumchlorid) und Sulfate. Dieses Wasser steht nur nach aufwendiger Entsalzung in begrenzten Mengen zur Verfügung. Nur 0,63% des Wasservorkommens sind auf dem Festland als Süßwasser in Flüssen, Seen und als Grundwasser vorrätig. Bereits diese Zahlen verdeutlichen die Notwendigkeit, mit Wasser vernünftig umzugehen. In der Atmosphäre befinden sich 10^{-4}% der gesamten Wassermenge der Erde.

Menschen und Tiere bestehen zu 65 bis 79% aus Wasser. Der erwachsene Mensch benötigt täglich etwa 35 g Wasser je Kilogramm Körpergewicht als Lösungs- und Transportmittel für Nährstoffe und Stoffwechselendprodukte, als Reaktionspartner bei der Spaltung von Nährstoffen und deren Verbrennung in den Zellen, als Bestandteil der Zellsubstanz usw. Ungenügende oder unterbrochene Wasserversorgung führt zu schwerwiegenden Störungen aller Lebensprozesse und zur Vergiftung des Körpers.

Pflanzen enthalten z. T. mehr als 90% Wasser.

Wasser ist das wichtigste Lebensmittel für Menschen, Tiere und Pflanzen.

Die heutige Gestalt der Erdoberfläche ist unter erheblicher Mitwirkung des Wassers entstanden (Verwitterung, Abtrag, Einebnung etc.). Nahezu alle Ablagerungsgesteine (Sedimentgesteine) wie Kalke, Sandsteine, Dolomit, Tone, Kiese u. a. sowie die Salzlager sind unter dem Einfluss des Wassers gebildet worden.

Wasser befindet sich in ständigem Kreislauf zwischen Erdoberfläche und Atmosphäre. Unter Aufnahme von Sonnenenergie verdunstet das Wasser an der Oberfläche von Meeren und Kontinenten. Es kondensiert in größeren Höhen und kehrt als Niederschlag zur Erdoberfläche zurück (Abb. 12-11).

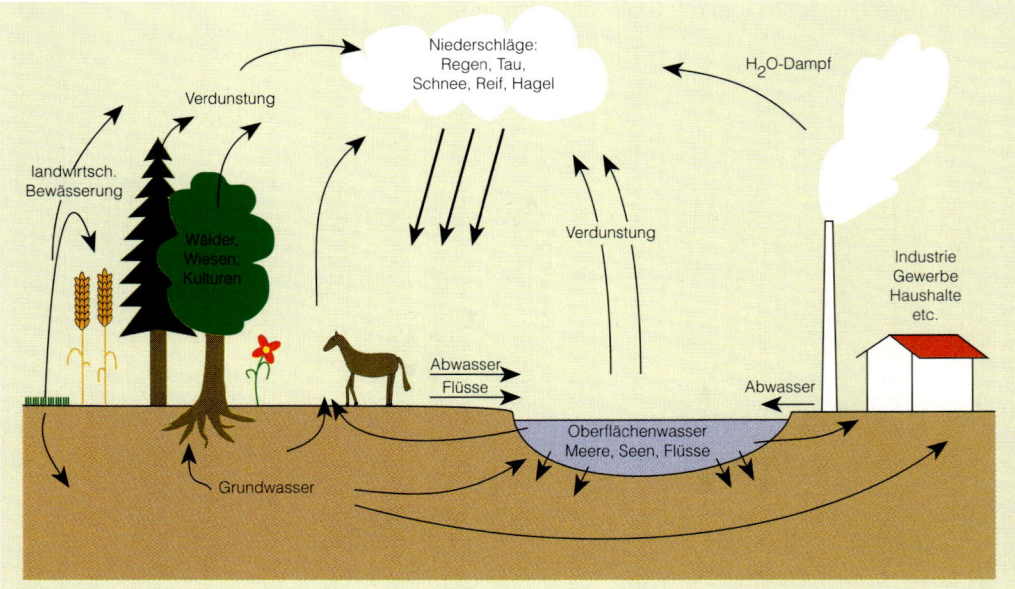

Abb. 12-11   Wasserkreislauf

Je nach Herkunft unterscheidet man Quell-, Grund-, Fluss-, See- und Meerwasser. Nach der Verwendung unterteilt man in Trink- und Betriebs- oder Brauchwasser. Das Betriebswasser dient gewerblichen, industriellen, landwirtschaftlichen und allgemeinen kommunalen Zwecken (Kühlwasser, Lösungsmittel, Wärmetransport, Bewässerung, Rohstoff, z. B. zur Gewinnung von Wasserstoff).

Übersicht 12-5 gibt einen Überblick über den Wasserbedarf zur Herstellung ausgewählter Erzeugnisse.

Notwendige Wassermengen für die Erzeugung von 1 t des Produktes			
Produkt	Wassermenge in $m^3 \cdot t^{-1}$	Produkt	Wassermenge in $m^3 \cdot t^{-1}$
Koks	10	Papier	150 – 200
Roheisen	10 – 20	Zellulose	400
Stahl	15 – 20	Kunstseide	500 – 750

Übersicht 12-5

12.5 Trinkwasser

An Trinkwasser werden verschiedene Anforderungen gestellt: Es soll klar, farblos, sauerstoffreich, von angenehmer Temperatur, frei von Geschmacksstoffen und krankheitserregenden Keimen sein und geringe Mengen an gelösten Salzen enthalten (z. B. beeinflusst Calciumhydrogencarbonat den Geschmack positiv). Gelöstes Kohlenstoffdioxid greift Metallleitungen und Betonröhrensysteme an und ist unerwünscht. Trinkwasser wird als Quellwasser, zumeist jedoch als Grundwasser gefördert. Sand- und Kiesschichten sorgen für eine gute Filterung. Grundwasser kann jedoch nicht in beliebiger Menge entnommen werden, weil dies mit einer Absenkung des Grundwasserspiegels und der Schädigung landwirtschaftlicher Kulturen verbunden ist. Somit ist man heute auch auf Oberflächenwasser und die mehrfache Nutzung des Wassers zwischen Quelle und Meer angewiesen.

Gewinnung von Trinkwasser in Deutschland	
Anteil des Wassers in %	Herkunft
63	Grundwasser
12	Quellwasser
10	künstlich versickertes, bodengefiltertes Oberflächenwasser
5	„Uferfiltrat" (Förderbrunnen nahe des Ufers von Seen und Flüssen)
9	Talsperren
1	direkt aus Flüssen

Übersicht 12-6

12.6 Aufbereitung des Trinkwassers

Um genügende Mengen an Trinkwasser aus dem Grundwasser entnehmen zu können, lässt man Oberflächenwasser aus Seen und Flüssen in Versickerungsbecken und -brunnen durch Kies- und Sandschichten in das Grundwasser übertreten. Reicht diese natürliche Filterung nicht aus, oder nimmt das Wasser aus dem Boden störende bzw. gefährliche Fremdstoffe auf, dann muss das Wasser aufbereitet werden (Abb. 12-12).

Die erneute Filterung in Kies- und Sandschichten führt zur weiteren Beseitigung von Schmutz- und Fäulnisstoffen sowie zur Abtötung von Bakterien.

Eine zusätzliche Entkeimung des Wassers ist durch Einleiten von Chlorgas (0,1 … 1 mg · l^{-1}), Chlordioxid ClO_2 oder Ozon O_3 zu erreichen (Chlorung, Ozonierung). Diese Stoffe wirken als starke Oxidationsmittel auf organische Substanzen und Bakterien.

Eisen- und Manganverbindungen beeinträchtigen Geschmack und Farbe des Wassers. Sie werden durch Belüftung mit Luft oder reinem Sauerstoff entfernt. Das zweiwertige Eisen geht dabei in das Eisen(III)-hydroxid über, das unlöslich ist:

$$4\,Fe(HCO_3)_2 \;+\; O_2 \;+\; 2\,H_2O \;\rightarrow\; 4\,Fe(OH)_3 \;+\; 8\,CO_2$$

Bei diesem Vorgang wird Sauerstoff gelöst. Das entstehende Kohlenstoffdioxid entweicht.

Das Wasser muss anschließend erneut durch Kies gefiltert werden, um das $Fe(OH)_3$ zu entfernen.

Unangenehme Geruchs- und Geschmacksstoffe sowie Schwermetalle können durch Filterung über Aktivkohle ganz oder teilweise entfernt werden (Desodorierung). Die Filter sind nach der Sättigung zu entsorgen.

Das Bemühen, ein unbedenkliches Trinkwasser zu erzeugen, steht in vielen Fällen im Widerspruch zum Umgang mit dem Wasser. In Deutschland stoßen wir immer mehr an die Grenzen der Verfügbarkeit. Damit entstehen verschiedene Forderungen und Ansprüche an den Verbraucher:

1. Ein sparsamer und umsichtiger Verbrauch von Wasser in allen Bereichen der Gesellschaft ist ein dringendes Gebot, um die Wasserressourcen zu erhalten. Die verfügbare Wassermenge ist begrenzt, Wasser bewegt sich nur im Kreislauf, es entsteht kein zusätzliches Wasser. Sehr wirksam erweisen sich Wasser sparende betriebliche Kreislaufsysteme mit innerbetrieblicher Abwasserbehandlung.

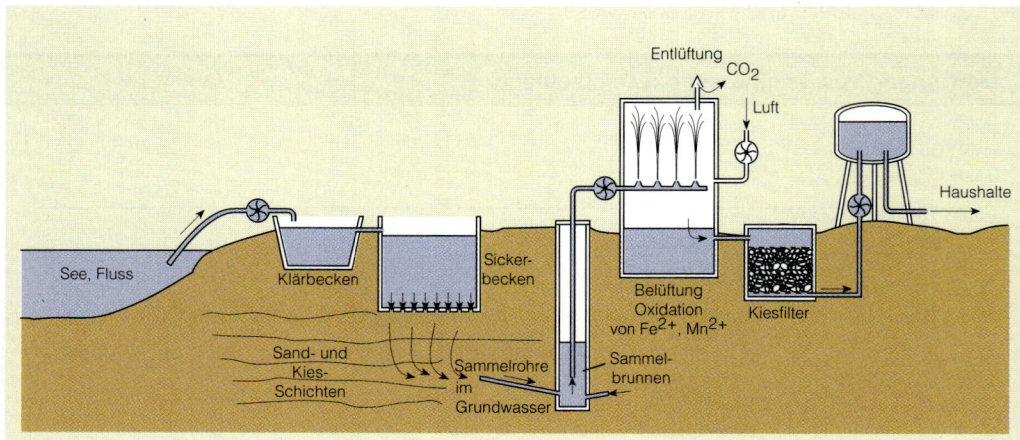

Abb. 12-12   Gewinnung von Trinkwasser

2. Vernünftiger Umgang mit Wasser schließt ein, dass bei der Wasserverwendung keine unnötige Verschmutzung des Wassers verursacht wird (Abwasservermeidung). Abwasserbehandlung ist teuer und nicht alle Verunreinigungen sind entfernbar. Das führt zur Anreicherung bestimmter Stoffe (z. B. Schwermetalle) im Boden, in Uferzonen, im Grundwasser.

3. Die von Industrie, Gewerbe, Haushalten, Krankenhäusern, Badeanstalten usw. abgegebenen Abwässer müssen möglichst gründlich behandelt werden, um keine Anhäufung an störenden oder gefährlichen Stoffen zuzulassen.

12.7 Wasserhärte

Natürliches Wasser nimmt auf seinem Weg durch den Boden verschiedene Stoffe auf wie z. B. Sulfate und Hydrogencarbonate, die das Wasser „hart" machen. Wichtige **Härtebildner** sind Calciumhydrogencarbonat $Ca(HCO_3)_2$ und Magnesiumhydrogencarbonat $Mg(HCO_3)_2$. Sie erzeugen die **„Carbonathärte"**. Weitere Salze wie $CaCl_2$, $CaSO_4$, $MgCl_2$, $MgSO_4$ sind für die **„Nichtcarbonathärte"** verantwortlich (permanente Härte).

> **Unter Härte des Wassers versteht man den Gehalt an Calcium- und Magnesium-Ionen in Millimol je Liter ($mmol \cdot l^{-1}$).**

Nach dem Waschmittelgesetz werden vier Härtebereiche unterschieden (Übersicht 12-7).

Härtebereiche des Wassers		
Härtebereich	Konzentration von Ca^{2+} und Mg^{2+} in $mmol \cdot l^{-1}$	Wasserhärte
1	0 bis 1,3	sehr weich
2	1,3 bis 2,6	weich
3	2,6 bis 3,8	mittel
4	über 3,8	hart

Übersicht 12-7

Versuch Prüfen Sie Wasserproben verschiedener Herkunft auf vorhandene Ionen, indem Sie den Nachweis in je einem Reagenzglas wie folgt vornehmen:

Chloridionen: mit je einem Tropfen verdünnter HNO_3- und $AgNO_3$-Lösung
Sulfationen: mit je einem Tropfen Salzsäure und $BaCl_2$-Lösung
Carbonationen: mit Kalkwasser

Anmerkung: Bei Vorhandensein der Ionen entstehen jeweils weiße Niederschläge, die sich nur im Falle des Carbonatniederschlages in verdünnter Salzsäure lösen.

Härtebildner erzeugen mit fettsäurehaltigen Seifen und Waschmitteln schwer lösliche Niederschläge und setzen die Waschwirkung herab. Erst wenn die im Wasser enthaltenen Calcium- und Magnesium-Ionen abgebunden sind, steht das weitere Waschmittel für den Waschprozess zur Verfügung. Härtebildner erhöhen den Verbrauch an fettsäurehaltigen Waschmitteln. Andere, synthetische waschaktive Stoffe reagieren dagegen nicht mit Härtebildnern (vgl. Abschnitt 15.9.4).

Versuche

1. Versetzen Sie zunächst eine verdünnte Lösung von Kalkwasser Ca(OH)$_2$ mit Seifenlösung (Kernseife!). Beobachtung?

2. Wiederholen Sie den Versuch mit Wasser verschiedenen Ursprungs (Leitungswasser, Quellwasser, Brunnenwasser, gereinigtes Abwasser) und treffen Sie Aussagen über den Gehalt an Härtebildnern!

3. Wiederholen Sie den Versuch 1 mit einem Spül- oder Waschmittel, das frei von fettsäurehaltigen Stoffen, also anders als Kernseife aufgebaut ist, bzw. prüfen Sie verschiedene Waschmittel mit Kalkwasser, ob sie fettsäurehaltige Stoffe enthalten.

Die Carbonathärtebildner zerfallen beim Erhitzen (temporäre Härte):

$$Ca(HCO_3)_2 \rightarrow \underline{CaCO_3} + H_2O + CO_2$$

Das Calciumcarbonat setzt sich als so genannter „Kesselstein" in Gefäßen oder Wärmeübertragungsanlagen ab. In Kesselanlagen vermindert es den Wärmeübergang. Wenn Calciumhydrogencarbonat auch für positive Geschmackseigenschaften sorgt, ist es doch im Brauchwasser zumeist unerwünscht.

12.8 Enthärtung des Wassers

Für viele Zwecke muss das Wasser enthärtet werden (z. B. Auto- und industrielle Waschanlagen, Wärmekraftwerke, Kühlsysteme im Kraftfahrzeug u. a.). Folgende Möglichkeiten stehen u. a. zur Verfügung:

1. Enthärtung durch Sodazusatz

$$Ca(HCO_3)_2 + Na_2CO_3 \rightarrow \underline{CaCO_3} + 2\,NaHCO_3$$
$$CaSO_4 + Na_2CO_3 \rightarrow \underline{CaCO_3} + Na_2SO_4$$
$$MgSO_4 + Na_2CO_3 \rightarrow \underline{MgCO_3} + Na_2SO_4$$

$$\qquad\qquad\qquad\qquad \text{unlöslich} \qquad \text{löslich}$$

2. Enthärtung mit Hilfe von Ionenaustauschern

Synthetisch hergestellte Ionenaustauscher sind Kunststoffe (Ku), die z. B. Natrium-Ionen (Na-Ku) enthalten, welche gegen Calcium- oder Magnesium-Ionen ausgetauscht werden können. Es sind keine herkömmlichen Filter, in denen Teilchen durch eine bestimmte Porengröße zurückgehalten werden, sondern „Austauschfilter", die eine Ionenart gegen eine andere Ionenart ersetzen (Abb. 12-13). Der Vorgang verläuft je nach Angebot an Ionen, er ist umkehrbar und abhängig von der Konzentration:

Enthärtung:
$$Ca(HCO_3)_2 + Na_2\text{-Ku} \rightarrow Ca\text{-Ku} + 2\,NaHCO_3$$

Regenerierung des Ionenaustauschers mittels einer geringen Menge konzentrierter Natriumchloridlösung:

$$Ca\text{-Ku} + 2\,NaCl \rightarrow Na_2\text{-Ku} + CaCl_2$$

Ionenaustauscher können auch zur Entsalzung von Meerwasser oder zur Entfernung spezieller Ionen aus einer Lösung eingesetzt werden.

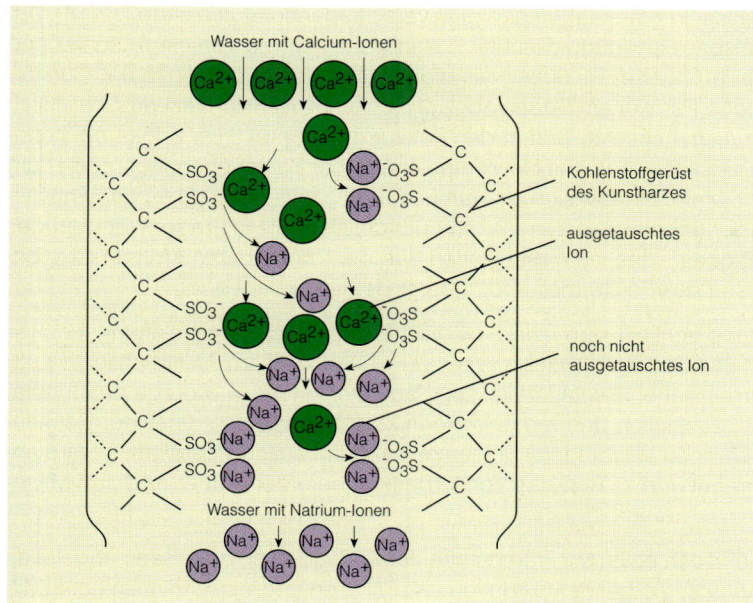

Abb. 12-13
Schema des
Ionenaustauschs
(Natrium- gegen
Calcium-Ionen)

12.9 Abwasserbelastung und Abwasserbehandlung

Gebrauchtes Wasser aus Haushalten, Gewerbe, Industrie, Landwirtschaft oder kommunalen Einrichtungen bezeichnet man als Abwasser. Es enthält verschiedene Schadstoffgruppen:

- leicht abzubauende organische Stoffe, die mithilfe von Luftsauerstoff oxidiert und unter Mitwirkung von Mikroorganismen zersetzt werden (Speisereste, Fäkalien, Gülle, Abwasser der Lebensmittel- und Getränkeherstellung)

- schwer bzw. nicht abzubauende organische Stoffe lassen sich auch in modernen Kläranlagen nicht vollständig aus dem Wasser entfernen (teerhaltige Abwässer, organische Chlorverbindungen aus Lösungsmitteln, Pestizide, Abwasser von Papier- und Zellulosefabriken, Öle)

- Pflanzendüngemittel (aus der Überdüngung landwirtschaftlicher Böden)

- Salze (aus Kaligruben und -aufbereitungsanlagen, Sodafabriken, Winterdienststreusalz u. a.)

- Waschmittel (aus Haushalten, Wäschereien, industriellen Waschanlagen wie z. B. Entfettungsanlagen in der Industrie)

- Schwermetalle (Cd, Zn, Cu, Cr, Hg, Pb u. a. aus Grubenwasser, Abwasser der chemischen Industrie, Kühlwasser aus Metallhütten, Wasser aus der Galvanik, aus Waschanlagen der Metall verarbeitenden Industrie, aus der Farbenindustrie)

- Bakterien und Mikroorganismen (bakteriell belastetes Wasser aus Haushalten, Krankenhäusern u. a.)

Die einzelnen Schadstoffe sind in ihrer Gefährlichkeit unterschiedlich einzuschätzen, sie müssen jedoch bei der Abwasserbehandlung möglichst weitgehend entfernt werden, um einer Anreicherung entgegenzuwirken.

Die Behandlung von Abwasser in Kläranlagen erfolgt in verschiedenen Stufen (Abb. 12-14). Am Anfang steht eine mechanische Reinigung. Rechen halten grobe Anteile zurück. Anschließend gelangt das Abwasser mit verringerter Fließgeschwindigkeit über den Sandfang in das Vorklärbecken. Es setzen sich grobe Partikel am Boden ab. Der Schlamm, der sich fast ausschließlich aus organischen Stoffen zusammensetzt, wird in den Faulturm gepumpt. Hier erfolgt bei höherer Temperatur unter Luftabschluss und unter Mitwirkung anaerober Bakterien (griech. ohne Luft) eine Zersetzung zu Faulschlamm. Er lässt sich als Humusdünger verwenden oder nach Entwässerung verbrennen. Bei Schwermetallbelastung kommt nur die Deponie in Frage. Während des Faulprozesses entsteht „Biogas", das im Wesentlichen aus dem brennbaren Methan CH_4 besteht. Es dient der Beheizung des Faulturmes und anderer Betriebsanlagen.

An die mechanische Klärung schließt sich eine biologische Behandlung im Belüftungsbecken an. Hierbei sind Bakterien und andere Kleinlebewesen (Einzeller) wirksam. Bei reichlicher Luftzufuhr oxidieren sie die organischen Bestandteile. Die Sauerstoffzufuhr wird durch das Einblasen von Druckluft und evtl. zusätzlich durch das Verregnen des Abwassers über der Beckenoberfläche gewährleistet. Der neu entstandene Schlamm setzt sich anschließend ab. Er wird anteilig in den Faulturm gebracht und z. T. in das Vorklärbecken befördert, da er reichlich Mikroorganismen enthält.

Das geklärte Wasser enthält noch etwa 1 % Fremdstoffe. Es wird in Flüsse oder Seen abgeleitet. Lösliche Nitrate und Phosphate, die bei der Oxidation von Fäkalien und Waschmitteln unter Mitwirkung bestimmter Bakterien entstehen oder bereits im Abwasser enthalten waren, sind noch vorhanden und überdüngen die Oberflächengewässer (Eutrophierung).

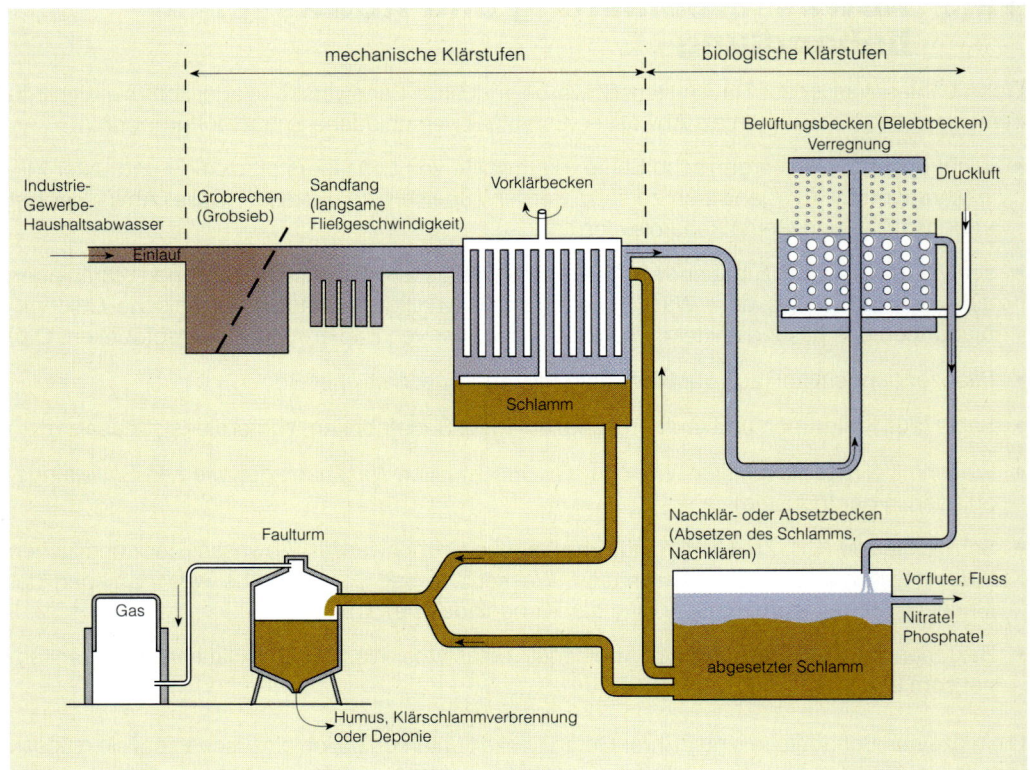

Abb. 12-14   Schema einer Kläranlage

In modernen Anlagen muss nach der **biologischen Klärstufe** noch eine dritte, die **chemische Reinigungsstufe** vorhanden sein, um noch nicht abgebaute Stickstoff- und Phosphor-Verbindungen zu behandeln (Nitrate, Ammoniumsalze, Phosphate).

Phosphat-Ionen werden zu über 90 % durch Zugabe von Calcium-, Eisen- oder Aluminium-Salzen wie $FeCl_3$, $FeSO_4$, $AlCl_3$ als schwer lösliche Phosphate ausgefällt. Neben schwer löslichen Salzen entstehen auch Kolloide aus Eisen- und Aluminiumhydroxid, die Phosphate, z. T. Nitrate und andere Stoffe adsorbieren (Flockung) und sich im Schlamm absetzen.

Die dadurch bedingte „Aufsalzung" des Wassers durch Chlorid- und Sulfat-Ionen wirkt nachteilig. Die Ionen bleiben gelöst und verringern den pH-Wert. Auch die normale Pufferung des Wassers kann gesenkt werden. Günstiger ist der Einsatz basisch reagierender Tonerde-Lösung, die bei der Aluminium-Erzeugung anfällt (keine Aufsalzung, Erhalt der Puffersysteme, nur geringe Erhöhung des pH-Wertes).

Stickstoffverbindungen werden vor allem durch Bakterien in so genannten **Nitrifikations-** und **Denitrifikationsbecken** weiter abgebaut. Insbesondere Ammonium-Ionen sind in den Abwässern vorhanden. Sie binden Sauerstoff. Das führt in Oberflächengewässern zu Sauerstoffmangel für tierische Lebewesen (Fischsterben, Vernichtung niederer Lebewesen). In Nitrifikationsbecken findet mithilfe spezieller Bakterien eine Oxidation von NH_4^+-Ionen zu Nitrit und die weitere Oxidation zu Nitrat statt:

$$4\,NH_4^+ \;+\; 7\,O_2 \;\xrightarrow{\text{(Nitrosomonas-Bakterien)}}\; 4\,NO_2^- \;+\; 2\,H_2O \;+\; 4\,H_3O^+$$
$$2\,NO_2^- \;+\; O_2 \;\xrightarrow{\text{(Nitrobacter-Bakterien)}}\; 2\,NO_3^-$$

In Denitrifikationsbecken geschieht der weitere Abbau des Nitrates durch Bakterien. Dabei wird ein Teil der Hydronium-Ionen (ca. 50 %) bei gleichzeitigem Verbrauch von organischem Kohlenstoff gebunden:

$$4\,H_3O^+ \;+\; 5\,C \;+\; 4\,NO_3^- \;\rightarrow\; 5\,CO_2 \;+\; 2\,N_2 \;+\; 6\,H_2O$$

Weitere Abbaumöglichkeiten bestehen auf natürliche Weise: Auf Rieselfeldern nehmen Kulturpflanzen Phosphor- und Stickstoffverbindungen auf. In Pflanzenkläranlagen oder Abwasserteichen mit Schilf, Binsen, Rohrkolbengewächsen werden ebenfalls Abwässer eingeleitet.

Der Sauerstoffverbrauch zum Abbau organischer Stoffe kann als **Chemischer Sauerstoff-Bedarf (CSB)** festgestellt werden. Mithilfe starker Oxidationsmittel wie Kaliumpermanganat $KMnO_4$ wird die Gesamtmenge an oxidierbaren organischen Stoffen bestimmt.

Versuch | Säuern Sie 10 ml belastetes Wasser (Auslauf von Kläranlagen, Abwasser von Molkereien, Brauereien, Schlachthöfen, Spülwasser im Haushalt etc.) mit verdünnter Schwefelsäure an und versetzen Sie die Lösung mit $KMnO_4$-Lösung ($c = 0{,}1\ mol \cdot l^{-1}$) bis zur Entfärbung. Vergleichen Sie den Bedarf an Permanganat-Lösung (in ml).

Der **Biochemische** (Biologische) **Sauerstoff-Bedarf (BSB)** ist geringer als der CSB. Es ist die Sauerstoffmenge, die bei biologischem Abbau (durch Organismen) organischer Stoffe benötigt wird. Der Sauerstoffbedarf steigt mit dem Anteil organischer Stoffe.

Sehr viele Chemikalien sind wassergefährdend. Aus Gründen des Umweltschutzes dürfen sie nicht in Oberflächengewässer und in das Grundwasser gelangen. Laborabfälle müssen deshalb in Sammelbehältern entsorgt werden.

Stark wassergefährdend sind Schwermetallsalz-Lösungen (Cu, Ni, Chromate, Cd, Pb, Co u. a), Benzen und Benzenverbindungen, Chlorkohlenwasserstoffe, Insecticide, Pflanzenschutzmittel u. a. Wenig wassergefährdend wirken Alkali-Salze, Ethanol, Essigsäure, Methanol, Eisenchlorid, Aluminiumchlorid u. a.

12.10 Wasser- und Bodenverseuchung durch Mülldeponien

Siedlungs-, Industrie-, Gewerbeabfälle, Bauschutt, Bodenaushub, Klärschlamm und andere feste Abfälle werden geordnet und kontrolliert auf Mülldeponien abgelagert, wenn sie unbedenklich belastet sind.

Hausmüll besteht nicht mehr wie zu Zeiten allgemein üblicher Ofenheizung in der Hauptsache aus Ofenasche, sondern aus Küchenabfällen sowie Verpackungsmaterialien, Altmöbeln u. dgl., die früher bei herkömmlicher Heizung mitverbrannt wurden. Zunehmend wird Industrie- und Hausmüll verantwortungsvoll sortiert und geordnet bereitgestellt.

Organische Küchenabfälle gelangen zur Kompostierung („Biotonne"), Glas, Papier, Kunststoffe und Metalle werden dem Recycling zugeführt. Am wichtigsten ist die Müllvermeidung und -verminderung. Insbesondere bei Verpackungsmaterialien liegt dafür die Verantwortung bei den Unternehmen. An zweiter Stelle steht das Wiederverwerten. Das Ablagern auf Deponien oder die Verbrennung von Müll darf in Zukunft nur mit Restabfall, der nicht mehr verwertet werden kann, erfolgen.

Auf Deponien abgelagerte organische Stoffe (Kohlehydrate, Fette, Eiweiße) werden zunächst durch aerobe Prozesse in einfache Verbindungen gespalten (Zucker, Fettsäuren, Glycerin, Aminosäuren). Danach setzt die Wirkung anaerober Bakterien ein. Sie führen den weiteren Abbau bis zum Methan (bis ca. 55 %), Kohlenstoffdioxid (bis 45 %) und geringen Anteilen Stickstoff, Schwefel, Wasserstoff und Salzen fort. Insbesondere Methan ist umweltfeindlich, weil es in den natürlichen Ozonzyklus eingreift (vgl. Abschnitt 13.5). Aus organischem Müll entstehen auch lösliche Stoffe, die zum Teil giftig sind. Mit Regenwasser können sie in den Erdboden und in das Grundwasser gelangen. Auch Schwermetalle werden dabei mitgeschwemmt. Der Zersetzungsprozess ist nach 20 bis 25 Jahren beendet.

Die Deponien werden gasdicht abgedeckt. In Vorrichtungen wird das Methan gesammelt und verbrannt oder als Brenngas verwertet. Der Deponie-Untergrund wird durch Ton, Bitumen oder Kunststoffmatten wasserundurchlässig gemacht. Die Abdichtung muss 20 bis 50 Jahre funktionsfähig sein. Die Sickerwässer werden gesammelt, über ein Rohrsystem abgeleitet und anschließend in Kläranlagen gereinigt.

Brennbarer Müll kann mit zugemischter Kohle bei genügend hohen Temperaturen in Müllverbrennungsanlagen im Volumen reduziert werden. Dabei besteht die Gefahr, dass sich schädliche Gase entwickeln, vor allem, wenn chlorhaltige Materialien mit verbrannt werden, z. B. PVC-Verpackungen. Chlorkohlenwasserstoffe verbrennen erst bei Temperaturen über 1000 bis 1200 °C vollständig zu Wasser, Kohlenstoffdioxid und Salzsäure-Gas. Bei niedrigerer Brenntemperatur entstehen auch hochgiftige Dioxine und Furane. Salzsäure-Gas ist an der Bildung von saurem Regen beteiligt. Die Abgase müssen gereinigt werden, bevor sie in die Luft übergehen (Nasswäsche, Zyklon-, Gewebe-, Elektro-, Adsorptionsfilter). Die Asche wird auf Deponien gelagert, die Abwärme zur Dampf- oder Stromwärme genutzt. Der Anteil an der Erzeugung von Primärenergie beträgt in Deutschland etwa 0,6 Prozent. Vorrangig geht es um eine Volumenreduzierung, um Deponien länger nutzen zu können.

Für Sondermüll gibt es spezielle Deponien, z. B. in stillgelegten Bergwerken. Es handelt sich hierbei im Wesentlichen um stark giftige Gewerbe- und Industrieabfälle wie Galvanik-Rückstände, Quecksilber-Verbindungen, hochchlorierte Kohlenwasserstoffe, Abfälle aus der Pestizid-Produktion, Farbstoffrückstände mit organischen Lösungsmitteln, Arsenverbindungen, stärker belastete Schlacken aus Verbrennungsanlagen, Flugstaub und Filter aus Rauchgasreinigungsanlagen usw. Durch Überführung in schwer lösliche Verbindungen können einige Abfälle vor der Einlagerung entgiftet werden. Hochgiftige Stoffe werden zusätzlich in dichten Containern verschlossen (z. B. Atom-Müll). Als Untertage-Deponien sind solche ehemaligen Bergwerke geeignet, die mit dem Grundwasser nicht in Kontakt stehen. Das ist vor allem in Salzbergwerken der Fall oder wenn wasser- und gasdichte Ton- oder Gesteinschichten überlagert sind.

12.11 Aufgaben zur Wiederholung von Kapitel 12

1. Durch welche Eigenschaften ist das Wasser im Verlauf der erdgeschichtlichen und biologischen Entwicklung zu dem bedeutendsten Stoff geworden?

2. Welche Ursachen haben die abweichenden Eigenschaften des Wassers im Vergleich zu den anderen Hydrogenverbindungen der Elemente der 6. Hauptgruppe?

3. Beschreiben Sie den Vorgang des Lösens eines Salzes!

4. Woraus ergibt sich die Wärmetönung beim Auflösen eines festen Stoffes im Wasser?

5. Warum ist Wasser ein hervorragendes Lösungsmittel für polare Stoffe? Worauf beruht die Unlöslichkeit eines Salzes in Wasser?

6. Begründen Sie die Notwendigkeit, verantwortungsvoll mit Wasser umzugehen!

7. Erläutern Sie die Aufbereitung des Trinkwassers!

8. Was versteht man unter Wasserhärte und Härtebildnern? Wie wirken Härtebildner? Wie kann Wasser enthärtet werden? Warum muss z. B. Kesselspeisewasser enthärtet werden?

9. Erläutern Sie die Behandlung von Abwasser sowie die Vorgänge der Klärung in Kläranlagen!

10. Welche Wasserschadstoffe bereiten die größten Probleme bei der Abwasserbehandlung? Worin sehen Sie die Ursachen?

11. Welche Forderungen werden an Mülldeponien gestellt?

12. Wie laufen die Prozesse des Abbaus von Müll in Deponien ab?

13. Warum werden Müllverbrennungsanlagen kritisch beurteilt?

14. Welche Forderungen werden bei der Einlagerung von Sondermüll gestellt?

13 Luft

13.1 Bestandteile der Luft

Im Verlauf der erdgeschichtlichen Entwicklung hat sich ein Gleichgewicht von Vorgängen in der unbelebten und belebten Natur und eine bestimmte Zusammensetzung der Atmosphäre eingestellt (Übersicht 13-1).

Bestandteile trockener Luft		
Bestandteil	Vol-%	Siedetemperatur in °C
Stickstoff	78,09	−195,8
Sauerstoff	20,95	−183
Ozon	geringfügig	
Argon	0,91	−185,8
Kohlenstoffdioxid	0,04	−78,5 (Sublimation)
übrige Edelgase	0,002448	
Wasserstoff	0,00005	
andere Stoffe	0,0075	

Übersicht 13-1

Weitere Bestandteile der Luft sind neben Wasserdampf Kohlenstoffmonoxid, Stickoxide der allgemeinen Formel NO_x, Schwefeldioxid SO_2, Methan u. a., die zusammen 0,0075 Vol-% ausmachen. Sie stammen aus Verbrennungsvorgängen (CO, NO_x, SO_2) oder aus Gärungs- und Fäulnisprozessen, die durch anaerobe Bakterien (griech. ohne Luft) bewirkt werden (CH_4).

Auf Grund des Schwefelgehaltes insbesondere der Kohle entsteht bei der Verbrennung eine Schwefeldioxidmenge, die für die Weltschwefelsäureproduktion ausreichen würde. Schwefeldioxid in der Luft ist die wesentlichste Ursache des sauren Regens. Zusammen mit feinen Staubpartikeln bildet es bei ungünstigen Wetterlagen Nebel und Smog in industriellen Ballungsgebieten.

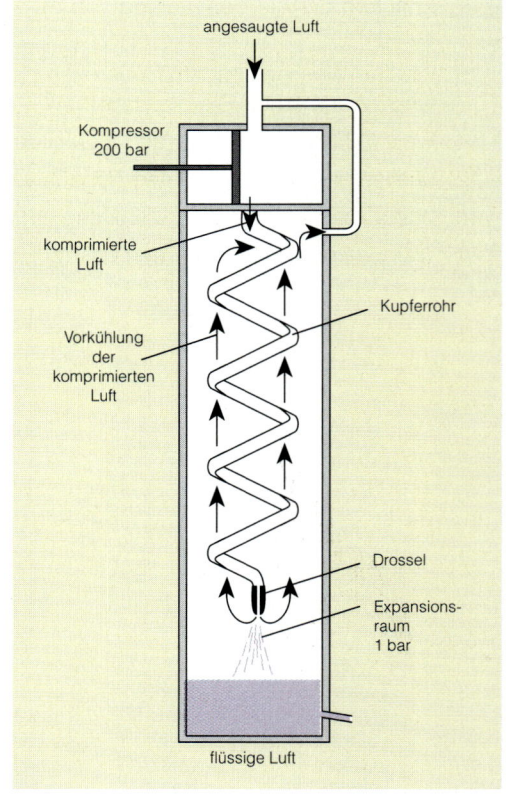

Abb. 13-1
Prinzip der Luftverflüssigung nach Linde
(Gegenstromprinzip)

13.2 Luftverflüssigung

Die Bestandteile der Luft werden über die Luftverflüssigung nach dem **LINDE-Verfahren** gewonnen (Abb. 13-1). Dazu wird Luft komprimiert. Bei der Kompression eines Gases findet eine Erwärmung statt. Diese Wärme wird bei der Entspannung wieder benötigt. Führt man die Kompressionswärme vor der Entspannung des Gases ab, indem man das Gas über die Wandfläche des Kompressionsraumes kühlt, dann erniedrigt sich die Lufttemperatur beim Entspannen auf Normaldruck. Diese abgekühlte Luft nutzt man zum Kühlen komprimierter Luft, indem die entspannte Luft ständig im Gegenstrom an verdichteter Luft vorbeigeführt wird. Dadurch erreicht man schließlich eine Temperatur von –190 bis –200 °C und somit eine Verflüssigung der meisten Luftbestandteile (vgl. Siedetemperaturen in Übersicht 13-1).

Die Trennung des flüssigen Gemisches in die reinen Stoffe erfolgt durch Destillation bei tiefen Temperaturen. Entsprechend der Siedetemperatur entweicht zunächst (bevorzugt) Stickstoff. Durch erneutes Komprimieren kann der Stickstoff in verdichtetem Zustand in Gasflaschen abgefüllt werden. Analog verfährt man mit Argon, mit Sauerstoff und anderen Bestandteilen.

13.3 Das natürliche CO$_2$–O$_2$-Gleichgewicht

Das durch die Atmungsprozesse frei werdende Kohlenstoffdioxid wird im natürlichen CO$_2$-Kreislauf wieder durch die **Assimilation** der Pflanzen gebunden (vgl. Abb. 13-2). Die Pflanzen ver-

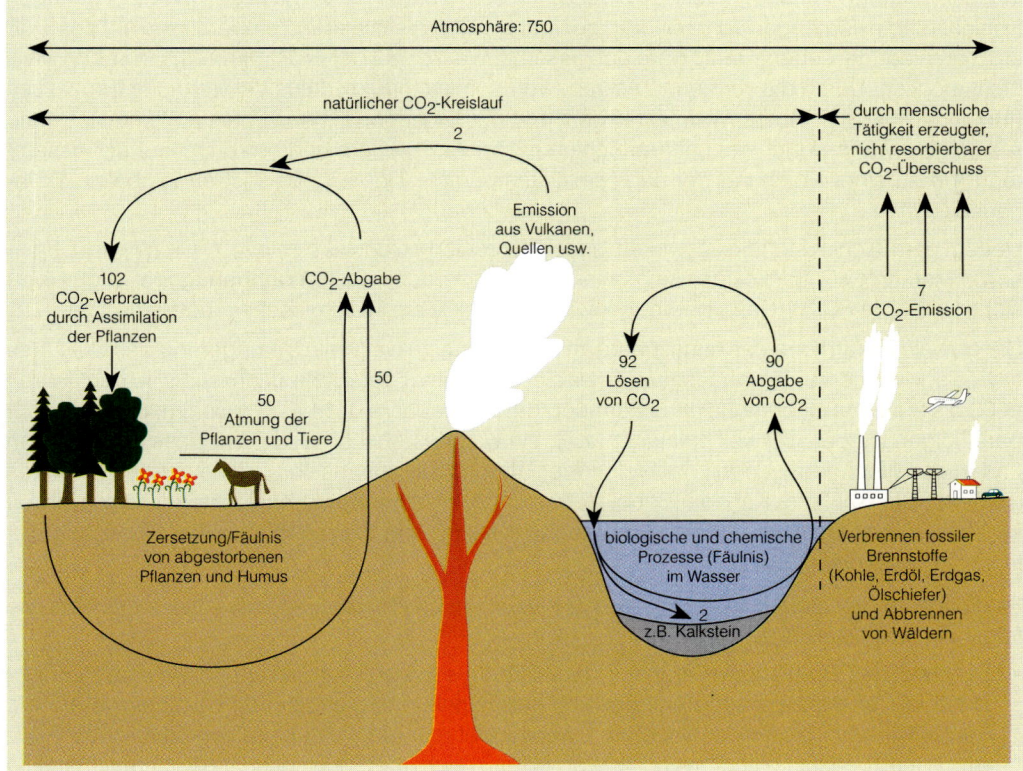

Abb. 13-2 CO$_2$-Kreislauf und technisch bedingte CO$_2$-Emissionen
(die Zahlenwerte sind für das Jahr 1988 in Mrd. t Kohlenstoff angegeben)

wandeln Kohlenstoffdioxid und Wasser mithilfe von Sonnenenergie zu Traubenzucker und anderen Kohlehydraten. Der grüne Blattfarbstoff **Chlorophyll** dient als **biologischer Katalysator.**

$$6\,CO_2 \;+\; 6\,H_2O \;+\; \text{Sonnenenergie} \xrightarrow{\;\text{Chlorophyll}\;} \underset{\text{Traubenzucker}}{C_6H_{12}O_6} + 6\,O_2$$

Die Assimilation ersetzt den Sauerstoff, der durch natürliche Oxidationsvorgänge verbraucht wird. In das natürliche CO_2–O_2-Gleichgewicht greift der Mensch entscheidend ein, indem er mehr Kohlenstoffdioxid erzeugt, als die Pflanzen umwandeln können und mehr Sauerstoff verbraucht, als die Pflanzen abgeben. Die Verbrennung fossiler Energieträger wie Kohle, Erdgas und Erdölprodukte (Benzin, Diesel, Heizöl) ist die umfangreichste chemische Reaktion, die durch den Menschen verursacht wird. Heute werden etwa 25 % mehr Kohlenstoffdioxid gemessen als vor 100 Jahren und jährlich vermehrt sich die Menge weiter. Durch das Abholzen tropischer Wälder und die Schädigung einheimischer Waldbestände wird das Gleichgewicht zusätzlich negativ beeinflusst.

13.4 Kohlenstoffdioxid und Treibhauseffekt

Der erhöhte Anteil an Kohlenstoffdioxid in der Luft führt letztlich zum **Treibhauseffekt.** Das Kohlenstoffdioxid der Atmosphäre lässt die Infrarotstrahlung (Wärmestrahlung) der Sonne auf die Erdoberfläche gelangen, es hält jedoch die von der Erde ausgehende Wärmestrahlung weitgehend ab. So haben sich die gegenwärtigen jahreszeitlich bedingten Durchschnittstemperaturen in einer längeren Zeitspanne als „Gleichgewichtstemperaturen" eingestellt. Ohne die geringen Kohlenstoffdioxidmengen von 0,04 % in der Luft würden die mittleren Temperaturen auf der Erde um 33 K niedriger liegen. Damit wäre das gesamte Wasser auf der Erde gefroren. Ein Leben wäre nicht möglich. Durch die vermehrte Abgabe von Kohlenstoffdioxid aus Verbrennungsprozessen (Industrie, Haushalt, Autos, Wärmekraftwerk u. a.) findet jedoch zunehmend ein Wärmestau statt. Als Folge erwärmen sich die unteren Schichten der Atmosphäre und es kommt auf der gesamten Erde zu einer Erhöhung der Jahresmitteltemperatur. Das Ergebnis ist ein globaler „Treibhauseffekt".

Neben dem Kohlenstoffdioxid wirken auch Fluorchlorkohlenwasserstoffe (FCKW) wie CF_2Cl_2 sowie Methan CH_4, Stickoxide, Ammoniak und Wasserdampf als **„Treibhausgase"** (vgl. Übersicht 13-2). Die FCKW-Gase sind gegenwärtig mit 24 % am Treibhauseffekt beteiligt.

Die globale Erwärmung der Atmosphäre ist nur durch eine weltweite Verringerung des CO_2-Ausstoßes sowie anderer Treibhausgase zu erreichen. Gelingt das nicht, dann ist bis zu den Jahren 2000 bis 2005 mit einer globalen Erwärmung der Atmosphäre um 1 K zu rechnen. Kaum absehbare Folgen würden weltweit entstehen, z. B. ein weiteres Abschmelzen des Eises an den Polen und in den Hochgebirgen mit nachfolgender Überflutung von Inseln und meernahen Gebieten (Holland, Deutschland, Kanada, Bangladesch u. a.), eine geringere Kohlenstoffdioxidlöslichkeit im Meerwasser, Klimaveränderungen und Ausweitung von Dürregebieten, ein Rückgang der landwirtschaftlichen Erträge u. a.

Es gibt heute bereits viele Möglichkeiten, die Emission von Treibhausgasen einzuschränken, wie folgende Beispiele zeigen:

* Senkung des Brennstoffverbrauchs durch Energiesparen (verbesserte Wärmeisolation der Gebäude, energiesparende Antriebe von Maschinen, energiesparende Haushaltsgeräte wie Kühlschränke, Waschmaschinen etc.). Verwendet man an Stelle einer herkömmlichen Glühlampe eine Leuchtstofflampe von 18 Watt, so lässt sich über deren gesamte Lebensdauer eine Einsparung von 1 t CO_2, 8 kg SO_2 und anderer Schadstoffe erreichen, wenn der Strom durch die Verbrennung fossiler Betriebsstoffe in einem herkömmlichen Kraftwerk erzeugt wird.

- Erhöhung des Wirkungsgrades bei der Stromerzeugung (Umrüstung von Dampfturbinen zu kombinierten Dampf-Gas-Turbinen)
- Senkung der Stromverluste durch neue Stromversorgungskonzepte (Vermeidung zu langer Übertragungsstrecken)
- Produktion von leichteren Kraftfahrzeugen mit geringerem Treibstoffverbrauch, Verminderung des Treibstoffverbrauchs durch neue Antriebskonzepte und Begrenzung der Höchstgeschwindigkeit
- Verbesserung des Nahverkehrs durch preiswerte, attraktive öffentliche Verkehrsmittel und ausgebaute Verkehrsnetze
- keine Produktion von FCKW, vollständiger Ersatz dieser Gase als Kühl- und Treibmittel durch Gase ohne Treibhauswirkung
- umfangreichere Nutzung der Wasserkraft zur Energieerzeugung
- Nutzung alternativer regenerierbarer Energiequellen (Gezeitenkraftwerke, Nutzung der Erdwärme in geothermischen Anlagen, Windenergie), Nutzung der Sonnenwärme und Umwandlung der Sonnenlichtenergie in Strom, Wasserstoff als Betriebsstoff, z. B. für Brennstoffzellen.

Die Stromerzeugung in Kernkraftwerken lässt keine Treibhausgase entstehen, dennoch stellt sie in absehbarer Zeit keine Lösung dar. Einerseits treten sicherheitstechnische Probleme auf (Reaktorsicherheit, Austritt radioaktiver Strahlung und Krebs erregender Substanzen, Atommüllbeseitigung, Gefahr der Weiterverbreitung von Atomwaffen), andererseits wären riesige Investitionen notwendig, um neue, sicherere Kernkraftwerke zu bauen. Gegenwärtig existieren weltweit ca. 400 Kernkraftwerke, 5000 wären erforderlich, allein um die Vermehrung von Treibhausgasen zu stoppen. Wollte man dieses Ziel bis zum Jahre 2025 erreichen, müssten jährlich etwa 160 Kernkraftwerke an das Netz angeschlossen werden, allein 50 % davon in Ländern der dritten Welt.

Aufgabe: Berechnen Sie den CO_2-Ausstoß (in kg) eines Pkw für eine Tankfüllung unter folgenden Annahmen: Tankfüllung 70 l (entspricht ca. 50 kg) Benzin, bestehend aus Octan C_8H_{18}.

13.5 Ozon-Gleichgewicht und Ozonabbau

Ozon O_3 (griech. riechen) ist bei ungestörtem Gleichgewicht in sehr geringen Mengen in der Luft vorhanden. Auf 10^6 Luftmoleküle kommen normalerweise etwa 3 bis 4 Ozonmoleküle. Es entsteht aus Sauerstoff durch die Einwirkung von UV-Strahlung, durch stille elektrische Entladungen und beim Überschlag elektrischer Ladungen, z. B. auch bei Blitzschlag.

Ozon ist das stärkste bekannte Oxidationsmittel. Es wird zur Entkeimung von Trinkwasser, Krankenhausluft oder stark belasteter Abwässer erzeugt.

In den oberen Schichten der Atmosphäre, vor allem im Bereich der Stratosphäre bildet sich Ozon unter dem Einfluss von Sonnenenergie (Abb. 13-3). Von der Sonne gelangt wellenmagnetische Strahlung in die Atmosphäre und auf die Erdoberfläche.

Der sichtbare Teil des Lichts liegt im Wellenlängenbereich von 400 bis 800 nm. Lichtanteile mit größeren Wellenlängen äußern sich als Wärmestrahlung. Der kurzwellige Anteil ist die UV-Strahlung. Letztere ist am energiereichsten, sie zerstört lebende organische Substanzen.

Der Ozon-Kreislauf (Abb. 13-3) beginnt in großen Höhen der Atmosphäre mit der Fotodissoziation der Sauerstoffmoleküle. Dabei werden UV-Strahlen mit einer Wellenlänge $\lambda < 243$ nm absorbiert. Die Lichtenergie wird zur Überwindung der Bindungsenergie der Sauerstoffmoleküle benötigt:

$$O_2 \xrightarrow{\lambda < 243\,nm} 2\,O$$

Durch Zusammenstoß von Sauerstoffatomen mit Sauerstoffmolekülen bildet sich Ozon:

$$O_2 + O \rightarrow O_3$$

Der Schwerpunkt dieser Reaktion liegt in etwa 35 bis 40 km Höhe (Abb. 13-3a).

Da das Ozon ein sehr energiereicher Stoff ist und die Bindungen im Ozon schwächer als im molekularen Sauerstoff sind, zerfällt es bei der Anregung durch weitere UV-Strahlen wieder. Dabei absorbiert Ozon erneut energiereiches UV-Licht:

$$O_3 \xrightarrow{\ UV\ } O_2 + O + \text{Wärme-Energie}$$

Der atomare Sauerstoff bildet bei Zusammenstoß mit weiterem Ozon exotherm molekularen Sauerstoff:

$$O_3 + O \rightarrow 2\,O_2 + \text{Wärme-Energie}$$

Damit ist die Bildung und der Zerfall des Ozons beendet. Die lebensgefährdende, kurzwellige, energiereiche Strahlung ist durch beide Vorgänge in ungefährliche Wärmeenergie umgewandelt worden. Die Ozonschicht ist deshalb ein Schutzschild für das Leben auf der Erde. Gleichzeitig findet durch den Ozon-Zyklus eine Energiespeicherung in großen Höhen der Atmosphäre statt, sodass die Ozonschicht auch einen wesentlichen Beitrag zur Klimagestaltung auf der Erde leistet.

Wie aus Abb. 13-3a hervorgeht, ist die Konzentration des gebildeten Ozons sehr gering. Wenn man sich die Ozonmoleküle der Atmosphäre als eine einheitliche Gasschicht denkt, so würde diese Schicht einen Gasdruck von 400 Pa ausüben. Das sind nur 0,4 % des gesamten atmosphärischen Druckes. Hierin zeigt sich die leichte Verletzbarkeit des Lebens, wenn die Ozonbildung durch Ozon zerstörende Gase verhindert wird.

Die so genannten „Ozonkiller" wie FCKW-Gase, Distickstoffoxid N_2O, andere Stickoxide NO_x, Kohlenstoffmonoxid, Kohlenwasserstoffe u. a. binden atomaren Sauerstoff, sodass dieser nur unzureichend für die Ozonbildung und den Ozonzerfall zur Verfügung steht.

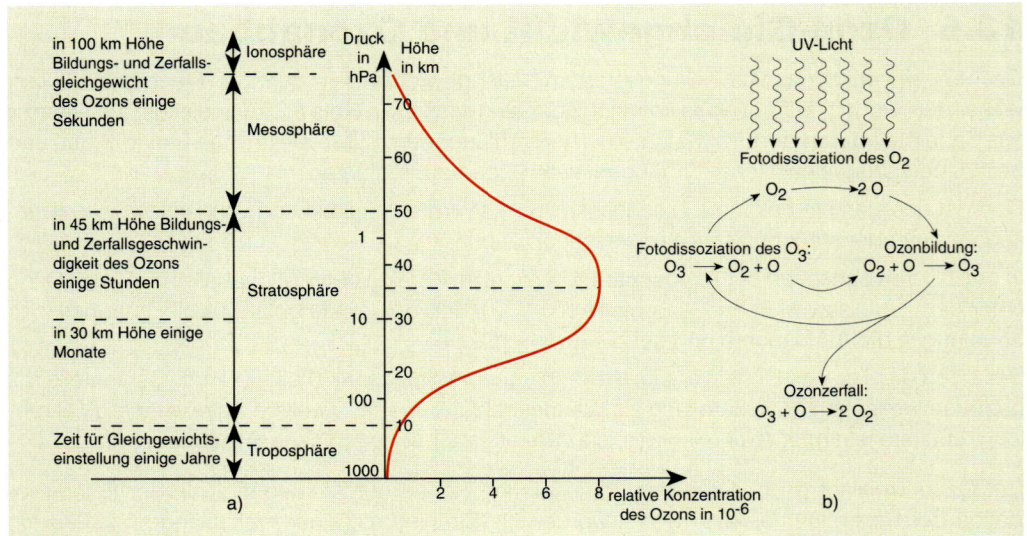

Abb. 13-3
a) Gliederung der Atmosphäre, Verteilung und Gleichgewichtseinstellung des Ozons

b) Ozonzyklus-Absorption von energiereicher UV-Strahlung beim Aufbau und beim Zerfall von Ozon

Beispielsweise wirken Stickoxide in folgender Weise:

$$N_2O + O \rightarrow 2\,NO$$
$$NO_2 + O \rightarrow NO + O_2$$

Die „Ozonkiller" bauen aber gleichzeitig auch das gebildete Ozon ab, ohne UV-Strahlung zu binden:

$$NO + O_3 \rightarrow NO_2 + O_2$$

In ähnlicher Weise wirken die anderen Ozon zerstörenden Gase (Abb. 13-4). Es entsteht das so genannte „Ozonloch". Die UV-Strahlen gelangen verstärkt zur Erdoberfläche. Sie schädigen die Lebewesen unmittelbar oder indirekt, indem Ozon erst in unteren Luftschichten gebildet wird. Der Ozonzerfall geht in Bodennähe nur sehr langsam vor sich, sodass es zu einer Ozonanreicherung an der Erdoberfläche kommt.

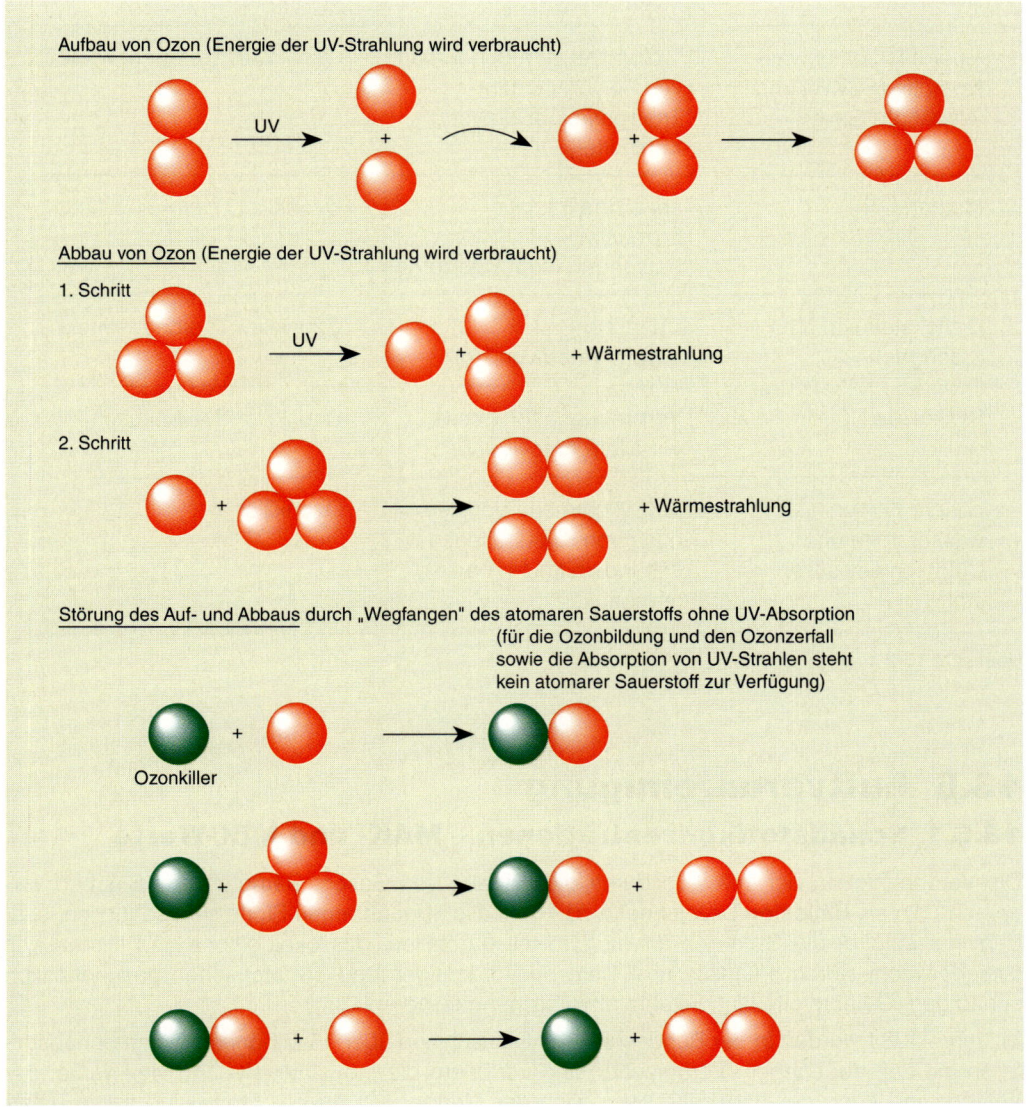

Abb. 13-4
Entstehung und Zerfall von Ozon – Wirkung von Ozonkillern

Ozon reizt die Atemorgane und ruft Augenentzündungen hervor. Die Zunahme von grauem Star, Herz-Kreislauf-Erkrankungen und Hautkrebs sind auf die Erhöhung der Ozonkonzentration und die vermehrte Einwirkung von UV-Strahlen zurückzuführen. Der Ozongehalt in Bodennähe trägt entscheidend zum Waldsterben bei.

Die „Ozonkiller" entstehen bei natürlichen Prozessen, zum größten Teil jedoch durch die Umweltverschmutzung, die von den Menschen hervorgerufen wird (Übersicht 13-2). Eine Reihe der Gase ist nicht nur für den Ozonabbau in hohen Atmosphäreschichten, sondern zugleich auch für den Treibhauseffekt verantwortlich. Alle Maßnahmen, die der Reduzierung Ozon abbauender Stoffe dienen, tragen somit auch dazu bei, den Wärmestau in der Erdatmosphäre zu mindern.

Herkunft wichtiger ozonzerstörender Gase		
Gas	Hauptquellen	Wirkung
Fluorchlorkohlenwasserstoffe (FCKW) und verwandte Gase	Treibmittel zum Schäumen von Polyurethanen; Treibgase für Sprays; Kühlmittel	Ozonkiller, Treibhauseffekt
Methan CH_4	anaerobe Fäulnis; Erdgaslecks; Reisanbau (sog. „Sumpfgas")	Ozonkiller, Treibhauseffekt
Distickstoffoxid N_2O (Lachgas)	Düngung; Verbrennung von Holz	Ozonkiller, Treibhauseffekt
Stickoxide NO_x	Verbrennungsprozesse, vor allem Autoverkehr	Ozonkiller, Treibhauseffekt
höhere Kohlenwasserstoffe und Chlorkohlenwasserstoffe	unvollkommene Verbrennung von Kraftstoffen; Lösungsmittel für Farben und Lacke	Ozonkiller

Übersicht 13-2

13.6 Luftverunreinigung

13.6.1 Schadstoffkonzentrationen – MAK- und MIK-Werte

Die Verunreinigung der Luft wird durch die Abgabe von Gasen, Dämpfen und Stäuben verursacht, die als **Emission** bezeichnet wird. Nicht alle abgegebenen Stoffe sind schädlich, sondern nur solche, die Gefahren für die Umwelt darstellen, das ökologische und klimatische Gleichgewicht stören, Pflanzen und Tiere beeinträchtigen und die Menschen gesundheitlich schädigen (Gefahrstoffe laut Gefahrstoffverordnung siehe Anhang).

Im Jahre 1984 wurden in der Bundesrepublik Deutschland über 15 Millionen Tonnen Schadstoffe an die Luft abgegeben. Verursacher sind vor allem die Industriekraft- und Heizwerke, der Verkehr und auch die Haushalte. Bezüglich der Menge und Art der Stoffe sind sie in unterschiedlichem Maße beteiligt.

Emissionen werden an der Abgabestelle gemessen. Zur Begrenzung der Schadstoffemission wurden in der Technischen Anleitung zur Reinhaltung der Luft **Maximale Emissionskonzentrationen (MEK)** sowie **Maximale Immissionskonzentrationen (MIK)** festgelegt. Unter **Immission** versteht man die Einwirkung eines Schadstoffes auf Lebewesen, die an der Einwirkungsstelle festgestellt wird. Die Konzentration der Immissionen ist niedriger als die der Emissionen. Es wird die **Dauerbelastung (MIK$_D$)** und die **Kurzzeitbelastung (MIK$_K$)** unterschieden. MIK$_K$ darf täglich höchstens dreimal 15 Minuten betragen, MIK$_D$ ist dauerhaft zugelassen.

Am Arbeitsplatz gelten die **Maximalen Arbeitsplatzkonzentrationen MAK.** Es sind die noch tolerierbaren Höchstkonzentrationen von Schadstoffen in der Luft des Arbeitsplatzes, die auch bei achtstündiger und wiederholter, ständiger Einwirkung die Gesundheit nicht beeinträchtigen. Die Grenzwerte (Konzentrationen) werden in ppm (parts per million) bzw. in mg · m^{-3} angegeben.

Daneben gibt es weitere Festlegungen zum Schutz vor Schädigungen:

Arbeitsplatzrichtwerte (ARW) sind für solche Industriechemikalien vorläufig aufgestellt worden, für die noch keine Grenzwerte am Arbeitsplatz (MAK) gültig sind. Es wird das gleiche Ziel verfolgt wie mit MAK-Werten, für diese Stoffe stehen jedoch noch nicht genügend Daten zur Verfügung.

MAK-Werte einiger Schadstoffe

Stoff	MAK in mg · m^{-3}	Stoff	MAK in mg · m^{-3}
Ammoniak	35	Methylenchlorid	360
Benzol	32	Natriumhydroxid	2
Blei	0,1	Ozon	0,2
Brom	0,7	Schwefeldioxid	5
Chlor	1,5	Schwefelsäure	1
Chlorwasserstoff	7	Schwefelwasserstoff	15
Essigsäure	25	Stickoxide	9
Formaldehyd	0,6	Toluol	750
Kohlenstoffmonoxid	33	Trichlormethan	50
Methanol	260	Xylol	440

Übersicht 13-3

MIK-Werte einiger Schadstoffe

Stoff	MIK (Tagesmittelwert) in mg · m^{-3}	Stoff	MIK (Tagesmittelwert) in mg · m^{-3}
Ammoniak	1	Chlorkohlenwasserstoff	0,7
Kohlenstoffmonoxid	10	Schwefeldioxid	0,3
Methylenchlorid	50	Schwefelsäure	0,1
Chlor	0,3	Stickoxide	0,1

Übersicht 13-4

Technische Richtkonzentrationen (TRK) gelten für Krebs erregende Stoffe.

Biologische Arbeitsstoff-Toleranz-Werte (BAT) stellen Grenzwerte in biologischen Stoffen dar wie z. B. in Blut und Harn.

Neben nationalen Vorschriften sind Festlegungen der Europäischen Union zu beachten, z. B. die **OEL-Werte** (**O**ccupational **e**xposure **l**evel).

Vom Bundesgesundheitsamt und der Weltgesundheitsorganisation (WHO) werden für geschlossene Räume **Maximale Raumluftkonzentrationen (MRK)** empfohlen z. B. für Formaldehyd, Styrol, Toluol, Xylol, Tetrachlorethen, Trichlorethen, Dichlormethan, Fungicide (z. B. Pentachlorphenol PCP).

13.6.2 Luftschadstoffe und Smogbildung

Der Stoff mit der höchsten Umweltbelastung ist **Schwefeldioxid** SO_2. Es entsteht bei der Verbrennung von fossilen Brennstoffen, vor allem von Kohle und Erdölprodukten bei der Energieerzeugung. Heiz- und Kraftwerke sind mit 65 %, Haushalte mit 30 % und der Verkehr mit 5 % an der anfallenden Menge beteiligt.

Schwefeldioxid oxidiert an der Luft weiter zu Schwefeltrioxid. Beide reagieren mit Wasser zu schwefliger Säure bzw. Schwefelsäure oder Schwefelsäure-Aerosolen, die ebenfalls umweltschädlich sind (vgl. Übersicht 13-5). Schwefeldioxid und seine Nachfolgeverbindungen sind an der Bildung des sauren Regens beteiligt.

Kohlenstoffmonoxid CO stellt den größten Anteil am Gesamtvolumen der Luft-Schadstoffe (ca. 50 %). Etwa 90 bis 95 % davon entstammen Motorfahrzeugen (vor allem Otto-Motoren), der Rest aus Haushalten, Heiz- und Kraftwerken. Ballungszentren sind besonders von CO-Belastungen betroffen. Da sich im Motor-Leerlauf wegen unvollkommener Verbrennung mehr Kohlenstoffmonoxid bildet als bei Motorbelastung und hoher Drehzahl, ist die Konzentration an Ampeln und Kreuzungen sehr hoch. Ohne Katalysator sind 3 bis 10 % des Abgas-Volumens Kohlenstoffmonoxid, mit Katalysator liegt der Anteil deutlich niedriger (vgl. Abschnitt 9.8).

Stickoxide NO_x (NO, NO_2, N_2O_4) entstehen bei hohen Verbrennungstemperaturen aus fossilen Brennstoffen und Luftstickstoff. Ottomotoren sind daran mit 75 % beteiligt (besonders bei hoher Verdichtung des Motors und hoher Drehzahl), Kraftwerks- und Heizanlagen mit 25 %. Die Gase sind starke Atemgifte. Mit Wasser bilden sie salpetrige Säure HNO_2 sowie Salpetersäure HNO_3, die als saurer Regen Umweltschäden an Pflanzen und Gebäuden bewirken. Folgeprodukte sind Nitrite und Nitrate.

Mit Kohlenwasserstoffen entstehen bei starker Sonneneinstrahlung durch Photooxidation Pflanzen schädigende bzw. Umwelt belastende Gase wie z. B. Aldehyde. NO_2 dient dabei als Oxidationsmittel (Sauerstoffüberträger). (Zur Wirkung von NO_x auf den Ozonkreislauf vgl. Abschnitt 13.-5).

Kohlenwasserstoffe werden bei unvollkommener Verbrennung von Benzin, Diesel und Heizöl abgegeben. Geregelte Katalysatoren senken die Emission (vgl. Abschnitt 9.8). Nicht nur aus dem Kraftstoff stammende Stoffe wie z. B. Benzen (Benzol), sondern auch die bei hohen Temperaturen entstehenden Umwandlungsprodukte wie Benzpyren sind wie alle polycyklischen aromatischen Kohlenwasserstoffe (PAK) besonders schädlich. (Zur Wirkung von Methan vgl. Abschnitt 13.5).

Halogene und **Halogenverbindungen** (Cl_2, F_2, HCl, Fluorchlorkohlenwasserstoffe, Chlorkohlenwasserstoffe, polychlorierte aromatische Kohlenwasserstoffe) sind starke Umweltgifte. Trotz Sicherheitsmaßnahmen und technischer Einrichtungen entweichen geringe Mengen Fluor bei der Aluminiumerzeugung (vgl. Abschnitt 11.9) und Chlor bei der Alkalielektrolyse (vgl. Abschnitt 11.5). Chlorwasserstoff-Gas entsteht z. B. bei der Verbrennung von PVC-Kunststoffen in Müllverbrennungsanlagen. Bei zu niedriger Verbrennungstemperatur werden auch Dioxine gebildet, ebenso sind Havarien Ursache für die Emission schädlicher Stoffe (z. B. Vinylchlorid beim Eisenbahnunglück in Schönebeck 1996).

Von besonderer Gefährlichkeit sind polychlorierte aromatische Kohlenwasserstoffe, die als Pesticide eingesetzt werden wie z. B. polychlorierte Biphenyle PCB, Polychlorphenol PCP, Hexachlorcyclohexan HCH (Lindan). Gleiches gilt für polycyclische aromatische Kohlenwasserstoffe PAK, z. B. Benzpyren, Dioxine u. a. Hexachlorbenzol HCB und Dichlordiphenyltrichlorethan DDT sind in Deutschland verboten.

Erwähnt werden muss, dass auch erhöhte Dosen von **Desinfektionsmitteln** oder **Konservierungsstoffen** gesundheitsschädlich oder zumindest bedenklich sind.

Schwermetalle werden u. a. bei der Erzgewinnung, Erzaufbereitung und bei der Verhüttung der Erze sowie bei der Weiterverarbeitung wie z. B. dem Galvanisieren an die Umwelt (Luft, Wasser) abgegeben. Auch die Korrosion von Metallen führt zur Emission bzw. zur Verseuchung der Luft, des Wassers und des Bodens. Mit dem Verbot von verbleitem Benzin ist ein wichtiger Schritt zur Vermeidung der Bleibelastungen von Viehfutter, Blattgemüse, Fleisch und Abwasser getan.

Stäube gelangen in Form von Asche, Staub und Ruß in die Atmosphäre. Kraftfahrzeuge, Heizungsanlagen, Kraftwerke und Industriebetriebe wie Zementfabriken, Kalkwerke, Stahlwerke u. a. sind die Verursacher. Die festen Partikel können Schwermetalle adsorbieren, z. B. Pb, Zn, Cd. Feinstäube (1 bis 10 μm) wirken besonders gefährlich, weil sie bis in die tieferen Bereiche der Lunge (Lungenbläschen) gelangen können. Abgase von Dieselmotoren enthalten wesentlich weniger CO_2 und NO_x, dafür aber mehr Ruß als die von Otto-Motoren. Rußfilter vermindern den Ausstoß.

Luftschadstoffe können sich bei ungünstigen Wetterlagen in Bodennähe anreichern. Das ist der Fall bei so genannten Inversionen: Kalte Luftschichten mit Schadstoffen werden von höher liegenden warmen Luftschichten überdeckt. Dadurch ist die Luftzirkulation und die Abgabe schädlicher Stoffe an höhere Luftbereiche behindert. Es entsteht **Smog** (engl. aus smoke, Rauch und fog, Nebel zusammengesetzt). Vor allem für Menschen, die an Erkrankungen der Atemwege und unter Kreislaufbeschwerden leiden, ist das eine gesundheitlich bedrohliche Situation.

13.6.3 Wirkungen und Reduzierung von Luftschadstoffen

Nicht alle in Übersicht 13.5 aufgeführten Stoffe sind Luftschadstoffe. Viele der Umweltgifte, die von den Menschen erzeugt werden, gelangen jedoch über die Luft in den Boden oder/und in das Wasser und von dort über die Pflanzen oder Schlachttiere (Fleisch, Milch) in die Nahrungskette.
Eine vollständige Reinhaltung der Luft ist zumindest gegenwärtig technisch nicht möglich und wird wohl auch in Zukunft schwierig zu erreichen sein. Es liegt in der Verantwortung des Menschen gegenüber der Umwelt, der Tiere und Pflanzen, des Klimas, des Wassers, der Luft und des Bodens und schließlich gegenüber sich selbst, die Schadstoffemissionen so niedrig wie möglich zu halten und immer weiter abzusenken. Geeignete Maßnahmen sind einerseits technische Lösungen, andererseits die Einhaltung gesetzlicher Grundlagen. Ziele, die formuliert worden sind, müssen auch mit Konsequenz realisiert werden. Das ist eine Aufgabe, die nur global zu lösen ist, denn Luft und Schadstoffe stoppen nicht an den Grenzen von Ländern und Kontinenten!

An erster Stelle muss die Reduzierung der Schadstoffe angestrebt werden, die mengenmäßig überwiegen, stark gesundheitsschädlich sind und das Klima am stärksten negativ beeinflussen: Kohlenstoffdioxid, Schwefeldioxid, Stickoxide, Chlorkohlenwasserstoffe und Fluorkohlenwasserstoffe.

Es stehen bereits eine Reihe technischer Möglichkeiten zur Verfügung, um die Emission der genannten Stoffe einzuschränken.

Beispiele: Rauchgasentschwefelung (Abschnitt 11.1.2), Rauchgasentstickung (Abschnitt 11.3.2) in Wärmekraftwerken, Umstellung von Kohle auf Erdgas und Heizöl (Reduzierung von SO_2-Emissionen), Wirbelschichtfeuerung, Gaswäsche unter Druck (SO_2,NO_x), Entwicklung neuer Technologien (Doppelkontakt-Schwefelsäure-Verfahren (Abschnitt 11.1.1), Chlor-Alkali-Elektrolyse nach dem Membran-Verfahren (Abschnitt 11.5. 3), geregelte Abgaskatalysatoren für Kraftfahrzeuge (Abschnitt 9.8).

Bleiemissionen durch Kraftfahrzeuge sind mit dem Verbot des verbleiten Benzins 1997 in Deutschland drastisch gesenkt worden. Die Einhaltung der Tempolimits auf den Straßen würde ebenfalls erheblich zur Senkung von CO_2, NO_x und unverbrannten Kohlenwasserstoffen in Autoabgasen beitragen. Große Mengen an organischen Farbstoffverdünnungen werden jährlich beim Konservieren von Autokarosserien, Bauwerken u. dgl. freigesetzt. Hier sollten zunehmend verfügbare wasserverdünnbare Farben eingesetzt werden, die für viele Zwecke gleichwertig sind.

Weltweit sind Umweltforschung und Umwelttechnik gefordert, nach Lösungen zu suchen, um Luft, Wasser und Boden wirkungsvoll zu schützen.

Schadstoffe und Wirkungen der Schadstoffe

Schadstoff	Wirkungen, Schädigungen
Schwefeldioxid und Nachfolgeprodukte: Schwefeltrioxid, schweflige Säure, Schwefelsäure	Reizung der Atemwege und Lunge; bei stärkerer Einwirkung: Asthma, Lungenödeme; Augenreizung; Erhöhung der Infektionsanfälligkeit; Schädigung von Nucleinsäuren (Erbschäden); saurer Regen; Zerstörung des Chlorophylls und der Zellkerne von Chloroplasten (Vergilben von Nadeln und Blättern), Gewebezerstörung der Nadeln und Blätter, Verminderung der Photosynthese; Versagen der Schließzellen von Spaltöffnungen (erhöhte Wasserverdunstung, „Wasserstress"); durch sauren Regen Versäuerung des Bodens, Veränderung der Puffersysteme des Bodens, Auflösung von Al^{3+}, Fe^{3+} und dadurch Schädigung von Wurzelhaaren; Waldsterben; Korrosion von Metallen, erhöhte Verwitterung von Baustoffen
Stickoxide und Nachfolgeprodukte: salpetrige Säure, Salpetersäure	Reizung der Atemwege, bei Dauereinwirkung chronische Atemwegsentzündungen; Atembeschwerden; Lungenödeme; Augenentzündungen; Kopfschmerzen; saurer Regen; Auswaschung von Mg^{2+} des Chlorophylls, Verringerung der Photosynthese (Zellernährung gestört); Schädigung von Membranen in der Pflanzenzelle z. B. Chloroplasten-Membranen durch Nitritanreicherung.

Schadstoffe und Wirkungen der Schadstoffe (Fortzetzung)

Schadstoff	Wirkungen, Schädigungen
Stickoxide und Nachfolge-produkte: (Forts.) salpetrige Säure, Salpetersäure	Bildung pflanzenschädigender Stoffe durch Photooxidation von Kohlenwasserstoffen; Versäuerung des Bodens; Veränderung der Puffersysteme des Bodens; Korrosion von Metallen; erhöhte Verwitterung von Baustoffen; Störung des Ozon-Gleich-gewichts
Kohlenwasser-stoffe	Atembeschwerden, Reizung der Schleimhäute; Krebs erregend (Benzen, Benzpyren); Photooxidation durch NO_x und Sonnen-energie zu schädlichen Umwandlungsprodukten (Aldehyd u. a.); Störung des Ozon-Gleichgewichts
Kohlenstoff-monoxid	höhere Affinität (ca. 240fach) als Sauerstoff zum Blutfarbstoff Hämoglobin, blockiert Sauerstoffaufnahme und Transport zu den Zellen; Kopfschmerzen, Übelkeit, Kreislaufermüdung, Konzentra-tionsschwäche; höhere Dosis: Bewusstlosigkeit, Tod durch Atem-lähmung; Pflanzenschädigung unbekannt
Ozon	Zerstörung von Membranen in den Zellen z. B. von Chloroplasten, Zerstörung der Blatt-Kutikula; Waldschäden durch Absterben von Nadeln und Blättern (Zellernährung gestört); Spaltöffnungen ver-schließen sich als Reaktion auf O_3 (Verringerung der Photosynthe-se); Atemgift, Schleimhautreizung
Halogene, Halogenverbin-dungen	Atemgift, Hautgift, Schleimhautreizung, Chlorakne; Störung des Ozon-Gleichgewichtes
Stäube	Abscheidung von Staub in den Atemwegen; Husten, Asthma; Siliko-se, Asbestose, Lungenkrebs; Bodenverseuchung, Wasserverseu-chung durch mitgeführte Schwermetalle u. a. adsorbierte Stoffe
Schwermetall-verbindungen	Blei: Schädigung der roten Blutkörperchen, der glatten Muskulatur (Gefäß- und Darmstörungen), des motorischen Nervensystems, der Nieren, der Fortpflanzungsorgane (Samenzellen), des Embryos (Frühgeburten); Gedächtnisschwäche u. a. Cadmium: pflanzenschädigend durch Gewebe- und Chlorophyll-zerstörung; Schädigung der Lunge (Lungenödeme), Nieren, Ver-drängung von Ca aus den Knochen (Skelettverformungen); Krebs erregend Quecksilber: geistige Störungen, Kopfschmerz, Entwicklungshem-mungen bei Kindern, Entwicklungsstörungen bei Embryos; Zahn-fleischbluten Kupfer: giftig für Mikrolebewesen (Bakterien, Algen, Pilze); beim Menschen Brechreiz, Erbrechen Mangan: Störungen des Stoffwechsel- und Nervensystems

Übersicht 13-5

13.7 Aufgaben zur Wiederholung von Kapitel 13

1. Beschreiben Sie das physikalische Prinzip der Luftverflüssigung!

2. Diskutieren Sie die Auswirkungen der zunehmenden CO_2-Emission, die vom Menschen verursacht wird! Wie beurteilen Sie die Auswirkungen von Waldsterben und Brandrodungen bzw. der Abholzung von Regenwäldern auf den CO_2-Kreislauf und die prognostizierten Klimaveränderungen?

3. Zeigen Sie auf, in welcher Weise Emissionen von Treibhausgasen reduziert werden können. Welche technischen Lösungen sind in Anlagen, die Treibhausgase emittieren, zu realisieren?

4. Welche Bedeutung hat die Ozonschicht in der Stratosphäre? Welche Vorgänge führen zur Ozonbildung?

5. Durch welche Stoffe und Vorgänge wird der Ozonkreislauf gestört bzw. die Ozonbildung verhindert?

6. Bewerten Sie kritisch den Begriff „Ozonkiller"! Inwieweit ist der Begriff zutreffend?

7. Zeigen Sie auf, welche Möglichkeiten bestehen, die Emisssion von Luftschadstoffen, die in den Ozonzyklus eingreifen, zu minimieren!

8. Erklären Sie, was unter den Begriffen Emission, Immission zu verstehen ist! Was bedeuten die Abkürzungen MEK, MAK, MIK, ARW, TRK, BAT, MRK?

9. Überlegen Sie, wie Sie die Schadstoffe nach verschiedenen Gesichtspunkten ordnen können (z. B. Herkunft, Wirkung auf…)! Beachten Sie auch die Übersicht „Gefahrstoffe" im Anhang!

10. Notieren Sie zu den Schadstoffen/Gefahrstoffen, die Sie nach Aufgabe 9 geordnet haben, Wirkungen und Möglichkeiten der Schadstoffreduzierung!

14 Einfache organische Verbindungen – Kohlenwasserstoffe

14.1 Zum Begriff „Organische Chemie"

Ursprünglich nahm man an, dass bestimmte Verbindungen nur von Organismen, von Lebewesen, aufgebaut werden könnten. Der schwedische Chemiker Jöns Jakob von BERZELIUS (1779 – 1848) nannte sie organische Stoffe. Darauf baut die Einteilung der Chemie in organische und anorganische Chemie. Sie wurde beibehalten, obwohl der deutsche Chemiker Friedrich WÖHLER (1800 – 1882) bereits 1828 im Labor Harnstoff aus anorganischen Stoffen herstellte.

Prinzipiell kann man heute die **anorganische Chemie** als Wissenschaftszweig bezeichnen, der die Verbindungen und Vorgänge aller Elemente einschließlich des Elements Kohlenstoff, seiner Oxide, Carbide, Carbonate und der Kohlensäure untersucht.

In der **organischen Chemie** werden die Eigenschaften und Reaktionen von Kohlenstoffverbindungen mit Ausnahme der Oxide, der Kohlensäure, der Carbide und der Carbonate behandelt.

Organische Stoffe bestehen vor allem aus Kohlenstoff und Wasserstoff. Beide Elemente sind durch eine nahezu unpolare Atombindung verbunden. Als weitere Elemente kommen in manchen organischen Verbindungen Sauerstoff, Stickstoff, Schwefel, Phosphor, Chlor u. a. vor, die eine polare Atombindung ausbilden.

Trotz der geringen Zahl von Elementen, die die Verbindungen aufbauen, kennt man gegenwärtig über 4 Millionen organische Stoffe gegenüber ca. 300 000 anorganischen Verbindungen. Die Erklärung dafür findet man in den Bindungsmöglichkeiten des Kohlenstoffs.

BERZELIUS

WÖHLER

14.2 Bindungen des Kohlenstoffs mit einwertigen Elementen

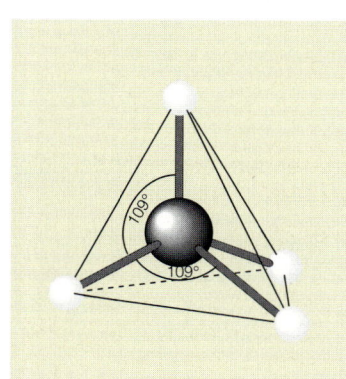

Auf Grund seines Atombaus besitzt Kohlenstoff in Verbindungen vier Elektronenpaare (vierbindig). Er kann somit vier Atome eines einwertigen Elementes binden, z. B. Wasserstoff zu Methan CH_4 oder Chlor zu Tetrachlormethan CCl_4. Wegen der gegenseitigen Abstoßung der vier Bindungen (vgl. Abschnitt 5.4.8) entsteht ein Molekül in Form eines Tetraeders, in dessen Mittelpunkt sich das Kohlenstoffatom befindet. An den Tetraederecken sind die 4 Substituenten angeordnet (Abb. 14-1). Alle Bindungswinkel betragen 109°.

Abb. 14-1
Tetraedische Struktur von Methan oder
Tetrachlormethan

14.3 Bindungen zwischen Kohlenstoffatomen

Die bemerkenswerteste und wichtigste chemische Eigenschaft des Kohlenstoffs besteht darin, dass sich C-Atome untereinander und in verschiedenartiger Anordnung binden können. Andere Elemente wie Schwefel und Bor können sich ebenfalls in Molekülen primär verknüpfen, jedoch ist diese Erscheinung bei weitem nicht so ausgeprägt wie beim Kohlenstoff. Sieht man von kleinen Teilchen wie Methan CH_4 ab, bilden Kohlenstoffatome durch gegenseitige Bindung im Molekül ein „Grundgerüst". An den weiteren freien Valenzen sind Wasserstoffatome oder andere Elemente gebunden.

Die Kohlenstoffatome bilden im einfachsten Fall Moleküle in Form einer unverzweigten, **linearen Kette** mit je zwei Kohlenstoffatomen als „Nachbarn":

$$\cdots C-C-C-C-C-C\cdots$$

Auch drei und vier Kohlenstoffatome können an ein C-Atom gebunden sein. Auf diese Weise entstehen **verzweigte Moleküle** in unterschiedlicher Ausbildung:

einfach verzweigtes Molekül

oder

mehrfach verzweigte Moleküle

Neben kettenförmigen Molekülen bildet Kohlenstoff auch **ringförmige** Strukturen mit Einfachbindungen (vgl. Abschnitt 14.7).

Beispiele:

Zwischen Kohlenstoffatomen gibt es nicht nur Einfachbindungen, sondern auch Mehrfachbindungen. Sie können in folgender Weise ausgebildet sein:

1. Die C-Atome sind durch eine primäre Bindung, d. h. durch ein Elektronenpaar untereinander gebunden wie in den voranstehenden Formelbeispielen. Es handelt sich um unpolare σ-Bindungen (vgl. Abschnitte 5.4.2 und 5.4.10). Die im Kapitel 5.4 dargestellten Zusammenhänge zur Atombindung sind auch für die organischen Verbindungen gültig. Sie werden nachfolgend erweitert und ergänzt.

Die Verbindungen mit **Einfachbindung** nennt man **gesättigt.** Im einfachsten Fall entsteht Ethan C_2H_6 bzw. CH_3–CH_3. Die Molekülform wird durch zwei Tetraeder, die sich mit einer Spitze berühren, wiedergegeben (Abb. 14-2). Die Bindungsstriche sind vereinfachte Schreibweisen für die überlappten Orbitale des Wasserstoffs und Kohlenstoffs bzw. zwischen Orbitalen der beiden Kohlenstoffatome. Die C–H–Bindungen (σ-Bindungen) sind wegen der geringen Unterschiede in der Elektronegativität beider Partner nahezu unpolar.

Die Ausrichtung der σ-Bindungen des Kohlenstoffs ist in folgender Weise verständlich:
Im elementaren (Grund-)Zustand hat das Kohlenstoffatom die Elektronenbesetzung s^2p^2 auf der L-Schale. Beim Übergang in die gesättigten Bindungen bilden sich aus dem kugelförmigen 2s-Orbital und den rechtwinklig zueinander stehenden $2p_x$- und $2p_y$-Orbitalen des Kohlenstoffs vier gleichwertige bzw. gleichgerichtete Orbitale. Sie werden als **sp³-Hybrid-Orbital** bezeichnet (Abb. 14-3). Den Übergang selbst nennt man **Hybridisation.**

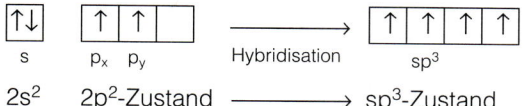

$$2s^2 \qquad 2p^2\text{-Zustand} \xrightarrow{\hspace{2cm}} sp^3\text{-Zustand}$$

Die vier sp³-Orbitale sind in die Ecken eines modellhaft angenommenen Tetraeders gerichtet (Abb. 14-4). Dadurch kommt die Tetraederstruktur der gesättigten organischen Verbindungen zustande. Bei der Verbindung mit Wasserstoff überlappen die sp³-Orbitale mit den kugelförmigen 1s-Orbitalen der gebundenen Wasserstoffatome, wie Abb. 14-5 für das Methanmolekül zeigt (vgl. auch Abb. 5-21).

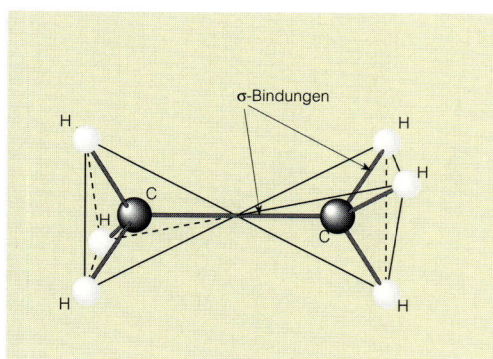

Abb. 14-2 Ethanmolekül (C_2H_6);
Struktur der Einfachbindung

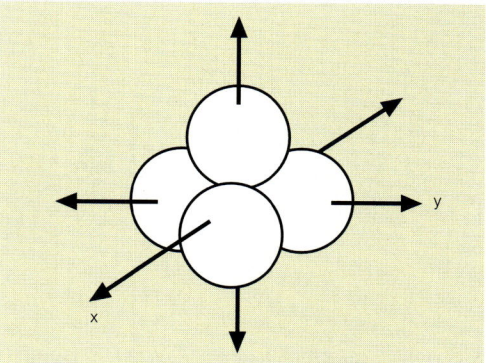

Abb. 14-3 Darstellung der sp³ Hybridisation
(Kugelwolken bzw. Ladungswolken)

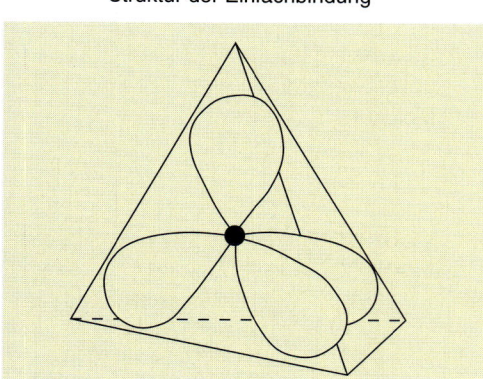

Abb. 14-4 Vereinfachte Darstellung
der sp³-Hybridisation des Kohlenstoffs

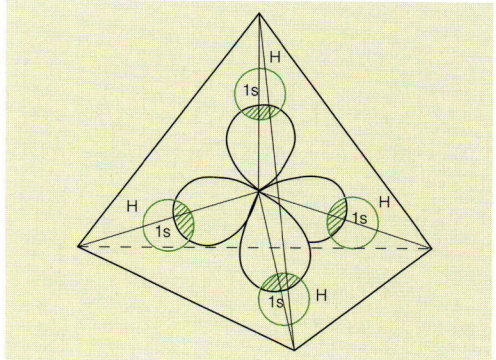

Abb. 14-5 Überlappung der sp³-Hybridorbitale
mit den 1s-Orbitalen des Wasserstoffs im Methan

Diese Verhältnisse bestehen auch in höheren Kohlenwasserstoff-Verbindungen: Das Propan C_3H_8 bzw. CH_3–CH_2–CH_3 wird von drei, Butan C_4H_{10} von 4 Tetraedern aufgebaut. So können Moleküle mit mehr oder weniger langen Ketten entstehen. In Verbindungen mit C–C-Einfachbindungen setzt sich die Tetraederstruktur über das gesamte Molekül fort. Der Bindungswinkel in den Tetraedern und zwischen den Tetraedern beträgt wie beim Methan CH_4 109°. Das gesättigte Molekül kann somit durch eine Struktur, wie sie Abb. 14-6 wiedergibt, gekennzeichnet werden. Zumeist wird nicht die gewinkelte LEWIS-Formel, sondern die vereinfachte gestreckte Formel geschrieben (Abb. 14-7).

Die Einfachbindungen wirken immer in Richtung der Kernverbindungslinie.

Sind an die Kohlenstoffatome nur Wasserstoff-Atome gebunden, handelt es sich um gesättigte Kohlenwasserstoffe. Sie heißen **Alkane** oder **Paraffine** (vgl. Abschnitt 14.6.1). Ringförmige gesättigte Kohlenwasserstoffe nennt man **Cycloalkane** oder **Naphthene** (vgl. Abschnitt 14-7.

2. Kohlenstoffatome können auch durch zwei Bindungen untereinander verknüpft sein wie in Ethen C_2H_4, $CH_2=CH_2$. Man spricht dann von **Doppelbindungen.** Dieser Bindungszustand wird in folgender Weise beschrieben: Drei Elektronen des Kohlenstoffs sind gleichgerichtet. Es besteht eine **sp²-Hybridisation.** Die drei Orbitale liegen in einer Ebene im Winkel von 120° und gehen σ-Bindungen ein, im Ethen zwischen zwei H-Atomen und dem zweiten C-Atom. Das jeweils vierte Elektron der beiden C-Atome bildet ein zweites Elektronenpaar („Ladungswolke"), die π-Bindung (Abb. 14-8). Das Elektronenpaar der σ-Bindung ist auf der Kern-Verbindungslinie angeordnet (zur σ- und π-Bindung vgl. auch Abschnitt 5.4.10).

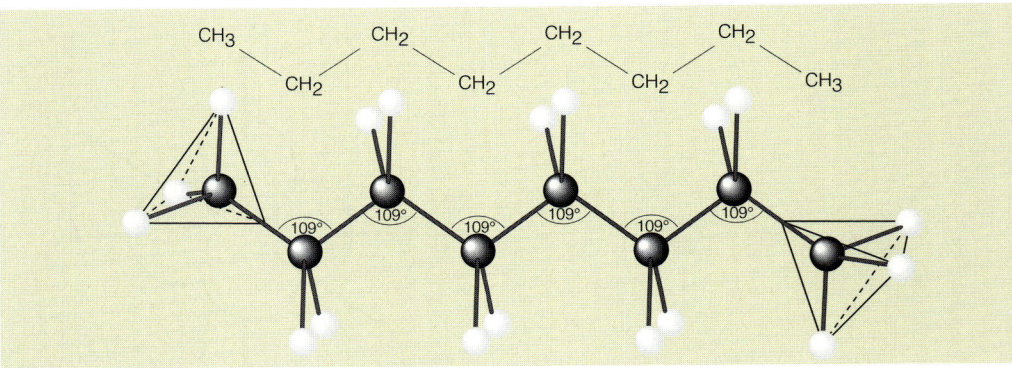

Abb. 14-6 Struktur eines Alkans (C_8H_{18}). Tetraedrische Anordnung der Baueinheiten (Anmerkung: nur die beiden Endgruppen $-CH_3$ sind als Tetraeder hervorgehoben worden; verallgemeinerte Struktur ⋁⋁⋁⋁).

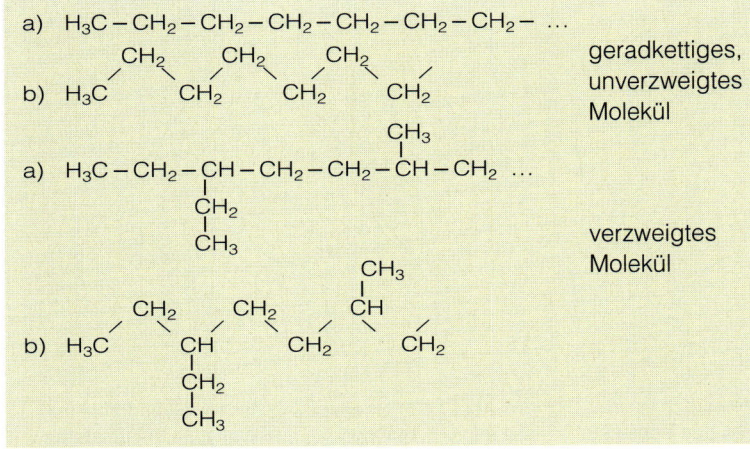

geradkettiges, unverzweigtes Molekül

verzweigtes Molekül

Abb. 14-7
Geradkettige und verzweigte Kohlenstoffketten
a) in gestreckter und
b) gewinkelter Darstellung

Die π-Bindung muss deshalb den Raum über und unter der Kernverbindungslinie einnehmen. Das Molekül ist an der Doppelbindung eben gebaut (Abb. 14-9; vgl. auch Abb. 5-22). Die Doppelbindung kann mithilfe von zwei Tetraedern, die sich an einer Kante berühren, dargestellt werden (Abb. 14-10). σ- und π-Bindungen unterscheiden sich in der Bindungsenergie. Die π-Bindung ist energiereicher, sie kann leichter gelöst werden und neue σ-Bindungen eingehen. Die Verbindungen nennt man deshalb ungesättigt. Moleküle mit Doppelbindungen verhalten sich reaktionsfreudiger als solche mit Einfachbindungen.

Kohlenwasserstoffe mit einer Doppelbindung heißen **Alkene** oder **Olefine** (vgl. Abschnitt 14.6.2).

3. Kohlenstoffatome gehen auch **Dreifachbindungen** untereinander ein, wie z. B. im Ethin C_2H_2 bzw. HC≡CH. Die beiden C-Atome besitzen nur eine **sp-Hybridisation,** d. h., zwei Elektronen sind gleichwertig oder gleichgerichtet. Sie vermitteln im Ethin eine σ-Bindung zwischen den beiden Kohlenstoff-Atomen und eine zum Wasserstoff. Die beiden weiteren Elektronen jedes C-Atoms bilden zwei gemeinsame Elektronenpaare als zwei π-Bindungen. Die σ-Bindung zwischen den beiden C-Atomen liegt wieder auf der Kernverbindungslinie. Die beiden Elektronenpaare („Ladungswolken") befinden sich über und unter sowie neben der Kernverbindungslinie (Abb. 14-11). Das Molekül ist an der Dreifachbindung linear gebaut. Die Struktur der Dreifachbindung ergibt sich aus zwei Tetraedern, die sich mit einer Fläche berühren (Abb.14-12). Kohlenwasserstoffe mit Dreifachbindung verhalten sich ebenfalls sehr reaktionsfreudig. Sie heißen **Alkine** oder **Acetylene** (vgl. Abschnitt 14.6.3).

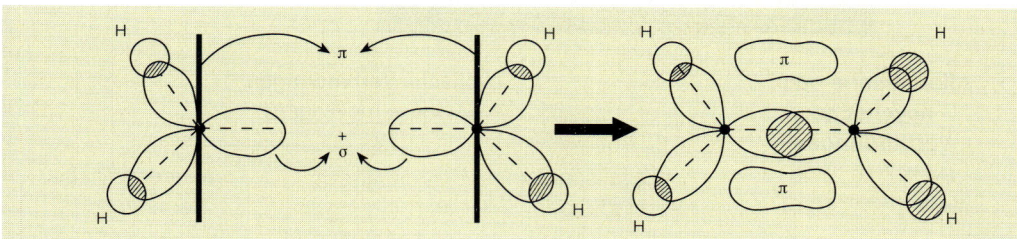

Abb. 14-8 sp²-Hybridisation und Bindungen im Ethen (die senkrechten Striche symbolisieren die ungepaarten Elektronen des Kohlenstoffs, die zur π-Bindung kombinieren)

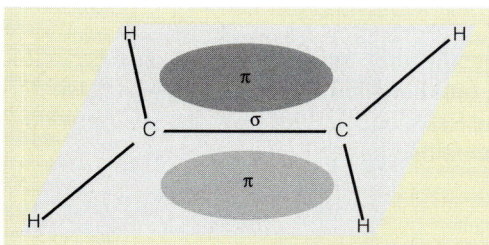

Abb. 14-9 Struktur von Ethen C_2H_4

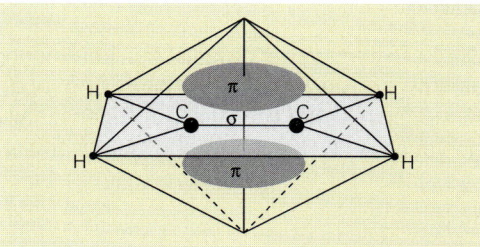

Abb. 14-10 Struktur der Doppelbindung in Ethen

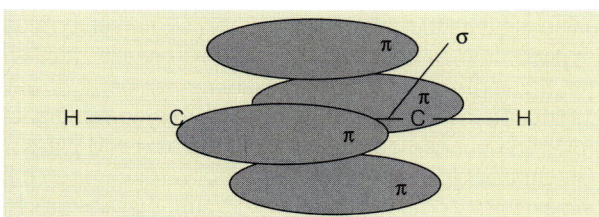

Abb. 14-11 Struktur von Ethin C_2H_2

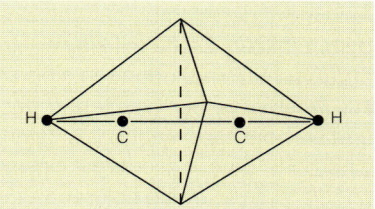

Abb. 14-12 Räumliche (gestreckte) Gestalt des Ethins

Moleküle mit Doppel- und Dreifachbindungen können unverzweigt oder verzweigt sein, wie das auch für die Alkane beschrieben ist.

Kettenförmige (offenkettige) Kohlenwasserstoff-Verbindungen bezeichnet man als **acyclische** (griech. nicht ringförmig) oder **aliphatische** (griech. Fett, Salböl) Verbindungen.

Die ringförmigen gesättigten Kohlenwasserstoffe oder Cycloalkane sind **alicyclische** (griech. ringförmig) Verbindungen (Abb. 14-19 und 14-25).

4. Kohlenstoffatome können auch ringförmige Moleküle mit mehreren Doppelbindungen bilden. Bei Benzen oder Benzol C_6H_6 und den Benzol-Abkömmlingen (Derivaten) liegt ein Ring mit 6 C-Atomen vor. Der Bindungszustand im Molekül wird sehr vereinfacht durch 6 Einfach- und 3 Doppelbindungen beschrieben. Diese Stoffe heißen **Aromate** (griech., lat. Geruch, Gewürz). Sie besitzen zumeist einen charakteristischen („aromatischen") Geruch (vgl. Abschnitt 15.10).

5. Sind an der Ringbildung auch Atome anderer Elemente beteiligt, nennt man die Stoffe **heterocyclisch** (griech. verschieden, Ring)

Übersicht 14-1 gibt schematisch die Einteilung der organischen Stoffe wieder.

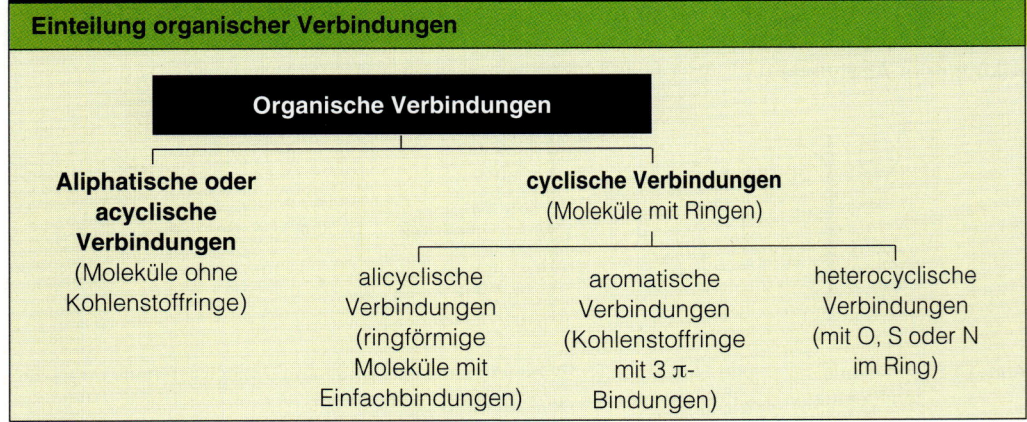

Übersicht 14-1

Die Bezeichnung der organischen Verbindungen erfolgt durch rationelle Namen, die aus der Zusammensetzung, der Atomanordnung und den **funktionellen Gruppen** abgeleitet werden (Gruppen mit charakteristischen Eigenschaften und Reaktionen). Häufig werden die Verbindungen auch durch herkömmliche, so genannte **Trivialnamen** benannt.

14.4 Allgemeine Eigenschaften organischer Stoffe

Auf Grund der Atombindungen sind organische Stoffe thermisch wenig stabil, sie zersetzen sich beim Erhitzen. Stoffe mit kleiner Molekülmasse kommen gasförmig oder flüssig vor. Die meisten organischen Verbindungen sind brennbar. Sie verbrennen mit hoher Flammentemperatur, weil zur Zerstörung der C – C- und der C – H-Bindungen eine relativ geringe Energie notwendig ist und weil die hauptsächlich entstehenden Verbrennungsprodukte Kohlenstoffdioxid und Wasser eine hohe Bindungsenergie besitzen (vgl. Übersicht 9-2). Viele organische Verbindungen mit unpolarer bzw. wenig polarer Atombindung sind nicht oder nur gering im polaren Wasser löslich. Sie verhalten sich **hydrophob** (griech. wasserfeindlich). Dagegen mischen sie sich wegen der ähnlichen Molekülzusammensetzung meist gut mit flüssigen organischen Verbindungen, die auch Fette auflösen. Man bezeichnet organische Verbindungen deshalb als **lipophil** (griech. fettfreundlich). Sind stark elektronegative Elemente wie Sauerstoff und Stickstoff am Aufbau beteiligt, wird das Molekül polar und es kann sich wasserlösliches Verhalten einstellen (z. B. niedermolekulare Alkohole, Aldehyde und Ketone).

14.5 Organische Reaktionen

Organische Reaktionen unterscheiden sich in ihrem Verlauf von anorganischen Reaktionen. Sie werden in folgende Hauptgruppen eingeteilt: Substitution (Ersetzen, Austauschen), Addition (Hinzufügen, Anlagern), Eliminierung (Abspalten, Beseitigen) sowie Oxidation und Reduktion.

Bei einer **Substitution** werden Atome eines Elements durch Atome eines anderen Elements ausgetauscht.

Beispiel: **Halogenierung**

$$CH_4 \;+\; Cl_2 \;\rightarrow\; CH_3Cl \;+\; HCl$$
Methylchlorid

Bei einer **Addition** werden Atome an eine Doppelbindung angelagert, indem die π-Bindung aufgespalten wird und die Elektronen neue Bindungen mit den Substituenten eingehen.

Beispiel: **Hydrierung,** Anlagerung von Wasserstoff

$$CH_2{=}CH_2 \;+\; H_2 \qquad \rightarrow \; CH_3{-}CH_3$$
Ethan

Bei der **Eliminierung** werden Atome mit σ-Bindungen aus einem Molekül abgespalten. Es entsteht eine π-Bindung. Die Eliminierung ist eine Umkehrung der Addition.

Beispiel: Abspaltung von Wasserstoff, **Dehydrierung**

$$CH_3{-}CH_3 \;\rightarrow\; CH_2{=}CH_2 \;+\; H_2$$
Ethen

Beispiel: Abspaltung von Wasser, **Dehydratation**

$$CH_3{-}CH_2OH \;\rightarrow\; CH_2{=}CH_2 \;+\; H_2O$$
Ethen

Organische Reaktionen verlaufen in vielen Fällen nicht so rasch wie anorganische Prozesse oder auch nur unter Mitwirkung eines Katalysators.
Durch Austausch von Wasserstoff gegen einen Substituenten entstehen **Derivate** der Stammverbindung, z. B. ist Monochlormethan ein Derivat des Methans.

14.6 Aliphatische oder acyclische Kohlenwasserstoffe

14.6.1 Alkane oder Paraffine

14.6.1.1 Aufbau der Alkane

Die Alkane oder Paraffine sind gesättigte kettenförmige Verbindungen, die nur aus Kohlenstoff- und Wasserstoffatomen aufgebaut sind.

Die Kohlenstoffatome sind durch nahezu unpolare Einfachbindungen verknüpft. Zwischen den Molekülen wirken schwache Dispersionskräfte. Die Moleküle sind aus tetraedrischen Baueinheiten aufgebaut (vgl. Abb 14-13)
Bisher wurden Alkane mit mehr als 100 Kohlenstoffatomen erzeugt (n > 100).

Abb. 14-13
Molekülmodelle von
Methan, Ethan und
Propan

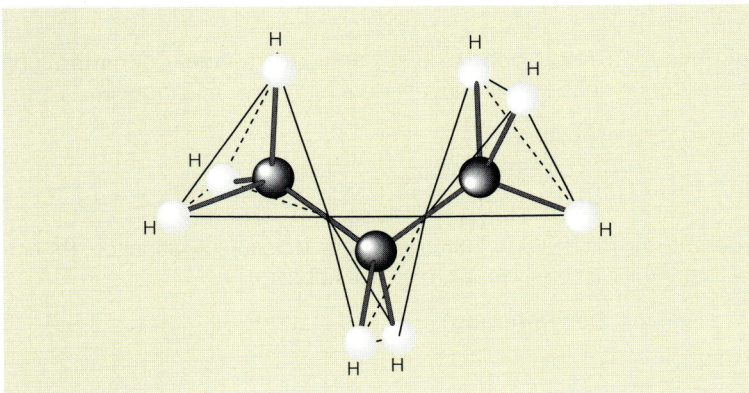

Abb. 14-14
Struktur des
Propan-Moleküls

Die Alkane bilden eine gleichmäßige oder **homologe Reihe.** Die einzelnen aufeinander folgenden Verbindungen unterscheiden sich jeweils um eine CH_2-Gruppe. Unverzweigte Alkane heißen normale oder n-Alkane:

CH_4		Methan
CH_3-CH_3	C_2H_6	Ethan
$CH_3-CH_2-CH_3$	C_3H_8	Propan
$CH_3-CH_2-CH_2-CH_3$	C_4H_{10}	n-Butan
$CH_3-CH_2-CH_2-CH_2-CH_3$	C_5H_{12}	n-Pentan usw.

Die allgemeine Summenformel der Alkane lautet C_nH_{2n+2}.

Ab n = 5 werden die Namen aus griechischen Zahlwörtern und der Endung -an gebildet. Trennt man gedanklich von den Alkanen ein Wasserstoffatom ab, so entstehen **Alkyl-Gruppen** bzw. **Radikale** (R). Sie besitzen ein ungepaartes Elektron und sind deshalb nicht beständig, sondern immer mit einem Substituenten verbunden. Die Namen der Alkylgruppen leiten sich aus der Stammsilbe der Alkane ab, welche die Endung -yl erhält: Meth-yl-, Eth-yl- usw. (vgl. Übersicht 14-2). Die Substituenten werden als **funktionelle Gruppe** der Verbindung bezeichnet, weil sie bestimmend für die chemischen Reaktionen sind.

Beispiele:

Methyl	chlorid	Propyl	alkohol
Alkylgruppe	funktionelle Gruppe	Alkylgruppe	funktionelle Gruppe
(Radikal)	(Substituent)	(Radikal)	(Substituent)
$CH_3 -$	Cl	$CH_3-CH_2-CH_2-$	OH

Die rationellen Bezeichnungen für diese Verbindungen sind Monochlormethan bzw. 1-Propanol.

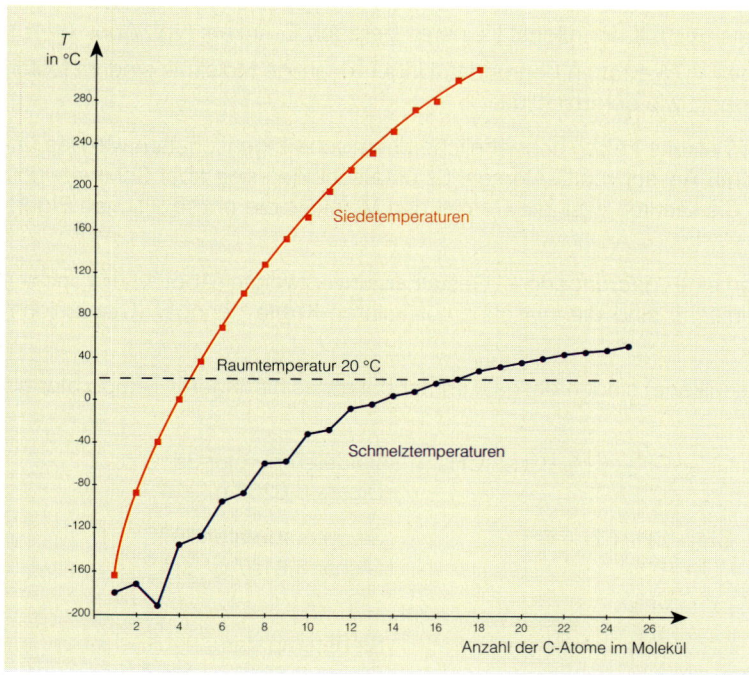

Abb. 14-15
Abhängigkeit der Siede- und Schmelztemperatur von der relativen Molekülmasse bzw. Molekülgröße bei unverzweigten Alkanen (n-Alkane)

n-Alkane (C_1 bis C_{10})

Name	Summen-formel	rationelle Formel	Schmelz-temperatur in °C	Siede-temperatur in °C	Bezeichnung der Akylgruppe
Methan	CH_4	CH_4	−184,5	−161,5	Methyl-
Ethan	C_2H_6	CH_3-CH_3	−170,3	−88,6	Ethyl-
Propan	C_3H_8	$CH_3-CH_2-CH_3$	−187,1	−42,5	Propyl-
Butan	C_4H_{10}	$CH_3-(CH_2)_2-CH_3$	−138,3	−0,5	Butyl-
Pentan	C_5H_{12}	$CH_3-(CH_2)_3-CH_3$	−129,7	+36	Pentyl-
Hexan	C_6H_{14}	$CH_3-(CH_2)_4-CH_3$	−94,3	+68,7	Hexyl-
Heptan	C_7H_{16}	$CH_3-(CH_2)_5-CH_3$	−90,5	+98,4	Heptyl-
Octan	C_8H_{18}	$CH_3-(CH_2)_6-CH_3$	−56,8	+125,7	Octyl-
Nonan	C_9H_{20}	$CH_3-(CH_2)_7-CH_3$	−53,7	+150,7	Nonyl-
Decan	$C_{10}H_{22}$	$CH_3-(CH_2)_8-CH_3$	−29,7	+174,0	Decyl-

Übersicht 14-2

14.6.1.2 Physikalische Eigenschaften der Alkane

Mit zunehmender relativer Molekülmasse erhöhen sich Siede- und Schmelztemperaturen der Alkane (Übersicht 14-2 und Abb.14-15). Während Verbindungen mit bis zu 4 Kohlenstoffatomen bei Raumtemperatur gasförmig vorkommen, sind unverzweigte Alkane ab 5 Kohlenstoffatomen flüssig und ab 18 Kohlenstoffatomen fest. Dieser Sachverhalt kommt zustande, weil mit Vergrößerung der relativen Molekülmasse der n-Alkane die zwischenmolekularen Kräfte zunehmen. Wie Abb. 14-15 zeigt, steigen die Siedetemperaturen gleichmäßig an, die Schmelztemperaturen weniger regelmäßig. Moleküle mit gerader C-Zahl schmelzen relativ höher gegenüber den vorangegangenen Verbindungen mit ungerader C-Zahl und das jeweils folgende ungeradzahlige n-Alkan schmilzt relativ niedriger als das mit der nächst kleineren geraden C-Anzahl (vgl. Abb. 14-15).

Diese Erscheinung ist in den VDW-Kräften begründet: Ungeradzahlige Moleküle sind im festen Zustand nicht so dicht gepackt wie geradzahlige.

Die verzweigten (isomeren) Alkane haben sehr ähnliche chemische Eigenschaften wie das unverzweigte Alkan mit gleicher Anzahl von C-Atomen. Es unterscheiden sich aber Schmelz- und Siedetemperaturen sowie die Dichten, weil die Gestalt des Moleküls die physikalischen Eigenschaften mitbestimmt.

Verzweigte Moleküle haben eine „gedrungenere" Gestalt als unverzweigte (Abb. 14-16) und auf Grund der kleineren Oberfläche sind die zwischenmolekularen Kräfte geringer (Dispersionskräfte, vgl. Abschnitt 6.6).

Die verzweigten Alkane (Isoalkane) sieden deshalb immer bei etwas niedrigerer Temperatur als das zugehörige n-Alkan:

n-Pentan	$CH_3-CH_2-CH_2-CH_2-CH_3$	Siedetemperatur 36 °C Dichte 0,6262 g · cm^{-3}
2-Methylbutan	$CH_3-CH-CH_2-CH_3$ $\quad\quad\mid$ $\quad\quad CH_3$	Siedetemperatur 28 °C Dichte 0,6197 g · cm^{-3}
2,2-Dimethylpropan	CH_3 $\mid$ CH_3-C-CH_3 $\mid$ CH_3	Siedetemperatur 9,4 °C Dichte 0,5910 g · cm^{-3}

Wegen der unpolaren Moleküle sind gesättigte Kohlenwasserstoffe nur in unpolaren Lösungsmitteln und untereinander löslich.

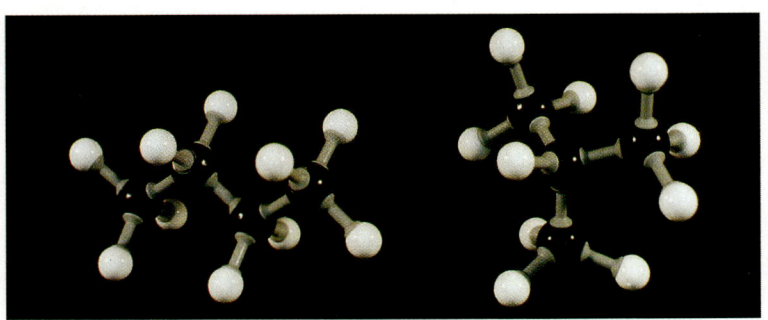

Abb. 14-16
Molekülmodelle von
n-Butan und Isobutan
oder 2-Methylpropan

14.6.1.3 Chemische Eigenschaften der Alkane

Die Alkane sind bei Zimmertemperatur gegenüber anderen Stoffen, z. B. Luftsauerstoff, Säuren und Laugen, reaktionsträge. Sie verbrennen zu Kohlenstoffdioxid und Wasser.

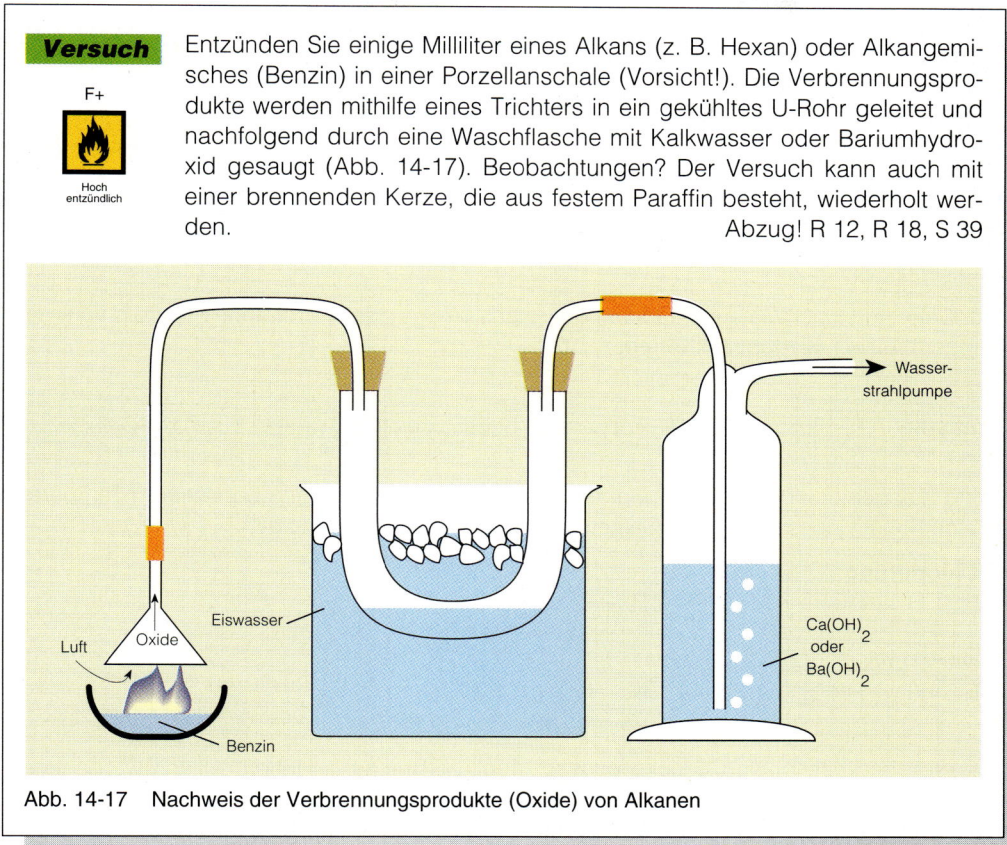

Versuch

F+

Hoch entzündlich

Entzünden Sie einige Milliliter eines Alkans (z. B. Hexan) oder Alkangemisches (Benzin) in einer Porzellanschale (Vorsicht!). Die Verbrennungsprodukte werden mithilfe eines Trichters in ein gekühltes U-Rohr geleitet und nachfolgend durch eine Waschflasche mit Kalkwasser oder Bariumhydroxid gesaugt (Abb. 14-17). Beobachtungen? Der Versuch kann auch mit einer brennenden Kerze, die aus festem Paraffin besteht, wiederholt werden. Abzug! R 12, R 18, S 39

Wasser-strahlpumpe

Eiswasser

Luft Oxide

Benzin

$Ca(OH)_2$ oder $Ba(OH)_2$

Abb. 14-17 Nachweis der Verbrennungsprodukte (Oxide) von Alkanen

Niedere Alkane (geringe Molekülmasse) bilden mit Luft explosible Gemische (z. B. Methan-Luft-Gemische als „schlagende Wetter" in Steinkohlengruben; Benzin-Luft-Gemische im Verbrennungsmotor).

Nur Halogene als stark elektronegative Elemente sind in der Lage, bei Raumtemperatur Substitutionsreaktionen mit Alkanen auszulösen. Die Reaktion mit Fluor erfolgt bereits bei tiefen Temperaturen (ca. –80 °C), mit Chlor und Brom bei energiereicher Belichtung. Gemische aus den gasförmigen niederen Alkanen und Chlor setzen sich dabei sogar explosiv um. Die Reaktion mit Brom geht langsamer vor sich.

Aufgabe: Erklären Sie die unterschiedliche Reaktivität der Halogene gegenüber Alkanen!

Die Substitution erfolgt über Radikalbildung als **Radikalreaktion.** Dabei werden σ-Bindungen durch energiereiche Strahlung homolytisch aufgespalten. Das bedeutet, dass je ein Elektron bei den beiden Molekülbruchstücken verbleibt. Die Radikale sind wegen des ungepaarten Elektrons sehr energiereich, äußerst reaktiv und nur kurzzeitig beständig. Sie reagieren sofort unter Bildung weiterer Radikale. Für Methan ist die Radikalreaktion mit Brom wie folgt zu formulieren:

$$Br_2 \xrightarrow{h \cdot v} 2\ Br\cdot \quad \text{(Radikalbildung als Start)}$$

$$Br\cdot + CH_4 \longrightarrow HBr + CH_3\cdot$$
$$CH_3\cdot + Br_2 \longrightarrow CH_3Br + Br\cdot$$

Eleminierung und Substitution

usw.

Die Radikalreaktion bricht bei der Reaktion von zwei Radikalen ab, z. B.

$$Br\cdot + Br\cdot \longrightarrow Br_2$$
$$CH_3\cdot + Br\cdot \longrightarrow CH_3Br$$
$$CH_3\cdot + CH_3\cdot \longrightarrow CH_3 - CH_3$$

Als Ergebnis der Reaktionen liegen Monobrommethan und Bromwasserstoff sowie Nebenprodukte vor.

Auch Chlor und Fluor wie auch andere höhere gasförmige oder verdampfte Alkane reagieren in analoger Weise in **Kettenreaktionen.**

Aufgabe: Formulieren Sie die radikalische Substitutionsreaktion von Ethan mit Chlor!

Neben Halogenierungen (Fluorierung, Chlorierung, Bromierung) kann bei höheren Temperaturen eine Substitutionsreaktion mit Salpetersäure zu Nitroalkanen erfolgen:

Chlorierung
$$R - H + Cl_2 \longrightarrow R - Cl + HCl$$
Chloralkan, Alkylchlorid

Nitrierung
$$R - H + HNO_3 \longrightarrow R - NO_2 + H_2O$$
Nitroalkan (Nitro-Lösungsmittel)

Technisch bedeutsam sind **Crackprozesse** (engl. zerbrechen). Höhere Alkane werden kurzzeitig hoch erhitzt. Es findet eine Hitzespaltung, die auch **Pyrolyse** genannt wird, statt. Dabei entsteht ein Gemisch aus niederen Alkanen, Alkenen und aromatischen Stoffen. Auf diese Weise werden höhere Alkane des Erdöls in Benzin und in Alkene als Ausgangsstoffe für Synthesen umgewandelt (vgl. Abschnitt 16.6.2).

Mithilfe von Katalysatoren ($AlCl_3$, $AlBr_3$) werden aus n-Alkanen verzweigte Alkane gewonnen **(Isomerisierung)**. Praktische Bedeutung hat dieser Vorgang zur Erzeugung klopffester Benzine (vgl. Abschnitt 16.6.3).

Mit einem Gemisch aus Schwefeldioxid und Chlor entstehen aus Alkanen bei Belichtung Alkylsulfochloride, z. B.

$$C_{10}H_{22} + SO_2 + Cl_2 \longrightarrow C_{10}H_{21}SO_2Cl + HCl$$

Alkylsulfochloride sind wichtige Ausgangsstoffe für Waschmittel.

14.6.1.4 Einige Alkane und ihre Verwendung

Die gasförmigen Alkane kommen in Grubengas, Sumpf- und Erdgas vor (CH_4). Sie sind auch Bestandteil der Gasprodukte, die bei der Erdöldestillation anfallen. Erdöl besteht vor allem aus flüssigen und darin gelösten festen Alkanen sowie cyclischen Kohlenwasserstoffen (vgl. Abschnitt 16.3).

Alkane und Alkangemische – Vorkommen, Eigenschaften, Verwendung	
Methan (CH_4)	farblos, geruchlos, hochexplosiv (schlagende Wetter); in Erdgas, Grubengas, Faulgas; Entgasung von Kohle; Treibhauseffekt; Erzeugung von Ruß durch unvollkommene Oxidation, von Synthesegas ($CO + H_2$)
Ethan (C_2H_6)	farblos, geruchlos, brennbar, explosiv; in Erd- und Crackgas; Dehydrierung zu Ethen für Polyethylen und andere organische Stoffe
Propan (C_3H_8)	farblos, explosiv; Flüssiggas (Heizgas, Motortreibstoff); in Erd- und Crackgas; Dehydrierung zu Propen für Polypropylen u. a.
Butan (C_4H_{10})	farblos, brennbar; Gewinnung bei Erdölaufbereitung; Dehydrierung zu Butadien für Polybutadien; Crackung zu Ethen, Propen; Erzeugung von Acetaldehyd, Essigsäure u. a.; Heizgas, Treibgas für Spraydosen
Petrolether	Lösungsmittel; Gemisch aus Pentanen, Hexanen
Benzine	Gemische aus vorwiegend C_6- bis C_{10}-Alkanen
Paraffinöl	Gemisch aus C_{12} bis C_{16}-Alkanen
Paraffine	Gemisch aus höheren Alkanen (ab etwa C_{17}); geruchlos, ungiftig, chemisch beständig; Waschmittel, Imprägniermittel (Papier, Pappe, Zündhölzer); Pflegemittel (Schuhe, Möbel, Autolack, Hautschutzcremes); Druckfarben; „Fruchtwachs" („Wachsen" von Apfelsinen etc.)

Übersicht   14-3

14.6.1.5   Isomerie

Es gibt viele organische Verbindungen, die eine gleiche Summenformel, jedoch verschiedene Strukturen besitzen. Man bezeichnet diese Stoffe als **isomer** (griech. gleich, Teilchen). **Isomerie** tritt in mehreren Formen auf, die wichtigsten davon sind die folgenden:

Struktur- oder **Konstitutionsisomerie** liegt vor, wenn die Atome im Molekül unterschiedlich gebunden sind, d. h., die Anordnung der Atome im Molekül ist verschieden. Die Eigenschaften konstitutionsisomerer Stoffe unterscheiden sich:

1. Beispiel:

H_3C-CH_2-OH $\qquad\qquad\qquad$ $H_3C-O-CH_3$

C_2H_5OH bzw. C_2H_6O $\qquad\qquad$ C_2H_6O

Ethanol, Ethylalkohol $\qquad\qquad$ Dimethylether

Siedetemperatur 78,2 °C $\qquad\qquad$ Siedetemperatur –24 °C

Beim Ethanol ist Sauerstoff an ein C-Atom gebunden, beim Dimethylether bildet Sauerstoff die Brücke zwischen den beiden Methyl-Gruppen.

2. Beispiel:

$H_3C-CH_2-CH_2-CH_2-OH$ $H_3C-CH_2-O-CH_2-CH_3$
$C_4H_{10}O$ $C_4H_{10}O$

1-Butanol, n-Butanol   Diethylether
Siedetemperatur 117,8 °C   Siedetemperatur 35 °C

Die Konstitutionsisomerie ist bei Alkanen ab Butan C_4H_{10} als **Kettenisomerie** sehr ausgeprägt. Während Methan CH_4, Ethan C_2H_6 und Propan C_3H_8 nur in einer Molekülform vorkommen, existieren für Butan zwei Isomere:

$CH_3-CH_2-CH_2-CH_3$ $CH_3-CH-CH_3$
                                                        |
                                                      CH_3

n-Butan   Isobutan, 2-Methylpropan
Schmelztemperatur 138 °C   Schmelztemperatur 159 °C
Siedetemperatur –0,5 °C   Siedetemperatur –12 °C

Pentan C_5H_{12} kommt in 3 Isomeren vor, als ein n-Alkan und zwei Isoalkane:

n-Pentan   2-Methylbutan   2,2-Dimethylpropan

Mit zunehmender Kohlenstoffzahl im Molekül nimmt auch die Zahl der Isomere zu. Von Heptan C_7H_{16} sind 9 Isomere bekannt. Beim Decan $C_{10}H_{22}$ sind 75, beim Pentadecan $C_{15}H_{32}$ 4347, beim $C_{20}H_{42}$ 366319 isomere Verbindungen theoretisch möglich, praktisch sind jedoch nicht alle nachgewiesen.

Aufgabe: 1. Ermitteln Sie durch Aufstellen der Strukturformeln, wie viel isomere Hexane möglich sind.
2. Wie lauten die Strukturformeln der 9 isomeren Heptane?

Die Bezeichnung der isomeren Alkane erfolgt rationell in folgender Weise: Man gibt den Namen für die längste C-Kette des Moleküls an und setzt die Benennung der Seitengruppe (Substituent) davor mit der Zahl für das C-Atom, an welches die Gruppe gebunden ist. Dabei wird der kürzeste Weg zu dem betreffenden C-Atom gewählt. Der Name für das Alkan

$CH_3-CH_2-CH_2-\overset{3}{C}H-\overset{2}{C}H_2-\overset{1}{C}H_3$
                                           |
                                         CH_3

ergibt sich aus der längsten Kette mit 6 C-Atomen als Hexan. Der kürzeste Weg zu dem C-Atom, an das die Methylgruppe gebunden ist, wird vom Kettenende her erreicht: 3-Methylhexan.

Beispiele: 1. $H_3C-CH_2-CH-CH_3$ 2. $CH_3-CH-CH-CH_2-CH_2-CH_3$
                                          | | |
                                      CH_2-CH_3 CH_3 CH_2-CH_3

                 3-Methylpentan   2-Methyl-3-ethylhexan

Aufgabe: Wie werden folgende gesättigte isomere Kohlenwasserstoff-Verbindungen rationell bezeichnet?

$$\begin{array}{ccc} & \overset{\displaystyle CH_3}{\underset{\displaystyle |}{}} & \overset{\displaystyle CH_3}{\underset{\displaystyle |}{}} \\ H_3C-CH & - & C-CH_3 \\ & & \underset{\displaystyle |}{} \\ & & CH_2-CH_2-CH_3 \end{array} \qquad \begin{array}{c} CH_3 \\ | \\ H_3C-CH_2-CH_2-C-CH_2-CH_3 \\ | \\ CH_2-CH_3 \end{array}$$

Andere Substituenten werden analog nach der Stellung bezeichnet **(Stellungsisomerie):**

Beispiele:

$$\begin{array}{c} Br \\ | \\ H_3C-CH-CH_3 \end{array} \qquad Br-CH_2-CH_2-Br \qquad \begin{array}{c} Br \\ \diagdown \\ Br \diagup \end{array} CH-CH_3$$

2-Brompropan　　　　　1,2-Dibromethan　　　　　1,1-Dibromethan

Aufgabe: Stellen Sie die Strukturformel für folgende Verbindungen auf:
1,4-Dibrombutan, 1,2-Dibrombutan, 2,4-Dichlorpentan.

Sind die Atome im Molekül räumlich verschieden angeordnet, spricht man von **Stereoisomerie** (griech. Raum, gleich, Teilchen). Man unterscheidet zwei Formen: **Konfigurationsisomerie** und **Konformationsisomerie.**

Die Konfigurationsisomerie tritt z. B. als **cis-trans-Isomerie** oder **Z/E-Isomerie** auf, wenn an den C-Atomen einer Doppelbindung zwei Substituenten gebunden sind. Befinden sich die Substituenten zusammen, d. h. auf der gleichen Seite, so handelt es sich um die cis-Form oder Z-Form (von „zusammen"). Sind sie gegenüber angeordnet, liegt die trans-Form oder E-Form (von „entgegen") vor. Bei Raumtemperatur kann keine Umwandlung stattfinden, da die benötigte Energie nicht zur Verfügung steht. Eine Rotation um die Doppelbindung ist nicht möglich. Für eine Umlagerung sind ca. 240 kJ · mol^{-1} notwendig, denn es müssen primäre Bindungen gelöst und wieder neu geknüpft werden. Cis-trans-Isomere unterscheiden sich in ihren Eigenschaften.

Die Lage der Doppelbindungen wird durch die Zahl für das C-Atom angegeben, das auf kürzestem Wege erreicht wird.

Beispiele　　1.

$$\begin{array}{cc} CH_3 & CH_3 \\ \diagdown & \diagup \\ & C=C \\ \diagup & \diagdown \\ H & H \end{array} \qquad \begin{array}{cc} CH_3 & H \\ \diagdown & \diagup \\ & C=C \\ \diagup & \diagdown \\ H & CH_3 \end{array}$$

2-Buten, (Z)- oder cis-Form　　　2-Buten, (E)- oder trans-Form
cis-2-Buten　　　　　　　　　　　trans-2-Buten
Siedetemperatur 3,72 °C　　　　　Siedetemperatur 0,88 °C

Zumeist ist die trans-Form etwas energieärmer als die cis-Form, z. B. trans-2-Buten um ca. 5,5 kJ · mol^{-1} geringer als cis-2-Buten.

　　　　　2.

$$\begin{array}{cc} Cl & Cl \\ \diagdown & \diagup \\ & C=C \\ \diagup & \diagdown \\ H & H \end{array} \qquad \begin{array}{cc} Cl & H \\ \diagdown & \diagup \\ & C=C \\ \diagup & \diagdown \\ H & Cl \end{array}$$

1,2-Dichlorethen　　　　　　　　1,2-Dichlorethen
(Z)- oder cis-Form　　　　　　　　(E)- oder trans-Form
Siedetemperatur 60,3 °C　　　　　Siedetemperatur 47,7 °C

Kettenförmige **Konformationsisomere** (Rotationsisomere) entstehen, wenn sich Atome oder Atomgruppen um C–C-Einfachbindungen drehen, sodass sich die Substituenten in räumlich verschiedener Lage befinden (Abb. 14-18). Für die Drehung ist nur eine geringe Energie notwendig, da keine primären Bindungen gelöst werden müssen. Zwei Formen sind begünstigt: die gestaffelte Form (staggered) und die verdeckte Form (eclipsed). Die Erstgenannte ist etwas energieärmer und kann sich leicht in die zweite Form umlagern. Da nur 12 kJ · mol^{-1} für die Drehung erforderlich sind, können beide Formen in der Regel nicht als gesonderte Substanzen isoliert werden (z. B. bei Ethan). Sie kommen nebeneinander vor.

Bei alicyclischen Verbindungen entstehen Konformationsisomere ebenfalls durch Drehung von Einfachbindungen zwischen C-Atomen unter Aufnahme von Energie. Die „Sesselform" ist energetisch stabiler als die „Wannenform" (Abb. 14-19).

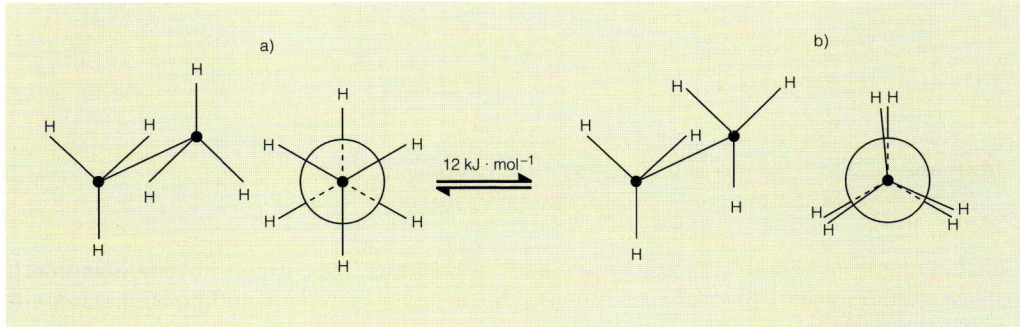

Abb. 14-18   Ethan a) gestaffelte Form und b) verdeckte Form in zwei verschiedenen Darstellungen

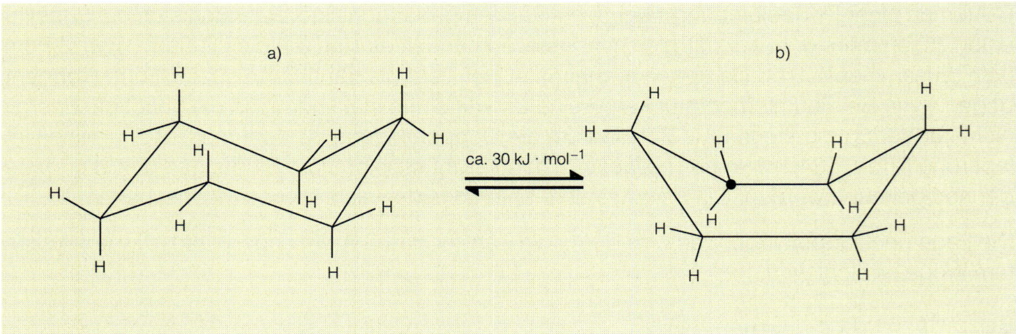

Abb. 14-19   Cyclohexan C_6H_{12} a) Sesselform, b) Wannenform

14.6.2 Alkene oder Olefine

14.6.2.1   Aufbau der Alkene

> **Alkene sind ungesättigte Kohlenwasserstoffe mit Doppelbindungen. Sie besitzen die allgemeine Summenformel C_nH_{2n}.**

Die Namen leiten sich von der Stammsilbe der Alkannamen ab. Die Endung -en gibt an, dass eine Doppelbindung im Molekül vorhanden ist. Eine vorangestellte Ziffer bezeichnet das C-Atom, an dem sich die Doppelbindung befindet.

Aufgabe: Informieren Sie sich im Abschnitt 14.3 über den Bindungszustand, die Hybridisation der Kohlenstoffatome bei Doppelbindungen und die Verschiedenheit der beiden Bindungen!

Alkene bilden wie die Alkane eine homologe Reihe, die mit Ethen C_2H_4 bzw. $CH_2=CH_2$ beginnt:

Ethen, Ethylen	$CH_2=CH_2$
Propen, Propylen	$CH_2=CH-CH_3$
1-Buten, Butylen	$CH_2=CH-CH_2-CH_3$
2-Buten	$CH_3-CH=CH-CH_3$
1-Penten	$CH_2=CH-CH_2-CH_2-CH_3$

An der Doppelbindung ist das Molekül eben gebaut und nicht drehbar. Beispielsweise hat 3-Hexen eine räumliche Struktur (Molekülgestalt), wie sie Abb. 14-20 zeigt.
Die σ-Bindung ist energieärmer als die π-Bindung. Auf Grund dieses Sachverhalts lässt sich die π-Bindung relativ leicht aufspalten. Durch Addition von Atomen oder Atomgruppen können gesättigte Verbindungen entstehen. Die Moleküle der Alkene kommen in unverzweigter (n-Alkene) und verzweigter (Isoalkene) Form vor.

Aufgabe: 1. Wiederholen Sie im Abschnitt 14.6.1.5 das Wesen der Z/E-Isomerie (cistrans-Isomerie)!

2. Welche Struktur haben (E)-2-Penten und (Z)-2-Penten?

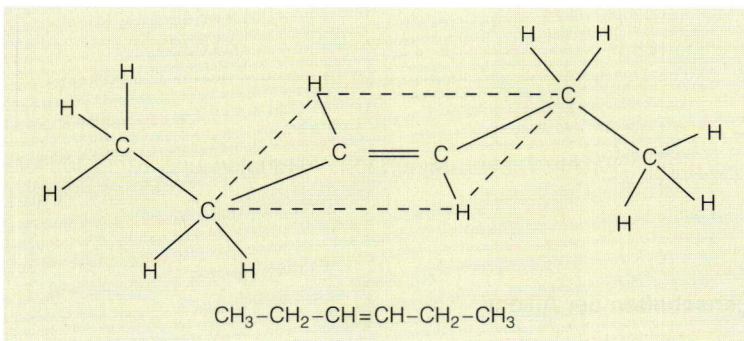

$CH_3-CH_2-CH=CH-CH_2-CH_3$

Abb. 14-20
Räumliche Struktur von
3-Hexen

Abb. 14-21
Molekülmodelle von
Ethen und Propen

14.6.2.2 Physikalische Eigenschaften der Alkene

Schmelztemperatur, Siedetemperatur und Dichte der Alkene ändern sich in der homologen Reihe ähnlich wie bei den Alkanen. Sie liegen aber bei gleicher Zahl der C-Atome etwas tiefer als bei den Alkanen. Die Werte werden von der Lage der Doppelbindung, von Verzweigungen und der Z/E-Isomerie beeinflusst (vgl. Übersichten 14.2 und 14.4).

Alkene mit 2 bis 4 C-Atomen im Molekül sind bei Raumtemperatur gasförmig; mit 5 bis 15 C-Atomen flüssig und mit mehr als 15 C-Atomen fest.

Physikalische Eigenschaften einiger Alkene			
Name	Schmelz-temperatur °C	Siede-temperatur °C	Dichte g · cm^{-3}
Ethen	−169,2	−103,8	0,570
Propen	−185,3	− 47,7	0,610
1-Buten	−185,2	− 6,27	0,636
1-Penten	−165,2	+ 30,1	0,643
1-Hexen	−140	+ 63,5	0,673
1-Hepten	−119	+ 93,1	0,698
1-Octen	−102,7	+121,3	0,716
1-Decen	− 66,6	+170,6	0,741
(E)-2-Buten	−105,5	+ 0,88	0,627
(Z)-2-Buten	−138,9	+ 3,72	0,645
2 Methyl-1-buten	−167,2	+ 30	0,641
3 Methyl-1-buten	−168,5	+ 20,1	0,633

Übersicht 14-4

Alkene sind in flüssigen Alkanen (Benzin, Diesel, Mineralöl), Alkoholen und Ether löslich, jedoch kaum in Wasser.

14.6.2.3 Chemische Eigenschaften der Alkene

Man gewinnt Alkene bei höheren Temperaturen und meist unter Zuhilfenahme von Katalysatoren durch folgende Vorgänge:

Cracken von Benzin (Hitzespaltung)

z. B. C_8H_{18} $\xrightarrow{\text{bis } 1100\,°C}$ $C_2H_6 + C_2H_4 + C_3H_6 + H_2 + C$

Dehydratisieren von Alkohol (Abspalten von Wasser)

z. B. CH_3-CH_2-OH $\xrightarrow{400\,°C\ (Al_2O_3)}$ $CH_2=CH_2 + H_2O$

Hydrieren von Alkinen (Anlagern an Wasserstoff)

z. B. $CH\equiv CH + H_2$ $\xrightarrow{(Pd/SiO_2)}$ $CH_2=CH_2$

Dehydrieren von Alkanen (Abspalten von Wasserstoff)

z. B. CH_3-CH_3 $\xrightarrow{T > 700\,°C}$ $CH_2=CH_2 + H_2$

C

Ätzend

F+

Hoch
entzündlich

Versuche

1. Zur Dehydratation von Ethanol (Ethylalkohol C_2H_5OH) zu Ethen werden in einem kleinen Kolben 5 ml Spiritus (96%iges Ethanol) mit etwa der doppelten Menge konzentrierter Schwefelsäure (tropfenweise) und einer Spatelspitze wasserfreiem Kupfersulfat versetzt. Das Glas wird mit einem Gasableitungsrohr verschlossen und vorsichtig auf ca. 150 °C erwärmt (ohne Schaumbildung; Abb. 14-22). Das entweichende, wenig wasserlösliche Ethen wird durch Wasserverdrängung (pneumatisch) in einem kleinen Standzylinder aufgefangen (Geruchsprobe) und danach abgebrannt (Flammenfarbe?). Schutzbrille! R 12, R 35, S 39

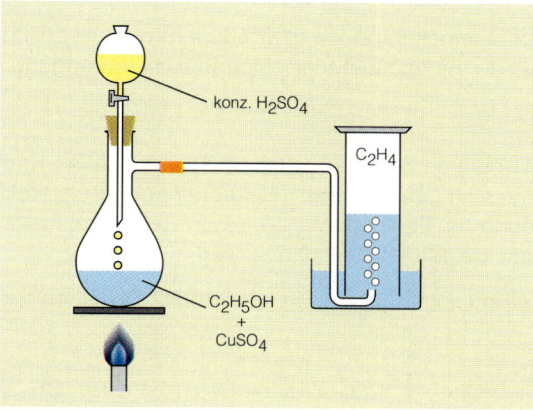

Abb. 14-22
Erzeugung
von Ethen
durch
Dehydratation
von Ethanol

T+

Sehr giftig

2. Mithilfe der o. g. Versuchsanordnung wird ein weiterer Zylinder mit Ethen gefüllt und mithilfe einer Glasscheibe abgedeckt. In einem zweiten Zylinder, der ebenfalls mit einer Glasscheibe abgedeckt ist, lässt man einen Tropfen Brom verdampfen. Danach werden beide Zylinder mit den Öffnungen aufeinandergestellt und die Glasscheiben entfernt. Beide Stoffe können sich nun vermischen. Beobachten Sie das Gemisch einige Zeit (Abb. 14-23). R 26, S 23, S 39

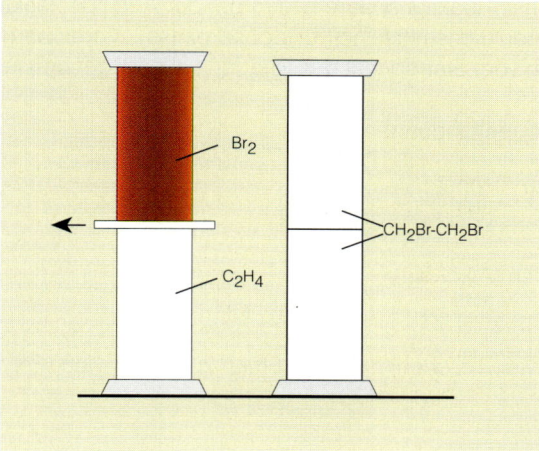

Abb. 14-23
Bromierung
von Ethen

Charakteristisch für Alkene sind Additionsreaktionen an der π-Bindung. Sie können mit vielen Stoffen ablaufen und führen zu einer Vielzahl organischer Verbindungen.

In der Gasphase findet die Addition als radikalische Addition (Radikalreaktion) statt, z. B. bei der Halogenierung. Sie verläuft mit Fluor sehr heftig, mit Chlor rascher als mit Brom.

Beispiel: Bromierung von Ethen zu 1,2-Dibromethan

$$Br_2 \longrightarrow 2\ Br\cdot$$
$$CH_2 = CH_2 + Br\cdot \longrightarrow \cdot CH_2 - CH_2 - Br$$
$$\cdot CH_2 - CH_2 - Br + Br\cdot \longrightarrow Br - CH_2 - CH_2 - Br$$

Analog läuft die Chlorierung zu 1,2-Dichlorethan $Cl - CH_2 - CH_2 - Cl$ ab (Verwendung als Lösungsmittel).

Aus dieser Verbindung kann thermisch bei ca. 500 °C oder in NaOH-Lösung bei 150 °C Hydrogenchlorid abgespalten werde. Es entsteht Vinylchlorid für die Erzeugung von PVC-Kunststoff:

$$Cl{-}CH_2 - CH_2 - Cl \longrightarrow CH_2 = CH - Cl + HCl$$

In flüssiger Phase oder mit polaren Stoffen entstehen dagegen keine Radikale. Die typischen Reaktionspartner der Alkene sind **„elektrophil"** (elektronenfreundlich, elektronensuchend). Sie lagern sich an eine π-Bindung an. Es entsteht eine positiv geladene, instabile Zwischenverbindung, an die sich ein negativ geladenes Teilchen addiert.

Beispiel: Hydrochlorierung von Ethen zu Monochlorethan (Ethanchlorid)

$$CH_2 = CH_2 + \overset{\delta^+ \delta^-}{HCl} \rightarrow \left[\begin{array}{c} H \\ | \\ CH_2 - CH_2^{\oplus} + Cl^- \end{array} \right] \rightarrow CH_3 - CH_2 - Cl$$

(Substrat)   (Reagenz)

Durch die π-Bindung ist das Alken „kernsuchend" **nucleophil,** d. h., es reagiert zunächst mit einer positiven Ladung und danach mit einer negativen Ladung.

> **Auf Grund der hohen Ladungsdichte der π-Bindungg reagieren Alkene mit elektrophilen Stoffen in einer elektrophilen Addition. Bei Alkenen besteht eine große Affinität zu positiven Ladungen.**

Elektrophile und nucleophile Reaktionspaare bilden bei der Additionsreaktion eine Einheit (wie z. B. Oxidations- und Reduktionsmittel beim Redoxprozess). Vereinbarungsgemäß wird die Bezeichnung der Addition vom Standpunkt des Reagenz aus vorgenommen.

Weitere Reaktionen an Doppelbindungen sind:

Hydrieren von Alkenen zu Alkanen:

$$CH_2 = CH_2 + H_2 \xrightarrow{\text{(Ni)}} CH_3 - CH_3$$

Hydratisieren zu Alkanolen (Alkohole):

$$CH_2 = CH_2 + H_2O \xrightarrow{\text{(H}^+)} CH_3 - CH_2 - OH$$

Polymerisation (griech. viel, Teilchen) z. B. von Ethen zu Polyethylen (Polyethen):

$$n\ CH_2 = CH_2 \longrightarrow \big[CH_2 - CH_2 \big]\, n$$

Die Addition von konzentrierter Schwefelsäure führt zu Alkanschwefelsäureestern z. B. $CH_3 - CH_2 - OSO_3H$.

Bei der Anlagerung von Sauerstoff an Ethen am Silberkontakt entsteht Ethylenoxid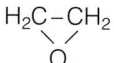

Durch Ozon kann die Doppelbindung gespalten und Alkene in Alkanone (Ketone) und Alkanale (Aldehyde) überführt werden.

Analoge Reaktionen gehen auch bei höheren Alkenen vor sich.

Einige Alkene und ihre Verwendung	
Ethen, Ethylen (C_2H_4)	farbloses, leicht süßlich riechendes, brennbares Gas; rußende, gelbe Flamme; Gewinnung endotherm durch Cracken von Benzin (Alkanen); Verarbeitung zu Ethanol, Ethenoxid (Epoxid, Oxiren), Ethanol; Acetaldehyd), Styren (Styrol); Polyethylen (Polyethen) u. a.
Propen, Propylen (C_3H_6)	farbloses, geruchloses Gas; brennbar, rußende, gelbe Flamme; Gewinnung durch Cracken von Alkanen; Verarbeitung zu 2-Propanol, Propenoxid, Polypropylen (Polypropen), Acrylnitril, Polyacrylnitril u. a.
Buten, Butylen (C_4H_8)	schwach süßlich riechendes Gas; Flamme stark rußend, gelb; Gewinnung aus Crackgasen, Verarbeitung zu Butylkautschuk (Polyisobutylen), 2-Methyl-1,3-butadien für Isopren-Kautschuk; Kleb- und Dichtungsstoffen

Übersicht 14-5

14.6.2.4 Polyene

Polyene sind Kohlenwasserstoffe mit mehreren Doppelbindungen.

Diene besitzen zwei Doppelbindungen, die durch eine Einfachbindung getrennt sind. Man bezeichnet diese Anordnung der Bindungen als konjugierte Doppelbindung und Verbindungen dieser Art als **Dientyp.**

1,3-Butadien	$CH_2 = CH - CH = CH_2$
1,3-Pentadien	$CH_2 = CH - CH = CH - CH_3$
2-Methyl-1,3-butadien	$CH_2 = C - CH = CH_2$
(Isopren)	$\quad\quad\ \ |$
	$\quad\quad CH_3$

Die genannten Alkene werden großtechnisch erzeugt und zu Synthesekautschuken polymerisiert. Isopren kommt als Naturkautschuk vor sowie als Baustein vieler Naturstoffe.

Beim **Diolefintyp** liegen die Doppelbindungen durch zwei oder mehr Einfachbindungen getrennt vor, es sind isolierte Doppelbindungen. Die einfachste Verbindung dieses Typs ist 1,4-Pentadien $CH_2=CH-CH_2-CH=CH_2$.

Benachbarte Doppelbindungen bezeichnet man als kumulierte Doppelbindungen (gehäuft). Verbindungen dieser Art gehören zum **Allentyp.** Allen $CH_2=C=CH_2$ als einfachste Verbindung ist gasförmig, unbeständig und polymerisiert leicht.

Auch Verbindungen mit mehr als zwei Doppelbindungen im Molekül sind bekannt wie z. B. in den Polybutadienen.

14.6.3 Alkine oder Acetylene

14.6.3.1 Aufbau der Alkine

Alkine sind ungesättigte Kohlenwasserstoffe mit Dreifachbindungen. Sie bilden eine homologe Reihe mit der Summenformel C_nH_{2n-2} .

Aufgabe: Informieren Sie sich im Abschnitt 14.3 über den Bindungszustand der $C \equiv C$-Dreifachbindung, die sp-Hybridisation des Kohlenstoffs und die Lage der Bindungen!

Die Bezeichnungen der Alkine werden aus der Alkanstammsilbe und der Endung -in zusammengesetzt. Die Stellung der Dreifachbindung zwischen den Kohlenstoffatomen (vgl. Abb. 14-24) ergibt sich analog zu den Alkenen aus einer (oder mehreren) vorangestellten Ziffern.

Ethin, Acetylen	$CH \equiv CH$
Propin	$CH \equiv C - CH_3$
1-Butin	$CH \equiv C - CH_2 - CH_3$
2-Butin	$CH_3 - C \equiv C - CH_3$

Ein Diin ist 1,3-Butadiin $CH \equiv C - C \equiv CH$.

Alkine können in unverzweigten, verzweigten und ringförmigen Molekülen vorkommen. Sie sind unpolar.

14.6.3.2 Physikalische Eigenschaften der Alkine

Die Schmelz- und Siedetemperaturen der Alkine unterscheiden sich nicht erheblich von denen der Alkane und Alkene mit der gleichen Anzahl der C-Atome.

Alkine lösen sich in Alkohol, Ether sowie in flüssigen Alkanen und Alkenen, jedoch kaum in Wasser.

Die Lage der Dreifachbindung beeinflusst recht deutlich die Werte für die physikalischen Konstanten wie Übersicht 14-6 zeigt. Ein weiterer Einfluss ergibt sich aus der Molekülgestalt.

Schmelz- und Siedetemperaturen von Alkinen			
Name	Schmelz-temperatur °C	Siede-temperatur °C	Dichte (flüssig) $g \cdot cm^{-3}$
Ethin	– 83,8	–81,5	0,618
Propin	–101,5	–23,5	0,672
1-Butin	–122,5	+ 8,6	0,668
1-Pentin	– 98	+40	0,695
1-Hexin	–124	+71	0,720
2-Butin	– 28	+27,2	0,694
2-Pentin	–101	+55,5	0,713
2-Hexin	– 92	+84	0,731
3 Methyl-1-butin		+28	0,665
3,3-Dimethyl-1-butin	– 81	+38	0,669

Übersicht 14-6

Aufgabe: Vergleichen Sie die Siedetemperaturen von 1-Pentin und 3-Methyl-1-butin sowie von 1-Hexin und 3,3-Dimethyl-1-butin. Stellen Sie Beziehungen zu Molekülgestalt und zwischenmolekularen Kräften dar!

Übersicht 14-6 weist aus, dass bei Raumtemperatur nur Ethin, Propin und 1-Butin gasförmig vorkommen. Die folgenden Alkine sind flüssig und ab 15 C-Atomen fest.

14.6.3.3 Chemische Eigenschaften der Alkine

1-Alkine haben sauren Charakter. Der Wasserstoff an einer endständigen Dreifachbindung ($R-C \equiv CH$) kann als Proton abgespalten werden. Nach dem pK_S-Wert des Ethins (22) ist dieses saurer als Ammoniak (35), aber weniger sauer als Wasser (16). Die Salze, die sich in wässrigen Lösungen von Schwermetallsalzen (Silber, Kupfer) schwer löslich ausscheiden, werden Alkinylide oder Acetylide genannt. Sie sind im trockenen Zustand hochexplosiv. Der Kontakt von Ethin mit Silber oder Kupfer ist deshalb unbedingt zu vermeiden.

In ammoniakalischer wässriger Silbernitrat-Lösung ensteht beim Einleiten von Ethin Silberethinylid:

$$CH \equiv CH + Ag(NH_3)NO_3 \rightarrow CH \equiv \overset{\ominus}{C}\overset{\oplus}{Ag} + NH_4NO_3 + NH_3$$

Für das chemische Verhalten der Alkine sind Additionsreaktionen typisch. Trotz höherer Elektronendichte auf Grund der zwei π-Bindungen sind elektrophile Additionen schwerer möglich als bei Alkenen. Dieses Verhalten wird mit dem kürzeren Bindungsabstand begründet, der durch die Dreifachbindung zustande kommt (vgl. Übersicht 5-6). Die π-Elektronen sind deshalb stärker gebunden als bei Alkenen. Nur stärker polare Stoffe wie Halogenwasserstoffe können sich elektrophil addieren:

Elektrophile Addition von Hydrogenchlorid an ein Alkin $R-C \equiv CH$:

$$R-C \equiv CH + \overset{\delta^+ \delta^-}{HCl} \rightarrow \left[R-CH = \overset{\oplus}{CH} + Cl^- \right] \rightarrow R-CH = CH-Cl$$

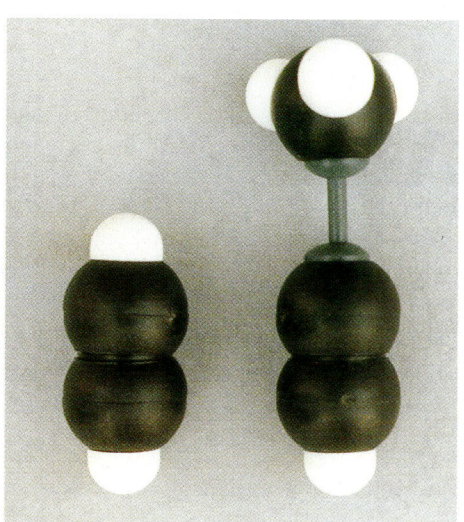

Alkine sind im Vergleich zu Alkenen weniger nucleophil („kernfreundlich", positive Ladungen „suchend"), sondern stärker elektrophil. Sie reagieren leichter mit negativ geladenen Teilchen eines Reagenz (nucleophiles Reagenz).

Alkine neigen zu nucleophiler Addition eines Reaktionspartners. Sie haben eine höhere Affinität zu negativen Ladungen als zu positiven.

Abb. 14-24
Molekülmodelle von
Ethin und Propin

Dabei „verschiebt" das negative Teilchen bzw. der negative Pol eines Teilchens eine π-Bindung des Alkins. Beispielsweise führt die Reaktion von Ethin mit einem Alkohol (ROH) über ein Zwischenstadium zu Vinylether:

1. Reaktionsschritt: $HC{\equiv}CH + \overset{\delta^-\ \delta^+}{RO{-}H} \rightarrow \left[\overset{\ominus}{HC}{=}CH - OR\right] + H^+$
                             nucleophil

2. Reaktionsschritt: $\left[\overset{\ominus}{HC}{=}CH{-}OR\right] + H^+ \rightarrow H_2C{=}CH{-}OR$
                                                                 Vinylether

Unter geeigneten Bedingungen führen die Additionsreaktionen somit zu Verbindungen mit $C=C$-Doppelbindungen, wie z. B. bei der großtechnischen Erzeugung von Vinylchlorid und anderen ungesättigten Verbindungen, die als Ausgangsstoffe für weitere organische Verbindungen große Bedeutung haben. Am bedeutungsvollsten ist als Edukt Ethin oder Acetylen.

14.6.3.4 Ethin

Ethin ist die wichtigste Verbindung mit Dreifachbindung. Es ist das einzige Alkin, das großtechnisch erzeugt und weiterverarbeitet wird.

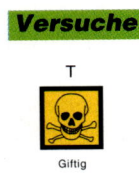

Versuche

T

Giftig

1. Versetzen Sie in einem Reagenzglas einige Körner Calciumcarbid mit Wasser. (Vorsicht!) Geruchsprobe! Fangen Sie das entweichende Gas über ein Gasableitungsrohr pneumatisch, d. h. durch Wasserverdrängung, in einem Reagenzglas auf. Entzünden Sie das Gas! (Anmerkung: Im gefüllten Glas kann sich zusätzlich Luft befinden!)
R 12, R 23, S 23, S 39

2. Ein mit Ethin gefülltes, verschlossenes Reagenzglas wird in eine Schale getaucht, die mit Propanon gefüllt ist. Dann wird der Stopfen entfernt. Beobachtung?

3. Leiten Sie Ethin in Bromwasser. Beobachtung? Erklärung!
R 23, S 23, S 39

Die Herstellung aus Calciumcarbid und Wasser hat heute kaum noch Bedeutung:

$$CaC_2 + 2\,H_2O \rightarrow Ca(OH)_2 + CH{\equiv}CH$$

Calciumcarbid muss unter hohem Energieaufwand aus Koks (Kohle) und Calciumoxid (aus Kalkstein) im Elektroofen erzeugt werden. Es bildete zusammen mit dem daraus gewonnenen Ethin die Grundstoffe für die so genannte „Kohle-Chemie" oder „Acetylen-Chemie", die nach dem 1. Weltkrieg einsetzte und in den 30er Jahren durch Walter REPPE (1892–1969) bei der Badischen Anilin- und Sodafabrik bahnbrechend entwickelt wurde (sog. „Reppe-Synthesen"). Aus Ethin synthetisierte man in verschiedenen Technologien unter Druck organische Verbindungen. Die chemische Großindustrie z. B. im Raum Ludwigshafen und in Mitteldeutschland verdankt ihre Entstehung der Kohlechemie und den Arbeiten REPPES und weiterer Forscher.

Die Hauptmenge des Ethins wird seit den 60er Jahren und dem stärkeren Einsatz von Erdöl und Erdgas aus Methan im elektrischen Lichtbogen erzeugt.

$$2\,CH_4 \rightarrow CH{\equiv}CH + 3\,H_2$$

Eine teilweise Oxidation von Methan (oder Leichtbenzin) führt ebenfalls zu Ethin:

$$4\,CH_4 + O_2 \xrightarrow{1500\,°C} CH{\equiv}CH + 2\,CO + 7\,H_2$$

Da Ethin eine stark endotherme, metastabile Verbindung ist und beim Erhitzen in Kohlenstoff und Wasserstoff zerfällt, muss das Reaktionsgemisch in beiden Fällen sofort in Wasser abgeschreckt werden.

Ethin ist gasförmig und riecht in reinem Zustand nicht unangenehm. Bei der Herstellung aus Calciumcarbid erhält es durch Verunreinigungen mit Phosphorwasserstoff PH_3 einen widerlichen, knoblauchartigen Geruch.

Bei Raumtemperatur neigt Ethin zu explosionsartigem Zerfall, wenn es komprimiert wird. Stahlflaschen für die Bereitstellung von Acetylen werden deshalb mit Kieselgur (SiO_2-Schalen von Kieselalgen) und Propanon (Aceton) gefüllt, in dem sich Ethin sehr gut löst. In dieser Lösung ist es weniger reaktionsfähig. Acetylenflaschen sind durch gelben Anstrich besonders gekennzeichnet.

Wegen der hohen Flammentemperatur von bis zu 2700 °C dient Ethin als Brenngas für das Gasschmelzschweißen und Trennschneiden von Stahl.

Bei der Verbrennung von 1 Mol Ethin werden 1306 kJ an Verbrennungswärme frei.

Gemische aus Ethin und Luft sind in einem weiten Mischungsbereich von 3 bis 70 % Ethingehalt explosiv.

Wichtige Reaktionen des Ethins dienen zur Erzeugung von organischen Grundchemikalien.

Beispiele:

Hydrierung

$$CH \equiv CH + H_2 \xrightarrow{\text{Ni, Pt, Pd}} CH_2 = CH_2$$
Ethen

Bromierung

$$CH \equiv CH + Br_2 \xrightarrow{\text{FeCl}_3} BrCH = CHBr$$
1,2-Dibromethen

Chlorierung

$$CH \equiv CH + 2\,Cl_2 \longrightarrow Cl_2-CH-CH-Cl_2$$
1,1,2,2-Tetrachlorethan

Hydrohalogenierung

$$CH \equiv CH + HCl \longrightarrow CH_2 = CHCl$$
Vinylchlorid ($\rightarrow$ Kunststoffe)

$$CH \equiv CH + 2\,HCl \xrightarrow{T} CH_2Cl-CH_2Cl$$
1,2-Dichlorethan

Vinylierung mit Alkohol (REPPE-Synthese)

$$CH \equiv CH + ROH \xrightarrow[\text{(alkalisch)}]{\text{120–180 °C, 1–15 bar}} R-O-CH = CH_2$$
Vinylether ($\rightarrow$ Kunststoff)

Vinylierung mit Carbonsäure (REPPE-Synthese)

$$CH \equiv CH + RCOOH \xrightarrow{\text{HgSO}_4,\ 80\,°C} R-COO-CH-CH_2$$
Vinylester ($\rightarrow$ Kunststoff)

Hydrocyanierung mit Cyanwasserstoff

$$CH \equiv CH + HCN \xrightarrow{\text{CuCl, 70 °C}} CH_2 = CH-CN$$
Acrylnitril ($\rightarrow$ Kunststoff und Fasern)

Cyclisierung zu Benzen

$$3\,CH \equiv CH \xrightarrow{\text{Ni, Co, 70 °C}} C_6H_6$$
Benzen

Die Addition von Wasser erfolgt unter Einfluss von Schwefelsäure und Quecksilbersulfat. Als Zwischenstufe entsteht der instabile Vinylalkohol, der sich durch innermolekulare Protonenwanderung in das stabile isomere Ethanal oder Acetaldehyd umwandelt:

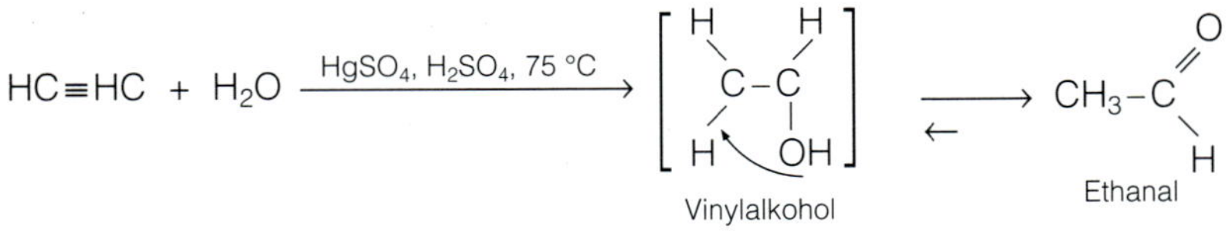

$$HC \equiv HC + H_2O \xrightarrow{HgSO_4, H_2SO_4, 75\,°C} \left[\begin{array}{c} H \quad\quad H \\ C-C \\ H \quad OH \end{array} \right] \underset{\longleftarrow}{\longrightarrow} CH_3 - C \!\!\begin{array}{c} O \\ \diagdown \\ H \end{array}$$

Vinylalkohol   Ethanal

Vinylalkohol ist ein Enol und Ethanal eine Oxo-Verbindung. Sie werden als Tautomere bezeichnet.

Tautomere sind Isomere, die sich durch Wasserstoffverschiebung im Molekül unter Lösen und Neubilden von Bindungen ineinander umwandeln. Im speziellen Fall wird der Vorgang als Oxo-Enol-Tautomerie bezeichnet.

14.7 Cycloalkane oder Naphthene

Cyclische Kohlenwasserstoffe bestehen aus ringförmigen Molekülen. Die gesättigten Verbindungen mit der allgemeinen Summenformel C_nH_{2n} werden **Cycloalkane** oder **Naphthene** genannt (Abb. 14-25). Sie kommen im Erdöl vor (russ. Naphta, Erdöl). Man verwendet sie als Lösungsmittel für andere organische Stoffe und als Ausgangsstoffe für Farben, Kunststoffe, Pflanzenschutzmittel.

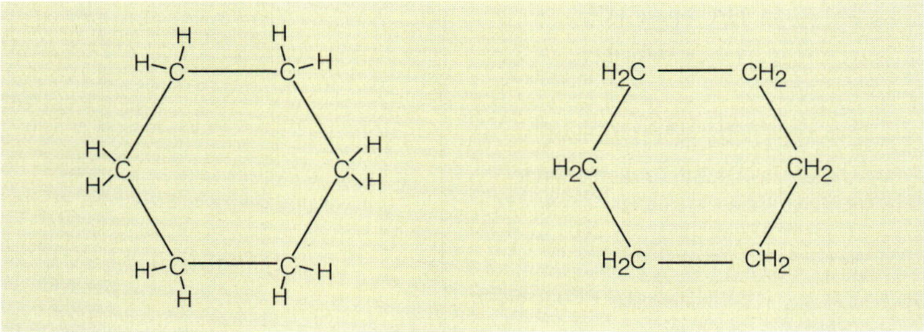

Abb. 14-25
Verschiedene
Möglichkeiten der
Strukturdarstellung von
Cyclohexan C_6H_{12}

Cyclohexan kommt in den zwei isomeren Formen, als Sessel- und bei höheren Temperaturen vor allem als Wannenform, vor (vgl. Abb. 14-19).

Cycloalkane		
Name	Schmelz-temperatur °C	Siede-temperatur °C
Cyclopropan	−127	−33
Cyclobutan	− 80	13
Cyclopentan	− 94	49
Cyclohexan	6,5	81

Übersicht 14-7

14.8 Aufgaben zur Wiederholung von Kapitel 14

1. Womit beschäftigen sich anorganische und organische Chemie?

2. Warum ist die tetraedrische Anordnung von einfach gebundenen Atomen der Bindungspartner für gesättigte Kohlenstoffverbindungen typisch? Beziehen Sie in die Antwort die Hybridisation mit ein!

3. Charakterisieren Sie die sp^3-, sp^2 und sp-Hybridisation sowie die davon abhängigen Bindungen in Methan, Ethen und Ethin!

4. Erläutern Sie die Begriffe Substitution, Addition, Eliminierung sowie Hydrierung, Hydratation, Dehydrierung, Dehydratation, Halogenierung, Chlorierung, Bromierung, Nitrierung, Pyrolyse!

5. Was versteht man unter einem Radikal?

6. Vergleichen Sie die physikalischen Eigenschaften zwischen den homologen Reihen der Alkane, Alkene und Alkine! Formulieren Sie die Ergebnisse Ihres Vergleichs in Merksätzen!

7. Warum sind niedere Alkane, Alkene und Alkine bei Raumtemperatur gasförmig bzw. flüssig? In welcher Weise beeinflusst die Molekülgestalt die physikalischen Eigenschaften?

8. Begründen Sie, warum Alkane reaktionsträge sind, Alkene dagegen leicht elektrophile Additionen eingehen. Warum sind Alkine elektrophil und gehen nucleophile Additionen leichter ein?

9. Wie verläuft eine radikalische Addition an einem Alkan und im Vergleich dazu an einem Alken?

10. Erläutern Sie den Begriff Isomerie und die verschiedenen Möglichkeiten der Isomerie an geeigneten Beispielen!

11. Warum lassen sich Konformationsisomere nicht durch Destillation trennen, dagegen cis-trans-Isomere (Z/E-Isomere) ohne Schwierigkeit?

12. Durch welche Reaktionen können Alkene dargestellt werden?

13. Wie verläuft die elektrophile Addition an einem Alken? Welche Voraussetzungen muss das Reagenz aufweisen?

14. Wie verläuft eine nucleophile Addition an einem Alkin? Welche Voraussetzungen muss das Reagenz aufweisen?

15. Wie unterscheiden sich die chemischen Eigenschaften der Alkene von denen der Alkine?

16. Warum sind Alkane, Alkene und Alkine hydrophob bzw. lipophil?

17. Erläutern Sie, welche Bedeutung Alkene und Alkine als Ausgangsstoffe für die industrielle Erzeugung von Grundchemikalien haben!

15 Weitere wichtige organische Verbindungen im Überblick

15.1 Chlorverbindungen der Kohlenwasserstoffe

Die kettenförmigen Halogenkohlenwasserstoffe enthalten als Substituenten Halogenatome (Abb. 15-1).

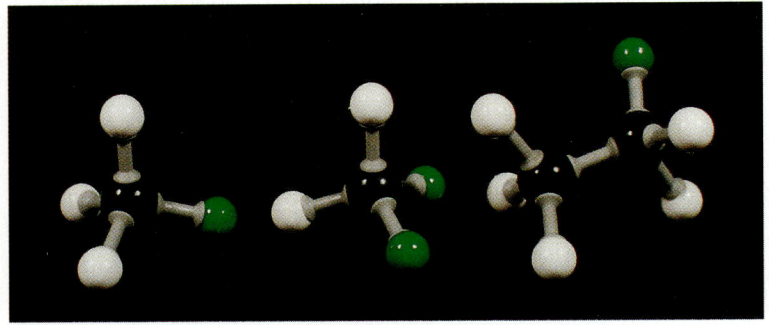

Abb. 15-1
Chloralkane
a) Monochlormethan
b) Dichlormethan
c) Monochlorethan

Es gibt gesättigte und ungesättigte Verbindungen. Chloralkane entstehen z. B. durch Additionsreaktionen aus Alkenen, indem Chlor oder Chlorwasserstoff an die π-Bindung angelagert wird:

$$CH_2 = CH_2 \quad + \quad Cl_2 \quad \rightarrow \quad CH_2Cl - CH_2Cl$$
1.2-Dichlorethan

$$CH_2 = CH_2 \quad + \quad HCl \quad \rightarrow \quad CH_3 - CH_2Cl$$
(Monochlorethan, Ethylchlorid)

Durch die addierten Halogenatome werden die betreffenden Moleküle polarisiert.

Versuch

T

Giftig

Lösen Sie einen Tropfen der ungesättigten Verbindung Styren (Styrol) in Tetrachlormethan und versetzen Sie die Lösung unter dem Abzug tropfenweise mit einer Lösung von Brom in Tetrachlormethan. Beobachtung?

Gift! R 23, R 59, S 23

Über 400 000 t halogenierte Kohlenwasserstoffe werden jährlich in der Bundesrepublik Deutschland verbraucht, davon etwa 200 000 t als Lösungsmittel. Der größte Teil davon entweicht durch Verdunsten, nur etwa 20 bis 25 % werden zurückgewonnen.

Die Halogenkohlenwasserstoffe sind am Treibhauseffekt bzw. an der Ozonzerstörung beteiligt. Sie wirken gesundheitsschädlich auf die Atemwege (Lungenödem). Viele Chlorkohlenwasserstoffe gelten als verdächtig, Krebs zu erregen. Auf Grund der Fettlöslichkeit dringen sie durch die menschliche Haut in das Unterhautfettgewebe, auch in der Leber können sie gespeichert werden. Ihre narkotisierende Wirkung schädigt Gehirn und Nervensystem. Bei der Verwendung von Halogenkohlenwasserstoffen muss deshalb für gute Entlüftung gesorgt werden, Hautkontakt ist zu vermeiden. Chlorkohlenwasserstoffe können mit Natrium und Kalium explosiv reagieren!

Chlorierte und fluorierte Kohlenwasserstoffe (CKW, FCKW)

Name und Trivialname	Formel	Eigenschaften	Verwendung
Chlormethan, Methylchlorid (Abb. 15-1)	CH_3Cl	gasförmig, farblos, Siedetemperatur −23,8 °C, unlöslich in Wasser, löslich in Alkohol, süßlicher Geruch	Kühlmittel in Kälte- maschinen, Erzeugung von Silikonen, Ausgangsstoff für andere organische Verbindungen
Dichlormethan, Methylenchlorid (Abb. 15-1)	CH_2Cl_2	flüssig, farblos, Siede- temperatur 39,9 °C, unlöslich in Wasser, löslich in Alkohol, süßlicher Geruch	Lösungsmittel für Öle, Fette, PVC-Kleber, Abbeizer, Zelluloseacetat
Trichlormethan, Chloroform	$CHCl_3$	farblos, flüssig, Siedetemperatur 61,2 °C, süßlicher Geruch	Lösungsmittel für Öle, Fette, Harze
Tetrachlor- methan, Tetra- chlorkohlenstoff, „Tetra"	CCl_4	flüssig, Siedetemperatur 76,7 °C, nicht brennbar	Lösungsmittel für Öle, Fette, Harze. Feuer- löscher für Öl- und Benzinbrände (Vorsicht! Hochgiftiges Phosgen Cl–O–Cl kann entstehen)
Monochlorethan, Ethylchlorid (Abb. 15-1)	$CH_3 - CH_2 - Cl$	Siedetemperatur 12,3 °C	bei kleinen Operationen und in der Zahnmedizin für lokale Vereisung
Trichlorethen, Trichlorethylen, „Tri"	$CHCl=CCl_2$	Siedetemperatur 87,2 °C, nicht brennbar	Lösungsmittel für Fette, Öle, Harze
Monochlorethen, Vinylchlorid	$CH_2=CHCl$	gasförmig, brennbar	Erzeugung von Polyvinylchlorid
Tetrafluorethen, Tetrafluorethylen	$CF_2=CF_2$	gasförmig, Siede- temperatur −40,8 °C	Erzeugung von Polytetrafluorethylen
Fluorchlor- kohlen- wasserstoffe, FCKW	CF_2Cl_2 u. a.	Siedetemperatur −29,8 °C; leicht verflüssigbar, chemisch resistent, ozon- zerstörend; Verwendung eingeschränkt	Kühlmittel für Kühlschrän- ke, Klimaanlagen, Schaumbildner für PUR- Schäume, Treibgas für Sprays
Hexachlorcyclo- hexan HCH, „Nexit", „Lindan"	$C_6H_6Cl_6$	flüssig, giftig	Bakterien-, Pilz- und Insektengift in Holzschutzmitteln

Übersicht 15-1

<table>
<tr><td>Versuche</td><td>1. Führen Sie mit flüssigen Chlorkohlenwasserstoffen (Auswahl s. Übersicht: 15-1) Lösetests mit Mineralöl, Pflanzenöl, tierischem Fett, Kunststoffen und dgl. durch (evtl. schwach erwärmen; Abzug!). R 23, R 59, R 51</td></tr>
</table>

Versuche

T

☠ Giftig

1. Führen Sie mit flüssigen Chlorkohlenwasserstoffen (Auswahl s. Übersicht: 15-1) Lösetests mit Mineralöl, Pflanzenöl, tierischem Fett, Kunststoffen und dgl. durch (evtl. schwach erwärmen; Abzug!).   R 23, R 59, R 51

2. Weisen Sie Chlor mithilfe der BEILSTEIN-Probe nach, indem Sie einen Kupferdraht bis zum Glühen erhitzen, in einen chlorierten Kohlenwasserstoff tauchen und dann erneut in die heiße Brennerflamme bringen. Beobachtung?   R 23, R 51, R 59, S 23

Halogenkohlenwasserstoffe sind in organischen Lösungsmitteln löslich. Zumeist sind die Moleküle polarisiert. Mit zunehmender Anzahl von Halogenatomen steigen bei gleich bleibender Zahl der C-Atome Schmelz-, Siedetemperatur und Dichte (Übersicht 15-2).

Bei gleicher Kohlenstoffzahl sind Chloride flüchtiger als Bromide und Iodide.

Physikalische Konstanten von Halogenkohlenwasserstoffen				
Name	Formel	Schmelz-temperatur °C	Siede-temperatur °C	Dichte g · cm^{-3}
Monochlormethan	CH_3Cl	− 97,9	−23,7	0,920
Dichlormethan	CH_2Cl_2	− 96,7	+40,2	1,33
Trichlormethan	$CHCl_3$	− 63,2	+61,3	1,49
Tetrachlormethan	CCl_4	− 23	+76,7	1,59
Monochlorethan	CH_3CH_2Cl	−139	+13,1	0,910
Monobromethan	CH_3CH_2Br	−119	+38,4	1,430
Monoiodethan	CH_3CH_2I	−111	+73,3	1,933

Übersicht 15-2

15.2 Nitroalkane

Nitroalkane enthalten die NO_2-Gruppe an den Alkanrest gebunden: $R-NO_2$.

Die einfachste Verbindung ist Nitromethan CH_3-NO_2 (Abb. 15-2). Nitroalkane sind sehr gute Lösungsmittel für Polystyrol, Polyacrylnitril, Nitro- und Acetylcellulose sowie andere Kunststoffe.

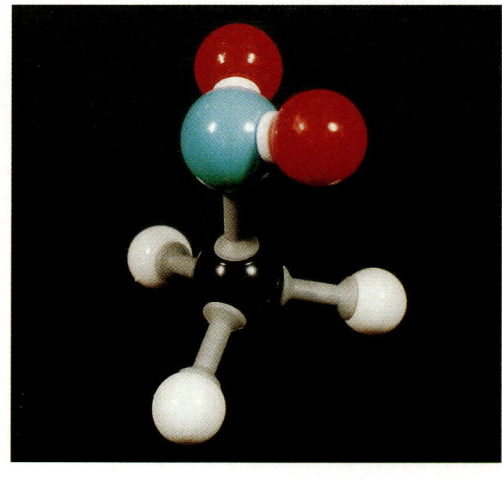

Abb. 15-2
Nitromethan

15.3 Amine

Die einfachen oder primären Amine enthalten als funktionelle Gruppe $-NH_2$. Es ergibt sich die allgemeine Formel $R-NH_2$.

Die einfachste Verbindung ist Methylamin CH_3NH_2. Sie riecht fischartig und kommt in Heringslake vor.

15.4 Kettenförmige Alkanole oder Alkohole

Einwertige Alkanole besitzen als funktionelle Gruppe eine OH-Gruppe. Sie ist an den Alkylrest gebunden.

Alkoholmoleküle sind durch den Sauerstoff polar. Allerdings lösen sich nur Alkohole mit kleiner Kohlenstoffkette in Wasser (vgl. Übersicht 15-3). Mit steigender Anzahl der C-Atome werden die Alkohole hydrophob bzw. lipophil.

Zur Bezeichnung wird an die Namen des entsprechenden Alkans die Endung -ol oder der entsprechenden Alkylgruppe -alkohol angehängt (s. Übersicht 15-4).

Abnahme der Löslichkeit von Alkoholen in Wasser mit Zunahme des hydrophoben Kohlenwasserstoffanteils im Molekül	
Methanol $\quad CH_3-OH$	unbegrenzt löslich
Ethanol $\quad CH_3-CH_2-OH$	in Wasser
n-Butanol $\quad CH_3-CH_2-CH_2-CH_2-OH$	6,8 g in 100 g Wasser löslich
n-Octanol $\quad CH_3-CH_2-CH_2-CH_2-CH_2-CH_2-CH_2-CH_2-OH$	0,1 g in 100 g Wasser löslich

Übersicht 15-3

Zwei- oder **dreiwertige Alkohole** enthalten zwei bzw. drei OH-Gruppen je Molekül.

Bei **primären Alkoholen** ist die OH-Gruppe am Kettenende (Abb. 15-3), bei **sekundären bzw. tertiären Alkoholen** in der Kette angeordnet. Die allgemeinen Formeln sind:

Primäre Alkohole:	**$R-OH$**
Sekundäre Alkohole:	**$R-CH(OH)-R$**
Tertiäre Alkohole:	**$R-CR(OH)-R$**

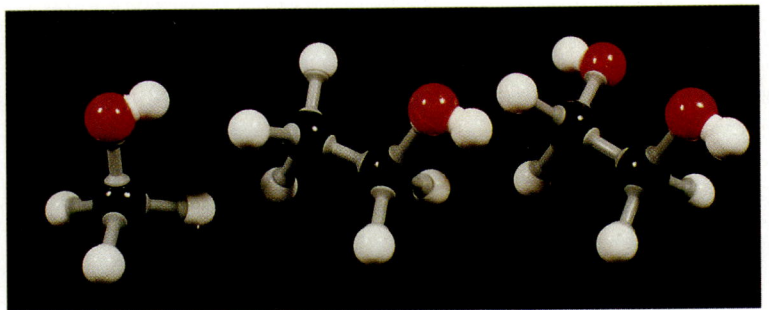

Abb. 15-3
Alkohole
a) Methanol
b) Ethanol
c) 1,2-Ethandiol

Alkohole

Name und Trivialname	Formel	Eigenschaften und Verwendung
einwertige Alkohole		
Methanol, Methylalkohol	CH_3OH	Ausgangsverbindung für viele organische Stoffe, Lösungsmittel für Lacke und Farben; brennbar, giftig, Treibhauseffekt
Ethanol, Ethylalkohol	CH_3CH_2OH	Genuss-, Konservierungs-, Lösungsmittel; brennbar; Veresterung mit Säuren, Treibstoffzusatz
zweiwertige Alkohole oder Diole		
1,2-Ethandiol, Glycol, Ethylenglycol (Abb. 15-3)	$CH_2OH - CH_2OH$	giftig, mit Wasser mischbar, Gefrierschutzmittel für Motorkühlwasser, Bremsflüssigkeit
dreiwertiger Alkohol oder Triol		
1,2,3-Propantriol, Glycerol oder Glycerin	$CH_2OH - CH(OH) - CH_2OH$	Bestandteil der Fette, ungiftig; Pharmazeutika, Kosmetika, Lacke, Weichmacher, Sprengstoff (Trinitroglycerin, Dynamit), Gefrierschutzmittel

Übersicht 15-4

Wichtige Reaktionen der Alkohole sind die Veresterung mit Säuren (vgl. Abschnitt 15-9), die Oxidation zu Alkanalen oder zu Fettsäuren sowie die Umsetzung zu Ether. Beim Alkoholtest in der Atemluft wird Ethanol zu Essigsäure oxidiert. Kaliumchromat K_2CrO_4 dient als Oxidationsmittel. Es färbt sich bei Anwesenheit von Alkohol grün. Ethanol entsteht bei der alkoholischen Vergärung von Zucker. Er ist ein Zellgift und ruft bei 0,1 % im Blut Bewusstseinsstörungen, bei 0,5 % den Tod hervor. Ständiger Alkoholgenuss führt zu gesundheitlichen Schäden sowie zu ernsten gesellschaftlichen und familiären Problemen.

Ethanol für technische Zwecke (Treibstoffzusatz, Lösungsmittel, Estersynthese) wird durch Hydratation von Ethen gewonnen (ca. 300 °C, 70 bar, Katalysator: H_2SO_4, H_3PO_4/SiO_2 u. a.).

15.5 Alkanale oder Aldehyde

Alkanale sind Verbindungen mit der allgemeinen Formel R – CHO.

Sie entstehen z. B. aus primären Alkoholen durch Oxidation mithilfe eines Katalysators (Silber, Kupfer) bei Temperaturen von 550 bis 600 °C.

$$2\,R - CH_2OH \;+\; O_2 \xrightarrow{\;Kat\;} 2\,R - CHO \;+\; 2\,H_2O$$

Der Sauerstoff kann auch gebunden als Kupferoxid zugeführt werden.

Versuch
T
Giftig

Kupferwolle wird in der oxidierenden rauschenden Flamme bis zur Schwarz-färbung (CuO) erhitzt und heiß in ein Becherglas getaucht, in dem sich we-nig Methanol befindet (1 bis 2 ml). Geruchsprobe vor und nach dem Ein-tauchen! Vorsicht! Beobachtung? Stellen Sie die Gleichung auf! R 45, S 23

Die funktionelle Gruppe der Alkanale – CHO oder $-C{\overset{\displaystyle H}{\underset{\displaystyle O}{}}}$ besitzt eine starke Reduktionswirkung und ist polar.

Versuch
T
Giftig

Verdünnte Silbernitratlösung wird in einem Reagenzglas mit einigen Trop-fen Ammoniak-Lösung (bis zur Lösung des Niederschlags) und mit 1 ml Formaldehyd-Lösung versetzt und anschließend im Wasserbad vorsichtig erwärmt. Abzug! Giftig! Beobachtung? R 45, S 23

Das einfachste Alkanal ist Methanal oder Formaldehyd HCHO (Abb. 15-4). Es ist gasförmig, riecht stechend und wirkt Krebs erregend. Im Wasser löst es sich leicht (Formalin- oder Formal-dehyd-Lösung). Verwendet wird es zur Desinfektion und zur Herstellung von verschiedenen Kunststoffen wie Phenolharz.

Ethanal oder Acetaldehyd $CH_3 - CHO$ (Abb. 15-4) tritt als Stoffwechselzwischenprodukt in Or-ganismen auf. Technisch wird es u. a. zu Schlafmitteln, „Hartspiritus", Essigsäure und zu Butadien (Synthesekautschuk) verarbeitet.

Abb. 15-4
Aldehyde
a) Methanal
b) Ethanal

15.6 Alkanone oder Ketone

> Die einfachen Alkanone haben den allgemeinen Aufbau R−CO−R. Als funktionelle Gruppe tritt die polare CO-Baueinheit auf.

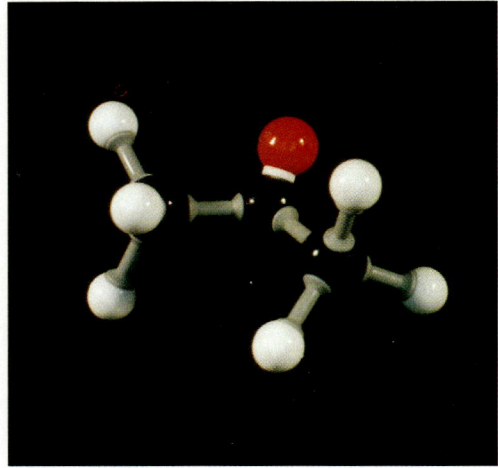

Alkanone entstehen durch Oxidation (Dehydrierung) sekundärer Alkohole beim Erhitzen:

$$R - \underset{\underset{OH}{|}}{CH} - R \xrightarrow{\text{(Kat)}} R - CO - R \quad + \quad H_2$$

Das einfachste, aber zugleich wichtigste Alkanon (Keton) ist Propanon oder Dimethylketon (Aceton) $CH_3 - CO - CH_3$ (Abb. 15-5). Es findet als Lösungsmittel für Acetylen, Lacke, Acetatseide und zur Gelatinierung von Nitrocellulose Verwendung. Propanon löst sich gut in Wasser. Bei Diabetes tritt es als unnormales Stoffwechselprodukt im Harn auf.

Abb. 15-5
Molekülmodell von Dimethylketon (Aceton)

Versuch Führen Sie mit Propanon (Aceton) Lösetests an Polyethylen, Plexiglas, Celluloid, Polystyrol, Polypropylen, Polycarbonat und weiteren Kunststoffen aus. Beobachtungen?

15.7 Ether

> Ether besitzen ein Sauerstoffatom, das in die Kohlenstoffkette eingebaut ist. Die allgemeine Formel lautet R−O−R.

Die Bindung −O− zwischen zwei C-Atomen wird als **Etherbindung** bezeichnet. Die wichtigste Verbindung, der Diethylether, $C_2H_5 - O - C_2H_5$ ist mit Alkohol gut mischbar, in Wasser wenig löslich. Die Dämpfe sind sehr leicht entzündlich, von süßlichem Geruch und wirken betäubend.

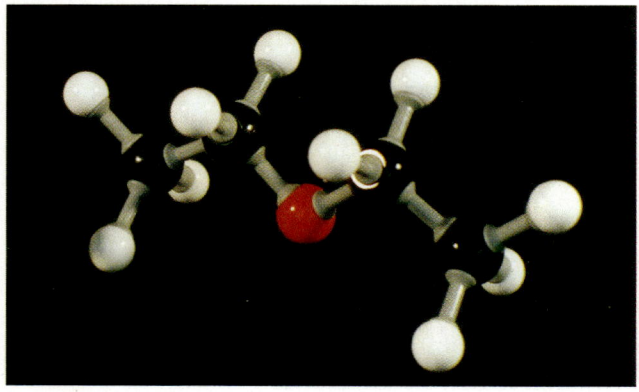

Abb. 15-6
Molekülmodell von Diethylether

15.8 Carbonsäuren oder Fettsäuren

15.8.1 Allgemeiner Aufbau

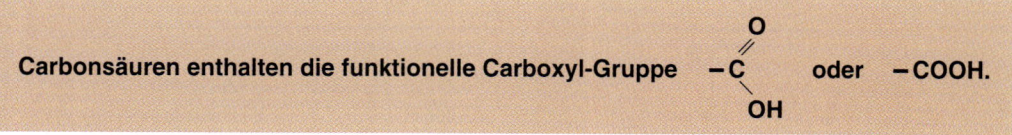

Carbonsäuren enthalten die funktionelle Carboxyl-Gruppe $-C\begin{smallmatrix}O\\\\OH\end{smallmatrix}$ oder $-COOH$.

Wegen der polarisierten Atombindung sind sie in wässriger Lösung dissoziiert. Allerdings sind die Carbonsäuren schwache Säuren. In der Kette können auch zwei bzw. drei Carboxylgruppen gebunden sein. Man unterscheidet danach Mono-, Di- und Tricarbonsäuren. Es gibt gesättigte und ungesättigte Carbonsäuren. Da einige höhere Carbonsäuren in tierischen und pflanzlichen Fetten vorkommen, bezeichnet man diese Carbonsäuren als **Fettsäuren.**

Carbonsäuren mit niedriger relativer Molekülmasse lösen sich im Wasser. Mit länger werdender Kohlenstoffkette stellt sich Unlöslichkeit ein (hydrophob).

Die wichtigsten Verbindungen der Carbonsäuren sind Ester, Fette, fette Öle und Seifen.

15.8.2 Gesättigte Carbonsäuren (Alkansäuren)

Gesättigte Carbonsäuren haben die allgemeine Formel $C_nH_{2n+1}COOH$.

Sie bilden eine homologe Reihe (Abb. 15-7). Ameisensäure HCOOH ist die einfachste der Verbindungen. Sie besitzt ein C-Atom wie Methan und trägt deshalb die rationelle Bezeichnung Methansäure.

Allgemein wird die rationelle Bezeichnung aus dem Alkannamen und der Endung -säure gebildet. Übersicht 15-5 enthält einige wichtige gesättigte Säuren.

Abb. 15-7
Gesättigte
Carbonsäuren
a) Methansäure
b) Ethansäure
c) Propansäure

Gesättigte Carbonsäuren			
Name und Trivialname	Formel	Eigenschaften	Vorkommen und Verwendung
Methansäure, Ameisensäure	HCOOH	stechend riechende Flüssigkeit, hautreizend, Salze: Formiate	Brennessel, Ameisen; Konservierung von Fruchtsäften
Ethansäure, Essigsäure	CH_3-COOH	stechend riechende Flüssigkeit, Salze: Acetate	Speiseessig; Herstellung von Acetatseide, Farbstoffen, Arzneimitteln
Butansäure, Buttersäure	$CH_3-(CH_2)_2-COOH$	flüssig; unangenehmer Geruch nach ranziger Butter	Bestandteil des Butteraromas
Hexadecansäure, Palmitinsäure	$CH_3-(CH_2)_{14}-COOH$	fest; Salze: Palmitate	Bestandteil tierischer und pflanzlicher Fette (Kokos, Palmöl); Herstellung von Seifen und Waschmitteln
Octadecansäure, Stearinsäure	$CH_3-(CH_2)_{16}-COOH$	fest; Salze: Stearate	Bestandteil tierischer und pflanzlicher Fette; Herstellung von Seifen

Übersicht 15-5

Essigsäure entsteht durch Oxidation von Alkohol unter Mitwirkung von Essigbakterien (z. B. „Weinessig") oder aus Acetaldehyd (mit Katalysator).

$$CH_3-CH_2OH \ + \ O_2 \ \xrightarrow{\text{(Bakterien)}} \ CH_3COOH \ + \ H_2O$$

$$2\,CH_3-CHO \ + \ O_2 \ \xrightarrow{\text{(Kat)}} \ 2\,CH_3COOH$$

Höhere Fettsäuren werden durch Oxidation aus synthetischen Alkanen gewonnen **(Paraffinoxidation)**

$$2\,R-CH_3 \ + \ 3\,O_2 \ \rightarrow \ 2\,R-COOH \ + \ 2\,H_2O$$

Sie werden zu technischen Schmierölen und -fetten sowie Seifen verarbeitet.

15.8.3 Ungesättigte Carbonsäuren oder Alkensäuren

Ungesättigte Carbonsäuren enthalten eine oder mehrere Doppelbindungen im Molekül.

Besondere Bedeutung besitzen die Acrylsäure $CH_2=CH-COOH$ und die Methacrylsäure $CH_2=C(CH_3)-COOH$ als Ausgangsstoffe für Polyacrylsäure-Kunststoffe und Acrylfarben.

Höhere ungesättigte Carbonsäuren sind vor allem in pflanzlichen Ölen, den so genannten **fetten Ölen,** enthalten. Sie werden auch als essenzielle (lebensnotwendige) Fettsäuren bezeichnet.

Ölsäure $C_{17}H_{33}-COOH$ in Oliven-, Mandelöl, Fischfetten
                 $CH_3-(CH_2)_7\text{-}CH=CH-(CH_2)_7-COOH$

Linolsäure $C_{17}H_{31}COOH$ in Mohn-, Nuss-, Leinöl
                 $CH_3-(CH_2)_4-CH=CH-CH_2-CH=CH-(CH_2)_7-COOH$

Linolensäure $C_{17}H_{29}-COOH$ in Mohn-, Nuss-, Leinöl
                 $CH_3-CH_2-CH=CH-CH_2-CH=CH-CH_2-CH=CH-(CH_2)_7-COOH$

Die Linolensäure wird zu Ölfarben und Firnis verwendet.

Mangan-, Cobalt- oder Bleisalze werden als so genannte Sikkative zugesetzt. Sie beschleunigen die „Trocknung" der Farben, die nach dem Reaktionsmechanismus eine Polymerisation ist.

15.8.4 Dicarbonsäuren

Gesättigte und ungesättigte Dicarbonsäuren enthalten im Molekül zwei funktionelle Carboxylgruppen, es gilt die allgemeine Formel $HOOC-R-COOH$.

Sie kommen in vielen Nahrungsmitteln vor.

Die mittelstarke Ethandisäure (Oxalsäure) $HOOC-COOH$ ist in Rhabarber, Klee, Tomaten, Spinat, Sauerampfer u. a. als Kaliumsalz enthalten.

Hexandisäure (Adipinsäure) $HOOC-(CH_2)_4-COOH$ wird bei der Erzeugung von Polyamiden und Polyesterharzen benötigt.

Die ungesättigte Butendisäure (Maleinsäure) $HOOC-CH=CH-COOH$ verwendet man zur Produktion von Alkydharz-Lacken und ungesättigtem Polyesterharz.

15.9 Verbindungen der Carbonsäuren

15.9.1 Ester der Carbonsäuren

Ester sind Verbindungen von Säuren mit Alkoholen.

Die Ausgangsstoffe vereinigen sich unter Wasserabspaltung. Diese Reaktion wird speziell als **Kondensation** bezeichnet.

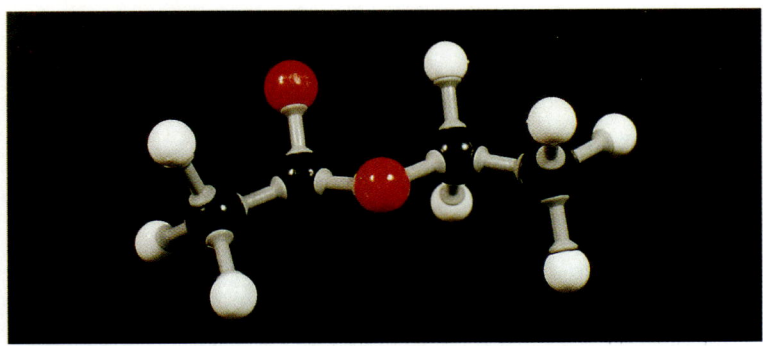

Abb. 15-8
Essigsäureethylester
$CH_3COO-C_2H_5$

Beispiel

$$R-CO\boxed{OH} + \boxed{H}O-CH_2-CH_3 \rightarrow R-CO-O-CH_2-CH_3 + H_2O$$

Carbonsäure   Ethanol   Carbonsäureethylester
              Ethylalkohol

Die OH-Gruppe der Säure verbindet sich mit dem Wasserstoff der Alkoholgruppe zu Wasser, die Restgruppen beider Ausgangsstoffe zum Ester. Die $-CO-O$-Brücke heißt **Esterbindung.** Abb. 15-8 zeigt ein Molekülmodell von Essigsäureethylester.

C

Ätzend

5 ml Eisessig (100%ige Essigsäure) und 5 ml Ethylalkohol (97%ig) werden in einem Reagenzglas gemischt (Schutzbrille!). Dazu gibt man tropfenweise ca. 1 ml konz. Schwefelsäure (zur Bindung des entstehenden Wassers; Gleichgewichtsverschiebung). Erwärmen Sie die Lösung etwa 10 Minuten im Wasserbad bei 80 °C.

Prüfen Sie den Geruch und gießen Sie den Inhalt des Reagenzglases nach dem Abkühlen in kaltes Wasser. Beobachtung? Wiederholen Sie den Versuch mit Buttersäure (Butansäure C_3H_7COOH) und Ethanol! Stellen Sie die Gleichungen auf.

Viele Carbonsäureester haben einen angenehmen, fruchtigen Geruch und werden als künstliche Aromastoffe verwendet (Rum, Banane, Ananas, Birne, Apfel u. a.). Flüssige Ester dienen als Lösungsmittel für Nitrocellulose und Lackgrundstoffe. **Wachse** (z. B. Bienenwachs) sind Ester höherer Fettsäuren und höherer Alkohole.

Auch anorganische Säuren binden Alkohole zu Estern. Die bekannteste Verbindung ist Trinitroglycerin aus Salpetersäure und Glycerol (Glycerin). Nitroglycerin explodiert bei geringer mechanischer Beanspruchung (Stoß, Erschütterung). Dabei entstehen nur gasförmige Stoffe, sodass aus geringem Flüssigkeitsvolumen eine Explosionswelle mit hohem Druck entsteht:

$$\begin{array}{l} CH_2-O-NO_2 \\ | \\ 4\,CH-O-NO_2 \rightarrow 6\,N_2 + 12\,CO_2 + 10\,H_2O + O_2 \\ | \\ CH_2-O-NO_2 \end{array}$$

Alfred NOBEL machte 1866 die Entdeckung, dass die Stoßempfindlichkeit des Nitroglycerins stark eingeschränkt wird, wenn man Kieselgur (SiO_2-Gehäuse von Kieselalgen) damit tränkt (Dynamit).

15.9.2 Natürliche Fette und Öle – Fetthärtung

> Tierische und pflanzliche Fette und Öle sind Verbindungen höherer Fettsäuren mit 1.2.3-Propantriol (Glycerol), somit Fettsäureester des Glycerols.

Sehr häufig beteiligen sich unterschiedliche Fettsäuren am Aufbau eines Fettes. Tierische Fette enthalten mehr gesättigte und pflanzliche Öle mehr lebenswichtige ungesättigte Fettsäuren.

Die folgende Formel gibt die typische Zusammensetzung eines tierischen Fettes wieder:

$$CH_2 - O - CO - (CH_2)_{14} - CH_3 \qquad \text{Palmitinsäure}$$
$$CH \ - O - CO - (CH_2)_{16} - CH_3 \qquad \text{Stearinsäure}$$
$$CH_2 - O - CO - (CH_2)_7 - CH{=}CH - (CH_2)_7 - CH_3 \qquad \text{Ölsäure}$$

Glycerol   Fettsäuren

Je mehr ungesättigte Fettsäuren am Aufbau eines Fettes beteiligt sind, umso niedriger liegt der Schmelzpunkt. Pflanzliche Öle werden „gehärtet", um Margarine herzustellen. Das geschieht durch die Anlagerung von Wasserstoff an Doppelbindungen mithilfe von Nickelkatalysatoren. Die Fetthärtung (Fetthydrierung) führt zu festen, streichfähigen Produkten. Fette werden durch Laugen bzw. Säuren in Glycerin und Alkalisalze (Seifen) bzw. Fettsäuren gespalten.

15.9.3 Natürliche Seifen und Waschmittel

> Herkömmliche Seifen sind Alkalisalze der Fettsäuren.

An der Seifenbildung beteiligen sich geradkettige Fettsäuren mit 10 bis 18 Kohlenstoffatomen.

Die härteren Seifen enthalten Natrium-, die weichen Sorten (Rasierseife, flüssige Seife) Kalium-Ionen.

Beispiele:

$$CH_3 - (CH_2)_{14} - COO^-Na^+ \qquad\qquad CH_3 - (CH_2)_{16} - COO^-Na^+$$
Natriumpalmitat   Natriumstearat

$$CH_3 - (CH_2)_{14} - COO^-K^+ \qquad\qquad CH_3 - (CH_2)_{16} - COO^-K^+$$
Kaliumpalmitat   Kaliumstearat

Die Waschwirkung der Seifen steht in engem Zusammenhang mit der Struktur der Moleküle:

Der geradkettige Kohlenwasserstoffanteil der Seifenmoleküle ist unpolar und verhält sich daher hydrophob, auf Grund der Ähnlichkeit zum Aufbau der Fette aber lipophil. Die polare Gruppierung $-COO^-Na^+$ bzw. $-COO^-K^+$ ist dagegen hydrophil. Das Molekül kann entsprechend Abb. 15-9 symbolisiert werden.

Bringt man Seife mit Wasser in Berührung, so stellen sich einige charakteristische Strukturen ein, die eine Gemeinsamkeit aufweisen: Die hydrophilen Gruppen lösen sich im Wasser bzw. richten sich zu den Wassermolekülen hin aus, während sich die lipophilen Gruppen von den Wassermolekülen abwenden.

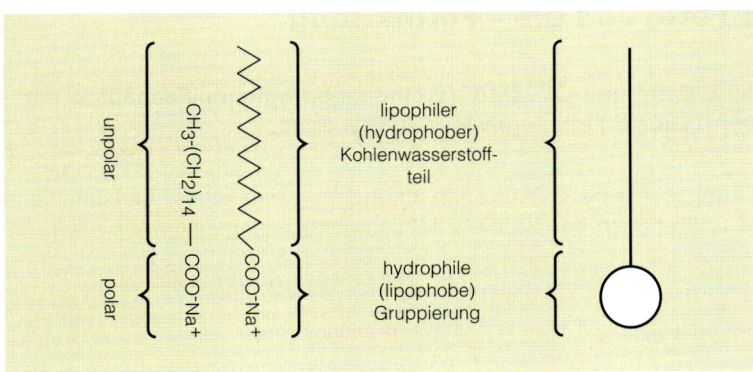

Abb. 15-9
Struktur des Seifen-
moleküls (Natrium-
palmitat) in verschiede-
nen Darstellungen

Zwei Fälle sind von Bedeutung:

1. **Molekülanordnung zur „Bürstenstruktur"** an der Wasseroberfläche

Seifenmoleküle lösen sich mit der $-COO^-Na^+$ oder $-COO^-K^+$-Gruppe in der Wasseroberfläche, die Kohlenwasserstoffanteile ragen in die Luft (Abb. 15-10). Die „Bürstenstruktur" wird
von einer Molekülschicht gebildet. Die Wasserstoffbrückenbindung zwischen den Wassermolekülen wird dadurch an der Oberfläche zerstört und die Oberflächenspannung des Wassers sinkt (Abb. 15-11). Seifen und gleichartig wirkende Stoffe werden deshalb als **oberflächenaktive, grenzflächenaktive, waschaktive** Substanzen oder Tenside bezeichnet.
Durch die niedrigere Oberflächenspannung kann Wasser nun Fremdstoffe wie Schmutz auf
Textilfasern benetzen und Schaum bilden.

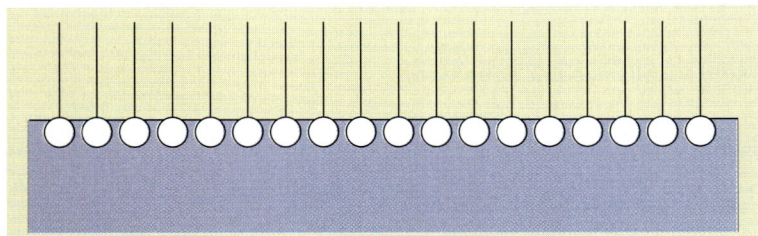

Abb. 15-10
„Bürstenstruktur" von
Seifenmolekülen bzw.
oberflächenaktiven
Stoffen auf der
Wasseroberfläche

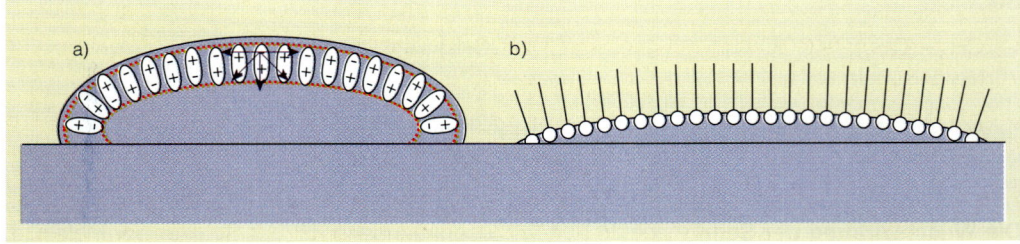

Abb. 15-11 Wirkung der Wasserstoffbrückenbindung (…) zwischen den Dipolen der Wassermoleküle als
Oberflächenspannung (a) und Zerstörung der Kräfte durch oberflächenaktive Substanzen

Versuch Streuen Sie auf die Oberfläche sehr reinen Wassers einige Campherkristalle. Beobachtung? Geben Sie nun einige Tropfen waschaktive Substanz auf
die Wasseroberfläche. Beobachtung? Streuen Sie erneut einige Campherkristalle auf die Wasseroberfläche. Beobachtung?

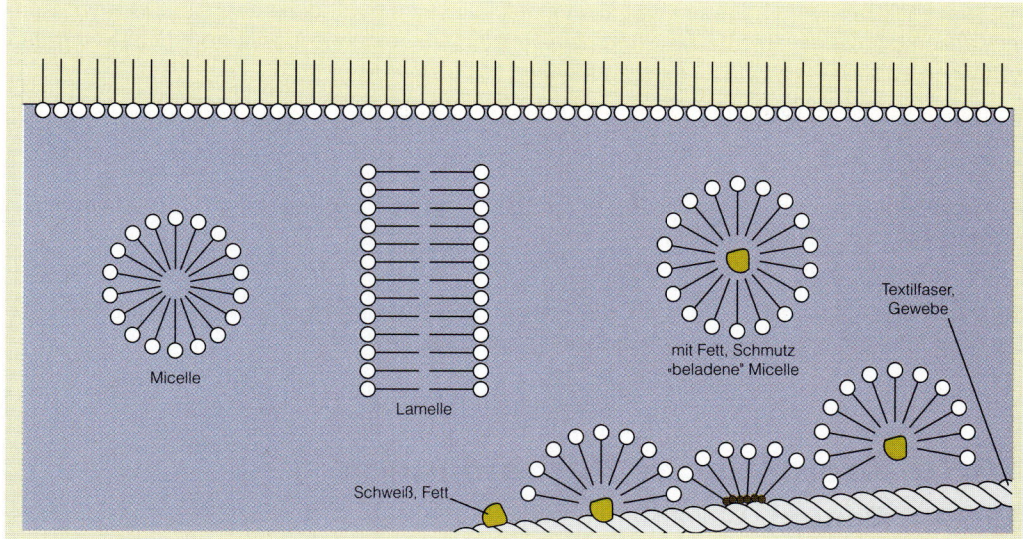

Abb. 15-12 Seifenstrukturen im Wasser und Ablösevorgang von Schmutz und Fett

Campherkristalle können sich nur bei der Berührung mit Wasser lösen. Mithilfe von Campher kann man somit die Reinheit der Wasseroberfläche prüfen.

2. **Molekülanordnung zu Micellen im Wasser**

Wird mehr Seifenlösung in das Wasser gebracht, als die Oberfläche aufnehmen kann, bilden sich im Wasser kugelförmige und lamellenartige Molekülanhäufungen, wie Abb. 15-12 zeigt. Die polaren Molekülgruppen bilden die Oberfläche der Gebilde. Sie richten sich zum Wasser hin aus, während die Kohlenwasserstoffanteile nach innen, aufeinander zugerichtet sind. Die Lamellen und die so genannten Micellen (lat. Körnchen) nehmen beim Waschprozess hydrophobe Stoffe wie Fett-, Ölpartikel, Schweißabsonderungen u. a. auf. Die Waschwirkung ist mit der Sättigung der Micellen erschöpft. Das äußert sich in abnehmender Schaumbildung.

15.9.4 Synthetische oberflächenaktive Stoffe

Natürliche Seifen haben auch Nachteile. Gegenüber Säuren sind sie unbeständig, weil sich unlösliche Fettsäuren abscheiden:

$$R-COO^-Na^+ \quad + \quad H^+ \quad \rightarrow \quad \underline{RCOOH} \quad + \quad Na^+$$

Mit Magnesium- und Calcium-Ionen bilden sie unlösliche Kalkseifen, damit geht die Waschwirkung verloren (vgl. Abschnitt 12.7):

$$2\,R-COO^-Na^+ \quad + \quad Ca^{2+} \quad \rightarrow \quad \underline{(RCOO)_2Ca} \quad + \quad 2\,Na^+$$

Außerdem reagieren natürliche Seifen alkalisch (Augenbrennen bei Berührung mit Seife).

Gegenwärtig gibt es eine Vielzahl synthetischer Waschmittel. Sie sind von sehr unterschiedlicher Zusammensetzung und reagieren neutral. Vor allem bilden sie mit Calcium-Ionen keine unlöslichen Salze.

Alle waschaktiven Verbindungen enthalten im Molekül eine hydrophile Gruppe und einen Kohlenwasserstoffrest mit etwa 16 bis 28 Kohlenstoffatomen. Folgende wasserfreundliche Gruppen können in synthetischen Waschmitteln enthalten sein:

- Sulfat: $R-O-SO_3^-Na^+$ (Schwefelsäureester)

- Sulfonat: $R-SO_3^-Na^+$

- stickstoffhaltige oder phosphorhaltige Gruppen. Letztere bedingen die Düngewirkung von Abwasser (vgl. Abschnitt 12.9).

Synthetische Waschmittel werden als Haushalts- und Industriereiniger verwendet (Entfetten von Blechen, Umformteilen, Bauteilen in Industriewaschanlagen).

15.10 Aromatische Verbindungen

15.10.1 Benzen (Benzol)

Die einfachste aromatische Verbindung ist das eben gebaute Benzen (Benzol) C_6H_6. Die klassische Strukturformel enthält drei Doppelbindungen (Abb. 15-13a). Die tatsächlichen Bindungsverhältnisse weichen jedoch von dieser Vorstellung ab: Die sechs Kohlenstoffatome sind durch σ-Bindungen zu einem Ring verbunden.

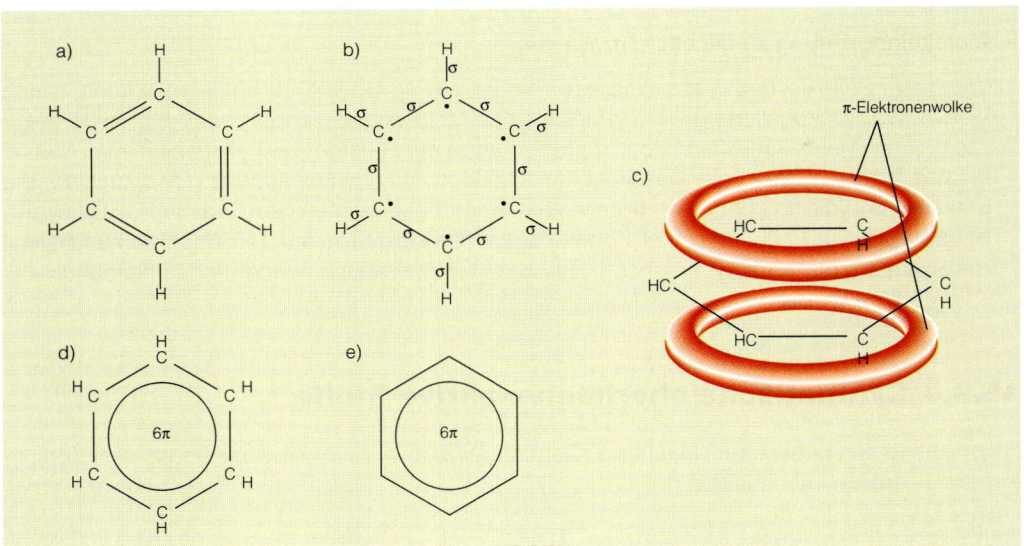

Abb. 15-13 Benzenstruktur
a) klassische Strukturformel   b) Darstellung der σ-Bindungen   c) Elektronenwolke des π-Elektronensextetts   d) und e) vereinfachte Strukturformel mit 6π-Elektronen

Außerdem bestehen σ-Bindungen zwischen Wasserstoff und Kohlenstoff. Jedes Kohlenstoffatom besitzt noch ein überschüssiges Elektron. Diese insgesamt sechs Elektronen (Abb. 15-13 b) bilden eine gemeinsame Elektronenwolke oberhalb und unterhalb des Ringes, ein so genanntes **π-Elektronensextett** mit dem Symbol 6π (Abb. 15-13c bis e). Dieses Elektronensextett (lat. sechs) ist energetisch stabil, sodass der Benzenring bei den meisten chemischen Reaktionen nicht angegriffen wird. Wasserstoff kann jedoch substituiert werden.

Benzen ist eine farblose Flüssigkeit von charakteristischem Geruch. In Wasser löst es sich nicht, in fast allen organischen Lösungsmitteln ist es löslich. Benzen löst Öle, Fette, Gummi, Harze und Schwefel. Es brennt mit stark rußender gelber Flamme. Auf den menschlichen Körper wirkt Benzen als Atem- und Blutgift (Zerstörung roter Blutkörperchen) sowie Krebs erregend.

Benzen dient als Lösungsmittel, als Zusatz für Motortreibstoffe, zur Herstellung von Farbstoffen, Arzneimitteln, Polystyrol und Benzenverbindungen.

Benzen wird aus Steinkohlenteer, Kokereigas und durch Reformieren von Benzin gewonnen. Es ist chemisch sehr stabil.

15.10.2 Substitutionsverbindungen des Benzens (Benzols)

Benzen (Abb. 15-14) ist die Ausgangssubstanz für viele aromatische Verbindungen. Technisch bedeutungsvoll sind u. a. folgende Stoffe, die als Arene bezeichnet werden:

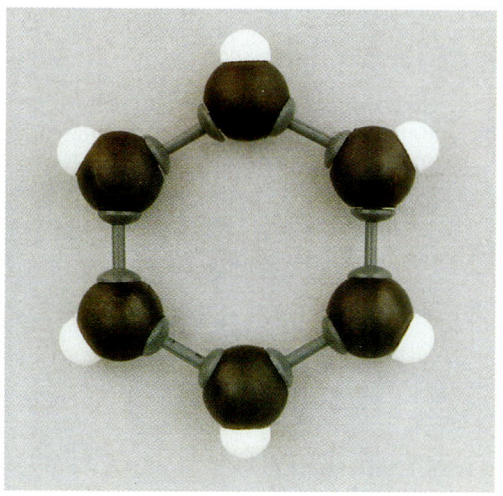

Abb. 15-14
Molekülmodell von Benzen (Benzol)
(ohne Elektronensextett)

Methylbenzen oder Toluen (Toluol)
$C_6H_5 - CH_3$

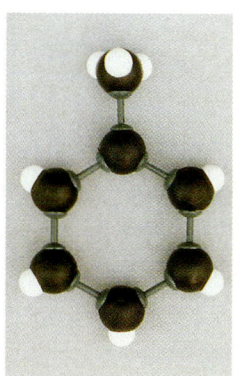
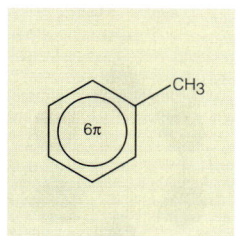

Abb. 15-15
Molekülmodell von
Methylbenzen oder
Toluen (Toluol)

Vinylbenzen oder Styren (Styrol)
$C_6H_5 - CH = CH_2$

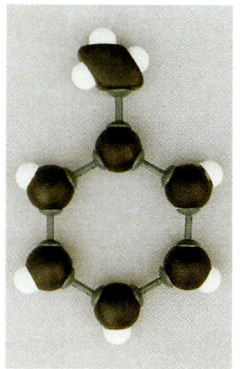
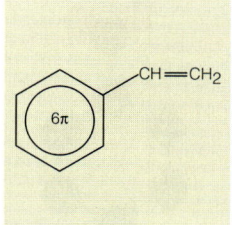

Abb. 15-16
Molekülmodell von
Vinylbenzen oder
Styren (Styrol)

Lösungsmittel und Zwischenprodukt, z. B. für das Sprengmittel Trinitrotoluol (TNT) und für Farbstoffe

flüssig, ungesättigt; Ausgangsstoff für Polystyrol

Nitrobenzen
$C_6H_5 - NO_2$

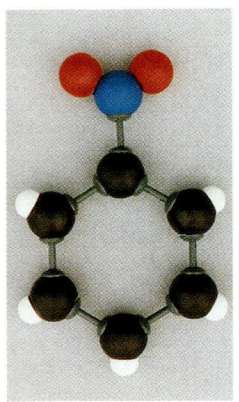

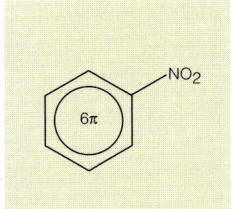

Abb. 15-17
Molekülmodell von
Nitrobenzen
(Nitrobenzol)

giftig, nach Bittermandel riechend. Ausgangsstoff für Farbstoffe

Phenol oder Monohydroxybenzen
$C_6H_5 - OH$

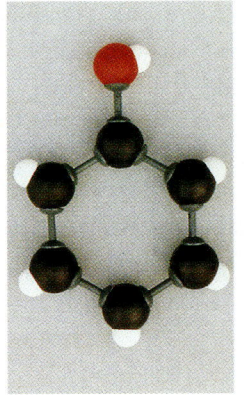

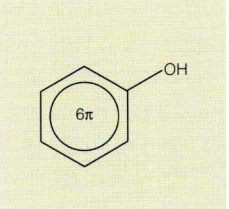

Abb. 15-18
Molekülmodell von
Phenol

ist im Steinkohlenteer enthalten. In Wasser löst es sich mäßig, in organischen Lösungsmitteln gut. Ausgangsstoff für Phenolharze (Phenoplaste, Ionen-Austauscher-Harze, Lacke), Farbstoffe, Gerbstoffe. Verwendung als Desinfektionsmittel

Benzoesäure
$C_6H_5 - COOH$

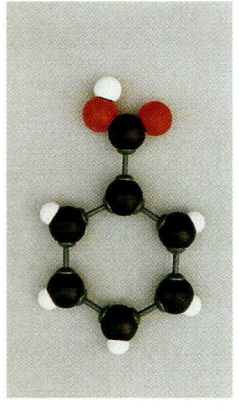

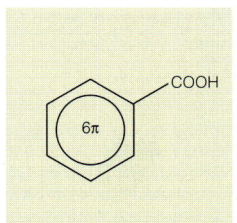

Abb. 15-19
Molekülmodell von
Benzoesäure

kommt in Pflanzen (Preiselbeeren, Himbeeren, Johannisbeeren) vor. Verwendung zur Konservierung von Lebensmitteln (Kennzeichnung: E 210 bis E 219)

Benzensulfonsäure
$C_6H_5 - SO_3H$

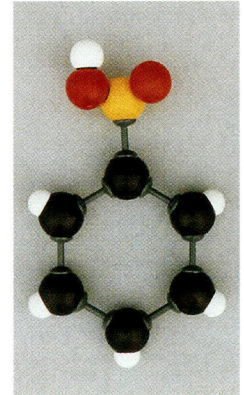

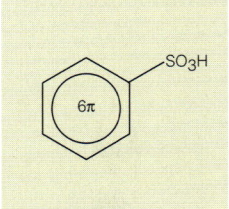

Abb. 15-20
Molekülmodell von
Benzensulfonsäure

ist eine starke Säure; Verwendung als Natriumsalz zur Waschmittelherstellung, auch für hartes Wasser, da keine unlöslichen Kalkseifen entstehen (vgl. Abschnitt 15.9.4)

Der Benzenring tritt in vielen Naturstoffen auf. Es können sich auch mehrere Ringe zusammenlagern, wie die folgenden Beispiele zeigen:

Naphthalen (Naphthalin)
$C_{10}H_8$

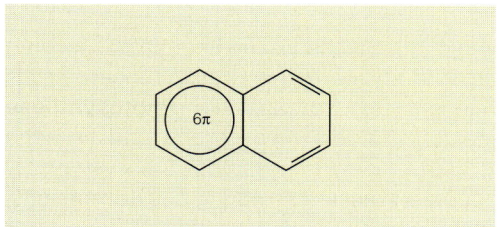

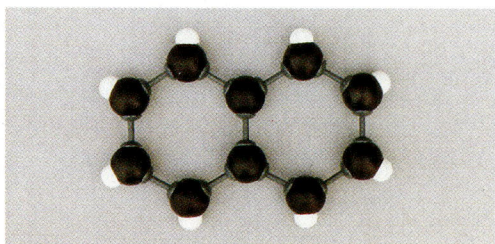

Abb. 15-21
Molekülmodell von Naphthalen (Naphthalin)

Vorkommen im Steinkohlenteer, Verwendung zur Herstellung von Farben (z. B. Indigo)

Anthracen
$C_{14}H_{10}$

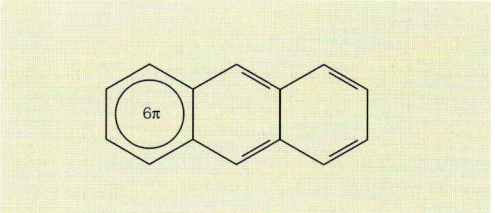

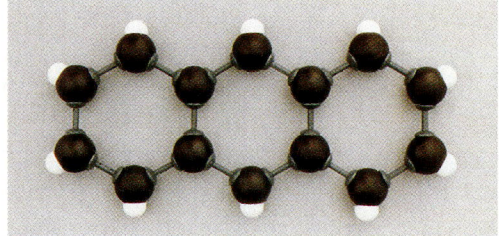

Abb. 15-22
Molekülmodell von Anthracen

Vorkommen und Verwendung wie Naphthalin

Einige chlorhaltige aromatische Verbindungen sind sehr giftig wie die
Dioxin-Verbindungen (Sevesogift, 1976).

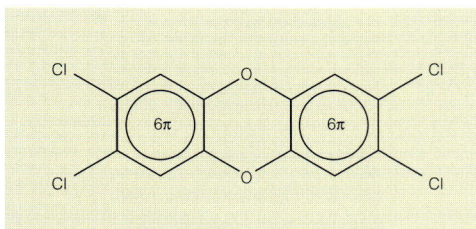

Sie entstehen als Nebenprodukte bei der Erzeugung von Schädlingsbekämpfungsmitteln oder bei der Müllverbrennung (vor allem mit Kunststoffanteilen).

Abb. 15-23
Molekülmodell von Dioxin

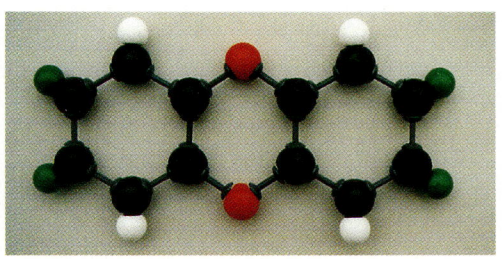

313

15.11 Kohlenhydrate

Kohlenhydrate werden durch Pflanzen gebildet. Mithilfe des Chlorophylls als Katalysator entsteht aus Kohlenstoffdioxid und Wasser Glucose (Traubenzucker). Dabei wird Sauerstoff frei:

$$6\,CO_2 \ + \ 6\,H_2O \ \rightarrow \ C_6H_{12}O_6 \ + \ 6\,O_2 \qquad \Delta H \ = \ +2824\,kJ \cdot mol^{-1}$$

Glucose,
Traubenzucker

Der Vorgang verläuft unter Aufnahme von Lichtenergie, die als chemische Energie gespeichert wird. Es ist der einzige bekannte Vorgang, in dem aus anorganischen Verbindungen mittels Lichtenergie energiereichere Verbindungen entstehen. Der Vorgang der **Photosynthese** (griech. Licht) ist daher von fundamentaler Bedeutung für die menschliche und tierische Ernährung sowie den CO_2-Kreislauf (vgl. Abschnitt 13.3).

Der Name Kohlenhydrat (hydros griech. Wasser) bedeutet Wasserverbindung des Kohlenstoffs, denn scheinbar besteht z. B. $C_6H_{12}O_6$ aus 6 Kohlenstoffatomen und 6 Wassermolekülen.

Versuch   Versetzen Sie in einem Reagenzglas einen Spatel Zucker mit einigen Tropfen konzentrierter Schwefelsäure. Beobachtung? Wiederholen Sie den Versuch mit Cellulose oder Holz. (Schutzbrille, Einmalhandschuhe) R 25, S 39

Kohlenhydrate kommen in einfachen und zusammengesetzten Molekülen vor:

Monosaccharide oder Einfachzucker: **Glucose** oder Traubenzucker, **Fructose** oder Fruchtzucker; **Disaccharide** oder Zweifachzucker sind aus zwei Molekülen entstanden z. B. **Saccharose** oder Rübenzucker.

Polysaccharide (Vielfachzucker) z. B. Cellulose enthalten bis zu 10 000 Monosaccharid-Moleküle. Zusammengesetzte Kohlenhydrate können durch Säuren in Monosaccharide gespalten werden.

Nach der Anzahl der Kohlenstoffatome unterscheidet man Monosaccharide in **Hexosen** $C_6H_{12}O_6$ und **Pentosen** $C_5H_{10}O_6$. Es gibt verschiedene Formel-Darstellungen. Am realistischsten wird der Aufbau der Zuckermoleküle durch nachfolgende Konstitutionsformeln wiedergegeben. Sie zeigen, dass sich die Zucker gleicher Summenformeln durch die Stellung von OH-Gruppen unterscheiden. Für jeden Zucker gibt es eine α- und β-Form, wobei die OH-Gruppe am C_1-Atom (Glucose) bzw. Gruppen am C_2-Atom unterschiedliche Stellungen einnehmen (Fructose).

Hexosen: wasserlösliche, farblose Kristalle, süßer Geschmack, vergärbar zu Ethanol und CO_2 (Galactose nur z. T.) bzw. Milchsäure.

$$C_6H_{12}O_6 \xrightarrow{\text{Hefepilze}} 2\,CH_3CH_2OH \ + \ 2\,CO_2$$

$$C_6H_{12}O_6 \xrightarrow{\text{Milchsäurebakterien}} 2\,CH_3-CH(OH)-COOH$$

α-Glucose   β-Glucose   α-Fructose   β-Fructose

Traubenzucker
in Obst, Honig; in Disacchariden (Saccharose, Maltose, Lactose), in Polysacchariden (Stärke, Cellulose, Glycogen)

Fruchtzucker
in Obst, Honig; im Disaccharid Saccharose (Rüben- oder Rohrzucker), größte Süßkraft

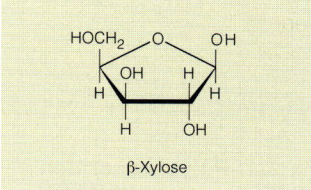

α-Mannose β-Mannose

vor allem in Polysacchariden (Cellulose, Glycoproteine, Blutgruppensubstanz)

α-Galactose β-Galactose

vor allem im Disaccharid Lactose und in Polysacchariden (Pectin, Gummiarabicum, Glycoproteinen)

Pentosen: nicht vergärbar

β-Ribose

β-Arabinose

β-Xylose

Baustein in Enzymen und Nucleinsäuren (Zellkern); gebunden als Desoxiribonucleinsäure

in Kirschgummi

in Kleie, Stroh, Holz

Disaccharide: Sie entstehen durch Kondensation von zwei Monosaccharid-Molekülen unter Wasserabspaltung

$$2\ C_6H_{12}O_6 \rightarrow C_{12}H_{22}O_{11} + H_2O$$

farblose, wasserlösliche Kristalle, sehr bis schwach süß (Lactose), nach Molekülspaltung sind Glucose und Fructose vergärbar.

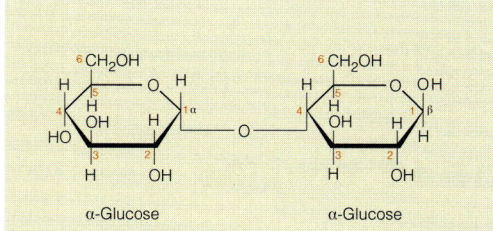

α-Glucose β-Fructose

Saccharose oder Rohr-, Rübenzucker (Zuckerrohr, Zuckerrübe)

α-Glucose α-Glucose

Maltose oder Malzzucker, (keimende Getreide besonders Gerste, Malzextrakt, Bier)

β-Galactose α-Glucose

Lactose oder Milchzucker (Milch)

Abb. 15-24   a) Stärke-   b) Cellulosemolekül mit jeweils 4 Monomereinheiten

Zu den **Polysacchariden** zählen **Stärke** und **Cellulose.** In der Stärke sind bis zu 6000 und in Cellulose mehr als 10000 Glucosemoleküle zu Makromolekülen (griech. groß) vereinigt. Die Glucosemoleküle verbinden sich unter Abspaltung von Wasser an den Verbindungsstellen. Man bezeichnet den Reaktionsmechanismus als **Polykondensation.** Die Anzahl der Einzelmoleküle oder Monomere wird in den Formeln mit dem Zeichen n wiedergegeben.

Der Unterschied zwischen Stärke und Cellulose besteht in der Verknüpfungsweise der Glucosemoleküle (Abb. 15-24).

Stärke und Cellulose sind Hauptbestandteile der Pflanzen. Die Stärke wird als Speichersubstanz gebildet. Sie ist vorrangig verzweigt aufgebaut. Auch im menschlichen Organismus wird Stärke synthetisiert und vor allem in der Leber gespeichert. Enzyme spalten Stärke auf.

Cellulose besteht aus linearen Molekülen. Sie dient in Pflanzen als Baustein für die Zellwände. Baumwolle, Hanffasern, Flughaare vieler Samen (Löwenzahn, Distel) bestehen aus Cellulose.

Die Kohlenhydrate können als mehrwertige Alkohole (OH-Gruppen) aufgefasst werden. Mit Säuren lassen sie sich verestern, z. B. zu Celluloid und Celluloseacetat.

15.12 Eiweiße

Eiweiße oder Proteine sind Hauptbestandteile des tierischen Organismus. Sie bestehen aus Aminosäuren (Aminocarbonsäuren) mit zwei funktionellen Gruppen. Die Aminosäuren können durch die folgende allgemeine Formel beschrieben werden:

$$\overset{\alpha(2)\quad 1}{R - CH - COOH} \qquad \text{Carboxylgruppe (saure Gruppe)}$$
$$\underset{NH_2}{|} \qquad\qquad\quad \text{Aminogruppe} \quad \text{(basische Gruppe)}$$

In Eiweißen ist die Aminogruppe $-NH_2$ an das zweite oder α-C-Atom gebunden. Diese Aminosäuren werden deshalb als α-Aminosäuren oder 2-Aminosäuren bezeichnet.
In tierischen bzw. menschlichen Eiweißen sind ca. 20 verschiedene Aminosäuren enthalten (Übersicht 15-5). Menschen und Tiere können nicht alle lebensnotwendigen Aminosäuren selbst aufbauen. Sie nehmen einen Teil mit der pflanzlichen Nahrung auf (sog. „essenzielle Aminosäuren"). Nur Pflanzen bauen Aminosäuren aus anorganischen Stoffen auf.

Einige Aminocarbonsäuren natürlicher Eiweiße

Name	Struktur von R	einige Vorkommen
Glycin	$-H$	im Bindegewebe, Gelatine
Alanin	$-CH_3$	2–7 % in Hühnereiweiß u. a.
Valin	$-(CH_3)_2$	essenzielle Aminosäure in vielen Eiweißen
Serin	$-CH_2CH(CH_3)_2$	in Casein
Cystein	$-CH_2SH$	Bildung von Disulfidbrücken in Keratin (Haar, Nägel, Horn, Federn)
Lysin	$-(CH_2)_4NH_2$	essenzielle Aminosäure, bes. in tierischem Eiweiß und Bindegewebe (Kollagen, Gelatine)
Glutaminsäure	$-CH_2CH_2COOH$	in Weizen, Na-Glutamat als Geschmacksverstärker
Histidin	$-CH_2$ 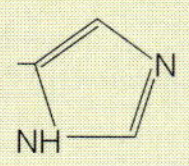 ⟨Imidazolring mit N, NH⟩	in Enzymen, Hämoglobin
Phenylalanin	$-CH_2$ 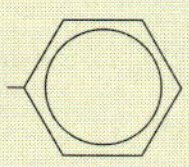 ⟨Benzolring⟩	Bildung von Melanin-Farbstoff (Haar, Haut)

Übersicht 15-5

Moleküle von Aminosäuren verbinden sich durch Kondensation untereinander, wie das folgende einfache Beispiel zeigt:

$$NH_2-CH_2-COOH \ + \ NH_2-CH_2-COOH \ \rightarrow \ NH_2-CH_2-CO-NH-CH_2-COOH \ + \ H_2O$$

Aminoessigsäure, Glycin

Die $-CO-NH-$ -Brücke heißt **Peptidbindung.**

Da das entstandene Molekül wiederum zwei funktionelle Gruppen besitzt, können sich weitere Aminosäuren unter Wasserabspaltung anlagern. Auf diese Weise entstehen durch Kondensation je nach Anzahl der Aminosäuren Di-, Tri- bis **Polypeptide.** Hochmolekulare Peptide heißen **Eiweiße** oder **Proteine** (Abb. 15-25).

Die relativen Molekülmassen liegen zwischen ca. 15 000 und 100 000, können aber auch noch wesentlich höhere Werte erreichen (z. B. bei Viren).

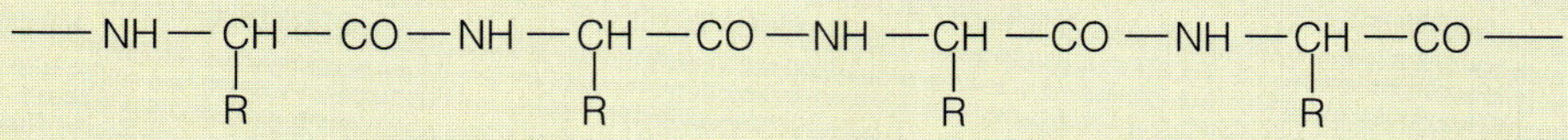

Abb. 15-25 Allgemeine Struktur eines Eiweißmoleküls: Die Kohlenwasserstoffgruppen R sind unterschiedlich zusammengesetzt.

Beim Erhitzen mit konzentrierter Salz- oder Schwefelsäure (oder durch Enzyme bei der Verdauung) findet eine Spaltung der Peptidbindung und Hydrolyse zu Aminosäuren statt. Eiweiße können wasserlöslich oder nur quellbar sein (z. B. Eiweißstoffe von Haar, Horn) oder kolloide Lösungen bilden (z. B. Blutserum, Protoplasma, Hühner- und Milcheiweiß, aus denen das Eiweiß durch Erhitzen oder Säurezusatz ausgefällt wird (Eiweißgerinnung). Es kann nicht wieder gelöst oder biologisch aktiviert werden **(Denaturierung).** Eiweiße werden im menschlichen Körper ständig ab- und neu aufgebaut (Eiweißstoffwechsel).

Wichtige Proteine sind z. B. **Globuline** und **Albumine** (in Hülsenfrüchten, Getreide, Blutplasma, Zellplasma, Milch, Eiern), **Histone** (gebunden an Nucleinsäuren im Zellkern), **Prolamine** (z. B. Klebereiweiß im Brot) und **Skleroproteine** (Gerüsteiweiße als Kollagene in Bindegewebe, Knorpel, Sehnen, Haut, die beim Kochen Gelatine liefern, und als Keratin in Hörnern, Hufen, Nägeln, Haaren, Federn und Naturseide vorkommen).

Die Anzahl der Eiweiße, die in tierischen und menschlichen Organismen vorkommen, ist unendlich groß.

Der Kohlenstoffrest der Moleküle kann sehr vielgestaltig sein, es gibt weitere Anlagerungsmöglichkeiten für die funktionellen Gruppen und es tritt Isomerie auf, sodass eine Vielzahl von Variationsmöglichkeiten besteht. Man kann davon ausgehen, dass jede Tierart eigene (körpereigene) Eiweiße besitzt, die in einer anderen Tierart nicht vorkommen.

Proteide sind zusammengesetzte Eiweiße. Sie enthalten außer den Aminosäuren „eiweißfremde" Bestandteile wie z. B. Phosphor (Phosphorproteide, Casein der Milch), Kohlenhydrate (Glykoproteide, z. B. Schleimstoffe, im Stütz- und Bindegewebe), Farbstoffe (Chromoproteide, z. B. in Chlorophyll, Hämoglobin), Nucleinsäuren (Nucleoproteide, z. B. in Zellkern-Bausteinen, im Zellplasma, in Viren; Träger der Erbanlagen oder Gene).

Encyme (Fermente) sind ebenfalls Eiweiße, die niedermolekulare Wirkgruppen (Koencyme) mehr oder weniger fest gebunden enthalten. Von den **Hormonen** gehören z. B. Insulin (Bauchspeicheldrüse) und Thyroxin (Schilddrüse) zu den eiweißartigen Stoffen.

15.13 Aufgaben zur Wiederholung von Kapitel 15

1. Fertigen Sie für die in Kapitel 15 genannten Stoffgruppen eine tabellarische Übersicht an: Name der Stoffgruppe, allgemeine Formel, funktionelle Gruppe, Eigenschaften bzw. Wirkungen!
2. Warum sind niedere Alkohole und Karbonsäuren wasserlöslich? Warum geht das hydrophile Verhalten mit wachsender relativer Molekülmasse in lipophiles Verhalten über?
3. Auf welche Weise wird Ethanol als Genussmittel und für technische Zwecke erzeugt?
4. Was beinhaltet die Aussage, dass Ethanol als Droge gesellschaftliche Probleme bereitet (abgesehen von individuellen und familiären)?
5. Charakterisieren Sie die Ether-, Ester- und Peptidbindung!
6. Formulieren Sie die Gleichung für die Hydrolyse eines Fettes durch eine Säure sowie durch eine Lauge!
7. Charakterisieren Sie die kolloiden Strukturen, die ein oberflächenaktiver Stoff im Wasser ausbildet!
8. Worauf beruht die fett- und schmutzlösende Wirkung von Seifen und anderen Tensiden (waschaktiven Substanzen WAS)?
9. Überlegen Sie, wie sich die Strukturen eines Tensids in einem Öl ausbilden!
10. Charakterisieren Sie die Struktur von Benzen mithilfe der verschiedenen Formelschreibweisen! Warum ist der Benzenring bei chemischen Reaktionen stabil?

16 Erdgas, Erdöl und Kohle als Energieträger und Rohstoff

16.1 Entstehung

Erdöl und Erdgas sind wahrscheinlich vor einigen Millionen Jahren aus abgestorbenen Pflanzen im Meer entstanden. Die enthaltenen Kohlenhydrate, Fette und Eiweiße haben sich unter erhöhter Temperatur, Luftabschluss und durch den Druck des Wassers vor allem zu Gemischen aus gasförmigen und flüssigen Kohlenwasserstoffen zersetzt. Letztere sammelten sich in porösen Gesteinen unterhalb von undurchlässigen Gesteinsschichten in Erdfalten u. a., den so genannten Erdölfallen an. Sie stehen dort unter dem Druck von Erdgas (Abb. 16-1).

Aus diesen Lagerstätten wird das Erdöl mithilfe von Bohrungen gewonnen. Zu Beginn der Förderung reicht der Druck der Lagerstätte aus, um das Erdöl zu heben. Danach wird Kaltwasser oder überhitzter Wasserdampf in die Gesteinsschichten gepresst und Pumpen saugen weiteres Öl an. Eine Bohrung liefert nur eine begrenzte Zeit Öl.

In der Steinkohle und in der Braunkohle findet man Fossilien als Beweise für die pflanzliche Herkunft. Unter dem Einfluss von Temperatur und dem Druck von Ablagerungen und Erdbewegungen spalteten sich im Verlauf der Zeit aus den Kohlenhydraten wasserstoff- und sauerstoffreiche Verbindungen wie Methan, Kohlenstoffdioxid und Wasser ab. Dadurch reicherte sich der Kohlenstoffgehalt der entstehenden Kohlelager an. Der Anteil von Verbindungen, die sich beim Erhitzen gasförmig abspalten lassen, verringerte sich. Diesen Prozess bezeichnet man als **Inkohlung.** Den größten Inkohlungsgrad besitzt Anthrazit mit 93 % Kohlenstoff. Braunkohle enthält dagegen nur etwa 65 % Kohlenstoff, das entspricht einem geringen Inkohlungsgrad.

16.2 Erdgas

Erdgas besteht zu 80 bis 90 % aus Methan CH_4. Es enthält in geringen Mengen andere gasförmige Kohlenwasserstoffe (C_2 bis C_4), Stickstoff und Kohlenstoffdioxid. In den Lagerstätten kommt es allein oder als Erdölbegleiter in porösen Gesteinen vor.

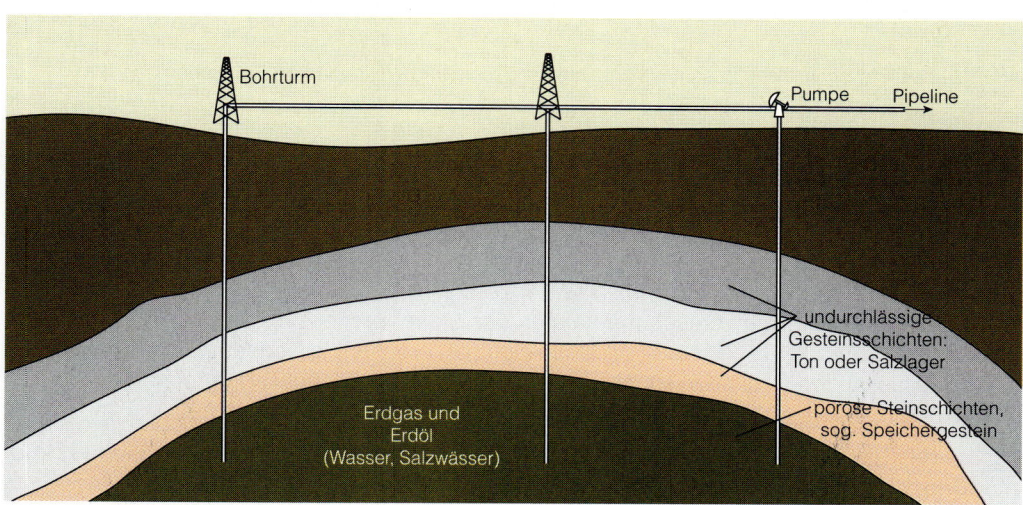

Abb. 16-1   Schematische Darstellung eines Erdöllagers (sog. „Erdölfalle")

Erdgas wird als Ausgangsstoff für die Erzeugung von Ethin und Synthesegas verwendet:

$$2\,CH_4 \xrightarrow{\;T > 1500\,°C\;} C_2H_2 \;+\; 3\,H_2 \qquad\qquad \Delta H = +3990\;kJ \cdot mol^{-1}$$

$$CH_4 \;+\; H_2O \xrightarrow{\;800\,°C\;} CO \;+\; 3\,H_2 \qquad\qquad \Delta H = +205\;kJ \cdot mol^{-1}$$

Große Mengen Erdgas werden zur Erzeugung von Wärmeenergie umgesetzt. Der **Heizwert** ist die Wärmemenge, die beim Verbrennen je kg oder je m³ freigesetzt wird. Er beträgt für Erdgas ca. 35 000 kJ · m^{-3}.

16.3 Erdöl

Erdöl besteht vor allem aus Alkanen, Cycloalkanen und Aromaten. Daneben enthält es Stickstoff-, Sauerstoff- und Schwefelverbindungen. Die Zusammensetzung kann je nach Fördergebiet sehr unterschiedlich sein.

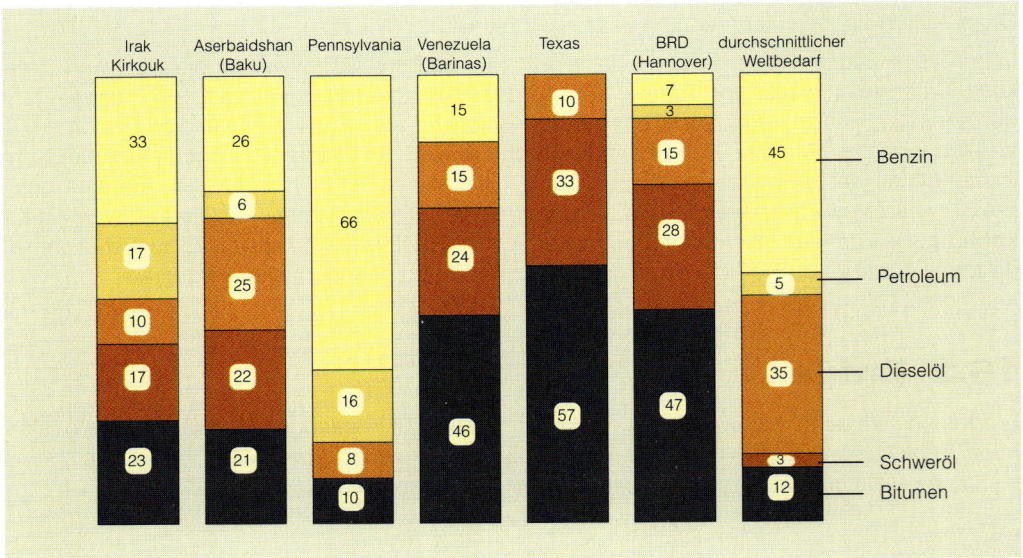

Abb. 16-2   Durchschnittliche Zusammensetzung der Erdöle und Weltbedarf an Erdölprodukten

16.4 Gewinnung von Kohlenwasserstoffen durch fraktionierte Destillation des Erdöls

Das geförderte Rohöl wird nach dem Entwässern und Entsalzen einer stufenweisen oder **fraktionierten Destillation** unterworfen. Dieser Prozess wird in Erdölraffinerien durchgeführt: Man nutzt die unterschiedlichen Siedetemperaturen des Stoffgemisches aus, um es in so genannte **Fraktionen** zu trennen (Abb. 16-3). Jede Fraktion (lat. brechen) ist wiederum ein Gemisch von Kohlenwasserstoffen. Aromaten können durch Adsorption an Silicagel abgetrennt werden.

Das Rohöl wird in Rohröfen bei Atmosphärendruck auf 400 °C erhitzt. Alle Bestandteile mit Ausnahme des Bitumens verdampfen. Sie strömen von unten in einen etwa 20 m hohen **Fraktionierturm,** auch **Glockenbodenkolonne** genannt, ein. Bitumenanteile sammeln sich flüssig am Boden und werden von hier aus entnommen.

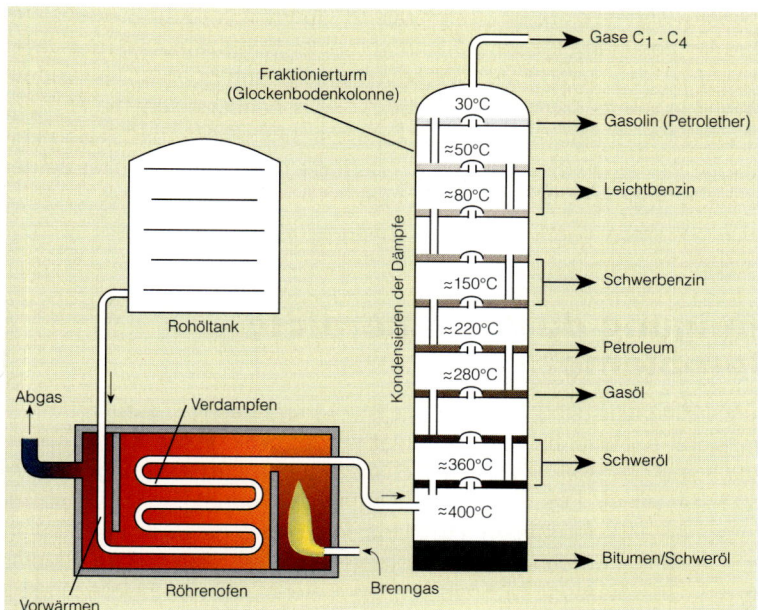

Abb. 16-3
Gewinnung der
Hauptfraktionen aus
Rohöl durch
fraktionierte Destillation

Hauptfraktionen der Erdölraffination

Produkte	Siedebereich °C	Zusammensetzung/ Anzahl der C-Atome	Verwendung
Gase	−45 bis −6	$C_3 - C_5$	Verdichtung zu Flüssiggas
Petrolether (Gasolin)	40 – 70	$C_5 - C_6$	Reinigungsmittel, Lösungsmittel für Fette, Harze, Kautschuk
Leichtbenzin	60 – 100	$C_6 - C_{10}$	Vergaserkraftstoff für Otto-Motoren, Flugbenzin, technische Benzine, Reinigungsmittel, Erzeugung gasförmiger Kohlenwasserstoffe
Schwerbenzin	100 – 180	$C_9 - C_{11}$	Synthesegaserzeugung, Reforming- und Lacklöse-Benzin
Petroleum (Leuchtöl)	180 – 250	$C_9 - C_{14}$	Leuchtpetroleum, Kerosin (Flugturbinentreibstoff), Crackbenzin
Gasöl	250 – 300	$C_{11} - C_{18}$	Destillation zu Diesel- und Heizöl
Schweröl	300 – 360	$C_{15} - C_{25}$	Vakuumdestillation zu Vaseline, Schmier-, Motoren-, Getriebe-, Maschinenöl, Heizöl; Hartparaffin, Crackbenzin
Bitumen			Straßenbau (mit Sand, Kies als Asphalt), Imprägnierung von Mauerwerk, Dachpappe

Übersicht 16-1

Der Turm ist durch viele Böden unterteilt. Jeder Boden besitzt Überlaufrohre für kondensierte Anteile und Durchlassrohre für den Dampf. Letztere sind von einer Keramikglocke überdeckt (**„Glockenboden"**, s. Abb. 16-3). Die Temperatur nimmt von unten nach oben ab, auf jedem Glockenboden stellt sich eine bestimmte Temperatur ein. Jeder Kolonnenboden hat die Wirkung einer Destillationsapparatur. Es erfolgt eine Trennung in Gemische mit bestimmten Siedebereichen. In weiteren Fraktionierkolonnen werden diese nach dem gleichen Prinzip weiter aufgetrennt. Die Hauptfraktionen sind Übersicht 16-1 zu entnehmen.

Bei der fraktionierten Destillation gehen kaum chemische Veränderungen vor sich.

16.5 Verunreinigung durch Mineralöle – Umweltprobleme

Von Verunreinigungen durch Mineralöle sind vor allem die Meere und deren Küsten betroffen. Nicht nur durch Tankerunfälle u. a. Havarien werden immer wieder ökologische Katastrophen (Ölpest) verursacht. Große Mengen Öl gelangen auch durch die regelmäßige Reinigung von Tankern auf offener See in das Meerwasser. Das Öl wird nur sehr langsam abgebaut. Dies führt zur Vernichtung von Vögeln, Fischen, Meeressäugern und Plankton. Ebenso gefährden Bodenverseuchungen durch Öl im Bereich von Erdölbohrungen, Tankstellen, Waschanlagen oder Metall verarbeitenden Betrieben das Grundwasser. Maßnahmen wie Betonkanäle für Erdölleitungen, begrenzende Betonmauern in den Anlagen der Raffinerien oder Ölabscheider für Abwasser dürfen nicht darüber hinwegtäuschen, dass sich Mineralöle auf Grund der Reaktionsträgheit vieler Kohlenwasserstoffverbindungen im Boden anreichern und zu weit tragenden Schädigungen führen können. Altöle (wie auch organische Lösungsmittel) dürfen nicht in Haus-, Gewerbe- oder Industriemüll gelangen. Sie müssen nach den gesetzlichen Festlegungen entsorgt werden (Abfallgesetz, Altölgesetz, EG-Richtlinie zur Altölbeseitigung).

16.6 Weiterverarbeitung von Erdölfraktionen

16.6.1 Raffination

Die Zusammensetzung des Erdöls entspricht nicht dem Bedarf (Abb. 16-2). Vor allem ist der Anteil an Vergaserkraftstoffen zu niedrig und das destillierte Benzin genügt nicht den Qualitätsanforderungen. Es enthält beispielsweise Schwefelverbindungen, die beim Verbrennen in Schwefeldioxid übergehen.

Die **Entschwefelung** verschiedener Fraktionen erfolgt u. a. durch Druckraffination bei etwa 370 °C. Die Dämpfe werden zusammen mit Wasserstoff über Cobalt-Molybdän-Katalysatoren geleitet. Die Schwefelverbindungen spalten dabei Schwefel als Schwefelwasserstoff ab. Dieser wird an einem weiteren Katalysator zu Schwefel umgesetzt.

In hochsiedenden Anteilen wie z. B. Schweröl sind feste Paraffine (Hartparaffin C_{20} bis C_{40}) gelöst. Bei tiefen Temperaturen führen sie zum Erstarren der Mischung. Bei der **Entparaffinierung** bringt man diese Verbindungen durch Abkühlung zur Kristallisation und filtriert sie ab. Gelöstes Bitumen und verharzend wirkende Produkte werden durch Behandlung mit Schwefelsäure abgeschieden. Filtern mit Aktivkohle führt zur **Farbaufhellung** von Ölen.

16.6.2 Erhöhung der Benzinausbeute durch Cracken („Molekülverkleinerung")

Um den Benzinanteil zu erhöhen, werden Moleküle mit längeren Ketten, wie sie in Petroleum, Gasöl und Schweröl enthalten sind, durch endothermes Cracken (engl. brechen) in kurzkettige

Moleküle mit 5 bis 9 Kohlenstoffatomen überführt. Es entstehen Crackbenzin aus Alkanen und Alkenen sowie niedermolekulare Alkene, Wasserstoff und Ruß. Auf Grund des Alkenanteils ist das Benzin von besserer Qualität als n-Alkan-Benzin.

Das Cracken führt je nach den Reaktionsbedingungen zu unterschiedlicher Zusammensetzung der Produkte:

a) **Thermisches Cracken** mit rascher Abkühlung der Crackprodukte oder **katalytisches Cracken:**

Petroleum $\xrightarrow{\text{500 °C oder Kat./500 °C}}$ Benzin + H_2 + Ruß
Gasöl

z. B. $\quad C_{10}H_{22} \quad \rightarrow \quad C_8H_{18} + C_2H_4$
$\quad\quad\ C_{10}H_{22} \quad \rightarrow \quad C_7H_{14} + C_2H_4 + 2\,H_2 + C$

b) **Hydrocracken**

Schweröl + $H_2 \quad \rightarrow \quad$ Benzin (kurzkettige Alkane, Alkene)

c) **Synthesegaserzeugung** (Hochtemperaturcracken)

Benzine $\xrightarrow{\text{800 °C}}$ Ethen, Propen, Buten, Butadien $\rightarrow$ Synthese von organischen Verbindungen, Kunststoffen, Kautschuk

16.6.3 Qualitätsverbesserung der Benzine durch Reforming-Prozesse („Molekülumbau")

Durch Umwandlung der n-Alkane in Isoalkane, cyclische Alkane, Alkene und Aromate kann man Benzin verdichtbarer machen („klopffester", vgl. Abschnitt 16.6.4). Es gibt verschiedene Verfahrensvarianten, z. B. das Platformen (**Plat**in-Re**formen**) am Platinkontakt:

n-Alkan-Benzin + H_2 $\xrightarrow[\text{15 ... 17 bar}]{\text{Pt-Al}_2\text{O}_3\,/\,500\,°C}$ Isoalkane, Naphthene, Aromate, Alkene

z. B. $\quad CH_3-CH_2-CH_2-CH_2-CH_2-CH_2-CH_2-CH_3 \quad \rightarrow \quad$

$$\begin{array}{c} \quad\quad\quad\quad CH_3 \\ \quad\quad\quad\quad | \\ H_3C-C-CH_2-CH-CH_3 \\ \quad\quad\ |\quad\quad\quad\ | \\ \quad\quad\ CH_3\quad\ \ CH_3 \end{array}$$

n-Octan

Isooctan, 2,2,4-Trimethylpentan

16.6.4 Verdichtbarkeit des Benzins – Octanzahl

Der Wirkungsgrad des Otto-Benzin-Motors ist abhängig von dem Verdichtungsverhältnis. Letzteres ergibt sich aus dem Volumen V_1 des Zylinders bei der Kolbenstellung am unteren Totpunkt und dem Volumen V_2, wenn sich der Zylinderkolben am oberen Totpunkt befindet (Abb. 16-4 a). Je größer das Verdichtungsverhältnis ist, desto höher ist der Wirkungsgrad. Deshalb sind Otto-Motoren im Verlauf der Entwicklung konstruktiv so verändert worden, dass immer höhere Verdichtungsgrade erreicht wurden.

Das Benzin-Luft-Gemisch erhitzt sich beim Komprimieren. Es soll sich jedoch erst durch den Funken der Zündkerze in dem Augenblick entzünden, wenn der Zylinderkolben den oberen Totpunkt gerade überschreitet. Die Geschwindigkeit der Flammenfront beträgt beim ruhigen Abbrennen 5 bis 20 m · s^{-1}. Chemische Energie wird in Wärmeenergie umgewandelt. Die Ausdehnung der Gase drückt den Kolben herunter. Es entsteht mechanische Arbeit (Abb. 16-4 b).

Sind Benzine leicht entzündlich, so bewirkt die Kompressionswärme zusammen mit der Motorwärme eine zusätzliche, ungeregelte Selbstentzündung des Gemisches im Zylinder, die bereits vor Erreichen des oberen Totpunktes einsetzt. Die Flammengeschwindigkeit erreicht 300 bis 500 m · s^{-1} und wird vom „Klopfen des Motors" begleitet. Das Geräusch stammt von den „Zündkernen" der Selbstentzündung (Abb. 16-4 c).

Durch diese Prozesse wird die Energie des Benzins nicht optimal ausgenutzt. Treibstoffreste gelangen in die Abgase (vgl. Wirkung des Katalysators, Abschnitt 9.8) und in das Motoröl, was eine vorzeitige Alterung des Öles verursacht. Vor allem führen die Überhitzung der Zylinderwände und zu hoher Druck zu zusätzlichem Verschleiß.

Die Forderung nach hoher Verdichtbarkeit des Benzins wird durch die Reformingprozesse erfüllt, weil verzweigte, cyclische, ungesättigte und aromatische Kohlenwasserstoffe weniger zur Selbstentzündung neigen als n-Alkane. Zur Charakterisierung der Verdichtbarkeit hat man die **Octanzahl** OZ eingeführt: Für die Verbindung n-Heptan wurde die Octanzahl 0, für 2,2,4-Trimethylpentan (Isooctan) die Octanzahl 100 festgelegt. In Testmotoren bestimmt man die Octanzahl eines Benzins, indem man seine Verdichtbarkeit mit einem Gemisch aus n-Heptan und Isooctan vergleicht.

$$CH_3 - (CH_2)_5 - CH_3 \qquad\qquad CH_3 - \overset{\displaystyle CH_3}{\underset{\displaystyle CH_3}{\overset{1}{C}}} - \overset{2}{C} - \overset{3}{C} - \overset{4}{\underset{\displaystyle CH_3}{C}} - \overset{5}{CH_3}$$

n-Heptan 　　　　　　2,2,4-Trimethylpentan (Isooctan)

Ein Benzin der Octanzahl 90 (Normalbenzin) verhält sich bei der Verdichtung so wie ein Testbenzin aus 10 % n-Heptan und 90 % Isooctan. Superbenzine mit Octanzahlen 95–99 und Flugbenzine (OZ 110–120) sind mit Aromaten wie Benzen, Xylen versetzt. Verbleites Benzin ist seit 1997 in der BRD verboten.

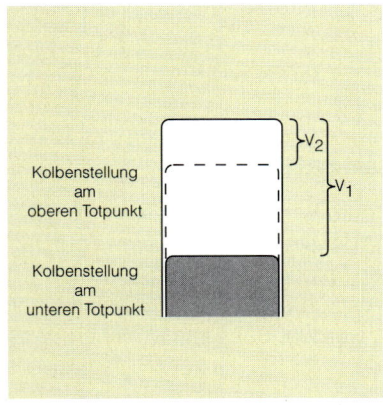

Abb. 16-4 a   Verdichtungsverhältnis $\dfrac{V1}{V2}$

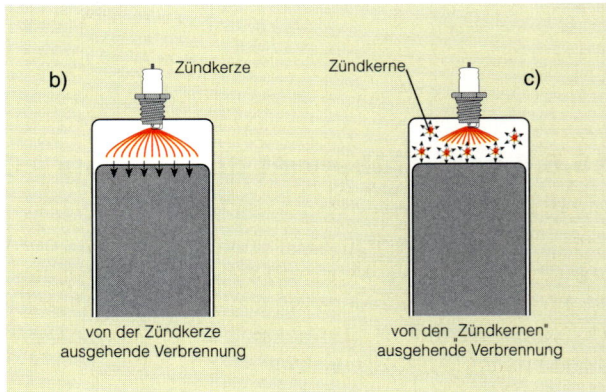

Abb. 16-4 b + c Normales Zünden (b) und ungeregeltes Zünden (c) des Luft-Benzin-Gemischs im Otto-Motor

16.7 Kohle

16.7.1 Kohle als Energieträger und Rohstoff

Die Bedeutung der Kohle als Primärenergieträger ist in den letzten Jahrzehnten zu Gunsten des leicht zu transportierenden und zu verarbeitenden sowie billigeren Erdgases und Erdöls zurückgegangen, hat sich jedoch noch behaupten können.

Steinkohle enthält 80 bis 90 % Kohlenstoff, der Heizwert ist etwa dreimal so hoch wie der von Rohbraunkohle (vgl. Übersicht 16-2). Sie muss jedoch in Deutschland kostenaufwendig unter Tage abgebaut werden und die Flöze sind nur von geringer Höhe. Steinkohle verbrennt mit festen Rückständen und liefert bei der Verarbeitung zu Rohstoffen mehr Teer, als die Industrie benötigt.

Braunkohle kann in Deutschland im Tagebau gefördert werden. Zunehmend sind aber auch tiefer liegende Lagerstätten zu erschließen, sodass die Förderkosten steigen. Der Wassergehalt kann bis zu 60 % erreichen, sodass die Verwendung der Braunkohle als Rohstoff und zur Stromerzeugung aus wirtschaftlichen Gründen nur in der Nähe des Fundortes möglich ist. Die Trocknung und Brikettierung senkt den Wasseranteil und macht den Transport wirtschaftlicher.

Abb. 16-5
Braunkohlentagebau –
Abbau der Braunkohle mit Schaufelradbagger

Versuch Nacheinander werden erhitzte Holzkohle, Steinkohle und Braunkohle im kräftigen Luftstrom entsprechend Abb. 16-6 verbrannt. Die Verbrennungsgase werden zum Nachweis von Schwefeldioxid in angesäuerte verdünnte Permanganat-Lösung geleitet. Die Zeit bis zur Entfärbung ist ein indirektes Maß für den Schwefelgehalt der Kohle.

Abb. 16-6
Nachweis
von
Schwefel in
der Kohle als
Schwefel-
dioxid

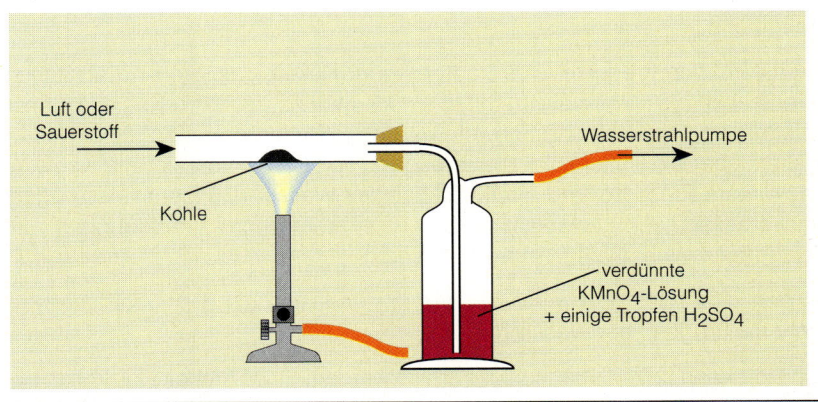

Luft oder Sauerstoff

Wasserstrahlpumpe

Kohle

verdünnte KMnO$_4$-Lösung + einige Tropfen H$_2$SO$_4$

Bei der Verbrennung der Kohle entstehen erhebliche Mengen Staub, Ruß und Schwefeldioxid. Kohlen enthalten von 0,3 bis über 3 % Schwefel. Die Abprodukte belasten die Umwelt vor allem durch Luftverschmutzung. Sie sind an der Entstehung des sauren Regens und des Wärmestaus beteiligt (vgl. Abschnitte 11.1.2, 11.3.2, 13.4 und 13.6).

Als Rohstoff ist Kohle bis nach dem 2. Weltkrieg sehr bedeutungsvoll gewesen, solange die organisch-technische Chemie nicht auf Erdöl (Petrochemie), sondern auf Kohle (Carbochemie) aufbaute.

Aus Kalk und Kohle wurden große Mengen Calciumcarbid hergestellt. Daraus gewann man Ethin (vgl. Abschnitt 14.6.3.4) als Ausgangsstoff für andere organische Stoffe. Gegenwärtig werden etwa 98 % der organischen Verbindungen aus Erdöl und Erdgas erzeugt. Im Jahre 1965 waren es erst etwa 35 %.

Zusammensetzung und Heizwert der Kohlen

	flüchtige Bestandteile in %	Kohlen-stoff in %	Wasser-stoff in %	Wasser-gehalt in %	Heiz-wert in kJ · kg^{-1}
Roh-Braunkohle	45 – 60	60 – 65	25	bis 60	7 400 – 12 300
Braunkohlenbriketts	50	ca. 79		10 – 20	19 700 – 21 500
Steinkohle	10 – 40	80 – 90	4 – 6	bis 4	25 000 – 35 000
Anthrazit	6 – 10	93 – 98	bis 3	bis 1	35 000 – 36 000

Übersicht 16-2

16.7.2 Entgasung der Kohle (Verkokung)

Kohle enthält Bestandteile, die beim Erhitzen unter Luftabschluss (Entgasung, „trockene Destillation" oder Verkokung) gasförmig oder als Dampf abgespalten werden.

Die Verkokung der Kohle erfolgt bei 800 bis 1300 °C (Hochtemperaturverkokung) in luftdicht abgeschlossenen Kammern, die mit Kohle beschickt sind und von außen beheizt werden. Je nach Kohleart und erwünschtem Hauptprodukt wird die Verkokung in Gaswerken oder Kokereien durchgeführt.

Die gasförmigen Produkte sind Stadtgas oder Kokereigas. Sie sind ähnlich zusammengesetzt und enthalten bis 50 % Wasserstoff, bis 20 % Methan, bis 20 % Kohlenstoffmonoxid sowie Kohlenstoffdioxid, Stickstoff und Schwefelwasserstoff. Als Rückstand bleibt Koks, der als Heizstoff, vor allem aber als Hüttenkoks zur Erzeugung von Calciumcarbid und Kohleelektroden benötigt wird. Weitere Produkte sind ammoniakhaltiges Wasser (Düngemittelerzeugung) und Teer, aus dem wertvolle Stoffe gewonnen werden (Öle, aromatische Verbindungen wie Benzen, Toluen, Xylen, Phenol, Naphthalen, Anthracen, Pech).

Das gereinigte Gas wird in Haushalten und Industrie als Brennstoff verwendet, teilweise vermischt mit Erdgas oder Wassergas.

Auch Holz kann unter Luftabschluss erhitzt werden. Es entstehen Holzkohle, Holzteer und brennbare Gase.

Die Verschwelung von Kohlen (Tieftemperaturentgasung bei 400 bis 600 °C) hat keine Bedeutung mehr, ebenso nicht die Kohlehydrierung („Kohleverflüssigung") zu flüssigen Kohlenwasserstoffen (BERGIUS- und FISCHER-TROPSCH-Verfahren).

Versuch In einem schwer schmelzbaren Glas wird gasreiche Steinkohle (Gasflamm- oder Fettkohle) stark erhitzt. Die Gase und Dämpfe werden über ein wassergekühltes U-Rohr einer Waschflasche und schließlich einer Düse zugeleitet, an der sie nach einiger Zeit entzündet werden können. Man kann sie auch pneumatisch auffangen und dann abbrennen (Abb. 16-7).

Beurteilen Sie nach Abschluss der Entgasung und nach Abkühlung den Kohlerückstand und den Teer. Versetzen Sie je eine Probe des Waschwassers mit Lackmus, Phenolphthalein bzw. NaOH-Lösung (Geruch!). Auf gleiche Weise kann getrocknete Braunkohle oder Holz entgast werden.

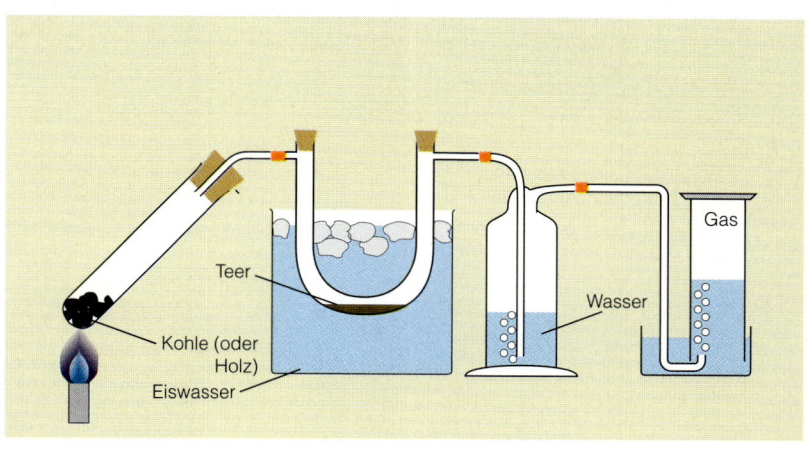

Abb. 16-7
Kohle-
entgasung

(Bildbeschriftungen: Teer, Kohle (oder Holz), Eiswasser, Wasser, Gas)

16.7.3 Vergasen der Kohle zu Synthesegas

Zur Gewinnung von Synthesegas wird Kohle in speziellen Öfen vergast. Die Umsetzung erfolgt unter verminderter Luftzufuhr, sodass die Kohle nur bis zum Kohlenstoffmonoxid oxidiert wird:

$$2\,C \;+\; O_2 \;\rightarrow\; 2\,CO \qquad\qquad \Delta H = -111\ kJ \cdot mol^{-1}$$

Dieser Vorgang verläuft exotherm (Heißblasen des Ofens) und liefert **Generatorgas** mit einer Gaszusammensetzung von etwa 34 % Kohlenstoffmonoxid und 60 % Stickstoff mit etwas CO_2.

Wenn die Kohle stark erhitzt ist, wird die Luftzufuhr abgestellt und Wasserdampf eingeblasen. Er verbindet sich endotherm mit der Kohle (Kaltblasen des Ofens) zu **Wassergas:**

$$C \;+\; H_2O \;\rightarrow\; CO \;+\; H_2 \qquad\qquad \Delta H = +118,1\ kJ \cdot mol^{-1}$$

Das Wasser- oder **Synthesegas** besteht aus etwa 40 % Kohlenstoffmonoxid und 50 % Wasserstoff mit geringen Anteilen von Stickstoff und Kohlenstoffdioxid. Es wird für die Ammoniaksynthese und die Gewinnung von Wasserstoff verwendet. Generatorgas und Synthesegas werden wegen der Energiebilanz im Wechsel erzeugt. Man kann auch **Mischgas** herstellen, indem man Luft und Wasserdampf zu gleicher Zeit einbläst. In Deutschland wird Synthesegas jedoch aus Methan erzeugt (vgl. Abschnitt 11.2).

16.8 Aufgaben zur Wiederholung von Kapitel 16

1. Erläutern Sie die Entstehung von Erdöl, Erdgas, Kohle!

2. Warum wird Erdöl in Abhängigkeit vom Fundort unterschiedlich verarbeitet, um z. B. den Bedarf an Benzin und Dieselöl abzudecken?

3. Welche Möglichkeiten bestehen für die Abdeckung des Benzinbedarfs aus Erdöl?

4. Beschreiben Sie die Aufspaltung des Erdöls in Fraktionen!

5. Was versteht man unter „Klopfen des Motors" und Oktanzahl?

6. Welche Umweltbelastung entsteht durch die Erhöhung des Verdichtungsverhältnisses in Otto-Benzin-Motoren? Wie wird dieser Belastung begegnet?

7. Welche Umweltbelastungen entstehen durch das Verbrennen fossiler Brennstoffe? Wie können diese Belastungen eingeschränkt werden?

8. Warum ist das Cracken endotherm?

17 Kunststoffe

17.1 Makromolekulare Stoffe – Definition und Einteilung

> Makromolekulare Stoffe (griech. groß) bestehen aus Molekülen, die aus über 1500 Atomen durch primäre Bindungen aufgebaut sind. Sie werden auch Polymere oder Hochpolymere genannt (griech. viele Teilchen).

Das wichtigste Element, das derartig große Moleküle über C – C-Bindungen bilden kann, ist der Kohlenstoff. Deshalb gehören die meisten polymeren Verbindungen zur organischen Chemie.

> Die Kunststoffe sind makromolekulare organische Verbindungen.

Die Bezeichnung „Kunststoff" bringt zum Ausdruck, dass es sich um **synthetisch** erzeugte Verbindungen handelt. Sie werden als Werkstoffe, Klebstoffe und Lackrohstoffe eingesetzt. Kunststoffe haben eine große Bedeutung erlangt, weil sie Eigenschaften aufweisen, die bei anderen Werkstoffen nicht anzutreffen sind.

Die Kunststoffe teilt man zumeist in Thermoplaste (griech. warm, geformt), Duroplaste (lat. hart, griech. geformt), Elaste (frz. federnd) und Kunstfasern ein.

Thermoplaste erweichen beim Erwärmen, sie können warm geformt werden (Spritzgießen, Extrudieren, Walzen, Vakuumtiefziehen, Pressen, Hohlblasen usw.). Beim Abkühlen werden sie wieder fest. In einer Reihe von organischen Lösungsmitteln quellen Thermoplaste bzw. lösen sich auf.

Duroplaste können nach ihrer Formung nicht mehr durch Erwärmen in eine neue Gestalt gebracht werden. Sie sind in allen Lösungsmitteln unlöslich.

Elaste verhalten sich gummiartig (gummielastisch).

Kunstfasern (Chemiefaserstoffe) gehören nach dem Verhalten beim Erwärmen zu den Thermoplasten. Sie werden jedoch wegen ihrer speziellen Verwendung gesondert behandelt.

Es gibt auch eine Reihe von **natürlichen organischen Polymeren** und **abgewandelten Naturstoffen,** die den Kunststoffen in Aufbau, Eigenschaften und Verwendung ähnlich sind (Übersicht 17-1).

Nach der Art und Weise, wie sich die Makromoleküle bei der Synthese aus den Ausgangsmolekülen, den Mikromolekülen (griech. klein) oder **Monomeren** (griech. eins, Teilchen), bilden, unterteilt man die Kunststoffe in **Polymerisate, Polykondensate** und **Polyaddukte.**

Nach dem chemischen Aufbau der Molekülkette unterscheidet man C-Plaste, CO-Plaste, CN-Plaste, CS-Plaste und SiO-Plaste.

Abgewandelte polymere organische Naturstoffe	
Produkt/Abkürzung	Eigenschaften und Verwendung
Celluloseacetat (Acetylcellulose; CA)	geringe Brennbarkeit; Folien, Rohre, Kino- und Fotofilme, Fasern (Acetatseide)
Cellulosenitrat (Celluloid; CN)	sehr leicht entflammbar, elastisch, hoher Glanz, gut einfärbbar; Tischtennisbälle, Nitrolacke
Casein-Kunststoff (Galalith oder Kunsthorn; CS)	hoher Glanz, gut einfärbbar; Design-Elemente für Modekleidung
Chlorkautschuk	beständig in Säuren und Laugen; Korrosionsschutz-Anstrichstoffe für Stahlkonstruktionen und Schiffbau

Übersicht 17-1

17.2 Ausgangsstoffe

Ethen, Propen und Ethin sind die Ausgangsstoffe für die Kunststoffsynthese:

17.3 Synthesereaktionen und Produkte

17.3.1 Polymerisation und Polymerisate

Bei der Polymerisation verbinden sich ungesättigte Monomere zu Makromolekülen, ohne ein Nebenprodukt zu erzeugen. Die Doppelbindungen spalten sich auf und es bilden sich Einfachbindungen zwischen den Monomereinheiten aus.

Bei der **Radikalpolymerisation** wird der **Start** durch so genannte Startersubstanzen ausgelöst. Geeignet sind dafür Verbindungen, die beim Erwärmen in **Radikale** zerfallen.

Die ungepaarten Elektronen der Starterradikale (Symbol St·) entziehen der Doppelbindung eines Monomermoleküls $CH_2 = CH(R)$ ein Elektron und bilden eine Atombindung. Die Folge davon ist ein ungepaartes Elektron am Monomer:

$$\text{St·} + \underset{\displaystyle R}{CH_2} = \underset{\displaystyle R}{CH} \longrightarrow \text{St} - CH_2 - \underset{\displaystyle R}{CH·}$$

(Pfeile: e^-, e^-)

Das ungepaarte Elektron „sucht" bei einem nächsten Monomer wiederum ein Elektron. Das führt zu einem neuen Radikal. Dieser Vorgang wiederholt sich n-mal, wobei n die Anzahl der Monomere im Makromolekül oder der **Polymerisationsgrad** ist. Es erfolgt das **Kettenwachstum:**

$$\text{St} - CH_2 - \underset{\displaystyle R}{CH·} + n\ CH_2 = \underset{\displaystyle R}{CH} \longrightarrow \text{St} + CH_2 - \underset{\displaystyle R}{CH}\ \big]_n\ CH_2 - \underset{\displaystyle R}{CH·}$$

(Pfeile: e^-, e^-)

Ein **Abbruch** des Kettenwachstums erfolgt z. B. durch Reaktion von zwei Radikalen:

$$\text{St} \sim\!\sim\!\sim CH_2 - CH_2· + ·CH_2 - CH_2 \sim\!\sim\!\sim \text{St}$$
$$\downarrow$$
$$\text{St} \sim\!\sim\!\sim CH_2 - CH_2 - CH_2 - CH_2 \sim\!\sim\!\sim \text{St}$$

Versuch 10 ml entstabilisiertes Styren (Styrol) und 1 ml Cumolhydroperoxid (Starter) werden in ein Reagenzglas gegeben und anschließend bis zu einer Stunde im Wasserbad bei 100 °C erwärmt. Wie ändert sich die Zähigkeit des Produktes?

Die Polymerisation kann auch über eine Elektronenverschiebung im Monomer (Polarisation) und Ionenbildung erfolgen.

Bei der **kationischen Polymerisation** bindet z. B. das Proton einer Säure HX die π-Elektronen. Das Anion lagert sich locker an das positivierte C-Atom an, das weitere Monomere bindet. Das wachsende Molekül ist am Kettenende positiv geladen:

$$\underset{\displaystyle R}{CH_2 = CH} + \overset{\oplus\ \ominus}{H\ X} \rightarrow \underset{\displaystyle R}{CH_3 - \overset{\oplus}{CH}} \cdots \overset{\ominus}{X} + \underset{\displaystyle R}{CH_2 = CH}\ \text{usw.}$$

Bei der **anionischen Polymerisation** reagiert das Monomer mit einem stark basischen Anion (nucleophiles Reagenz). Es wird damit negativ und verschiebt im nächsten sich anlagernden Monomer die π-Elektronen usw.

$$\underset{\displaystyle R}{CH_2 = CH} + \overset{\oplus\ \ominus}{NaNH_2} \rightarrow \underset{\displaystyle R}{NH_2 - CH_2 - \overset{\ominus}{CH}} \cdots \overset{\oplus}{Na} + \underset{\displaystyle R}{CH_2 = CH}\ \text{usw.}$$

Das wachsende Molekül ist am Kettenende negativ geladen.

Der Polymerisationsgrad n und somit die Größe ist von Molekül zu Molekül unterschiedlich, weil beim Abbruch der Reaktion verschieden lange Molekülketten zusammenwachsen. Das unterscheidet Kunststoffmoleküle grundsätzlich von anderen Stoffen. Man kann deshalb nur von einer mittleren relativen Molekülmasse sprechen. Die Eigenschaften werden sich somit immer als Durchschnittswerte aus dem Verhalten verschieden großer Moleküle ergeben.

Der Polymerisationsgrad von Polyethylenen beträgt z. B. 1600 bis 6500, die mittlere relative Molekülmasse liegt zwischen 45000 und 180000.

Polymerisate, die aus einer Monomerart aufgebaut sind, heißen **Homopolymere** oder **Homopolymerisate** (griech. gleich). Die Monomerbausteine wiederholen sich in der Molekülkette ständig (Abb. 17-1). Als Formel wird deshalb nur die stets wiederkehrende Einheit in Klammern angegeben mit dem Symbol n als Index. Übersicht 17-2 enthält Kunststoffe, die zu den Homopolymeren gehören. In der Industrie und im Gewerbe werden nicht die rationellen, sondern die Trivialnamen und Handelsnamen benutzt.

Werden bei der Polymerisation zwei oder mehr verschiedene Monomere eingesetzt, bauen diese gemeinsam Molekülketten auf. Auf diese Weise entstehen **Copolymere** (Abb. 17-2). Sie werden hergestellt, weil ihre Eigenschaften gegenüber den Homopolymeren positiv verändert sind (vgl. Übersicht 17-3). Die Anzahl der Copolymere ist sehr groß und erweitert sich ständig durch Forschung und Entwicklung.

17.3.2 Bindungscharakter und sekundäre Bindungen der Polymerisate

Der chemische Aufbau der Molekülkette bestimmt primäre und sekundäre Bindungskräfte.

In den meisten Kunststoffen sind die Molekülketten durch C − C-Bindungen aufgebaut (C-Plaste). Die **C − C-Bindung** in Polyethylen und Polypropylen ist eine unpolare Atombindung. Zwischen den Molekülen wirken somit nur Dispersionskräfte (vgl. Abb. 6-9). Kommen an Stelle des Wasserstoffs stark negative Substituenten wie Chlor, Fluor oder Sauerstoff im Molekül vor, so werden die Bindungen polarisiert. Die betreffenden Gruppen sind Dipole, z. B.

Polytetrafluorethylen $\quad \ldots -\overset{\delta+\delta-}{CF_2}-\overset{\delta+\delta-}{CF_2}- \ldots$

Polyvinylchlorid $\quad \ldots -CH_2-\overset{\delta+}{CH}- \ldots$
$$\underset{\delta-}{\overset{|}{Cl}}$$

Abb. 17-1 Molekülformen von Homopolymerisaten
a) fadenförmig (linear)
b) verzweigt

Abb. 17-2 Molekülmodelle für Copolymerisate
a) alternierende
b) statistische Verteilung
c) Pfropfcopolymer

Homopolymerisate

Kunststoff/ Abkürzung	Formel	Eigenschaften und Verwendung
Polyethylen, Polyethen, PE-HD (Hochdruck) PE-ND (Niederdruck)	$\{CH_2-CH_2\}_n$	thermoplastisch, brennbar, durchscheinend bis weiß, einfärbbar, beständig gegen Säuren, Laugen, Lösemittel; zäh, schlecht klebbar, schweißbar; Verpackungen, Folien, Kanister, Rohre, Kabelisolation
Polypropylen, Polypropen, PP	$\{CH_2-\underset{\underset{CH_3}{\mid}}{CH}\}_n$	leichtester Plastwerkstoff; härter als PE, sonst Eigenschaften und Verwendung wie PE
Polyvinylchlorid, PVC, PVC-H (hart), PVC-W (weich)	$\{CH_2-\underset{\underset{Cl}{\mid}}{CH}\}_n$	thermoplastisch, schweißbar, klebbar, färbbar; beständig gegen Laugen und nichtoxidierende Säuren; quellbar in Chlorkohlenwasserstoffen, schwer brennbar; hoher elektrischer Widerstand; hart, durch Weichmacher auch flexibel; PVC-H: Rohre, Behälter, Elektroisolation; PVC-W: Fußbodenbelag, Kunstleder (Textilunterlage), Folien
Polymethylmeth-acrylat, Plexiglas, PMMA	$\{CH_2-\underset{\underset{COOCH_3}{\mid}}{\overset{\overset{CH_3}{\mid}}{C}}\}_n$	thermoplastisch, farblos, glasklar, färbbar, witterungsbeständig, brennbar; löslich Sicherheitsglas, Zahnprothesen, Knochenprothesen
Polystyrol, Polystyren, PS	$\{CH_2-CH\}_n$	glasklar, einfärbbar, thermoplastisch, schäumbar (Styropor), löslich in vielen organischen Lösungsmitteln; beständig in Säuren und Laugen; Isolation in der Elektrotechnik, Kondensatorfolien, Schaumstoff, Haushaltsartikel
Polytetrafluor-ethylen, PTFE	$\{CF_2-CF_2\}_n$	nicht schmelzbar, weiß, wachsartiger Griff; wird nur von geschmolzenen Alkalimetallen, Fluor und ClF_3 angegriffen; nicht klebbar, nicht schweißbar, nicht brennbar, beständig gegen UV-Strahlen; geringer Reibwert; Dichtungen, Gleitlager, Kondensatorfolien, Beschichtung von Haushaltstiegeln
Polyoxymethylen, POM	$\{CH_2-O\}_n$	unlöslich in organischen Lösungsmitteln, sehr hart und steif; thermoplastisch; geringer Reibwert; Lagerschalen, Gleitlager, Zahnräder, Gehäuse

Übersicht 17-2

Copolymerisate

Copolymer/Abkürzung	Eigenschaften und Verwendung
Acrylnitril-**B**utadien-**S**tyrol-Copolymerisat („schlagfestes Polystyrol"), ABS	thermoplastisch; chemisch beständig, hart, sehr schlagzäh; Automobilbau, z. B. Stoßstangen, Armaturenteile
Styrol-**A**cryl**n**itril-Copolymer, SAN	thermoplastisch, wetterfest, benzin- und ölbeständig, beständig in verdünnten Säuren und Laugen, löslich in Aceton und Estern; glasklar, hart, formsteif; bruchsichere Haushaltsgeräte, Apparateteile, Folien
Butadien-Acryl**n**itril-Kautschuke (**R**ubber), BUNA-N-Kautschuke, NB oder NBR	25 – 35 % Acrylnitrilanteile, gummielastisch, mit Schwefel vulkanisierbar, d. h. Moleküle über Schwefelbrücken vernetzbar zu gummielastischem Werkstoff; in Benzin und Mineralöl nicht quellbar, in Aromaten und chlorierten Kohlenwasserstoffen Quellung; sehr abriebfest, zerreißfest, alterungsbeständig; Benzinschläuche, Keilriemen, Förderbänder, Dichtungen
Butadien-**S**tyrol-Kautschuke (**R**ubber), BUNA-S-Kautschuke, SB oder SBR	25 – 55 % Styrenanteile; mit Schwefel vulkanisierbar, gummielastisch, abriebfest; Fahrzeugreifen, Schuhsohlen, Absätze, Schläuche, Matten, Transportbänder, Kabelisolation, Anstrichstoffe

Übersicht 17-3

Zwischen den Molekülen bestehen somit Polorientierungskräfte, die für einen größeren Zusammenhalt und höhere Festigkeit des Kunststoffes sorgen, z. B. bei PVC (vgl. Abb. 17-3). Die Dipole können auf unpolare CH_2-Gruppen induzierend, d. h. ladungsverschiebend wirken. Die entstehenden Induktionskräfte tragen zusätzlich zum Molekülzusammenhalt bei (Abb. 17-4).

Im Polyoxymethylen wechseln Kohlenstoff- und Sauerstoffatome in der Molekülkette, sie sind über die stark polaren **C – O- oder Etherbindungen** verknüpft (C – O-Plaste):

Polyoxymethylen (Polyether) $\ldots CH_2 \overset{\delta+}{-} O \overset{\delta-}{-} CH_2 \overset{\delta+}{-} O \overset{\delta-}{-} \ldots$

Die gesamte Molekülkette ist praktisch aus Dipolen aufgebaut. Deshalb besitzt Polyoxymethylen eine hohe Festigkeit.

17.3.3 Struktur der Polymerisate

Die Gestalt der Polymerisatmoleküle ist **fadenförmig** (linear) oder **verzweigt** (vgl. Abb. 17-1). Auf Grund der unterschiedlichen Länge der Moleküle können sich die Teilchen nicht so gleichmäßig anordnen wie die kugelförmigen Metallatome, die Ionen oder die Mikromoleküle. Fadenförmige Moleküle bilden beim langsamen Erstarren der Schmelze nur kleine kristalline Bereiche, in denen die Moleküle gefaltet sind oder sich in parallelen Bündeln ordnen (Abb. 17-5). Die Ketten-

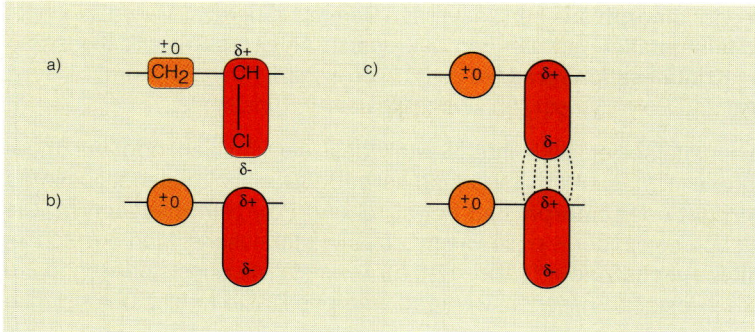

Abb. 17-3
Polyvinylchlorid-
Baueinheit mit unpolarer
CH$_2$-Gruppe und
polarer-CHCl-Gruppe
als Dipol
a) Formeleinheit
b) mit Symbolen
c) Polorientierungskräfte
zwischen den Dipol-
gruppen benachbarter
Moleküle

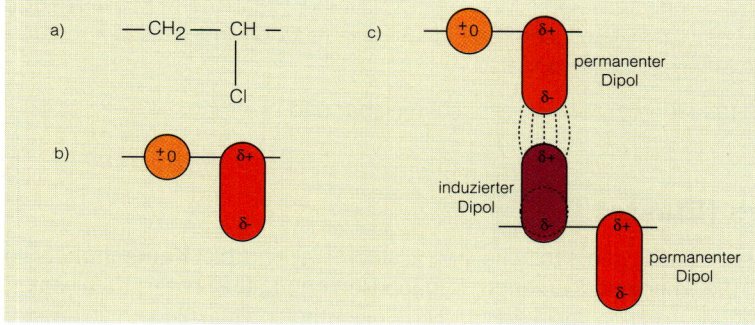

Abb. 17-4
Induktionswirkung eines
permanenten Dipols auf
eine CH$_2$-Gruppe eines
Nachbarmoleküls beim
Polyvinylchlorid

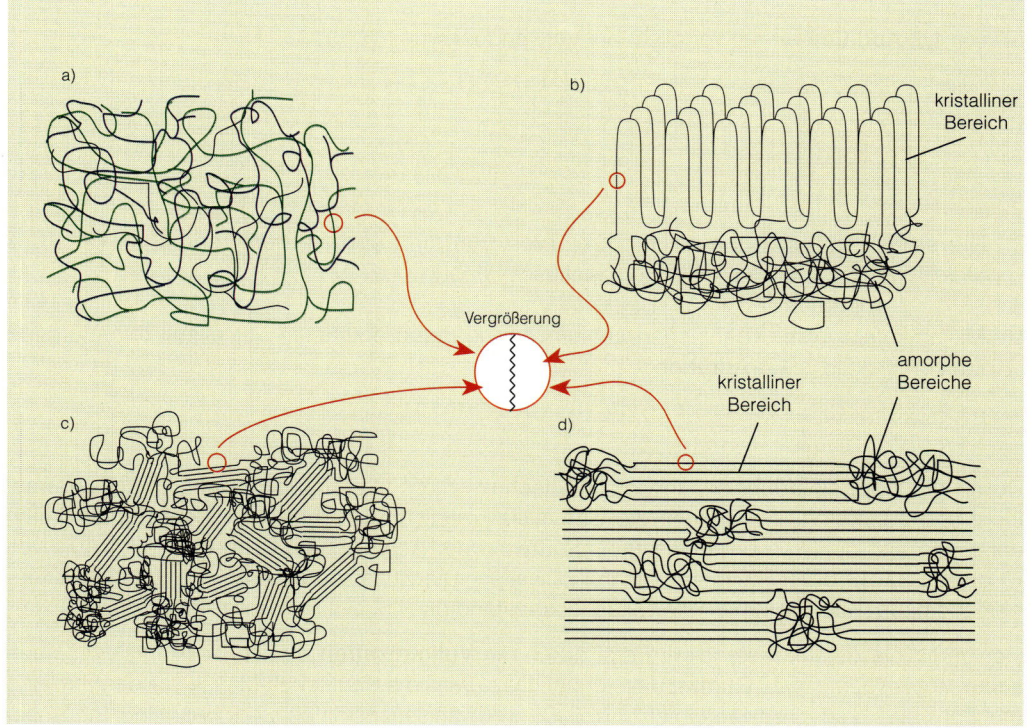

Abb. 17-5   Zwischenmolekulare Strukturen von thermoplastischen Kunststoffen
a) amorph   b) teilkristallin mit gefalteten Molekülen   c) teilkristallin mit parallel gelagerten Mo-
lekülteilen, unverstreckt   d) wie c, jedoch mechanisch gestreckt (z. B. in Chemiefasern)

enden ragen **ungeordnet** oder **amorph** aus den kristallinen Bereichen heraus. Man bezeichnet eine derartige Struktur als **teilkristallin** und gibt den geordneten Anteil als Kristallisationsgrad an. Polyethylen kann einen **Kristallisationsgrad** bis zu 80 % erreichen. Auch Polytetrafluorethylen, Polypropylen, Polyamid und Polyoxymethylen sind teilkristalline Kunststoffe.

Verzweigte Moleküle sind so unterschiedlich in ihrer Gestalt, dass sie sich nicht oder nur in geringem Umfang kristallin ordnen können. Polyvinylchlorid hat z. B. nur einen Kristallisationsgrad bis zu 15 %. Völlig **ungeordnet** oder **amorph** sind Polystyrol und Polymethylmethacrylat. Die Moleküle liegen verknäuelt durcheinander wie die Fasern eines Wattebauschs. Man bezeichnet diese Anordnung als **„Wattebauschstruktur"** (Abb. 17-5 a). Teilkristalline Kunststoffe (ohne Zusätze) erkennt man an dem milchigen Aussehen, während amorphe Plaste farblos durchsichtig wie Glas sind.

Kunststoffe mit fadenförmigen und verzweigten Molekülen sind in der Regel thermoplastisch und lassen sich in geeigneten Lösungsmitteln lösen. Das Lösungsmittel überwindet die sekundären Bindungen und drängt die Moleküle auseinander.

Eine Ausnahme bildet Polytetrafluorethylen. Es ist unschmelzbar und unlöslich.

17.3.4 Elastomere (Elaste)

Die typischen Grundsubstanzen für die synthetischen Elastomere sind die **Kautschuke.** Sie werden aus Dienen durch Polymerisation erzeugt. Je nach Bedingungen (Starter, Katalysator, Temperatur) entstehen bei der Addition von 1,3-Butadien Polybutadienmoleküle verschiedener Struktur und Eigenschaften.

a) Die **1,2-Addition** erfolgt vor allem bei Verwendung von Natrium:

$$n\,CH_2 = CH - CH = CH_2 \xrightarrow{\text{(Na)}} \left[CH_2 - CH - CH_2 - CH\right]_{\frac{n}{2}}$$

$$
\begin{array}{cc}
| & | \\
CH & CH \\
|| & || \\
CH_2 & CH_2
\end{array}
$$

Die so genannten Buna-Kautschuke (von <u>Bu</u>tadien und <u>Na</u>trium) enthalten ca. 40 % Moleküle mit 1,4-Addition. Sie sind zähflüssig-klebrig.

b) Mit beispielsweise organischen Lithiumverbindungen entstehen vor allem kettenförmige Makromoleküle in **1,4-Addition:**

$$n\,CH_2 - CH = CH - CH_2 \xrightarrow{\text{(Kat.)}} \left[CH_2 - CH = CH - CH_2\right]_n$$

Durch die Doppelbindungen sind die Kautschuke nicht alterungsbeständig gegen Wärme, Licht und Sauerstoff und es fehlt die Gummielastizität. Erwünschte Gebrauchseigenschaften entstehen erst durch Copolymerisation mit Styrol oder Acrylnitril (BS- und BN-Kautschuk; vgl. Übersicht 17-3), durch Zusätze und Vulkanisation. Die Zusätze verbessern z. B. die Abriebbeständigkeit (Ruß, Zinkoxid), die Oxidationsbeständigkeit u. a.

Der gummielastische Zustand wird erst durch die **Vulkanisation** erreicht. Vulkanisierter Kautschuk wird allgemein als **Gummi** bezeichnet. Dazu wird die Kautschuk-Masse vor der Formung mit Schwefel oder Dischwefeldichlorid S_2Cl_2 (Vulkanisationsmittel) und Beschleunigern gemischt. Bei der Formgebung der Artikel (z. B. Autoreifen) erfolgt in der Wärme (bis ca. 140 °C) die Reaktion von Doppelbindungen mit dem Vulkanisator. Die Kautschukmoleküle werden durch Schwefelbrücken je nach Schwefelanteil schwach oder stärker vernetzt (Weichgummi 5–10 %

Schwefel, höhere Anteile in Hartgummi). Die „Gummi-Moleküle" bilden ein amorphes weit-maschiges „Netz", das die Gummielastizität verursacht: Beim Dehnen des Körpers verhindern die Schwefelbrücken das Abgleiten der Moleküle und sie bewirken beim Entlasten das Rück-stellen des gedehnten Körpers.

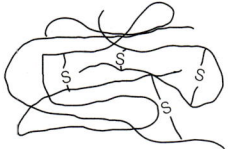
mechan. Dehnung
Entlastung
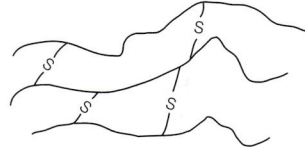

Naturkautschuk ist ein **Polyisopren** mit 1,4-Addition (im Milchsaft des Kautschukbaums ent-halten). Der durch Vulkanisation erhaltene Gummi ist weicher und elastischer als synthetischer Gummi. **Isopren** $CH_2 = C(CH_3) - CH = CH_2$ kann auch synthetisch erzeugt werden. 2-Chlor-1,3-butadien oder **Chloropren** $CH_2 = C(Cl) - CH = CH_2$ ist das Monomer für vulkanisiertes **Poly-chloropren** (Neopren, Perbuna C), das chemisch sehr stabil ist.
Polyisobutylen $\{C(CH_3)_2 - CH_2\}_n$ besitzt die geringste Gasdurchlässigkeit von allen Kaut-schuken (Autoreifen).

Einige Polyurethane (Weichschäume), Silikone u. a. besitzen ebenfalls gummielastische Eigen-schaften.

17.3.5 Polykondensation und Polykondensate

> **Bei der Polykondensation vereinigen sich Mikromoleküle (Monomere) zu Makromo-lekülen unter Abspaltung von Wasser oder einer anderen Verbindung.**

Eine Polykondensation kann vor sich gehen, wenn die Monomere zwei oder mehr reaktions-fähige, d. h. **funktionelle Gruppen** besitzen.

Beispiel:

Polykondensation von gesättigten Dicarbonsäuren und gesättigten Diolen (zweiwertige Alko-hole) zu **gesättigten Polyestern**

$$HOOC - \langle 6\pi \rangle - CO\,|OH\ +\ H|O - CH_2 - CH_2 - OH \quad \rightarrow$$
$$HOOC - \langle 6\pi \rangle - CO - O - CH_2 - CH_2 - OH\ +\ H_2O$$

Terephthalsäure   Ethylenglykol
                              1,2-Ethandiol

Die entstehenden Estermoleküle haben am Anfang und am Ende des Moleküls je eine funktio-nelle Gruppe, die mit einem Diol- bzw. mit einem Dicarbonsäuremolekül weiterreagiert. Die Mole-küle sind wachstumsfähig, solange Monomere vorliegen.

Die wiederkehrende Baueinheit ist

$$\{CO - \langle 6\pi \rangle - CO - O - CH_2 - CH_2 - O\}_n$$

Die $- CO - O$-Brücke ist die **Esterbindung**. Sie wird von starken Laugen angegriffen.

1. In einem Reagenzglas wird Phthalsäure mit so viel Glycerol versetzt, dass die Kristalle bedeckt sind. Anschließend wird einige Minuten bis zum Sieden erhitzt. Beobachtung? Lassen Sie das Reagenzglas abkühlen und neigen Sie es. Beobachtung? Erhitzen Sie das Reaktionsprodukt erneut einige Zeit, kühlen Sie das Reagenzglas ab und neigen Sie es. Beobachtung?

2. Führen Sie mit der erstarrten Masse Löseversuche in verschiedenen Lösungsmitteln durch.

Anmerkung: Das Reaktionsprodukt ist ein Polyester, der als Alkydharz Verwendung findet.

Ungesättigte Dicarbonsäuren und Diole reagieren zu **ungesättigten Polyestern.** Der Polykondensationsgrad n wird niedrig gehalten, damit zunächst nur zähflüssige Produkte entstehen:

$$n\ HOOC-CH=CH-CO\ OH\ +\ n\ H O-CH_2-CH_2-OH\ \rightarrow$$

$$\left[OC-CH=CH-CO-O-CH_2-CH_2-O\right]_n\ +\ n\ H_2O$$

Die Doppelbindung kann anschließend mit Styren polymerisiert werden. Zu diesem Zweck wird der ungesättigte Polyester in Styren gelöst und mit einem Starter versetzt. Mit diesem Gemisch tränkt man Glasfasern oder -gewebe. Durch die Polymerisation **vernetzen** die Polyestermoleküle, indem die kettenförmigen Moleküle durch primäre Bindungen miteinander verknüpft werden:

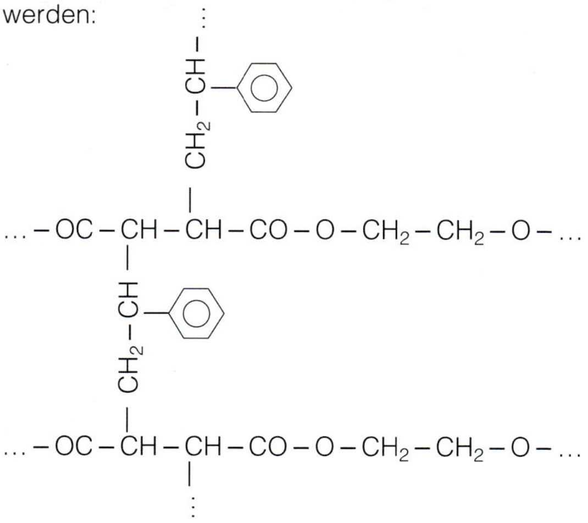

Das Styren wird als Härter bezeichnet. Der entstehende Verbundwerkstoff ist auf Grund der Vernetzung zwischen den Molekülen duroplastisch und unlöslich.

Ähnliche Prozesse des Vernetzens laufen beim Erstarren von Zweikomponenten-Klebern ab.

Phenol-Formaldehyd-Harze entstehen aus Phenol und Methanal unter Wasserabspaltung. Der erste Reaktionsschritt wird durch folgende Gleichung beschrieben:

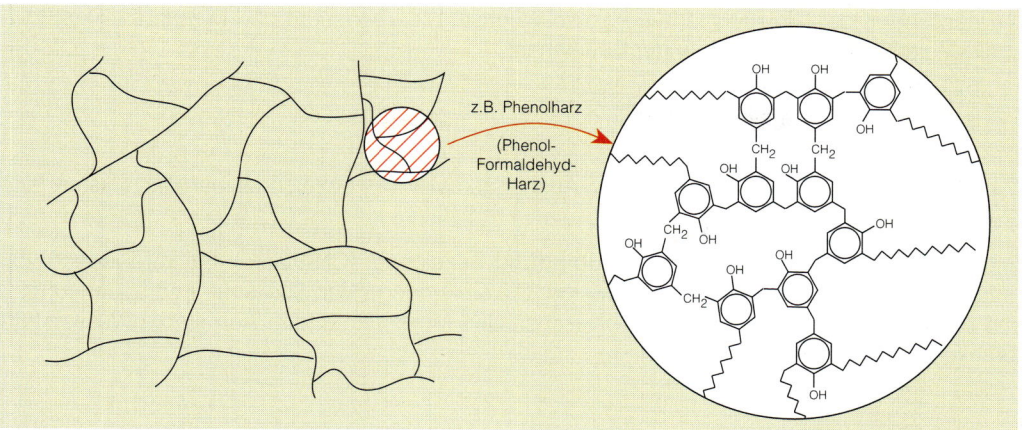

Abb. 17-6 Durch primäre Bindungen (Atombindungen) räumlich vernetzter Kunststoff (Duroplast)

Phenol   Methanal   Phenol
          Formaldehyd

Beim Erhitzen entstehen im weiteren Reaktionsverlauf zunächst fadenförmige Moleküle (bei ca. 100 °C) und danach leicht vernetzte Moleküle (bei ca. 150 °C). Das Reaktionsprodukt kann in diesem Zustand noch geschmolzen werden. Es wird nach dem Abkühlen gemahlen und mit Verstärkungsstoffen (Holzmehl, Faserstoffe, textile Gewebe, Papier) oder mit Füllstoffen (Schiefermehl) vermischt. Bei 160 bis 200 °C werden aus der Masse Formteile gepresst. Dabei vernetzen die Moleküle stark und das Harz wird duroplastisch und unlöslich (Abb. 17-6).

In ähnlicher Weise entstehen stark vernetzte **Aminoplaste** aus Harnstoff und Formaldehyd (Harnstoff-Formaldehyd-Harze) und aus Melamin und Formaldehyd (Melaminharze).

Versuch

T

☠ Giftig

In zwei Reagenzgläsern werden je etwa 2 g Phenol (oder besser das reaktionsfähigere Resorcin) mit Formaldehydlösung bedeckt. Dazu gibt man jeweils 2 bis 3 Tropfen Natronlauge. Es wird vorsichtig unter dem Abzug erwärmt, bis die Reaktion einsetzt. Beobachtung? Eines der beiden Reagenzgläser wird nun stärker erwärmt bis zur Vernetzung der Moleküle. Beobachtung? Führen Sie mit beiden Reaktionsprodukten Lösetests in Aceton oder Alkohol durch. Beobachtung? Lehrerversuch!

Polyamide sind Polykondensate mit fadenförmigen Molekülen. Sie entstehen aus Diaminen und Dicarbonsäuren.

Beispiel:

$$H_2N-(CH_2)_6-N-H \quad + \quad HOOC-(CH_2)_4-COOH \quad \rightarrow$$
$$\qquad\qquad\quad | \qquad\qquad\qquad\qquad\qquad H_2N-(CH_2)_6-NH-CO-(CH_2)_4-COOH \quad + \quad H_2O$$
$$\qquad\qquad\quad H$$

Hexamethylen-
diamin

Hexandi- oder
Adipinsäure

An den Enden des Moleküls lagern sich im Wechsel Dicarbonsäure und Diamin an. Das Poly-amid-Molekül besteht aus folgender Baueinheit:

$$\left[NH-(CH_2)_6-NH-CO-(CH_2)_4CO \right]_n$$

Wegen der 6 Kohlenstoffatome in beiden Ausgangsmolekülen bezeichnet man das entstandene Polymer als Polyamid 6.6.

Die $-NH-CO$-Gruppe wird als **Peptidbindung** bezeichnet (CN-Plaste). Sie wird jedoch von Säuren und Laugen angegriffen und zerstört. Die elektronegativen Stickstoff- und Sauerstoffato-me polarisieren die Atombindungen. Zwischen den Molekülen bilden sich starke Wasserstoff-brückenbindungen aus (Abb. 17-7).

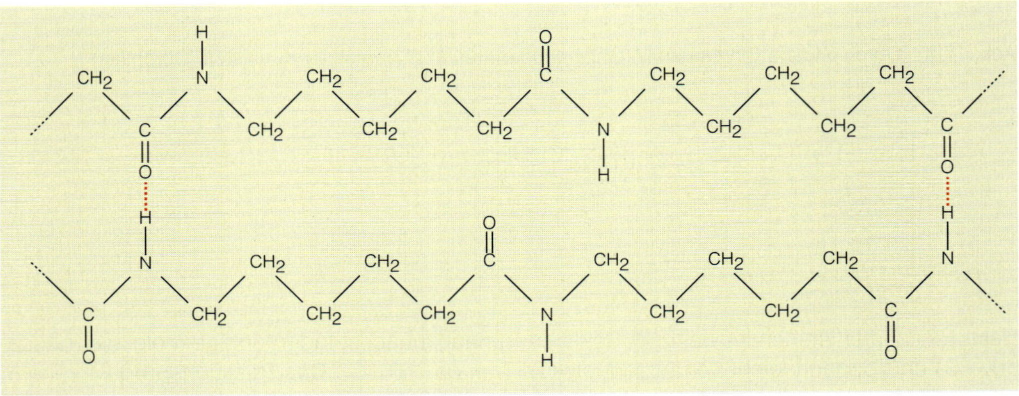

Abb. 17-7   Wasserstoffbrückenbindung zwischen zwei Polyamid-6-Molekülen

---

Versuche

c

Ätzend

1. Je 3 g Hexamethylendiamin und Hexandisäure (Adipinsäure) werden in einem Reagenzglas etwa 15 min bei 220 °C erhitzt (z. B. in einem Bad mit erhitztem Silikonöl). Tauchen Sie einen Glasstab in die Schmelze und zie-hen Sie ihn wieder heraus. Beobachtung?

2. Legen Sie ein Stück Polyamid-Gewebe auf eine Glasplatte und geben Sie einen Tropfen halbkonzentrierte Salz- oder Schwefelsäure darauf. Beobachtung?

Silikone sind ebenfalls Polykondensate. Sie nehmen in ihrem Aufbau eine Sonderstellung ein, weil die Kette nicht durch $C-C$-Bindungen, sondern durch die anorganische $Si-O$-Bindung ge-bildet wird, die chemisch sehr beständig ist (SiO-Plaste). Lediglich die Substituenten R sind organische Gruppen, im einfachsten Fall die Methylgruppe $-CH_3$.

Allgemeine Baueinheit der Silikone:

$$\left[\begin{array}{cc} R & R \\ | & | \\ Si-O-Si-O \\ | & | \\ R & R \end{array} \right]_{\frac{n}{2}}$$

Polykondensate

Polykondensat/ Abkürzung	Eigenschaften/Verwendung
gesättigte Polyester, PETP u. a.	unbeständig gegen heiße Säuren und Laugen; thermoplastisch, reißfest, lichtbeständig; nur für Chemiefasern, Magnetbänder
ungesättigte Polyester-Harze, UP; glasfaserverstärkt: GUP	räumlich vernetzt, duroplastisch (gehärtet), nahezu farblos; hoher elektrischer Widerstand, mit Verstärkungsstoffen gute mechanische Eigenschaften (wie unlegierte Baustähle), beständig gegen verdünnte Säuren, Laugen, organische Lösungsmittel. UP: kalthärtende Kleber und Spachtelmassen, Vergussmasse für elektrotechnische Bauteile. GUP: Bedachungen, Bootskörper, Schutzhelme, Sportgeräte u. a.
Polyamide PA, (CN-Plast)	thermoplastisch, undurchsichtig, unbeständig gegen Säuren und Laugen, beständig in herkömmlichen Lösemitteln; zäh durch Wassergehalt (ca. 3 %) und fest; mit und ohne Verstärkungsstoff; Armaturen, Behälter, Haushaltsgeräte, Folien, Bekleidung, Raumtextilien
Aminoplaste a) Harnstoff-Formaldehyd-Harze, UF	Schaumstoff zur Schall- und Wärmedämmung, Eindicker für Schmierstoffe, Klebstoff
b) Melamin-Formaldehyd-Harz, MF (CN-Plaste)	duroplastisch, unlöslich, lebensmittelbeständig, hoher elektrischer Widerstand, gut einfärbbar, lichtecht; Ess- und Trinkgeschirr, Gehäuse für Elektrotechnik, künstliches Möbelfurnier, Möbelbeschläge
Phenol-Formaldehyd-Harze, Phenoplaste PF	duroplastisch, bräunliche Farbe, hoher elektrischer Widerstand, mit Verstärkungsmitteln hart, spröde, fest, beständig gegen verdünnte Säuren, Laugen, organische Lösungsmittel; meist mit Verstärkungs- und Füllstoffen; Isolationsmaterial der Elektrotechnik, Hartgewebe, Kleber für Schichtpressstoffe, Ionenaustauscher-Harze
Silikone SI (SiO-Plaste)	gute Temperaturbeständigkeit, unlöslich in vielen organischen Lösungsmitteln, beständig in Basen und Säuren, hoher elektrischer Widerstand; je nach Molmasse und Molekülform (verzweigt, vernetzt) Silikonöle, -fette, -harze, -kleber, Elaste, Einbrennlacke und Wasser abweisende Imprägnierungen (Textil, Leder, Mauerwerk); Silikongummi: Dichtungen, Isolationsmaterial in der Elektrotechnik, ölfeste Schläuche
Polycarbonate PC	thermoplastisch, durchsichtig, farblos, sehr zäh, hohe Festigkeit, kochfest, formbeständig, schwer brennbar, unbeständig in Laugen, Aceton, Estern, Aromaten; Gehäuse, Isolierfolien, Stecker, Spulenkörper in E-Technik, Haushaltsgeräte, Sicherheitsglas

Übersicht 17-4

17.3.6 Polyaddition und Polyaddukte

Bei der Polyaddition verbinden sich zwei- oder mehrwertige Moleküle durch Übertragung eines Wasserstoffions von einer Molekülart auf eine andere.

Beispiel:
Erzeugung von **Polyurethanen** aus Diisocyanat und Diolen

$$\text{n } O=C=\bar{N}-R-\bar{N}=C=O \;+\; \text{n } HO-R-OH \;\rightarrow\; \left[CO-NH-R-NH-CO-O-R-O\right]_n$$

H⁺ über dem Pfeil

| Diisocyanat | Diol | Polyurethan-Baueinheit |

Ein Spaltprodukt tritt bei der Bildung des Moleküls nicht auf. Durch die Wanderung des Wasserstoffes vom Diol an den Stickstoff des Diisocyanats werden in beiden Molekülen Bindungen für die Addition der Moleküle frei.

Im Makromolekül wechseln sich die Molekülarten ab. Zwischen den Molekülen bildet sich die Wasserstoffbrückenbindung aus, wodurch eine gute Festigkeit erzielt wird.

Da es eine größere Anzahl verschiedener Di- und auch Triisocyanate und mehrwertiger Alkohole gibt, können unterschiedliche Polyurethantypen (CN-Plaste) erzeugt werden (vgl. Übersicht 17-5).

Zu den Polyaddukten gehören auch die unlöslichen duroplastischen **Polyepoxide** oder **Polyepoxidharze**.

Polyaddukte	
Polyaddukt/Abkürzung	Eigenschaften und Verwendung
Polyurethan, PUR	beständig gegen Licht, Sauerstoff, Ozon; quellbar, z. T. löslich in polaren Lösungsmitteln und Aromaten; säureunbeständig. PUR mit fadenförmigen Molekülen: thermoplastisch (Fasern, Borsten, Formteile, Folien); PUR mit schwach vernetzten Molekülen: gummielastisch und abriebfest (Schläuche, Dichtungen, Folien, Federelemente, Gleitlager, Zahnriemen usw.); geschäumtes PUR: Weichschäume für Polster, Matratzen, Schwämme; Hartschäume für selbsttragende Baustoffe; Integralschäume; Klebstoffe, Beschichtungsstoffe für Textilien, Kunstleder, Lackharze
Epoxidharze, Polyepoxide EP	duroplastisch, hart, fest, farblos bis braun, brennbar, meist mit Verstärkungs- oder Füllstoffen; gut haftend auf Metall, Beton, Keramik usw.; beständig gegen Laugen und Säuren; Klebstoffe (auch zum Verkleben unterschiedlicher Materialien), Maschinenbauteile, Einbrennlacke, Reaktionslacke aus Harz und Härter

Übersicht 17-5

17.4 Allgemeine Eigenschaften der Kunststoffe

Kunststoffe besitzen eine **Dichte** zwischen 0,9 g · cm^{-3} (Polyethylen niederer Dichte) und 2,2 g · cm^{-3} (Polytetrafluorethylen). Dieses günstige Masse-Volumen-Verhältnis führt bei der Anwendung z. B. gegenüber Stahl zu beträchtlichen Gewichtsreduzierungen. Beim Einsatz in bewegten technischen Gebilden wie Flugzeugen, Autos, Eisenbahnen usw. sind Energieeinsparungen auf Grund der geringeren Masse möglich.

Die niedrige **Wärmeleitfähigkeit,** die durch Aufschäumen noch verringert werden kann, macht die Kunststoffe besonders für die Wärmeisolation geeignet. Auch die **Schalldämpfung** der Schaumstoffe ist gut.

Der hohe **spezifische elektrische Widerstand** der Kunststoffe ist bedeutungsvoll für die Elektrotechnik. Polyethylen und Polyvinylchlorid besitzen einen spezifischen elektrischen Widerstand von 10^{16} bis 10^{17} Ω · cm. Dazu kommt die Flexibilität beider Stoffe, sodass sie zu den wichtigsten Isolierwerkstoffen geworden sind. Nachteilig ist die elektrische Aufladung; als Folge können sich Staubteilchen leicht ablagern.

 **Versuch** Reiben Sie einen PVC-Stab kräftig mit einem Wolltuch ab und halten Sie den Stab über kleine Papierschnitzel oder/und an einen dünnen Wasserstrahl. Beobachtung? Bringen Sie Ihre Beobachtung mit dem Wasserdipol in Beziehung!

Kunststoffe besitzen gegenüber vielen Verbindungen **chemische Beständigkeit** (Wasser, Luft, Säuren, Laugen). Daraus resultiert auch die **Lebensmittelbeständigkeit** und die **physiologische Unbedenklichkeit,** sodass sie als Lebensmittelverpackungen breite Anwendung finden.

Versuche

C

Ätzend

1. Prüfen Sie die Beständigkeit von verschiedenen Kunststoffen gegenüber verdünnter und konzentrierter Schwefelsäure sowie verdünnter und konzentrierter Natronlauge! Vorsicht! Lassen Sie die Stoffe mehrere Tage einwirken!

2. Tauchen Sie zum Vergleich einen natürlichen polymeren Stoff, z. B. einen Holzspan, in konzentrierte Schwefelsäure! Vorsicht!   R 35, S 37, S 39

Polyethylen, Polyvinylchlorid-Hart und Epoxidharze werden nur von oxidierenden Säuren angegriffen. Polytetrafluorethylen widersteht nahezu allen angreifenden Stoffen.

Die **Löslichkeit** steht in engem Zusammenhang mit der Molekülform: Kunststoffe mit fadenförmigen und verzweigten Molekülen sind in der Regel in chlorierten Kohlenwasserstoffen, Estern und Aromaten löslich. Das ist ein Vorteil bei der Herstellung von Farben, Lacken und Klebern aus Polymeren. Diese Kunststoffe lassen sich mithilfe von Klebern, die die Oberfläche anlösen, fügen.

Elaste quellen nur in Kontakt mit Lösungsmitteln. Duroplaste verhalten sich unlöslich, weil Lösungsmittel primäre Bindungen nicht zerstören können.

 **Versuche** Überprüfen Sie die Löslichkeit unterschiedlicher Kunststoffe in verschiedenen Lösungsmitteln (Benzin, Aceton, chlorierte Kohlenwasserstoffe, Alkohol, Farbverdünnung, Benzol o. a.)! Abzug! R 23, R 25, R 45, R 58, S 23, S 29

Die **Kunststoffverarbeitung** bietet eine Reihe von Vorteilen: In wenigen Arbeitsgängen ist die Herstellung von Fertigteilen mithilfe einfacher Verarbeitungsverfahren möglich (Spritzgießen, Pressen, Walzen, Tiefziehen, Hohlblasen, Schweißen, Kleben usw.). Die niedrige **thermische Beständigkeit** setzt dem Einsatz der Kunststoffe Grenzen. Alle Kunststoffe werden oberhalb einer **Zersetzungstemperatur** T_Z zerstört, weil sich primäre Bindungen auflösen.

Auch die leichte **Brennbarkeit** der meisten Plaste muss negativ eingeschätzt werden. Das **Brennverhalten** ist charakteristisch für den Kunststofftyp und kann zur Identifizierung herangezogen werden.

Versuche

1. Halten Sie mithilfe der Tiegelzange verschiedene Kunststoffe, deren Zusammensetzung bekannt ist, in die leuchtende Flamme des Bunsenbrenners. Beobachten und notieren Sie: Brennbarkeit in und außerhalb der Flamme, thermo- oder duroplastisches Verhalten, Farbe u. a. Merkmale der Flamme, wenn der Plast außerhalb der Brennerflamme brennt, Geruch nach dem Löschen der Flamme. Benutzen Sie eine nichtbrennbare Unterlage! Vorsicht! Plastschmelzen erzeugen schmerzhafte Verbrennungen! S 24

2. Polyvinylchlorid kann mithilfe der BEILSTEIN-Probe von anderen Plasten unterschieden werden: Ein ausgeglühter Kupferdraht wird im heißen Zustand gegen den zu untersuchenden Kunststoff gedrückt und erneut in die heiße Bunsenbrennerflamme gehalten. Beobachtung bei chlorhaltigen Kunststoffen? S 23

Nachteilig ist das **Altern** der Kunststoffe unter dem Einfluss länger anhaltender UV-Strahlung (Zerstörung primärer Bindungen).

17.5 Chemiefasern

Chemiefasern sind vollsynthetische Fasern. Die flüssigen bzw. geschmolzenen Polymermassen werden durch Düsen gepresst, sodass endlose Fäden entstehen. Sie werden in dieser Form weiterverarbeitet oder in Einzelfasern zerschnitten und zu Garnen versponnen.

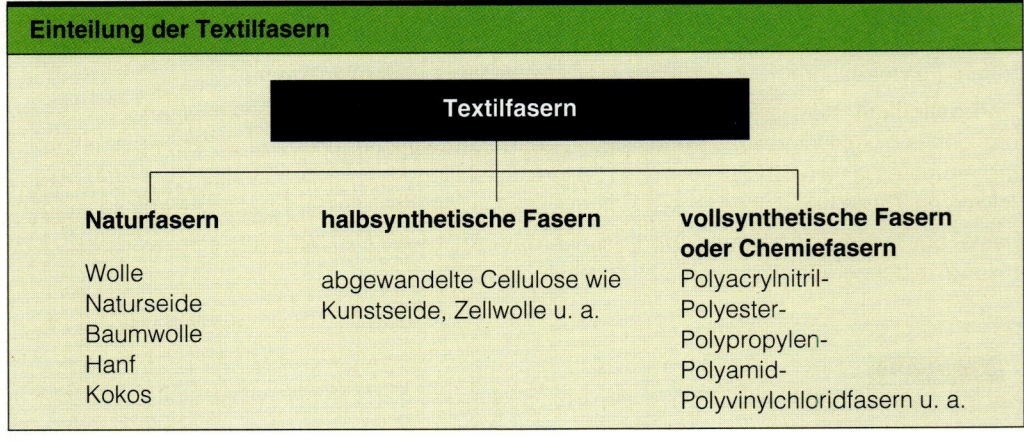

Einteilung der Textilfasern

Textilfasern		
Naturfasern	**halbsynthetische Fasern**	**vollsynthetische Fasern oder Chemiefasern**
Wolle Naturseide Baumwolle Hanf Kokos	abgewandelte Cellulose wie Kunstseide, Zellwolle u. a.	Polyacrylnitril- Polyester- Polypropylen- Polyamid- Polyvinylchloridfasern u. a.

Übersicht 17-6

Als Faserstoffe eignen sich nur solche Polymere, die aus fadenförmigen oder nur schwach verzweigten Molekülen bestehen. In den einzelnen Fäden sind die Moleküle parallel angeordnet, der Vorgang des Ordnens wird durch mechanisches Recken (Verstrecken) unterstützt (vgl. Abb. 17-3 d). Kunststofffasern erreichen dadurch eine gute Festigkeit, weil sich die sekundären Bindungen zwischen den dicht nebeneinander liegenden Molekülen verstärken. Übersicht 17-7 enthält wichtige Gruppen von Chemiefasern und eingetragene Markenzeichen ® (bzw. registered trade mark).

Wichtige Chemiefasern	
Fasergruppe	Markenzeichen, Eigenschaften, Verwendung
Polyacryl-verbindungen	Dralon, Acrilan, Orlon, PAN u. a.; für Raumtextilien, Möbelbezugsstoffe, Fischereinetze, Filtertücher, Bekleidung (in Mischungen mit Naturfasern); beständig gegenüber Licht, Säuren, Laugen, Motten, Bakterien; gutes Formhaltevermögen, auch nach dem Durchnässen, geringe Wasseraufnahme und schnell trocknend
Polyamide	Perlon, Nylon, Rilsan u. a.; für Bekleidung, Seile, Gurte, Treibriemen, Filtertücher, Möbelbezugsstoff; unbeständig gegenüber Säuren und starken Laugen; beständig gegen Motten und Bakterien; abrieb- und reißfest (Wasserstoffbrückenbindung)
Polyester	Diolen, Trevira, Dacron u. a.; für Bekleidung, Seile, Gewebe für Autoreifen, Förderbänder, Treibriemen, Raumtextilien, Sicherheitsgurte, Zeltplanen für Ausstellungshallen u. a.; beständig gegenüber Luft, Sonne und Wasser, unbeständig gegen starke Laugen
Polyvinylchlorid	chemisch widerstandsfähige technische Gewebe, wie Seile und Säureschutzkleidung.
Polypropylen	chemisch beständige, nassreißfeste Gewebe wie Filtertücher und Säcke

Übersicht 17-7

17.6 Recycling von Kunststoffen

Die chemische Stabilität von Kunststoffen war über eine lange Entwicklungsphase das Ziel der Forschung. Heute bemüht man sich um Kunststoffe, z. B. für Verpackungsmaterial, die sich bakteriell zu ungiftigen, die Umwelt weniger oder nicht belastenden Endstoffen wie Kohlenstoffdioxid und Wasser zersetzen lassen.

Eine einmalige Verwertung der Kunststoffe ist unsinnig und auch unnötig, denn es gibt eine Reihe von Möglichkeiten, die Abfälle zu nutzen. Eine Wiederverwendung muss jedoch ökonomisch tragbar und ökologisch sinnvoll, d. h. auch vorteilhaft für die Umwelt sein. Weitere vernünftige und billige Technologien sind mit diesem Ziel zu entwickeln.

Derzeitig bestehen einige Lösungswege für die energetische, rohstoffliche und werkstoffliche Verwertung.

Kunststoffe sind energiereich. Sie können der Müllverbrennung zugeführt und zur Erzeugung von Fernwärme und Strom genutzt werden. Allerdings bestehen hierbei Gefahren durch die entstehenden Abgase. Nur in modernen Anlagen mit Abgasreinigung und Hochtemperaturverbrennung können Gase wie SO_2 (aus der Verbrennung von Gummi) und Chlorwasserstoff (aus Polyvinylchlorid) adsorbiert oder Dioxine vermieden werden. Sinnvoller als die Verbrennung ist die Wiedergewinnung von Roh- und Werkstoffen.

Bei einigen Kunststoffen wie dem Polymethylmethacrylat gelingt es, die Makromoleküle durch sauerstofffreies Erhitzen wieder zu reaktionsfähigen Monomeren zu zerlegen. Es entsteht erneut Rohstoff.

Grundsätzlich ist es möglich, Kunststoffabfälle zu hydrieren. Eine aufwendige Sortierung in Kunststoffsorten entfällt. Es entstehen Synthesegas und Syntheseöl, das wie Mineralöle eingesetzt werden kann. Die technischen Anlagen und die Technologie für die Kunststoffhydrierung sind teuer.

Bei Thermoplasten ist das Aufschmelzen der Abfälle und die Granulierung möglich. Aus dem Produkt können erneut Formteile erzeugt werden. Da jedoch bei jeder thermischen Verarbeitung ein Abbau von Molekülen eintritt (Cracken), ist mit einem Festigkeitsabfall der Formlinge zu rechnen. Für Gartenmöbel, Saatschalen, Blumenkästen u. dgl. reicht aber die Beanspruchbarkeit aus. Die werkstoffliche Wiederaufbereitung zu Granulat ist jedoch an die Voraussetzung gebunden, dass Kunststoffe geordnet gesammelt und nach Kunststofftyp sortiert werden. Unterschiedliche Kunststoffe lassen sich wohl zusammen verschmelzen und in Form bringen. Beim Abkühlen der Formlinge entmischen sich aber die Moleküle, weil Abstoßungskräfte zwischen unterschiedlichen Teilchen größer sind als Anziehungskräfte. Zumindest gilt das für eine Reihe von Kunststoffmischungen. Das Formteil geht dann bei geringer mechanischer Beanspruchung zu Bruch.

Perspektivisch kann der Schwerpunkt der Verwertung nicht auf der werkstofflichen Seite liegen, denn so viele Produkte aus weniger festem Material werden nicht benötigt. Der Schwerpunkt der Forschung wird in der gefahrlosen energetischen und vor allem rohstofflichen Nutzung gesehen.

Solange die damit im Zusammenhang stehenden Probleme nicht gelöst sind, müssen Kunststoffabfälle gesondert auf speziellen Deponien zwischengelagert werden, um sie später – wenn die Forschung zu neuen Lösungen geführt hat – weiterverwenden zu können. Eine Wiederverwendung der Kunststoffe wäre ein großer Erfolg und würde das Müllvolumen spürbar entlasten. Im Jahre 1992 wurden in der Bundesrepublik Deutschland 47 000 Tonnen Kunststoffabfälle wieder aufgearbeitet. Etwa die sieben- bis achtfache Menge ist jedoch angefallen. Auf Grund dieser Situation sollten grundsätzlich auch alle Möglichkeiten genutzt werden, die Menge der eingesetzten Kunststoffe zu reduzieren.

17.7 Aufgaben zur Wiederholung von Kapitel 17

1. Was versteht man unter dem Begriff „makromolekulare Stoffe" bzw. „polymere Stoffe"?

2. Charakterisieren Sie die Haupteigenschaften von Thermoplasten, Duroplasten, Elasten, Kunstfasern!

3. Erläutern Sie, was unter Polymerisation, Polykondensation und Polyaddition zu verstehen ist!

4. Warum kann man die Begriffe Polymerisat und Thermoplast oder Polykondensat und Duroplast nicht gleichwertig verwenden?

5. Erläutern Sie, wie die radikalische, die kationische und die anionische Polymerisation verläuft!

6. Wie läuft eine Polykondensation bifunktioneller Moleküle ab?

7. Unterscheiden Sie, wie Homo- und Copolymere aufgebaut sind!

8. Warum wird bei den Polymeren eine mittlere relative Molekülmasse angegeben?

9. Charakterisieren Sie: C–C-Bindung, Etherbindung, Esterbindung, Peptidbindung!

10. Beschreiben Sie die amorphe und die kristalline Struktur von Polymerisaten!

11. Warum ist Polytetrafluorethylen unschmelzbar und unlöslich?

12. Wie unterscheiden sich Kautschuk und Gummi?

13. Erläutern Sie am Beispiel der Butadien-Polymerisation die 1,2- und die 1,4-Addition!

14. Was bewirken Vulkanisatoren bei der Vulkanisation?

15. Beschreiben Sie das gummielastische Verhalten eines Körpers!

16. Warum sind Terephthalsäure-Glycol-Ester unverzweigt?

17. Warum haben Duroplaste keine kristalline Struktur?

18. Stellen Sie an Beispielen spezieller Kunststoffe und Kunstfasern dar, welche Eigenschaften Kunststoffe besitzen!

19. Welche Recyclingmöglichkeiten bestehen für Kunststoffabfälle und -müll?

Anhang

A Einige Grundregeln für den Umgang mit Chemikalien im Labor

1. Laborordnung streng einhalten! Sich informieren und einprägen: Standort des Feuerlöschers, des Löschsandes, der Aufsaugmittel, des Erste-Hilfe-Kastens, des nächsten Telefons mit registrierter Telefon-Nummer für den Notruf und das zuständige Informationszentrum für Vergiftungen;

2. Gebrauch von Feuerlöscher, Notdusche, Augendusche einprägen;

3. Sicherheitsangaben in den Experimentieranleitungen exakt einhalten (Abzug, Einmalhandschuhe, Atemschutz, Schutzkleidung); beim Experimentieren stets Schutzbrille tragen; Chemikalienkontakt mit Haut, Schleimhäuten und Augen vermeiden;

4. R-Sätze, S-Sätze und E-Sätze befolgen;

5. Regeln für die erste Hilfe einprägen und in Abständen wiederholen;

6. nur eindeutig beschriftete Chemikalien verwenden; Informationen über die Gefährlichkeit von Substanzen einholen, wenn keine individuellen Erfahrungen im Umgang damit vorliegen; keine Chemikalien verwenden, die nicht identifizierbar sind;

7. nach dem Experimentieren die Hände gründlich waschen;

8. im Labor nicht essen, trinken, rauchen;

9. Vorsicht bei Geruchsprüfung; Geruch nur prüfen, wenn in der Anleitung gefordert; keine Geschmacksprüfung;

10. Chemikalienbehälter nach der Substanzentnahme sofort wieder verschließen; Verwechslung von Stopfen etc. ausschließen;

11. Flüssigkeiten mit Pipettierhilfen und nicht mit dem Mund ansaugen;

12. brennbare Substanzen entfernt von offenen Flammen verschlossen abstellen;

13. verkittete Glasstopfen unter Anleitung der Lehrkraft durch vorsichtiges Klopfen mit einem Holzstück in vertikaler Richtung lösen;

14. Vorsicht beim Öffnen von Flaschen, die konzentrierte Säuren, Ammoniak und dergleichen enthalten (Abdampfen gelöster Gase, die auf Augen und Schleimhäute ätzend wirken! Schockwirkung!);

15. Vorratsflaschen stets mit festem Griff und nicht mit „spitzen Fingern" erfassen;

16. Verdünnen von Säuren, Laugen etc. unter Rühren immer nach der Regel: „Zuerst das Wasser, dann die Lauge oder Säure";

17. bei der Montage von Glasteilen, z. B. Einführen von Glasrohren, Thermometern in Gummistopfen, Hände schützen, Gleitmittel verwenden, Rohr kurz fassen, Schliffe fetten;

18. Laborabfälle für die Entsorgung in den bereitgestellten Gefäßen getrennt sammeln.

B Verhalten bei Notfällen und erste Hilfe

Allgemeine Regeln

1. Geschädigte Person aus der Gefahrenzone bringen und beruhigen;

2. Betroffenen richtig lagern;

3. erste Hilfe gewähren;

4. Arzt bzw. Rettungsdienst über den Notruf anfordern bzw. nach erster Hilfe den Verletzten einem Arzt vorstellen; Unfallursache, Namen der Chemikalien und durchgeführte Maßnahmen der ersten Hilfe angeben;

5. weitere Schädigung von Personen verhindern.

Maßnahmen der ersten Hilfe

Verätzungen der Haut mit Säuren und Laugen

1. Kleidungsstücke, die getränkt wurden, sofort ausziehen;

2. wasserlösliche Stoffe mit weichem Wasserstrahl längere Zeit abspülen, dabei Wasser nicht über unbeeinträchtigte Körperteile abfließen lassen;

3. fettlösliche Substanzen mit reichlich Polyethylenglycol abspülen; Spritzer evtl. mit Polyethylenglycol getränktem Zellstoff abtupfen; mit Wasser und Seifenlösung nachwaschen;

4. lockeren, keimfreien Verband auflegen und Arzt aufsuchen.

R- und S-Sätze: R 34, R 35, S 24 bis S 28, S 37, S 39

Verätzungen des Mundes und des Verdauungstraktes mit Säuren und Laugen

1. Mund wiederholt mit Wasser spülen, Wasser nicht verschlucken;
2. bei verschluckten Säuren Aufschlämmung von MgO, bei verschluckten Laugen Zitronenwasser oder sehr verdünnte Essigsäure zu trinken geben.

Reizung und Verätzung der Augen

1. Bei Augenverätzungen mehrere Minuten mit Augendusche oder weichem Wasserstrahl betroffenes Auge spülen; Kopfhaltung so einnehmen, dass ablaufendes Spülwasser nicht das unbeeinträchtigte Auge erreicht; Augenlider weit spreizen;
2. auf keinen Fall eine Neutralisation versuchen;
3. Geschädigten in Begleitung dem Augenarzt vorstellen.

R- und S-Sätze: R 36, R 37, R 38, R 41, S 25, S 26, S 39

Schnittwunden

1. Wunde nicht auswaschen;
2. Wunde keimfrei abdecken und trockenen Verband oder Druckverband anlegen;
3. Splitter von Arzt entfernen lassen;
4. Wundversorgung durch den Arzt.

S-Sätze: S 18

Verbrennungen, Verbrühungen

1. Betroffene Körperteile bis zum Nachlassen des Schmerzes mit kaltem Wasser spülen;
2. bei brennender Kleidung Betroffenen unter der Notdusche ablöschen;
3. mit heißen Flüssigkeiten getränkte Kleidung entfernen oder mit kaltem Wasser abkühlen;
4. keine Heilmittel (Salbe, Puder) aufbringen, Wunde nur keimfrei trocken abdecken;
5. Brandwunden vom Arzt versorgen lassen.

R- und S-Sätze: R 7 bis R 13, S 16, S 17

Vergiftungen

1. Bei Vergiftungen durch Einatmen: Betroffenen sofort an die frische Luft bringen; bei Atemstillstand oder Herz-Kreislaufstillstand unverzüglich Herz-Lungen-Wiederbelebung durchführen; bei Bewusstlosigkeit keinesfalls Wasser oder dergleichen einflößen;
2. bei Vergiftungen durch Verschlucken: lauwarme konzentrierte Kochsalz-Lösung oder warme konzentrierte Na_2SO_4-Lösung zu trinken geben und Brechreiz auslösen, wenn keine Bewusstlosigkeit eingetreten ist;
3. in jedem Fall den Notdienst rufen; Bezeichnung des Giftes nennen;

R- und S-Sätze: R 23 bis R 28, R 39, R 48, S 13 ,S 20, S 21

C Gefahrenhinweise

Standardisierte Risiko-Sätze (R-Sätze; engl. risk-phrases)

R 1	Im trockenen Zustand explosionsfähig.	R 14	Reagiert heftig mit Wasser.
R 2	Durch Schlag, Reibung, Feuer oder andere Zündquellen explosionsfähig.	R 15	Reagiert mit Wasser unter Bildung leicht entzündlicher Gase.
R 5	Beim Erwärmen explosionsfähig.	R 18	Bei Gebrauch Bildung explosiver / leicht
R 6	Mit und ohne Luft explosionsfähig.		entzündicher Dampf-Luft-Gemische möglich.
R 7	Kann Brand verursachen.		
R 9	Explosionsgefahr bei Mischung mit brennbaren Stoffen.	R 19	Kann explosionsfähige Peroxide bilden.
		R 20	Gesundheitsschädlich beim Einatmen.
R 11	Leicht entzündlich.	R 21	Gesundheitsschädlich bei Berührung mit der Haut.
R 12	Hoch entzündlich.		

R 22	Gesundheitsschädlich beim Verschlucken.	R 37	Reizt die Atmungsorgane.

R 22 Gesundheitsschädlich beim Verschlucken.
R 23 Giftig beim Einatmen.
R 24 Giftig bei Berührung mit der Haut.
R 25 Giftig beim Verschlucken.
R 26 Sehr giftig beim Einatmen.
R 28 Sehr giftig beim Verschlucken.
R 31 Entwickelt bei Berührung mit Säure giftige Gase.
R 32 Entwickelt bei Berührung mit Säure hochgiftige Gase.
R 34 Verursacht Verätzungen.
R 35 Verursacht schwere Verätzungen.
R 36 Reizt die Augen.

R 37 Reizt die Atmungsorgane.
R 38 Reizt die Haut.
R 45 Kann Krebs erzeugen.
R 51 Giftig für Wasserorganismen.
R 52 Schädlich für Wasserorganismen.
R 53 Kann in Gewässern längerfristig schädliche Wirkungen haben.
R 54 Giftig für Pflanzen.
R 55 Giftig für Tiere.
R 56 Giftig für Bodenorganismen
R 58 Kann längerfristig schädliche Wirkung auf die Umwelt haben.
R 59 Gefährlich für die Ozonschicht.

Sicherheitsratschläge (S-Sätze)

S 1 Unter Verschluss aufbewahren.
S 3 Kühl aufbewahren.
S 5 Unter … aufbewahren (geeignete Flüssigkeit vom Hersteller anzugeben).
S 7 Behälter dicht geschlossen halten.
S 8 Behälter trocken halten.
S 9 Behälter an einem gut gelüfteten Ort aufbewahren.
S 12 Behälter nicht gasdicht verschließen.
S 15 Vor Hitze schützen.
S 16 Von Zündquellen fernhalten – Nicht rauchen.
S 20 Bei der Arbeit nicht essen und trinken.
S 21 Bei der Arbeit nicht rauchen.
S 22 Staub nicht einatmen.
S 23 Gas / Rauch / Dampf / Aerosol nicht einatmen.
S 24 Berührung mit der Haut vermeiden.
S 25 Berührung mit den Augen vermeiden.
S 26 Bei Berührung mit den Augen gründlich mit Wasser abspülen und den Arzt konsultieren.

S 27 Beschmutzte, getränkte Kleidung sofort ausziehen.
S 28 Bei Berührung mit der Haut sofort abwaschen mit viel … (vom Hersteller anzugeben).
S 29 Nicht in die Kanalisation gelangen lassen.
S 35 Abfälle und Behälter müssen in gesicherter Weise beseitigt werden.
S 36 Bei der Arbeit geeignete Schutzkleidung tragen.
S 37 Geeignete Schutzhandschuhe tragen.
S 39 Schutzbrille / Gesichtsschutz tragen.
S 45 Bei Unfall und Unwohlsein sofort Arzt zuziehen (Etikett vorzeigen).
S 60 Dieser Stoff und sein Behälter sind als gefährlicher Abfall zu entsorgen.
S 61 Freisetzung in die Umwelt vermeiden; besondere Anweisungen einholen / Sicherheitsdatenblatt zu Rate ziehen.
S 62 Bei Verschlucken kein Erbrechen herbeiführen; sofort ärztlichen Rat einholen und Verpackung oder dieses Etikett vorzeigen.

D Gesetze und Verordnungen

1. Gesetz zum Schutz vor gefährlichen Stoffen
(Chemikaliengesetz – ChemG, 2. Novelle 1994)

1.1 Verordnung zum Schutz vor gefährlichen Stoffen
(Gefahrstoffverordnung – GefStoffV, 3. Novelle 1996)
u. a. Einstufung und Kennzeichnung gefährlicher Stoffe, Umgang mit gefährlichen Stoffen, R- und S-Sätze,

15 Gefährlichkeitsmerkmale:

a) physikalisch-chemische Eigenschaften:
hoch entzündlich, leicht entzündlich, entzündlich, brandfördernd, explosionsgefährlich;

b) akut toxische Eigenschaften:
sehr giftig, giftig, gesundheitsschädlich, ätzend, reizend;

c) spezielle toxische Eigenschaften:
sensibilisierend, krebserzeugend, erbgutverändernd, fortpflanzungsgefährdend;

d) ökotoxische Eigenschaft:
umweltgefährlich

Gefahrensymbol und Kennzeichnung

(gemäß Gefahrstoffverordnung)

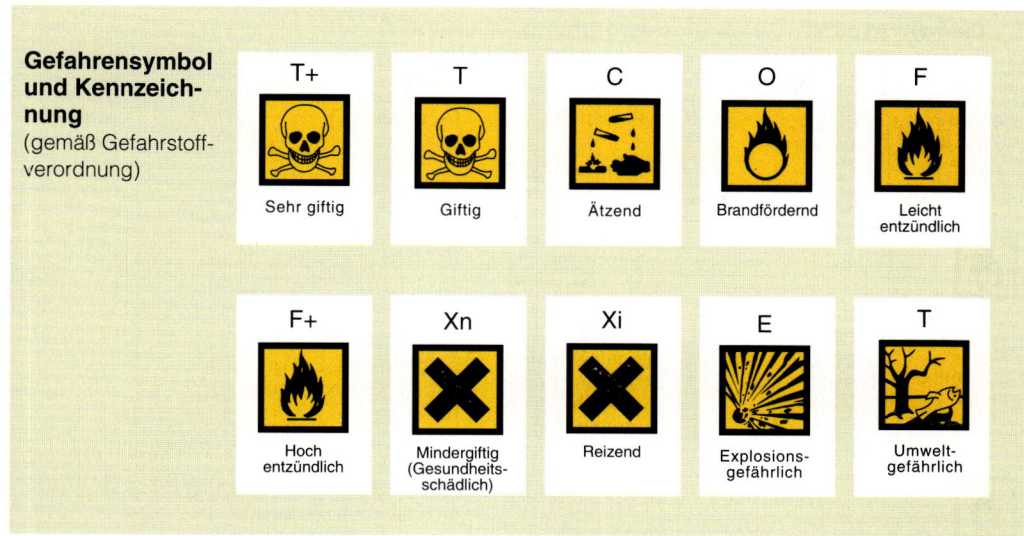

| T+ | T | C | O | F |
| Sehr giftig | Giftig | Ätzend | Brandfördernd | Leicht entzündlich |

| F+ | Xn | Xi | E | T |
| Hoch entzündlich | Mindergiftig (Gesundheitsschädlich) | Reizend | Explosionsgefährlich | Umweltgefährlich |

1.2 Chemikalienverbotsverordnung

(ChemVerbotsV, 1. Änderung 1994)

Herstellungs-, Anwendungsverbote, Anwendungseinschränkungen (Arsenverbindungen, aliphatische Chlorkohlenwasserstoffe, Asbest, Benzol, Bleicarbonat, Bleisulfat, Cadmium, DDT, Dioxine, Furane, Formaldehyd, Pentachlorphenol PCP, polychlorierte Diphenyle, Vinylchlorid)

1.3 Technische Regeln für Gefahrstoffe (TRGS), u. a.

TRGS 200	Einstufung und Kennzeichnung von Stoffen und Zubereitungen
TRGS 450	Umgang mit Gefahrstoffen im Schulbereich
TRGS 500	Schutzmaßnahmen beim Umgang mit krebserzeugenden Gefahrstoffen
TRGS 900	Grenzwerte in der Luft – MAK und TRK-Werte
TRGS 905	Verzeichnis krebserzeugender, erbgutverändernder und fortpflanzungsgefährdender Stoffe
TRGS 910	Einteilung krebserregender Stoffe in die Gefährlichkeitsgruppen: sehr stark gefährdend, stark gefährdend, gefährdend

2. Kreislaufwirtschafts- und Abfallgesetz

(KW/AbfG, 1994)

Vermeidung und Entsorgung von Abfall

3. Gesetz zum Schutz vor schädlichen Umwelteinwirkungen durch Luftverunreinigungen, Geräusche, Erschütterungen u. ä. Vorgänge

(Bundesimmissionsschutzgesetz – BImSchG, Fassung 1993)
und
a) Technische Anleitung zur Reinhaltung der Luft
    (TA Luft, 1986); Technische Anlagen zur Luftreinhaltung, Immissionsgrenzwerte (MIK)
b) Immissionsschutzverordnungen (BImSchV)

4. Empfehlungen für die Richtlinien zur Sicherheit im naturwissenschaftlichen Unterricht

(Kultusministerkonferenz 1994)

E Gefahrstoffe (Gefahrstoffverordnung – GefStoffV)

Gefahren-bezeichnung/-symbol Einstufung	Schädigung Gefahren-einstufung	Vorsichts-maßnahmen	Stoffe (Auswahl)	R- und S-Sätze
F+ Hoch entzündlich hoch entzündliche Stoffe	Flüssigkeiten mit Flammtemperatur unter 0 °C und Siedetemperatur von höchstens 35 °C; Gase, die sich bei normaler Temperatur bei Luftzutritt entzünden	von offenen Flammen fernhalten, von Wärmequellen fernhalten; keine Erzeugung von Funken; Volumen der Vorratsgefäße am Laborplatz begrenzen: für Gefahrklasse A I und B max.1 l Fassungsvermögen; im Labor verfügbar: Notdusche, Feuerlöscher, Löschsand, Löschdecke mit Hinweis auf Feuerlöscheinrichtungen **F** und Notruf-Nr. 112	Gefahrklasse A I, z. B. Kohlenstoffdisulfid Benzine, Petrolether, Toluen, Cyclohexan, Ether, Benzen, Ethylacetat, Methylacetat Gefahrklasse A II, z. B. Chlorbenzen, Essigsäureanhydrid, Butanole, Xylen, Cyclohexanon Flüssigkeiten der Gefahrklasse A III: Mineralöle Gase: Ethan, Ethen, Ethin, Kohlenstoffmonoxid, Methan, Propan, Butan, Ethylenoxid, Schwefelwasserstoff, Wasserstoff; Ammoniak, Dämpfe verschiedener Ether Gefahrklasse A III: Anilin, Nitrobenzol, Tetrahydronaphthalin (Tetralin) Gefahrklasse B: Acetaldehyd, Ethanol, Propanon, 1,4-Dioxan, Methanol, Propanole, Tetrahydrofuran Erläuterungen zu Gefahrklassen von brennbaren Flüssigkeiten: Gefahrklasse A I: nicht mit Wasser mischbar, Flammtemperatur $< 21\,°C$ Gefahrklasse A II: nicht mit Wasser mischbar, Flammtemperatur $21 \ldots 55\,°C$ Gefahrklasse A III: nicht mit Wasser mischbar, Flammtemperatur $55 \ldots 100\,°C$ Gefahrklasse B: mit Wasser bei 15 °C unbegrenzt mischbar, Flammpunkt $< 21\,°C$	R 10 S 2 R 11 S 9 R 12 S 16 R 13 S 29 R 15 S 33 R 17
F Leicht entzündlich leicht entzündliche Stoffe	Flüssigkeiten mit einer Flammtemperatur unter 21 °C, die nicht hoch entzündlich sind; feste Stoffe, die durch Zündquelle leicht gezündet werden können und ohne Energiezufuhr weiterbrennen oder weiterglimmen			
entzündlich entzündliche Stoffe	brennbare Stoffe, die nicht zu hoch- und leicht entzündlichen Stoffen gehören			
O Brandfördernd brandfördernde Stoffe	Stoffe mit oxidierender Wirkung, die Brände verursachen oder fördern können, die brennbare Stoffe entzünden oder mit ihnen explosible Gemische erzeugen können	Lagerung getrennt von organischen Chemikalien, anorganischen Reduktionsmitteln, konzentrierten Säuren, Metall-Pulvern; kühl lagern	Nitrate, Nitrite z. B. NH_4NO_3 KNO_3, $NaNO_2$; Bromate, Chlorate Chromate; Dichromate, Chrom(VI)-oxid, Chromschwefelsäure, Halogene (Brom, Chlor), Salpetersäure, Perchlorsäure, Kaliumpermanganat, Perchlorate z. B. $KClO_4$, konz. Wasserstoffperoxid, Peroxo-Verbindungen z. B. Ammoniumperoxodisulfat, organische Peroxide; Sauerstoff (flüssig), Luft (flüssig)	R 8 S2 R 9 R 11

Gefahren-bezeichnung/-symbol Einstufung	Schädigung Gefahren-einstufung	Vorsichts-maßnahmen	Stoffe (Auswahl)	R- und S-Sätze
E Explosions-gefährlich explosions-gefährliche Stoffe	Stoffe, die durch Schlag, Stoß, Reibung, Zündung explosionsartig reagieren	Phlegmatisierung der Stoffe (Herab-setzung der Emp-findlichkeit) durch Anteigen der Sub-stanzen mit Wasser oder anderen iner-ten Stoffen; Verdünnen der Stoffe in Lösungs-mitteln (Wasser etc.); kühl lagern	Acetylenderivate, Ammonium-chlorat, Dibenzoylperoxid, Cellulosenitrat, Ethylnitrit, Ethyl-nitrat, Glycerintrinitrat (Nitrogly-cerin), Fulminate (Knallsäure-Salze), Natriumacid, organische Peroxide und Percarbonsäuren, Salpetersäureester wie Pikrin-säure und Pikrate, 2,4,6-Trinitro-toluol (TNT), Trinitrobenzol Gasgemische mit Sauerstoff bzw. Luft: Gase, die bei „hoch entzünd-lichen Stoffen" genannt sind; Chlor-Wasserstoff (Chlorknall-gas), Sauerstoff-Wasserstoff (Knallgas); Etherdämpfe, Benzin-dämpfe	R 1 S 2 R 2 S 3 R 3 S 7 R 9 S 9 R 11 S 14 R 12 S 27 S 34 S 35 S 37 S 39 S 50
T+ Sehr giftig sehr giftige Stoffe	durch orale Auf-nahme (Mund), durch dermale Auf-nahme (Haut), durch inhalative Aufnahme (Lunge) schwere, irrever-sible Gesundheits-schäden, evtl. mit Todesfolge durch einmalige Aufnah-me oder mehrfache Aufnahme in gerin-ger Dosierung	jeglichen Kontakt vermeiden; Mund- und Atemschutz; Dämpfe nicht ein-atmen	Chlor, Brom, Blausäure, Cya-nide, Dioxine, Fluor, Fluor-wasserstoff, Nitrobenzol, Phosphor (weiß), Quecksilberverbindungen (außer HgS, Hg_2Cl_2), Schwefelwasserstoff, Stickstoffmonoxid und -dioxid, Pentachlorphenol (PCP), Tetrachlorethan	R 26 S 1 R 27 S 2 R 28 S 4 R 32 S 13 R 39 S 27 S 28 S 35 bis S 38 S 44 S 45
T Giftig giftige Stoffe	durch orale, dermale, inhalative Aufnahme; schwere, irrever-sible Gesundheits-schäden, evtl. mit Todesfolge durch einmalige Aufnahme oder mehrfache Auf-nahme in geringer Dosis	jeglichen Kontakt vermeiden; Dämpfe nicht einatmen; Mund- und Atem-schutz	Ammoniak, Ammoniumfluorid, Anilin, Alkalifluoride, Benzen, Blei(II)-acetat, Brom- und Chlor-wasser, Methanal, Kohlenstoff-disulfid, Kohlenstoffmonoxid, Methanol, Phenol, Kresole, Quecksilber, Schwefeldioxid, Tetrachlormethan und andere Chlorkohlenwasserstoffe (CKW)	R 23 S 1 R 24 S 2 R 25 S 4 R 39 S 13 R 48 S 27 S 28 S 35 bis S 38 S 44 S 45
Xn Mindergiftig (Gesundheits-schädlich) gesundheits schädliche-Stoffe	durch orale, dermale, inhalative Aufnahme; irreversible Schä-den durch mehr-fache Aufnahme	Kontakt vermeiden; Dämpfe nicht einat-men	verdünnte Formaldehyd-Lösung, Iod, Schwermetallverbindungen wie Hg_2Cl_2, Sb-, Co-, Cu-Salze Glycol, Cyclohexanol, Benzyl-alkohol, Benzaldehyd, Chloro-form	R 20 S 2 R 21 S 13 R 22 S 36 R 40 S 37 R 42 S 46 R 48

Gefahren-bezeichnung/-symbol Einstufung	Schädigung Gefahren-einstufung	Vorsichts-maßnahmen	Stoffe (Auswahl)	R- und S-Sätze
C Ätzend ätzende Stoffe	Zerstörung des gesamten Hautge-webes und der Schleimhäute	Haut- und Schleim-hautkontakt vermei-den; ätzende Dämpfe nicht ein-atmen; Schutzbrille, evtl. Atemschutz; evtl. Säureschutz-kleidung; Einmal-handschuhe	stark ätzend: Ameisensäure, Essigsäure, Kaliumhydroxid, Natriumhydroxid, Salpetersäure, Salzsäure, Schwefelsäure, Silbernitrat-Lösung, Wasserstoff-peroxid; ätzend: Ammoniak-Lösung, Brom-Wasser, Flusssäure, Phosphorsäure	R 34 S 2 R 35 S 18 S 20 S 25 bis S 28 S 36 S 37 S 46
Xi Reizend reizende Stoffe	längere Zeit anhal-tende Rötung der Haut, Entzündung der Augen und Reizung der Atem-wege	Kontakt vermeiden; Schutzbrille; Dämpfe nicht ein-atmen	ätzende Stoffe in verdünnten Lösungen; viele organische Säuren; $CaCl_2$-, $Ca(OH)_2$-, Na_2CO_3-Lösungen, Ammoniak, Salzsäure-Gas	R 36 S 2 R 37 S 18 R 38 S 25 R 41 bis R 43 S 28 S 46
Xi Reizend sensibilisie-rende Stoffe	je nach Empfind-lichkeit der Person allergische Reak-tionen; Atemwegs-allergene, Haut-allergene	Hautkontakt und Einatmen vermei-den	Formaldehyd-Dämpfe; Cobalt-, Nickelpulver, $NiSO_4$, K_2CrO_4, $K_2Cr_2O_7$, organische Stoffe wie Acrylate, Methacrylate, Meth-acrylsäureester, Isocyanate	R 42 S 23 R 43 S 24
T oder Xn Giftig Krebs erzeugende Stoffe	Kategorie 1: Stoffe, die als gefährlich erkannt sind (T) Kategorie 2: Stoffe,die als gefährlich angese-hen werden (ver-dächtig) (T) Kategorie 3: Stoffe,die zu Besorgnis Anlass geben (Xn)	keine Schüler-experimente mit diesen Stoffen; Lehrerexperimente mit ausgewählten Stoffen zulässig	Kategorie 1: Arsenate, Asbest Benzen, Chrom(VI)-oxid, Chrom-schwefelsäure, Vinylchlorid, Vinylchromat, Nickeloxide und -sulfide Kategorie 2: Acrylnitril, Butadien,1,2-Dichlorethan, 1,2-Dibromethan, Ethylenoxid Kategorie 3: Acetaldehyd, Anilin, Methanol, Nickel, Nickel-Salze, Tetrachlormethan, Trichlor-methan, Bleichromat, Trichlor-ethan, Trichlorethen (Tri), Tetrachlorethen (Per), PCP, DDT, Lindan	R 40 S 1 R 45 S 2 R 49 S 4 S 13 S 20 S 27 S 28 S 35 bis S 38 S 44 S 45 S 53
T oder Xn Giftig Erbgut verändernde Stoffe	Kategorie 1: Stoffe, die bekann-termaßen beim Menschen erbgut-verändernd wirken (T) Kategorie 2: Stoffe, die in Tier-versuchen Erbgut verändern (T) Kategorie 3: Verdacht auf Erb-gut verändernde Wirkung (Xn)	keine Schüler-experimente; vor allem bestehen für Schülerinnen Risiken	Kategorie 1: bis 1996 keine Einstufung Kategorie 2: (Symbol T) Ethylenoxid, Diethylsulfat, Triethylphosphat Kategorie 3: Benzen	R 40 S 1 R 45 S 2 R 46 S 4 S 13 S 20 S 27 S 28 S 35 bis S 38 S 44 S 45 S 53

Gefahren-bezeichnung/-symbol Einstufung	Schädigung Gefahren-einstufung	Vorsichts-maßnahmen	Stoffe (Auswahl)	R- und S-Sätze
T Giftig Kategorie 1 und 2 Xn Mindergiftig (Gesundheits-schädlich) Kategorie 3 fortpflanzungs-gefährdende (frucht-schädigen-de) Stoffe	Absterben des Embryos in der Phase der Blasto-genese (1. bis 2. Schwangerschafts-woche); anatomische Miss-bildungen während der Embryogenese (3.–8. Woche) und Schädigung des Nervensystems und der Organe in der Fetalperiode (ab 8. Woche), Fehlgeburten	Schülerinnen strikt von diesen Stoffen fernhalten	Kategorie 1: Bleiverbindungen, Heroin, Mor-phium, Ethanol Kategorie 2: Kohlenstoffmonoxid, Trichlor-methan, spezielle Pharmaka (Contergan); Ethyl- und Methyl-glycol, Dimethylformamid Kategorie 3: Kohlenstoffdisulfid, verschiedene Chlorkohlenwasserstoffe, Cyclo-hexanon, Methylmethacrylat, Ethylenglycol, Tetrahydrofuran, Styren, Toluen, Chlorbenzene, Methanol	R 46 S 1 R 47 S 2 R 60 S 4 R 61 S 13 R 62 S 20 R 63 S 27 S 28 S 35 S 36 S 37 S 38 S 44 S 45 S 46 S 53
T Umwelt-gefährlich umwelt-gefährliche Stoffe	wasserschädigend (aquatische Syste-me): sehr giftig und giftige Stoffe für Wasserorganismen (N); Stoffe mit toxi-schem Potential, die langsam abge-baut werden (ohne Gefahrensymbol N); schädlich für Klima, Luft, Boden; giftig für Mikro-organismen, Pflan-zen, Tiere, Men-schen (nichtaqua-tische Umwelt); Ozon schädigend	Einhaltung der Entsorgungsvor-schriften und gesetzlichen Rege-lungen; Behandlung der Laborabfälle als Sondermüll; Beachtung der Entsorgungsrat-schläge (E-Sätze)	Wasser gefährdend (Wasser-gefährdungsklassen WGK 2 und 3): Benzen, Trichlormethan Chlorbenzen, Methanol, Co-, Cu-, Ni-, Cd-Sulfate und -chloride, Kaliumchromat, Hexachlorbenzol (Lindan), DDT, Tri- und Pentachlorphenol (PCP), Methylchlorid, Tetrachlorkohlen-stoff, 1,1,1-Trichlorethan, Fluor-chlorkohlenwasserstoffe (FCKW) schwach wassergefährdend (Wassergefährdungsklasse WGK 1): Benzine, Calciumhydro-xid, Essigsäure, Salzsäure, Schwefelsäure	R 50 R 51 R 52 R 53 R 54 R 55 R 56 R 57 R 58 R 59

Sachwort

Bildquellenverzeichnis

Archiv Handwerk und Technik, Hamburg: S. 18, 28, 269

Deutsches Museum, München: S. 40, 41, 43, 58, 209, 269

dpa, Frankfurt: S. 325

Fritz-Haber-Institut, Berlin/Dahlem: S. 209

Katzer/Katzer, Erfurt: S. 95, 123, 130, 139, 169, 189, 190, 191, 276, 278, 285, 291, 296, 298, 300, 301, 302, 303, 306, 311, 312, 313, 332

Lorber, Erfurt: S. 128

Phywe Systeme GmbH, Göttingen: S. 65

Schott Geräte GmbH, Hofheim a. Ts.: S. 191

Grafiken
Dipl.-Chem. Stefan Porath, Hamburg

Umschlaggestaltung
comSet Helmut Ploß, Hamburg

92 **U** 238,03	Ladungszahl Symbol relative Atommasse, gerundete Werte ( ) = Massezahlen der stabilsten Isotope
2	
8	
18	Elektronen auf den verschiedenen
32	Elektronenschalen
21	Elektronenschalen, aus denen
9	Valenzelektronen hervorgehen können
2	

1 **H**	Nichtmetall, gasförmige Stoffe
53 **I**	Nichtmetall, feste Stoffe
35 **Br**	Nichtmetall, flüssiger Stoff
2 **He**	Edelgas
12 **Mg**	Metall, feste Stoffe
80 **Hg**	Metall, flüssiger Stoff
51 **Sb**	Übergangselemente (Halbmetalle) feste Stoffe
*	radioaktive Elemente

Periodensystem der Elemente

Periode / Schale	Hauptgruppen I	II																III	IV	V	VI	VII	VIII

Periode 1

	I	VIII
	1 **H** 1,0079	2 **He** 4,0026
K	1	2

Periode 2

	I	II	III	IV	V	VI	VII	VIII
	3 **Li** 6,941	4 **Be** 9,0122	5 **B** 10,81	6 **C** 12,011	7 **N** 14,01	8 **O** 15,999	9 **F** 18,998	10 **Ne** 20,179
K	2	2	2	2	2	2	2	2
L	1	2	3	4	5	6	7	8

Periode 3 (Nebengruppe IIIa)

	I	II	III	IV	V	VI	VII	VIII
	11 **Na** 22,990	12 **Mg** 24,305	13 **Al** 26,982	14 **Si** 28,086	15 **P** 30,974	16 **S** 32,06	17 **Cl** 35,453	18 **Ar** 39,948
K	2	2	2	2	2	2	2	2
L	8	8	8	8	8	8	8	8
M	1	2	3	4	5	6	7	8

Nebengruppen: IVa | Va | VIa | VIIa | VIIIa | Ia | IIa

Periode 4

	K	Ca	Sc	Ti	V	Cr	Mn	Fe	Co	Ni	Cu	Zn	Ga	Ge	As	Se	Br	Kr
Z	19	20	21	22	23	24	25	26	27	28	29	30	31	32	33	34	35	36
A	39,10	40,08	44,956	47,90	50,941	51,996	54,938	55,847	58,933	58,70	63,546	65,38	69,72	72,59	74,92	78,96	79,904	83,80
K	2	2	2	2	2	2	2	2	2	2	2	2	2	2	2	2	2	2
L	8	8	8	8	8	8	8	8	8	8	8	8	8	8	8	8	8	8
M	8	8	9	10	11	13	13	14	15	16	18	18	18	18	18	18	18	18
N	1	2	2	2	2	1	2	2	2	2	1	2	3	4	5	6	7	8

Periode 5

	Rb	Sr	Y	Zr	Nb	Mo	Tc*	Ru	Rh	Pd	Ag	Cd	In	Sn	Sb	Te	I	Xe
Z	37	38	39	40	41	42	43	44	45	46	47	48	49	50	51	52	53	54
A	85,468	87,62	88,906	91,22	92,906	95,94	(97)	101,07	102,91	106,4	107,87	112,41	114,82	118,69	121,75	127,60	126,90	131,30
K	2	2	2	2	2	2	2	2	2	2	2	2	2	2	2	2	2	2
L	8	8	8	8	8	8	8	8	8	8	8	8	8	8	8	8	8	8
M	18	18	18	18	18	18	18	18	18	18	18	18	18	18	18	18	18	18
N	8	8	9	10	12	13	13	15	16	18	18	18	18	18	18	18	18	18
O	1	2	2	2	1	1	2	1	1		1	2	3	4	5	6	7	8

Lanthanoide (58–71)
Aktinoide (90–103)

Periode 6

	Cs	Ba	La	Ce	Pr	Nd	Pm	Sm	Eu	Gd	Tb	Dy	Ho	Er	Tm	Yb	Lu	Hf	Ta	W	Re	Os	Ir	Pt	Au	Hg	Tl	Pb	Bi	Po*	At*	Rn*
Z	55	56	57	58	59	60	61	62	63	64	65	66	67	68	69	70	71	72	73	74	75	76	77	78	79	80	81	82	83	84	85	86
A	132,91	137,33	138,91	140,12	140,59	144,24	(145)	150,4	151,96	157,25	158,93	162,50	164,93	167,26	168,93	173,04	174,97	178,49	180,95	183,85	186,2	190,2	192,22	195,09	196,97	200,59	204,37	207,2	208,98	(209)	(210)	(222)
K	2	2	2	2	2	2	2	2	2	2	2	2	2	2	2	2	2	2	2	2	2	2	2	2	2	2	2	2	2	2	2	2
L	8	8	8	8	8	8	8	8	8	8	8	8	8	8	8	8	8	8	8	8	8	8	8	8	8	8	8	8	8	8	8	8
M	18	18	18	18	18	18	18	18	18	18	18	18	18	18	18	18	18	18	18	18	18	18	18	18	18	18	18	18	18	18	18	18
N	18	18	18	20	21	22	23	24	25	25	27	28	29	30	31	32	32	32	32	32	32	32	32	32	32	32	32	32	32	32	32	32
O	8	8	9	8	8	8	8	8	8	9	8	8	8	8	8	8	9	10	11	12	13	14	15	17	18	18	18	18	18	18	18	18
P	1	2	2	2	2	2	2	2	2	2	2	2	2	2	2	2	2	2	2	2	2	2	2	1	1	2	3	4	5	6	7	8

Periode 7

	Fr*	Ra*	Ac*	Th*	Pa*	U*	Np*	Pu*	Am*	Cm*	Bk*	Cf*	Es*	Fm*	Md*	No*	Lr*	Unq*[1]	Unp*[1]	Unh*[1]	Uns*[1]	Uno*[1]	Une*[1]	Uun*[1]	Uuu*[1]
Z	87	88	89	90	91	92	93	94	95	96	97	98	99	100	101	102	103	104	105	106	107	108	109	110	111
A	(223)	226,03	(227)	232,04	231,04	238,03	237,05	(244)	(243)	(247)	(247)	(251)	(254)	(257)	(258)	(259)	(260)	(261)	(262)	(263)	(262)	(265)	(266)	(268)	(269)
K	2	2	2	2	2	2	2	2	2	2	2	2	2	2	2	2	2	2	2	2	2	2	2	2	2
L	8	8	8	8	8	8	8	8	8	8	8	8	8	8	8	8	8	8	8	8	8	8	8	8	8
M	18	18	18	18	18	18	18	18	18	18	18	18	18	18	18	18	18	18	18	18	18	18	18	18	18
N	32	32	32	32	32	32	32	32	32	32	32	32	32	32	32	32	32	32	32	32	32	32	32	32	32
O	18	18	18	18	20	21	22	23	25	25	26	27	28	29	30	31	32	32	32	32	32	32	32	32	32
P	8	8	9	10	9	9	9	8	8	9	8	8	8	8	8	8	9	10	11	12	13	14	15	16	17
Q	1	2	2	2	2	2	2	2	2	2	2	2	2	2	2	2	2	2	2	2	2	2	2	2	2

[1] Die vorgeschlagenen Namen für die Elemente ab Ordnungszahl 104 (z. B. Kurtschatovium oder Rutherfordium für Element 104) wurden durch die IUPAC, ein internationales Gremium für Nomenklatur, Symbole und Einheiten, noch nicht bestätigt. Als vorläufige Bezeichnungen wurden Begriffe eingefügt, die sich aus den Silben für Zahlworte und der Endung -ium ergeben. So bedeutet z. B. **Un**-**nil**-**quad**-ium für das Element 104 Unq „eins-null-vier" oder **Un**-**un**-**un**-ium für das Element 111 „eins-eins-eins".

Chemische Elemente, ihre Ordnungszahlen und Symbole

Periodensystem der Elemente

Actinium	Ac	89
Aluminium	Al	13
Americium	Am	95
Antimon	Sb	51
Argon	Ar	18
Arsen	As	33
Astat	At	85
Barium	Ba	56
Berkelium	Bk	97
Beryllium	Be	4
Bismut	Bi	83
Blei	Pb	82
Bor	B	5
Brom	Br	35
Cadmium	Cd	48
Cäsium	Cs	55
Calcium	Ca	20
Californium	Cf	98
Cer	Ce	58
Chlor	Cl	17
Chrom	Cr	24
Cobalt	Co	27
Curium	Cm	96
Dysprosium	Dy	66
Einsteinium	Es	99
Eisen	Fe	26
Erbium	Er	68
Europium	Eu	63
Fermium	Fm	100
Fluor	F	9
Francium	Fr	87
Gadolinium	Gd	64
Gallium	Ga	31
Germanium	Ge	32
Gold	Au	79
Hafnium	Hf	72
Helium	He	2
Holmium	Ho	67
Indium	In	49
Iod	I	53
Iridium	Ir	77
Kalium	K	19
Kohlenstoff	C	6
Krypton	Kr	36
Kupfer	Cu	29
Lanthan	La	57
Lawrencium	Lr	103
Lithium	Li	3
Lutetium	Lu	71
Magnesium	Mg	12
Mangan	Mn	25
Mendelevium	Md	101
Molybdän	Mo	42
Natrium	Na	11
Neodym	Nd	60
Neon	Ne	10

Neptunium	Np	93
Nickel	Ni	28
Niobium	Nb	41
Nobelium	No	102
Osmium	Os	76
Palladium	Pd	46
Phosphor	P	15
Platin	Pt	78
Plutonium	Pu	94
Polonium	Po	84
Praseodym	Pr	59
Promethium	Pm	61
Protactinium	Pa	91
Quecksilber	Hg	80
Radium	Ra	88
Radon	Rn	86
Rhenium	Re	75
Rhodium	Rh	45
Rubidium	Rb	37
Ruthenium	Ru	44
Samarium	Sm	62
Sauerstoff	O	8
Scandium	Sc	21
Schwefel	S	16
Selen	Se	34
Silber	Ag	47
Silicium	Si	14
Stickstoff	N	7
Strontium	Sr	38
Tantal	Ta	73
Technetium	Tc	43
Tellur	Te	52
Terbium	Tb	65
Thallium	Tl	81
Thorium	Th	90
Thulium	Tm	69
Titan	Ti	22
Unnilennium	Une	109 [1]
Unnilhexium	Unh	106 [1]
Unniloctium	Uno	108 [1]
Unnilpentium	Unp	105 [1]
Unnilquadium	Unq	104 [1]
Unnilseptium	Uns	107 [1]
Ununnilium	Uun	110 [1]
Unununium	Uuu	111 [1]
Uran	U	92
Vanadium	V	23
Wasserstoff	H	1
Wolfram	W	74
Xenon	Xe	54
Ytterbium	Yb	70
Yttrium	Y	39
Zink	Zn	30
Zinn	Sn	50
Zirconium	Zr	40

[1] Die vorgeschlagenen Namen für die Elemente ab Ordnungszahl 104 (z. B. Kurtschatovium oder Rutherfordium für Element 104) wurden durch die IUPAC, ein internationales Gremium für Nomenklatur, Symbole und Einheiten, noch nicht bestätigt. Als vorläufige Bezeichnungen wurden Begriffe eingefügt, die sich aus den Silben für Zahlworte und der Endung -ium ergeben. So bedeutet z. B. **Un**-**n**il-**q**uad-ium für das Element 104 Unq „eins-null-vier" oder **U**n-**u**n-**u**n-ium für das Element 111 „eins-eins-eins".